汉镜文化研究

上

研究部分

图书在版编目（CIP）数据

汉镜文化研究（全2册）/清华大学汉镜文化研究课题组著. —北京：北京大学出版社, 2014.4
ISBN 978-7-301-23261-3

Ⅰ.①汉… Ⅱ.①清… Ⅲ.①古镜—铜器（考古）—研究—中国—汉代 Ⅳ.①K875.24

中国版本图书馆CIP数据核字（2013）第228204号

书　　　名：	汉镜文化研究（上下册）
著作责任者：	清华大学汉镜文化研究课题组　著
策 划 编 辑：	陈斌惠
责 任 编 辑：	陈斌惠　杜若明
标 准 书 号：	ISBN 978-7-301-23261-3/K·0984
出 版 发 行：	北京大学出版社
地　　　址：	北京市海淀区成府路205号　100871
网　　　址：	http://www.pup.cn　　新浪官方微博：@北京大学出版社
电 子 信 箱：	zyjy@pup.cn
电　　　话：	邮购部 62752015　发行部 62750672　编辑部 62756923　出版部 62754962
印 刷 者：	北京中科印刷有限公司
经 销 者：	新华书店
	889毫米×1194毫米　大16开本　63印张　1300千字
	2014年4月第1版　　2014年4月第1次印刷
定　　　价：	980.00元（上下册）

未经许可，不得以任何方式复制或抄袭本书之部分或全部内容。
版权所有，侵权必究
举报电话：010-62752024　电子信箱：fd@pup.pku.edu.cn

本课题为清华大学人文社科振兴基金研究项目
（批准号2012 WKZD 005）

本课题得到清华大学教育基金会的大力支持
本课题得到台湾东铁公司关系企业的大力支持

漢鏡文化研究

金德年題書 壬辰夏

汉镜文化研究

壬辰夏
周凤五於清华

课题组成员名单

顾　　问：	辛冠洁	中国社会科学院	研究员
	李学勤	清华大学	教授
	陈佩芬	上海博物馆	研究员
	樋口隆康	京都大学	名誉教授
	周凤五	台湾大学	特聘教授
	李　零	北京大学	教授
	傅举有	湖南省博物馆	研究员
组　　长：	王纲怀	清华大学	顾问教授
	冯立昇	清华大学	教授
副组长：	林素清	台北历史语言研究所	研究员
	冈村秀典	京都大学人文科学研究所	教授
组　　员：	孙克让	中国国家博物馆	研究员
	刘晓峰	清华大学历史系	教授
	业露华	上海社科院宗教研究所	研究员
	谭德睿	上海博物馆	研究员
	廉海萍	上海博物馆	研究员
	尚　刚	清华大学美术学院	教授
	聂世美	上海古籍出版社	编审
	张炳生	江西日报	高级编辑
	游战洪	清华大学科技史暨古文献研究所	副研究员
	森下章司	日本大手前大学综合文化学部	副教授
	刘　煜	中国社科院考古研究所	副研究员
	杨玉彬	安徽省阜阳市博物馆	副研究员
	傅　军	上海油画雕塑院	副教授
	孙　晖	上海古籍出版社	编辑
	鹏　宇	清华大学出土文献研究中心	博士
	展梦夏	清华大学美术学院	博士
	叶德舜	北京市	收藏家
	孙小龙	郑州市	收藏家
	李从明	武汉市	收藏家
	庄静芬	台北市	收藏家
	陈灿堂	桃园市	收藏家

目 录

序一 / 辛冠洁 1
序二 / 李学勤 3
序三 / 傅举有 5
综述（代前言）/ 王纲怀 7

上册　研究部分

第1章　综合篇 19
 1.1 记《古镜写影》有字秦镜 21
 1.2 两汉三国纪年镜概说 24
 1.3 西汉铭文镜问世年代探讨 36
 1.4 西汉镜铭喻示的人与自然 41
 1.5 汉镜分期研究 46
 1.6 《博局占》与规矩纹 111
 1.7 博局与汉代博局纹镜 115
 1.8 论汉镜文化对日本的影响 130

第2章　证史篇 141
 2.1 从镜铭"天下久长"等看西汉百姓期盼的长治久安 143
 2.2 从镜铭看汉代选官制度 148
 2.3 新莽镜"单于举土"铭研究 157
 2.4 新莽镜"井田平贫"铭研究 165
 2.5 西汉日光镜铭文释考与研讨 172
 2.6 西汉昭明镜铭文释考与研讨 182
 2.7 西汉清白镜铭文释考与研讨 186

第3章　哲学篇 189
 3.1 汉镜神仙思想研究 191
 3.2 汉镜中的西王母神话 215
 3.3 西汉早期镜道家文化概说 231
 3.4 东汉三段式神仙镜与五斗米道 237
 3.5 西汉中期镜铭之儒家思想 252
 3.6 三国吴佛字铭佛像镜研究 256

第4章　科技篇 273
 4.1 汉镜中的数学问题——汉镜连弧数字与作图研究 275
 4.2 汉镜中的物理现象——西汉透光镜研究 288

4.3	东汉三国高凸镜面曲率半径研究	295
4.4	汉镜表面富锡技术研究	300
4.5	汉代镜范材料分析及其相关讨论	313
4.6	汉镜铭文关于铜质与熔炼的探讨	323
4.7	汉镜铭文中的地理概念	330
4.8	西汉铭文镜度量标准研究	335
4.9	新莽官制镜的标准与制式	341

第5章 文学、美学篇 347

- 5.1 汉镜铭文与汉乐府——兼说语体与音韵 349
- 5.2 说汉镜铭文中的女性赋体诗——"姚皎光"镜 357
- 5.3 从博局镜看汉镜之美 359
- 5.4 西汉镜抽象龙纹研讨 368
- 5.5 居摄、新莽镜花边纹研讨 376

第6章 文字篇 383

- 6.1 两汉镜铭内容与书体研究 385
- 6.2 西汉镜铭书体与简帛隶书比较研究 408
- 6.3 从西汉镜铭书体看汉字隶变 420
- 6.4 西汉镜铭"君"字释 425
- 6.5 东汉镜铭"仓颉作书"传递的文化信息 430

第7章 民俗篇 435

- 7.1 西汉镜铭相思文化概说 437
- 7.2 西汉镜铭长寿文化 447
- 7.3 西汉镜铭酒文化 459
- 7.4 从两汉镜铭看汉人的祝愿语 465
- 7.5 两汉镜铭广告文化 482

第8章 专题篇 489

- 8.1 西汉早期蟠螭纹铭文镜研究 491
- 8.2 西汉72字铭三叶三龙蟠螭镜研究纪事 507
- 8.3 瑞典藏西汉蟠螭纹铭文镜研究 513
- 8.4 西汉铜华镜铭文释义 520
- 8.5 东汉变形四叶兽首镜研究 526
- 8.6 一面图文并茂的东汉画像镜
  ——镜铭"盛如长安南，贤如鲁孔子"传递的文化信息 533
- 8.7 从东汉伯牙镜看汉代礼乐文化 540
- 8.8 三国吴嘉兴元年铭纪年镜产地研究 547
- 8.9 三国吴太元二年铭纪年镜释考 551

序一

■ 辛冠洁

这两册近千页的巨著《汉镜文化研究》，在十几位中外专家学者的共同努力下，终于与读者见面了。作为一个古铜镜与铜镜文化爱好者，我最早拜读这部巨著的完稿副本时，不禁产生了许多难以言状的感想。我曾读过一些镜文化的著作论文，也曾在浩瀚的书海里梳理过不少有关镜文化的文献资料，得到许多教益。但从未见到过像《汉镜文化研究》这么完整，这么细致，这么丰富的百科全书式的有关镜文化的著作。

通过这部书，我们不仅可以了解汉镜文化直至汉文化，而且能够领略自周代至清代三千年来的中国镜文化。如果你能做到孔夫子所要求的"举一反三""触类旁通"的话，还能顺藤摸瓜，进而基本上触摸到中国传统文化的真谛。这部书体现着我们对中华文化、对中国人精神生活的反思以及汉人所进入的那个很高的精神境界。从这个角度来审视这部书，可以净化自己的思想，收回那或将放野的然而充满智慧的心，让自己处于一个可以安身立命的境地。

至于我，会将此书置于案头、枕边，时不时翻阅几章，玩味其中的奥妙，并以资继续思索前面提到的我对此书所产生的那些难以言状的美妙感想。

我衷心感谢王纲怀先生、冯立昇先生、林素清先生、冈村秀典先生以及本书课题组成员诸公，给予我们如此宝贵的精神食粮。

2013年5月1日于北京
时年九十有一矣

序二

■ 李学勤

清华大学汉镜文化研究课题组集中两年多精力，完成了《汉镜文化研究》一书的纂著。这部大书分为"研究部分"和"图录部分"，论说精详，材料丰富，二美兼而有之，其出版堪称铜镜研究领域中的盛事。

汉镜从来是铜镜研究的中心。我在近日印行的一本小书《青铜器入门》里曾谈到，一般青铜器的历史发展有两个高峰，而铜镜的发展则有三个高峰，就是战国镜、汉镜和唐镜。在这三个高峰中，汉镜承前启后，存在品种最繁，发现数量也最多，乃是铜镜研究的重中之重，历来成为研究和收藏的基点。

细读《汉镜文化研究》，内容广泛涉及汉镜研究有关的各个方面，多有新知创见。特别是对于这方面研究探讨的几个有根本性的问题多有推进，这是很重要的贡献。

什么是汉镜研究有根本性的问题呢？依照陋见，至少有这样几点，是当前迫切需要做的。

第一也是最切要的一点，是对汉镜的分域、分期做细化的研究。

对于一类考古文化遗物来说，分别其存在区域，再依照科学方法进行分期，是研究工作的基本要求。汉镜出土范围十分广阔，尽管是容易转移流动的器物，不同地区所出还是有足以辨别的一些特点。如以考古发掘的材料为基础，经过细致工作，应能做出若干地区的具体分期标尺。

第二是对汉镜的形制、纹饰作深入的分析。

铜镜物虽不大，其形态（即形制）与纹饰的变化却似无穷尽。对于汉镜的形制，如其尺寸、造型，以至钮制、缘形等，都需要做仔细的记录考察，以得出其演变的过程和规律。至于纹饰，除了细致的分类外，自然还应做出图像学的说明解释。

第三是对汉镜的铭文做多角度的研究。

铜镜之有铭文，正式的形成是在西汉，这一点虽曾有学者驳难，目前已成为研究界的共识。实际上，镜铭虽自汉代始有，其最发达的时期也正在汉代。近年来汉镜的发现越来越多，不少具有前所未知的铭文，使大家进一步领略到当时镜铭的丰富多彩，超出我们以往所能之想象。

汉镜铭文的专集，很早便是汉镜研究的重要侧面，其标志性著作可推罗振玉《汉两京以来镜铭集录》。随后其弟子容庚先生作《汉金文录》，虽然未能收入镜铭，但与之配合的《金文续编》却将镜铭包括在内。他为《金文续编》写的序言，所举"篆隶嬗变之时"文字简化的实例，也有镜铭文字。今后如能纂辑材料齐备的汉镜文字编，对文字学研究的帮助必非浅鲜。

对汉镜铭文还应作书法史的研究。我常说，中国文字同其书法乃系孪生，各个历史时期的文字都相应有特色的书法。汉字铭文从美术角度看，总是追求与镜上纹饰的高度调谐，每同汉印有异曲同工之妙，值得体认研求。

镜铭又常是相当好的文学作品，譬如七言诗，就很可能渊源于镜铭，至少若干镜铭本身是这样讲的。如何使镜铭在文学史研究中有其位置，也当予促进。

第四是对汉镜的工艺做进一步的探讨。

汉代青铜器由立朝以来上承战国遗留的传统，曾产生许多精美优良的作品，然而总的趋势，青铜器工艺是在逐渐衰落，在社会生活的多方面为其他器种所取代。惟有那时的铜镜仍处兴盛时期，反而得到了突出的发展。通过实物检测以及有关制镜遗存的考察，必将能揭示这方面科技史的秘蕴。

以上拉杂说了四点，未必有当，其实《汉镜文化研究》这部书的内容，在这四点上都已有精彩的讨论。这也正是我在这里饶舌，向大家推介这部书的原因。

2013年6月9日
于清华园

序三

■ 傅举有

今年五月，汉镜文化研究课题组把研究的丰硕成果，五十四篇论文汇集一起，装订成册，连同图录，分上下两册，用快递寄给我，要我看看，嘱我作序。知道我是快八十岁的人了，又多病，非常关心我的健康，嘱我每天最多看三个小时。这部著作，上册百万余字，六百多幅插图；下册二百零四面铭文镜图片，八万多字文字说明，我打算用三个星期左右的时间看完。但是，一打开书稿，就停不下来了。这是真正的"百花齐放，百家争鸣"，内容极其丰富，无比生动，研究的领域非常广阔，既有社会科学，包括政治、经济、文化、历史、哲学、文学、美学、宗教、民俗、文字学、典章制度、中外文化交流等，又有自然科学，如数学、物理学、化学、地理学、冶金学等。山外有山，天外有天，境界广阔无垠。时间在阅读的快乐中流逝，只用了不到一个星期的时间就读完了。真是"书当快意读易尽"啊！

此书除了内容丰富多彩外，我最深切的感觉，就是一个"新"字：新的观点，新的资料，新的研究方法，新的研究方向，涉及许多新的研究领域，开创了汉镜研究的新局面。

汉镜是一座高深的金碧辉煌的历史殿堂，里边有无数的宝藏。祖先留给我们数以万计的汉镜，它们记录着汉代四百多年灿烂的物质文明和精神文明！汉镜文化研究课题组对汉镜研究作出了重要贡献。但是，认真说来，仍处于起步阶段，任务还很重，我们必须努力！

2013年5月28日
于湖南长沙

综述（代前言）

■ 王纲怀

一个时代造就一种文化，一种文化折射一个时代。

汉王朝是中国第一个封建盛世。在这个"大一统"盛世中，政治统一，经济发展，并逐渐完成了文化整合，形成了博大精深的文化体系："无为而治"奠定了汉王朝早期的立国之本；"独尊儒术"造就了整个汉王朝的长治久安。汉文化汲取并融合了各种文化精髓，体现了中华民族的文化心理，显示出巨大的广泛性和适用性，它既具有各个民族文化的基本共性，又具有自己独特文化的鲜明个性。汉文化是使民族融合、国家统一、文化繁荣的光辉典范，在中华民族文化发展史及世界文化发展史上，都具有十分重要的地位。汉文化的影响力，渗透到了中华民族发展的各个方面，对中国乃至全世界，都曾产生过并将继续产生广泛而深远的影响。

汉族、汉语、汉字、汉文化的"汉"，皆起源于汉代的"汉"。两千年后的今天，虽然遗存的文献典籍以及汉简、汉帛、汉印、汉瓦等文物留给我们相当多的信息，但还远远不够，致使今天的人们对汉代文化的了解仍比较有限。古代铜镜是国家与民族的名片，其方寸之间，涵盖了人文国学与自然国学的诸多信息。中国铜镜是一种承载着大量文化信息的特殊文物：铸制历史连贯，考古断代便捷，文化内涵博大，审美情趣彰显，证史直观翔实，书体映照生辉。在中国铜镜的四千年历史长河中，曾凸显战国、两汉、隋唐三座高峰。从西汉初开始，铜镜上出现了铭文，这就可以更多地了解汉人的思想、感情、文化、信仰。与战国镜、隋唐镜比较，汉代铜镜有其自身的特点：承前启后，历史最长，文化丰富，存世最多。汉镜研究对于补充并丰富汉文化，有着重要的历史文化价值。

本课题关于汉镜的年代界定及其涉及的研究范围，包括西汉、新莽、东汉和三国四个历史时期，具体时间应为汉高祖刘邦登基（前206年）至三国吴末帝孙皓天纪四年（280年），共486年。

本课题是一个两岸携手、中日合作的综合研究项目。上册研究部分，内容计有八个篇目54个题目，一百万余文字及600余幅插图；下册图录部分，内容为204幅铭文镜的图片及八万余字的文字说明。

这里，我们将54个题目的研究摘要综述如下。

第1章 综合篇

1.1 记《古镜写影》有字秦镜

《古镜写影》系甲骨文学者王襄先生在其75岁时（1950年）所作。作者对王襄先生及其著作有深刻的了解和研读。在此基础上，本文释考了一面有五字铭文的篆书体秦镜。汉承秦制，研究汉镜很有必要了解秦镜，惜迄今鲜见有关秦镜的资料和研究文章。这是一篇高屋建瓴、深入浅出的大作，对于我们深入了解秦镜，更好地研究汉镜大有裨益。

1.2 两汉三国纪年镜概说

中国纪年镜是中国铜镜的一个特殊种类，在历史学、考古学、类型学、文字学、民俗学以及比较研究等方面有着重要的文化价值。中国纪年镜经历了约两千年，没有大的间断，这在世界文化史上值得骄傲。粗略统计，两汉三国纪年镜有数十个年号，存世总量有数百面之多，分藏于世界各地。本文列举了两汉三国时代纪年时间相差294年的二十四面纪年镜，其中包括西汉（含新莽）镜四面，东汉镜十二面，三国镜八面。

1.3 西汉铭文镜问世年代探讨

此文列举五个西汉铭文镜类的12个镜例，并说明其问世年代上的若干特点。问世年代最短者为"修相思"铭镜类，大多问世在汉惠帝至汉文帝初年。问世年代最长者为"见日之光"铭镜类，从汉文帝初直至西汉末期。西汉"大乐贵富得所好"铭文镜的两个特例，展现出铭文与主纹不在一个时代的鲜明个性。"日有熹月有富"铭镜类与"涷治铜华清而明"铭镜类，大多问世在西汉晚期，这两个镜例可谓是一种承前（西汉）启后（新莽）的经典器物。

1.4 西汉镜铭喻示的人与自然

西汉镜铭（包括陶文、刻石）的"与天""与地""与人"内容，反映了中国古代人与自然的关系。当时，道家提倡的"道法自然"，儒家提倡的"天人合一"，两者都把人与自然的"和谐"作为其核心思想。这些理念不仅为汉武帝即位后的"大汉雄风"打下了坚实的基础，而且在两千多年来的华夏大地上，始终释放着其固有的正能量。

1.5 汉镜分期研究

笔者对汉镜的图纹和铭文进行综合分析，在明确各镜种分期的同时，建立了整个汉镜系统的编年体系，并对汉镜图纹和铭文的变迁进行了研究。作者将西汉镜分为四期，东汉镜分成三期。继汉镜七期以后是三国魏镜和吴镜，再往后是西晋镜，这些镜种主要来自汉镜七期，可谓汉镜之余音。此外，还附有"华西系"、江南系、徐州系等镜类与纪年镜类。

1.6 《博局占》与规矩纹

江苏东海尹湾汉墓出土的《博局占》木牍，在简帛学研究中具有特别重要的意义，它是一份极其珍贵的材料，其图形与内容，为研究学术界聚讼已久的"规矩纹"提供了新启示。从《博局占》反映的内容看，所谓的"规矩纹"，具有指示四方或八方、图解阴阳五行四时的宇宙论性质。作者认为，两汉之际因为"规矩纹"习见于博局，汉人便称其为博局纹。文中还结合《西京杂记》等文献记载，对六博的使用方法进行了研讨。

1.7 博局与汉代博局纹镜

本文从大量的出土资料着手，详尽阐述了博局的形制、称呼和汉代博戏盛极一时的历史背景。进而说明，博局实物和刻有博局图像的画像石、画像砖、木板画、石棺、石椁、占卜、铜镜等各种器物，都是汉代博戏文化的产物。本文重点讨论了博局有避恶去邪的"神奇功能"，汉镜刻上博局是汉人的一种综合理念。

1.8 论汉镜文化对日本的影响

这篇文章可谓中日友好关系史的起源研究。作者从以下三方面进行了论述：中国古代铜镜文化传入日本及产生的巨大影响；日本如何进入以中国为核心的东亚朝贡体系；铜镜以其特殊的"形与意"进入日本古代神道思想体系后，产生了怎样的深远影响。

第2章 证史篇

2.1 从镜铭"天下久长"等看西汉百姓期盼的长治久安

"见日之光，天下久长""见日之光，天下大昌"两面铭文镜，作为"日光镜"的领衔镜类，在西汉中期问世。它们反映的是百姓期盼长治久安的迫切心情，这是对儒家思想保障国家安定的肯定、对于文景之治延续的赞颂与期待、对巩固反击匈奴成果的盼望。长治久安，是社会进步的必要条件，也是不同时代人们内心深处的共同渴望。历朝历代的统治者，都曾从汉朝治国实践中得到借鉴。镜铭"天下久长""天下大昌"所包含的深刻含义，在此后两千多年的中国封建社会历史中，始终释放着它的正能量。

2.2 从镜铭看汉代选官制度

此文从东汉镜铭"郡举孝廉州博士，少不努力老大悔"入手，通过对汉代教育制度、举荐制度的论述，较为全面地研究了汉代选官制度。汉代（特别是西汉）镜铭内容与倡导孝道的政治主张完全合拍，充分体现出"百善之首孝为先"的思想。西汉以孝治国，以孝廉为举荐官员的基本条件，建立了较为有效的选官制度，推动了西汉的国势昌盛。

2.3 新莽镜"单于举土"铭研究

鉴于长期的战争，人民渴望和平。从宏观的概念看，新莽镜铭中"举土"一词意通"臣服"，就是对一段"和平"历史的肯定。从具体的范围讲，当时汉王朝对匈奴确实还有索求一块"入汉之斗"（战略要地）的历史。莽式镜铭文中出现"单于举土列侯王"内容，既是一个实实在在的历史过程，亦是一段汉王朝与匈奴间和平历史的回顾。

2.4 新莽镜"井田平贫"铭研究

汉代谣谚的大量出现与广泛流播,是我国古代史上一种独特的文化景观,这种现象对社会生活产生的重大影响为后世所罕见。汉初除暴秦"禁言"之弊,继而形成了宽松的政治环境,统治者以"举谣言""观采风谣"来考察官吏,并检讨自己为政之好恶得失,以及天人感应、谶纬神学等原因,为谣谚参政议政、褒贬吏治、反映民众疾苦、素描社会百态等创造了条件。"井田平贫"铭博局镜即系其中精彩一例,记载了王莽"复古改制"的梦想。

2.5 西汉日光镜铭文释考与研讨

日光镜是西汉存世数量最大、存世时间最长的一个镜类。日光镜铭从文景时期出现,迅速发展成势,武帝中期渐衰,宣帝又见中兴,直至西汉晚期再次昙花一现,而后终于消失。文章从七种十类镜的主纹着手,提供了24个镜例,并逐一释考。认为"日"不只是指自然界的太阳,而是将帝王比作太阳。

2.6 西汉昭明镜铭文释考与研讨

作者对于昭明铭文解读有四点思考:从《诗经》、楚辞等中国古典文学来看,传统以香草美人比喻忠君之意;西汉镜铭内容的涉及面甚广,各类文化都不必隐晦,只有站在对立面的角度讽喻时政时,才需要隐晦;昭明镜存世时间之长(约一个半世纪)和存世数量之多(数以千计)说明,这个历史重担完全不是敬夫说所能担当;"壅塞"一词应作"君臣不和"难以沟通之意。由此,从新的视角对昭明镜铭文给予了诠释。

2.7 西汉清白镜铭文释考与研讨

清白镜几乎伴随着昭明镜一起同时问世,不论是单圈或是重圈的何种铭文组合,总是以昭明—清白的组合最多,其经典的标准组合方式是24+48=72字,其存世时间与昭明镜相同。昭明镜铭文非敬夫说,清白镜铭文亦非敬夫说,同样是沿着昭明镜铭文释考的思路给予了解读。

第3章 哲学篇

3.1 汉镜神仙思想研究

汉镜神仙思想的物象构成宏富庞杂、自成体系,它是汉人在神仙信仰与升仙不死说支配下,营造的一个令观者无限向往的神秘世界。本文按"仙人""仙禽""神兽""神物"等分类,对镜图承载神仙思想的物象,尝试进行系统的释名释义;对神仙思想题材的汉镜铭文,进行系统的整理考释;并借此分析不同历史阶段中,汉镜神仙思想的演变特征及社会背景、时代动因;对与神仙思想相关的若干汉镜物象认读问题进行考证。

3.2 汉镜中的西王母神话

汉镜中的西王母神话题材十分丰富,本文集中诸多材料,分析比较禽兽镜、画像镜、神兽镜图式中的西王母图像与铭文。这三类镜中西王母神话题材，由西汉早期初现，到西汉中晚期至东汉时期逐渐发展、流播的演变轨迹，本文进一步探讨了汉镜西王母神话题材兴衰衍变的时代背景与社会动因。笔者认为，镜图中西王母神话题材的流播与演变，主要与汉代社会生活背景及神仙信仰与不死说有关。东汉原始道教兴起，道家"造神运动"推波助澜，更是促成汉镜西王母神话内容题材变化的主要动因。

3.3 西汉早期镜道家文化概说

汉镜中的道家文化始于西汉早期；经过逐渐发展，在西汉末期乃至新莽的王莽掌权之时，道家文化如同雨后春笋，到了东汉桓灵之际由道家文化一统天下，几乎每面铜镜都包含了道家文化。汉镜道家文化的重点是在西汉晚期至东汉晚期，而其初创时的西汉早期则因资料缺乏而少有关注，本文从镜铭与镜图两个角度，共挑选了10个镜例，尝试着做一粗浅的罗列与探讨。

3.4 东汉三段式神仙镜与五斗米道

根据考古学的讨论及与道教经典的对比，从图像释考来推想三段式神仙镜和五斗米道的关联。作为假说提出来，斗母神格的出现时期是否可追溯至东汉末？考古学的分析结果显示，在东汉末的四川、陕西等地，三段式神仙镜是与包括五斗米道在内的地域信仰、社会动向有很深关系的一个镜群。利用此类镜的信息及数据，对于有很多五斗米道信仰的实际情况，能够打开探索之路。

3.5 西汉中期镜铭之儒家思想

铜镜作为一种文化载体，在西汉中期之花瓣镜和草叶镜的铭文上，出现了儒家思想内容。西汉武帝即位之初，改信奉黄老而尊崇儒学，为中央集权并继而成为大帝国奠定了思想基础。本文列举三面花瓣镜与草叶镜，由镜铭的"与人""忠""信"等关键字的释读，印证了"罢黜百家，独尊儒术"的历史背景。

3.6 三国吴佛字铭佛像镜研究

西汉元寿元年（前2年）佛教开始传入中国。东汉三国之际，会稽、鄂州成为中国铜镜的制作重镇，与此同时，佛教也先后传入这些地区。随着佛教的广泛传播，佛像镜应运而生。佛像镜的问世，丰富了中国铜镜文化的内涵，同时也为中国佛教传播历史及佛教艺术发展等方面的研究，提供了宝贵的素材。"佛"字在三国吴佛像镜上出现，足以证实佛像镜中头上项光、身下莲花、结跏趺坐之人形图案，当属佛像无疑。

第4章 科技篇

4.1 汉镜中的数学问题——汉镜连弧数字与作图研究

汉镜制作中，需要用到多种几何作图方法。尤其是连弧纹镜中包括11、13、17、19、23、29、31这些素数连弧的等分设计和制作，在当时的条件下，不啻是天方夜谭。汉人在当时是怎样利用规、矩、尺这些简单的测绘工具，解决这些问题的呢？作者根据有关史料和当时数学发展水平，对汉朝工匠准确等分圆周进行推测，为我们了解和认识这一时期应用数学的水平提供了重要依据。

4.2 汉镜中的物理现象——西汉透光镜研究

此文简要介绍了西汉透光铜镜的研究历史，并从光学、固体力学、金属材料学和铸造工艺学等学科领域，综合研究了西汉铜镜透光的原理和透光镜制作工艺。研究认为，镜背有环向布置的凸起图纹的铜镜，在被研磨到足够薄时，镜体铸造凝固当时所产生的残余压应力，即可使镜体出现细微变形，镜面相应部位产生微小的曲率差异，从而产生透光效果。

4.3 东汉三国高凸镜面曲率半径研究

凸面镜在照容时，有缩小人脸的特性。通过对10面相关铜镜的测量与计算可知，以变形四叶兽首镜与四叶对凤镜为主的东汉三国高凸面镜，其直径范围多在汉尺5寸（今11.6厘米）至汉尺8寸（今18.5厘米）之间。一般而言，汉尺6寸（今13.9厘米）及其以上之大尺寸者，其曲径半径皆在约定成俗的汉尺3尺（69.3厘米）。一面汉尺5寸左右的高凸面镜在照容时，完全可以将人脸纳入其中。

4.4 汉镜表面富锡技术研究

中国古代铜器表面有擦渗、膏剂扩散和液态三种富锡技术，用于增强映像效果、表面装饰或表面防腐蚀。汉镜表面广泛地应用了前两种技术。至迟在明代铜镜上也应用了液态富锡。20世纪80～90年代，作者等人已完成前两项研究，挖掘出湮灭已久的铜器表面富锡工艺，解开了白亮铜镜的千古不锈之谜。铜镜表面的"水银沁"，主要是用粉状磨镜药擦渗镜面而成。

4.5 汉代镜范材料分析及其相关讨论

汉镜铸造历来有石范与陶范两个传统并存在分歧意见。为此，文章通过若干科技手段并收集大量数据，讨论了出土与传世的镜范以及镜范的材料学性能等问题。作者指出：太多的问题会随着新的研究而产生，这些新问题的提出，将为我们全面认识中国古代铸镜技术，提供更大的可能性。

4.6 汉镜铭文关于铜质与熔炼的探讨

此文所列的两类汉镜铭文告诉我们：若想得到一面上好的铜镜，必须从铜质（合金）与熔炼这两个方面提出严格要求。铭文内容："三商"为合金成分（铜锡铅）；"幽湅"可谓巧妙熔炼；"五色"乃指火候（温度）变化；"去恶宰"就是去除杂质。中国古代镜铭多有以镜喻人的情况，此两类汉镜在延伸一种理念——"此镜甚明"，来之不易。

4.7 汉镜铭文中的地理概念

汉镜有许多品种深具历史文化价值。除纪年镜外,记地镜同样十分重要,可以通过记地来了解汉代铜料产地与铸镜地点的概况。此文列举了"新有善铜出丹阳""单于举土列侯王""广汉西蜀"和"扬州会稽山阴安本里"四段铭文镜例,通过考证以明白当时所代表的地域范围与地理概念。

4.8 西汉铭文镜度量标准研究

中国执行度量衡标准有四千年的历史,从东周到东汉的近千年里,尺度标准始终如一(即今23.1厘米),包括新莽在内的西汉铭文镜亦毫不例外地执行着这个标准。绝大部分的汉镜直径都在汉尺5～10寸的六个规格之中。本文对八个镜类进行研讨,并对每个镜类采取8～12个典型镜例,再列成表格加以比对。为方便研讨,本文还采用了单位面积重量之m值,作为比对标准。

4.9 新莽官制镜的标准与制式

以新莽官制镜为主的四灵博局镜,跨越西汉末、新莽、东汉初三个历史时期,主要包括尚方御竟、尚方御(作)竟、新有善铜、新兴辟雍、王氏昭(作)竟五个镜类。每个镜类采取8个典型镜例,并列成表格加以比对。作为标准体系,本文对尺寸、重量、文字、书体、主纹、伴兽、边缘、边宽、镜钮、镜面等十个方面,进行了扼要阐述。

第5章 文学、美学篇

5.1 汉镜铭文与汉乐府——兼说语体与音韵

汉乐府和汉镜铭文是汉文化土壤中破土而出的两朵奇葩,有着天然相通的血脉之源。同声相应,同气相求,心心相印,脉脉相通,在生活的同一底色上,产生出艺术创作的类似题材。在内容上,许多汉镜铭文应是直接从乐府诗歌脱胎而来。两者呈现出各自的艺术特质,且在反映社会生活面的阔与狭、揭示本质的深与浅、表现手法的繁与约等方面,有着明显差异。

5.2 说汉镜铭文中的女性赋体诗——"姚皎光"镜

在存世器物中,"姚皎光"铭文镜有单圈与重圈两种表现方法,铭文内容多不完整。长期以来,对此类镜铭的释读众说纷纭。作者认为,这是一首西汉时期叙说男女相爱的赏月诗,并对"完整"的全铭内容作出了"释文"与"注释"。此篇虽系短文,然言简意赅,可谓佳作。

5.3 从博局镜看汉镜之美

此文综合博局镜的结构、图纹和铭文,从法象天地、此岸仙界和文字力量三个方面深入分析后认为，镜子上有"与天无极，与美相长"的铭文，主旨是希望镜主能与上天同寿，与美人相伴。然而，这八个字形容汉镜本身也很贴切，镜子制作法天，故能有美，故能久长。

5.4 西汉镜抽象龙纹研讨

在中国铜镜史上，不同的历史阶段，都曾出现为数众多的龙纹镜，其间尤以西汉时期的龙纹镜最具特色，最为耐人寻味。更为难得的是，还出现了若干抽象形式的龙纹镜，以及从具象到意象再到抽象，这样一条相对清晰完整的形态发展脉络。西汉镜抽象龙纹有一个酝酿、发展、成熟的演变过程，本文选取了十个镜例作为展示。抽象龙纹在西汉时期的铜镜上出现，有着时代、审美、心理等多方面的原因。

5.5 居摄、新莽镜花边纹研讨

以植物与龙纹为主的汉代花边镜，虽然其表现手法是先秦艺术风格的继承和延续，但一扫之前神秘的宗教含义，主题纹饰素朴，构造丰满，寓动于静，图案结构简单，改变了战国时期严谨细密的风格。不求工细形似，只求以精练之笔来勾勒景物的神态，达到形简却意丰的审美效果。从这一个侧面，反映出汉代造型语言单纯、洗练、硬朗、挺拔、大气、华美之特色。以本文列图为例，一眼望去，琳琅满目、风姿绰约，本来应该是"具象"的羽人与动物，都采用了尽情写意的创作手法。

第6章　文字篇

6.1 两汉镜铭内容与书体研究

作者依照铜镜的时代、类型、字体特征，将汉镜铭文从汉景帝以前的西汉早期到东汉中晚期，分成七个时期进行讨论。作者认为，利用庞大的镜铭资料，能弥补两汉金、石、竹木简、帛书等文字的不足，对于从秦隶到汉隶的字体演变，草书的兴起，以及隶变规律等问题之研究，都有极大帮助。

6.2 西汉镜铭书体与简帛隶书比较研究

本文试图通过最新出土的简帛与铜镜铭文相比较，以管窥西汉隶书的发展。作者经过比较研究，发现隶书的发展程度在不同介质上有不平衡的现象：即简帛比较激进，西汉中期已经出现成熟今隶（分书）；铜镜较为保守，西汉早中期以篆书为主，并兼杂篆隶，西汉晚期出现少量古隶，至东汉早期才出现有波磔的分书。

6.3 从西汉镜铭书体看汉字隶变

《清华铭文镜》与《汉铭斋藏镜》两书有200余面汉镜铭文的素材，为汉字隶变提供了大量的书体信息，这是一个逐渐演变的完整过程。本文从中寻找了九组有代表性的典型图例，特别是若干同一镜类或同一时代的突变现象，有助于进一步了解汉字隶变的关键节点。

6.4 西汉镜铭"君"字释读

西汉镜铭充满着多姿多彩的生活气息和深刻细微的文化内涵，为后人研究汉代社会提供了翔实的资料。其"相思""情爱""长寿""祈祥""忠君"等主题内容，深深地影响着中国的传统文化。在种类数以百计的存世镜铭中，"君"字多有出现，这种现象值得重视和研究。作者从"君"字所包含的君主、大夫、君子和夫君四个不同的概念，考证了其不同的内涵。

6.5 东汉镜铭"仓颉作书"传递的文化信息

一部汉字字体、书体的演变史，生动地表现了中华民族的文明发展史。中国的汉字如明亮的火炬，把我国的历史照亮。"仓颉作书"所体现的实践、联想、创新的精神，铸就了源远流长、博大精深、影响深远的汉字义明，这是中华民族统一和繁荣发展的主要原动力之一。追溯仓颉功德，传承仓颉精神，弘扬仓颉文化，让民族文化绵延赓续，这就是"仓颉作书，以教后人"镜给我们的最大启示。

第7章 民俗篇

7.1 西汉镜铭相思文化概说

西汉相思铭文是铜镜中出现最早的铭文。此类镜时间跨度大，存世时间长，铸造时期比较集中。铜镜在汉代逐渐由富家大户走向普通人家。作为日常生活用品，寄托着圆满、团圆、吉祥等意愿，凝聚着工匠的审美意趣，顺理成章地担当起了相思文化传递者的角色。相思铭文抒发了恋情之苦、亲情之痛和家国情之殇，同时表达了对国泰民安、福祉绵长的向往和企盼。

7.2. 西汉镜铭长寿文化

自古以来，长寿是每个人追求的目标。在佛教传入中国之前，中国人还不关注来生来世，而是执著地关心着今生今世。在关注着肉体生命的同时，亦关注着精神层面的生命质量。中国人自古就强调孝道与敬老，这是中华民族的传统美德。本文列举了西汉至新莽间的18个镜例，并结合《清华铭文镜·镜铭辑录》，对长寿文化逐一进行了剖析、比对，反映了汉人对长寿的殷切期盼。

7.3 西汉镜铭酒文化

在西汉铜镜最早出现的铭文上，就有了"酒"字出现。经过秦汉之际的连年征战，人们终于享受到了和平与安定，铭文"大乐贵富，千秋万岁，宜酒食"就反映了人们当时的心态。此文列举了12面西汉铜镜，其铭文内容将两千年前汉民族的酒文化清晰地展现在我们面前。世界上每个国家的不同民族都有自己的酒文化，而华夏民族在两千余年前，就有如此灿烂的酒文化，值得我们自豪与骄傲。

7.4 从西汉镜铭看汉人的祝愿语

镜铭始于汉初，西汉初期镜铭简短，字体皆小篆，内容多为男女或朋友间的馈赠之词。借着互赠铜镜，表达彼此思慕之情；叮咛之余，又附加些颂祷吉语。作者引用108条（另附8条）铭文，并加以137条注释，对西汉镜铭的汉人祝愿语作出了释读、考证与探讨，为汉镜铭文研究提供了详尽的基础资料。

7.5 两汉镜铭广告文化

在汉代，无论官方或私营铜镜铸造业都获得了重大发展，出现了新的高潮，铜镜已发展成一种特别的商品。镜铭大大拓展了其涵盖的空间，祈天祝地，颂神羡仙，说人论事，无所不包。其中，以推销自己为主要内容的广告铭文惹人瞩目。此文列举了16个广告词的镜例，从这些广告词语中，我们可以管窥封建社会萌芽中的早期商品意识、汉人高超的商业智慧和巧妙的促销技巧，这是汉代镜铭广告留给后人的一笔非物质文化遗产。

第8章 专题篇

8.1 西汉早期蟠螭纹铭文镜研究

西汉蟠螭纹铭文镜问世在西汉早期，承担着战国镜向汉式镜过渡的重任，开创了中国铭文镜的先河。本文汇集了八类主纹40面铜镜的相关信息，进行粗浅研究。此类镜之有限存世量映照出重要的历史文化信息：文字避讳、文字隶变。铭文内容折射出西汉早期社会的风土人情。

8.2 西汉72字铭三叶三龙蟠螭镜研究纪事

作者从24个时间区段，记录了近百年来关于此类镜所发生的一系列事情，并指出了此类镜的历史文化价值。在西汉早中期之际，带"彻"字的昭明镜与昭明清白重圈镜类可分为24字，72字、78字三种。镜铭可以证史，镜铭亦可以断代。

8.3 瑞典藏西汉蟠螭纹铭文镜研究

西汉早期的镜铭文字有过两次重大避讳，第一次是以"修"字避淮南王刘长之"长"字讳，第二次是以"泄"字避武帝刘彻之"彻"字讳。在高本汉《早期中国铜镜》一书中，诸多镜例使两次避讳一览无遗。本文按其大致的问世年代进行排序。

8.4 西汉铜华镜铭文释义

西汉中晚期的铜华镜，根据其首句、主纹、制式的不同，可大致分为12类。由大量存世实物可知，以"湅治铜华以为镜"为首句的铜华镜是这一镜种的主流器物，此文列举了至少有五种不同铭文内容的此类镜，其中有若干罕见之器。铜华镜铭文字略带篆意的方正汉隶，似可认为是今文字的开始，这是铜华镜对中国传统文化的一个重大贡献。

8.5 东汉变形四叶兽首镜研究

东汉晚期兴起了变叶四叶兽首镜这种独立镜种，此文列举了20面有纪年、24面无纪年的镜例，作者对此镜种与众不同、标新立异的特色做了论述：铭文——突出纪年，标注产地；连弧——数字缤纷，展现素数；品种——西蜀中原，并驾齐驱。同时，对于汉人在当时条件下是如何解决此类镜的17、19、23、29、31等素数连弧，表示叹服与不解。

8.6 一面图文并茂的东汉画像镜——镜铭"盛如长安南，贤如鲁孔子"传递的文化信息

作者从多个角度介绍了"盛如长安南，贤如鲁孔子"铭东汉画像镜的文化信息。"盛如长安南"铭印证了新莽王朝在长安城南的规划设想；"贤如鲁孔子"铭及其同类镜，反映了东汉时期的"尊孔"与"尊儒"的世风；榜题"东王公、西王母"的镜铭文，表明汉朝儒道合一的社会现实；对五面同类镜的比较研究，以了解东汉的"名匠佳镜"；全镜22匹奔马有地位、力量、财富三个象征意义。

8.7 从东汉伯牙镜看汉代礼乐文化

东汉中晚期的桓、灵之际，在铜镜图纹与铭文上皆出现了有关伯牙的内容。汉人为何如此重视并崇尚伯牙？作者认为，究其文化内涵之根本是汉朝崇尚礼乐文化的反映。礼乐配合，以礼修身，规范人们思想行为；以乐治心，感化人们自觉地按照"礼"的规范来行事，保持人们内心的平衡，从而达到"治国""平天下"的目的，这是儒家"礼乐文化"的精髓，也是儒家"礼乐文化"的普世价值所在。

8.8 三国吴嘉兴元年铭纪年镜产地研究

迄今所知，此铭器物存世四面。对于铭文释读与产地考证，经过了一段曲折而有趣的过程。"嘉兴元年镜"有五个巧合：其一，中日两国各自都有两面，且皆分藏于国家博物馆及民间藏家；其二，两国各自的藏镜都是同模镜；其三，吴国有祥瑞之词并置嘉兴县，而西凉又有嘉兴年号；其四，同时期的东晋和西凉都有会稽郡；其五，孙皓追改"嘉禾六年"为"嘉兴元年"，与西凉"嘉兴元年"的干支都为丁巳。

8.9 三国吴太元二年铭纪年镜释考

纪年镜是中国传统文化的珍贵物质遗产。此镜的重要性在于，对人文国学和自然国学两个领域，都将会不断地体现它的历史价值与文化价值。这面太元二年铭纪年镜的出现，为孙权在位年号的纪年镜填补了四项空白：其一，孙权在位最后六年的空白；其二，"太元"年号的空白；其三，三国吴年号变动最频繁（11个月中四个年号）时期的空白；其四，纪月不足三十天这段既短暂又宝贵的历史记录的空白。

第1章 综合篇

1.1 记《古镜写影》有字秦镜 / 21

1.2 两汉三国纪年镜概说 / 24

1.3 西汉铭文镜问世年代探讨 / 36

1.4 西汉镜铭喻示的人与自然 / 41

1.5 汉镜分期研究 / 46

1.6 《博局占》与规矩纹 / 111

1.7 博局与汉代博局纹镜 / 115

1.8 论汉镜文化对日本的影响 / 130

1.1 记《古镜写影》有字秦镜

■ 李学勤

天津王襄先生（1876—1965）是最早辨识和收藏殷墟甲骨的学者之一[1]，蜚声于学术界。他一生著述弘富，曾有唐石父先生及王先生之子王巨儒先生加以纂辑，题为《王襄著作选集》，在2005年出版[2]。《选集》共三巨册，长达两千六百多页，但还有一些王襄先生的遗作未能收入，他关于铜镜的专著《古镜写影》即其一例。

《古镜写影》是王襄先生研究古代铜镜的主要著作。查《王襄著作选集》所附王巨儒《王襄年谱》，1950年，王襄先生七十五岁，《古镜写影》成。此书概述了我国自周代至明代出土古镜形制，序言里论证了周代已有铜镜的见解。这标明了《古镜写影》成稿的年代。《年谱》又说，1957年，中国科学院陶孟和先生到津访问王襄，询问近年有什么撰述，王先生提出书稿四种，第一种便是《古镜写影》。当年8月，王襄先生将这四种书稿送交中国科学院审查，中科院于9月24日复函，"因《古镜写影》未能进行综合论述，不拟出版"[3]。这部书稿一直没有付印，《王襄著作选集》只在所录《纶阁文稿》第三册中收有《古镜写影·叙》[4]。

我很早就读过王襄先生《簠室殷契征文》《簠室殷契类纂》等书，但一直无缘谒见。1981年，我在天津得见王先生另一位哲嗣王翁儒先生，谈及王襄先生遗稿《古镜写影》等，深觉有重大学术价值。次年6月，蒙王翁儒先生赐函，告知《古镜写影》书凡五卷（五册），计：

第一卷　镜型篇、周秦镜篇

第二卷　汉三国南北朝镜篇（上）

第三卷　汉三国南北朝镜篇（中）

第四卷　汉三国南北朝镜篇（下）

第五卷　唐宋元明镜篇、后记

共约一百五十页，每页五百字，计有七万五千字，附图七纸[5]。对照《王襄著作选集》，知道后者只收录各篇的"叙"以及1951年写的"后记"。再看《古镜写影》的"后记"，其中说："此编镜影始周终明，收镜七百五十九面"，足见原书的规模，而以王襄先生的博识多见，所载铜镜一定富有珍品，解说考释也必有胜迈前人之处。

王翁儒先生给我看了一部分铜镜材料，有拓本也有摹本，我当时作了札记。现择取其中一件，略加讨论，以副王翁儒先生雅意。

《古镜写影·叙》的《镜型篇》提到："镜铭之字，周时仅见赦囗镜，乃周末之古

图1

文。"[6]研究古镜的读者对这段话肯定会极感兴趣,所谓"赦口镜"是怎样的?镜上有什么铭文?何以知其为"周末之古文"?

所附图1是我根据《古镜写影》原图模制的。原图是王襄先生依照拓本作的摹本,有"杨鲁盦藏拓抚之"题字,以及"王襄""纶阁述古"二白文印。

这是一面无边缘的素镜,径约9.8厘米,中央设桥形钮,有径2厘米的小圆钮座。镜背有五个字,笔道细劲,应系刻成。字的方向互不相同,如将镜钮横置(如图),这些字都偏在上方。文字的风格,显然带有王国维先生所说"周秦间西土之文字",即秦文字的特点,读者不妨以之与《秦铜器铭文编年集释》《秦文字集证》等著录中的秦文字对照[7]。有些字的写法,与湖北云梦睡虎地秦简也颇相似[8]。

试依位置上下的次序,释读这五个字:

在镜钮的正上方的,两直笔交叉,横笔稍短些,应释为"十"。

"十"字右下方的字,乍看不易分析,实际其右侧是从"殳"的,只是"殳"的上部小竖笔误与左侧偏右的一点连在一起了。请对照睡虎地秦简的"杀"字[9],即不难明白。这个字没有写出"杀"字左上的"乂"形,但是如果我们认为上面的"十"便是"杀"字这两笔,字形就完全了,这可能是一个特殊的借笔例子。

"十"字左下方横写的,是"丁"字。商、西周以至春秋的"丁"字,大都是这样写的,战国中晚期才在下部延伸出一笔,如睡虎地秦简[10]。

与"丁"字大致相对,在钮座右侧的,是"亥"字。

在"丁"字下面,朝着钮座横置的,是"赦"字,"赦"是《说文》"赦"字异体,曾见于西周金文[11]。

把五个字连起来读,是"十杀丁亥赦"。

古代以丁亥为吉日,见于《大戴礼记》的《夏小正》[12]。这句话的意思可能是说,各种应处死刑的罪名可在丁亥之日得到赦免。大家知道,镜的使用有时与巫术有关,上写这句话的铜镜或许正是这样。

这面铜镜的时代不会太晚,战国晚期的素镜一般是三弦钮,不是桥形钮,"丁"字的写法也表明这一点。战国中期大概是最迟的估计,因此可说是最早的文字镜之一。不过这面镜上文字的性质全然不同于后世的镜铭,不必把镜铭的起源上推到这样的时代。

这面镜的名称，我建议叫做"丁亥镜"，可惜其出土情况和收藏过程全无消息，原件也不知下落。杨鲁安先生于前些年谢世，他的那张拓本是否存在，亦难究诘。王襄先生的《古镜写影》或许是仅存的有关材料了。

《王襄年谱》记载，1965年夏，王先生家属将其遗留的手稿、墨迹及收藏文物等"全部捐献天津市革命委员会。后分类拨交天津市人民图书馆，天津市艺术博物馆，天津市历史博物馆及天津市文史研究馆收藏"[13]，《古镜写影》书稿当在其中。希望该书将来能够出版，使我们更多地看到王襄先生的业绩。

【注 释】

[1] 孟世凯：《甲骨学辞典》，上海：上海人民出版社，2009年，第115—116页。

[2] 唐石父、王巨儒：《王襄著作选集》，天津：天津古籍出版社，2005年。

[3] 唐石父、王巨儒：《王襄著作选集》，天津：天津古籍出版社，2005年，第2636、2648页。

[4] 唐石父、王巨儒：《王襄著作选集》，天津：天津古籍出版社，2005年，第2370—2391页。

[5] 函中第二卷标题当有衍文。

[6] 唐石父、王巨儒：《王襄著作选集》，天津：天津古籍出版社，2005年，第2380页。

[7] 王辉：《秦铜器铭文编年集释》，西安：三秦出版社，1990年。王辉、程学华：《秦文字集证》，台北：艺文印书馆，1999年。

[8] 张守中：《睡虎地秦简文字编》，北京：文物出版社，1994年。

[9] 张守中：《睡虎地秦简文字编》，北京：文物出版社，1994年，第45页。

[10] 张守中：《睡虎地秦简文字编》，北京：文物出版社，1994年，第217页。

[11] 吴镇烽：《西周金文撷英》，西安：三秦出版社，1987年，第48—50页。

[12] 李学勤：《古文献丛论》，北京：中国人民大学出版社，2010年，第168—169页。

[13] 唐石父、王巨儒：《王襄著作选集》，天津：天津古籍出版社，2005年，第2655页。

1.2 两汉三国纪年镜概说

■ 陈佩芬　王纲怀

中国纪年镜是中国铜镜的一个特殊种类,在历史学、考古学、类型学、民俗学以及比较研究等方面有着重要的文化价值。从西汉成帝刘骜在位的第十九年(永始二年,即公元前15年)算起,直至清德宗载湉在位的第四年(光绪四年,即公元1878年)为止,中国纪年镜经历了1893年,其间没有大的间断,这在世界文化史上是值得骄傲的一个历史事实。或许是年代久远的原因,也可能是存世数量的稀少。世人对两汉三国的纪年镜尤其表现出兴趣,各地的博物馆、美术馆乃至收藏家,都以收藏有中国纪年镜为荣。某些纪年镜的存世量仅是一面或数面而已,更显珍贵。

本文列举了两汉三国时代的二十四面纪年镜(详见表一),纪年时间相差294年。其中包括西汉(含新莽)镜四面,东汉镜十二面,三国镜八面;其中中国收藏十八面,日本收藏六面。

表一　两汉三国纪年镜一览表

图号	公元纪年	年号	时代	直径(厘米)	主纹	资料来源
1	前15	永始二年	西汉成帝刘骜第19年	18.5	四灵博局	1996年洛阳五女冢新莽墓出土
2	6	居摄元年	西汉孺子婴、王莽摄政	13.2	连弧	1924年朝鲜大同江汉乐浪郡出土
3	10	始建国二年	新莽第2年	16.1	瑞兽博局	中国国家博物馆
4	15	始建国天凤二年	新莽第7年	16.6	四灵博局	上海博物馆
5	59	永平二年	东汉明帝刘庄第2年	23.2	四灵	《中原古镜聚英》图135
6	91	永元三年	东汉和帝刘肇第3年	24.3	神人神兽	《古镜今照》图141
7	105	元兴元年	东汉和帝刘肇第17年	15.8	变形四叶兽首	南阳市博物馆
8	114	元初元年	东汉安帝刘祜第8年	14.7	神兽	《古镜今照》图129
9	156	永寿二年	东汉桓帝刘志第11年	18.1	变形四叶兽首	《前汉至元时代的纪年镜》图2
10	160	延熹三年	东汉桓帝刘志第16年	16.9	变形四叶兽首	《汉铭斋藏镜》图116
11	167	永康元年	东汉桓帝刘志第23年	16.3	对置式神人神兽	上海博物馆
12	174	熹平四年	东汉灵帝刘宏第8年	17.8	变形四叶兽首	重庆市博物馆
13	183	光和五年	东汉灵帝刘宏第17年	15.9	神人神兽	《止水阁藏镜》图96
14	187	中平四年	东汉灵帝刘宏第23年	19.2	对置式神人神兽	上海博物馆
15	203	建安八年	东汉献帝刘协第15年	13.6	重列式神人神兽	上海汉雅堂
16	205	建安十年	东汉献帝刘协第17年	14.7	重列式神人神兽	绍兴市博物馆
17	227	黄武六年	三国吴孙权第6年	11.6	重列式神人神兽	日本大阪和泉市久保惣纪念美术馆
18	235	嘉禾四年	三国吴孙权第15年	11.7	重列式神人神兽	《前汉至元时代的纪年镜》图34
19	235	青龙三年	三国魏曹叡第9年	17.4	四灵博局	1994年京都府大田南5号坟出土
20	252	太元二年	三国吴孙权第31年	14.9	对置式神人神兽	《汉铭斋藏镜》图123
21	260	甘露五年	三国魏曹髦第8年	16.6	变形四叶兽首	《汉铭斋藏镜》图124

续表

图号	公元纪年	年号	时代	直径（厘米）	主纹	资料来源
22	260	永安三年	三国吴孙休第3年	14.3	重列式神人神兽	《汉铭斋藏镜》图125
23	278	天纪二年	三国吴末帝孙皓第16年	11.4	重列式神人神兽	《前汉至元时代的纪年镜》图36
24	279	天纪三年	三国吴末帝孙皓第17年	14.0	对置式神人神兽	《汉铭斋藏镜》图128

一、西汉（含新莽）

这个时期的纪年镜，目前仅见四面，这些器物开创了中国纪年镜的新纪元，件件皆能证实历史。同时，亦为我们留下了一些真实的故事。

1. 永始二年镜（图1、本书下册图136）

铭文：永始二年五月丙午漏上五工丰造。景公之象兮吴娃之兑（悦），作眯明镜兮好如日月，长相思兮世不绝。见朱颜，心中欢。常宜子孙。

1996年，洛阳市第二文物工作队，在洛阳五女冢发掘了一座新莽时期的墓葬，出土了这面永始二年（前15年）铭的四灵博局镜。依据年号可知，此镜是目前所知最早的纪年镜，较居摄元年镜之纪年要早出21年。值得一提的是，图1、图2两镜皆为出土器物，无疑其可靠性与证史价值皆比传世器物要高。

图1

2. 居摄元年镜（图2、本书下册图137）

铭文：居摄元年自有真，家当大富，耀常有陈。昭之治吏为贵人，夫妻相喜，日益亲善。

1924年，在朝鲜大同江石岩里汉乐浪郡遗址，出土了这面居摄元年（6年）铭的连弧镜。大半个世纪以来，一直被认为是"目前所知最早之纪年镜"。此镜先由日本守屋孝藏氏收藏，1942年见著于梅原末治《汉三国六朝纪年镜图说》之图版一，现由日本东京五岛美术馆收藏。

图2

3. 始建国二年镜（图3、本书下册图138）

铭文：唯始建国二年新家尊，诏书数下大多恩。贾人事市，不躬耆田。更作辟雍治校官，五谷成熟天下安。有知之士得蒙恩，宜官秩，葆子孙。

中国国家博物馆收藏了这面始建国二年（10年）铭的瑞兽博局纹镜。1897年（光绪二十三年），宛平黄浚在北京琉璃厂开古玩铺，此镜乃其最早收藏品（《尊古斋古镜集景》图1）。1916年，罗振玉《古镜图录》有云："（此镜原由）祥符周藏，今归如皋昌氏。"1959年，由上海博物馆调拨给中国历史博物馆（即今中国国家博物馆）。

4. 始建国天凤二年镜（图4、本书下册图139）

铭文：始建国天凤二年作好镜，常乐富贵庄君上，长保二亲及妻子，为吏高迁位公卿，世世封传于无穷。

图3

上海博物馆收藏了这面始建国天凤二年（15年）铭的四灵博局镜。是在20世纪60年代初，上海徐士浩先生将包括此镜在内的一批青铜器捐赠上海博物馆，从此，此镜安身于艺术殿堂。比较图1、图2、图3三面著名的纪年镜可知，此镜与标准的新莽官制镜最是接近。其边缘纹饰可以证明，当时的铸造地点有可能在淮河以南地区。在《六安出土铜镜》一书中，多见类似之花边纹饰。

二、东汉

东汉是中国纪年镜开始繁荣的时代。除了光武帝刘秀在位的34年中还没有发现纪年镜外，其后诸帝在位皆有纪年镜存世。其年号包括汉明帝刘庄的永平，汉章帝刘炟的章和，汉和帝刘肇的永元、元兴，汉安帝刘祜的元初，汉顺帝刘保的永和，汉冲帝刘炳的永憙，汉桓帝刘志的永寿、延熹、永康，汉灵帝刘宏的建宁、熹平、光和、中平，汉献帝刘协的建安等。统计可知，东汉纪年镜历九个皇帝，涉15个年号。

图4

本文挑选了12面东汉镜作为镜例。

1. 永平二年镜（图5）

铭文：尚方作竟大毋伤，巧工刻之成文章，

图5

左龙右虎辟不羊，朱爵玄武顺阴阳，子孙备具居中央，长保二亲乐未央，四□三□□□□，富贵昌，长安巧工刻。永平二年八月二八日刻之成文。

迄今所知，此镜为最早的东汉纪年镜。其年号永平二年（59年）与图4镜相距已有44年，在这近半个世纪中，光武帝刘秀推翻新莽、平息战乱、发展经济、恢复民生，为存在近两个世纪的东汉社会打下了坚实的基础。或许是一种巧合，直至东汉第二个皇帝刘庄在位的第二年，纪年镜再现人世。

2. 永元三年镜（图6、本书下册图174）

铭文：内区：永元三年。

周圈：石氏作竟世少有，东王公，西王母，人有三仙侍左右，后常侍，名玉女。云中玕昌□□鼓，白虎喜怒毋央□，男为公侯女□□，千秋万岁生长久。

长期以来，人们仅知东汉早期纪年镜为两面永平七年（64年）的器物，其一是《岩窟藏镜》的尚方铭七乳镜，其二是美国纽约私人收藏的八连弧云雷纹镜。其余东汉纪年镜皆在东汉的中晚期。此镜问世有两个意义：其一，在画像镜类中，出现了罕见的纪年铭永元三年（91年）；其二，铭文年代填补了东汉早中期画像镜的稀缺。详见本书下册图174之文字说明。

图6

此镜书体还保留了新莽官制镜的莽式汉隶（横笔两端出尖），这是一个颇具意味的问题。事实上，新莽书体对东汉的影响可至章帝，文化延续比较漫长，此镜亦为一例。

3. 元兴元年镜（图7、本书下册图175）

铭文：四叶：富且昌，乐未央，师命长，宜侯王。

周圈：元兴元（二）年五月丙午日，天大赦，广汉西蜀造作。尚方明竟，幽涑三商，长乐未（央），宜侯王，富且昌，位至三公，位师命长。

图7

此镜问世在东汉早中期之际，可谓是变形四叶兽首镜的早期器物，同时也从此开始了这类器物的新时代。由镜铭实例看，凡"广汉西蜀"造作的此类镜形制规整、铸造精湛、纹饰清晰、图文并茂，在东汉中晚期存在了约有一个世纪的时间，它们给中国铜镜史添上了浓墨重彩的一笔。

此镜铭文元兴元年（105年）有几处须引起注意的内容。其一，首句"元兴元年"的"元"字之后，多了一个"二"字，不解其意；其二，"天大赦"少见；其三，末句"位师命长"，在其他镜例中多见"其师命长"。

日本东京五岛美术馆另藏元兴元年（105年）铭环状乳神兽镜，直径8.9厘米，重量211克。

4. 元初元年镜（图8）

铭文：元初元年正月癸酉朔日。

图8

此镜甚为特殊：其一，纪年年号元初元年（114年）似为孤例；其二，东汉安帝刘祜在位22年，仅见此例；其三，年号铭文十字被等分地镶嵌在镜缘的菱形画纹带之间；其四，主纹四分、神兽衔矩的图案出现之年代似为最早。

5. 永寿二年镜（图9、本书下册图176）

铭文：永寿二年正月□□□□□□□作尚方明□竟（力），□□□□长王□□□□□□□□。

图9

桓灵之际是东汉文化昌盛的一个标志时间，仅太学生就有五万人，为西汉武帝时期的百倍。此镜属四叶兽首镜，其纪年时间永寿二年（156年）应为此类铜镜之较早者。

作为一个在东汉晚期的独立镜种，变形四叶兽首镜有着诸多与众不同、标新立异的特色。

（1）铭文——突出纪年，标注产地。
（2）问世——持续百年，多在桓、灵。
（3）产地——多出广汉，少见南阳。
（4）连弧——数字缤纷，展现素数。

6. 延熹三年镜（图10、本书下册图177）

铭文：延熹三年五月丙午日造作。尚方明竟，广汉西蜀，幽涑三商，天王日月，位至三公兮，山人。

图10

东汉之广汉在今广汉市北，古称雒县，曾为

益州刺史部与所属广汉郡治之所在地。中国新石器时代至商周时期的早期蜀文化遗存——三星堆遗址，即在今广汉市的南兴镇三星村。毋庸置疑，这个地区从人文之初直至东汉魏晋，始终是华夏青铜器（包括铜镜）的一个铸造中心。东汉镜纪年、记地并不少见，此铭结尾二字"山人"似为工匠留名。

作为一个在东汉晚期盛行的独立镜种，变叶四叶兽首镜有着诸多与众不同、标新立异的特色（见图9）。其最大特色，在于相对集中的纪年铭文与几何等分的连弧数字。变形四叶兽首镜最为流行的时间是在东汉桓、灵之际，亦正是汉代教育最为发达的年代。

此镜铭文延熹三年（160年）正与东汉碑文盛行期的"桓灵之际"（共42年）同一时代。汉碑是国人顶礼膜拜的重器，其早期拓本如今都十分珍贵。《清华铭文镜》图69（残片）为同时代器物，其残存10字之汉碑书体似更规整华美。

7. 永康元年镜（图11、本书下册图179）

铭文：方枚：永康元年，正月午日，幽湅黄白，早作明镜，买者大富，延寿命长，上如王父，西王母兮，君宜高位，位至公侯，长生大吉，太师命长。

半圆方枚神兽镜的铸制水平在汉代属最高之列，其边缘图案的精细程度在汉镜铸造史上，堪称一流。此镜尺寸较大，品相完美，可称为同类镜之翘楚。此镜铭文永康元年（167年）十分著名，已有诸多文字说明，在此不复赘述。此镜纹饰的每个方枚之中，皆排布四字。此类镜的共性是铸制精湛，版模上乘。

图11

8. 熹平四年镜（图12、本书下册图181）

铭文：熹平四年正月丙午，吾造作尚方明镜，广汉西蜀，合湅白黄，舟（周）刻无疵，世得光明。买人大富长子孙，延年益受（寿），长乐未央兮。

东汉纪年镜铭文中多有"丙午日"（或简称"丙午"）的字样，此镜即为一例。中国古代历法，用天干地支来规划年、月、日、时，预测学称为"四柱"。丙午日是日柱循环的六十分之一日。在六十天干地支中，丙午日的顺序是第43位。论阴阳五行，天干之丙属阳之火，地支之午亦属阳之火，故而丙午日的"阳气"最旺，"火

图12

气"最盛。

此镜铭文熹平四年（175年）连弧数23是典型的素数。汉镜的客观存在证实，素数问题在公元前二世纪时就已被应用在生活实践之中。以连弧纹为主体的汉镜纹饰，在圆形几何等分的构图中，除了偶数外，经常可看到3、5、7、9、15、21、25、27等便于几何作图的数字。偶尔又见着11、13、17、19、23、29等难以几何作图的数字，这些数字被称为素数或质数。其定义是：大于1的整数，除了它本身和1以外，不能被其他正整数所整除的数字。素数等分不能用圆规与直尺的几何制图方法来完成，汉人怎么解决的，需要我们进一步探讨。

存世另见熹平元年（《止水阁藏镜》图95）、熹平三年（ARTIBUS ASIAE 第76页）之双龙钮纪年镜。

9. 光和五年镜（图13、本书下册图182）

铭文：方枚：吾作明竟自有□，□□□□□。

图13

图14

周圈：光和五年正月十三日午丙，广汉西蜀造作。尚方明竟，世得光明。天王日月，位至三公。宜侯王，乐未央。生如山石富且昌，□□富贵受命长。受如东王公西王母，仙人王乔赤□。

此镜铭文既纪年又记地，有着重要的文化内涵。汉灵帝在位共25年，有四个年号，多见熹平，少见中平，罕见建宁、光和。此镜铭文光和五年（182年），"广汉西蜀"之铭多在变形四叶兽首镜中出现，这类纪年铭的兽首镜存世二十余面，其中七面有记地"广汉西蜀"。神兽镜记地多见"吴郡"（应是东汉会稽郡所属），此镜的出现表明：在吴郡西去一千余公里的西蜀（四川）广汉，亦有铸制神兽镜的作坊。

此镜铭文的奇特之处：其一，工匠粗心，误将"丙午"铸成"午丙"；其二，"世得光明"之词在同类中少见，或许有其地方性、时间性的特色；其三，铭文中的两个"寿"字，均皆通假"受"字。惜此镜多处遭锈蚀，致使部分铭文不清，留下些许遗憾。

10. 中平四年镜（图14、本书下册图183）

铭文：方枚：中平四年，五月午日，幽涑白同，早作明竟，买者大富，长宜子孙延年命长。上如王父，西王母兮，大乐未央。长生大吉，天王日月，太师命长。

此镜与图11两镜铭文皆置于"方枚"之中，为中平四年（187年）且每一方枚都是一分为四而纳入4字。两镜的总体形制、纹饰布局、铭文内容、文字书体等皆同一风格，主要不同之处在于此镜为13（素数）等分，而图11镜是12（非素数）等分。两镜的具体铸制年代只相差二十年，有理由认为：此两镜很可能出自同一地区（河南？），或是出自同一作坊甚至同一工匠。

存世另见"中平二年"（台北一雅堂）、"中平六年"（东京五岛美术馆）之罕见纪年镜。

11. 建安八年镜（图15）

铭文：建安八年作，吾作明竟，幽涑宫商，周罗容象，五帝天皇，白牙单（弹）琴，黄竟（帝）除凶，朱鸟玄武，白虎青龙，君宜高官，位至三公，子孙番昌。

图15

"建安"铭纪年镜的存世较多，按年号看，有元年（196年）、四年（199年）、五年（200年）、六年（201年）、七年（202年）、九年（204年）、十年（205年）、十九年（214年）、二十年（215年）、二十一年（216年）、二十二年（217年）、二十四年（219年）、二十六年（221年）等。其中，以建安十年镜之存世量最大，且以重列式神兽镜为主体。

12. 建安十年镜（图16、本书下册图191）

铭文：建安十年造，吾作明竟，幽涑宫商，周罗客象，五帝天皇，白牙单（弹）琴，黄帝除凶，朱鸟玄武，白虎青龙，服者豪贵，延寿益年，子孙番（昌）。

图16

此镜铭文建安十年（205年），与图15大同小异：说明诞生于同一时代的镜铭文化，其内容应该相差不大。

长期以来，人们都认为硕大之扁钮问世于三国，流行于西晋。此镜的出现无疑将改变这种观点，即早在建安中期就有硕大扁钮问世。此镜钮径为4.9厘米，正好是镜径14.7厘米的1/3。

三、三国

三国虽是一段仅有45年的"乱世"，却给我们留下了史上最多的纪年镜。按存世数量统计，三国吴之存世量较大（应在百位数），三国魏之存世量一般（当在十位数），三国蜀之存世量较小（似在个位数）。与东汉镜相比，大多数三国纪年镜的版模粗劣、品相较差、字迹模糊，本文挑选了8面三国镜作为镜例。

1. 黄武六年镜（图17）

图17

铭文：黄武六年五月壬子四月癸丑，造作三□之，宜王宜侯，服竟之人皆寿岁，子孙众多，悉为公卿，收取数百牛羊，□□□□□。（镜钮阴刻铭文：上大将军士张光竟）

此镜铭文黄武六年（227年）问世在三国早期，其重列式神人神兽主纹与铭文祈祥内容，还都保留着东汉镜之遗风。在同类镜中，其版模与品相皆属上乘。

2. 嘉禾四年镜（图18）

图18

铭文：嘉禾四年二月□作吾明竟，服者万年，延年子孙，仙镜宜用□□，□□□□朱鸟武。

《三国志·吴书》记载："（黄龙三年冬）会稽南始平言嘉禾生。十二月丁卯，大赦，改明年元也。"三国吴镜铭"帝道始平"即由此而来。嘉禾年号镜存世有多面，但有关资料多见自日本。

3. 青龙三年镜（图19）

图19

铭文：青龙三年，颜氏作竟成文章，左龙右虎辟不详，朱爵玄武顺阴阳，八子九孙治中央，寿如金石宜侯王。

1994年3月17日，此镜在日本京都府竹野郡弥荣町大田南古故群五号坟出土，曾引起中日两国的格外重视，1994年5月8日《中国文物报》亦有报道。在景初二年（238年）六月，魏明帝曹叡在赐给倭女王卑弥呼的一大批礼品清单中，有"铜镜百枚"；正始元年（240年），魏齐王曹芳又"赍诏赐金、帛、锦、罽、刀、镜、采物……"

有关专家认为，此青龙三年镜（235年）极有可能是当年的"铜镜百枚"之一。因而，此镜亦成为中日两国友好交往史上一件十分有价值的实物。

此镜四灵博局的主纹与尚方作竟的铭文，仍保留了两百多年前新莽时代的文化传统。

4. 太元二年镜（图20、本书下册图195）

铭文：太元二年二月□，风雨时节五谷孰，三上公□□多寿，长保二亲得天力。

迄今所知，此镜年号为目前之仅见者。"太元"年号在历史上有三个，依据形制规格、版模特征、构图类型，可知此纪年铭为三国吴大帝孙权之年号"太元"，而并非十六国前凉张骏或东晋孝武帝司马曜之"太元"。《三国志·吴书》载："（赤乌十四年）太元元年夏五月，立皇后潘氏，大赦，改年。""（太元二年）二月，大赦，改元为神凤。""太元元年夏……明年四月，权薨，太子即尊号，大赦，改元。是岁，于魏嘉平四年也。"将此三段史料连贯起来，即赤乌十四年（251年）五月改元太元元年——（经九个月）至太元二年（252年）二月，同月改元神凤——（经两个月）孙权驾崩，孙亮即位，改元建兴。这些史料说明孙权在位的最后11月中，共经历了赤乌、太元、神凤三个年号：赤乌十四年（五月）、太元元年（存世仅7个月）、太元二年（存世仅2个月）、神凤元年（存世仅两个月）。当可谓中国历史纪年变动频繁之最也！

统计可知，孙权在位从黄武元年（222年）至赤乌九年（246年）的25年中，计四个年号有存世器物，差不多是连年或隔年就有。从赤乌十年（247年）至孙权驾崩的六年中，过去从未见存世器物。这面太元二年铭纪年镜的出现，为孙权在位年号的纪年镜填补了四项空白：其一，孙权在位最后六年的空白；其二，太元年号的空白；其三，三国吴年号变动最频繁（11个月中三个年号）时期的空白；其四，虽纪月不足三十天，然保存了这段既短暂又宝贵的历史记录。

图20

5. 甘露五年镜（图21、本书下册图196）

铭文：甘露五年四月十六日，左尚方师作竟青且明，君宜高官，位至三公，利子宜孙，延年益寿。

日本东京五岛美术馆《前汉至元时代的纪年镜》图9、图10为一对同模兽首镜，分别由东京书

图21

道博物馆（直径16.6厘米，重量350克）与兵库黑川古文化研究所（直径16.6厘米，重量402克）收藏，其铭云："甘露五年二月四日，右尚方师作竟清且明，君宜高官，位至三公，保宜子孙。"比较可知：其一，三镜直径一致，纹饰几乎相同，而此镜最重；其二，年号相同皆在公元260年，月份与日期不同；其三，日本两镜系"右尚方师"，此镜为"左尚方师"；其四，日本两镜系"保宜子孙"，此镜为"利子宜孙"；其五，此镜末句比日本两镜多了"延年益寿"四字。

《三国志》卷四："（甘露）五年（260年）春正月朔，日有蚀之。夏四月，诏有司率遵前命，复进大将军司马文王（即司马昭）位为相国，封晋公，加九锡。"晋朝之晋由此始。魏帝高贵乡公曹髦在此铭之年月之所为，留下千古名言："司马昭之心，路人所知也。"

详见本书下册图196之文字说明。

6. 永安三年镜（图22、本书下册图197）

图22

铭文：永安三年六月一日造兮，位至三公，子孙万年，□□王，□□□。

三国吴永安三年与三国魏甘露五年同在公元260年。此二面镜当属同一年问世。可见，同时代南方的吴国与北方的魏国分别铸造了不同类型、异样风情的铜镜。此镜主纹五兽四禽24神人。其神人数量在同类镜中应属最多之列，此镜最下一排神人之左侧一人似吹竽，同排自左而右，第五人似吹管，第六人似鼓瑟。

7. 天纪二年镜（图23）

铭文：天纪二年七月七日日中，九湅甘七商□镜，青□□，吏人仕，患（官）高迁，位三公，□□□，延年。

此镜是一个"重列不明显"的重列式神人神兽镜。镜铭为天纪二年（278年）。《清华铭文镜》图67有铭："五月五日丙午日中时"，此镜与之相比，皆突出了"日中"的概念，根据道家理念，铸镜时辰选在"日中"，当是"火"气最旺，最有利于"火克金"的要求。

图23

8. 天纪三年镜（图24、本书下册图200）

铭文：天纪三年王氏作，延年益寿，宜子宜孙。

三国吴末帝孙皓在位16年（264～280年），历8个年号，"天纪"是最后一个年号。"天纪四年"（280年），三国吴被晋武帝司马炎所灭。从完整的年号来看，天纪三年（279年）才是三国末年即中国从汉末以来的分裂由此画上了句号。从太康元年（280年）即天纪四年始，中国再次走向统一。

统计可知，此类镜所等分的半圆方枚数字，最多者16个，最少者6个。存世多见12个，也见有8、9、10、13、14个不等。此镜等分数为15个，应在少见之列。汉代工匠对数字等分，有着丰富的知识和精到的技艺。

图24

在梅原末治《汉三国六朝纪年镜图说》一书中，有天纪元年镜三面、天纪二年镜一面，天纪四年镜一面，唯缺天纪三年。在日本五岛美术馆《前汉至元时代的纪年镜》一书中，有天纪二年镜与太康元年（即天纪四年）镜各一面，亦无天纪三年镜。此镜之问世可谓填补三国吴最后一个完整年号天纪之空缺，其历史和文化价值不言自明。

1.3 西汉铭文镜问世年代探讨

■ 王纲怀

在前人悉心研究的基础上，尤其是依赖于近百年来的大量考古出土资料（包括十余本出土铜镜专著及《文物》《考古》等杂志）与传世资料，使得我们可以对多个西汉铭文镜类的问世年代作出大致判断。关于昭明镜与清白镜的问世年代，在本书多篇文章中已有探讨，本文不赘述。现加以综合。详见表一：

表一　五个西汉铭文镜类一览表

图号	镜类首句铭文	主纹	问世年代	直径（厘米）	重量（克）	资料来源
1	修相思	缠绕式蟠螭	西汉早期	13.8	186	本书下册图3
2	修相思	博局蟠螭	西汉早期	24.0	865	本书下册图4
3	大乐贵富得所好	博局蟠螭	西汉早期	15.4	289	本书下册图14
4	大乐贵富得所好	八龙博局	西汉早中期	16.5	350	本书下册图32
5	大乐贵富得所好	草叶	西汉中期	15.6	567	《汉铭斋藏镜》图82
6	见日之光	蟠虺	西汉早期	7.3	19	《清华铭文镜》图8
7	见日之光	博局圈带	西汉末期	14.0	454	《清华铭文镜》图42
8	日有意月有富	单圈铭	西汉中晚期	17.4	821	本书下册图110
9	日有意月有富	博局框铭	西汉晚期	18.6	残457	《汉铭斋藏镜》图103
10	日有意月有富	博局圈带	西汉末新莽	12.1	403	本书下册图112
11	湅治铜华清而明	重圈铭	西汉中晚期	18.7	910	《清华铭文镜》图32
12	湅治铜华清而明	博局圈带	西汉末新莽	16.2	556	《泓盛2012秋拍》图58

一、"修相思"铭镜类

这是中国铜镜史上最早出现的铭文镜类。本书下册图1至图4的四面修相思铭镜类，具汉尺5寸、6寸（图1）、10寸（图2）的三个规格；有间隔式蟠螭（《故宫藏镜》图24）、缠绕式蟠螭、博局蟠螭3类主纹。此类镜问世年代不长，当是西汉早期避淮南王刘长的"长"字讳而出现，其问世年代大致在汉高祖十一年（前196年）至汉文帝前元六年（前174年）的22年间。刘长未做淮南王时（前196年）不可能避讳，叛乱而亡之时（前174年）不值得避讳。刘长死后又可能会有一段习惯延续的时间，当无关大局。此外，刘长之子刘安被继封淮南王

图1

图2

后,依避家讳的规制,亦避其父名讳,仍言"长"皆曰"修",见于《淮南子》记载。在《六安出土铜镜》一书中,亦见避讳的例证。详见本书《西汉早期蟠螭纹铭文镜研究》。

二、"大乐贵富得所好"铭镜类

大乐贵富铭博局纹镜类的标准铭文:"大乐贵富得所好,千秋万岁,延年益寿。"最早应出现在汉文帝时期(图3)。多年来,只知道仅存世这一品种,而新资料表明:这一镜类还有带地纹的八龙博局纹(图4)与草叶纹(图5,仅铭文起首处加了一个"常"字)。图4镜大致在景帝前后,图5镜主要在武帝时期。综合判断可知,此铭镜类问世于西汉早期,历经西汉早中期之际,直至西汉中期,其存世时间约有半个世纪之多。

图3

图4

三、"见日之光"铭镜类

从本书孙克让、叶德舜《西汉日光镜铭文释考与研讨》之表一可知,日光镜由西汉早期的蟠螭地纹类(图6)开始,历经西汉早期的纯文类与四乳纹类、西汉早中期的花瓣纹类、西汉中期的草叶纹类、西汉中晚期的单圈纹与重圈纹类,直至西汉晚期的四灵博局纹类(图7),再结合孙文所附之24幅图片,我们可以看到日光镜一路走来的清晰足迹,它们几乎贯穿了整个西汉的两个世纪。

四、"日有憙月有富"铭镜类

这个镜类大多问世在西汉中晚期,事实上是开始于西汉中晚期之际的单圈铭(图8),经历西汉晚期的宽素缘博局方框铭(图9),结束于西汉末至新莽初的四灵博局圈带铭(图

图5　　　　　　　　　　　　　图6

图7　　　　　　　　　　　　　图8

10)。其问世年代主要应在西汉晚期的半个多世纪内。《湖南出土铜镜图录》《洛阳出土铜镜》《长安汉镜》等书的资料,皆表明"日有熹"铭镜类的问世年代主要是在西汉晚期。

五、"湅治铜华清而明"铭镜类

这个镜类简称"铜华镜"(图11),存世器物数量应是数以百计,其问世年代完全与"日有熹月有富"铭镜类相同,主要应在西汉晚期的半个多世纪内。这个镜类的铭文内容多有变化,本书图录图104至图108有五面同类镜,包括了"寿敝金石""与天长久""福嗣未央""游中国""五色尽具"五种与众不同的铭文内容,它们在纹饰分类上,皆属于铭圈带镜系列。铜华镜的重圈类存世甚少,如《尊古斋古镜集景》图131、《长安汉镜》图34、《保利2012秋拍》图10036等;铜华镜的四灵博局圈带类更少,迄今所知,仅见本文图12一面。《长安汉镜》第121页载:"(铜华镜)时代多在西汉晚期。"

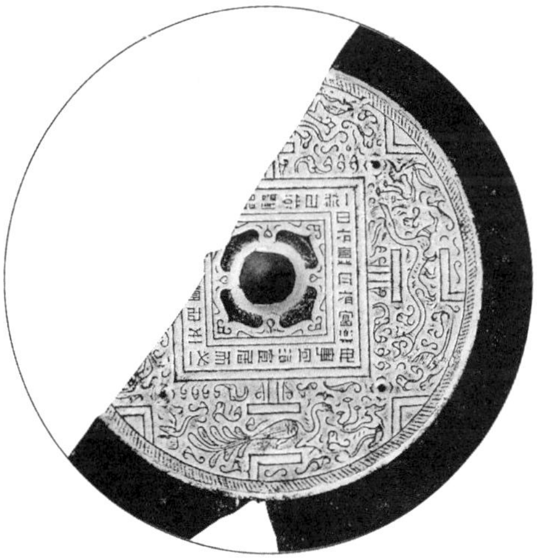

图9

图10

图11

图12

六、小结

综上所述，西汉铭文镜类的问世年代有以下几个特点。

（1）问世年代最短者。"修相思"铭镜类大多问世在汉惠帝至汉文帝初的1/4个世纪左右。

（2）问世年代最长者。"见日之光"铭镜类，从汉文帝之初的蟠螭纹（图6）直至西汉末期的四灵博局纹（图7），这个镜类几乎贯穿了整个西汉的两个世纪。

（3）共性中的个性。图4、图5是西汉"大乐贵富得所好"铭文镜的两个特例，展现出铭文与主纹不在一个时代的鲜明个性。

（4）一个时代映射一种文化。"日有憙月有富"铭镜类与"涷治铜华清而明"铭镜类，大多问世在西汉晚期。这些铭文在四灵博局纹上出现的实例（图10、图12），既说明西汉末王莽篡位（改制）以前之思想体系在西汉各个领域的扩展；亦表示在居摄初年的前后，西汉文化画上了句号。这两个镜例可谓是一种承前（西汉）启后（新莽）的经典器物。

1.4 西汉镜铭喻示的人与自然

■ 王纲怀

人与自然的关系也就是"天人合一""天地生人"[1]的理念,其历史性、科学性、可靠性,正在社会科学界、自然国学界进行着热烈的讨论。殊不知,早在两千年前的西汉早期,这个理念就已经被我们的祖先采纳并重视。本文试从汉代铜镜的文物角度,来发现与了解"天地生人"的历史记载。

铜镜是中国传统文化的奇葩,从齐家文化算起,已有四千年的历史。然而,正式出现镜铭[2],却是西汉早期的事。若干存世实物表明,镜铭刚一问世,就映射了汉人对"天地生人"理念的重视。详见表一。

表一 从西汉镜铭看"天地生人"一览表

图号	年代	主纹	直径(厘米)	重量(克)	铭文内容	资料来源
1	西汉早期	兽钮、花瓣、连弧	11.6	224	与天无极,与地相长,富贵安,乐未央,长相思,毋相忘	本书下册图57
2		四乳、花瓣、连弧	13.9	260	与天无极,与美相长,欢乐如志,长毋相忘	本书下册图58
3		直排、花瓣、连弧	13.7	222	与天无极,与地相长,欢乐如言,长毋相忘	本书下册图59
4		素缘、连弧	10.4	118	与天相寿,与地相长,富贵如言,长乐未央	本书下册图38
5			12.5	159	与天相寿,与地相长,富贵如言,长毋相忘	本书下册图39
6			12.6	145	与天相寿,与地相长,富贵如言,长毋相忘	《止水阁藏镜》图72
7				174	与天相寿,与地相长,富贵如言,长毋相忘	《故宫藏镜》图26
8	西汉早中	四乳、草叶、连弧	15.9	/	与天相寿,与地相长	《广州汉墓》图92-3
9		花瓣、连弧	11.5	196	与人无极,天必利之,富贵安乐,幸毋相忘	本书下册图63

在表一中,图1~图8为"与天、与地"铭内容,图9是"与人"铭内容。其中图1有20

字，图2～图7皆16字，图8是8字。这里，对图2至图7之16字铭文的内容差异作一比较。详见表二。

表二 图2～图7差异一览表

图号	首句	次句	第3句	第4句	说明
2	与天无极	与美相长	欢乐如志	长毋相忘	尺寸最大，与众不同
3			欢乐如言		铭文直排，形制规范
4	与天相寿	与地相长	富贵如言	长乐未央	直径最小，末句有别
5				长毋相忘	书体偏长，地字差异
6					似为同模
7					

通过表一的九个实例，可以清晰地看到汉人对"天人合一""天地生人"理念的重视程度。在西汉瓦当的陶文中，亦可见到"与天无极"（图10、图11）、"千秋万岁、与地毋极"（图12）等实例。此外，泰山刻石亦见，《汉书·武帝纪》："（元封元年）夏四月癸

图1　　　　　　　　　　　　　图2

图3　　　　　　　　　　　　　图4

1.4 西汉镜铭喻示的人与自然

卯,上还,登封泰山。"孟康曰:"刻石,纪绩也,立石三丈一尺,其辞曰:'四守之内莫不为郡县,四夷八蛮咸来贡职,与天无极。'"

"与天"谓凡合乎天道者,则得天助。《国语·越语下》:"持盈者与天。"韦昭注:

图5　　　　　　　　　图6

图7　　　　　　　　　图8

图9　　　　　　　　　图10

图11

图12

"与天，法天也。"《管子·形势》："持满者与天。"尹知章注："能持满者，则与天合。"《史记·越王勾践世家》："持满者与天。"唐司马贞索隐："与天，天与也。言持满不溢，与天同道，故天与之。"

"与地"谓凡合乎地道者，则得地利。《国语·越语下》："持盈者与天，定倾者与人，节事者与地。"韦昭注："与地，法地也。"《史记·越王勾践世家》："节事者以地。"唐司马贞索隐："《国语》'以'作'与'，此作'以'，亦'与'义也。言地能财成万物，人主宜节用以法地，故地与之。"

"与人"谓合乎民意取得人心。《国语·越语下》："持盈者与天，定倾者与人，节事者与地。"韦昭注："与人，取人之心也。"《管子·形势》："持满者与天，发危者与人。"尹知章注："能安危者，则与人合。"

在表一的前八个铭例中，首句或"与天无极"或"与天相寿"喻义类同，都是说天；次句或"与地相长"或"与美相长"喻义相近，都是说地。再对后续语句加以综合，可知其主旨即是人在合乎、顺应天地以后，就可以实现富贵、平安、欢欣、快乐、相思、重情等人生目标，就能够健康永驻、生命长久。镜铭文字虽极为简洁，然其内涵却十分深刻，可谓言简意赅。如若用这些语句来剖析、探讨、研究今天人类的生存环境，应该都有很大的启示。

"与天同道，故天与之。""人主宜节用以法地，故地与之。"司马贞精准地解读并阐述了"天地生人"的理念。这八个镜铭实例的问世时间应在公元前一个半世纪左右的景帝期间，正值西汉经济恢复、社会安定之时，老庄学说在朝野都占有统治地位。道家思想追求出世并注重审美的浪漫主义自然观，与儒家理念有较大差异。对于自然，道家自然观有着比儒家更多形而上的思考。老子曰"物我同一"，认为天地万物是一个整体，主张"道法自然"而不是"征服自然"，认为"天道"与"人道"一致，人是自然的一部分，道、天、地、人都是自然的客观存在；它生化万物，且又使万物成长；人不去主宰万物，一切听其自然，并主张"知常曰明"，要尊重自然规律。老子认为，具有了解和把握事物生长变化之内在规律的能力，才是真正的智慧。在道家看来，自然作为循环往复的开放系统，和谐乃是维系这个开放系统所应当遵循的法则。

图9镜铭"与人无极"甚是罕见,董仲舒的"人"与"民"及其"顺命"的统治思想是中国古代统治者实施统治的重要依据和基础内容,认为人是由君、民、臣所构成,都受上天控制。此铭前两句可谓董仲舒"天人感应"说之经典句例,意即人的行为能感应上天。这则铭文表达的是,努力使君与民处于一个统一体中,构建一种让君与民密切联系、命运相关的政治局面。董仲舒新儒家除重视天道之外,还重视人情,更富有人情味,具有近人近俗的特点。因而儒家的教义很容易深入到老百姓的日常生活中去,发挥一民心,齐民俗的教化作用。

"天人合一"的儒家自然观代表着中国哲学的根本精神和最高境界。孔子曾说:"天何言哉?四时行焉,百物生焉,天何言哉?"(《论语·阳货》)儒家认为,天不是超自然的上帝,而是现实的自然界。四时运行、万物生长,是天之"生",人类亦属万物的一分子。天、地、山、石等自然万物,都会千秋万代永存不灭。对人而言,只要顺应自然规律,合乎天地法则,就是遵行天道,就能够健康长寿,个体生命就能像天地一样长久永固,进而实现天人合一的目标。因此,人类与万物都是同源同根于自然界的花朵,而不是自然界之上的主宰。儒家伦理思想的核心价值是"仁"。孔子主张"仁者爱人",孟子则进一步提出"仁民而爱物",将仁爱精神和情感由对人扩大到对待万物,用仁爱之心将人与万物连成了一个整体。人在为自己确定了"天地之心"的价值定位的同时,不是拥有了主宰万物的权力,而是承担起了自然万物的"主持者"的责任和义务。"天人合一"思想从根源性角度来审视人与自然的关系,将人的"仁爱"本性推及宇宙万物,给后人在如何看待人与自然的关系提供了诸多启示。

汉代,儒家提倡的"天人合一",道家提倡的"道法自然",两者都把人与自然的"和谐"作为其核心思想。这些理念不仅为汉武帝即位后的"大汉雄风"[3]打下了坚实的基础,而且在两千多年来的华夏大地上,始终释放着其固有的正能量。

【注　释】

[1] "天地生人"即天(宇宙)、地(地球)、生(生物)、人(人类社会)的综合研究,包括自然的综合、人与自然的协调发展等。

[2] 李学勤《清华铭文镜·序》:"现在新发现多了,确有个别较早的镜子背面有字,但可能是范铸时偶然形成,不合于镜铭的标准。"

[3] 建元元年(前140年)汉武帝即位后,以"罢黜百家,独尊儒术"为指导思想,加强了中央集权,在抗击匈奴的战争中屡屡取得胜利……这一切主要是文景之治执行"天地生人"理念的结果。

1.5 汉镜分期研究

■ 冈村秀典

前言

汉镜图像纹样和铭文类型多样且富有时代变化，作为年代的标尺具有重要的意义。汉镜不只在制作地中国，在东到朝鲜、日本，西至中亚，南到越南，北至蒙古和西伯利亚等亚洲各地都曾广为流行。因此，在亚洲各地考古学研究中，汉镜作为遗址和墓葬断代的资料历来受到重视。

汉镜的研究始于被誉为"中国之文艺复兴"的宋代。由徽宗勅撰的《博古图录》（1123）收录了112枚铜镜并将其分为汉唐二期，该书以铜镜的一部分纹样和铭文为其定名，如"汉百乳鉴""汉清白鉴"。清乾隆帝勅撰的《西清古鉴》（1755）、《西清续鉴》甲编与乙编（1793），沿用了此种命名方法。

日本的三宅米吉（《考古学会杂志》第1编，1897）参照《西清古鉴》中的镜名，根据图像的不同进行分类和命名，将日本出土的铜镜分成"四神四兽镜""人物画像镜"等镜种。1910年代，因汉乐浪郡所在地（今朝鲜平壤）以及被称为"倭"的日本各地出土了大量的汉镜，加之中国出土的纪年镜相继为世人所知，汉镜的年代开始引起人们的关注。富冈谦藏《古镜の研究》（1920）最早以这些汉镜新资料为基础，对各镜种的年代进行考证，明确了蟠螭纹镜、草叶纹镜、四神博局纹镜、画像镜和神兽镜等镜类的年代。富冈去世后，其弟子梅原末治使这种立足于中国新出土资料的研究得以继承和发展。所著《汉三国六朝纪年镜图说》（1942）集纪年镜之大成，为以后的研究提供了很大的便利。与梅原相交甚厚的梁上椿，采用日本考古学方法著成《岩窟藏镜》（1940~1942）出版。

新中国成立后，因基本建设而进行的考古发掘活动在中国各地展开，使利用汉墓的发掘资料来考证汉镜的年代成为可能。蒋若是等编辑的《洛阳烧沟汉墓》（1959），根据墓室和出土陶器的型式将汉墓分为7期，并依照这一分期为铜镜断代。此外，王士伦编《浙江出土铜镜选集》（1957）、文物出版社1959~1960年《洛阳出土古镜》《陕西省出土铜镜》《湖南出土铜镜图录》《四川省出土铜镜》等图书的出版，使各地铜镜的特色趋于明朗。师从梅原的樋口隆康著《古镜》（1979），以这些新资料为基础，对汉镜各镜种的年代作了讨论。中国的孔祥星、刘一曼著《中国古代铜镜》（1984），概述了铜镜从出现到元代的历史变迁。

20世纪80年代后，中国各地大规模的发掘使汉镜资料显著增加。特别是进入21世纪，不只考古学者，收藏家之间也开始对汉镜的历史价值、艺术价值广为关注。收录具有各地特色的出土铜镜之大型图录如程林泉、韩国河《长安汉镜》（2002）、安徽省文物考古研究所等编《六安出土铜镜》（2008）、王士伦《浙江出土铜镜》（1987；王牧修订，2006）、鄂州市博物馆等《鄂城汉三国六朝铜镜》（1986）、《鄂州铜镜》（2002）等相继出版。另一方面，民间藏镜图录如王纲怀《三槐堂藏镜》（2004）、陈凤九《丹阳铜镜青瓷博物馆·千镜堂》（2007）、王纲怀《清华铭文镜》（2010）、王趁意《中原藏镜聚英》（2011）等也相继问世。特别需要提到的是，王仲殊（尾形勇等译，1998）对日本出土三角缘神兽镜，从中国考古学的立场发表观点，由此引发围绕神兽镜及其制作地的中日学术交流空前活跃。

有关镜种的分类和名称，对梁上椿（1940-1942）、《洛阳烧沟汉墓》、樋口隆康（1979）、孔祥星等（1984）的分类和名称加以整理（见表1）。其中洛阳烧沟汉墓为洛阳地区的小型墓葬，故所出铜镜的种类有限。参考以上分类和名称，本书尽可能使用统一名称。

汉镜的分期法

根据20世纪的研究，各镜种大致的年代已经比较清楚，但各个镜种往往有长达数十年甚至近百年的年代跨度。中国还存在如《洛阳烧沟汉墓》那样，根据墓葬的分期为铜镜的各镜种断代的情形。但这种方法所得到的年代，只代表墓葬中所随葬铜镜的使用年代，而并非制作年代。此外，汉镜的图像和纹样，并非只具单纯的装饰意义，还与当时人们的宇宙观和思想信仰等密切相关。以诗文形式呈现的铭文反映出人们的欲望、快乐和悲哀等各种各样的感情和思想。特别是由于汉镜在民间流传甚广，亦有可能从中捕捉到统治者未曾留下记录的一些历史信息。可以毫不夸张地说，汉镜文化乃汉代文化史的一个缩影。我们不仅要清楚各镜种的年代，建立汉镜的编年体系，还有必要在此基础之上，进而探讨汉代社会、文化发展和变化的轨迹。

汉镜的背面分为钮座、内区和外区三部分。内区由主纹和乳等组成，各部分施以相互独立的图像纹样。日本考古学以类型学的研究方法为基础，根据部分单位纹样的组合，对各类铜镜进行分类、分期和分区。樋口隆康（1953）在对多例铭文进行全面校勘之后将其分为29类，并对各类铭文与镜种的相互关系进行数据统计和分析。从而明确铭文的型式在每个时代都是有所变化的。继樋口隆康的研究之后，镜铭的研究几乎处于停滞状态，图像纹样和铭文的综合性的编年体系尚未建立。唯有后藤守一（1926）根据纹样将汉唐镜分为4期，但第3期和第4期有汉至唐600年的重复，不能算作有意义的分期。

笔者对汉镜的图像纹样和铭文进行综合分析，在明确各镜种的分期的同时建立整个汉镜系统的编年体系，对汉镜图像纹样和铭文的变迁进行讨论。将西汉镜分为4期（冈村，1984），东汉镜分成3期（冈村，1993），即：

汉镜1期：公元前3世纪末～公元前2世纪中叶

汉镜2期：公元前2世纪后叶

汉镜3期：公元前1世纪前半～公元前1世纪中叶

汉镜4期：公元前1世纪后叶～公元1世纪前叶

汉镜5期：公元1世纪中叶～公元1世纪后叶

汉镜6期：公元1世纪末～公元2世纪前半

汉镜7期：公元2世纪后半～公元3世纪初

以上将汉镜共分为7期。继汉镜7期之后为三国魏镜和吴镜，再往后是西晋镜。这些镜种大部分承自汉镜7期，可谓汉镜之余音。本文行文时采用吴镜、魏镜、西晋镜这样的先后顺序。

汉镜1期

本期以具有云雷地纹的蟠螭纹镜为代表。"蟠螭纹镜"由富冈谦藏（1920）命名，沿用至今。属高本汉（Karlgren，1941）分类的E式，仍保留了战国时期楚镜"地纹、三弦钮、匕形缘"的特征。高本汉因此称之为淮式（Huai style）镜，樋口隆康（1979）认为可以将这些镜种纳入"战国式镜"来理解，但其出现晚至秦代。

蟠螭纹镜以唐草状龙纹为主题纹饰。本期的龙纹分2式，从细带状单线的Ⅰ式向带状双线Ⅱ式变化。内区的纹样构成为：以形状相同的3组或4组龙纹作环绕状，龙体的一部分为菱纹，各龙纹之间还饰以草叶纹和鸟纹（孔祥星等，2005）。就其草叶纹的变化，高本汉提出的"从蕾形纹向麦穗纹变化"的观点是妥当的。本期采用笔者（冈村，1984）的命名"草叶纹a"。细线云雷地纹是以斜格中填入涡形和三角形而构成的，因这种纹样源于中原地区战国镜常见的细地纹，所以也可以说蟠螭纹镜是吸收了部分北方元素的南方镜（冈村，1991）。匕缘部分，正如高本汉（1941）所指出其断面形态的变化，本期的蟠螭纹镜边缘成了高而锐的匕缘。

蟠螭纹镜Ⅱ式时出现铭文。有关蟠螭纹镜Ⅱ式的年代和制作地，高去寻（1941）认为，将本应为"长相思"的铭文改为"修相思"，是淮南王刘安为了避其父讳"长"，故应为刘安在位的公元前164～前122年期间淮南国所制。配有"安乐未央，修相思，愿毋相忘"铭文的蟠螭纹镜Ⅱ式，出土于江苏省徐州九里山3号墓（图1-3，徐州博物馆，1997），该墓被推定为因吴楚七国之乱死于公元前154年的宛朐侯刘埶之墓。另外公元前168年后数年内埋葬的长沙马王堆1号墓（湖南省博物馆等，1973）也出土了该式铜镜。因此，可以将蟠螭纹镜Ⅱ式的年代定为本期后半的公元前2世纪第2四半期。

有关本期前半蟠螭纹镜Ⅰ式的年代，据埋葬于公元前217年的湖北省云梦睡虎地11号墓（图1-1，云梦睡虎地秦墓编写组，1981：图63）的例子可以上溯至秦代。蟠螭纹镜Ⅰ式的内区由3组躯体的一部分作菱纹的龙形构成。与此纹样相同的蟠螭纹镜，在公元前168年的长沙市马王堆3号墓也有出土。另外，公元前162年的湖南省沅陵虎溪山1号墓（图1-2，湖南省文物考古研究所等，2003）也出土了纹样相似的蟠螭纹镜，但龙体一部分变成2条凸弦带，可以视为间于Ⅰ式和Ⅱ式之间的过渡形式。墓主为长沙王吴臣之子、第一代沅陵侯（前187～前162年在位）的虎溪山1号墓，亦可为考证Ⅱ式出现年代提供参考。

汉镜 2 期

本期以草叶纹镜的出现为标志。除了凸线蟠螭纹镜及在其基础上简化而成的涡状虺纹镜，还出现了匕缘铭带镜、连弧纹缘铭带镜、螭龙纹镜等，镜种趋于丰富（图3）。蟠螭纹镜仍为淮河流域生产，但新出现的草叶纹镜和匕缘铭带镜等镜种，应属于都长安所在的关中地区生产华西镜群（冈村2008）。

所谓草叶纹镜，是指以花瓣纹、草叶纹、蕾形等植物纹样为主题纹饰的镜种。"草叶纹镜"的称谓基本没有异议。草叶纹镜无地纹，其变化过程为：由三弦钮向兽钮或半球钮、由匕缘向连弧纹变化；战国镜的传统元素消失，进入汉镜确立的时期。笔者根据花瓣纹和草叶纹的变化，将草叶纹镜分为2式。Ⅰ式（图2-1）年代约为前130年代，Ⅱ式（图2-2·3）年代为前120年代～前110年代。葬有中山王刘胜的河北省满城1号墓（图2-2，中国社会科学院考古研究所等，1980：图54）、日本福冈县须玖冈本瓮棺墓（冈村，1999）等墓葬出土的草叶纹镜直径超过20厘米，而民间流传的铜镜相对较小，直径只有十几厘米。从草叶纹镜的出土情况来看，这类镜主要产自关中地区。不过山东省临淄齐国故城也出土了多例Ⅱ式后半期草叶纹镜的镜范（中国山东省文物考古研究所等，2007）。由于这些镜范的纹样与关中地区的制品在型式上有着明显的传承关系，故而可以推测，公元前120年前后，关中地区铸造草叶纹镜的一部分工匠，由关中迁到临淄，从事草叶纹镜的生产（冈村，2008）。离临淄不远的山东省青岛市平度界山1号墓（青岛市文物局等，2005）出土了应为临淄所制的17枚草叶纹镜Ⅱ式（图2-3），墓主为公元前120年代～前110年代的平度侯或平望侯的家族。

内区以篆书铭文为主题纹饰的铜镜有匕缘铭带镜和连弧纹缘铭带镜（图2-5·6）。匕缘铭带镜低匕缘、小三弦钮、内区有4乳，钮座有方格纹或圆圈纹。直径10厘米左右，较小、胎薄。连弧纹缘铭带镜亦有方格纹钮座和圆圈纹钮座两种类型，由薄的匕缘向厚的连弧纹缘变化。大小为直径十几厘米。

蟠龙纹镜是在蟠螭纹镜龙纹的头部、足部和尾部写实化、镜缘由薄匕缘向厚连弧纹缘变化而成的镜种。多配有4乳，梁上椿（1941）称之为"四乳四螭镜"，本文采用樋口隆康（1979）的命名。蟠龙纹镜除了以龙纹为主纹外，纹样构成与草叶纹镜相似。

以上的草叶纹镜、匕缘铭带镜、连弧纹缘铭带镜、螭龙纹镜均由关中地区附近的作坊制作，这些镜种之间，除了草叶纹和乳等部分纹样雷同外，还使用了字句和字形大体相同的铭文。代表性的铭文有以下四字句：

见日之光。天下大明。用者君卿。（集释235）

见日之光。天下大明。（集释242）

此外，还出现了三字句铭文。例如西安市红庆村64号墓出土的草叶纹镜（陕西省文物管理委员会，1959：9）所见慨叹离别的铭文（集释223）、山东省平度界山1号墓（青岛市文物局等，2005）出土的草叶纹镜所见寻求快乐的铭文（集释226），这些铭文反映了悲喜交加、复杂的世间百态。

久不见，侍前俙。君行卒，予志悲。（集释223）

长贵富。乐毋事。日有憙。宜酒食。（集释226）

此外，吉林省东辽县彩岚墓地出土的连弧纹缘铭带镜（图2-5，张英1990：图版6），其铭文与《楚辞》九歌的诗文形式相同，以助词"兮"连接两个三字句。

恐浮云兮蔽白日。复请美兮弇素质。行精白兮光运明。谤言众兮有何伤。（集释248）

从汉镜1期延续的蟠螭纹镜，作为主题纹饰的龙纹变为以2条或3条的凸弦线表现。匕缘仍然高而尖，云雷地纹施以不规则的涡纹和细平行线纹。属高本汉（Karlgren，1941）分类的F式，本文将其作为Ⅲ式。有两种类型：一种为圆圈纹钮座，龙纹间配有草叶纹；另一种为方格纹钮座，配置TLV形规矩纹。方格规矩纹寓意天圆地方，从钮座延伸出来的草叶纹象征耸立于大地的山峰。草叶纹由花蕾形变为麦穗形的草叶纹b，其简化纹样为草叶纹镜Ⅰ式共用（图2-1），说明蟠螭纹镜Ⅲ式和草叶纹镜Ⅰ式在时代上具有并行关系。高本汉（1941）F19镜（图2-7）配有方格规矩纹，从方格纹钮座四角伸出草叶纹b，从方格到内区外缘环绕有连续的铭文：

内请质以昭明兮，光辉象夫日月。心忽穆而愿忠兮，然壅塞而不彻。怀靡美之穷岂兮，外承驩之可说。慕窔佻之灵景兮，愿永思而毋绝。（集释204）／絜精白而事君兮，窓沄驩之弇明。伋玄锡之流泽兮，恐疏远而日忘。（集释205）

但是，同为草叶纹b的泉屋博古馆藏蟠螭纹镜（图2-9，冈村，1998），第四句最后一字由"彻"变为"泄"，是为了避武帝"彻"之讳（冈村，2008、2009；王纲怀，2011）。因此，配置草叶纹b的蟠螭纹镜Ⅲ式，其年代正好为武帝即位的公元前140年之前后。另外需要注意的是，其铭文类型也类似于《楚辞》离骚的诗形（冈村，2009）。不过葬有中山靖王刘胜夫人窦绾的河北省满城2号墓（前110年）出土的蟠螭纹镜（图2-8，中国社会科学院考古研究所等，1980：图178），是配置方格规矩的蟠螭纹镜Ⅲ式。此时方格的铭文也变成类似于草叶纹镜那样的寻求快乐的内容。

大乐贵富。得所好。千秋万岁，延年益寿。（集释202）

涡状虺纹镜具有蟠螭纹镜的三弦钮、地纹和主纹重合、匕缘等要素，但主题纹饰龙纹被简化，地纹成了粗糙的涡纹或平行线纹，匕缘变低。相当于高本汉（Karlgren，1941）分类的J式，孔祥星等（1984）称之为"蟠虺纹镜"。涡状虺纹镜为直径10厘米的小型镜，胎薄，近似于匕缘铭带镜，纹样与华西镜群的部分纹样通用，分布于包括中原地区在内的广大地区，有铭镜不避"长"。根据这些特点，可以推测涡状虺纹镜也可能为淮南以外地区制作。近年，在山东省临淄齐国故城出土了涡状虺纹镜的镜范和制品（图2-4），使我们清楚了涡状虺纹镜的制作地之一（中国山东省文物考古研究所等，2007：174页）。

如上所述，本期以淮南为中心的蟠螭纹镜的生产持续进行的同时，都长安所在的关中地区，以草叶纹镜为主的华西镜群的生产也已开始。淮式镜群与华西镜群间的交流活跃，到公元前120年前后，连山东省临淄地区也能够生产草叶纹镜和涡状虺纹镜了。蟠螭纹镜和连弧纹缘铭带镜中出现了与《楚辞》相同文体的铭文。喜爱文化艺术的汉武帝，命其伯父淮南王安作《离骚傅（傅=赋？）》，而贾谊和司马迁等中央宫廷的文人们也推动了《楚辞》的传播。因此，镜铭中也反映出《楚辞》的影响。

汉镜3期

本期以具有艺术变体字形铭文的一系列铭带镜为中心。樋口隆康（1979）将这类镜统称为"异体字铭带镜"，孔祥星等（1984）将其分成"铭重圈镜"和"连弧纹铭文镜"二种。笔者认为，具有连弧纹钮座即所谓的"日光镜"等，作为"单圈铭带镜"更为妥当，故而本文将铭带镜分成"重圈铭带镜""连弧纹铭带镜""单圈铭带镜"三种。另外本期还出现了无铭文的星云纹镜。星云纹镜具有连峰钮，对作为大地中心的山峦以及由山峦向天空升起的云气涡纹予以表现。

本期的铭文从略圆的篆书向字端作楔形的四方字形变化。图4表示所谓"精（清）白"铭的字体变化。在此基础上，笔者（冈村，1984）将本期的铭带镜分为4式。从中可以看出，重圈铭带镜和单圈铭带镜存在于Ⅰ～Ⅳ式，连弧纹铭带镜的出现晚于Ⅲ式。就铭文的种类而言，汉镜2期所使用的集释251只存在于Ⅰ式，集释204、集释205存在于Ⅱ～Ⅳ式。本期出现的铭文，六字句集释306"皎光"铭用于Ⅰ式和Ⅱ式；杂言句的集释307"先志"铭用于Ⅲ式和Ⅳ式；三字句的集释311、集释312的"日有喜"铭用于Ⅳ式。

> 姚皎光而耀美，挟佳都而承间。怀驩察而惟予，爱存神而不迁。得并执而不衰，精照折而侍君。（集释306）

> 君忘忘而先志兮，爱使心曳者史。不可尽行，心氾结而独愁。明知非不可更，志所驩不能已。（集释307）

> 日有喜，月有富。乐毋事，常得（意）。美人会，竽瑟侍。贾市程，万物平。老复丁，死复生。醉不知，醒旦星。（集释311）

> 日有憙，月有富。乐毋有事，宜酒食。居而必安，无忧患。竽瑟侍兮，心志驩。乐已哉乎，固常然。（集释312）

从以上铭文的内容来看，亦受到《楚辞》的影响，集释306"皎光"铭几乎与《离骚》的诗形完全相同。此外，钱坫《浣花拜石轩镜铭集录》（1797）命名为"妻赠夫镜"，"此夫有远行，其妻造，以相赠者"之说的集释308西安市三爻村6号墓（陕西省考古研究所2001）出土的连弧纹铭带镜（图5-3）的集释309等内容珍贵的三字句，在Ⅱ、Ⅲ式中出现了。

> 君有行，妾有忧。行有日，反无期。愿君强饭多勉之。卬天大息，长相思。（集释308）

> 行有日兮反毋时，结中带兮长相思。妾负君兮万不疑，君负妾兮天知之。（集释309）

特别是集释309，陈·徐陵《玉台新咏》卷九收录的苏伯玉妻《盘中诗》中，有类似的诗句："君有行，妾念之。出有日，还无期。结中带，长相思。君忘妾，天知之。"二者可能出自同一首诗歌（冈村，2009），是武帝连年的对外扩张导致人民苦难的真实表现。

但此种情形在公元前50年代匈奴呼韩邪单于归顺汉王朝后为之一变，再度出现的和平局面使奢侈之风再兴。公元前32年即位的成帝，生活可谓极度放纵。Ⅳ式时出现的追求现世快乐的集释311、集释312"日有喜（憙）"的铭文再度出现，便是当时这一社会现实的反映。

就各种铭带镜年代来看，墓葬伴出的货币几乎都是五铢钱。铭带镜Ⅰ式出土于随葬公元前109年汉武帝赐给滇王的"滇王之印"蛇钮金印的云南省晋宁县石寨山6号墓（图5-1，云南省博物馆编，1959：插图22）、铭带镜Ⅲ式出土于前71年江苏省邗江胡场5号墓、河北省定州市八角廊40号墓（图5-2，墓主被推定为中山王，公元前69～前55年在位；河北省文物研究所，1996：图版36）。因此铭带镜Ⅰ式的出现可以上溯至公元前100年代，铭带镜Ⅲ式的年代约当公元前1世纪前半叶。另西安市长安区发现的武帝时的御史大夫张汤（死于公元前115年）墓，出土了目前最早的星云纹镜（西安市文物保护考古所，2004）。因此，星云纹镜至迟在汉镜2期末的公元前110年代已经出现，持续到汉镜3期。

本期的汉镜，不仅在中国广泛流通，还向国外广泛扩散。往海东，日本福冈县立岩10号瓮棺墓有铭带镜Ⅱ～Ⅳ式6面出土（图6），同时期的弥生时代墓葬有100面以上出土（冈崎敬，2003）。这一时期中日交流亦可以从《汉书》地理志下"乐浪海中有倭人，分为百余国，以岁时来献见云"的记事中略窥一二。往西，被认为大月氏墓地的阿富汗席巴尔甘墓地出土了铭带镜Ⅲ、Ⅳ式3面（李学勤，1992）。这些都是公元前50年代匈奴呼韩邪单于归顺之后丝绸之路开通、东西交流频繁的反映。

汉镜4期

本期以细线禽兽纹为主题纹饰的四神博局纹镜、细线式兽带镜、云气禽兽纹镜、八禽镜的出现为标志。禽兽纹在这一时期的流行，与天降祥瑞于人间的谶纬思想的影响有很大关系。本期仍见汉镜3期的重圈铭带镜、连弧纹铭带镜，单圈铭带镜。

四神博局纹镜表现了天圆地方的宇宙观。方格内为表示大地方位的十二支铭文，象征天界的内区配置代表四方的"四神"。有关四神的作用，据铭文（集释446）"左龙右虎辟不羊（祥）。朱鸟玄武顺阴阳"可知，青龙和白虎可以祛除不祥、朱雀和玄武能够调理阴阳使宇宙循环有序。梅原末治（1925a）称其为"方格规矩四神镜"，亦有人称其为"方格规矩镜"或"规矩纹镜"（孔祥星等，1984）。西田守夫（1986）和周铮（1987），根据铭文中有"刻娄（镂）博局去不羊（祥）"等字样，提议称之为"博局（纹）镜"。但是林巳奈夫（1973）指出，TLV形规矩纹是象征天地连为一体。汉镜7期的神兽镜有"规矩无祉，雕刻万方"的铭文（集释732），"规矩"意指天和地。汉镜2期亦有配置规矩纹的蟠螭纹镜。因此，本文所称的四神博局纹镜，只限于本期及本期以后。

本期的四神博局纹镜，根据外区纹样的复杂程度可分为四式（冈村，1984）。Ⅰ～Ⅲ式图像形式多样。Ⅲ式时出现了方格十二支铭，Ⅳ式时四神图案的配置成为定式。洛阳市五女冢267号墓（洛阳市第二文物工作队，1996）出土的永始二年（前15年）镜（图7-1）属Ⅱ式，传浙江创兴出土始建国天凤二年（15年）镜（图7-4）属Ⅲ式。此外，"汉有善铜"铭文镜全部为Ⅲ式，而"新有善铜"铭文镜Ⅲ式和Ⅳ式兼有。"王氏昭竟四夷服。多贺新家人民息"铭文（集释454）镜全部为Ⅳ式。因此，Ⅲ式处于西汉与新莽王朝的交替时期（9年），即王莽掌控汉王朝实权的平帝时期，十二支铭和以四神作为主题纹饰的四神博局纹镜Ⅲ式产生，至新莽王朝时期形成定式，即Ⅳ式成立。

细线式兽带镜以同心圆带分区，与四神博局纹镜同样，具有以四神为主的图像。以外区纹样复杂程度为基准分Ⅰ～Ⅲ三式。分别与四神博局纹镜的Ⅰ～Ⅲ式相对应（冈村，1984）。Ⅰ式（图9-2）皆以四乳将内区四分，Ⅱ式（图9-3）则出现了分五区、七区的类型。中国国家博物馆藏始建国二年（10年）镜（图7-3）属Ⅲ式，配有T、V形规矩纹、西王母、捣药仙兔的图像，铭文为宣传王莽政治的内容（梅原末治，1942：汉2）。

>唯始建国二年，新家尊。诏书数下大多恩。贾人事市，不躬啬田。更作辟雍治校官。五谷成孰天下安。有知之士得蒙恩。宜官秩葆子子孙。

云气禽兽纹镜内区以四个圆座乳分为四区，配置逆S字形云气纹并在其上下填入禽兽纹（冈村，2005）。过去一直把云气纹视为龙纹的简化形式，称云气禽兽纹镜为"虺龙纹镜"（樋口隆康，1979）、"四乳四虺镜"（孔祥星等，1984），这种称谓不够恰当。云气禽兽纹镜始终为素宽平缘，这是区别与四神博局纹镜和细线式兽带镜的一大特征。根据主纹的简化程度可以将云气禽兽纹镜分为二式。葬有广阳王建（前73～前45在位）的北京市大葆台1号墓（大葆台汉墓发掘组，1989：图45）出土Ⅰ式（图9-1）、公元前10年的江苏省尹湾6号墓（连云港市博物馆等，1997：图34）出土Ⅱ式（图9-5）2面，大致与四神博局纹镜Ⅰ、Ⅱ式并行。

另一方面，从汉镜3期持续的重圈铭带镜、连弧纹铭带镜、单圈铭带镜，配有所谓黑体字式的方形铭文，大型的重圈铭带镜和连弧纹铭带镜有"铜华"铭（集释401），小型的单圈铭带镜多只有"昭明"铭的前两句，而且"昭明"铭多在字间插入"而"字。

>涷治铜华清而明。以之为镜宜文章。延年益寿辟不羊。与天无亟如日光。千秋万岁乐未央。（集释401）

铭带镜外区多为素纹，少数具有与四神博局纹镜Ⅱ、Ⅲ式相同的纹样（图9-4·7）。传朝鲜平壤出土的居摄元年（6年）连弧纹铭带镜（图7-2，梅原末治1942：汉1），与四神博局纹镜Ⅲ式的外区纹样相同。上面的铭文很好地传达了王莽尊崇儒学的理念。

>居摄元年自有真。家当大富，籴常有陈。周之治，吏为贵人。夫妻相喜，日益亲善。

本期铭文的种类多样化。汉代的诗文中七言诗非常少见，但镜铭中却出现了诸如前述的"铜华"铭（集释401）那样的七字句并为后来所继承。从铭文的内容来看，类似于汉镜4期前半"铜华"铭那样的赞誉铜镜的铭文甚多。如京都大学综合博物馆藏细线式兽带镜Ⅰ式（图9-2）的铭文（集释402）以及长沙市211号墓（中国科学院考古研究所编，1957）出土的四神博局纹镜Ⅱ式的铭文（集释403）如下：

>涷治铜华得其清。以之为镜昭身刑。五采尽具正赤青。与君无亟毕长生。（集释402）

>圣人之作镜兮，取气于五行。生于道康兮，咸有文章。光象日月，其质清刚。以视玉容兮，辟去不羊。中国大宁，子孙益昌。黄常元吉，有纪刚。（集释403）

铭文列举了根据五行思想制作的圣人镜的特点。铭文的后半改为《诗经》的四字句类型，韵味典雅而别致（冈村，2009）。西安地区出土"光耀"铭细线式兽带镜Ⅱ式（图9-3，程林泉等2002：图42）的铭文（集释406）如下：

> 维镜之旧生兮质刚坚，处于名山兮俟工人。涑取菁华兮光耀遵，升高宜兮进近亲，昭兆朕兮见躬身。福惠进兮日以前，食玉英兮饮澧泉。倡乐陈兮见神鲜，葆长命兮寿万年。周复始兮传子孙。

此外，还出现了赞颂丹阳铜的铭文。如江苏省尹湾4号墓（连云港市博物馆等，1997）的四神博局纹镜Ⅲ式的铭文（集释440）记载了采用丹阳并根据五行和天地四时铸造之事。

> 汉有善铜出丹阳，辛以银锡清而明。刻治六博中兼方。左龙右虎泆四彭，朱爵玄武顺阴阳。八子九孙治中英，常葆父母利弟兄。应师四时合五行，法象天地日月光。昭神明镜相侯王，众身美好如玉英。千秋万世，长乐未央兮。

稍后出现了描写神仙世界的铭文。《小校经阁金文拓本》15-88的四神博局纹镜Ⅲ式的铭文（集释423），是缀有2个三字句的六字句，描写了泰山仙人的生活。而陈介祺旧藏（辛冠洁，2000：90）四神博局纹镜Ⅳ式铭文（集释431），长生不老之神仙西王母出现了。

> 上大山见神人。食玉英饮醴泉。驾交龙乘浮云。宜官秩保子孙。寿万年。贵富昌。乐未央。（集释423）

> 泰言之纪造竟始。涑铜锡去其宰。以之为镜宜孙子。长葆二亲乐毋事。寿币金石西王母。棠安作。（集释431）

后者的"泰言"为"七言"之假借，正如"四"表记为"三"那样，都为王莽所改（冈村，1991a）。"七言"向来被解释为"七言句"，但《抱朴子·内篇》仙药中有"按《玉策记》及《开明经》，皆以五音六属，知人年命之所在……七言得之者，商与金也"，故应解释为"金属"。此外，其第一句后三字多释读为"从竟始"，容庚（1935：64）"造竟始"的释读更为合理。另外，末尾的"棠安"应为"长安"的假借（王莽始建国元年(公元9年)改"长安"为"常安"），故此镜为长安所制。

王莽对制镜极为关心，根据上述纪年镜和"王氏作"铭文镜可知，大约同时期，生产宫廷御用品的官营作坊"尚方"已经开始制作铜镜。汉乐浪郡所在的朝鲜平壤石岩里200号墓，出土了始建国天凤元年(公元14年)"成都郡工官造，乘舆"铭的金铜扣漆器（榧本杜人等，1974），伴出四神博局纹镜Ⅳ式（图8-1，梅原末治1925b）。"乘舆"指皇帝在宫廷所用物品。此镜为直径23.3厘米的上等品，铭文的开头有"尚方御竟大毋伤。名师作之出雒阳"，意指该镜为出自洛阳的名师在"尚方"所制。该墓的漆器和铜镜由不同的官营作坊制作，上交朝廷后由王莽将其下赐给乐浪郡的官吏。日本大阪府紫金山古坟也出土了有"新有善同""尚方御竟"铭文的四神博局纹镜Ⅳ式（图8-2，森下章司，2005）。直径23.8厘米，与石岩里200号墓所出四神博局纹镜Ⅳ式大小相当。铭文（集释446）为：

> 新有善同出丹阳，涑治银锡清而明。尚方御竟大毋伤，巧工刻之成文章。左龙右虎辟不羊，朱鸟玄武顺阴阳。子孙备具居中央，长保二亲乐富昌，寿敝金石如矦王兮。

平帝元始五年（5年）王莽的上奏文中有"东夷王度大海奉国珍"（《汉书》王莽传上)，可见其时汉与倭跨海国交已经展开。因此，紫金山古坟的"尚方"镜也可能是王莽下赐给倭人的。

汉镜5期

本期以几何纹形式的云雷纹带连弧纹镜的普及为标志。同时禽兽纹为主纹的"尚方作"铭四神博局纹镜、细线式兽带镜的制作仍在继续（图10）。从出土地来看，云雷纹带连弧纹镜产自中原地区，而四神博局纹镜则产自淮河流域。汉镜5期后半，还产生了以浮雕形式表现的龙虎镜和兽带镜。同时"尚方"的镜匠自立门户成立个人作坊，面向民间生产具有独创性图像和铭文的铜镜。本期汉镜的出土，除了中国之外，朝鲜平壤、日本古坟也有多例出土，较早地引起了日本考古学界的关注。

有关云雷纹带连弧纹镜，日本通称"内行花文镜"（樋口隆康，1979），但这一名称对应汉语的意义解释不通，故本文采用梁上椿（1940—1942）等的命名。云雷纹带连弧纹镜是由汉镜4期连弧纹铭带镜的铭带变为云雷纹带而形成的。其出现虽可上溯至王莽时代，但普及要晚至东汉时代（冈村，1993）。钮座有四叶纹和圆座，四叶座连弧纹镜直径为十几厘米到二十厘米以上的大型镜。与之相对，圆座连弧纹镜则多为十厘米左右的小型镜。本期有铭文的铜镜只有四叶座的连弧纹镜，钮座的叶间配以铭文"长宜子孙"各一字，少数情形在连弧间配以铭文"寿如金石，佳且好兮"。不论哪种铭文，都为短铭。以云雷纹的简化程度为标准，将四叶座连弧纹镜分为4式，圆座连弧纹镜分为2式。圆座Ⅰ式与四叶座Ⅲ式，圆座Ⅱ式与四叶座Ⅳ式并行。永平七年（64年）铭的四叶座Ⅲ式镜，云雷纹间配有"永平七年正月作""公孙家作竟"的铭文，钮座的叶间有"竟直（值）三百"的标价（梅原末治，1942：汉4）。因四叶座Ⅰ式的出现可以推定为王莽时期，所以云雷纹带连弧纹镜的制作年代约当后一世纪。

另外，四神博局纹镜Ⅴ式较王莽时期确立的型式逐步简化，大致经历了三个阶段。第2阶段的ⅤB式，方格钮座的十二支铭文开始消失，并有四神配置不全的情况。ⅤC式的主纹全部变为鸟纹或涡纹。铭文亦发生变化，王莽时期的"尚方御竟"变成"尚方作竟"，几乎全部统一为樋口隆康（1953）分类的"铭文K"（集释451）。"铭文K"是汉镜4期末出现的铭文，ⅤA式5句左右，继而从3句到2句，句数逐渐减少（冈村，1993）。

> 尚方作竟真大好。上有仙人不知老。渴饮玉泉饥食枣。浮游天下敖三海。徘徊名山采芝草。寿如今石之天保。（集释451）

本期的"尚方"为大型作坊，大批量地生产规格化的铜镜。在此工作的一些有志镜匠，因不满于四神博局纹镜的墨守成规，转向细线式兽带镜的制作。虽然这两种镜都以包括四神在内的瑞兽为主题纹饰，但由于兽带镜摆脱了方位的束缚，配置和构图更为自由。属于这种"尚方"细线式兽带镜的有永平七年（64年）纪年镜（梅原末治，1942：汉5），从其主纹四神俱的形式来看，其年代相当于四神博局纹镜ⅤA式。铭文如下：

> 尚方作竟大毋伤，巧工刻之成文章。左龙右虎辟不羊，朱鸟玄武顺阴阳。上有佚人不知老，渴饮玉泉饥食枣。永平七年九月造真。

除了最后的纪年句，该铭文由樋口隆康（1953）分类的"铭文L"中的4句加上"铭文K"中的2句连接而成。与之图像纹样类似的有日本岐阜县城冢古坟出土的"尚方"细线式兽带镜

（图11-2），铭文（集释505）如下：

> 尚方作竟大毋伤，巧工刻之成文章。左龙右虎辟不羊，朱鸟玄武顺阴阳。子孙备具居中央，长保二亲乐富昌，寿敝金石如矦王。青盖为志何巨央。

该铭文也有像永平七年镜中的"铭文L"，但开头记有"尚方作"，末句却以"青盖为志何巨央"结句。此处的"青盖"为"青祥"的假借（Karlgren, 1934: no.120），"青祥"为吉语，代指优质金属。镜匠们在"尚方"中成立了雅号为"青盖"的有志组织，积极创作新的镜种，即笔者（冈村，2010）所称的淮派。而后不久，"青盖"从"尚方"中独立出来，创作出具有浮雕龙虎纹钮座的细线式兽带镜（图11-3）。其铭文（集释506）为：

> 青盖作竟大毋伤，巧工刻之成文章。左龙右虎辟不羊，朱鸟玄武顺阴阳。子孙备具居中央，长保二亲乐富昌，寿敝金石如矦王。

铭文以"青盖作"开头。稍后的"青盖"，把钮座的龙虎纹提取出来，创作出以龙虎纹为主纹的龙虎镜（图11-4）。这一事件大约发生在公元70年代。这之后，本期末的公元80年代到90年代，从"青盖"又分出"青羊""三羊""黄盖"等作坊。

到了公元80年代，"尚方"许多镜匠自立门户，成立个人作坊，"杜氏"便是其中的一个例子。上海汉雅堂藏龙虎镜（A镜，图12-1），以胴部隐入钮内对峙的二龙形为主纹，铭文如下：

> 尚方作竟大毋伤，巧工刻之成文章。交龙白虎居中，长保二亲乐未央兮。如矦王。杜氏所作成毋伤。承受往古师尚方。富主兮。

该铭文以七字句为主，属樋口分类的"铭文L"。开头为"尚方作"，中间又记作"杜氏所作"，而后又续加"承受往古师尚方"，可见此时的"杜氏"还在"尚方"实习，此镜为模仿的作品。不过孔震氏所藏龙虎镜（B镜，图12-2），主纹的图像与A镜大体相同，但铭文成了以四字句为主的形式：

> 尚方名工，杜氏所造。凍治铜锡，佳而绝好。刻画奇守，百虫悉有。传之后世，以别好丑。服此镜者，壮不知老。寿如金石，富如京都市。男当封矦女王妇。广宗世，宜子孙，大吉利兮。

自此，"杜氏"自称"尚方名工杜氏"。"传之后世，以别好丑"则宣称此镜可作将来铜镜之范本。以上的A镜着眼于过去的传统，而此时的"杜氏"志向未来，态度可谓180度的大转折。继而"杜氏"很快又制作出沈阳市小北街2号墓出土的龙虎镜（C镜，图12-3，沈阳市文物考古研究所，2006），此镜的铭文（集释528）成了工整的四字句：

> 尚方名工，杜氏所造。凍治铜锡，佳而且好。辟耶天禄，奇守并有。万里□间，□□□有。服此镜者，富贵长寿。男为□矦，女□□□。

C镜的主纹与A镜和B镜相同，亦为一对龙形，A镜称之为"交龙、白虎"，C镜却改称"辟邪、天禄"，视之为与B镜地位相同的"奇守（兽）"。"辟邪、天禄"这类珍兽，因章帝（75年～88年在位）时西域都护班超再次开通丝绸之路而为汉人所知（《后汉书·西域传》）。"杜氏"放弃了四神的宇宙观，转而对源于西域"奇兽"的世界在镜中予以表现。

"杜氏"最终脱离"尚方"独立，进而制作出浙江省博物馆藏的龙虎镜（D镜，图12-4，王士伦，2006：图版89）。此镜的图像和纹样与A～C镜大致相同，但铭文（集释529）有了很大的创新。

> 遗杜氏造珍奇镜兮，世之眇彻。名工所刻画兮，涷五解之英华毕。毕而无极兮，辟耶配天禄。奇守并来出兮，三乌□□。□□□□得所欲，吏人服之曾秩禄。大吉利。

铭文开头在"杜氏"前加上了表示本贯地的"遗"，取代了先前的"尚方"。此处"杜氏"亦自称"名工""珍奇镜"。铭文变成别具一格的杂言体的入声韵，"珍奇镜"可谓名不虚传。然而，即便是善于发挥图像和铭文艺术性"杜氏"，其作坊仅维持到汉镜6期初，历时一代便倒闭了。淮派虽有"龙氏"和"宋氏"这样跨代经营的作坊，但都是些小规模的作坊，像"杜氏"这样只维持一代的作坊居多。淮派镜匠还有"高河杜氏"，其风格与"遗杜氏"相比，更接近于"张氏"或"陈氏"（冈村，2010），其作坊也只历时一代。

公元70～80年代，由淮派相继独立出来的一些个人作坊，制作业出售面向民间市场的富有个性的作品。在这种形势下，"尚方"的改革势在必行。上文已经提到，此时的"杜氏"在A～C镜图像纹样和铭文的设计上下了很大工夫，试图重振"尚方"。但采用"青盖"等创作的兽带镜和龙虎镜，创案高格调的铭文，着手制作迎合民间的作品，这些都表明"尚方"已经加入淮派的行列。朝鲜平壤贞柏里13号墓出土的浮雕式兽带镜（图11-5，梅原末治等，1959：144），便是这种新尝试的例子。该镜为直径约20厘米的大型镜，钮座为一条龙组成的盘龙纹，7个连弧纹乳之间配置浮雕形式的包括四神在内的瑞兽，外区的日月星辰之间配有兽纹和云气纹，这样的图像纹样较为罕见。铭文（集释526）为：

> 尚方作竟大真工。嫁入门时殊大良。夫妻相重，甚于咸央。五男三女，富贵昌清。

铭文为七字句接四字句的新形式。七字句为汉镜5期常见的铭文形式，而"杜氏"在"尚方"创出的四字句铭文，平添了《诗经》般的典雅韵味，但铭文内容却变成了祝福婚姻和夫妻圆满之类的新内容。广西梧州市旺步2号墓出土的元和三年（86年）浮雕式兽带镜（图11-6，广西壮族自治区博物馆，2004）配有如下铭文：

> 元和三年，天下太平。风雨时节，百□□□。□□□□，□□□□。尚方造竟，在于民间。有此竟，延寿未央兮。

该铭文格调虽高，却在讴歌儒学治世的章帝之外，又加上了"尚方造竟，在于民间"的内容。由此可见，即便制作宫廷御用品的"尚方"，也不得不像淮派民间作坊一样生产面向民间市场的铜镜。事实上，章帝时不要说铜镜这类奢侈品的生产，甚至连盐和铁这类生活必需品，中央都难以统筹（《后汉书·和帝纪》），是手工业重心从官方向民间大转移的转折期。

汉镜6期

本期盛行画像镜。汉镜4期到5期以四神为铜镜的主要图案，但画像镜中以西王母和东王公阴阳二神为中心的图案成为主流。画像镜由江南吴派创作，不久后为淮派所接受。而淮派"青盖"龙虎镜又反过来对吴派产生影响，两地间交流颇为活跃。中原地区，连弧纹镜的云雷纹带变为素纹带，蝙蝠纹座连弧纹镜出现。此外还出现了双头龙纹镜，但总体上多为10厘米左右的小型镜，铜镜的制作进入衰退期。此外，目前所知的还有元兴元年（105年）纪年铭环状乳神兽镜、八凤镜和兽首镜，但这三种镜流行于汉镜7期。

章帝时期，淮派镜匠纷纷脱离"尚方"自立门户，位于今江苏省苏州市的会稽郡吴县的"朱师""柏师（氏）"等吴派镜匠，创作出图像样式新颖的画像镜（冈村，2010）。近年，日本浦上苍穹堂入手的榜题有"建初八年（83年）吴朱师作"的画像镜（图13-1，浦上苍穹堂，2009：129），内区配置东王公、西王母和青龙、白虎图案，"西王母""东王公""玉女侍"的榜题之外，在西王母的后面还加上了上面提到的制作年代和制作人的铭文。两性合体、单独出现的"西王母"，此时分化为"东王公、西王母"，以男女二神调和阴阳（冈村，1988）。此外，"朱师"还制作了没有龙虎图案的画像镜（图13-2，梅原末治，1939：6）。上有"玉女，朱师作兮""玉女侍""西王母""仙人六博""东王公"这样的榜题和图像，只对神仙予以表现。淮派镜几乎都有铭文带，但这两枚镜却只在图像边配以短铭的榜题，可以算得上"朱师"镜的一大特征。

与"朱师"相反，"柏师（氏）"热衷于在画像镜上表现吴越的故事题材。传浙江省创兴出土的"吴向里柏氏"画像镜（图13-3，陈佩芬，1987：51），内区配有"吴王""忠臣伍子胥""范蠡""越王""玉女二人"的榜题及其图像。内区外围配置樋口隆康（1953）分类的"铭文N"。

> 吴向里柏氏作竟四夷服。多贺国家人民，胡虏殄灭天下复。风雨时节五谷熟。长保二亲得天力。传告后世乐无极兮。

记有"柏氏"出自"吴向里"的"铭文N"，是对汉镜4期王莽时期出现的铭文类型的继承。凡是榜题以外还有铭文的吴派镜，大都使用"铭文N"。吴派在画像镜的图像上虽有创新，但铭文没有新意。"柏氏"还制作了龙虎镜，其图像表现近似于淮派"青盖"龙虎镜，铭文仍采用樋口分类的"铭文N"。"柏氏"龙虎镜以孔震氏藏"柏师作"镜为最早。其次为浙江省创兴县出土的"吴向里柏师作"镜（王士伦，2006：图版93），最晚的是孔震氏所藏"吴向里柏氏作"镜（图13-4）。即"朱师"或"柏师"这类用"师"字的镜相对较早，而"吴向里柏氏"画像镜最晚。

但"周氏"不用"师"字，而以假借字"是"来代替。杭州市蜡烛庵墓出土的"周是作"画像镜（图13-5，王士伦，2006：彩版11），在扬起两手跳舞的女子榜题"贞夫"；在戴冠站立的男子及其身旁的两位侍从分别榜题"宋王""侍郎二人"；在举剑怒视的男子榜题"力士"。此外还配有楼阁和马的图像。从图像和榜题来看，表现的是韩朋和贞夫的爱情故事，源于以连理枝和相思树等比喻爱情的民间故事（王牧，2006）。该故事以战国后期的宋国为背景，不见于《史记》等传世文献，应来自于晋干宝的《搜神记》或敦煌石窟发现的唐代的《韩朋赋》等。所以此镜对于中国民间文学史的考察具有一定的意义。关于"周氏"画像镜，从浙江省创兴县上灶出土的铭有"吴何阳周是作"（图13-6，王士伦，2006：彩版12）、《岩窟藏镜》2下31铭有"吴胡伤里周仲作"等画像镜来看，可能有多位"周氏"镜匠。

上述吴派创造的画像镜，对淮派的镜匠冲击很大。自建初八年（83年）"吴朱师"画像镜往后的8年，淮派的"石氏"制作出永元三年（91年）纪年铭画像镜（图14-3），此镜为孔震氏所藏。是直径24.5厘米的大型镜。内区分为四区，西王母区划有"永元三年作""西王母""仙人""玉女"的题记；东王公区画有"王公""仙人""玉女"的题记；歌舞女子的图像上题有"云中玉昌"；白虎图像上题有"白虎"。该镜的铭文（集释605）如下：

> 石氏作竟世少有。东王公西王母。人有三仙侍左右。后常侍名玉女。云中玉昌踊于鼓。白虎喜怒毋央咎。男为公矦女□□。千秋万岁生长久。

除了以西王母、东王公为中心的图像构成之外，在图像上加入榜题的手法也仿自吴派。不过外区配以兽纹和特有的长铭文为淮派传统。可以说此镜融合了淮吴二派的特点。

淮派的"杜氏"虽创作了图像和铭文具有独创性的汉镜5期龙虎镜，但也受到吴派画像镜很大的冲击。不过"杜氏"并未立刻接受画像镜，而是试制了直径15.0厘米的浮雕式兽带镜（图12-5）。该镜内区以四叶纹乳分成5区，西王母的区画榜题"西王母""玉女"，其他区画配置捣药仙人一对、骑马仙人、骑虎仙人、捣仙药的玉兔一对。"西王母"和"玉女"的图像和榜题虽仿自吴派画像镜，但浮雕式兽带镜上单独配置西王母的形式仍为淮派手法。铭文（集释530）与上述汉镜5期"杜氏"D镜（图12-4）极为相似，

> 杜氏作珍奇镜兮，世之未有兮。涷五解之英华毕，毕而无极兮。上西王母与玉女，宜孙保子兮。得所欲。吏人服之曾官秩。白衣服之金财足。与天无极兮。

同为杂言体入声韵。仅"上西王母与玉女"等与D镜铭文略有所不同。可见这个时期吴派画像镜对淮派镜的影响还是有限的。不过之后不久，"杜氏"很快便全盘接受了画像镜的图像构成。合肥市安徽省水电仓库工地3号墓出土的"杜氏"画像镜（图12-6，程红，1998），为直径21厘米的大型镜，四叶纹乳区画的内区部分，配有西王母、东王公和青龙、白虎的图像，以及"西王母""东王公""玉女"的榜题。在龙虎镜和浮雕式兽带镜中决不使用四神图案的"杜氏"，至此全盘接受了含有青龙、白虎的画像镜构图形式。唯一具有"杜氏"特色的，是铭文（集释601）中仍以"名工"自称。铭文恢复为普通的七字句，曾经令人耳目一新的铭文风貌不再。

> 杜氏作镜清且明。名工所造成文章。服此镜富寿昌。十男五女乐未央。居毋事如矦王。

安徽省寿州市板桥镇黄安村出土汉镜5期末的"淮南龙氏"龙虎镜（图14-1，安徽省文物考古研究所等，2008：135），铭文开头记有"隆帝章和时，淮南龙氏作竟"，因此其制作年代为章帝章和年间（87~88年）。同时期"龙氏"还制作了浮雕式兽带镜（图14-2，富冈谦藏1920：图版24），该镜有两圈铭带，铭文（集释542）如下：

> 龙氏作竟大无伤。采取善同出丹杨。和以艮易清且明。刻画奇守成文章。距虚辟耶（邪）除群凶。师子天禄会是中。长宜子孙大吉羊。／上有辟邪交龙。道里通。长宜子孙寿无穷。

日本开明堂旧藏的"龙氏"画像镜（图14-4，西村俊范，1994：47），铭文与该"龙氏"浮雕式兽带镜极为相似。上述淮派"石氏"制作出永元三年（91年）画像镜，因此汉镜5期与6期的分界为公元90年前后。

另一方面，中原地区使用蝙蝠纹座连弧纹镜和双头龙纹镜等小而薄的铜镜。仅有"长宜子孙""位至三公"等短铭。与吴派、淮派的大型镜的制作相比而言，中原地区铜镜的生产已经进入衰退期。

汉镜7期

在铜镜的分期上，徐萍芳（1984）以建安元年（196年）为界区分汉镜和三国镜。本文暂时把汉献帝禅让皇位于魏文帝的220年作为汉镜的下限。本期铜镜的制作地，大体上可分为徐州系、江南系、华西系3大区系。汉镜6期的淮派、吴派分别作为徐州系、江南系的一派，各派在本期得以传承，华西系在本期有了飞跃性的发展。目前可知"广汉西蜀"的作品虽有元兴元年（105年）环状乳神兽镜、兽首镜和八凤镜，但元兴元年后纪年镜一度消失，直到公元150年代之后，广汉派制作的环状乳神兽镜和兽首镜等纪年镜才再度出现，并成为本期具有代表性的流行镜种。除此之外，华西系后来还创造出方铭兽纹镜、三段式神仙镜、对置式神兽镜等镜种。3世纪的华西系情况虽然不明，但大约从公元180年起，广汉派的环状乳神兽镜和八凤镜（冈村，2011）以及"九子""三王"的对置式神兽镜（森下章司，2011）为江南系所接受。同时，广汉派的环状乳神兽镜也对徐州系产生了一定的影响。

以上提到的徐州系，"袁氏"创作了独具特色的画像镜和浮雕式兽带镜（森下章司，2011）。继而产生了诸如淮派"龙氏"和"蔡氏"等的画像镜、"上方"的浮雕式兽带镜、飞禽纹镜等各具特色的镜种。本期后半华西系神兽镜一经传入，便模仿华西系神兽镜制作出环状乳神兽镜、同向式神兽镜、画纹带四兽镜等镜种，以及融合了画像镜特点的斜缘神兽镜。另一方面，江南系在公元180年代神兽镜传入后，"盖（方）"和"吴郡张元公"等以环状乳神兽镜的创制为始，进而又制作出同向式神兽镜、对置式神兽镜、重列式神兽镜（冈村，2011）。与此同时江南也开始生产八凤镜。如上所述，徐州系和江南系自汉镜6期起铜镜的制作持续进行，本期前半华西系兴起的神兽镜，本期后半时对徐州系和江南系产生很大的影响，各自创出多样的镜种。在彰显各个地域特色的同时，跨地域的铜镜的流通和镜匠的移动亦非常活跃。特别是徐州系的铜镜通过乐浪郡大量传入日本，徐州系成为日本出土的三角缘神兽镜之母胎。为此，本期铜镜备受日本考古学界的关注（冈村，1999）。

华西系 以浮雕形式的，神仙和灵兽为主纹的神兽镜，一般采用樋口隆康（1979）的类型和名称，本文从之。神兽镜中最早出现的是环状乳神兽镜。主纹为灵兽、环状乳、神仙的图案，内圈外周绕以半圆和方格，方格内配有铭文。外区为铭带或画纹带。从纪年镜来看，最初为元兴元年（105年）铭三神三兽镜，从永康元年（167年）到熹平七年（178年）之间，向四神四兽变化。四神四兽镜（图15-2）的神仙由西王母、东王公、黄帝和伯牙组成。京都泉屋博古馆所藏延熹二年（159年）环状乳三神三兽镜（图15-1，梅原末治1942：汉11）外区的铭文，以四字句为主：

延熹二年五月丙午日，天大迹，广汉西蜀，造作明竟，幽湅三商。天王日月，位至三公兮。长乐未英。吉且羊。

"五月丙午日，天大迹"是指火气最旺铸造的吉日吉时，"广汉西蜀"是位于四川广汉郡作坊的地名。翌年制作的王纲怀氏藏延熹三年（160年）兽首镜（图15-3）配有相似的铭文：

> 延熹三年五月丙午日，造作尚方明竟，广汉西蜀，幽涷三商。天王日月，位至三公兮。山人。

铭文说明该镜有可能是中央"尚方"委托"广汉西蜀"制作或订购的铜镜。湖北省鄂州市鄂钢焦化工地51号墓出土的熹平七年（178年）环状乳三神三兽镜（鄂州市博物馆，2002：102）有铭文："暴氏作尚方明竟"。河南省新乡市金灯寺47号墓出土的八凤镜（图15-4，郑州大学历史学院考古系等，2009）有铭文（集释721）：

> 正月丙午日董氏造作，尚方明竟自有纪。青龙白虎居左右，神鱼仙人赤松子，八爵相向法古始。长宜子孙。

从这些铭文还可以看出，"尚方"还从"暴氏"和"董氏"这类民间作坊订购铜镜（冈村2011）。四川集中了以"广汉西蜀"为中心，生产环状乳神兽镜、兽首镜、八凤镜的作坊，是为"广汉派"。以"董氏"八凤镜为始，在广汉派铜镜中，经常可以看到具有淮派特征的纹样和铭文，兽首镜和方铭兽纹镜上还有"青盖""青羊""三羊"等淮派作坊名。由此可以推测，可能存在包括镜匠移动在内的两地间的交流。

公元170年代，广汉派创造出方铭兽纹镜。从东京五岛美术馆藏中平六年（189年）方铭兽纹镜（图15-5）来看，具有广汉派特征的星纹钮，以田字格规划的方格内，配置四字句铭文"吾作明竟""幽涷三羊""天王日月""位至三公"，铭文间饰以兽纹。外区为杂言体铭文，以七字句和四字句为主：

> 中平六年正月丙午日，吾作明竟，幽涷三羊自有己。除去不羊宜孙子。东王父西王母，仙人玉女大神道。长吏买竟，位至三公。古人买竟，百倍田家。大吉。天日月。

以第一人称"吾"制镜的铭文出现，这种神兽镜特有的铭文类型之后被广泛应用。

广汉派的纪年镜终止于初平元年（190年）方铭兽纹镜。四川中平五年（188年），马相自称"黄巾"，破蜀、广汉、犍为郡。广汉派的急速衰退反映了当时这一社会形势。但就在这一时期，该地区出现了三段式神仙镜和对置式神兽镜。四川省绵阳市何家山1号墓出土的三段式神仙镜（图15-6，何志国，1991），铭文（集释·华西02）如下：

> 余造明镜，九子作容。翠羽秘盖，灵鹅台杠。调刻神圣，西母东王。尧帝赐舜二女，天下泰平。风雨时节，五谷孰成。其师命长。

内区为三段式：上段配"九子作容。翠羽秘盖，灵鹅台杠"、中段配"调刻神圣，西母东王"、下段配"尧帝赐舜二女"的图像。此外，西安市未央区出土的三段式神仙镜（西安市文物保护考古所，2008：61）上亦有相似的铭文（集释·华西06）：

> 余造明镜，三王作容。翠羽秘盖，灵鹅台杠。仓颉作书，以教后生。燧人造火，五味。

上段为"一母妇坐子九人"（集释·华西01）或"九子作容"（集释·华西02）的图像，但铭文却成了"三王作容"；中段的"西母东王"改成兽，下段则为表现"仓颉作书，以教后生。燧人造火，五味"的图像。这样的三段式神仙镜，与广汉派的关系虽不明确，但因其出土于四川到陕西境内，可以视为华西系（森下章司，2011）。有论者认为三段式神仙镜之"九子""九子母"图像为道教文化的产物，并认为与汉末五斗米道宗教信仰有关，或不无道理。

江南系 汉镜6期的画像镜在本期继续流行。前半期没有大的变化，但公元180年代，华西系神兽镜一经传入，以吴派为中心的铜镜制作活跃起来。浙江省创兴县上游公社出土的环状乳四神四兽镜（图16-2，王士伦，2006：图版50）为"吴郡胡阳（里）张元公"所制，是江南较早的神兽镜。其图像纹样忠实地模仿了广汉派的环状乳神兽镜，但铭文（集释743）为吴派自有的规整的四字句。

　　吴郡胡阳张元公，制作虚无，自异于众，造为明镜，日月合萌。四时永则，□□□王。天□和亲，富贵番昌。百精并存，其师命长。

王仲殊（1985）以汉镜6期的"吴胡阳里周仲作"画像镜为例，提出"张元公"作坊位于吴郡的观点，似有道理，但是"张元公"不久就迁离吴郡，建立新的作坊。上海汉雅堂藏"张元公"同向式四神四兽镜（图16-5），兽肩部残留环状乳，是同向式神兽镜的过渡型式，所配图像为座在龙虎座上的东王公、西王母和黄帝、伯牙。外区的铭文同样为规整的四字句：

　　惟此明镜，焕并照明。本出吴郡，张氏元公。百湅千辟，分别文章。对巨相卿，朱鸟凤皇。天神集会，佑父宜兄。男则封侯，女即侍王。久服长饮，位至三公。曾年益寿，其命长。

其中的"本出吴郡，张氏元公"一句，意指"张元公"已经离开吴郡。此外，湖南省衡阳市道子坪东汉墓出土了另件"张元公"制作的重列式神兽镜（图16-6，湖南省博物馆1981）。该镜外区的铭文（集释744）同样为规整的四字句：

　　吾作明镜，幽湅三商。周刻无祉，配象万强。伯牙奏乐，众神见容。天禽并存，福禄氏从。富贵安宁，子孙潘倡。曾年益寿，其师命长。惟此明竟，千出吴郡，张氏元公。千练百解，刊列文章。四器并。

原报告释读为"干出吴郡"，但此处的"干"应为"千"，是"迁"的假借字。即，"吴郡胡阳（里）张元公"最初模仿了广汉派的环状乳神兽镜，而后移居别的地方并创作出同向式神兽镜和重列式神兽镜。

与"张元公"同样，"盖（方）"以环状乳神兽镜的仿制为始，创作出同向式神兽镜和重列式神兽镜，进而制作出对置式神兽镜（冈村，2011）。年代最早的浙江省创兴县出土的环状乳三神三兽镜（王士伦，2006：图版52），其铭文（集释746）如下：

　　盖惟贷竟，变巧名工。攻山采易，伐石索同。单火卢冶，幽湅三商。吐所日瞿，容象月明。五帝昔时，建师四方。玄龟倾威，白虎驯仁，□□□□，其师命长。

这种特殊的铭文为各种神兽镜所通用。湖北省鄂州市鄂钢西山铁矿出土的对置式神兽镜（图16-2，鄂州市博物馆，2002：111），被认为是最早的对置式神兽镜。从其兽肩和腰仍有环状乳来看，"盖（方）"是在极短的期间内，创作了从环状乳神兽镜（图16-1）乃至同向式神兽镜、重列式神兽镜（图16-3）和对置式神兽镜。

安徽省舒城县八里云雾村出土的"九子作"对置式神兽镜（图17-2，安徽省文物考古研究所等，2008：105），森下章司（2011）注意到其"九子作"字形的特殊性，指出华西系三段式神仙镜中的"九子"和"三王"，亦有转化为江南系对置式神兽镜作镜者名称的可能。至少在"盖（方）"活跃的期间内，首先由华西系传入环状乳神兽镜，稍后"九子"和"三王"对置式神兽镜也传入进来。江南的镜匠不断地受到来自华西系的刺激。

重列式神兽镜以建安年间（196～220年）的纪年镜为多。湖北省鄂州市新庙英山村12组出土的建安元年（196年）镜（图17-3，鄂州市博物馆，2002：140），内区分为5段，各段配以铭文五帝、天皇、伯牙、黄帝等神仙、朱雀、玄武、螭形水神等图像（林巳奈夫，1973）。制镜者为"示氏"，铭文如下：

> 建安元年五月廿四日，示氏作竟，幽湅宫商。周玄容象，五帝天皇。白牙单琴，黄帝吉羊。三公。

浙江省余姚市凉湖出土的建安七年（202年）重列式神兽镜（王士伦，2006：图版59）亦出自"示氏"之手，但以"吾作"起句，出现了对偶句"白牙单琴，黄帝除凶"。

> 吾作明竟，幽湅三商。周玄容象，五帝天皇。白牙单琴，黄帝除凶。朱鸟玄武，白虎青龙。建安七年四月，示氏作竟，君宜高官，子孙番昌。大吉羊。

这种型式的"示氏"重列式神兽镜沿续至建安十年（205年）镜。此后直到建安十九年（214年）不见纪年镜。但也就是从这时起，会稽山阴的镜匠显露头角，包括重列式神兽镜在内的神兽镜的图像和铭文的类型发生了变化。因此，建安十九年之后的铜镜，纳入吴镜的范畴中讨论比较妥当。

除了神兽镜，八凤镜原本也始于广汉派，本期末传入江南，作为吴镜中的一种而流行。孔震氏藏八凤镜反映了这一历史过程。此镜稍有破损，周缘绕有铭文带，其铭文为：

> 惟此善镜，焕并照明。赵禹所作，本出雒阳。百湅千辟，分别文章。左龙右虎，□福除央。□□卿，朱鸟凤皇。天神集会，佑父宜兄。男则封侯，女即侍王。大吉祥。

根据铭文第三、四句，该镜为出自洛阳的"赵禹"所制。但八凤镜的制作不在中原地区，而在华西地区。故而八凤镜的传播也不是沿广汉→洛阳→江南的路线，而是从洛阳迁到江南的镜匠"赵禹"，在八凤镜的基础上制成此镜。此镜与以上"张元公"同向式神兽镜罕见的铭文极为相似，因此其制作年代为公元180～190年代。

徐州系 淮河下游的徐州地区，因考古发掘较少，中国方面对徐州系的认识尚不充分。在此仅以乐浪郡所在地朝鲜和日本的出土例为基础，对其样相作些讨论（冈村，1999）。

汉镜6期的淮派"尚方""龙氏""蔡氏"等，本期前半继续制作画像镜和浮雕式兽带镜。日本奈良县佐味田宝冢古坟出土的"尚方"画像镜（图18-1，富冈谦藏，1920：21页），内区以四叶纹乳分为4区，配置东王公、西王母、车马、辟邪天禄等图像。以神仙体形丰满、钮座环绕珠纹带、镜缘断面呈尖三角形为特征。其铭文（集释708）为规整的七字句：

> 尚方作竟佳且好，明而日月世少有。刻治今守悉皆右，长保二亲宜孙子。富至三公

利古市，传告后世乐未已。

"今守"是"禽兽"的假借，为淮派铭文所常见。浙江省嵊州市大塘岭104号墓出土的"蔡氏"画像镜（图14-5，嵊县文管会，1991；王士伦，2006：彩版18），与此镜图像纹样和铭文相似。此外，上海博物馆藏"龙氏"画像镜（图14-6，陈佩芬，1987：49），配置东王公、西王母、青龙、白虎，其上亦有铭文：

龙氏作竟自有道。东王公西王母，青龙在左白虎居右。刻治今守悉皆在。大吉。

"尚方"还制作了"上方"浮雕式兽带镜。中国出土较少，但朝鲜和日本已出土50多枚。其主题纹饰可分为6区式（图18-2）和4区式两种，皆多配置仙人和生有二叉角的巨虚图。

另一方面，汉镜6期末"袁氏"创作出独具特色的画像镜和浮雕式兽带镜。与"袁氏"关系密切的镜匠有"田氏"和"铚（至）氏"等。森下章司（2011）把他们的作品称为"袁氏作系镜群"。其中"铚氏"这一罕见的姓氏来自沛郡铚县，约当现今的安徽省宿州市。画像镜的图像纹样和铭文具有近似于汉镜6期淮派"石氏"和"吕氏"的特征。图像表现类似于吴派的画像镜，明显区别与以上"龙氏"等的作品。例如《小校》15-44的"袁氏"画像镜（图19-1），有东王公、西王母、白虎及仙人挟薰卢对立的图像。其铭文（集释701）为：

袁氏作竟真大巧。上有东王公西王母，仙人子侨赤诵子，白虎薰卢左右。为吏高升贾万。千秋万岁生长。

其中"薰卢"的图像和铭文，只见于该镜群和三角缘神兽镜。"袁氏"浮雕式兽带镜有5区式和4区式，不见"上方"镜那样的6区式，图像表现也不同。安徽省五河县金岗6号墓出土的"袁氏"浮雕式兽带镜（安徽省文物考古研究所等，2004）为5区式，其铭文为：

袁氏作竟真大巧。上有仙人不知老。渴饮玉泉饥食枣。千秋万年兮生长久。贾万倍。

早稻田大学文学学术院藏"袁氏"同向式神兽镜（图19-2，车崎正彦，2005）为"袁氏"最后的作品，原样继承了"袁氏"画像镜的神像表现、四个圆座乳、三角缘的二神二兽镜。其铭文（集释702）为：

袁氏作竟真大巧。上有东王父西王母，青龙在左白虎居右。辟邪喜怒无央咎。仙人王高赤容子。千秋万世生长。

此铭文为"袁氏"镜特有的七字句。"袁氏"在自己的画像镜中融入了华西系神兽镜特点的同向式神兽镜的配置手法。

但在本期后半，徐州系神兽镜大多同江南系那样，忠实地模仿广汉派铜镜。如环状乳神兽镜、同向式神兽镜、画纹带四兽镜，不只图像纹样，铭文以受到影响。例如日本奈良县法华山古坟出土的画纹带同向式神兽镜（图19-5，冈林孝作等，2008），配有每个方格4个字的铭文（集释740）：

吾作明竟，幽涑三冈。配像世京。统德序道，敬奉臣良。周刻无祉，百牙举乐，众华主阳。世德光明。富吉安乐，子孙番昌。士至高升。生如金石，其师命长。

上野祥史（2000）指出，第二、三句的语顺以及"敬奉贤良"和"众华主阳"这类句子皆为徐州系所特有。单从神兽镜来看的话，上野的观点是妥当的。不过广汉派兽首镜也有类似的铭文，明显受到广汉派的影响。特别是第二至第四句，本应为"幽涑三商。雕刻无祉，配像万强",却误将"雕刻无祉"放入第六句,破坏了押韵,其错简亦承自广汉派兽首镜(冈村,2011)。因此,此镜也有可能是广汉派镜匠迁到徐州后制作的。

制作与以上"袁氏"镜近似的画像镜的"刘氏",也着手制作神兽镜。日本和泉市久保惣纪念美术馆所藏求心式神兽镜(图19-4),二兽面朝坐在龙虎座上的东王公、西王母的配置,与一般的神兽镜没有太大的差别。但每方格各一字"汉有善同出丹阳。大师得同。合涷五金成"的铭文较为罕见,外区绕置以下铭文(集释738)。

  刘氏作明竟,幽涷三商。调刻无祉,配像万强。天禽四守,衔持维刚。大吉,其师命长。服者,敬奉贤良。曾年益寿,富贵。

与该镜制作年代相近的日本奈良县天神山古坟出土的"刘氏"画像镜(图19-3,伊达宗泰等,1963),内区以4乳分区,神像上有"西王母"和"玉女"的榜题,镜缘断面为三角形的特征,与一般的画像镜差别不大。但铭文由"刘氏"求心式神兽镜的外区铭和方格铭组合而成。

  刘氏作明竟,自有善同出丹阳。□师得同。合涷五金,服者,敬奉臣良。巧刻。

同样以"刘氏作明竟"为起句,铭文的后半亦有错简。神兽镜的受容上,"袁氏"和"刘氏"姿势大不相同。

与"刘氏"画像镜的纹样构成相似,一段的图像表现与神兽镜相近的有斜缘神兽镜。斜缘神兽镜中国发现极少,朝鲜和日本约有50枚出土。大致可分2型,但各自的图像纹样和铭文较为统一。日本奈良县古市方形坟出土镜(伊达宗泰,1968)的铭文(集释741),由源于神兽镜的四字句组成。

  吾作明竟,幽练三商。统德序道,配象万强。曾年益寿,子孙番昌。功成事见,其师命长。

另有大阪府安满宫山古坟出土的一例(图19-6,高槻市教育委员会,2000),其铭文为七字句:

  吾作明竟自有己。青龙白虎居左有。令人长命宜子孙。作吏高迁车生荧耳。作师长命吉。

"令人……"和"车生耳"为汉镜5期淮派始用,汉镜7期传入广汉派,这样的词句很少见。

汉镜7期的徐州系,在继承淮派画像镜和浮雕式兽带镜的同时,亦接受了广汉派神兽镜。不同镜匠对广汉派图像纹样和铭文的接受程序亦不相同,从而产生了各种各样的镜种。汉镜5期从"尚方"独立出来的淮派镜匠,汉镜6期时对吴派画像镜吸收借鉴的程度也因人而异。可见东汉时期的镜匠们作为艺术家已经成熟起来。

吴镜

以长江中下游为据点的孙吴,继续使用汉镜7期出现的对置式神兽镜、同向式神兽镜、重列式神兽镜、八凤镜。不见新镜种,图像表现趋于简略。但是孙吴的八凤镜较汉镜图案更为华丽，并出现了配置佛、菩萨像的铜镜（图20-6）。神兽镜铭文中既有明确记载制作者的，如"扬州会稽山阴师荫豫"（黄初二年镜）和"山阴中北阳里镜师任皇"（集释·吴11）等，也有在铜镜边缘刻上所有者兵士名的，如黄初二年镜的"上大将军校尉李周镜"、和泉市久保惣纪念美术馆藏的黄武六年（227年）重列式神兽镜（图20-3）的"上大将军士张兴竟"等。不论是制作者还是使用者，对于铜镜的珍爱比以往更甚。利用铜镜作为"赞美王朝、宣扬政治"的工具，并不逊色于汉镜。

正如王仲殊（1985）所指出那样，神兽镜的生产以会稽山阴（浙江创兴）为中心，有铭文可以确认。年代最早的如湖北省鄂州市废品收购站征集的建安二十一年（216年）对置式神兽镜，上有"会稽所作"的铭文；较之稍晚的有湖北省鄂州市出土的黄初二年（221年）同向式神兽镜（图20-1），有"扬州会稽山阴师荫豫所作竟"的铭文，不一而足。王仲殊指出，黄初四年（223年）对置式神兽镜（图20-2）记作"会稽师鲍作"，而黄武六年（227年）重列式神兽镜记作"会稽山阴作师鲍唐……家在武昌"，由此可知会稽山阴的镜匠，家在吴都武昌。吴孙权于221年从长江下游的"公安"迁都到中游的"鄂"，改名武昌，即现今的湖北省鄂州市。镜匠"鲍唐"移居武昌的背景不明，但镜匠跨地域的移动是确实存在的。

与自称汉室正统继承者的蜀汉以及汉帝禅让而取得王位的曹魏相比，孙吴政权的正统性之根基不稳。为此，孙吴政权利用各种手段强化其王权的正统性。镜铭也反映了这一历史。例如，孙权武昌称帝改元黄龙时的铜镜有湖北省鄂州市鄂城西山水泥厂79号墓出土的黄龙元年（229年）对置式神兽镜（图20-4，鄂州市博物馆，2002：184），其上的铭文为：

> 黄龙元年大岁在丁巳，乾坤合化，帝道始平。五月丙午，时茄日中。造作明竟，百湅清铜。服者万年，位至三公。辟除不祥。

除了纪年句之外，其他兼使用源于《诗经》的典雅的四字句，内容为歌颂孙权称帝，不仅如此，连阴阳五行思想的铜镜也配上了赞颂天下太平的铭文，例如湖北省鄂州市排灌站田鲁湾出土的同向式神兽镜（图20-5，鄂州市博物馆，2002：226）有以下铭文（集释·吴08）：

> 王言昔者见，东方之光。日月之明。西方是火光。南方金色，北方水清。中英主作。

进而湖北省鄂州市鄂钢子弟小学出土的同向式神兽镜（鄂州市博物馆，2002：229）还有这样的铭文（集释·吴09）：

> 丁木公立土，丁女共氏左日也。天下大乐无复忧。日月光明何同火。二千万里□□□，吉羊旦今。

这些铜镜的图像纹样虽呈退化之势，但铭文各具特色。对于吴镜可以确知的是，它不像之前的王莽镜那般充斥着露骨的赞美王朝之辞，使用了与汉镜内容迥异的铭文。

魏镜

曹魏镜多模仿汉镜。日本京都府大田南5号坟（图20-7）和大阪府安满宫山古坟等出土的青龙三年(公元235年) 同范镜（车崎正彦，2001），图像纹样仿自汉镜5期的四神博局纹镜，但TLV形的"L"左右翻转，这是由于其镜范是以镜为范本雕刻制成的。福永伸哉

（1992）还注意到此镜钮孔为长方形，指出这一特点只见于包括三角缘神兽镜在内的魏镜。此镜的铭文为汉镜4期出现的七字句：

> 青龙三年，颜氏作竟成文章。左龙有虎辟不详，朱爵玄武顺阴阳。八子九孙治中央，寿如金石宜侯王。

该镜作者"颜氏"还制作了汉镜7期徐州系环状乳神兽镜。另外辽宁省辽阳市三道壕1号墓（东北博物馆，1955）也出土了具有同样特征的博局纹镜。主纹简化为鸟纹，铭文（集释·魏晋04）为：

> 吾作大竟真是好。同出余州。青且明兮。

铭文"同（铜）出余（徐）州"表明此镜属于徐州系。

日本古坟出土的三角缘神兽镜，是以画像镜的纹样构成加上神兽镜的图像表现而形成的镜种。直径多超过20厘米，周缘的断面为尖三角形，多为同模（同范）镜。与之类似的有大型龙虎镜和"尚方"浮雕式兽带镜，也有人把这两种镜归入三角缘神兽镜的范畴。奈良县黑冢古坟出土的三角缘神兽镜，铭文（集释·三角缘01）如下：

> 新作明竟，幽律三刚。铜出徐州，师出洛阳。雕文刻镂，皆作文章。配德君子，清而且明。左龙右虎，转世有名。师子辟邪集会并，王父王母游戏闻。□□□，宜子孙。

富冈谦藏（1920）就此铭文中的"铜出徐州，师出洛阳"加以考证后，认为此镜是魏镜。之后，由于岛根县神原神社古坟景初三年（239年）纪年铭三角缘神兽镜（图20-8，莲冈法暲等，2002）出土，结束了年代的争论。该镜的铭文如下：

> 景初三年，陈是作镜，自有经述。本是京师，杝地足出。吏人诏之，位至三公，母人诏之，保子宜孙，寿如金石兮。

景初三年（239年）与倭女王卑弥呼遣使入魏，魏帝下赐"铜镜百枚"（《魏志》倭人传）这一事件发生的年代相当。"陈是"以模仿徐州系画纹带同向式神兽镜为始，到创作出三角缘神兽镜，各阶段的试制铜镜的存在，说明三角缘神兽镜是为了下赐倭王而特别制作的（冈村，1999）。但这样的三角缘神兽镜，在中国却连一枚也未曾发现。王仲殊（1981）认为，神兽镜多出土于江南，三角缘神兽镜应该是吴的工匠渡日后制作的。然而近年来，兼具画像镜和神兽镜特点的徐州系神兽镜渐为人们所认识（杨金平，2010），与江南系神兽镜相比，反倒是徐州系神兽镜与三角缘神兽镜更为相似。将徐州系神兽镜作为三角缘神兽镜的论者也已出现（王趁意，2010）。但遗憾的是，能够根据考古发掘确认为徐州系的铜镜很少，讨论起来有很大的困难。

魏晋对汉镜的模仿持续到景初三年（239年）之后。如西宫黑川古文化研究所藏甘露五年（260年）兽首镜（图20-9，梅原末治，1942；魏7），便是对汉镜7期兽首镜的忠实模仿。铭文如下：

> 甘露五年二月四日，右尚方师作竟清且明，君宜高官，位至三公，保宜子孙。

西晋镜

公元265年魏帝禅让，司马炎（武帝）立晋。280年灭吴统一中国，改元太康。浙江省金华市出土了太康二年（281年）对置式神兽镜（王士伦，2006：图版81），即西晋统一中国后翌年制作的。与之同范的铜镜有东京五岛美术馆藏的西晋镜。此镜的图像纹样承自吴镜，但表现较为雄浑，铭文稚拙，字体较大。释文如下：

> 太康二年三月九日，吴郡工清羊造作之镜。东王公西王母。此里人豪贵。士患高迁。三公丞相九卿。

王仲殊（1986）认为"清羊"当为"青羊"，属吴镜的作坊。此外，五岛美术馆藏太康三年（282年）二月和六月的纪年铭对置神兽镜（图20-1、2，梅原末治，1942：六朝11、12），亦有类似于太康二年（281年）铭文镜的图像纹样和铭文字形。其铭文分列如下：

> 太康三年岁壬寅二月廿日，吾作竟。幽涑三商四夷服。多贺国家人民息。胡虏殄灭天下复。雨□时节五谷孰。大平长乐。

> 太康三年六月卅日，吾作明竟。幽涑三商，四夷自服。多贺国家，人民安息。胡虏殄灭。时雨应节。五谷丰孰。天下复。

太康二年铭文镜继承了吴镜的传统铭文，而太康三年铭文镜以王莽时出现的樋口隆康（1953）分类"铭文N"为样本。内容为赞美王朝之言辞。饶有趣味的是，二月镜沿用了七言句，但六月镜却改成了四言句。可能与西晋司马氏尊崇儒学、重视源于《诗经》的四言诗有关（矢田博士，1995）。

王仲殊（1989）对日本福井县泰远寺山古坟出土的"青盖"环状乳神兽镜（图20-12，小林行雄1984）进行了考证，根据铭文中的"晋世宁"推测其制作年代为太康年间（280～289年）。"盖"为"羊"的繁体字，很有可能"青盖"和"青羊"为同一或具有近亲关系的作坊。该镜较汉镜7期环状乳神兽镜的图像表现粗略，铭文（集释·魏晋13）如下：

> 青盖作镜以发阳，览观四方昭中英。左龙右虎辟不详，鸟朱玄武顺阴阳。服之富贵子孙强，长保二亲乐未尝。风雨时节五谷丰，四夷归化天下平，休兵息吏晋世宁。

开头两句以镜喻示晋之威光照耀四方，铭文最后三句祝颂晋之天下太平。以每个半圆方形带方格各一字的形式配以铭文"宜天王公疾伯子男"。"公侯伯子男"为周制五等爵，司马昭于264年遵照儒学经典修整完善礼仪、法律、议官制，恢复五等爵（《晋书·文帝纪》）。吴镜有颂扬王权的铭文，而西晋铜镜亦为政治宣传所利用。

参考文献

中文文献

安徽省文物考古研究所、五河县文物管理所，2004，《五河县金岗古墓群清理简报》，《东南文化》第4期。

1.5 汉镜分期研究

安徽省文物考古研究所、六安市文物局编，2008，《六安出土铜镜》，文物出版社。
陈佩芬，1987，《上海博物馆藏青铜镜》，上海书画出版社。
程红，1998，《合肥出土、征集的部分古代铜镜》，《文物》第10期。
程林泉、韩国河，2002，《长安汉镜》，陕西人民出版社。
大葆台汉墓发掘组，1989，《北京大葆台汉墓》，文物出版社。
东北博物馆，1955，《辽阳三道壕两座壁画墓的清理工作简报》，《文物参考资料》第12期。
鄂州市博物馆，2002，《鄂州铜镜》，中国文学出版社。
方诗铭，1982，《从出土文物看汉代"工官"的一些问题》，《上海博物馆集刊》第2期。
高去寻，1941，《评汉以前的古镜之研究并"淮式"之时代问题》，《"中央研究院"历史语言研究所集刊》第14期。
广西壮族自治区博物馆编，2004，《广西铜镜》，文物出版社。
何志国，1991，《四川绵阳何家山1号东汉崖墓清理简报》，《文物》第3期。
河北省文物研究所，1996，《历代铜镜纹饰》，河北美术出版社。
湖南省博物馆、中国科学院考古研究所，1973，《长沙马王堆一号汉墓》，文物出版社。
湖南省博物馆，1981，《湖南衡阳县道子坪东汉墓发掘简报》，《文物》第12期。
湖南省文物考古研究所、怀化市文物处、沅陵县博物馆，2003，《沅陵虎溪山一号汉墓发掘简报》，《文物》第1期。
孔祥星、刘一曼，1984，《中国古代铜镜》，文物出版社。
孔祥星，1992，《中国铜镜图典》，文物出版社。
孔祥星、刘一曼，2005，《秦汉蟠螭纹镜研究》，《新世纪的中国考古学》，科学出版社。
李学勤，1992，《阿富汗席巴尔甘汉镜》，《文博》第5期。
连云港市博物馆、东海县博物馆、中国社会科学院简帛研究中心、中国文物研究所，1997，《尹湾汉墓简牍》，中华书局。
梁上椿，1940—1942，《岩窟藏镜》田中琢、冈村秀典译，同朋舍，1989年。
洛阳市第二文物工作队，1996，《洛阳五女冢267号新莽墓发掘简报》，《文物》第7期。
青岛市文物局、平度市博物馆，2005，《山东青岛市平度界山汉墓的发掘》，《考古》第6期。
容庚，1935，《金文续编》，上海商务印书馆。
陕西省考古研究所，2001，《西安南郊三爻村汉唐墓葬清理发掘简报》，《考古与文物》第3期。
陕西省文物管理委员会编，1959，《陕西省出土铜镜》，文物出版社。
沈阳市文物考古研究所，2006，《沈阳市小北街金代墓葬发掘简报》，《考古》第11期。
嵊县文管会，《浙江嵊县大塘岭东吴墓》，《考古》1991第3期。
王趁意，2010，《一面带界栏的同向式三角缘神兽镜》，《中原文物》第4期。
王纲怀，2011，《珠联璧合　相得益彰——西汉清白镜铭文释考兼说其与昭明镜铭文的关联》,《中国文物报》7月6日。
王牧,2006,《东汉贞夫画像镜赏鉴》,《收藏家》第3期。
王士伦(王牧修订),2006,《浙江出土铜镜》修订本,文物出版社。
王仲殊,1981,《关于日本三角缘神兽镜的问题》,《考古》第4期。
王仲殊,1985,《吴县,山阴和武昌——从铭文看三国时代吴的铜镜产地》,《考古》第11期。
王仲殊,1986,《"青羊"为吴郡镜匠考——再论东汉、三国、西晋时期吴郡所产的铜镜》,《考古》第7期。
王仲殊,1989,《论日本出土的吴镜》,《考古》第2期。
西安市文物保护考古所,2004,《西安市长安区西北政法学院西汉张汤墓发掘简报》,《文物》第6期。
西安市文物保护考古所,2008,《西安文物精华·铜镜》,世界图书出版西安公司。
辛冠洁,2000,《陈介祺藏镜》,文物出版社。
徐苹芳,1984,《三国两晋南北朝的铜镜》,《考古》第6期。
徐州博物馆,1997,《徐州西汉宛朐侯刘埶墓》,《文物》第2期。
杨金平,2010,《徐州地区出土的三角缘神兽镜——兼论洛阳发现、日本爱知县东之宫古坟出土的同类镜》,《文博》第2期。
云梦睡虎地秦墓编写组,1981,《云梦睡虎地秦墓》,文物出版社。
云南省博物馆编,1959,《云南晋宁石寨山古墓群发掘报告》,文物出版社。
张英,1990,《吉林出土铜镜》,文物出版社。
郑州大学历史学院考古系、河南省文物管理局南水北调文物保护办公室,2009,《河南新乡市金灯寺汉墓发掘简报》,《华夏考古》第1期。
中国科学院考古研究所编,1957,《长沙发掘报告》,科学出版社。
中国山东省文物考古研究所、日本奈良县立橿原考古学研究所,2007,《山东省临淄齐国故城汉代镜范的考古学研究》,科学出版社。
中国社会科学院考古研究所、河北省文物管理处,1980,《满城汉墓发掘报告》,文物出版社。
周铮:《"规矩镜"应改称"博局镜"》,《考古》第12期。

日文文献

上野祥史,2000,《神兽镜の作镜系谱とその盛衰》,《史林》第83卷第4号。
梅原末治,1925a,《鉴镜の研究》,大冈山书店。
梅原末治,1925b,《再び北部朝鲜発见の古镜》,《东洋学报》第15卷第2号。
梅原末治,1939,《创兴古镜聚英》,桑名文星堂。
梅原末治,1942,《汉三国六朝纪年镜图说》,桑名文星堂。
梅原末治、藤田亮策,1959,《朝鲜古文化综鉴》第3卷,养德社。
浦上苍穹堂,2009,《浦上苍穹堂30周年纪念》,浦上苍穹堂。

王仲殊，1998，《三角缘神兽镜》（尾形勇、杉本宪司译），学生社。
冈崎敬，2003，《镜とその时代》，《魏志倭人传の考古学》九州篇，第一书房。
冈林孝作、水野敏典编，2008，《ホケノ山古坟の研究》，橿原考古学研究所研究成果第10册。
冈村秀典，1984，《前汉镜の编年と样式》，《史林》第67卷第5号。
冈村秀典，1991a，《秦汉金文の研究视角》，《古代文化》第43卷第9号。
冈村秀典，1991b，《战国から秦汉への文样の展开》，《泉屋博古馆纪要》7。
冈村秀典，1993，《后汉镜の编年》，《国立历史民俗博物馆研究报告》第55集。
冈村秀典，1998，《蟠螭纹镜の文化史》，《泉屋博古馆纪要》第14卷。
冈村秀典，1999，《三角缘神兽镜の时代》，吉川弘文馆。
冈村秀典，2005，《云气禽兽纹镜の研究》，《考古论集》川越哲志先生退官纪念论义集。
冈村秀典，2008，《汉镜2期における华西镜群の成立と展开》，《东方学报》京都第83册。
冈村秀典，2009，《前汉镜铭の研究》，《东方学报》京都第84册。
冈村秀典，2010，《汉镜5期における淮派の成立》，《东方学报》京都第85册。
冈村秀典，2011，《后汉镜铭の研究》，《东方学报》京都第86册。
梶本杜人、町田章，1974，《汉代纪年铭漆器聚成》，《乐浪汉墓》第1册，真阳社。
车崎正彦编，2002，《考古资料大观 第5卷 弥生·古坟时代镜》、小学馆。
车崎正彦，2005，《袁氏作铭带同向式二神二兽镜》，《古代》第118号。
后藤守一，1926，《汉式镜》，日本考古学大系，雄山阁。
小林行雄，1984，《半圆方形带神兽镜について(草稿)》，《泰远寺山古坟》松冈町埋藏文化财调查报告书第1集。
高槻市教育委员会，2000，《安满宫山古坟》，高槻市文化财调查报告书第21册。
伊达宗泰、小岛俊次、森浩一，1963，《大和天神山古坟》，奈良县史迹名胜天然纪念物调查报告第22册。
伊达宗泰，1968，《古市方形坟》，《奈良市史》考古编。
「中国古镜の研究」班，2009，《前汉镜铭集释》，《东方学报》京都第84册。
「中国古镜の研究」班，2011a，《后汉镜铭集释》，《东方学报》京都第86册。
「中国古镜の研究」班，2011b，《三国西晋镜铭集释》，《东方学报》京都第86册。
富冈谦藏，1920，《古镜の研究》，丸善株式会社。
奈良县立橿原考古学研究所编，2005，"三次元デジタル·アーカイブを活用した古镜の总合的研究"，橿原考古学研究所研究成果第8册。
西田守夫，1986，《"方格规矩四神镜"の图纹の系谱——刻娄博局去不羊の铭文をもつ镜について》，《MUSEUM》427号。
西村俊范，1994，《古镜コレクション开明堂英华》，村上开明堂。
莲冈法暲等，2002，《神原神社古坟》，加茂町教育委员会。

林巳奈夫，1973，《汉镜の图柄二，三について》，《东方学报》京都第44册。

樋口隆康，1953，《中国古镜铭文の类别研究》，《东方学》第7号。

樋口隆康，1979，《古镜》，新潮社。

福永伸哉，1992，《规矩镜における特异な一群——三角缘神兽镜との关连をめぐって》，《究班　埋藏文化财研究会15周年纪念论文集》。

森下章司，2005，《镜》，《紫金山古坟の研究》，京都大学大学院文学研究科。

森下章司，2011，《汉末、三国西晋镜の展开》，《东方学报》京都第86册。

矢田博士，1995，《西晋期における〈四言句〉盛行の要因について》，《中国诗文论丛》第14集。

西文文献

Karlgren Bernhard，1934，Early Chinese Mirror Inscriptions，*Bulletin of Museum of Far Eastern Antiquities*，No.6

Karlgren Bernhard，1941，Huai and Han，*Bulletin of Museum of Far Eastern Antiquities*，No.13

（张成译）

〖附　表〗　镜铭集释一览

汉镜1期

101　修相思，毋相忘。常乐未央。

102　修相思，愿毋相忘。大乐未央。

103　道路辽远，中有关梁。鉴不隐请，修毋相忘。

104　大乐贵富毋极。与天地相翼。

105　大乐贵富。千秋万岁，宜酒食。

汉镜2期

201　大乐贵富。得所喜。千秋万岁，宜酒食。

202　大乐贵富。得所好。千秋万岁，延年益寿。

203　愁思悲，愿见怨君不说。相思愿毋绝。

204　内请质以昭明，光辉象夫日月。心忽穆而愿忠，然壅塞而不泄。怀靡美之穷礼，外承骦之可说。慕夵佻之灵景，愿永思而毋绝。

205　絜精白而事君，怨汻骦之弇明。伋玄锡之流泽，恐疎远而日忘。怀糜美之穷礼，外承骦之可说。慕夵佻之灵景，愿永思而毋绝。

206　常乐未央。长毋相忘。

207　长乐未央。愿毋相忘。

208　心思美人，毋忘大王。

209　心思君王。天上见长。

210 天上见王。长毋见忘。
211 心思君王。长乐未央。
212 如日之光。所居君王。
213 长毋相忘。时来何伤。
214 与天相寿，与地相长。富贵如言，长毋相忘。
215 与天无极，与美相长。驩乐如志，长毋相忘。
216 玄金之清。可见信诚。
217 长相思，毋相忘。常贵富，乐未央。
218 大富昌。乐未央。千万岁，宜弟兄。
219 常与君，相謹幸。毋相忘。莫远望。
220 常贵乐未央。毋相忘。
221 富贵安乐未央。长毋相忘。
222 久不见，侍前俙。秋风起，予志悲。
223 久不见，侍前俙。君行卒，予志悲。
224 道路远，侍前希。昔同起，予志悲。
225 长贵富。乐毋事。日有熹。常得所喜。宜酒食。
226 长贵富。乐毋事。日有熹。宜酒食。
227 常贵富。乐毋事。日有熹。美人侍。
228 镜气清明。服者君卿。延年益寿，安乐未央。
229 垠锡有齐，与众异容。为静精实，请质清明。
230 千秋万岁，长乐未央。结心相思，幸毋相忘。
231 大上富贵，长乐未央。延年益寿，幸毋见忘。
232 见日光。天下大阳。服者君卿。延年益寿，敬毋相忘。幸至未央。
233 见日之光。天下大阳。服者君王。千秋万岁，长乐未央。
234 见日之光。天下大明。千秋万岁，长乐未央。
235 见日之光。天下大明。用者君卿。
236 见日之光。天下大阳。所言必当。
237 见日之阳。天下大光。长毋相忘。
238 见日之光。长乐未央。
239 见日之光。所言必当。
240 见日之光。美人在旁。
241 见日之光。时来何伤。
242 见日之光。天下大明。
243 见日之光。长毋相忘。
244 久不相见，长毋相忘。
245 日出大明。天下大阳。

246	见日之光。有月之明。
247	毋弃故而娶新。亦成亲。心与心,长毋相忘。俱死葬何伤。
248	恐浮云兮敝白日。复请美兮弇素质。行精白兮光运明。谤言众兮有何伤。
249	金英阴光宜美人。以察衣服无私亲。
250	请□金华以为镜,昭察衣服观容貌,丝组中□可为信。光宜美人。
251	清泿铜华以为镜,昭察衣服观容貌,丝组杂沓以为信。清光兮宜佳人。
252	伏念所驩旖无穷时。长毋相忘旖久相思。
253	忽以觉,寤不得。喧自欺,私大息。

汉镜3期

301	清□铜华以为镜。丝组为□以为信,清光明。服者富贵番昌。乐未央。千秋万世,长毋相忘。时来何伤。
302	见日之光。天下大明。服者君卿。镜辟不羊。富于矦王。钱金满堂。
303	见日之光。天下大明。乐未央。
304	泿清华精皎白。奄惠芳承加泽。结微颜安佼信。耀流光似佳人。
305	居必忠必信。久而益亲。而不信不忠。久而自穷。
306	姚皎光而耀美,挟佳都而承间。怀驩察而惟予,爰存神而不迁。得并執而不衰,精照折而侍君。
307	君忘忘而先志兮,爱使心曳者臾。不可尽行,心沄结而独愁。明知非不可更,志所驩不能已。
308	君有行,妾有忧。行有日,反无期。愿君强饭多勉之。卬天大息,长相思。毋久。
309	行有日兮反毋时,结中带兮长相思。妾负君兮万不疑,君负妾兮天知之。
310	君有远行,妾私喜饶自次。真止君征行来。何以为信,祝父母耳。何木毋庇,何人毋友。相思有常,可长久。
311	日有喜,月有富。乐毋事,常得意。美人会,竽瑟侍。贾市程,万物平。老复丁,死复生。醉不知,醒旦星。
312	日有憙,月有富。乐毋有事,宜酒食。居而必安,无忧患。竽瑟侍兮,心志驩。乐已哉乎,固常然。

汉镜4期

401	涑治铜华清而明。以之为镜宜文章。延年益寿辟不羊。与天无亟如日光。千秋万岁乐未央。
402	涑治铜华得其清。以之为镜昭身刑。五色尽具正赤青。与君无亟毕长生。如日月光兮。
403	圣人之作镜兮,取气于五行。生于道康兮,咸有文章。光象日月,其质清刚。以视玉容兮,辟去不羊。中国大宁,子孙益昌。黄常元吉,有纪刚。
404	视容正己镜为右。得气五行有刚纪。法似于天终复始。中国大宁宜孙子。
405	五行德令镜之精。光象日月智人请。常保圣乐长生。风雨时节五谷成。家给人足天下平。子孙累世永安宁。

406 维镜之旧生兮质刚坚，处于名山兮俟工人。湅取菁华兮光耀遵，升高宜兮进近亲，昭兆朕兮见躬身。福熹进兮日以前，食玉英兮饮澧泉。倡乐陈兮见神鲜，葆长命兮寿万年。周复始兮传子孙。

407 内而光，明而清。湅石华，下之菁。见弓己，知人请。心志得，毕长生。

408 金之菁。视吾刑。见至诚。长思君。时来游。宜子孙。乐无忧。

409 服此镜，得大神。使此身。作三陈。长富贵，毋忧患。镜清明，传子孙。

410 长乐未央。利贰亲。宜弟兄。寿万年。长相保，宜子孙。乐已哉兮，固常然。

411 昭是明镜知人请。左龙右虎得天菁。朱爵玄武法列星。八子十二孙居安宁。常宜酒食乐长生兮。

412 昭是明镜人快意。左龙右虎三时置。长保二亲乐无事。长宜子孙家大富。与君相保常相忆。

413 朱氏明竟快人意。上有龙虎三时置。常保二亲宜酒食。君宜官秩家大富。乐未央，宜牛羊。

414 角王巨虚日有熹。昭此明镜诚快意。上有龙虎三时置。长保二亲乐毋事。子孙顺息家富炽。予天无极受大福。

415 角王巨虚日有熹。延年益寿去忧事。长乐万世宜酒食。子孙贤，家大富。

416 角王巨虚辟不详。仓龙白虎神而明。赤鸟玄武主阴阳。国宝受福家富昌。长宜子孙乐未央。

417 角王巨虚辟不羊。长生贵富宜矦王。昭爵玄武利阴阳。十子九孙治中央。法象天地，如日月光。千秋万岁，长乐未央。

418 朱爵玄武顺阴阳。八子九孙治中央。照面目，身万全。象衣服，好可观。君宜官秩，葆子。

419 昭匈胁，身万全。象衣服，好可观。宜佳人，心意驩。长裳志，固常然。食玉英，饮澧泉。驾蜚龙，乘浮云。周复始，传子孙。

420 福熹进兮日以前。食玉英兮饮澧泉。驾交龙兮乘浮云。白虎引兮上泰山。凤皇集兮见神仙。保长命兮寿万年。周复始兮八子十二孙。

421 福禄进兮日以前。天道得物自然。参驾蜚龙乘浮云。白虎失上大山。凤皇下见神人。

422 上大山见神人。食玉英饮澧泉。驾交龙乘浮云。白虎引兮直上天。受长命寿万年。宜官秩保子孙。

423 上大山见神人。食玉英饮醴泉。驾交龙乘浮云。宜官秩保子孙。寿万年。贵富昌。乐未央。

424 上泰山见矦王。左龙右虎辟不羊。昭爵玄武利阴阳。八子九孙治中央。千秋万岁，长乐未央。

425 上此大山见神人。久宜官秩葆子孙。君食玉央饮礼泉。参驾蜚龙乘浮云。

426 凤皇翼翼在镜则。多贺君家受大福。幸逢时年获嘉德。官位尊显蒙禄食。长保二亲得天力。传之后世乐无极。

427　作佳镜哉子孙息。凤皇翼翼在坐则。官位尊显蒙禄食。幸逢时年获嘉德。多贺君家受大福。长保二亲得天力。传之后世乐无极。

428　新银治竟子孙息。多贺君家受大福。位至公卿修禄食。幸得时年获嘉德。传之后世乐无极。大吉。

429　桼言之始自有纪。涷治锡铜去其宰。辟除不祥宜古市。长葆二亲利孙子。

430　桼言之纪造竟始。长保二亲利孙子。辟去不羊宜贾市。寿如金石西王母。从今以往乐乃始。

431　桼言之纪造竟始。涷铜锡去其宰。以之为镜宜孙子。长葆二亲乐毋事。寿币金石西王母。棠安作。

432　桼言之纪造镜始。仓龙居左虎在右。辟去不羊宜古市。长保二亲利孙子。寿敝金石西王母。

433　桼言纪。富如江河入四海。寿如王乔赤松子。好□□□□□。

434　今名之纪七言止。涷治铜华去恶宰。铸成错刀天下喜。安汉保真世毋有。长乐日进宜孙子。

435　作佳镜，清且明。葆子孙，乐未央。车当传驾骑趣庄。出亭三马自有行。男为疾，女嫁王。刻娄博局去不羊。服此镜，为上乡。

436　贤者戒己下为右。息念毋以象君子。二亲有疾身常在。时时中分景女右。

437　大哉孔子志也。美哉宣易负也。乐哉居毋事也。好哉澳人异也。急哉下雨汜也。□□哉□□也。豪哉毛遂使也。苡哉禹母字也。

438　汉有善铜出丹阳。取之为镜清且明。左龙右虎备三旁。朱爵玄武顺阴阳。八子。

439　汉有善铜出丹阳。和以银锡清且明。左龙右虎主三彭。朱爵玄武顺阴阳。八子九孙治中央。

440　汉有善铜出丹阳，卒以银锡清而明。刻治六博中兼方。左龙右虎洸四彭，朱爵玄武顺阴阳。八子九孙治中英，常葆父母利弟兄。应师四时合五行，法象天地日月光。昭神明镜相疾王，众身美好如玉英。千秋万世，长乐未央兮。

441　汉有善铜出丹阳。左龙右虎僻不祥。昭爵玄武利阴阳。八子十二孙治中央。法象天地，如日月之光。千秋万岁，长乐未央兮。

442　汉有善铜出丹山。刻者畏巧铸师神。左龙右虎拜鲜人。法而天地传子孙。葆长命，寿万年。

443　汉有佳铜出丹扬。□刚作镜真毋伤。涷治镇锡清且明。昭于宫室日月光。左龙右虎主四方。八子十二孙治中央。

444　汉有名铜出丹羊。杂以银锡清而明。朱爵玄武顺阴阳。八子九孙治中央。东上泰山见神人。食而玉央饮澧泉。常宜官秩保子孙。

445　汉有善铜出丹阳，涷治银锡清而明。巧工刻之成文章。左龙右虎辟不羊。朱鸟玄武顺阴阳。子孙服具居中央。长保二亲乐富昌。寿如金石之疾王。

446　新有善铜出丹阳，涷治银锡清而明。尚方御竟大毋伤，巧工刻之成文章。左龙右虎辟不羊，朱鸟玄武顺阴阳。子孙备具居中央，长保二亲乐富昌，寿敝金石如矦王兮。

447　新兴辟雍建明堂。然于举土列矦王。将军令尹民户行。诸生万舍在北方。乐未央。

448　尚方作竟佳哉纷。巧工刻陋成雕文。请备说之告诸君。上大山见神人。骖驾交龙乘浮云。兴创前弓大风。厉去名山秦昆仑。过玉阙入金门。上玉堂何□□。佳哉纷传子孙。

449　尚方御竟大毋伤。巧工刻之成文章。左龙右虎辟不详。朱鸟玄武调阴阳。子孙备具居中央。长保二亲乐富昌。寿敝金石如矦王兮。

450　作佳镜哉真大好。上有仙人不知老。渴饮玉泉饥食枣。浮游天下敖三海。寿敝金石为国保。

451　尚方作竟真大好。上有仙人不知老。渴饮玉泉饥食枣。浮游天下敖三海。徘徊名山采芝草。寿如今石之天保。大利八千万兮。

452　尚方作竟真大巧。上有山人不知老。左龙右虎辟除道。朱鸟玄武衔芝草。子孙备具长相保。寿如金石。

453　此有佳镜成独好。上有山人不知老。渴饮澧泉饥食枣。浮游天下敖三海。寿敝金石为国保。长生久视今常在。云何好。

454　王氏昭竟三夷服。多贺新家人民息。胡虏殄灭天下复。风雨时节五谷孰。长保二亲子孙力。传告后世乐毋亟兮。

汉镜5期

501　尚方作竟大毋伤。巧工刻之成文章。左龙右虎辟不羊。朱鸟玄武顺阴阳。子孙备具居中央。长保二亲乐富昌。宜矦王兮。

502　尚方作竟大毋伤。巧又刻之成文章。八禽九守更为倡。寿如大山乐未央。浮游天下敖四方兮。

503　尚方作竟大毋伤。商周连出建四方。白虎辟耶居中央。子孙顺息富贵昌。寿如金石。

504　尚方作竟善无伤。六子九孙在中央。左龙右虎辟不羊。巧工刻之成文章。

505　尚方作竟大毋伤。巧工刻之成文章。左龙右虎辟不羊。朱鸟玄武顺阴阳。子孙备具居中央。长保二亲乐富昌。寿敝金石如矦王。青盖为志何巨央。

506　青盖作竟大毋伤。巧工刻之成文章。左龙右虎辟不羊。朱鸟玄武顺阴阳。长保二亲乐富昌。寿敝金石如矦王。

507　青盖作竟自有纪。辟去不羊宜古市。□□□□寿命久。保子宜孙得好。为吏高官车生耳。

508　田氏作竟大毋伤。新有善同出丹阳。涷治铜锡清如明。得此竟家赏千万。

509　陈氏作竟大毋伤。汉有善铜出丹阳。和以银锡清且明。左龙右虎主四彭。朱鸟玄武顺阴阳。

510　陈氏作竟日有熹。令人阳遂贵复富。□□细守各自治。左有青龙来福佑。白虎居前□白事。凤□□□□。□□□□□造工□。

511　矦氏作竟大毋伤。巧工刻之为文章。左龙右虎辟不阳。七子九孙居中央。夫妻相保如威央兮。

512 张氏作竟大毋伤。长保二亲乐未央。八子九孙居高堂。左龙右虎主四旁。朱鸟玄武仙人羊。为吏宜官至矦王。上有辟邪去不阳。从今世昌。

513 张是作竟大无伤。白虎青龙辟不详。朱鸟玄武顺□□。八子九孙富贵昌。长保二亲乐未央。宜矦王。

514 张氏作竟宜矦王。家当大富乐未央。子孙备具居中央。长保二亲世世昌。为吏高迁带青黄。

515 池氏作竟大毋伤。天公行出乐未央。左龙右虎居四方。子孙千人富贵昌。

516 池氏作竟有精神。上大山见仙人。持芝草语吾道。此竟好可自保。仓龙白虎主除道兮。长宜子孙保二亲。宜矦王富贵昌。

517 池氏作竟真大巧。上有王侨赤甬子。令人阳遂不知老兮。

518 华氏作竟宜矦王。家当大富乐未央。子孙备具居前行。长保二亲，辟邪含和除凶。所未得。仙人王侨赤松子。食兮。

519 李氏作之竟诚清明。服之富贵寿命长。左龙右虎扶两旁。朱爵玄武从阴阳。单于来臣至汉强。子孙番息乐未央。

520 成平倚竟兮，世间未赏有。苍龙在左，白虎居右。为吏高升贾万倍。长保二亲乐无已。

521 石氏作竟世少有。仓龙在左，白虎居右。仙人子侨，以象于后。为吏高升贾万倍。辟去不详利孙子。千秋万岁生长久。

522 尚方作竟世少有。仓龙在左，白虎居右。为吏高升贾万倍。胡虏殄灭去万里。辟去不羊利孙子。长保二亲乐无已。□娚万人兮。

523 尚方作竟佳且好。子孙备具长相思。上有神仙采芝草。令人富贵不知老。

524 尚方作竟佳且好。左龙交右白虎。前有朱鸟后玄武。令人富贵宜孙子。山人王乔赤松子。千秋万世不知老。

525 尚方作竟佳且好。白虎辟耶居中道。家室富昌宜孙子。以为身保。

526 尚方作竟大真工。嫁入门时殊大良。夫妻相重，甚于威央。五男三女，富贵昌清。

527 □月吉日，造此倚物。二姓合好，□如□□。女贞男圣，子孙充实。姊妹百人，□□□□。夫妇相□，□□□□兮。

528 尚方名工，杜氏所造。湅治铜锡，佳而且好。辟耶天禄，奇守并有。万里□间，□□□有。服此镜者，富贵长寿。男为□矦，女□□□。

529 遗杜氏造珍奇镜兮，世之眇彻。名工所刻画兮。湅五解之英华毕。毕而无极兮。辟耶配天禄。奇守并来出兮。三乌与□□□□，得所欲。吏人服之曾秩禄。大吉利。

530 杜氏作珍奇镜兮，世之未有兮。湅五解之英华毕。毕而无极兮。上西王母与玉女，宜孙保子兮。得所欲。吏人服之曾官秩。白衣服之金财足。与天无极兮。

531 杜氏作镜善毋伤。和以银锡清且明。名工佳造成文章。辟耶天禄居中央。十男五女乐富昌。居无忧兮如矦王。

532 杜氏作竟大毋伤。亲有善铜出丹羊。湅治银锡清如明。左龙右虎辟不阳。长富乐未央。

533　佳镜兮乐未央。辟耶天禄居中央。杜氏所作成文章。服之吉利富贵昌。子孙备具金甫堂。传之后世以为常。男封列疾皆令。

534　原夫始萌兮。五解英华毕。分而无极兮。辟耶宜□，上有奇守，出中三鸟，□□□□。宜孙保子，各得所欲。吏人服之，胡氏作。

535　原夫作镜，华毕分而无极兮。上有辟耶与天禄。宜孙保子，各得所欲。吏人服之益官秩。白衣服之金财足兮。胡氏作。

536　胡氏作镜四夷服。涑五之英华毕。□□□兮。上有奇守出中央。长吏服之益官秩。白衣服之□□□。□□□□。

537　吕氏作镜乐无亟。与天相保顺阴阳。长吏服之曾官秩。白衣服之宜孙子。上有仙师赤涌子。

538　吕氏作镜善无伤。工右刻之成文章。左龙有虎辟不羊。朱爵玄武顺阴阳。八子九孙居中央。家当大八千万。

539　吕氏作镜清且明。上下宪天有大光。史尹服之寿命长。八子九孙居中央。服镜者奴卑千人，宜弟兄。

540　吕氏乍镜自有纪。长保二亲□孙子。辟去不羊宜古市。为吏高升居人右。寿如金石。

541　朱氏作珍奇镜兮，世间未赏有。白牙鼓鸣琴兮，子其伤其子。动弦合商时，泣下不可止。侨诵。

542　龙氏作竟大无伤。采取善同出丹杨。和以艮易清且明。刻画奇守成文章。距虚辟耶除群凶。师子天禄会是中。长宜子孙大吉羊。／(内圈) 上有辟耶交龙。道里通。长宜子孙寿无穷。

543　龙氏作竟四夷服。多贺君家人民息。胡羌除灭天下复。风雨时节五，官位尊显蒙禄食。长保二亲乐无已。

544　三乌作竟与众异。李子百孙得天力。贵至三公尚御竟，寿如金石乐无极。

545　八维此镜兮与众异。七子九孙各有喜。宦至公卿中尚寺。上有东王父西王母。令君阳遂不知老兮。

546　宋氏作竟自有意。□□□□文字。采取铜锡与众异。服□必尊宜作吏。子孙备具家大富。士至公卿中常侍。辟命迫之诚可喜。择时日家大富。

汉镜6期

601　杜氏作镜清且明。名工所造成文章。服此镜富寿昌。十男五女乐未央。居毋事如疾王。

602　吕氏作镜流信德。刻画□□□□□。□□□留除治孰。青龙白虎相交错。东公西母山搗药。朱鸟玄武临旁则。昌女□□鼓于瑟。穷倚里具雨后伏。明□□□□画较。

603　吕氏作竟世少有。东王公西王母。仙人子乔赤诵子。车马辟耶在左右。为吏高升贾万倍。

604　池氏作竟世未有。位至三公车生耳。男封疾女王妇。寿而金石西王母。

605　石氏作竟世少有。东王公西王母。人有三仙侍左右。后常侍名玉女。云中玉昌踊于鼓。白虎喜怒毋央咎。男为公疾女□□。千秋万岁生长久。

606 宋氏作竟自有意。善时日家大富。取妇时与众异。七子九孙各有喜。宦至公卿中尚寺。上有东王父西王母。予天相保不知老。吏人服之带服章。

607 范氏作竟自有纪。丂工刻之及贤事。驹马在前足不止。白衣自言伏不起。县吏伋宛不刻李。自归从事州付史。

608 青龙作竟自有常。长保二亲宜疾王。辟去凶恶追不羊。

609 尚方作竟佳且好。良时吉日顺天道。便姑公利父母。长保二亲宜孙子。

610 尚方作竟佳且好。左有王父坐行道。右有王母。白虎芝草在其后。令人富贵不老。子孙满室世。

611 尚方作竟佳且好。左有交龙右白虎。存有朱鸟后玄武。令人富贵不知老。

612 青盖作竟佳且好。子孙番息长相保。男封大君女王妇。寿如金石大吉。

613 刘氏作竟佳且好。白虎辟邪不知老。子孙□具长相保。

614 青羊□□□□，□作同山□雏阳。君主如此大无伤。八子九孙主高堂。吉利。

615 青羊宋氏作竟佳且，明月予世保。东王父西王母。山人子槁不知老。周由天下之四海。乐无亟。

汉镜7期

701 袁氏作竟真大巧。上有东王公西王母，仙人子侨赤诵子，白虎薰卢左右。为吏高升贾万。千秋万岁生长。

702 袁氏作竟真大巧。上有东王父西王母，青龙在左白虎居右。辟邪喜怒无央咎。仙人王高赤容子。千秋万世生长。

703 铨氏作竟真大巧。东王公西王母。辟邪喜怒无央咎。人有二仙在左右。千秋万岁生长久。

704 至氏作竟真大巧。上有山人子高赤诵子。居居辟邪左有。青龙喜怒无央咎。千秋万岁青长久。

705 刘氏作竟真大巧。王侨赤诵撞药草。仓龙在左虎居右。千秋万世生久。

706 尚方作竟真大工。上有仙人辟不羊。巧师刻成文章。和周铅锡清且明。买氏竟者□富昌。□□□王□孙子，三公□□□□□。传付子孙乐未英。日饮酒月作倡。

707 吾作明竟真大工。世少有，明如日月。宜君子孙。至二千石。贾市得利。常乐无亟，家富贵兮。

708 尚方作竟佳且好，明而日月世少有。刻治今守悉皆右，长保二亲宜孙子。富至三公利古市，传告后世乐未已。

709 蔡氏作竟佳且好。明而月世少有。刻治今守悉皆在。令人富贵宜孙子。寿而金石不知老兮。乐无亟。

710 王氏作竟佳且好。明而日月世之保。服此竟者不知老。寿□东王公西王母。山人子高赤松，长保二亲宜。

711 蔡氏作竟自有意。上有圣人不知老。东王公西王母。山人子侨赤松子。马千头。

1.5 汉镜分期研究

712　青盖作竟自有纪。明而日月世少有。刻治今守悉皆在。长保二亲宜孙子。大吉昌。宜矦王兮。

713　许氏作竟自有纪。青龙白虎居左右。圣人周公鲁孔子。作吏高迁车生耳。郡举孝廉州博士。少不努力老乃悔。吉。

714　吾作明竟自有己。青龙白虎居左有。令人长命宜子孙。作吏高迁车生荧耳。作师长命吉。

715　周是作竟自有纪。令人长命宜孙子。五男二女……天王日月。子。

716　尚方作竟自有纪。辟去不羊宜古市。上有东王父西王母。令君阳遂多孙子兮。

717　吴氏作明竟自有纪。青龙白虎居左右。神鱼仙人赤松子。八爵泪向法古始。冂人长命宜孙子。便姑章利父母。为吏高迁。

718　吴氏作竟自有纪。除去非羊宜古市。为吏迁车生耳。寿而东王父西王母。五男四女凡九子。大吉利。

719　三羊作竟自有纪。除去不羊宜古市。令人长命不知老。五男四女九子父。男为王矦女为主。寿而东王父西王母兮。

720　三羊作竟自纪。明而日月囗未有。囗大富保母。五男四女凡九子。女宜贤夫。男得好妇兮。

721　正月丙午日董氏造作，尚方明竟自有纪。青龙白虎居左右。神鱼仙人赤松子。八爵相向法古始。长宜子孙。

722　成氏作镜四夷，多贺国家人民息。胡虏殄灭天下复。风雨时节五谷孰。长保二亲得天力。传告后世乐无亟。乘云驱驰，参驾四马，道从群神，宜孙子公。

723　尚方作竟有纪冈。左龙右虎辟非羊。君子买者宜矦王。夫妻相宜，子孙满堂。寿如金石，延寿未央。多贺国家人民息。羌胡尽囗四夷服。天下大息兮。

724　尚方作竟自有己。除去不阳宜古市。延年益寿宜孙子。佃虫大戴从是起。左有青龙，未福。有自方尚，去凶，使君高迁，位至三公。

725　盖方作竟自有己。余去不羊宜古市。青龙白虎居左右。与天相保无穷止。东有王父，西有王母。仙人子乔赤松子。天王日月为祖始。位至三公宜子孙子。寿命久长，生如山石，富贵宜矦王，合湅三黄明竟起。大吉。

726　田氏作明竟囗囗囗有。服者男为公卿，女为诸王，曾年益寿。子孙番昌，千秋万岁不知老。长宜贾市兮。

727　刘氏竟与众异，大吉利宜矦王。买能常服者，子孙番昌。师命长。

728　吾作明镜取法星。遇即还行中则才。贤圣神仙坐东西，霜护顺和气精。寿益长。愿常服之。富贵安囗。子孙番昌。师命长。

729　尚方作竟，明如日月，不已寿，如东王公西王母，长宜子孙。位至三公，君宜高官。

730　吾作目竟。幽湅三冈。巧工刻之成文章。上有四守辟羊。至富枭氏从。大富宜牛羊。为吏高升。

731　囗氏作竟，幽湅三商。规矩无祉，周刻万置。四纪豫元，六合设。东王父西王母，距虚空。统得序道，只灵是兴。白牙陈乐，众神见容。天禽白精并存，□□□□□。

732 吾作明竟，幽涑三商。规矩无祉，雕刻万方。四气像元，六合设长。举方奉员，通距虚空。统德序道，只灵是兴。百牙陈乐，众神见容。天禽衔持维刚。大吉，服者公卿。其师命长。

733 吾作明镜，幽涑三商。雕刻无祉，配像万强。白牙举乐，众神见，天禽四首，衔持维冈。边则太一，乘云驾龙。导从群神，五帝三皇。诛讨鬼凶。常服者富贵，师命长。

734 吾作明镜，幽涑三商。雕刻无祉，配像万□。白牙举□，□神见容。天禽四首，系持维刚。边则泰一，福禄是从。富贵安宁，子孙番昌。曾年益寿，其师命长。

735 吾自作明镜，幽涑三商。雕模虚无，□□万强。白牙举乐，众神见容。天禽并存，福禄是从，愿常服为，富贵番昌。曾年益寿，子孙蕃昌。大吉祥。其师命长。

736 吾自作明竟，幽涑三商。雕刻规矩无极，亥万强。百牙举乐，众神见容。天二禽并，大吉羊。

737 吾作明竟，幽涑三商。周刻无祉，配像万强。天禽四守，衔持维刚。其师大吉，服者命长。敬奉贤良。曾年益寿，富贵升始，寿如东王公，西王母，子孙番昌。

738 刘氏作明竟，幽涑三商。调刻无祉，配像万强。天禽四守，衔持维刚。大吉，其师命长。服者，敬奉贤良。曾年益寿，富贵。／汉有善同出丹阳。大师得同。合涑五金成。

739 吾作明竟，幽涑三刚。周刻无亟，众华主阳。圣德神明。五月五日丙午日中时，得三光。制作师，照见人刑。位至三公，子孙吉昌。

740 吾作明竟，幽涑三冈。配像世京。统德序道，敬奉臣良。周刻无祉，百牙举乐，众华主阳。世德光明。富吉安乐，子孙番昌。士至高升。生如金石，其师命长。

741 吾作明竟，幽练三商。□□序道，配象万强。曾年益寿，子孙番昌。功成事见，其师命长。

742 吾作明镜，福禄是从。奉□三皇。其师命长。服者公卿。子孙番昌。众神见容。敬奉贤良。白牙陈乐，幽涑金商。百精并存，咸得所愿，曾年益寿，富贵安宁。

743 吴郡胡阳张元公，制作虚无，自异于众，造为明镜，日月合萌。四时永则，□□□王。天□和亲，富贵番昌。百精并存，其师命长。

744 吾作明镜，幽涑三商。周刻无祉，配象万强。伯牙奏乐，众神见容。天禽并存，福禄氏从。富贵安宁，子孙潘倡。曾年益寿，其师命长。惟此明竟，千出吴郡，张氏元公。千练百解，刊列文章。四器并。

745 盖作明竟，渊涑三商。发造虚无，克照金光。克□元方。法□四旁。道□朝廷，五帝三皇。朱鸟玄武，金琦交龙。服此竟者命长。／服此竟者，师二立公。子孙潘昌。

746 盖惟货竟，变巧名工。攻山采易，伐石索同。单火卢冶，幽涑三商。吐所日翟，容象月明。五帝昔时，建师四方。玄龟□威，白虎□仁，□□□□，其师命长。／利父宜兄。仕至三公。其师命长。

747 石人姬姬。衣绵缎衣。夷矣之子，卫矣之妻。东宫之妹，刑矣之夷。登公惟私。手如濡凄。肤如□脂。颔如狩夷。齿如会师。缜首娥麋。□咲□兮。美目瞚兮。石人嗷嗷。税于农郊。四牡有桥。洙□焱焱。翟□以朝。大夫宿退，毋使君劳。河水洋洋，北流。

华西系

华西01　黄盖作竟甚有畏，国寿无亟，下利二亲。尧赐女为帝君。一母妇坐子九人。翠盖覆贵敬坐卢，东王父西王母，哀万民兮。

华西02　余造明镜，九子作容。翠羽秘盖，灵鹅台杠。调刻神圣，西母东王。尧帝赐舜二女，天下泰平。风雨时节，五谷孰成。其师命长。

华西03　余造明镜，九子作，上刻神圣。西母东王。尧赐舜二女，天下泰平。禾谷孰成。

华西04　九子竟，清而明。利父母，便弟兄。

华西05　九子明竟，幽涑三冈。巧工刻之周文，上有四守吉昌。

华西06　余造明镜，三王作容。翠羽秘盖，灵鹅台杠。仓颉作书，以教后生。燧人造火，五味。

华西07　三王作竟，调刻容见。左右龙虎，除□不羊。服者长生。其师万福。

华西08　黄盖作镜，幽涑金商。其师命长。

华西09　阴氏作竟，青如日月。其师受。

华西10　黄羊作镜明而光。巧工所造成文章兮。交龙戏守转相从。能常服之，为者命长。

吴镜

吴01　九子作竟自有纪。富炅矣。

吴02　九子竟与众异，服者命长。（九子作世而尚，服者吉利。／九子作明如光。服者矣王。）

吴03　吴郡赵忠所作，象圣。

吴04　吴造明镜，神圣设谷。服者卿公。

吴05　三王作镜明而青。服者宜先皇。

吴06　三王作竟自有意。服者宜光九卿吴子。

吴07　五月五日大岁丙午，吴郡郑蔓作明镜，幽涑三商。□□□□，百牙举乐，众神见容。天禽。

吴08　王言昔者见，东方之光。日月之明。西方是火光。南方金色，北方水清。中英主作。

吴09　丁木公立土，丁女共氏左日也。天下大乐无复忧。日月光明何同火。二千万里□□□，吉羊旦兮。

吴10　王立青赤大竟，日月同光。三星别出，吉羊。宜公美，富昌。月日主天，可足□□也。

吴11　山阴中北阳里，镜师任皇所作，宜用，使人高明富贵，君子自进言，如有买竟者，属以相闻，买常若□。买道□大吉，天下书民，吴今言天下大□。

吴12　吾人作上竟，照下象日月，□□青□□已也。丰日月之光自有□，□长之中不可熹。

吴13　李氏古制祉，克象天光齐，五帝三王，日月白易，□□□里，子朝日清明，子孙正。

魏晋镜

魏晋01　羊作同竟甚大工。上有山□不知老。服者长生买主寿。
魏晋02　青同之竟明且好。□□长生买者受。
魏晋03　吾作明竟甚大工。刑母雕刻用青同。保子宜孙。
魏晋04　吾作大竟真是好。同出余州。青且明兮。
魏晋05　吾作明镜甚独奇。保子宜孙富无訾。
魏晋06　吾作佳竟自有尚。工师刻像生文章。上有古守辟非羊。服之寿考宜矣王。
魏晋07　吾造之竟大无伤。巧工作成文章。令君高位宜矣王。子孙千人。
魏晋08　尚方作竟甚奇矣。仓龙在左，白虎在右。朱鸟玄武，辟去凶名，子孙翁翁宜父母。家中富昌贵且。
魏晋09　陈是作镜，君宜高官。保子宜孙。万年。
魏晋10　吾作明竟大好。上有东王父西王母。师子辟邪居中央，甚乐兮。
魏晋11　尚方作竟大毋伤。巧工刻之成文章。白虎师子居中央。寿如金石佳自好。上有山人不知老兮。
魏晋12　颜氏作自右己。东王父西王母。
魏晋13　青盖作镜以发阳，览觊四方昭中英。左龙右虎辟不详，鸟朱玄武顺阴阳。服之富贵子孙强，长保二亲乐未尝。风雨时节五谷丰，四夷归化天下平，休兵息吏晋世宁。
魏晋14　大晋青盖以发阳。揽觊四方照中英。左龙右虎师子翔。朱鸟玄武顺阴阳。寿如金石乐未尝。长保二亲子孙昌矣。

三角缘神兽镜

三角缘01　新作明竟，幽律三刚。铜出徐州，师出洛阳。雕文刻镂，皆作文章。配德君子，清而且明。左龙右虎，转世有名。师子辟邪集会并。王父王母游戏闻。□□□，宜子孙。
三角缘02　亲出竟右文章。明如日月昭天梁。长保子宜孙富如天，位至三公为矣王。左龙右虎辟非羊。朱鸟玄武自彭。元得老受王父母，服者长生。买者受金石，竟市。
三角缘03　王氏作竟甚大明。同出徐州刻镂成。师子辟邪娆其婴。仙人执节坐中庭。取者大吉乐未央。
三角缘04　吾作明竟，练取好同。文章皆成，甚师甚工。上有东王父西王母。宜子保孙甚大好。浮由天下至四海。曷食玉泉饥食枣。千秋万岁不老兮。
三角缘05　张氏作镜真巧。仙人王乔赤松子。师子辟邪世少有。渴饮玉泉饥食枣。生如金石天相保兮。
三角缘06　吾作明竟甚大好。上有东王父西王母。仙人王乔赤松子。渴饮玉泉饥食枣。千秋万岁不老。□由天下由四海兮。

三角缘07　吾作明竟甚大工。上有王乔以赤松。师子天鹿其舞龙。天下名好世无双。照吾此竟寿如大山。

三角缘08　吾作明竟甚大好。上有神守及龙虎。身有文章口衔巨。古有圣人，东王父西王母。渴饮玉饥泉食枣。寿如金石长相保。

三角缘09　吾作明竟甚大好。上有神守及龙虎。身有文章口衔巨。古有圣人，东王父西王母。渴饮玉泉。五男二女长相保。吉昌兮。

三角缘10　陈是作竟甚大好。上有神守及龙虎。身文章口衔巨。古有圣人，东王父西王母。渴饮玉泉饥食枣。长相保。

三角缘11　吾作明竟甚大好。上有神人王父母。仙人赤侍左右。清龙巨真阴阳，独存噂生文章，常保尼亲不持。

三角缘12　陈是作竟甚大好。上有王父母。左有仓龙右白虎。宜远道相保。

三角缘13　吾作明竟真大好。浮由天下□四海。用青同。至海东。

三角缘14　镜陈氏作甚大工。刑暮周刻用青同。君宜高官至海东。保子宜孙。

三角缘15　吾作明竟甚独奇。保子宜孙富无訾。

三角缘16　吾作明竟甚大好。上右百鸟不知老。今为青竟日出卯也。

三角缘17　惟念此竟有文章。卖者老寿为矦王。上有申鸟在中央。

三角缘18　吾有好同□且明。神守仙人居中央。今世以孙，宜□矦王。

三角缘19　日而月而美哉，日月天下之明。

三角缘20　尚方作竟佳且好。明而日月世少有。刻治今守悉皆右。长保二亲宜孙子。富至三公利古市。告后世。

纪年镜铭

(公元)

BC15　永始二年五月丙午，漏上五工丰造也，景公之象兮，吴娃之兑。作精明镜兮，好如日月。长相思兮，世不绝。见珠颜，心中骧。常宜子孙。（四神博局纹镜）

6　居摄元年自有真。家当大富，籴常有陈。周之治吏为贵人。夫妻相喜，日益亲善。（连弧纹镜）

10　唯始建国二年新家尊。诏书数下大多恩。贾人事市，不躬啬田。更作辟雍治校官。五谷成孰天下安。有知之士得蒙恩。宜官秩葆子子孙。(兽带镜)

15　始建国天凤二年，作好镜。常乐富贵庄君上。长保二亲及妻子，为吏高迁位公卿。世世封传于毋穷。（四神博局纹镜）

64　永平七年正月作。公孙家作竟。／竟直三百。（连弧纹镜）

64　永平七年九月造真，尚方作竟大毋伤。巧工刻之成文章。左龙右虎辟不羊。朱鸟玄武顺阴阳。上有佚人不知老。渴饮玉泉饥食枣。（细线式兽带镜）

86　元和三年，天下太平。风雨时节，百□□□，□□□□，□□□□，尚方造竟，在于民间，有此竟，延寿未央兮。（浮雕式兽带镜）

87	章和元年五月丙午日中作。服之宜子孙为缓。（龙虎镜）
88	章和二年五月十五日丙午日造。（龙虎镜）
87~88	隆帝章和时，淮南龙氏作竟，涷治同。合会银易得和中。刻画云气龙虎虫。上有山人寿无穷。长保二亲乐不亭。（龙虎镜）
105	元兴元年五月丙午日，天大赦，广汉造作，尚方明竟，幽涷三商。周得无亟，世得光明，长乐未英。富且昌。宜矦王。师命长。生如石，位至三公。寿如东王父西王母，仙人子，立至公矦。/吾作明竟，幽涷三商兮。（环状乳神兽镜）
105	元兴元年五月丙午日，□□广汉西蜀造作，尚方明竟，幽涷三商。长乐未，宜侯王。富且昌。位至三公。位师命长。（兽首镜）
105	元兴元年五月丙午日，天大迹，广汉西蜀造作，尚方明竟，幽涷三商。天王日月，位至三公。长乐未央。宜侯王。□且昌。师命长。（环状乳神兽镜）
156	永寿二年，正月丙午，广汉造作，尚方明竟，买竟者，富且昌。宜矦王。师命长。/长宜官位。（兽首镜）
157	永寿三年□月丙午，造作尚方兮明竟，广汉西蜀，幽涷三商兮。周刻无亟，世得光明。买人大富兮，师命长。□□□，长乐未英。宜矦王。富且昌兮。（兽首镜）
159	延喜二年五月丙午日，天大迹，广汉西蜀，造作明竟，幽涷三商。天王日月，位至三公兮。长乐未英。吉且羊。/吾作明竟，幽涷三商。立至三公。（环状乳神兽镜）
160	延熹三年五月丙午日，造作尚方明竟，广汉西蜀，幽涷三商。天王日月，位至三公兮。山人。（兽首镜）
164	延熹七年正月壬午，吾造作尚方明竟，幽涷三刚，买人大富。师命长。/长宜高官。（兽首镜）
164	延熹七年五月十五日丙，造作□□同竟，其有命者王父母。位至三公宜古市。大吉。（兽首镜）
166	延熹九年正月丙午日，作竟自有□。青龙白虎侍在右。买者长命宜孙子。便□□□□母。吉兮。/君宜高官。（兽首镜）
167	延熹十年正月丙午，吾造作明竟兮，幽涷三商兮。天王日月，位至三公。长乐未央。子孙千人，出南阳兮。/乐未央。富且昌。（兽首镜）
167	永康元年正月丙午日，作尚方明竟，买者长宜子孙。买者延寿万年。上有东王父西王母，生如山石，大吉。/长宜高官。（兽首镜）
167	永康元年正月丙午日，幽涷三商。早作尚方明竟，买者大富且昌。长宜子孙，延寿命长。上如东王父西王母。君宜高官，立至公矦。大吉利。/吾作明竟，幽涷三商。君宜矦王。（环状乳神兽镜）
167	永康元年，正月午日，幽涷黄白，早作明竟，买者大富，延寿命长。上如王父，西王母兮，君宜高位，立至公矦，长生大吉，太师命长。（环状乳神兽镜）
167	永康元年六月八日庚申，天丁大赦，吾造作尚方明竟，合涷黄白周刻兮。/长宜高官。（兽首镜）

168 建宁元年九月九日丙午，造作尚方明镜，幽湅三商。上有东王父西王母，生如山石，长宜子孙，八千万里，富且昌。乐未央。宜矦王。师命长。买者太吉羊。宜古市，君宜高官，位至三公。长乐央兮。（兽首镜）

169 建宁二年正月廿七丙午，三羊作明镜自有方。白同清明复多光。买者大利家富昌。十男五女为矦王。父妪相守寿命长。居一世间乐未央。宜矦王。乐未央。/□□□。长宜官。宜矦王。师命长。（兽首镜）

173 熹平二年正月丙午，吾造作尚方明竟兮，幽湅三商。州刻无亟，世得光明。买人大富贵，长宜子孙，延年兮。/吾作明竟自有方。白同清明兮。（环状乳神兽镜）

173 平二年正月丙午日，吾作明竟，长乐未央。君宜高官，吉师命长。□□古市，□□□□，富贵延年。/君宜高官。（兽首镜）

174 熹平二年正月丙午，吾造作尚方明竟，广汉西蜀，合湅白黄。舟刻无亟，世得光明。买人大富，长子孙，延年益受，长乐未央兮。（兽首镜）

172~177 熹平□□五月丙午日，作竟自有方。除去不羊宜古市，大吉利，幽湅三商。天王日月，上有东王父西王母，生如山石。/吾作明竟，□□三商。长宜高官，君宜矦王。（方铭四兽镜）

178 熹平七年正月廿五日丙午，暴氏作尚方明竟，幽湅三商。天王日月，上有……富且昌。长乐未央。/吾作明竟，天王日月，立□□公。（环状乳神兽镜）

178 光和元年五月，作尚方明竟，幽湅白同。买者长宜子孙，延年益寿，长乐未央。宜矦王。大吉羊。宜古市。/君宜官位。（兽首镜）

181 光和四年正月十三日丙午，广汉西蜀，造作尚方明竟，幽湅三商。周得无亟，世得光明。天王日月，位至三公。长乐未英。富且昌。君宜矦王。生如金石，大吉。（兽首镜）

187 中平四年，五月午日，幽湅白同。早作明竟，买者大富，长宜子孙，延年命长。上如王父，西王母兮，大乐未央。长生大吉，天王日月，太师命长。（环状乳神兽镜）

187 惟中平四年大岁在丁卯，吾造作尚方明竟，广汉西蜀，合湅白黄。舟刻无亟，世得光明。买此竟人尚欢虞。家当巨亿□□矦。太吉羊兮。（兽首镜）

189 中平六年正月丙午日，吾作明竟，幽湅三羊自有己。除去不羊宜孙子。东王父西王母。仙人玉女大神道。长吏买竟，位至三公，古人买竟，百倍田家。大吉，天日月。/吾作明竟，幽湅三羊。天王日月，位至三公。（方铭四兽镜）

190 初平元年正月戊午日，吾作明镜自有己。除去不羊宜古市。来而东王父西王母。仙人王乔赤谷子。千秋万年不知老。买者大贵昌。/吾作明竟，幽湅三羊。位至三公。天王日月。（方铭四兽镜）

196 建安元年五月廿四日，示氏作竟，幽湅宫商。周亥容象，五帝天皇。白牙单琴，黄帝吉羊。三公。/君宜官。君宜官。（重列式神兽镜）

196 建安元年，君宜高，吾吾月廿四日，氏作竟，幽湅宫商。刻三才容象，五帝天皇。白牙单琴，黄帝吉羊。三公。/君高里，高官□。（重列式神兽镜）

196　建安元年，君……五帝天皇。白牙琴，黄帝吉羊。三公。／君高里。君高官。（重列式神兽镜）

202　吾作明竟，幽涑三商。周亥容象，五帝天皇。白牙单琴，黄帝除凶。朱鸟玄武，白虎青龙。建安七年四月，示氏作竟，君宜高官，子孙番昌。大吉羊。／君宜官。君宜官。（重列式神兽镜）

202　吾作明竟，幽涑宫三商。周克容象，五帝天皇。白牙单竽琴，黄帝除凶。朱鸟玄武，白虎青龙。建安七年造作，君宜高官。／君宜官。君宜官。（重列式神兽镜）

203　……白牙黄帝，单琴除凶。朱鸟玄武，白虎青龙。建安八年六月三日造，君宜高□。／君宜官。君宜官。（重列式神兽镜）

204　吾作明竟，幽涑三商。周克容象，五帝天皇。白牙单琴，黄帝除凶。□□玄武，白虎青龙。建安九年。（重列式神兽镜）

205　吾作明竟，幽涑宫商。周亥容象，五帝天皇。白牙单琴，黄帝余凶。朱鸟玄武，白青□。□宜高官，子孙番昌。建安十年示氏造，大吉。／君宜官。君宜官。（重列式神兽镜）

205　吾作明竟，幽涑宫商。周亥容象，五帝三皇。白牙单琴，黄帝除凶。白牙，朱鸟玄武，白虎青。建安十年五月六日作。宜子孙。大吉羊。／君宜官。君宜官。（重列式神兽镜）

214　建十九年八月五日，吾作竟，□□日月，白牙单琴，黄帝仙人，东王父西母，宜子先，大吉兮羊。位至三公。□□夫。／君宜，高官。（重列式神兽镜）

215　建安廿年十二月八日辛卯日作……宜富贵老寿，□夫妻宜子孙，好妻八九舍……得□者吉也。（同向式神兽镜）

216　建安廿一年四戊午朔十九日，起此般也，道其者，会稽所作，中师六寸一千也。人者服之，千万年长仙。作吏宜官吉羊。宜矦王。家有五马千头羊。羊□好子具富贵。／中千人□者日月合□□。（对置式神兽镜）

217　建安廿二年十月辛卯朔四日甲午，太岁在丁酉时加未，师荫豫作明镜，幽涑三章。乃而清朖。服者大得高远。宜官位，为矦王。家□□□，家吏居已□□□孙子也。（重列式神兽镜）

217　建安廿二年十月丁酉朔十日丙午，有今人言余□光。已交天东金令明。夏可作光者表非，十余告天下万民也，夫言来□自大羊。吉□竟□。（重列式神兽镜）

219　建安廿四年四月壬午朔廿九日壬子造，吾作明竟宜矦王。家有五马千头羊。官至有德车丞出，志之人也，芢生久寿。□□□□。（对置式神兽镜）

219　建安廿四年五月丁巳朔卅日丙午造，作明竟，既清且良巧，牛羊有千，家财三亿，宜矦王，位至三公，长生□□□。／□□先□师明且吉。（对置式神兽镜）

219　建安廿四年六月辛巳朔十七日丁酉为，吾作明竟宜矦王。家有五马千头羊。官高位至车丞出，止非人命当芢生。安□日月以众。（重列式神兽镜）

219　建安廿四年六月辛巳朔廿日庚子造，吾作明镜宜公卿。家右马千头羊。□主□寿日□。

1.5 汉镜分期研究

89

（对置式神兽镜）

219 建安廿四年六月辛巳朔廿五日乙巳奇，吾作明竟宜矦王，豪富日贵，钱有千万，长生之寿。日月相□，乐□□已。（对置式神兽镜）

219 建安□四年六月辛巳朔廿五日乙巳造，吾作明竟宜矦王，家富且贵，泉有千万，长生久寿，日月相和。（同向式神兽镜）

219 建安四年六月辛巳朔廿五日一巳造，吾作明竟，宜矦。建安廿四年六月明竟，宜矦。（同向式神兽镜）

220 延康元年二月辛丑朔十二日壬子，师□□□□□□作明镜，玄湅章。乃成以明。清不可言，伏者老寿。高升二千石，郡督邮川于事。（对置式神兽镜）

221 建安廿六年□月十日，□□□□□□，□□□□□□，堂中作竟四夷服。多贺国□天下复。□□□□□□，延年益寿万岁□兮。（重列式神兽镜）

221 黄初二年，武昌所作明镜，玄湅章，乃而清明。吉羊兮。（同向式神兽镜）

221 黄初二年十一月丁卯朔廿七日癸巳，扬州会稽山阴师荫豫所作镜，大六寸清明。服者高远。　秩公美，宜矦王。子孙潘昌。／日王四月□三商□□。（同向式神兽镜）

222 黄初三年，师卜德六合，作明金竟，五柬□□，服者矦王。益其女□聿令。（同向式神兽镜）

222 黄武元年，大岁在□□，□□□□□□日中。制作百湅明竟，清□且富，□□万年，宜矦王。立至三公。及古。／宜三公□三十二大夫。（对置式神兽镜）

222 黄武元年，五月丙五，时□日中。□作明竟，□□□□□。（对置式神兽镜）

223 黄初四年五月壬午朔十四日乙未，会稽师鲍作明镜，行之大吉，宜贵人王矦，所服者也□□，今造大母王三。／一十三日□□□王□二□□。（对置式神兽镜）

223 黄武二年，大岁在癸卯，造作元竟……（对置式神兽镜）

225 黄武四年四月廿六日，作氏竟，宜于吏史士得位也，服之吉羊。来日我后共文王。人生于七十有一。／人□□□□□□十二大夫（对置式神兽镜）

225 黄武四年六月五日丙辰，作长明竟，服者大吉，寿得万年，鲍师扬名，无已人去之。（重列式神兽镜）

226 黄武五年二月午未朔六日辰巳，扬州会稽山阴安本里思子丂。服者吉，富贵寿。春长久。（同向式系神兽镜）

222~229 黄武年十月丙午朔，会稽山阴，造者□蜀郡本都里，思子高。□□□□□。（同向式系神兽镜）

226 黄武五年太岁在丙午，五月辛未朔七日，天下太平。吴国孙王治□□，太师鲍唐而作，五□明镜，玄□□章。□□所作，□安吉祥。位至公美，矦王官禄，寿当万年而，愿即得长。（重列式神兽镜）

226 弓日每出当须，安佳时可往善矣，太一为将军吉，今年丙午，五月七日丙午，清脧之吉日志兮。／恭示氏为，日至去昧。旦市四月。（对置式神兽镜）

227 黄武六年三月十日上巳朔，长吏亭度之也。羊吉者宜市。来才□□□，今史命平，夫人

	可大吉。／市北王，古师右也。工大生，士而吉兮。（对置式神兽镜）
227	黄武六年五月壬子四日癸丑，造作三，命之宜王且矣，服竟之人皆寿岁，子孙众多，悉为公卿。收财数百牛羊。而□□□□。（重列式神兽镜）
227	黄武六年十一月丁巳朔七日丙辰，会稽山阴作师鲍唐，竟照明。服者也宜子孙，阳遂富贵老寿，颐先牛羊马，家在武昌思其少。天下命吉服吾王。干昔□□。（重列式神兽镜）
228	黄武七年七月戊午朔七日甲子，纪主治时，大师陈世严作明镜，服者立至公。（对置式神兽镜）
229	黄龙元年，大岁在丁巳，干川合化，帝道始平。五月丙午，时茄日中。造作明竟，百湅清铜。服者万年，位至三公。辟除不祥。／人吏三公九卿十二大夫。（对置式神兽镜）
229	黄龙元年，大岁在己酉阳丰。干川化，王道始平。五月丙午，加日中，造作明竟，服者万年。／长宜□王，乐未。（对置式神兽镜）
229	黄龙元年太岁在丁酉，七月壬子朔十三日甲子，师陈世严造作三湅明镜，其有服者，命久富贵。（重列式神兽镜）
230	黄龙二年，正月廿六日，师鲍氏所作之镜清明。服者大吉得高远，位至三公老更丁也。／日月弄可立。光明□丁□。（同向式神兽镜）
230	黄龙二年七月丁未朔七日癸丑，太师鲍豫而作明镜，玄湅三，灭绝孚秽，服者高远，位至竹帛。寿复金石也。（重列式神兽镜）
233	嘉禾二年，正月大岁丑，五寸五帝明竟，宜矦王，□氏□□□□，□□寿久也，上有朮人，方竟曰……（重列式神兽镜）
235	嘉禾四，二月所作，五寸明竟，服者万年。延年子孙。仙竟宜用之，具□□，上有朱鸟武。（重列式神兽镜）
235	嘉禾四年，九月午日，安乐造作，五寸五帝明竟，服者大吉，宜用者万年，延年□□，□□□。（重列式神兽镜）
235	青龙三年，颜氏作竟成文章。左龙有虎辟不详。朱爵玄武顺阴阳。八子九孙治中央。寿如金石宜矦王。（四神博局纹镜）
236	嘉禾五年五月壬寅朔五日丙午，太师鲍豫造作，五帝明竟，玄湅章文，光曜昭明。服者宜官，远至矦王。女为皇厚，老复丁。（重列式神兽镜）
236	嘉禾五年，九月十五日，安乐造作，七寸五帝明镜，上有东王西王母公，□服者吉，用者万年。□年子孙。寿可葆也，宜矦王二千石。（重列式神兽镜）
238	赤乌元年五月丙午廿日甲子，造作镜五寸，百十湅为章。服者富贵，长乐未央。万年。／玄玄大大□大大王。（对置式神兽镜）
238	赤乌元年，五月廿日，造作□□，百铼清铜。服者君矣，长药未英。造□先师，名为周公。／日月天王之神。（对置式神兽镜）
238	赤乌元年，五月丙午，时茄日中。造作明镜，百湅幽铜。上应星，下辟不详。世间如

此，乐未英。／造作明镜，百□幽铜。（对置式神兽镜）

238　赤乌元年，造作明镜，可照刑。上辟氽衶。长生老寿，位至公卿。子孙精神，福禧无穷。（对置式神兽镜）

239　景初三年，陈是作诏，诏之保子宜孙。（画纹带同向式神兽镜）

239　景初三年，陈是作镜，自有经述。本是京师，杝地定出。吏人诏之，位至三公，母人诏之，保子宜孙，寿如金石兮。（三角缘同向式神兽镜）

240　景初四年，五月丙午之日，陈是作镜，吏人诏之，位至三公，母人诏之，保子宜孙，寿如金石兮。（斜缘盘龙镜）

240　正始元年，陈是作镜，自有经述。本自荆师，杜地所出。寿如金石，保子宜孙。（三角缘同向式神兽镜）

240　赤乌三年，五月丙午，造作……宜矦工。（对置式神兽镜）

242　赤乌五年，三月七日，首夫天下，□□奉之，世言贵光，夷吾□……□矣。真才。（重列式神兽镜）

242　赤乌五年，造作仙竟，服者吉羊。宜公矦，家有五马□□。（对置式神兽镜）

243　赤乌六年，五月丙午朔二十日，造作山明竟，服者吉羊。（对置式神兽镜）

244　□乌七年，□□在丙午，□加日□，□作明□，百□漳。服者富贵，长乐未英。子孙……（对置式神兽镜）

253　建兴二年，九月一日，造作明竟，五练九章，示竟富且贵，久大吉利，保□□。（对置式神兽镜）

253　建兴二年，百涑□□，□作明竟，可以昭刑。上□□除，下辟不祥。□□□自……寿万年。（对置式神兽镜）

253　建兴二年……□□之，大吉祥。宜子孙，有子当十，有任三公，从此以去乐未英。／鲍氏作竟，（□且明□。同向式神兽镜）

255　五凤二年，正月廿九日，董霸作镜四夷服。天下太平五谷熟。服著延寿万年。／吾作明镜，幽涑五商。（对置式神兽镜）

256　五凤三年三月，□造清竟，服者富贵，宜矦王。（对置式神兽镜）

○　嘉兴元年，岁在大阳。干川合化，王道始平。五月丙午，时加日中。制作竟，百涑清铜。服者万年，位至矦王。辟不羊。／吏三公九卿十二□大夫（对置式神兽镜）

○　嘉兴元年，大岁在丁巳，帝道始平。五月丙午，时加日中。造作明竟，百涑清铜。服者万年，位至侯王。长乐富贵，吉宜子孙。／人吏三公九卿十二大夫（对置式神兽镜）

256　太平元年，五月丙午，时茄日中。干川合化，帝道始兴。造作明竟，百涑正铜。上应星宿，下辟不祥。服者老寿，长乐未英。三公九卿，五马千羊。君作。／岁在大阳，□日皇。（对置式神兽镜）

256　太平元年，岁在大阳，帝道始平。造作明竟，百涑正铜。□□□。／君子□立□巳□□。（对置式神兽镜）

256 太平元年，吾造作明镜，百湅正铜。服者老寿，作者长生。宜公卿。乐未央。／天王日月，照四海，正明光。（对置式神兽镜）

256 □□□年，造作明竟，可以照刑。服者老寿，宜公卿。居世如此，乐未央。／太平元年，□□□□。（对置式神兽镜）

256 太平元年，九月□日，造作明竟，可以照刑。服者老寿，宜矦王。至三公九卿十二。／吾作明镜，幽□□□。（对置式神兽镜）

257 太平二年，造作明竟，可以诏刑。宜矦王。家有五马千头羊。／天王日月。天王日月。（对置式神兽镜）

258 太平三年，造作明竟，服者万年，□大□□，□□□□，□王□满，至富贵，师朱武世造，三湅明镜，其右服者，甲子。（对置式神兽镜）

258 永安元年二月丁巳朔十五日乙未造，师朱武作九鍊镜，□□□□□，宜矦子孙。为吏至□王，寿万年。／人吏三公九卿十二大夫。（同向式神兽镜）

258 永安元年，十月四日，造作明竟，百湅清铜，服者大吉，宜。（对置式神兽镜）

258 永安元年，造作明竟，可以诏刑。服者老寿，作者长生。／如日月之光也。（对置式神兽镜）

259 永安二年，七月四日，造作明竟，可以昭刑。□□□□□，至五马千牛，□□孙子。／吾作明竟，可以昭刑。（对置式神兽镜）

259 永安二年，七月卅日，造作明竟，可以昭刑。服者长生，位至矦王。□□□□□。（对置式神兽镜）

259 甘露四年，五月十日，右尚方师作竟，青且明，位至三公，君宜高官，保子宜孙。（兽首镜）

260 甘露五年，二月四日，右尚方师作竟，清且明，君宜高官，位至三公，保宜子孙。（兽首镜）

261 永安四年，五月五日丙午日造竟，寿如东王公西王母，□□□宜长者也，吏人□□。（对置式神兽镜）

261 永安四年，大岁己巳，五月十五日庚午，造作明镜，幽湅三商。上应列宿，下辟不祥。服者高官，位至三公。女宜夫人，子孙满堂。亦宜遮道，六畜潘伤。乐未。（重列式神兽镜）

261 永安四年，帝道登明。造作好，可以□□。服者升迁，位至公卿。寿如南山，子孙番昌。长乐无极，以辟不祥。／天王日如□□五□□□。（对置式神兽镜）

262 永安五年，五月廿四日，造作明镜，可以照刑。服者长生，宜矦王。／天王日月，大小工大。（对置式神兽镜）

262 永安五年，六月廿六日，造作明镜，百湅青铜，□者富贵，宜王矦□□。（对置式神兽镜）

262 永安五年，七月四日，造作明，百湅三商。服者富贵，吉且羊。居世如此，长乐英。／四□□夫□□白三。（对置式神兽镜）

263	永安六年，正月七日，□□□□，百涑清铜。服者老寿，宜公卿。乐未英。/天王日月。天王日月。（对置式神兽镜）
263	永安六年，五月廿五日，费氏作竟，五练青同竟，服竟者，位至三公九卿十二大夫。长生老寿宜子孙。家有五马千头羊。子孙昌，宜□□□。（对置式神兽镜）
263	景元四年，八月七日，右尚方工作立。/君宜高官。/属。（圆圈规矩镜）
264	永安七年，五月廿四日，造作明竟，百涑清铜。服者老寿，□□□□，家有五马千头羊。乐未英。/吾作明镜，□□□□。（对置式神兽镜）
264	永安七年，九月三日，将军杨勋所作镜，百涑精铜。服者万岁，宜矦王公卿。（对置式神兽镜）
265	甘露元年，正月五日，时□日中。造作明竟，百涑清铜。服者寿老，宜公□。□未英。/天王日月。天王日月。（对置式神兽镜）
265	甘露元年六月廿七日，□氏作□镜，宜服者至三公，东□□□□□□□。/吾作百涑□□□□。（对置式神兽镜）
266	甘露二年，六月十五日，造作明竟，百涑清铜，服镜者老寿□。（对置式神兽镜）
266	宝鼎元年，十月廿五日，造作明竟，百涑清铜。服者寿老，宜公卿。乐未英。/天王日月。天王日月。（对置式神兽镜）
266	宝鼎元年，十月廿九日，造作明竟，百涑清铜。服者富贵，宜公卿。大吉长未英。/日日日日日日日。（对置式神兽镜）
267	宝鼎二年，正月十五日，造作明镜，百涑精铜。服者富贵，宜公卿。五马千□未英。（对置式神兽镜）
267	宝鼎二年，四月五日，造作明竟，百涑清铜。服者老寿。/天王日月。天王日月。（对置式神兽镜）
267	宝鼎二年，十月廿五日，造作明竟，百涑清……/天王日月。天王日月。（对置式神兽镜）
267	宝鼎二年，十一月七日，造作明镜，百涑精铜。服者高远，五马同□，长乐未英。/王公丞相□矦大夫。（对置式神兽镜）
268	宝鼎三年，岁□太阳。五月丙午，时加日中。造作明镜，百涑清铜。□□□铜。/日日日日日日日日。（对置式神兽镜）
270	泰始六年，五月七日镜，公王君青同大□。（画纹带环状乳神兽镜）
271	晋泰始七年，正月十五日，王氏作青同之竟，明且孙，百副万强。其贵□良。子孙富昌兮。/君与王公。（叶纹缘神兽镜）
272	晋泰始八年，五月一日，王君位至三公，造。（神像镜）
272	凤皇元年，六月廿五日，造作明竟，百涑□□，□者老寿。（对置式神兽镜）
272	凤皇元年，九月十三日，吾作明镜，幽三商。大吉利，宜子孙，寿万年，家有五马千头羊。（对置式神兽镜）
273	泰始九年，三月七日，张氏作青同竟，甚大工，青且明。泰九年作，明如日月光。上有

东王父，泰元·西王母，尊宜命天，生如金石，士至三公。世世公矦王。（画纹带同向式系神兽镜）

274 泰始十年，正月九日壬寅，吾造作吴刑明竟，清且明。服者得吉，寿长生。（神兽镜）

275 天册元年，□月十四日，董氏作□，□□□□，□□三商。上受天□，下□圣人，五帝三皇。白牙弹瑟，此竟立富，子孙延年。（三段式神兽镜）

277 天纪元年，岁在丁酉，师徐伯所作明镜，买者宜子孙，寿万岁大吉。（对置式神兽镜）

277 天纪元年，闰月廿六日，造作明竟，可以诏刑。上应星宿，下辟不祥。服者富贵，位至矦王。长乐未央。子孙富昌兮。（重列式神兽镜）

278 天纪二年，七月七日日中，九涷廿七商，示镜贵且□。吏人仕患高迁，位三公，□□□延年。（重列式系神兽镜）

279 天纪三年，王氏作，延年益寿，宜子宜孙。（对置式神兽镜）

280 天纪四年，正月廿五日中午，吾作明竟，幽涷三商，上载孙子□□，伯桃谷衣，杜士击□□□□。位至三公宜矦。（画像镜）

280 太康元年，□□平制作明竟，购人□□，服得男女宜子孙，□□□□乐未英。（对置式神兽镜）

280 太康元年，五月九日，造作明竟，百涷青铜。（对置式系神兽镜）

280 太康元年，八月七日丁卯。廾作此竟，服之者寿。百世子孙乡保。天下大平，益寿万年也。（同向式神兽镜）

280 大康元年，十二月十日，王氏作，宜矦王，□□□□□万年。（线条纹镜）

281 大吉太康二年，三月三日日中，三工立巧，幽涷三商。三公九卿十二大夫。□子十二太□光□□吉王之也。（对置式神兽镜）

281 太康二年，三月九日，吴郡工清羊造作之镜，东王公西王母，此里人豪贵，士患高迁。三公丞相九卿。（对置式神兽镜）

282 太康三年岁壬寅，二月廿日吾作竟，幽涷三商四夷服。多贺国家人民息。胡房殄灭天下复。雨□时节五谷孰。大平长乐。／吾作明竟，三商。（对置式神兽镜）

282 太康三年，六月卅日，吾作明竟，幽涷三商，四夷自服。多贺国家，人民安息。胡房殄灭。时雨应节。五谷丰孰。天下复。（对置式神兽镜）

282 大康三年，十二月八日，平贺臣为扬州平士，三公九卿十二大夫，宜吏人，訾财千万，子孙富。（对置式神兽镜）

283 大康四年，正月廿八日，造作青竟，幽涷三商，青龙白虎，东王之公，西王之母，富贵世世，吉利大平。（对置式神兽镜）

291 吾作明竟，研金三商。万世不败，朱鸟玄武，白虎青龙。长乐未央。君宜矦王。永平元年造。（四神镜）

表1 汉镜的种类和名称

时期	本书	梁上椿 (1940~1942)	洛阳烧沟汉墓(1959)	樋口隆康(1979)	孔祥星等(1984)
1	蟠螭纹镜	蟠螭文镜	蟠螭文镜	蟠螭文镜	蟠螭纹镜
2	涡状虺纹镜	虺文镜		匕缘涡状虺文镜	蟠虺纹镜
2	螭龙纹镜	四乳四螭镜		螭龙文镜	
2	草叶纹镜	草叶镜	草叶文镜	草叶文镜	草叶纹镜
2	匕缘铭带镜			家常贵富镜	
2	连弧纹缘铭带镜				
3	星云纹镜	星云镜	星云镜	星云镜	星云镜
3	重圈铭带镜	重圈镜		异体字铭带镜	铭重圈镜
3	连弧纹铭带镜	内向连弧文镜	连弧文镜		连弧纹铭文镜
3	单圈铭带镜	重圈小镜	昭明镜/日光镜		
4	云气禽兽纹镜	四乳四螭镜	变形四螭文镜	虺龙文镜	四乳四虺镜
4	八禽镜	四乳八鸟禽带镜		八禽镜	
4	四神博局纹镜	规矩式镜	四神规矩镜	方格规矩四神镜	规矩纹镜
4	细线式兽带镜	禽兽带镜		细线式兽带镜	多乳禽兽纹镜
5	云雷纹带连弧纹镜	云雷连弧纹镜	云雷纹连弧文镜	内行花文镜	连弧纹镜
5	龙虎镜	龙虎镜	三兽镜	盘龙镜	龙虎纹镜
5	浮雕式兽带镜	禽兽带镜		半肉雕兽带镜	
6	画像镜	画像镜		画像镜	画像镜
6	双头龙纹镜	双夔镜	夔凤（双夔）镜	双头龙凤纹镜	夔凤（双夔）纹镜
6	蝙蝠纹座连弧纹镜	连弧文镜			
7	八凤镜	八凤镜	变形四叶纹镜	夔凤镜	变形四叶纹镜
7	兽首镜	兽首镜		兽首镜	
7	飞禽纹镜	飞鸿小镜		飞禽镜	
7	环状乳神兽镜	放射式神兽镜	人物画像镜	环状乳神兽镜	环绕式神兽镜
7	对置式神兽镜			对置式神兽镜	
7	求心式神兽镜	对列式神兽镜		求心式神兽镜	
7	同向式神兽镜	阶段式神兽镜		画文带同向式神兽镜	
7	重列式神兽镜			重列神兽镜	重列式神兽镜
7	三段式神仙镜	对列式神禽镜		三段式神仙镜	
7	方铭兽纹镜	兽形方铭镜		方铭兽文镜	
7	画纹带四兽镜				
7	斜缘神兽镜	对列式神兽镜		斜缘二神二兽镜	
魏	三角缘神兽镜			三角缘神兽镜	

图 1 汉镜1期的蟠螭纹镜 1：湖北省云梦睡虎地11号墓出土蟠螭纹镜Ⅰ式；2：湖南省沅陵虎溪山1号墓出土蟠螭纹镜Ⅰ式；3：江苏省徐州市九里山3号墓出土蟠螭纹镜Ⅱ式

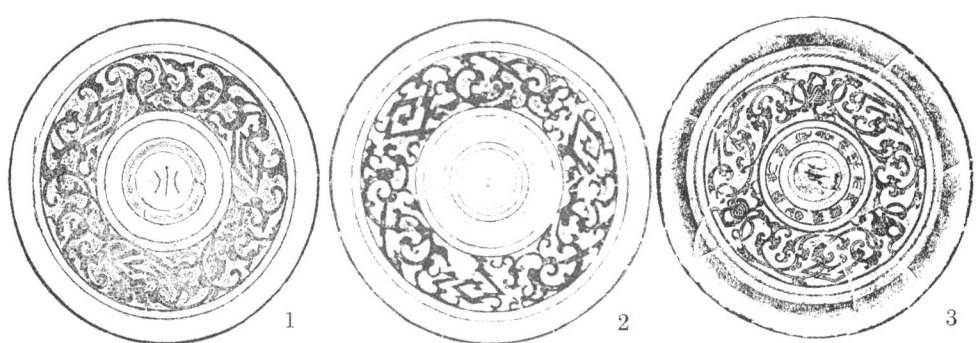

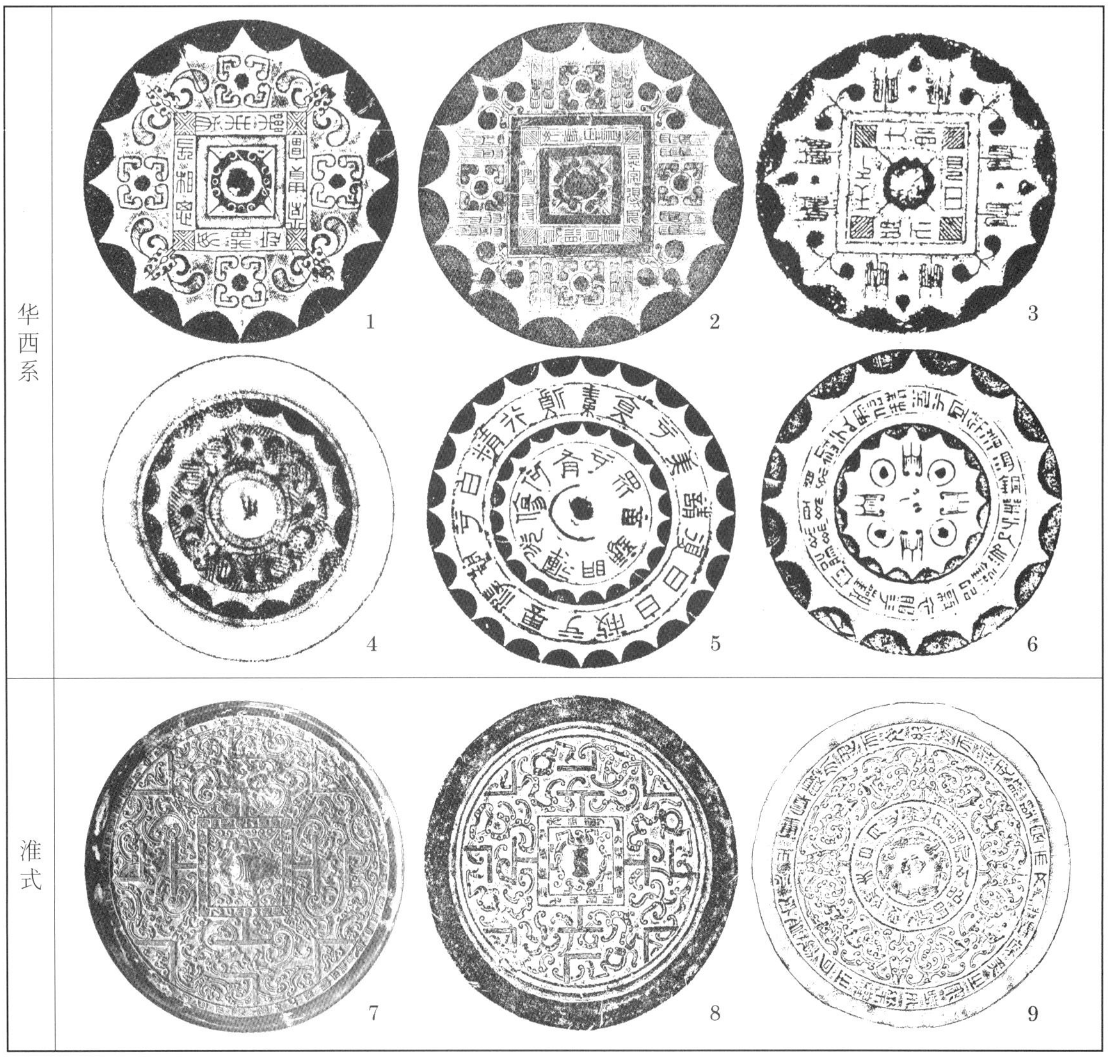

图 2 汉镜2期的华西系镜群与淮式镜群 1：成都市羊子山出土草叶纹镜Ⅰ式；2：河北省满城1号墓出土草叶纹镜Ⅱ式；3：山东省平度界山1号墓出土草叶纹镜Ⅱ式；4：山东省临淄齐国故城出土涡状虺纹镜；5：吉林省彩岚墓地出土连弧纹缘铭带镜；6：湖南省博物馆征集连弧纹缘铭带镜；7：高本汉（1941）F19蟠螭纹镜Ⅲ式；8：河北省满城2号墓出土蟠螭纹镜Ⅲ式；9：泉屋博古馆藏蟠螭纹镜Ⅲ式

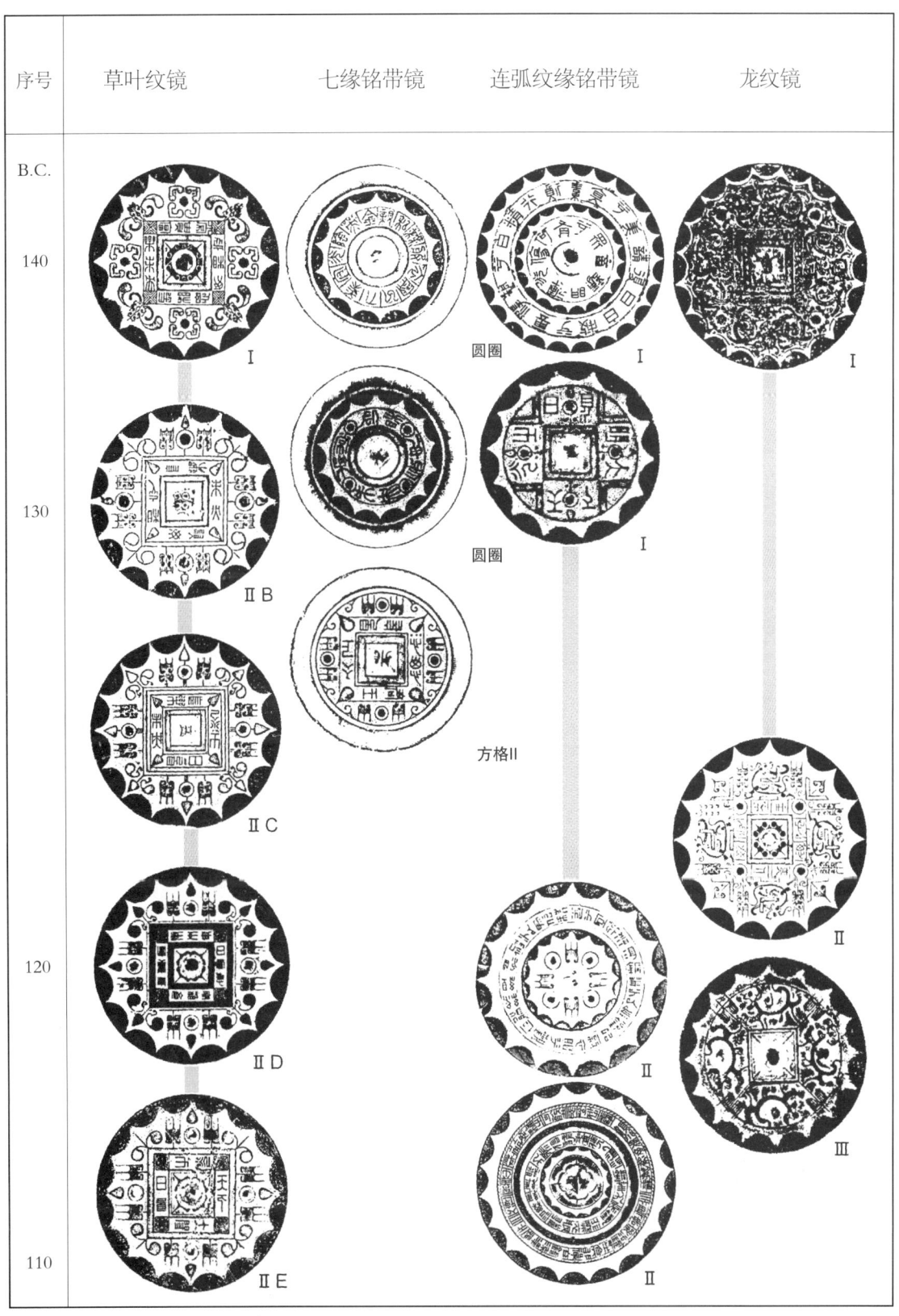

图 3 汉镜2期华西系镜群的编年（冈村，2008）

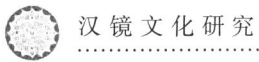

图4 所谓"精(清)白"铭的字体变化(冈村,1984)

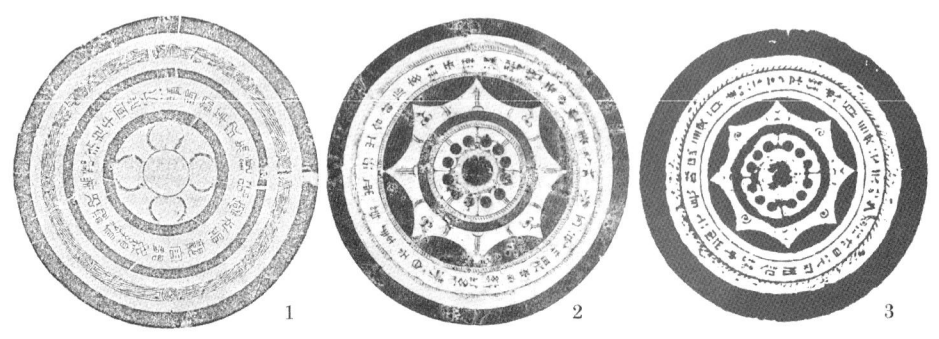

图5 中国出土汉镜3期的铭带镜 1:云南省石寨山6号墓出土重圈铭带镜Ⅰ式;
2:河北省八角廊40号墓出土连弧纹铭带镜Ⅲ式;3:西安市三爻村6号墓出土连弧纹铭带镜Ⅲ式

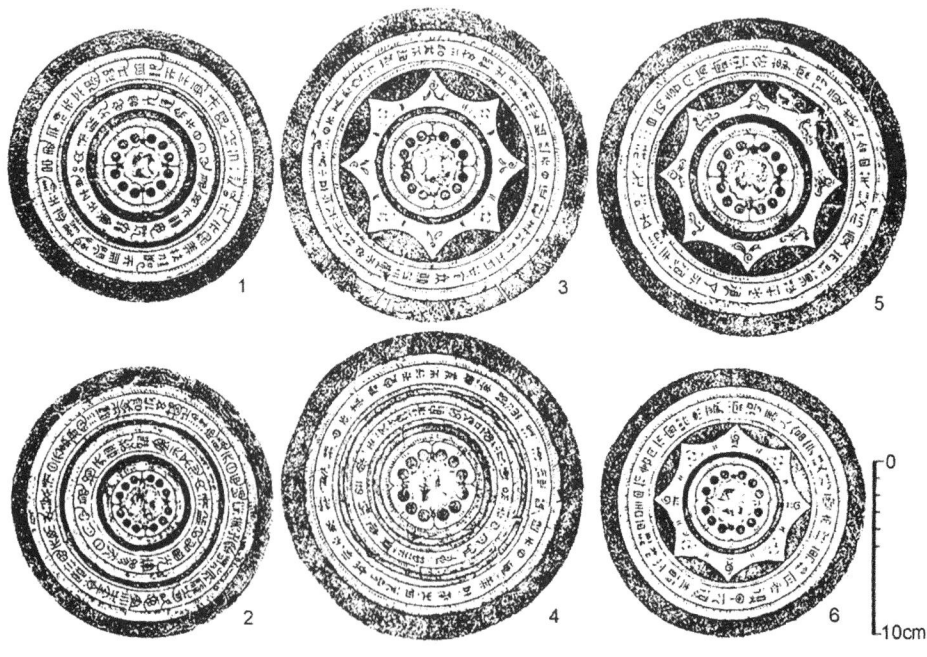

图6 日本福冈县立岩10号瓮棺墓出土汉镜3期的铭带镜

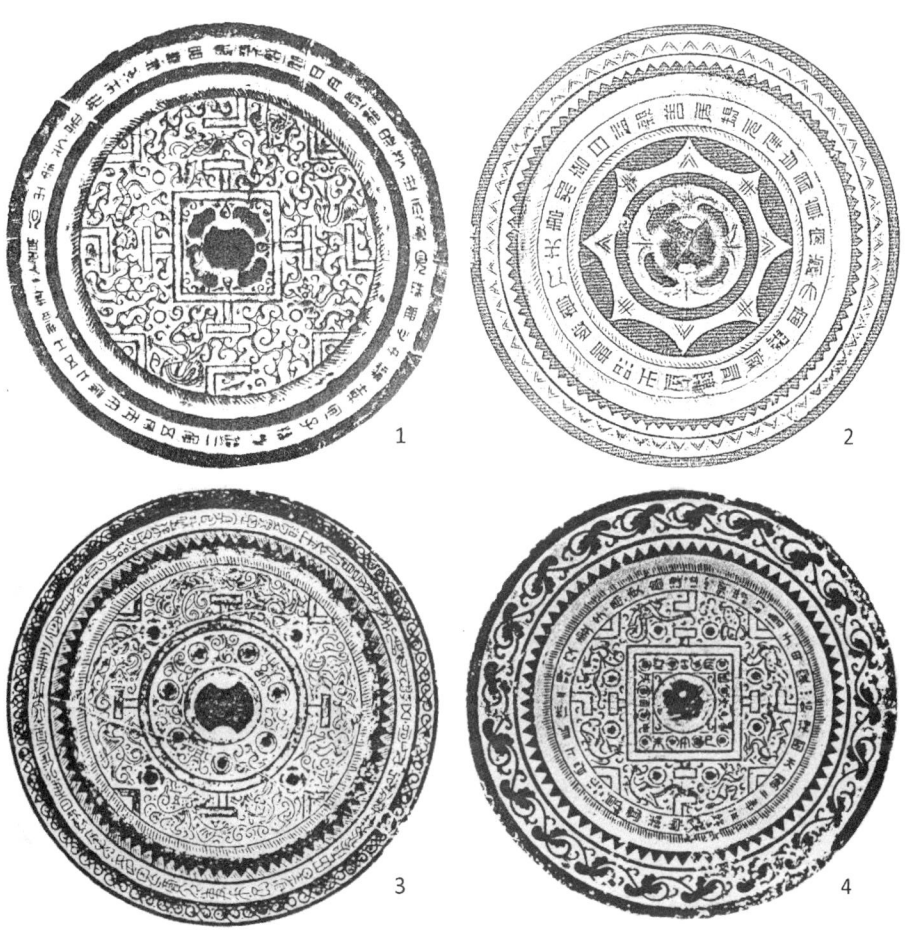

图7 汉镜4期的纪年镜 1：洛阳市五女冢267号墓出土永始二年（前15）四神博局纹镜Ⅱ式；2：传朝鲜平壤出土居摄元年（6年）连弧纹铭带镜Ⅵ式；3：始建国二年(公元10年)细线式兽带镜Ⅲ式；4：传浙江创兴出土始建国天凤二年（15年）四神博局纹镜Ⅲ式

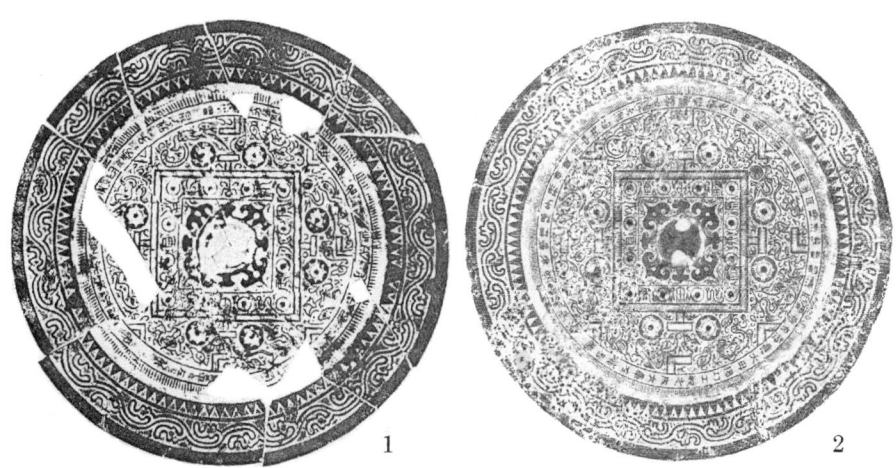

图8 "尚方御竟"四神博局纹镜Ⅳ式 1：朝鲜石岩里200号墓出土；2：日本大阪府紫金山古坟出土

图9 汉镜4期镜 1：北京市大葆台1号墓出土云气禽兽纹镜Ⅰ式；2：京都大学综合博物馆藏"铜华"铭细线式兽带镜Ⅰ式；3：西安地区出土"光耀"铭细线式兽带镜Ⅱ式；4：朝鲜平壤市石岩里212号墓出土"铜华"铭连弧纹铭带镜Ⅴ式；5：江苏省尹湾6号墓出土云气禽兽纹镜Ⅱ式；6：朝鲜平壤市石岩里257号墓出土"昭明"铭连弧纹铭带镜Ⅴ式；7：日本福冈市宝满尾墓出土"昭明"铭单圈铭带镜Ⅵ式

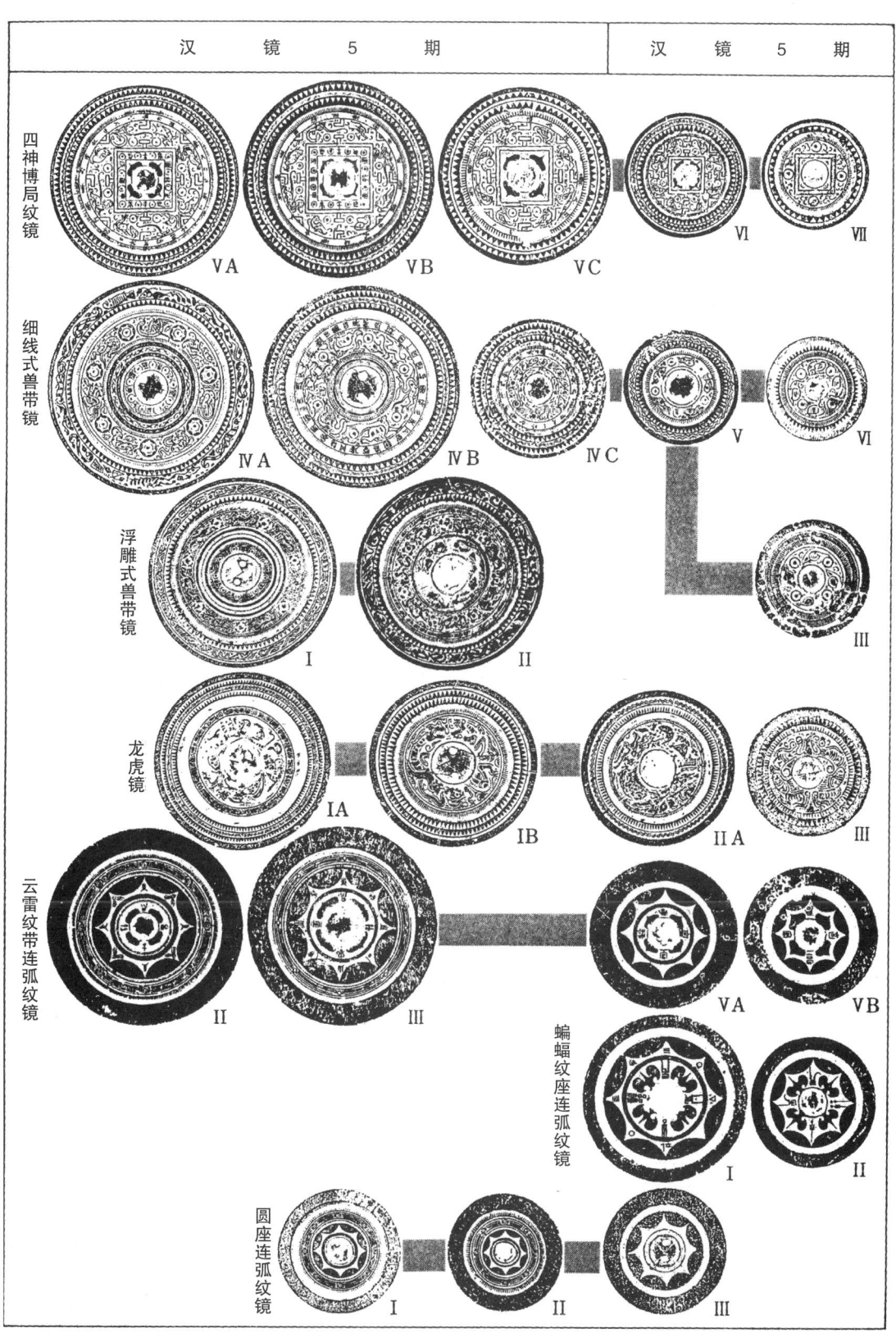

图10 汉镜5～6期的编年（冈村，1993）

图11 "尚方"镜与"青盖"镜 1：《小校》15-28"尚方"细线式兽带镜ⅣA式；2：日本岐阜县城冢古坟出土"尚方"细线式兽带镜ⅣA式；3：五岛美术馆藏"青盖"细线式兽带镜ⅣA式；4：日本冈山县赤峪古坟出土"青盖"龙虎镜ⅠA式；5：朝鲜平壤贞柏里13号墓出土"尚方"浮雕式兽带镜Ⅰ式；6：广西梧州市旺步2号墓出土元和三年(86)"尚方"浮雕式兽带镜Ⅱ式

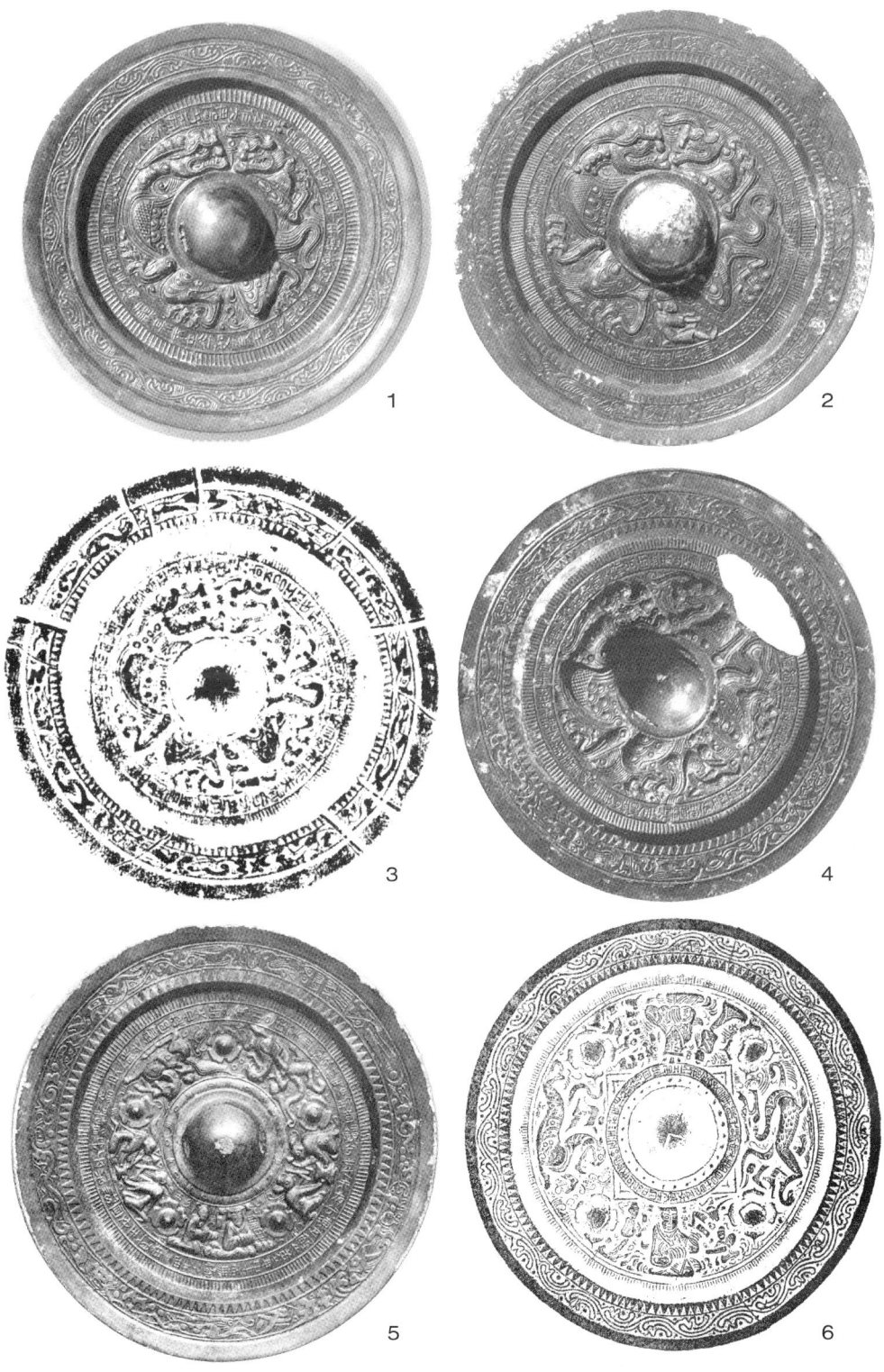

图12 "杜氏"镜 1：上海汉雅堂藏"尚方""杜氏"龙虎镜；2：孔震氏所藏"尚方名工杜氏"龙虎镜；3：沈阳市小北街2号墓出土"尚方名工杜氏"龙虎镜；4：浙江省博物馆藏"遗杜氏"龙虎镜；5：五岛美术馆藏"杜氏"浮雕式兽带镜；6：合肥市安徽省水电仓库工地3号墓出土"杜氏"画像镜

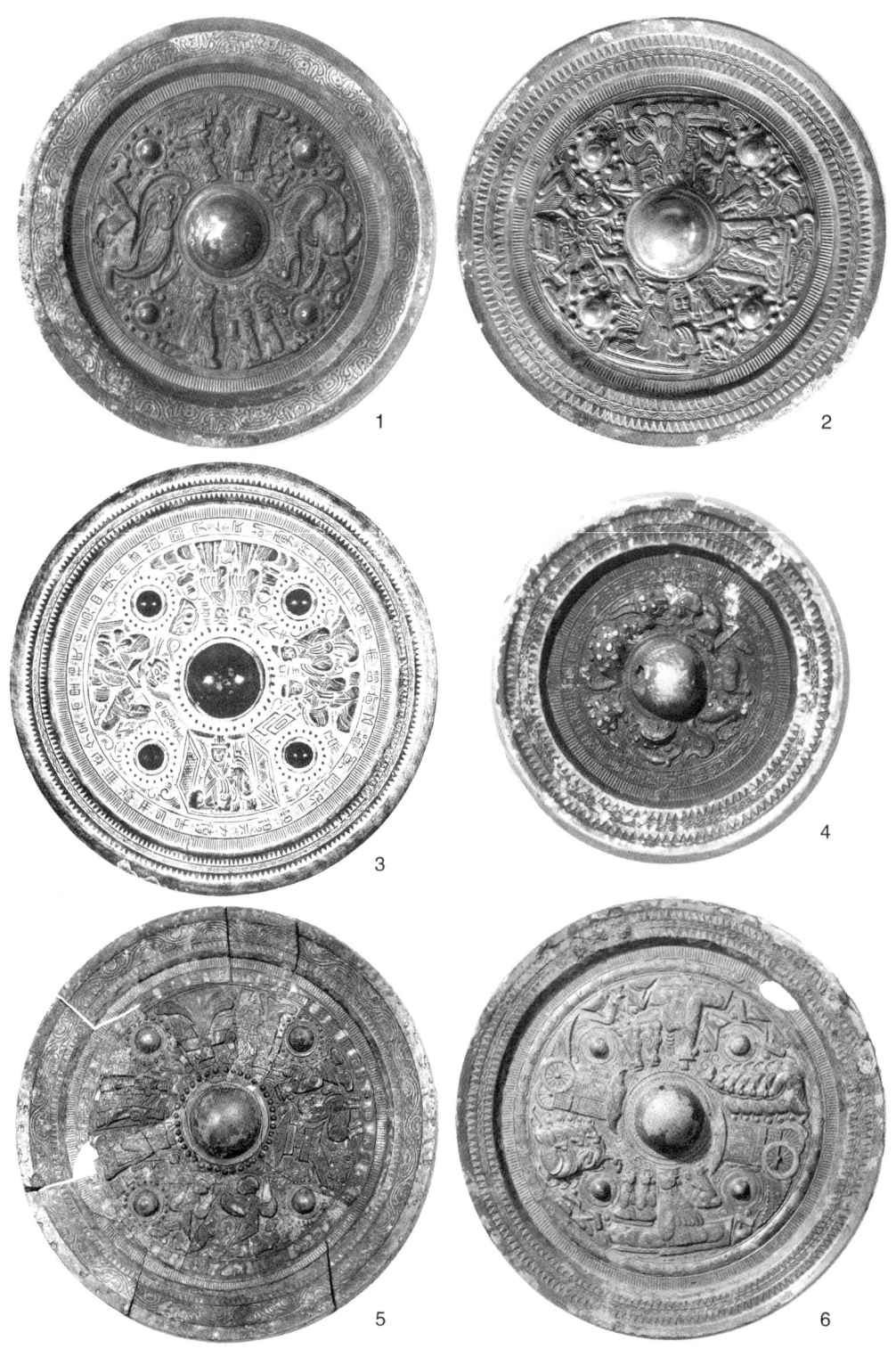

图13 汉镜6期的吴派镜 1：日本浦上苍穹堂藏"建初八年（83年）吴朱师作"画像镜；2："朱师"画像镜；3：传浙江创兴出土"吴向里柏氏"画像镜；4：孔震氏藏"吴向里柏氏" 龙虎镜；5：杭州市蜡烛庵墓出土"周是"画像镜；6：浙江创兴上灶出土"吴何阳周是"画像镜

图14 汉镜5~7期的淮派镜 1：安徽省寿州市黄安村出土章和（87~88年）"淮南龙氏"龙虎镜；2：桑名铁城旧藏"龙氏"浮雕式兽带镜；3：孔震氏藏永元三年（91年）"石氏"画像镜；4：日本开明堂藏"龙氏"画像镜；5：浙江省嵊州市大塘岭104号墓出土"蔡氏"画像镜；6：上海博物馆藏"龙氏"画像镜

图15 华西系镜群 1：泉屋博古馆藏延熹二年（159年）"广汉西蜀"环状乳三神三兽镜；2：上海博物馆藏中平四年（187年）环状乳四神四兽镜；3：王纲怀氏藏延熹三年（公元160年）"广汉西蜀"兽首镜；4：河南省新乡市金灯寺47号墓出土"董氏"八凤镜；5：五岛美术馆藏中平六年（189年）方铭兽纹镜；6：四川省绵阳市何家山1号墓出土三段式神仙镜

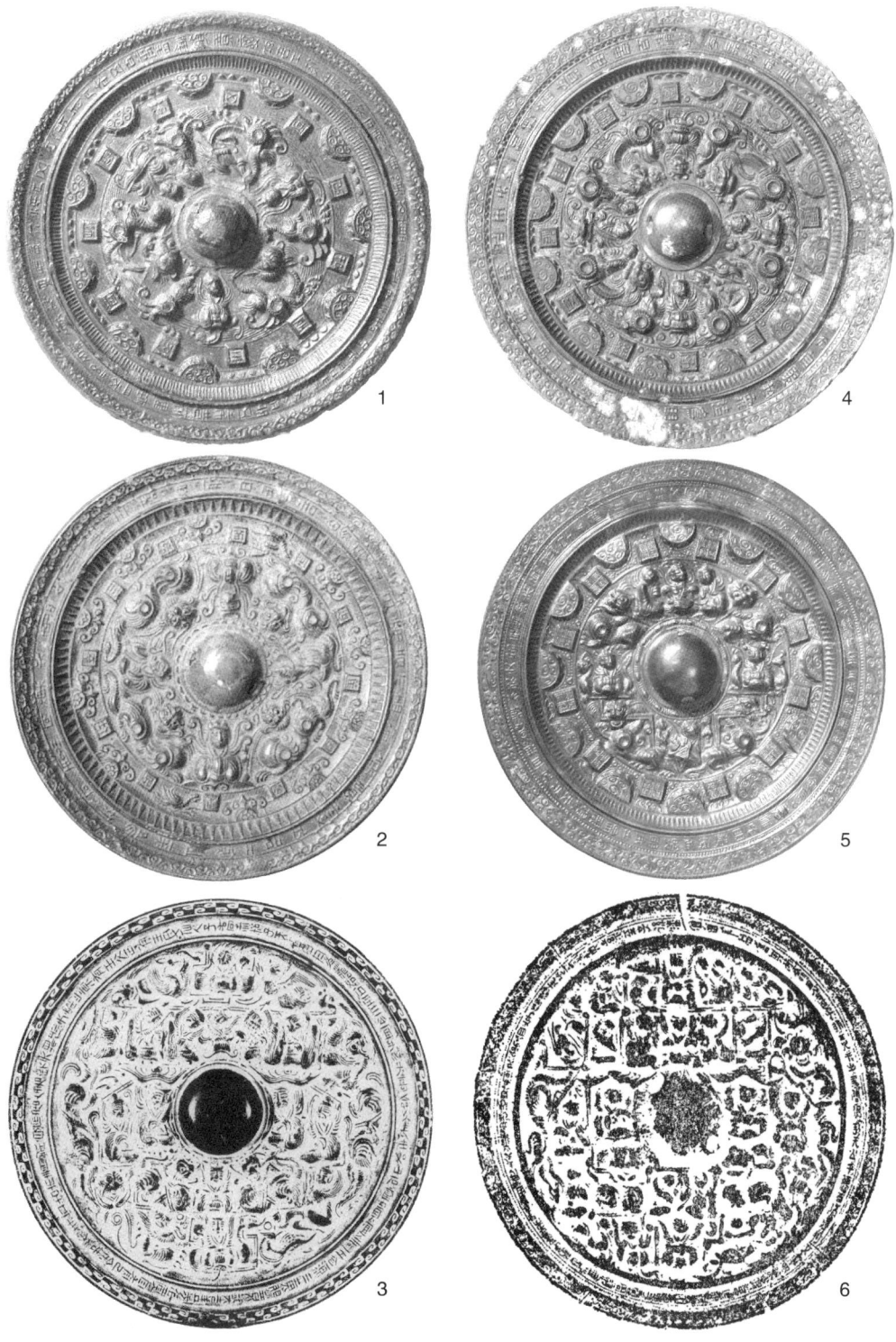

图16 吴派的神兽镜 1：早稻田大学会津八一纪念博物馆藏"盖"环状乳三神三兽镜；2：湖北省鄂州市鄂钢西山铁矿出土"盖"对置式神兽镜；3：上海博物馆藏"盖方作"重列式神兽镜；4：浙江省创兴县上游公社出土"张元公"环状乳四神四兽镜；5：上海汉雅堂藏"张元公"同向式四神四兽镜；6：湖南省衡阳市道子坪东汉墓出土"张元公"重列式神兽镜

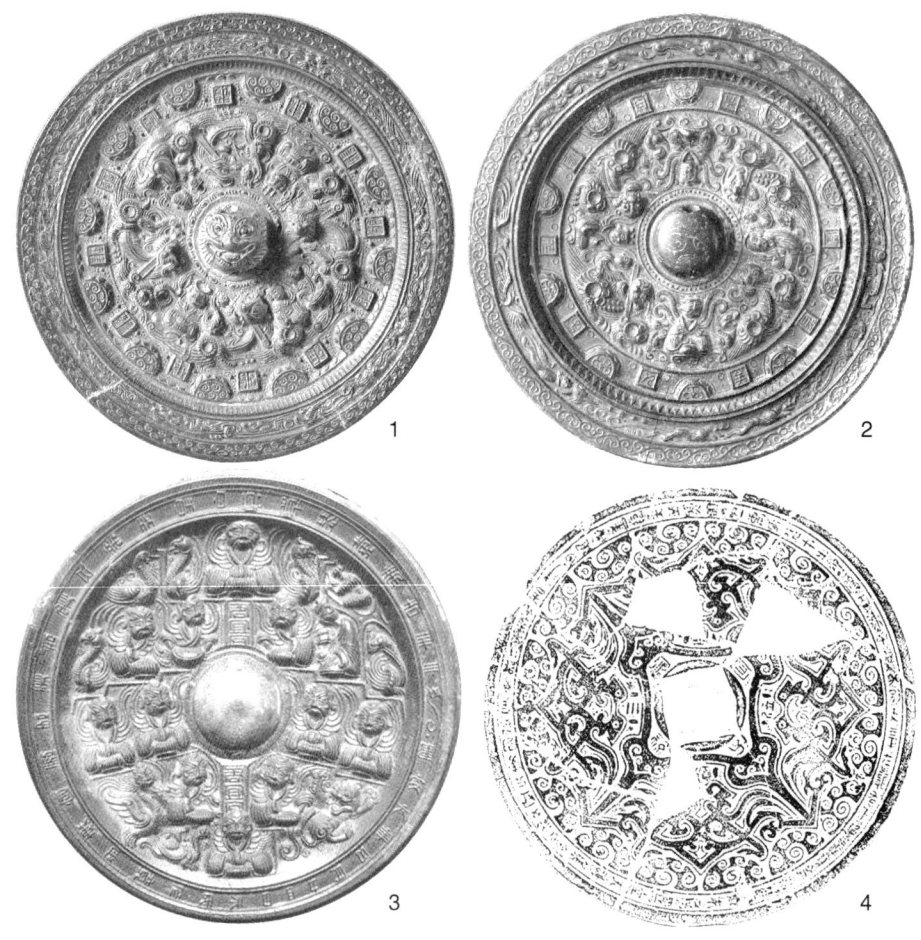

图17 江南制作的神兽镜与八凤镜 1：浙江创兴出土环状乳神兽镜；2：安徽省舒城县八里云雾村出土"九子作"对置式神兽镜；3：湖北省鄂州市新庙英山村12组出土建安元年（196年）重列式神兽镜；4：孔震氏藏"赵禹"八凤镜

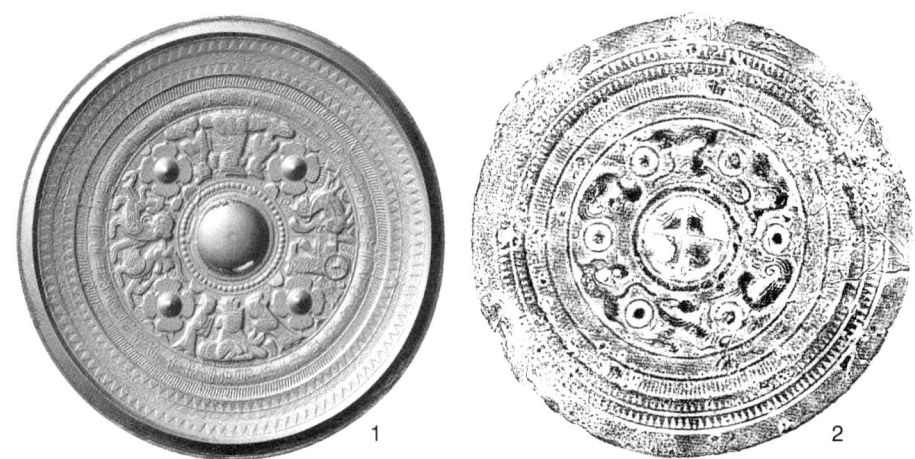

图18 徐州系"尚方（上方）作"镜 1：日本奈良县佐味田宝冢古坟出土"尚方"画像镜；2：日本岛根县松本1号坟出土"上方"浮雕式兽带镜

图19 徐州系镜群 1："袁氏"画像镜；2：早稻田大学文学学术院藏"袁氏"同向式神兽镜；3：日本奈良县天神山古坟出土"刘氏"画像镜；4：大阪久保惣纪念美术馆所藏"刘氏"求心式神兽镜；5：日本奈良县法华山古坟出土画纹带同向式神兽镜；6：日本大阪府安满宫山古坟出土斜缘神兽镜

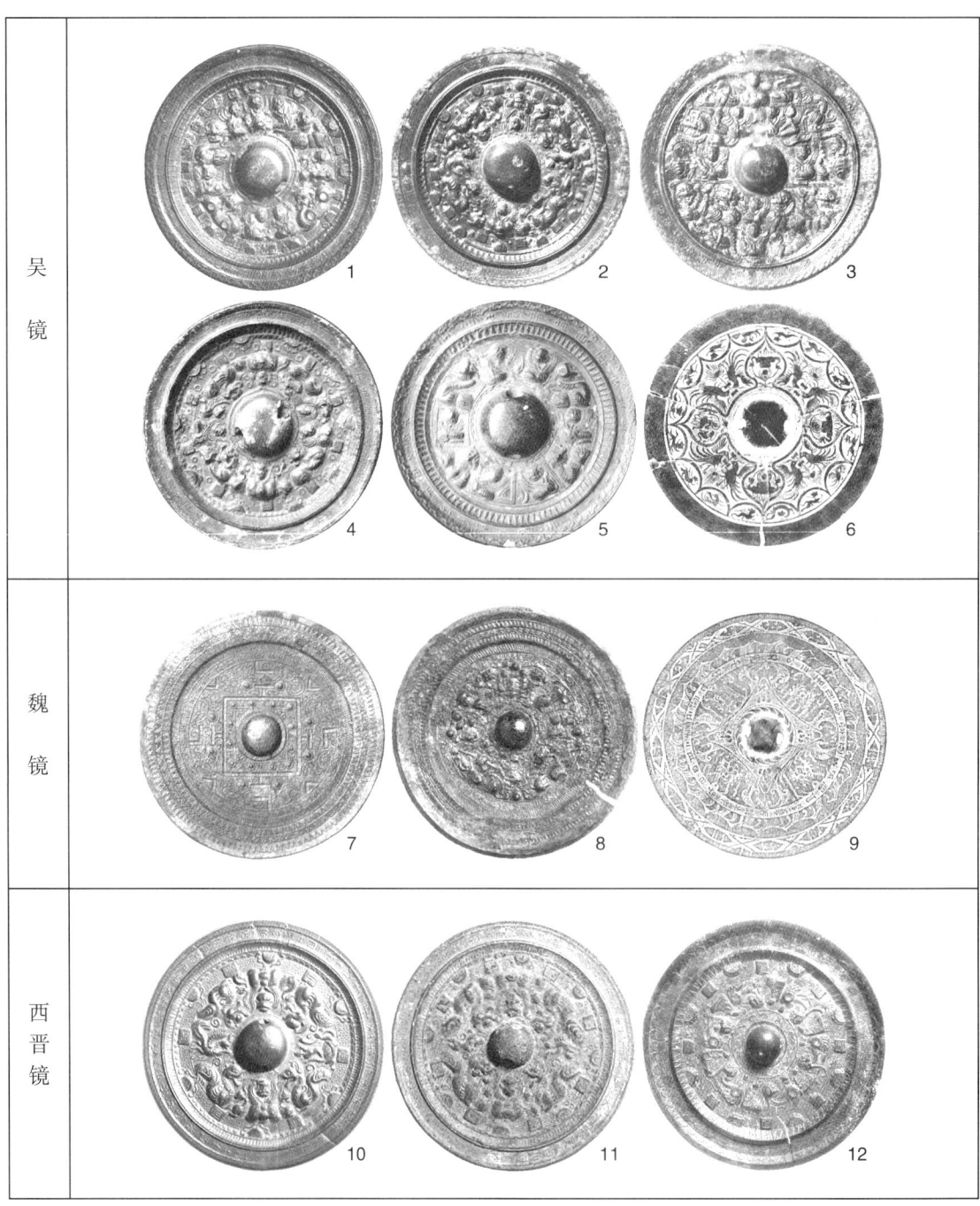

图20 吴镜、魏镜、西晋镜 1：湖北省鄂州市出土黄初二年（221年）同向式神兽镜；2：五岛美术馆藏黄初四年（223年）对置式神兽镜；3：和泉市久保惣纪念美术馆藏的黄武六年（227年）重列式神兽镜；4：湖北省鄂州市鄂城西山水泥厂79号墓出土的黄龙元年（229年）对置式神兽镜；5：湖北省鄂州市排灌站田鲁湾出土同向式神兽镜；6：湖北省鄂州市鄂钢五里墩出土佛像八凤镜；7：日本京都府大田南5号坟出土青龙三年（235年）"颜氏"四神博局纹镜；8：日本岛根县神原神社古坟出土景初三年（239年）"陈是"三角缘神兽镜；9：日本黑川古文化研究所藏甘露五年（260年）"右尚方师作"兽首镜；10、11：五岛美术馆藏太康三年（282年）对置式神兽镜；12：日本福井县泰远寺山古坟出土"青盖"环状乳神兽镜

1.6 《博局占》与规矩纹

■ 李学勤

东海尹湾6号墓出土的西汉晚期简牍（见图1），在简帛学研究上有特殊的意义。其中9号木牍上的《博局占》[1]，对于研究学术界聚讼已久的所谓"规矩纹"或"TLV纹"提供了新的启示，值得在这里专门讨论。

9号牍的题名，发掘整理者意见不一。发掘简报统称为《神龟占卜法》，是根据牍上一面的"用神龟之法"及图。同时刊出的《尹湾汉墓简牍释文选》与《尹湾汉墓简牍概述》则称《六甲阴阳书》[2]，系因同出13号牍《君兄繒方缇中物疏》载有"《六甲阴阳书》一卷"。但《六甲阴阳书》称"卷"，恐是帛书，未能保存下来，与木牍不合，《博局占》同"用神龟之法"又不是一种占法，所以还是以单独命名为好。《尹湾汉墓简牍初探》文的处理是妥当的[3]。

《博局占》的图形是常见的"规矩纹"，中央有一"方"字，上端标记"南方"。"规矩纹"的所有线条旁边，都写着干支，自甲子至癸亥，只有个别差误，应属抄写的舛失。在图形下面是一张表，横看分五栏，分别标以：

占取（娶）妇嫁女（婚嫁女子的命运），问行者（旅行者的命运），问系者（囚系者的命运），问病者（疾病者的命运），问亡者（出亡者的命运）。

这些都是民间生活中经常需要占问的事项。

表纵看分九行，顶端标以"方、廉、楬、道、张、曲、诎（屈）、长、高"九字。按这九字，如整理者所指出，"与《西京杂记》卷四所引许博昌六博口诀基本一致"[4]，系博局上不同位置的术语，是当时妇孺皆知的。

据此，《博局占》的操作十分简单，只要查找占

图1

问当日干支在图形上的位置,就可以得到所问事项的答案。例如癸亥日问娶妇嫁女,这一干支在"方",表文告诉我们:"家室终,生产。"意思是说这一新建的家庭能维持终老,女子也能生育。

《博局占》的发现,牵涉到一系列有兴味的问题。

一个是关于六博,《西京杂记》许博昌条的证真,使这种古老游戏的面貌进一步清楚了。该条云:

> 许博昌,安陵人也,善陆博,窦婴好之,常与居处。其术曰:"方畔揭道张,张畔揭道方;张究屈玄高,高玄屈究张。"又曰:"张道揭畔方,方畔揭道张;张究屈玄高,高玄屈究张。"三辅儿童皆诵之。法用六箸,或谓之究,以竹为之,长六分。或用二箸。博昌又作《大博经》一篇,今世诵之。

安陵属右扶风,今陕西咸阳东北。窦婴在汉文帝时为吴相,病免,至景帝初为詹事,吴楚反后任大将军[5],许博昌当系景帝时人。六博有六箸,双方各有六枚棋子,先投箸而后行棋,"根据投箸的结果,决定行棋的步子"[6]。投箸富偶然性,行棋则多凭机智。许博昌的口诀,大约便是行棋制胜的方法。这种口诀流传甚久,所引《西京杂记》载有异文。

许博昌口诀中的"揭",无疑即《博局占》的"楬"。因此,口诀包括有《博局占》九个位置里面的六个,方、楬、道、张、屈、高,是很清楚的。"畔"训为界,与训棱、侧的"廉"接近;"究"训穷、尽,"玄"训悬,和"曲""长"似乎也有关系。口诀顺序为方、畔、揭、道、张、究、屈、玄、高,很有可能就是《博局占》九个位置的另外说法。

这里附带说一下,《西京杂记》一书有葛洪跋,云系自家藏刘歆《汉书》百卷中抄出。后世对此多有置疑,以为伪书[7]。1968年发掘河北满城汉墓,出土多层的错金博山炉,与《西京杂记》卷一所记"九层博山香炉""五层金博山香炉"相似,已引起学者注意[8]。许博昌口诀这件事,已证明《西京杂记》的有据。看来余嘉锡先生所论"此书固非洪所自撰,然是杂抄诸书,左右采获,不专出于一家"[9],是较为持平的。

由《西京杂记》这条还知道六博有不同玩法。其用六箸者,同《楚辞·招魂》王逸注所说"箸六箸,行六棋"是一致的。至于洪兴祖《补注》引《古博经》讲的有鱼二枚置博局两头当中的"水"中,"二人互掷采骰行棋"云云,又是另一种玩法。有关六博的各项记载,彼此龃龉,不能统一,大概就是因为分属不同玩法的缘故。

古书常提到博戏"争道",当指局上行棋之道。道究竟是指局上"规矩纹"线条,还是线条间的地位,过去亦无所知。1992年,加拿大皇家安大略博物馆入藏东汉绿釉六博俑一组[10],包括人形二、案一、博局一,我在1996年10月底访问该馆时曾仔细观察。与一般六博俑或画像石不同的是,这组俑的博局上显示了棋的位置。可以看到较大的棋子六枚,较小的五枚(可能是塑造时少掉一枚),这是用大小的差别表示双方的棋。局面上只能看见一部分线条,棋的位置表明下列两点:

第一,棋是排列在线条上的。

第二,棋并不一定在线的端点或两线交点上。例如在V字形的两枚小棋,有一枚便在线的中段,这在原件上是很明白的。

1.6 《博局占》与规矩纹

许博昌口诀和《博局占》所举的九种位置，应当就是这样的。《博局占》上一根线段每每有两个干支，即由此故。由于我们还无法详知九种位置都在哪里，这方面的推测只能到此为止。

《博局占》上六十干支的分布并不完全规律。不过，看甲子位于左下的寅位，象征春季，癸亥位于中下的子位，表示冬季，可知作者还是遵守着阴阳四时的学说系统。

博局上的"规矩纹"或称"TLV纹"本来便是图解阴阳五行四时的宇宙论的。只是因为这种图形最习见于博局，汉人有时就把它叫做博局了。东海尹湾4号墓的一面铜镜，铭文中有"刻治六博中兼方，左龙右虎游四彭（旁），朱爵（雀）玄武顺阴阳，八子九孙治中央，常葆父母利兄弟，应随四时合五行"。可参照中国历史博物馆藏拓本内地一面新莽镜："左龙右虎掌四彭，朱爵玄武顺阴阳，八子九孙治中央，刻具博局俱不羊（祥）"[11]。四神本系天象，与表示阴阳四时的宇宙图形是不可分的。

博局又名曲道，《广雅·释器》云："曲道，栻梮也。"王念孙《广雅疏证》即引《汉书·王莽传》注"栻，所以占时日"，以及褚少孙补《史记·日者列传》和《索隐》关于栻（式）"上圆象天，下方法地"的论述。博局又叫栻梮，正是由于上面有与栻一样的宇宙图形[12]。这一图形迄今最早的例子，是河北平山战国中山王墓陪葬墓出土的博局石板[13]，而与之年代接近的《尸子》佚文即说"八极为局"，说明这种图形从来就有宇宙论的性质。这我在几年前一篇小文中已讨论过了[14]。

《淮南子·天文》有二绳、四仲、四钩之说，"子午、卯酉为二绳，丑寅、辰巳、未申、戌亥为四钩"。在长沙马王堆帛书和阜阳双古堆式盘上，都可以找到表现这些范畴的图形[15]，和规矩纹非常类似。现在我们如果按照《博局占》的图形，把上方视为南方（这是当时有方位的图的通例），则上方中间为午，下方中间为子。按照这样排好十二支的方位，便可知"规矩纹"的T为二绳，L为四仲，V为四钩。《天文》篇接着四钩讲的东北报德之维、西南背阳之维、东南常羊之维、西北蹏通之维等，方位也显现出来。可见《博局占》的"南方"字样标志着图形的宇宙论性质，因为单纯作为游戏的六博本身是不需要固定方位的。

"规矩纹"的宇宙论性质的一个重要证据，是它见于汉代的石日晷。前述我的小文曾论及两件完整的和一件残碎的这种日晷，说明晷面体现出太阳在宇宙间的运转。在完整的日晷中，1897年托克托出土的一件，"规矩纹"后刻，是否与日晷有关，尚可质疑；1932年河南洛阳金村出的一件，日晷刻度同"规矩纹"同时刻成，显然属于一体。后一日晷藏在皇家安大略博物馆，细看其表面，有天然形成的石锈固结在刻画的线条上，确是真品。《博局占》又为"规矩纹"的性质增添了新的证据。

《博局占》"规矩纹"中央有一"方"字，除了标明该处方框即九种位置的"方"以外，或许有更深刻的意义。"规矩纹"这种图形明确指示着四方或八方，其体现阴阳四时五行学说的功能即自此而来。类似图形的最早一例，是在1987年安徽含山凌家滩发现的玉版。玉版上面有相当复杂的指示八方的图形，图形的中央有一所谓八角星形的符号。这个符号，我曾以之与甲骨文的""字联系，遵唐兰先生之说释为"巫"[16]。现任教于美国达特茅斯大学的艾兰教授[17]和南京大学范毓周先生[18]先后释此字为"方",这就和《博局占》的图形一样了。可能这一类指示方位的图形均称为"方"。这固然有待证实,却是很吸引人的线索。

(原载《文物》1997年第1期)

注 释

[1] 连云港市博物馆:《江苏东海县尹湾汉墓群发掘简报》,《文物》1996年第8期,彩色插页壹:2。

[2] 连云港市博物馆:《尹湾汉墓简牍释文选》,《文物》1996年第8期;滕昭宗:《尹湾汉墓简牍概述》,《文物》1996年第8期。

[3] 连云港市博物馆、东海县博物馆、中国社会科学院简帛研究中心、中国文物研究所:《汉尹湾简牍初探》,《文物》1996年第10期。

[4] 同[3]。

[5]《汉书》五十二本传。

[6] 孙机:《汉代物质文化资料图说》,北京:文物出版社,1991年,第394页。

[7] 参看《四库全书总目提要》及洪业:《再说西京杂记》,见《洪业论学集》,北京:中华书局,1981年。

[8] 中国科学院考古研究所满城发掘队:《满城汉墓发掘纪要》,《考古》1972年第1期。

[9] 余嘉锡:《四库提要辩证》,北京:中华书局,1980年,第1017页。

[10] 皇家安大略博物馆:《赫尔曼·勒威氏遗赠》(Royal Ontario Museum, The Bequest of Herman Herzog Levy),1996年,第10页。

[11] 周铮:《"规矩镜"应改称"博局镜"》,《考古》1987年第12期。

[12] 参看孙机:《托克托日晷》,《中国历史博物馆馆刊》1981年总第3期。

[13]《中山王国文物展》(日文),东京:日本经济新闻社,1981年,44。

[14] 李学勤:《比较考古学随笔》四《规矩镜、日晷、博局》,香港:香港中华书局,1991年。

[15] 参看卡林诺斯基:《马王堆帛书〈刑德〉试探》,《华学》1995年第1期。

[16] 李学勤:《走出疑古时代》,沈阳:辽宁大学出版社,1995年,第120~121页。

[17] 艾兰:《龟之谜》,成都:四川人民出版社,1992年,第82~98页。

[18] 范毓周:《殷墟卜辞中"🉈"与"🉈帝"》,《南方文物》1994年第2期。

1.7 博局与汉代博局纹镜

■ 傅举有

一说起博局镜,就不能不说到博局,因为没有博局,就不会有博局镜。

20世纪50年代以前,人们没有见到过传世的博局,考古学家也没有发现过博局,因为即使偶有出土,也不认识,这是因为博局失传太久了的缘故。清代学者段玉裁为汉代许慎的《说文解字》作注说:"簙(博),古戏,今不得其实。"著名考古学家冯云鹏、冯云鹓的考古名著《金石索》,竟把山东武梁祠汉画像石刻六博图说成是歌舞图。在20世纪一个相当长的时间里,学术界把博局镜误称为"规矩镜"。

半个多世纪以来,考古学有了很大发展,考古界不断从地下发掘出大量的汉代博局实物和图像,还有与博局有关的简牍文字,以及博局明器、刻有博局的画像石、画像砖、木板画、石棺、石椁、占卜、铜镜等文物。从这些考古资料,人们发现,博局镜跟博局画像石、博局画像砖、博局木板画、博局画像石棺、博局画像石椁、博局占卜、博局模型明器一样,一概都是汉代这一特定历史时期博戏文化的产物!

一、汉代博戏盛极一时

春秋战国之际,博戏就已为人们所爱好。《战国策·齐策》云:"临淄甚富而实,其民无不吹竽鼓瑟……陆博蹴鞠者。"

秦,尤其是汉,博戏更加流行,汉代的最高统治者也爱好博戏。《说苑·正谏篇》:"秦始皇帝太后不谨,幸郎嫪毐,毐专国事,益骄奢,与侍中左右贵臣俱博。"《汉书·文帝纪》注引如淳曰:"一说薄昭与文帝博,不胜,当饮酒,侍郎酌,为昭少,一侍郎谴呵之。时此郎下沐,昭使人杀之,是以文帝使自杀。"《史记·吴王濞列传》:"孝文时,吴太子入见,得侍皇太子饮博……博争道,皇太子引博提吴太子,杀之。"皇太子就是后来的汉景帝刘启。《风俗通·正失》:"武帝与仙人对博,棋没石中。"《娄春秋旧事》:陈遂"宣帝微时与有故,相随博弈,数负进。及宣帝即位,用遂,稍迁至太原太守,乃赐遂玺曰:'制诏太原太守:官尊禄厚,可以偿博进矣。妻君宁时旁,知状。'"颜注:"进者,会礼之财也,谓博所赌也……一说进,胜也。帝博而胜,故遂有所负。"由上述记载可知,汉代的文帝、景帝、武帝、宣帝都爱好博戏。

西汉朝廷还专门设有博侍诏官,《汉书·吾丘寿王传》:寿王"以善格五侍诏",格五是博戏之一种,是简化了的六博。侍诏,是皇帝博戏的顾问。

由于最高统治者爱好博戏，推动了博戏在社会上的流行。当时的善博之人，在社会上会受到人们尊敬，有较高的社会地位。《西京杂记》卷下《陆博术》："许博昌，安陵人也，善陆博，窦婴好之，常与居处。其术曰：'方畔揭道张，张畔揭道方，张究屈玄高，高玄屈究张。'三辅儿童皆诵之。"西汉黄门侍郎史游所著儿童启蒙读物《急就篇》也说到博戏："棋局博戏相易轻。"是说人们进行对博时，容易引起争执，把博戏写进了儿童的教科书，可见当时博戏普及的程度已非同一般。

博戏在汉代宴会上更是必不可少。一首古歌说："玉樽延贵客，入门黄金堂；东厨具肴膳，椎牛烹猪羊，主人前进酒，琴瑟为清商；投壶对弹棋，博弈并复行。"《史记·滑稽列传》："若乃州闾之会，男女杂坐，行酒稽留，六博投壶，相引为曹，握手无罚，目眙不禁。"

《三国志·魏书·韦曜传》："今世之人，多不务经术，好玩博弈，废事弃业，忘寝与食，穷日尽明，继以脂烛。"人们迷恋博戏，到了废寝忘食的程度。

汉代把博戏作为一门学问进行研究，出现了不少博戏著作。如西汉初期，许博昌著《大博经》，《汉书·王莽传》记载："迟昭平能说《博经》"。东汉也有《大博经》《小博经》等著作。

在汉镜铭文中，还有记录与博局有关的"典道"内容。《中国纪年镜》图12为元嘉三年（153年）铭变形四叶兽首镜，其铭："元嘉三年五月丙午造作。尚方明竟兮，广汉西蜀兮，幽涷三商，周刻曲道兮，出有光明兮，命师寿长兮。"曲道即指棋局、博局。《方言》第五："行棊谓之司，或谓之曲道。"

从上述汉代的文献记载与镜铭内容，可以想象，汉代从皇帝到百姓，举国上下之博戏盛况。

二、考古出土的博局资料

人们生前酷爱博戏，死后还要把博局作为随葬品埋入坟墓，想在另一个世界继续享用它。所以，考古学家从地下得到了大量的博局实物资料和博局图像资料。

（一）博局实物

1. 战国墓出土的博局

1976年，湖北江陵雨台山197号墓和314号战国墓各出一件博局，形制相同，与今天的小木桌相似，只是很矮，这是因为古人席地而坐的缘故。314号墓博局以黑漆为地，用红漆绘出边框、6个"T""V"字曲道和七个"一"字直形曲道，以及中央方框。边长39厘米，宽32.7厘米（图1）。

1978年，河北省战国中山国王陵3号墓出土2件石博局。博局刻有曲道"T""V""L"和"一"字直形曲道，其中一件刻有方框。曲道之间，饰以蟠螭纹（图2、图3）。

上述四件博局出于战国中期墓，是迄今所知年代最早的博局。

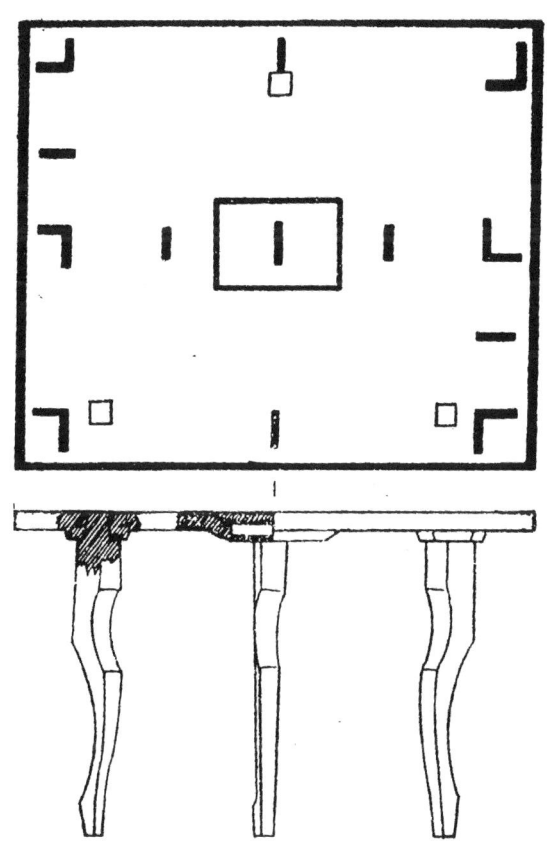

图1 湖北江陵雨台山314号战国墓出土的木博局

2. 秦墓出土的博局

秦墓出土的博局有2件。分别出土于湖北云梦睡虎地11号和13号秦墓。均为木博局。

11号墓的博局为方形。长32厘米,宽29厘米,厚2厘米。局面阴刻TVL曲道十二个,中央方框一个,方框四角外各刻一个圆点(图4)。

13号墓的博局比11号墓的大一些,长38.5厘米,宽35厘米,高3.3厘米。局面亦阴刻TVL曲道十二个和中央方框一个,方框的四角外,朱漆四个圆点(图5)。

11号墓的年代,从同墓出土的竹简《编年记》,知道为秦始皇三十年(前217年),墓主"喜"生前任县御史、令史,13号墓年代与之大致相同。

3. 汉墓出土的博局

汉墓出土博局的数量骤然大增,远比战国与秦代要多,且在全国各地的汉墓中都有出土。

1953年,广州先烈路4013号东汉墓出土一件方形木博局,方形,中央凹刻方框,方框外刻TVL曲道十二个和4个四叶纹花(图6)。

图2 河北平山县战国时期中山国3号墓出土的石博局(甲)

图3 河北平山县战国时期中山国3号墓出土的石博局(乙)

1954年，江苏江都一座西汉墓出土一件方形木博局，边长39厘米，高6.5厘米。髹黑漆，朱漆绘方框和十二曲道，底部四角有座足。

1972年，山东临沂银雀山1号西汉墓出土方形木博局一件，边长30厘米，厚5厘米，阴刻方框及十二曲道，刻痕填以白色颜料。

1972年，湖北云梦大坟头1号西汉墓出土一件木博局（图7），长38厘米，宽36厘米，厚2厘米，用红漆绘方框、十二曲道、四个小圆圈。博局四侧面绘花卉纹、三角形等几何纹，此漆木博局，随葬品清单登记为"漆画曲一"。

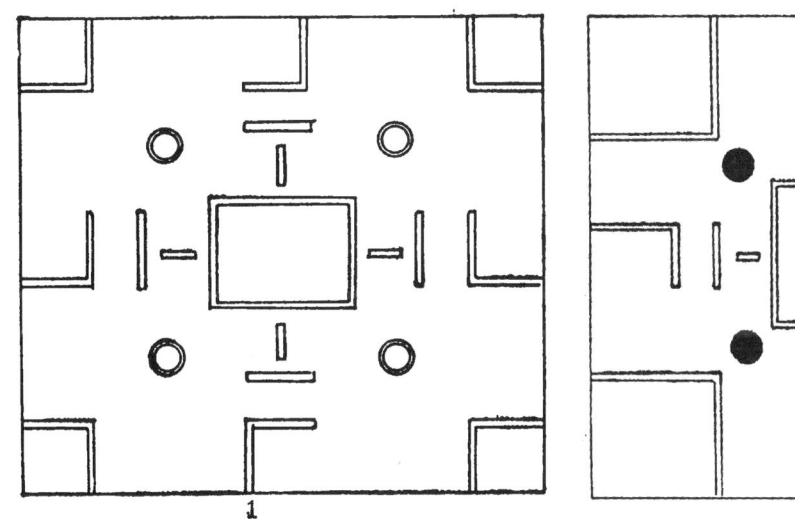

图4　湖北云梦睡虎地11号秦墓出土的木博局

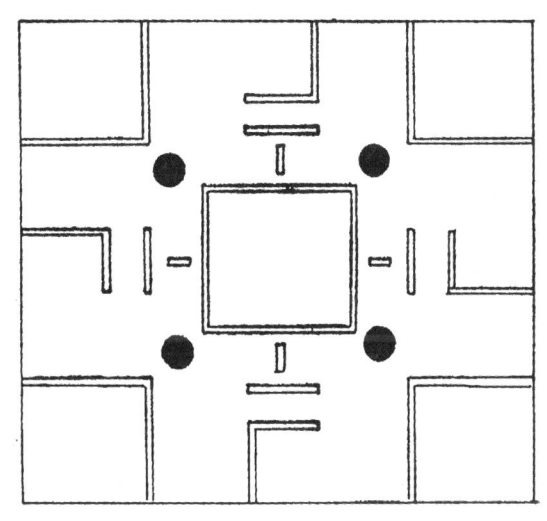

图5　湖北云梦睡虎地13号秦墓木博局

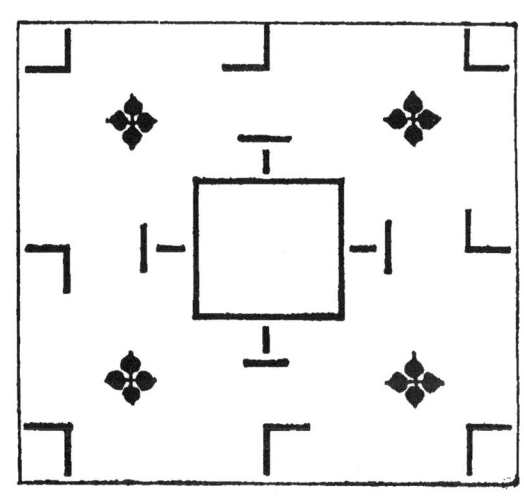

图6　广州先烈路4013号东汉墓出土的木博局

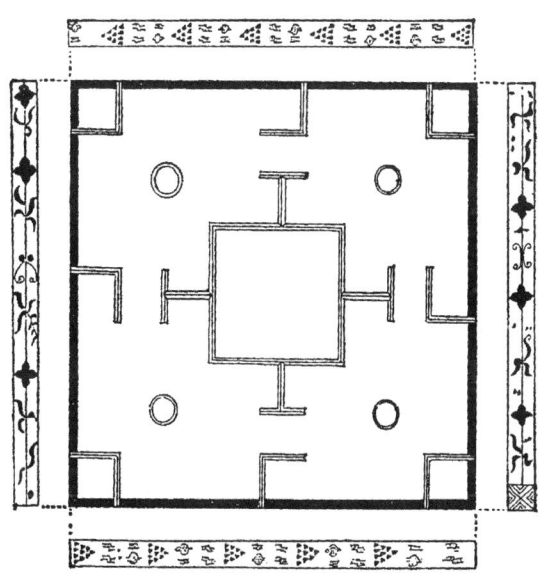

图7　湖北云梦大坟头1号西汉墓出土的木博局

广西西林县西汉墓出土铜博局一件,方形,长30厘米,宽29厘米,有四足,通高9厘米(图8)。

1973年,湖北江陵凤凰山8号西汉墓遣策(随葬品清单):"博、箅、棋、椆、博席一具、博橐一。""博"是指全套博具,"椆"是木博局,与墓中随葬实物对照,有髹漆的博局一件,木胎,长21.8厘米,宽21.1厘米,厚1.9厘米,有曲道TVL十二个、方框和四个圆点。

1973年,湖南长沙马王堆3号西汉墓遣策记载了博局的竹简一组,共八枚,分别有隶体墨书:"博局一""象棋十二""象直食棋廿""象箅三十"等文字。与随葬实物对照,椁室北边箱有博具一整套,其中有边长45厘米、厚1.2厘米的方形木博局一件。博局髹黑漆,上用象牙条嵌成方框、十二曲道TVL和四个飞鸟图案,局面还饰"锥画"(漆器工艺术语),有细如发丝的流云、飞禽、走兽等装饰花纹(图9)。该墓年代,据墓中纪年木牍记载,在西汉文帝十二年(前168年),墓主身份为列侯。

1976年,广西贵县罗泊湾汉墓出木博局一件,边长38厘米,残宽20厘米,厚5厘米,正反两面均刻博局。

1983年12月,山东临沂金雀山31、33、34三座汉墓各出博局一件,形制相同:正方形,通体髹黑漆,中央刻方框,框外十二曲道,四角处各有一个绘有飞鸟图案的三角形木块嵌入。通体用红、黄、白三色漆绘云气纹、几何纹。边长41.7厘米,高5.2厘米(图10)。

1985年,江苏邗江姚庄101号西汉墓出土一件木博局,正方形,边长28厘米,高6.8厘米,中央刻方框,方框外刻十二曲道。局下置四底足。通体髹褐漆。方框内,局边缘和足上,朱漆绘几何纹、云气、羽人、麒麟、青龙、白虎、朱雀等纹饰(图11)。墓中同出四灵

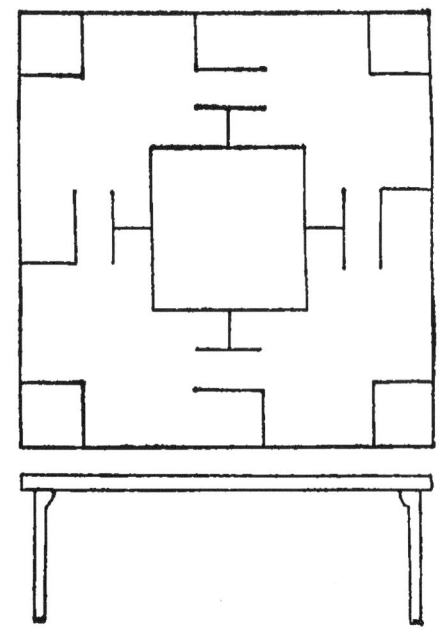

图8 广西西林县西汉墓出土的铜博局

图9 湖南长沙马王堆3号西汉墓出土的木博局

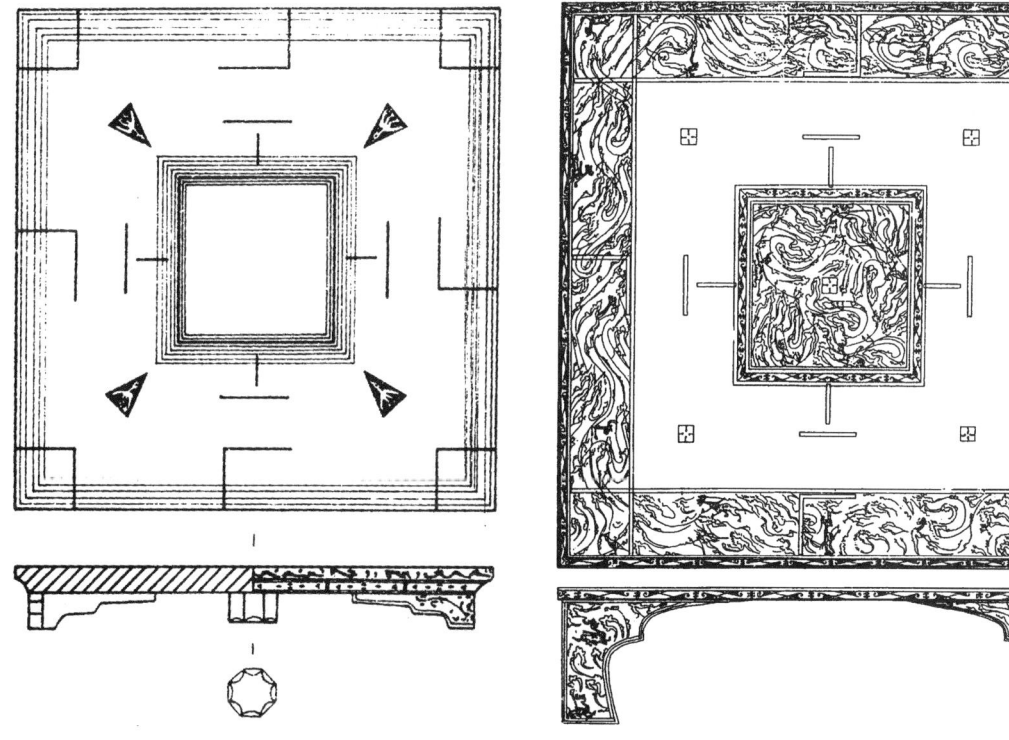

图10 山东临沂金雀山31号西汉墓出土的木博局　　图11 江苏邗江姚庄101号西汉墓出土的漆木博局

博局镜2面。

　　1992年，湖北荆州高台2座西汉墓，各出博局一件，均是用一整块厚木板制成，面和底均平整光滑。2号墓一件，长方形，长30.3厘米，宽24厘米，厚3厘米，刻十二个四线曲道和中央方框（图12）。另一件出33号墓，正方形，边长42厘米，厚2.6厘米，刻双线十二曲道和中央方框。刻线内填红彩，局四角用朱红直线联结，相交于盘心，线上彩绘草叶等花纹（图13）。

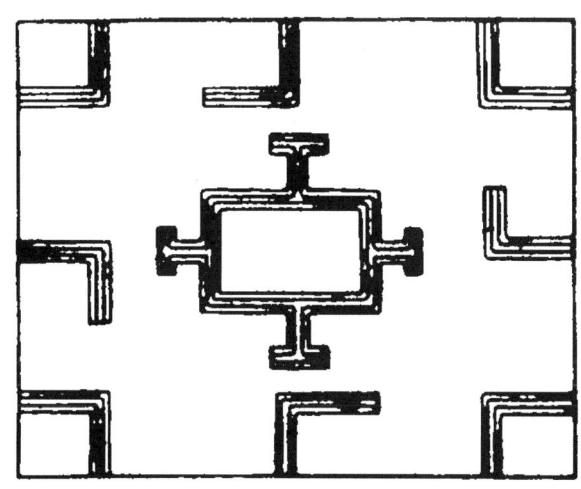 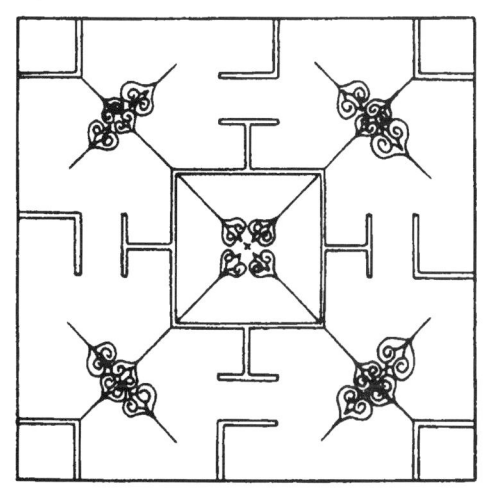

图12 湖北荆州高台2号西汉墓出土的木博局　　图13 湖北荆州高台33号西汉墓出土的木博局

1992年，安徽天长三角圩19号西汉墓出土博局一件，正方形，边长42厘米，木胎，髹黑漆，中央阴刻方框，方框外刻四个小"口"形及十二曲道。用朱漆绘云气纹，东南西北四方绘壮年男子和老翁。人物头戴无帻冠，著红花深衣或无花深衣，席地而坐（图14）。

1993年，湖南长沙西汉王室墓出土博局二件，木胎，通体髹黑漆，中央刻方框，四周刻浅槽曲道十二个。曲尺形底座绘云气纹。边长43.2厘米，高4厘米（图15）。

除上述完整的博局外，全国各地还有不少汉墓出土博局，只是它们被埋在地下两千多年，又是木胎，大多朽坏残缺。例如，1976年，江苏子房山一号西汉墓出土髹漆木博局一件，只剩下漆皮和角质曲道；1983年，广州西汉南越王墓出土博局五六件，可惜精美的木博局，只残存一些博局的铜框、贴金花、曲道和漆皮等物；2006年，江苏徐州黑头山西汉刘慎墓出土2件漆博局，也只残存角质曲道和漆皮了。

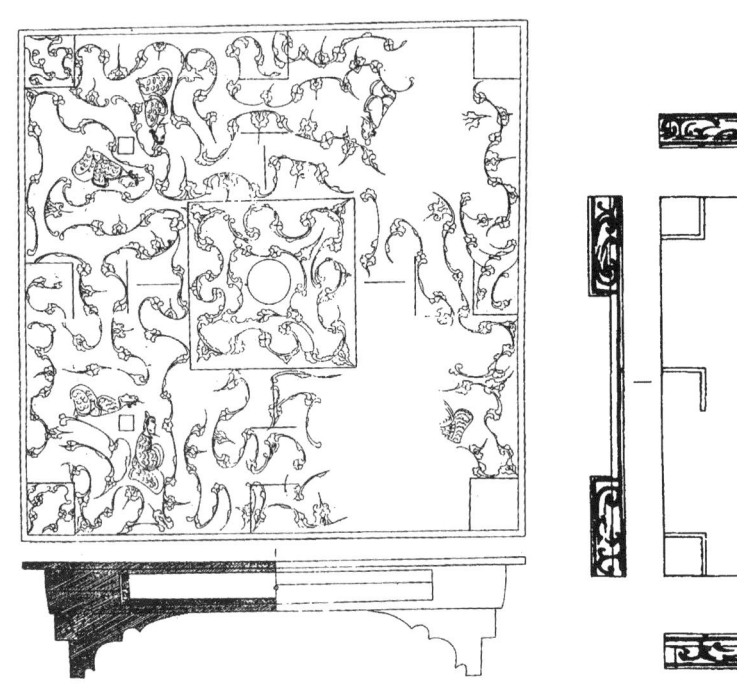 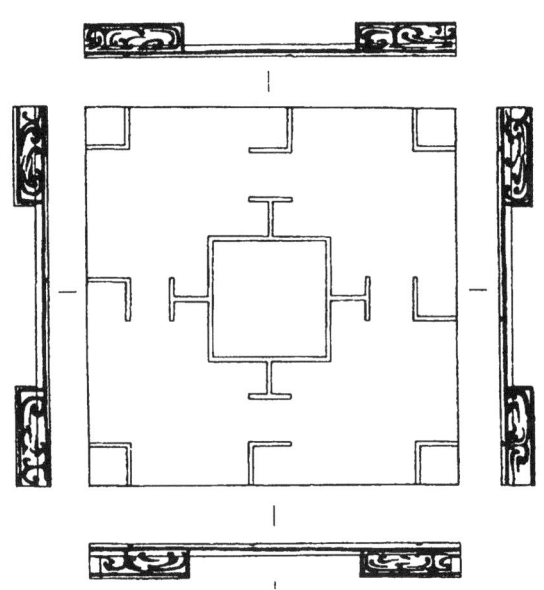

图14 安徽天长县三角圩19号西汉墓出土的漆木博局　　图15 湖南长沙西汉王室墓出土的髹漆木博局

（二）博局模型

（1）1956年，河南陕县刘家渠73号汉墓出土一座陶楼，在第二层楼内有四个陶俑分两边对坐，中间置博局。

（2）1972年，河南灵宝张家湾东汉墓出土绿釉博局。

（3）1972年，甘肃武威磨嘴子48号西汉墓出土一件黑漆绘白色曲道的木博局模型。

（4）加拿大皇家安大略博物馆藏东汉绿釉博局模型。

（5）上海博物馆藏汉代陶博局模型。

（三）博局画像

博局画像在汉代考古中有大量发现：

1. 博局画像石

汉代考古发现的大量博局画像石，主要发现于山东、河南、四川、陕西、江苏、湖北等地，其中以山东最多。如嘉祥县武梁祠、齐山的汉画像石，滕县的大郭、后台村、黄家岭、龙阳店、前菜村、城关、马王、西户口、宏道院等地的汉画像石（图16）；微山县的沟南、两城的汉画像石（图17），安丘县的董家村汉画像石，诸城县前凉台的汉画像石，临沂、邹城的汉画像石等，都刻有博局图像。河南有南阳、新野（图18）、唐河的汉画像石；四川有新津保子山、成都的汉画像石（图19）；江苏有徐州铜山、沛县的汉画像石（图20、图21）；陕西有绥德义镇园子沟的汉画像石等，

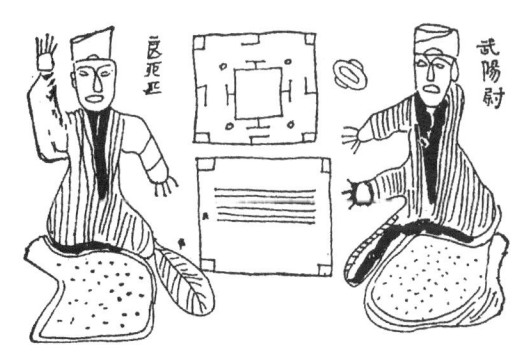

图16 山东滕县西户口画像石上的博局

图17 山东微山县两城汉画像石上的博局

图18 河南新野汉画像石上的博局

图19 四川成都汉画像石上的博局

图20 江苏沛县汉画像上的博局

也都刻有博局图像。

2. 博局画像砖

有博局的画像砖，主要发现于四川、河南等地。如四川的新津（图22）、成都、彭县，以及河南新野等地出土的汉画像砖，都刻有博局图像。

3. 博局石棺

刻有博局的石棺发现两处：四川郫县、山东临沂庆云山的西汉墓（图23）。

4. 博局石椁

刻有博局的石椁，有山东微山县微山岛20号新莽墓（图24）。

5. 刻博局的墓葬

四川宜宾崖墓刻有博局。

6. 博局铜镜

刻有博局的铜镜数量非常大，尤其是汉镜。半个多世纪以来，汉墓出土的博局镜数以千计。出土地点遍及全国各地，在日本、朝鲜半岛和中亚等地也都有出土。

7. 博局占卜

1993年，江苏东海尹湾6号西汉墓出土一件作占卜用的博局。

这件博局是绘在一块长方形的木牍上，木牍宽6.5厘米，长23厘米。上端8厘米绘博局，博局中央方框内书一"方"字，上端标记"南方"二字。十二曲道的旁边都写着干支，自甲子至癸亥。博局下面有一个占卜用的表，分五栏：占取妇嫁女、问行者、问系者、问病者、问亡者。每栏又分别按"博"的口诀：方、廉、楬、道、张、曲、诎（屈）、长、高字打头，书写出所卜的九种结果。如第一栏"占取妇嫁女"，如卜得

图21 江苏铜山台上村汉画像石上的博局

图22 四川新津汉画像砖上的博局

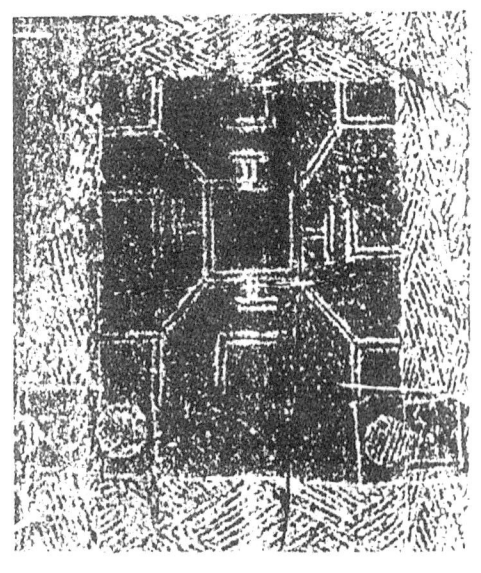

图23 山东临沂庆云山西汉墓石棺底上的博纹

"方",结论是"家室终、生产",意思是说,娶新妇,婚姻美满,百年偕老;能生儿育女。总之,博局可以预卜吉凶(图25)。

8. 博局木板画

1976年9月,甘肃天水放马滩秦墓出土。木版长12.7厘米,宽5.8厘米,厚0.3厘米。一面墨绘虎拴树上,虎回首翘尾,张口咆哮。另一面绘有博局(图26)。

综观考古出土的博局实物、画像、模型明器、遣策文字、博局占卜、博局铜镜等,我们对博局的形制、称呼、作用,可有系统的了解。

湖北江陵凤凰山8号西汉墓遣策将"博局"写作"柷",湖南长沙马王堆3号汉墓遣策写"博局",湖北云梦西汉墓写作"画𠃊-",其实都是一个东西。

博局一般多是用一块方形或长方形的木板制成的,有个别是石板的或铜铸的,边长多在30—45厘米之间,髹漆,多数有底足,面上朱绘,或阴刻,或用象牙、角质条嵌出TVL曲道十二个。以前学术界都说这是"规矩纹"。其实,当时人们并不叫规矩纹,而是叫"曲"。湖北云梦大坟头汉墓遣策(随葬品清单)称为"画𠃊一"(图27)。东汉许慎《说文·曲部》:"𠃊,古文曲"。《汉无极山碑》:"窈窕曲隈",其中的"曲"字也是写作"𠃊"。"曲"是供行棋用的,所以又叫"曲道"。晋葛洪《抱朴子·外篇·自叙》:"见人博戏,了不目眄,或强牵引观之,殊不入神,有若昼睡,是以至今不知棋局上有几道。"宋洪兴祖在《楚辞·招魂》注引《古博经》云"博局分十二道",即是指博局上的十二个TVL曲道。由于博局主要是由曲道组成的,所以,汉代人们干脆把博局也称之为"曲道"。《广雅·释器》:"曲道,柷也。柷与局通,局之言曲也。"《小雅·正月》云"不敢不局",毛《传》云:"局,曲也。"所以云梦大坟头西汉墓遣策木牍登记随葬品一件髹漆的博局叫

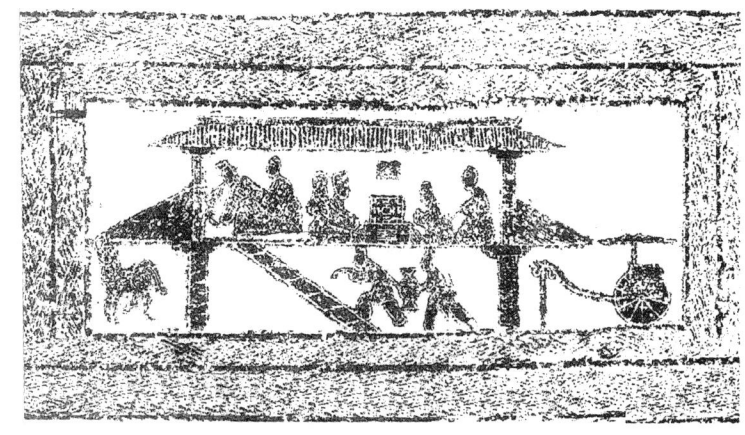

图24 山东微山县微山岛20号新莽墓石椁上的博局

图25 江苏东海尹湾出土的博局占

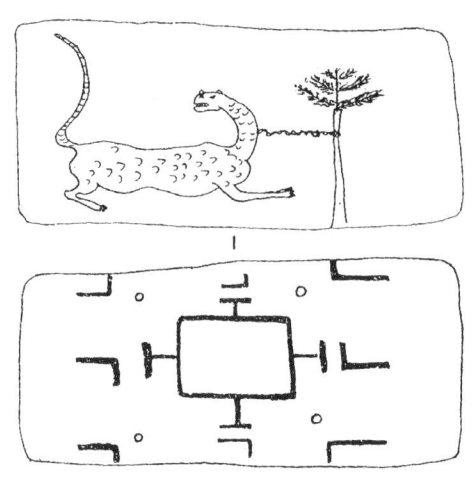

图26 甘肃天水放马滩秦墓出土的木板画

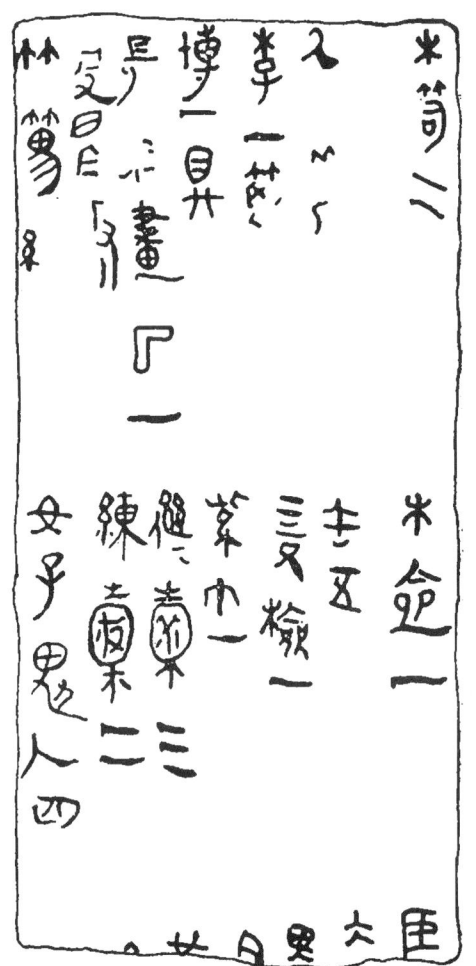

图27 云梦大坟头1号西汉出土遣策（随葬品清单）木牍摹本："髹漆画『一"

"髹漆画『一"。汉人扬雄《方言》也说："行棋谓之局，或谓之曲道。"总之，古代从来没有把博局的曲道说成是规矩，前人把博局镜说成规矩镜应是一种误读。博局除了十二个曲道外，中央还有一个方框，称之为"方"，江苏连云港市东海尹湾西汉墓出土的博局图，在方框内标注了一个"方"字。《西京杂记》卷下《陆博术》记载：西汉"许博昌，安陵人也，善陆博，窦婴好之，常与居处，其术曰：'方畔揭道张，张畔揭道方；张究屈玄高，高玄屈究张。'三辅儿童皆诵之。"这里所说的"方"，就是博局中央的方框。在靠近方框四角处，各有一个圆点"○"，或小方框"□"，或小花，或小飞鸟等图案，它们也是博局的组成部分，是行棋的一个停靠点。此外，为了美观，还有各种装饰纹，应与博局没有必然的联系。

下篇　汉代博局镜

博局镜是中国铜镜史上非常著名的镜子，它曾盛极一时，尤其是在新莽期间及其前后一段时期，几乎是一枝独秀，是这一时期墓葬出土铜镜最主要的品种之一。中国各省市博物馆、世界各大博物馆、美术馆、艺术馆、古物收藏机构，几乎都收藏有此种镜子。

铜镜为什么要刻上博局？这个问题曾使学术界大惑不解。但是，半个多世纪以来的考古发现，终于使人们长期困惑的问题有了答案。

1986年，笔者在《考古学报》第一期发表了《论秦汉时期的博具、博戏兼及博局纹镜》的文章，认为考古发现的博局实物，和人们称之为"规矩镜"的"图案完全一样，这显然是模拟博局设计的"，"如果把铜镜图案叠放在博局图案之上，则两种图案完全吻合（图28）。假如铜镜是方形的话，那么这面铜镜就是一个很好的铜博局，只是小一点罢了"。学术界大多数人认为，既然两者纹样相同，把"规矩镜"改称"博局镜"是可以的，但是，也还有疑问，为什么铜镜背面，要用陆博的博局呢？有点不好解释。是啊，知其然，而不知其所以然！

《考古》1987年12期周铮的《"规矩镜"应改称"博局镜"》说，中国历史博物馆藏有一张汉代博局镜拓片，有铭文"新有善铜出丹阳，和以银锡清且明，左龙右虎掌四彭，朱爵玄武顺阴阳，八子九孙治中央，刻娄博局去不羊，家常大富宜君王"（图29）。不是问铜镜上为什么要刻一个博局吗？答案有了，就是博局镜铭文"刻娄博局去不羊（祥）"。为了要避恶去邪，所以要刻上一个博局！我们由此还想到，汉人为什么要把博局刻在棺、椁之上，不也是为了避恶去邪，保护死者亡魂吗？此后不久，竟然接连发现了有"刻娄博局去不羊"铭文的博局镜多面（见《清华铭文镜》图55文字说明）。其中著名的铜镜专家王纲怀先生就曾收藏了不同内容的两面（现已捐献给他的母校清华大学）。学术界长期困惑的问题因此得到了解决。

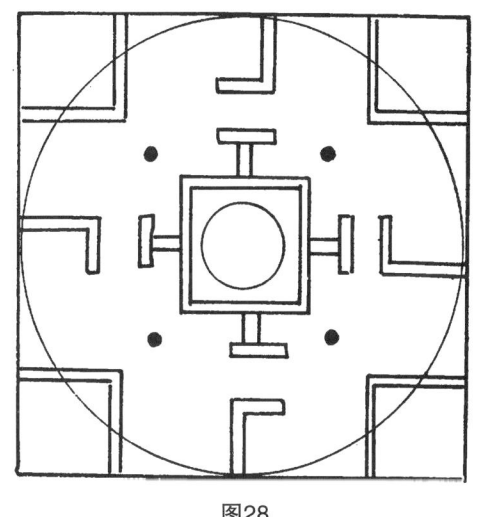

图28

但是，人们并不因此而满足，要打破沙锅问到底：为什么博局会有如此神奇的功效呢？周铮先生发表在《考古》的文章给我们指点："《艺文类聚》卷七四收存东汉边韶的一篇《塞赋》，可以多少给我们一些启示。"笔者检查了古代文献，发现除《艺文类聚》之外，《太平御览》

图29 中国国家博物馆（原中国历史博物馆）藏博局镜拓片

卷七五四亦有所录。1993年，北京大学出版社出版费振刚、胡双宝、宗明华辑校的《全汉赋》，以《艺文类聚》卷七四所录为底本，序以《太平御览》卷七五四为校本，辑校出一篇完整的《塞赋（并序）》。此赋道出了博局蕴藏非常深广的含意，能使镜铭"刻娄博局去不羊（祥）"得以破解。现全文录下：

塞赋（并序）

余离群索居，无讲诵之事。欲学无友，欲农无耒，欲弈无塞，欲博无楮。问："可以代博弈者乎？"曰："塞其次也。"试习其术，以惊睡救寐，免书寝之讥而已。而徐核其因通之极，乃亦精妙而足美也。故书其较略，举其指归，以明博弈无以尚焉曰："始作塞者，其明哲乎。故其用物也约，其为乐也大。犹士鼓块枹，空桑之瑟，质朴之化，上古所耽也。然本其规模,制作有式。四道交正,时之则也。棋有十二,律吕极也。人操厥半,六爻列也。赤白色者,分阴阳也。乍亡乍存,像日月也。行必正直,合道中也。趋隅方折,礼之容也。迭往迭来,刚柔通也。周则复始,乾行健也。局平以正,坤德顺也。然则塞之为义,盛矣大矣,广矣博矣。质象于天,阴阳在焉。取则于地,刚柔分焉。施于人,仁义载焉。考之古今,王霸备焉。览其成败,为法式焉。"

秦汉时期的六博有两种,一种是投六箸行六棋;还有一种,不投箸,只行棋,后一种是简化了的六博,即《塞赋》序文中所说的"欲博无楮",楮即箸。无箸的六博叫塞,赋中说"其用物也约,其为乐也大"。约,节约减省之意,全句的意思是,虽然省去了箸,玩起来照样很快乐!

这种简化了的六博叫博塞,简称"塞"。1989年上海辞书出版社出版的《辞海》说:"博塞,本作簙簺,古代的博戏。"《庄子·骈拇》曰:"问谷奚事,则博塞以游。"成玄英疏:"行五道而投琼曰博,不投琼曰塞。"琼即箸。塞又叫格五。《汉书·吾丘寿王传》:吾丘寿王"赵人也,年少,以善格五召侍诏"。三国时的苏林注:"博之类,不用箭,但行枭散。"箭也是箸的别名,枭散是棋子的名字,六棋为一枭五散。1972年,甘肃武威磨嘴子西汉墓出土了一件六博模型:两个木俑对局下棋,但仅仅下棋而已,并不投箸,这就是简化了的六博——塞(图30)。

图30 甘肃武威磨子嘴汉墓出土的塞戏模型

赋中说"四道交正,时之则也"——四时;"棋有十二,律吕极也"——乐理;"人操厥半,六爻列也"——"易"理;"赤白色者,分阴阳也"——阴阳五行;"乍亡乍存,像日月也"——日月光明;"行必正直,合道中也"——合中庸之道;"趋隅方折,礼之容也"——守礼;"迭往迭来,刚柔通也"——刚柔相济;"周而复始,乾行健也;局平以正,坤德顺也"——遵循天地、宇宙之法则。它的含义盛、大、广、博,其功效大得很:"施于人,仁义载焉。考之古今,王霸备焉。览其成败,为法式焉"。正如东海尹湾6号西汉墓博局镜铭文所说:刻有博局的铜镜,就成为了"随四时,合五行,浩如天地,日月光照,神明镜"(图31)。这样的"神明镜",当然有避恶去邪之作用。

1.7 博局与汉代博局纹镜

图31 江苏东海尹湾西汉墓出土的"刻治六博"铭博局镜 铭文:"刻治六博……随四时,合五行,浩如天地,日月光照,神明镜"之句

1.8 论汉镜文化对日本的影响

■ 刘晓峰

铜镜是中国古代诸种金属器物之中沿用时间最长、使用范围最广又对人们物质与精神生活产生过许多影响的古器物。在古代中国，早在齐家文化和殷商时代，就已经出现了早期的铜镜。经过春秋战国这一由稚朴走向成熟的过渡时期，发展到汉代不仅出现了大量工艺先进、造型精美的铜镜，并且产生了与古代宗教思想与文化生活密切相关联的铜镜文化。

作为中国古代文明向周边辐射的文化组成部分，在铜镜与铜镜文化历史上曾漂洋过海传入日本，并对日本文化发展产生巨大影响。站在21世纪的今天，回溯日本文化的发展史，我们可以比较完整地看到铜镜曾在其中起到怎样重要的作用——从历史记载到考古发掘，从神话传说到文化精神，可以说一部日本文化史与铜镜密不可分。某种意义上甚至可以说，离开铜镜就不足以完整地诠释日本文化的发展过程。

正因如此，有关中国古代铜镜影响日本的研究，在中国和日本都有非常深厚的学术积累。特别是围绕中日青铜镜之间的渊源关系、围绕三角缘神兽镜的原产地，中日两国学者之间曾进行过非常深入的学术讨论。发展到今天，有关铜镜的形制、工艺、铭文等领域，已经积累了非常体系化的研究成果。这些研究成果对于笔者所从事的日本历史研究，特别是对于日本早期历史发展的研究，是极具启发意义的。与此同时，我们也遗憾地看到，对于中国古代的铜镜传入日本后所产生的巨大影响，特别是基于这一影响之上所产生的日本特殊的铜镜文化，迄今为止却尚无专文论述。有鉴于此，笔者不揣浅陋撰作本文，期图对这一领域几个重要的方面，进行一次初步的检点。然平生治学，多基于文字资料，器物考古之学，固非所长。是以临纸惴惴，不胜履冰之感。行文容或有缺，尚望海内硕学多施斧钺之正。

一、"铜镜百枚"的宗教性与政治性解读

按《三国志·魏书》记载，景初二年（238年）六月，倭女王卑弥呼曾遣大夫难升米、次使都市牛利以男生口四人，女生口六人，班布二匹二丈，来到中国朝贡。同年十二月，魏明帝曹叡发诏书报倭女王卑弥呼。诏称卑弥呼："所在逾远，乃遣使贡献，是汝之忠孝，我甚哀汝。"并封赏卑弥呼"为亲魏倭王，假金印紫绶，装封付带方太守假授汝。其绥抚种人，勉为孝顺。汝来使难升米、牛利涉远，道路勤劳，今以难升米为率善中郎将，牛利为率善校尉，假银印青绶，引见劳赐遣还。今以绛地交龙锦五匹、绛地绉粟罽十张，蒨绛五十匹、绀青五十匹，答汝所献贡直。又特赐汝绀地句文锦三匹、细班华罽五张、白绢五十匹、金八两、五尺刀二口、铜镜百枚、真珠、铅丹各五十斤，皆装封付难升米、牛利还到录受。悉可以示汝国中人，使知国家哀汝，故郑重赐汝好物也。"

这段文字所展示的，是在以中国为核心的东亚地区外交领域常见的早期朝贡外交的一页。它与后世的国际贸易完全不是一个概念。如果单纯从利益上计算，以男女十名生口（奴隶）和二匹二丈班布，换得金印紫绶的"亲魏倭王"等称号，这绝对是不等值交换。曹魏为何如此慷慨大方？一方面，这里展示的正是传统中国"厚往薄来、怀来远人"的文化理念，一如诏书所示，这些赏赐品带回倭国"可以示汝国中人，使知国家哀汝，故郑重赐汝好物"。另一方面，曹魏通过这场外交活动所得甚丰：标榜自己才是东亚"正统国际领袖"，在魏蜀吴三个政权处于对立状态的三国时代，这对于曹魏政治无疑是具有积极意义的。

在魏明帝的赏赐品中，"铜镜百枚"四个字和本文关系密切。因为查考曹魏与其他周边国家的外交活动中，并没有类似的赏赐铜镜的记载。也就是说，赏赐倭女王卑弥呼"铜镜百枚"是一件看似普通但实际上很特殊的事情。有学者认为，曹魏是依照邪马台国的请求做出这一赏赐的，这是一种非常有意味的解读[1]。按照《三国志》的记载，卑弥呼并不是一般的王。当时"倭国乱，相攻伐历年"，后来立了卑弥呼为王，形势才安定下来。重要的是卑弥呼成为王所依靠的根本力量并不是武力，而是如史所载"事鬼道，能惑众"，依靠的是宗教的力量。而她的生活状态也非常特殊。史载，她"年已长大，无夫婿，有男弟佐治国。自为王以来，少有见者。以婢千人自侍，唯有男子一人给饮食，传辞出入。居处宫室楼观，城栅严设，常有人持兵守卫"。这里的年长而不婚，居处神秘其事，都应当与她"事鬼道"的神秘身份有关，是她作为宗教领袖这一特殊身份的一部分。那么"铜镜百面"与卑弥呼的"事鬼道"之间是否有联系呢？

日本历史和中国历史不同，在我们所讨论的这个历史时期，日本本土并没有完整的文献资料留存下来。为此，我们只能依靠考古史料和资料，来理解铜镜在这个时代的意义。以下我们主要综合日本考古学权威森浩一教授的观点，将铜镜文化在日本的早期发展历史整理如下[2]。

铜镜传入日本是弥生时代的事情。最早传入的是多钮细纹镜。和普通的汉镜只有一个背钮相比，多钮细纹镜一般有两个或三个背钮。普通的汉镜镜形是平面或略有凸面，而多钮细纹镜则略呈凹面形制。在纹饰方面，普通的汉镜有各种复杂的与神仙思想相关的图案，但多钮细纹镜则只有几何形纹样。普通的汉镜通常有铭文，而多钮细纹镜没有。这种铜镜在日本共有五面出土[3]。关于最早出现于日本的多钮细纹镜，驹井和爱曾在《中国古镜之研究》中指出，从凹形的镜面看，与其说用来作为化妆工具，多钮细纹镜形制上更接近"阳燧"。"阳燧"是古代借阳光取火的一种工具。镜后面的细纹也许是对于阳光的一种表现。这类铜镜在今天中国东北地区和朝鲜半岛已经有很多出土。相互间的谱系关系很清楚。多钮细纹镜大多出土在九州北部和山口市，如佐贺县唐津市宇木汲田遗址（同时出土有铜剑）、福冈市饭盛高木遗址（同时出土有铜剑和铜矛）、山口县下关市（同时出土有铜剑）等地。出土多钮细纹镜的还有大阪府柏原市大县和奈良县御所。同一个地方还埋有铜铎。在本州更北面的长野县佐久市野泽地区原遗址，则出土了上加工有两个孔的多钮细纹镜的碎片。考古学者推测，这碎片可能被当成宗教用途的祭品或者是护身符。和这些铜镜一起埋葬的，应当大多是该地方的统治者。

在多钮细纹镜之后50～100年，大量典型的汉代形制的铜镜开始出现于陪葬品之中。这是日本的弥生时代中期，这些铜器被放置在日本流行使用的两个非常巨大土瓮合成的瓮棺中。陪葬的铜镜的数量也明显增多。比如福冈县前原町三云一号瓮棺陪葬的有35面铜镜，二号瓮棺有22面，井原键沟瓮棺埋有21面。福冈县春日市须玖冈本遗址大石下瓮棺也埋有三十几面。在北九州坟墓里出土的随葬品中，有铜镜、铜剑和勾玉。如福冈县前原町三云一号瓮棺陪葬的有35面汉代铜镜之外，还有直柄铜剑一、铜矛二、铜戈一、金铜制四叶座饰金具八、玻璃玉币八、玻璃勾玉三、玻璃管玉一百余。这种剑、镜、玉同时出土的墓葬，用实物讲述着日本古代皇室的"三种神器"的说法，实在是有着非常古老深厚的文化渊源。在二号瓮棺有22面铜镜出土，此外出土的尚有翡翠勾玉一、玻璃勾玉十二。日本学者森浩一指出的如下现象颇令人深思：这种以西汉铜镜等为陪葬品的风俗主要盛行于当时日本社会的上层，而在地域上则集中于北九州，并基本不见于以大和为中心的弥生时代遗址中。

从弥生中期到弥生后期，东汉铜镜开始逐渐扮演了主要的角色。多数日本学者认为，这一时期被使用的铜镜一部分来源于中国，同时，在日本北九州也开始生产铜镜。考古学者挖掘出的当年生产铜镜时的镜范有力地证明了这一点。至弥生时代结束的公元4世纪，自西而东，日本各地突然出现大量的前方后圆之坟。历史上称这一时代为古坟时代。这一时代是另一种被称为"三角缘神兽镜"的铜镜大流行的时代。这是在历史研究领域争论非常大的铜镜，也是在日本出土数量最多的一种铜镜。古坟的数量不断增多，到公元6世纪达到了顶点。不过铜镜的地位开始下降，工艺水平非常高的冠饰和马具流行起来。铜镜的制作技术也趋向衰败。在这个时代大流行的三角缘神兽镜，用途明显不是化妆用具，而是与长生不老的思想、与希望保护被葬主人的尸体（或魂魄）不受破坏（或干扰）为目标。

立足于上述考古学成果基础之上，再看《三国志》中下赐卑弥呼"铜镜百枚"的记载，我们可以看出很多新的问题点。在铜镜从大陆传入日本数百年后，女王卑弥呼从曹魏请回"铜镜百枚"这一行为，在当时的日本究竟意味着什么？景初二年（238年）倭女王卑弥呼遣使曹魏，时间正当公元3世纪前半叶，这正是东汉的铜镜大为活跃的历史时期，也是日本开始修筑巨大古坟的时期。《三国志》载"卑弥呼以死，大作冢，径百余步，徇葬者奴婢百余人"，她的"径百余步"的坟冢就是古坟时代的先河。"鬼道"近似于中国道教。而道教中铜镜作为法器拥有特殊地位。"鬼道"这个词并不常用。《三国志》中除了《魏书·东夷列传》中提及"鬼道"外，还有《魏书·张鲁传》和《蜀书·刘焉传》。日本学者上田正昭分析《三国志》使用"鬼道"的用例，认为卑弥呼的"鬼道"不是普通萨满式宗教，陈寿是在与道教信仰相类似这一意义上使用的"鬼道"一词[4]。也就是说日本当时出现的"鬼道"，尽管不能等同于汉代的道教，但两者可以断定有很多近似的地方。而在中国汉代，道教和铜镜之间有着很深的渊源。道教是传统的中国宗教，它根源于先秦道家思想。追求长生不老神仙世界，是其思想的根本特征之一。远在战国时就已为秦汉方士们所鼓吹的神仙思想，在汉代道教形成期被构建为超越时空和宇宙限制的长生不老的神仙世界，并成为道家所追求和宣传的终极目标。在道教文化体系中，作为法器的铜镜一直占有着重要的地位。反映在今天出土的众多仙人神兽镜、飞仙镜、四神、规矩镜上，就是铜镜背后的纹饰中所刻画的羽人、神仙、神兽及铭文与纹样。从这些纹饰中我们可以解读出汉代人对现世幸福的追求，对长生不老的祈愿。汉镜中出现了许多有名有姓的神仙，如王子乔、赤松子、崔文、黄帝、东王公、西王母、南极老人、伯牙、锺子期等。汉代社会自上而下弥漫着浓厚的神仙观念，汉人长生登仙理想的大发展，都在铜镜纹饰的尺寸之间得到了诸多的反映。在汉代中国的墓葬中出土了大量铜镜，考古学家认为，大量的铜镜陪葬，正是因为当时的人们认定，在生死之界铜镜可以起到的特殊的佑护作用。曹魏特殊赏赐卑弥呼"铜镜百枚"，应当是"与长生不老的思想、与希望保护被葬主人的尸体或魂魄"有很深的关联。这正是"鬼道"与铜镜之间的根本联系。

日本的弥生时代考古资料可以支持我们的这一推断。弥生时代铜镜大量出土的个案有十几件。依据河上邦彦的研究，当年陪葬这些铜镜是有秩序的。从总体上说，铜镜作为陪葬品放置部位五花八门。有的放置于棺内头部，有的放置于棺内足部，有的统一放置于棺外，也有少数置于棺与椁之间。但最多的是放置于头部。比如最典型的兵库县辑保郡权现山五十一号墓就是墓主的头部被五面镜子围住。这样的例子在考古学报告中有很多。特别是只有一两面镜子陪葬的时候，几乎都是放置于墓主头部的。河上邦彦认为，要认识这种以铜镜为陪葬品的做法，必须先了解中国古代对于铜镜所拥有的神秘力量的认识[5]。明白了在卑弥呼朝贡曹魏前后铜镜在日本的出土情况，我们就不难得出结论："鬼道"与铜镜之间有着相互联系。

以上，我们以《三国志》有关下赐卑弥呼"铜镜百枚"的记载为线索，对于中国铜镜与铜镜文化从弥生时代对日本发生的影响做了总括性论述。我们在这里想要强调的是，中国铜镜与铜镜文化对于弥生时代的日本所产生的影响，一个重要的侧面是宗教咒术性的，另一个重要的侧面是政治性的。一如曹魏下赐给邪马台国的"铜镜百枚"，它既与作为祭祀王的卑弥呼所利用的"鬼道"相联系，同时又是卑弥呼依靠中国力量号召日本国内的重要政治工具。在宗教性与政治性这两个方面，"事鬼道"的神巫卑弥呼，有着统一贯穿于其政教合一的身份。

二、日本古代神话中铜镜的特殊意义

在古代日本，一旦老天皇去世，马上要做的一件事情就是把象征权力的"三种神器"，从已故天皇那里转移到新天皇处。《赞岐典饰日记》记载，堀河天皇去世后，日记作者藤原彰子在悲伤之中，听到堀河天皇居所那边传来一阵人声。她的同事哭着告诉她，那是宫里的人在搬动神玺与神剑的声音。还是大白天，他们就在移动傢俱，把天皇御帐中的秘器与宝镜取出来，送往刚五岁并即将即位的宗仁亲王那里。听到这一切，藤原彰子平添了一种物是人非的悲凉。同样的事例在今天也依如旧贯。1989年1月7日6时，昭和天皇死去。仅仅两个多小时后，在皇宫正殿的松树之间，就安排举行了"剑玺等承继之仪"[6]。今天的平成天皇从宫廷侍臣手中接过神剑与神玺。神器的转移，当然象征着权力的转移。而说到神器，很多人自然会想到"三种神器"。作为神圣权力的象征，在日本天皇继承皇位之际，接受三种神器仍是重大的仪式之一。

三件"神器"之中，第一件就要竖一面神镜。这面神镜准确地称谓为"八尺镜（YATANO KAGAMI）"。从第一百代天皇后小松天皇开始，在天皇与皇后的寝室旁边，专门为存放神器设置了"剑玺之间"。在设置"剑玺之间"之前，剑与玺通常保存在天皇的寝室中。按照第八十四代天皇顺德天皇所著《禁秘御钞》的记载，其具体的位置是放置于皇枕前上方的二层格架上。而铜镜则被看成三种神器中最神圣的一种，在皇宫内三座祭祀用的神殿中居于中央的位置，两边分别是祭祀（包括天神地祇在内的）八百万神的神殿和祭祀历代天皇和皇族灵的皇灵殿，足见这面八尺镜被神圣到何种地步。因为神圣，这面镜子的真面目，至今不为世人所知。史载这面镜子上有伤痕，《日本书纪》与《古语拾遗》皆称这是伊势神镜在放置进天石窟时遭到磕碰留下小的疤痕[7]。今天我们不知道这面八尺镜真正的尺寸，但是有两个资料可以为我们讨论这一问题提供参考。这就是成书于公元804年的《皇太神宫仪式帐》和成书于公元10世纪的《延喜式》。它们都记载了装有这面镜子的盒子（御樋代），直径为一尺六寸三分（49.4厘米）。这个数字对于推断这面宝镜的大小，应当是很有参考意义。镰仓时代日本学者卜部兼方《释日本纪》曾对八尺镜的"尺"做过考察，认为一尺相当于八寸，八尺者合为六十四寸，这"六十四寸"乃是镜子的圆周长。如果按照这一周长计算，镜子直径大概近于二尺六寸三分[8]。这面神镜何以在日本有如此高的地位？回答这一问题需要我们到日本神话中寻找答案。

按照《日本书纪》记载，大照大神的出生就与铜镜有关。《日本书纪》记载，伊邪那岐说自己想生出"御宙之珍子"，于是"左手持白铜镜，则有化出之神"，这就是天照大神，"此子光华明彩，照彻于六合之内"。"右手持白铜镜，则有化出之神"，这是名为"月弓尊"的月神。"又回首顾盼之间，则有化神"，这是日本神话中声名显赫的素戈呜尊。这三位大神中，日神天照大神和月神月弓尊，因为"质性明丽"被置天上"使照临天地"，而素戈呜尊"性好残害"所以被发配"下治根国"[9]。被发遣到根国的素戈呜尊不甘心离开天庭，于是他在天国做了很多破坏活动，并与天照大神之间发生了很多争斗。因为素戈呜尊行为无状，天照大神最后发怒进入"天石窟"中。当是时也，天昏地暗，"六合之内，常暗而不知昼夜之相代"。众神为请出天照大神下尽了气力。《日本书纪》写道：

> 于时八十万神会合于天安河边计其可祷之方。故思兼神深谋远虑。遂聚常世之长鸣鸟，使互长鸣；亦以手力雄神立磐户之侧；而中臣连远祖天儿屋命，忌部远祖大玉命，掘天香山之五百个真坂树，而上枝悬八阪琼之五百个御统，中枝悬八咫镜（一云真经津镜），下枝悬青和币、白和币，相与致其祈祷焉；又猿女君远祖天钿女命，则手持茅缠之矛，立于天石窟户之前，巧作排优；亦以天香山之真坂树为发，以萝为手襁，而火处烧覆槽置显神明之凭谈。是时天照大神闻之而曰："吾比闭居石窟，谓当丰苇原中国必为长夜，云何天钿女命谑乐如此者乎？"乃以御手细开磐户窥之。时手力雄神则奉承天照大神之手，引而奉出。于是中臣神、忌部神，则界以端出之绳。绳，亦云左绳端出，乃请曰："勿复还幸。" 然后诸神归罪过于素戈呜尊，而科之以千座置户，遂促征矣。至使拔发，以赎其罪。亦曰，拔其手足之爪赎之。已而竟逐降焉[10]。

这段描写天照大神从"神隐"到复活的"天石窟"神话，是日本古代神话中最有代表性的一部分。很多神话学家们将这一神话解释为是在写冬至太阳的死而复活，而将诸神为重新请出太阳神所做的一切看成是一场祭祀的仪式过程[11]。引人注目的是，在这段"天石窟"神话中，铜镜作为与神沟通的重要工具，被悬挂在天香山的真阪树中枝，发挥了不可替代的重要作用。据说当时这枚宝镜由中臣氏远祖天儿屋命"以神祝祝之"后，被放入天石窟中，镜子为日神天照大神所照耀，马上放射出明亮无比的光辉。天照大神好奇于本该在长夜中惶恐不安的诸神居然会无比"谑乐"，而世间居然还有与自己同样熠熠生辉的日神存在，最终忍耐不住才走出天石窟察看的。关于这面铜镜的制作者，按照《日本书纪》的记载，当天照大神神隐之时，众神惶恐，"乃使镜作部远祖天糠户者造镜，忌部远祖大玉者造币，玉作部远祖丰玉者造玉，又使山雷者采五百个真阪树八十玉签，野槌者采五百个野荐八十玉签，凡此诸物皆来聚集"，这面宝镜乃镜作部远祖天糠户者所造。另一种记载，则说为石凝姥神"取天香山铜，以铸日像之镜"。

在日本古代人那里，铜镜还是天照大神的子孙作为统治者降临苇原中国时所携带的三件神宝之一。八坂琼之曲玉，八尺镜，及草刈剑被天照大神"授赐皇孙，永为天玺。视此宝镜，当犹视吾"。可以"与同床共殿，以为斋镜"。这面神圣的铜镜"其状美丽"，直到今天仍被伊势神宫作为"御灵"祭祀，是伊势神宫的"御神体"。 实际上，在整个神道世界中，铜镜的地位也同样如此重要。神道属于泛神论宗教的一种。神谱庞杂，号称有"八百万神"。举凡山川、草木、石头皆可以被当成神崇拜。但在"八百万神"中，最多的还是和天照大神一样以铜镜为"御神体""御正体"。依据《出云国造神贺词》的记载，日本大神神社的镇座神的和魂即托于八尺镜中。在《万叶集》卷五收有以镜招神的古歌。盖古代日本人认为，铜镜可召神，神来可托身于铜镜，而铜镜也由此自然会被看成是神体。

综上所述，我们不难得出这样的结论，在日本早期创世神话的神道世界里，铜镜拥有无比崇高的地位。这一地位非常特殊，甚至可以说远远高于铜镜在中国所拥有的地位。如果我们结合上一节围绕"铜镜百枚"所叙述的诸多史实来考察，很自然地会得出这样的结论——铜镜在日本拥有如此高的地位并不是出于偶然。早在《古事记》《日本书纪》成书之前，在日本神话形成的弥生时代、古坟时代，铜镜在日本人的政治生活与宗教生活中就占有了极其重要的地位。记载于《古事记》《日本书纪》中有关铜镜的上述日本神话，可以说是中国古代铜镜及其相关文化，在日本所发生的巨大影响的一种曲折反映。从这些神话故事中我们可以看出，中国古代铜镜及其相关文化对日本的影响深远到了何等程度。可以说它业已内化为日本古代文化的一部分，成为了日本古代文化中最具特征的一部分[12]。

三、作为"神器"的铜镜

讨论中国古代铜镜与铜镜文化对日本的影响，不能不论及"三种神器"。因为"三种神器"的说法，不仅与古代日本皇权正统性关系密切，而且作为神道思想的核心组成部分，在日本有着广泛的影响。

以剑、镜、玉"三种神器"的观念，准确地说，应是平安时代将天皇的即位仪式与天孙降临神话结合后产生并得以体系化的。公元8世纪成书的《日本书纪》记载的日本神话中，火琼琼杵降临之前，天照大神把八尺镜、草刈剑、八坂琼曲玉三种宝物赐给了他。但说天照大神命天孙奉此神器，君临万姓，建立皇统，治理人间，则已经是后来的引申义。在《日本书纪》有关皇位继承的记载中，确实可以看到有关以神器作为皇权象征的文字。如继体天皇继位时，大伴金村大连跪上剑镜玺符；宣化天皇继位时，群臣"上剑镜"等；有关以剑镜为象征天皇神圣权力之神器的记载，还可见于持统天皇四年正月条。但正如我们看到的，早期提到神器有时是"剑镜玺符"，有时是"剑镜"。不仅神器为何物并不十分明确，而且数字也并非确定为三。虽有关神器的说法不同，但和玉、玺、符、剑相关的每种说法里，都一定有铜镜在其中，铜镜在神器中占有的核心地位可见一斑。

前面讲到在日本神道中，伊势神宫以八尺镜为"御神体"，伴随神道学的发展，很自然地会对铜镜的象征意义多有阐释和挖掘。早在伊势神道早期经典《先代旧事本纪》中，已经有了称八坂琼勾玉、八尺镜、草刈剑这三件宝器为"神玺"的说法。而围绕这"三种神器"的文化含义，在后代出现了多种解释。而把三种神器明确地确定为剑镜玉的，是《神皇正统记》的作者、活跃于日本南北朝时期的北龟亲房（1293—1354年）。他同时还为这三种神器分别赋予了"正直""决断""慈悲"等象征意义，并认为这和儒家的智仁勇三德一样，是象征天皇的三种品德。

围绕"三种神器"中的"镜"，北龟亲房做了很多讨论。他引用《御镇座传记》《倭姬命世纪》等资料，阐释天照大神的"正直之心"：镜不假一物，以无私心而照诸万象，则是非善恶之姿无不现。镜之德在于感应到什么就映射出什么，这乃是以"正直"为根本，天照大神之"御心"就是正直之心。人为天下之神物，不可破其心神。是以必先祈祷于神，要以正直为本。一如书名《神皇正统记》所示，北龟亲房的问题意识的核心是"正统"何在。在他看来，正统不是物质上的，而是精神的，是"正理"。而"正理"来自于以"镜"为象征的天照大神的"御计"，它外化为正道、有德、积善、德政等。他认为日本国者，神国也。其统治者为天照大神之子孙。而作为天照大神的子孙，他们就应当遵守天照大神之"御计"，而行"正道"。所谓"正道"者，"舍己之所欲，先以利人。如对明镜以照物，明明而不迷，斯诚可谓为正道也"[13]。他还认为，这一正道就是《大学》中的"明明德"，因而与中国的儒家思想也是相通的："此道乃为昔之贤王如唐尧、虞舜、夏初大禹、殷初商汤、周始之文王、武王、周公治国济民之道。以之可正心修身齐家治国平天下者。及于末代人失其正，其道受祖而为儒家者也。"[14] 在"三种神器"中，镜为根本为宗庙正体。镜形尚明，心性明朗，则慈悲（玉）决断（剑）自在其中。北龟亲房立志通过《神皇正统记》"一叙神代之正理"。撰作这本著作时他正困守常陆的小田城。1339年他把《神皇正统记》和同期先后撰作的《二十一社记》《职原钞》等同时献给远在关西的刚刚继承南朝皇位的后村上天皇，不外是希望这位继任的天皇能拥有"正直""决断""慈悲"这三种德行。

《神皇正统记》对后世影响很大。15世纪初一条兼良撰写的《日本书纪纂疏》，在北龟亲房的思想基础上又有推进。从思想上看，北龟亲房在阐释日本神道时已有广泛吸收了儒家与佛教思想的倾向。到一条兼良时这种倾向已经被进一步体系化："天孙以三器随吾身，而降于下土者，显而王法，隐而佛法，使一切群生，普悟有此秘而已。""三种神器者，神书之肝心，王法之枢机也。何谓王法，盖儒佛二教，一致之道理，除此之外，岂有异道哉。一致之理，亦在于一心。心外无法，法外无心。心即是神，法即是道。一而三，三而一，故三器则一心之标识也。""又三器，儒佛二教之宗诠也。孔丘之言曰：仁者不忧，智者不惑，勇者不惧。子思《中庸》之书，谓之三达德。圣人之道虽大，而博究而言之，不过此三者。镜照妍蚩，则智之用也；玉含温润，则仁之德也；剑能刚利，则勇之义也。佛教谓三因佛性者，法身也，般若也，解脱也。法身，即真如德；正因性开发报身，即般若德；了因性开发应身，即解脱德。缘因性开发，如此三身，发得本有之德。镜之能照，般若也；玉之能洁，法身也；剑之能断，解脱也。儒宗三德；本于天性；佛教三因，具于本有。统而言之，不离一心。一心者，众生之心。"

在三种神器中，排列次序是"玉一镜二剑三"。这三种神器象征着日月星三光："三种在天下，犹三光丽天，镜日，玉月，剑星也。鉴之圆规，则日之象，其照物亦然。故名曰日像矣。珠生于水，月亦阴精，玉名夜光，月亦照夜，明月之珠，夜光之璧，同是玉也。剑者星也。星者，金之散气，丰城之光，射斗牛间。神剑所在，常有云气，剑星同气，可见矣。故以有三光而为天，以传三器而为天子。"[15] 而三种神器中，地位最高者就是宝镜。"三器之为物，虽无优劣，原夫出生次第，镜在第二时。又挂真坂木之中枝。神明以中道为宗故也。又镜为日，而星月皆资其光于太阳。故举镜则剑玉在其中矣。"类似的对于镜的神性认识在日本吉田神道体系里也可以看到。吉田神道祖师吉田兼具就讲过："镜者日之象也，玉者月之象也，剑者星之精也。三种宝者象于三光也。月与星之光，由日而起，举一镜具二宝也……宝镜之外无日神，日神之外无宝镜也。"[16]

新渡户稻造《武士道》曾经讲到参拜神社的人谁都可以看到，那里供礼拜的对象和道具很少，一面挂在内堂的素镜构成其设备的主要部分。在他看来这面镜子的存在表示的是人心。当人心完全平静而且澄澈的时候，就反映出神的崇高形象。因此，如果人站在神前礼拜的时候，就可以在发光的镜面上看到自己的映像。《武士道》是为了让外国人了解日本撰写的。直到今天，它仍然是很多中国人了解日本的重要典籍。然而人们阅读这段文字的时候，大概很少有人会想到两千多年前曾有中国铜镜传入日本，更不会想到在这段文字背后，隐含着与中国古代铜镜文化如此深厚的文化渊源。

四、结语

综上所述，我们从历史记载、考古发掘、神话传说与文化精神等几个层面，对中国古代的铜镜及铜镜文化传入日本所产生的巨大影响做了一次综合性回顾。总结这一影响过程，我们可以看到：

第一，中国古代铜镜和铜镜文化传入日本并产生的巨大影响，始于公元纪年前后。这正是相当于中国两汉之际的日本弥生时代。弥生本是指日本东京文京区本乡弥生町，在这里的贝冢中，第一次出土了和绳纹时代形制和风格完全不同的新型陶器。这种陶器后来被统称为弥生陶器。这个时代的文化，也被称为"弥生文化"。而在日本语中，万物萌芽的三月又称为"弥生月"。弥生时代，是古代日本国家走向成立的关键时期，是日本文化开始萌动的最为重要的时期。而在中国，这一时期也正是铜镜艺术创作水平和铜镜文化发展进入最高峰的时代。正值发展高峰期的汉代铜镜与铜镜文化以其所拥有的无比鲜活之生命力传入刚刚开始文化萌动的弥生日本，这无疑是一场历史性的相遇。我们今天生活之世界所具有繁复的思想，最初都起源于一个个简单的原点。而对于任何民族文化思想启动的原点产生的初始影响，它所拥有的意义都极为巨大。因为最初哪怕很小的变化，延展千百年后也会变得非常巨大。从最初的以镜埋葬逝者，到以镜祭祀神灵的仪式，到形成宝镜的神话并从中演绎出深刻的思想，中国古代铜镜与铜镜文化在弥生日本，一如一场美丽的春雨，对于整个日本文化的发生、发展都产生了重要的影响。"好雨知时节，当春乃发生"，中国古代铜镜和铜镜文化对弥生日本文化发展，有着极为重要的滋润之功。

第二，中国古代铜镜和铜镜文化传入日本，是发生在日本进入以中国为核心之东亚朝贡体系这一大的历史背景之下。正因如此，这一影响过程不仅仅是物的流动，而且是及于宗教性与政治性等多种深层面的文化影响。分析日本早期创世神话，我们可以清楚地看到，铜镜在日本神道世界里所拥有的无比崇高的特殊地位，甚至可以说远远高于铜镜在中国所拥有的地位。我们认为，记载于《古事记》《日本书纪》中有关铜镜的日本神话，是中国古代铜镜及其相关文化在日本历史上发生巨大影响的一种曲折反映。从这些神话故事中我们可以看出，中国古代铜镜及铜镜文化怎样进入了日本历史发展的核心层面。

第三，这里特别需要指出的是，铜镜以其特殊的"形与意"进入日本古代以日神信仰为中心的神道思想体系中，并产生了极其深远的影响。经过长时间的吸收与消化，中国古代铜镜及铜镜文化最终内化为日本古代文化的一部分，成为了日本古代文化中最有特征的组成部分。可以说，历史上中国古代铜镜和铜镜文化这一影响，最终成为了后来日本文化发展的底色。《论语》云"绘事后素"，后来的日本民族思想与文化都是在这一底色上展开的。由此我们完全可以毫不夸张地得出这样的结论——离开铜镜就不足以完整地诠释日本文化的发展过程。而鉴于直到今天神道仍是日本人信仰最多的宗教，在这一意义上说，我们完全可以说，今天日本人的精神世界，依旧与中国古代铜镜及铜镜文化有着不可分割的内在联系。

注 释

[1] 王凯：《铜镜与日本原始政权》，《日本学刊》2010年第1期，第59页。
[2] 参见森浩一：《日本神话的考古学》，东京：朝日新闻社，1997年。
[3] 参见菅谷文则：《日本人与镜》，东京：日本同朋舍，1991年，第173—175页。
[4] 参见上田正昭：《倭国的世界》（讲谈社现代新书，1976年）与《古代道教与朝鲜文化》（人文书院，1989年）。
[5] 参见河上邦彦：《从石制腕饰品和铜镜的配置看其咒术意义》，上田正昭主编：《古代日本与渡来文化》，日本学生社，1997年，第351—359页。
[6] 参见稻田智宏：《三种神器》，学研新书，2007年，第15—20页。
[7] 《日本书纪》第七段第二，一书云。
[8] 森浩一：《日本神话的考古学》，北京：朝日新闻社，1997年。
[9] 《日本书纪》卷一第五段一书第一。
[10] 《日本书纪》第七段第二。
[11] 有关日本神话中的"天石窟传说"与冬至之间关系的研究，可参见松村武雄《日本神话的研究》（东京：樱枫社，1960年），松本信广《日本神话研究》（东京：平凡社，1971年），土桥宽《古代歌谣的仪礼研究》（东京：岩波书店，1966年），松前健《日本神话

新研究》（东京：樱枫社，1966年），鸟越宪三郎《大尝祭——使用新资料讲述密仪之全貌》（东京：角川书店，1990年）。

[12] 需要补充说明的是，铜镜带给日本文化的影响不仅仅限于上述神话故事。《续日本后纪》天长十年十一月戊辰条记载："戊辰，御丰乐院。终日宴乐。悠纪主基共立标。其标，悠纪则庆山之上栽梧桐，两凤集其上。从其树中起五色云。云上悬悠纪近江四字。其上有日像，日上有半月像。其山前有天老及麟像。其后有连理吴竹。主基则庆山之上栽恒春树。树上泛五色卿云。云上有霞，霞中挂主基备中四字。且其山上有西王母献益地图。及偷王母仙桃童子。且其山上有西王母献益地图。及偷王母仙桃童子、鸾凤麒等像。"又《延喜式》卷八神祇八记载六月袚除的祝词云："东文忌寸部献横刀时咒（西文部准此）谨请。皇天上帝。三极大君。日月星辰。八方诸神。司命司籍。左东王父。右西王母。五方五帝。四时四气。捧以银人。请除祸灾。捧以金刀。请延帝祚。咒曰。东至扶桑。西至虞渊。南至炎光。北至弱水。千城百国。精冶万岁。万岁万岁。"前者所写的是公元833年日本古代举行大尝祭时的一个画面。大尝祭是与天皇神格获得和维持关系最为直接的重要仪式，是我们深入了解日本文化很重要的关节点，具有非常重要的研究意义。后一段文字中东文忌寸部与西文忌寸部均为古代移民日本的汉人之后代，这段咒文则是日本古代神道袚除仪式的咒词。这两段史料中都出现了西王母、东王公（天老），是非常值得我们加以重视和分析的。西王母是汉代道教中地位极高的大神，也是在汉代铜镜上经常出现的大神。在大尝祭中，悠纪之国在东，主基之国在西。大尝祭中天皇的祭祀过程暗含的正是从东而西太阳的移动。在这一记载中悠纪山前的天老是作为阳与东的象征，而主基山上的西王母则是作为西的象征。由东王公（天老）和西王母组合成的东西对蹠关系。这非常容易让我们想到由东王公与西王母共同组合成的汉代铜镜中的宇宙与世界。西王母、东王公（天老）毫无疑问是从中国传入日本的。熟悉汉代铜镜纹饰的读者，一定也非常熟悉这个由西王母、东王公（天老）结构而成的世界。以往的通说认为，上古日本人不通文字，对于铜镜上的图案和纹饰也缺乏正确的理解认识。所以这一由西王母、东王公（天老）结构而成的世界是隋唐以后传到日本的。但这种看法今天正被重新思考是否成立。因为历史上曾经有大量的大陆移民渡海来到日本，他们中间一定有认识汉字并有能力解读汉镜背后的纹饰。如果这样的推论成立的话，对于这两条史料的史源学解释无疑就有新的可能性。

[13] 北龟亲房：《神皇正统记》应神天皇条。
[14] 北龟亲房：《神皇正统记》绥靖天皇条。
[15] 日本天理图书馆善本丛书《日本书纪纂疏·日本书纪钞》，第124—125页。
[16] 续群书类从完成会：《日本书纪神代卷钞》，第220页。

第2章 证 史 篇

2.1 从镜铭"天下久长"等看西汉百姓期盼的长治久安 /143

2.2 从镜铭看汉代选官制度 /148

2.3 新莽镜"单于举土"铭研究 /157

2.4 新莽镜"井田平贫"铭研究 /165

2.5 西汉日光镜铭文释考与研讨 /172

2.6 西汉昭明镜铭文释考与研讨 /182

2.7 西汉清白镜铭文释考与研讨 /186

2.1 从镜铭"天下久长"等看西汉百姓期盼的长治久安

■ 王纲怀　张炳生

西汉镜铭是反映西汉社会现实生活的重要载体。以铭文首句"见日之光"而得名的"日光镜"成为西汉铭文镜存世量最大的一个品种。其次句及次句以下的的类型有数十个之多。按句式分，有二句，三句，四句，五句，六句等；按主纹分，有蟠螭，四乳，花瓣，草叶，圈带等；按内容分，有相思说，情爱说，长寿说，祈祥说，广告说等。在这类镜中，我们找到两面镜例，其铭分别为"见日之光，天下久长"、（图1，即本书下册图66）"见日之光，天下大昌"（图2，即本书下册图67）。将它们归入上述哪种内容的题材似乎都不妥当，只能作为"日光镜"的领衔类看待。此两例镜铭浅白如话，毋庸多加解释，所反映的就是百姓期盼长治久安的迫切心情。与其他同类诸多日光镜铭文相比，它们的视野更宽，格局更高。

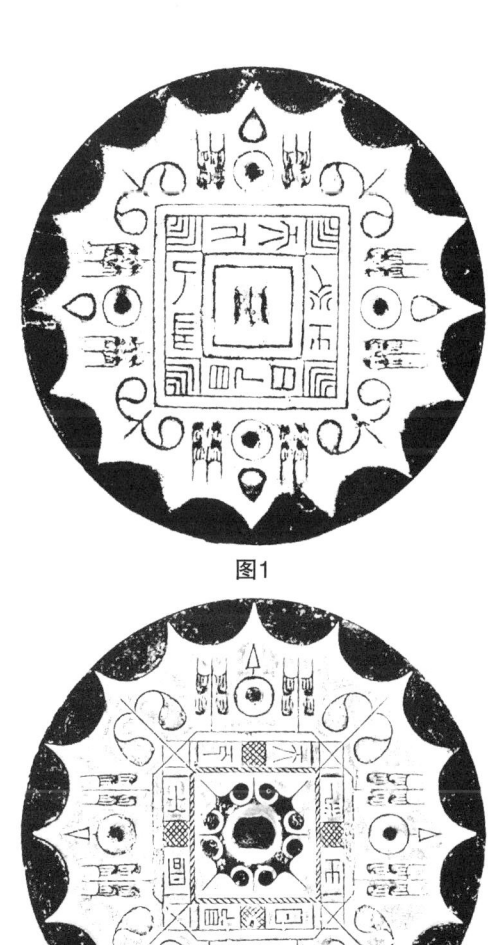

图1

图2

此两镜之草叶纹皆为双叠草叶，属图案比较经典的器物，其问世年代应与河北满城中山靖王刘胜墓出土之镜相近，刘胜的入葬时间为元鼎三年（前114年）。再以考古资料为依据的《长安汉镜》一书作比对，可知与书中墓葬年代在西汉中期的图11-5最是接近。由此，图1与图2两镜的问世年代在西汉中期（主要是武帝中期）应确切无疑。

为什么在这一时期会出现此类铭文镜？它有着怎样的社会文化背景？

公元前221年，秦建立了中国历史上第一个统一的封建国家，"车同轨，书同文，行同伦"，俨然有千秋帝国的气象。但横征暴敛、酷刑苛政，二世而亡。多年战乱之后，刘邦于公元前206年建立起汉帝国。

一个百废待兴的王朝，面对着成堆的难题：

人口锐减，财物耗竭，民生凋敝。秦末大战七十，小战四十，"拨乱诛暴，平定海内，卒践帝祚，成于汉家。五年之间，号令三嬗。自生民以来，未始有受命若斯之亟也"（《史记·秦楚之际月表》）；"大城名都散亡，户口可得数十二三"（《史记·高祖功臣侯者年表》）；"自天子不能具醇驷，而将相或乘牛车"（《汉书·食货志》）。

政权不稳，内忧外患，危机四伏。高祖五年（前202年），燕王臧荼反；七年，韩王信降匈奴，攻太原；十年，陈豨与王黄、曼丘臣反，自立为代王，叛乱波及华北全境；十一年三月，梁王彭越反，同年七月，淮南王英布反；十二年，又有燕王卢绾反。北方匈奴的强大武装，接近中原汉政权的中心。在刘邦率军平息韩王信的叛乱时，被匈奴冒顿单于四十万精骑围于白登，狼狈不堪，七日之后才得以解围。

意识形态混沌，皇位合法性不确。刘邦既非帝王苗裔，亦非天命玄鸟，母体附龙，乃穿凿附会；手下功臣大将，大多出身卑微，或刀笔小吏，或无业游民，或小商小贩，或屠夫盗贼。司马迁为此曾替刘氏政权的合法性振臂疾呼："然王迹之兴，起于闾巷……安在无土不王？此乃传之所谓大圣乎？岂非天哉，岂非天哉！非大圣孰能当此受命而帝者乎？"（《史记·秦楚之际月表》）

"大风起兮云飞扬，威加海内兮归故乡，安得猛士兮守四方！"当汉高祖高唱《大风歌》之时，我们既能感触到这位开国帝王的踌躇满志，也能体味到他的忡忡忧心。旧王朝短寿夭折的幽灵在未央宫中久久徘徊，新王朝长治久安的梦想在长乐宫里绵绵萦绕。

政权的稳固基石安在？什么又是国家长治久安的根本？不管流氓无赖出身的刘邦多么讨厌儒学儒生，但《论语》所载："子贡问政。子曰：足食，足兵，民信之矣。"并非治世的迂阔之论。——有足够的粮食养活人民；有足够的兵力保卫社稷，政府在民众中还要享有深厚的信誉，有强大的凝聚力，如何落实这些经世准则、治国方略，需要汉代统治者给出明确的答案。

其实，对这一问题洞若观火者，是他的继任者汉文帝的一位得力大臣贾谊。文帝前元七年（前173年），贾谊向文帝上奏《治安策》。在这篇被后人称之为"西汉第一雄文"的奏折中，贾谊以政治家特有的敏锐感和为国为民的责任感，清醒地看到太平景象之下潜伏的种种隐患与深刻危机，第一次发出"建久安之势，成长治之业"的呐喊。他直面时代的挑战，一痛哭、二流涕、六叹息，痛陈藩国尾大不掉、汉匈关系、民本、太子教育及礼治等九大问题的利害，几乎涵盖了中国封建社会治国安邦的所有军国大计，明白无误地告诫文帝，必须居安思危，对以上问题切实加以重视和解决。

然而，鉴于国情的文景之治，以"黄老之术，清静无为"为基策，"韬光养晦"为主旨，并未将贾谊的意见完全实施。经过四十年的统一和治理，虽然政治上比较稳定，经济也不断得到恢复和发展，但就总体而言，汉朝仍然是国策未明，内忧未除，外患未消。距立国已六十余年，帝国依旧在探索长治久安的道路上踟蹰徘徊。

公元前141年，景帝第十子、文帝之孙、高祖曾孙刘彻继位，时代的重任历史性地落到了这位16岁年轻人（也就是54年以后谥号孝武皇帝）的肩上。建元六年（前135年），其祖母窦太后病逝，22岁的刘彻经过六年的韬光养晦，开始了真正意义上的大权在握。在政治上和经济上进一步强化中央集权已成为这位王朝新统治者的迫切需要，将父辈祖辈的夙愿化为现实提上议事日程，将一代名臣贾谊的治国韬略付诸实施的条件业已成熟，他要在这一方政治舞台上大显身手，大展宏图了。

元光元年（前134年），汉武帝召集各地贤良方正、文学之士到长安，亲自策问。儒家代表人物董仲舒献《天人三策》：天人感应，实现大一统就要尊君，君权神授，代天牧民；文德与刑名兼治天下；罢黜百家，独尊儒术，"诸不在六艺之科，孔子之术者，皆绝其道，勿使并进。"——刘家君临天下顺理成章；政治大一统理所当然；内法外儒，对百姓示柔，以酷刑制官，实为良策。这种经过改造的新儒正中刘彻下怀，董氏奏折大受武帝赏识。自此始，儒家确立了其在国家中的正统与主导地位，成为整个宗法制国家的基础，也从此确定了中国大一统的政治格局。

选官制度改革，他采纳董仲舒对策中的建议，于元光元年十一月下诏令郡国每年举孝者、廉吏各一人，以此为定制。察举制完成了由"功臣政治"向"贤臣政治"或"能臣政治"的转变。察举各科的设置，体现选贤任能的原则，选拔出不少济世之材，班固就曾惊叹地说："汉之得人，于此为盛！"同时极大地促进了讲习儒经风气的形成和教育的发展。

元朔二年（前127年），他采纳主父偃的建议，颁布"推恩令"，规定诸侯王除以嫡长子继承王位外，可以推恩将自己封地分给子弟，由皇帝制定封号。使诸侯王多分封子弟为侯，使王国封地被分割，以进一步削弱诸侯王国势力；同时建立中朝削弱相权，设立刺史，监察地方，巩固了皇权的神圣地位。

元朔五年（前124年），在他的力主下在长安设立太学。太学之中由博士任教授，初设五经博士专门讲授儒家经典《诗》《书》《礼》《易》《春秋》。还下令天下郡国设立学校官，初步建立起地方教育系统。太学和郡国学主要是培养封建官僚，但是在传播文化方面，也起了重要作用。

与政治改革相适应，汉武帝调整了经济政策，一方面坚持"以农为本"的既定国策，一方面又加强对国家经济的宏观调节和控制，发展国有工商矿业，以繁荣经济。

元狩四年（前119年），他根据御史大夫张汤和侍中桑弘羊的建议，颁布了算缗令和告缗令，征收商人资产税，大力打击奸商；元鼎四年（前113年），为了彻底整顿货币，采纳了桑弘羊的意见，取消郡国铸钱的权利，废除过去铸的一切钱币，而以五铢钱为全国唯一通行的货币。此后又采取桑弘羊建议，将冶铁、煮盐收归官营；设置平准官、均输官，由官府经营运输和贸易，大大增强了国家经济实力。同时从以下几个方面对农业的繁荣发展做出了战略调整：大力推广先进的生产工具和生产耕作方式、技术；兴修水利，大力发展灌溉事业；设置田官，移民屯垦，发展屯田制度；抑制豪强，遏制土地兼并。经过上述一系列措施的应用，汉代的农业在汉武帝时代达到了鼎盛阶段。

为了保障边民的生产生活和国家安全，汉武帝于元光六年（前129年）开始了反击匈奴的战争。

元朔二年（前127年），汉军收复了部分黄河以南地界，抽掉了匈奴进犯中原的跳板，解除了其对长安的威胁,并为汉军建立了一个战略进攻的基地。元狩二年(前121年),大将军霍去病从陇西(今甘肃临洮)进击,越过焉支山(今甘肃胭脂山)500公里,打了一个漂亮的大胜仗。同年,霍去病再从陇西进击,越过居延海(今内蒙古额济纳旗),深入1000余公里,使浑邪王投降。之后,匈奴单于虽率部远徙漠北,仍不断攻掠汉朝北部边郡。元狩四年(前119年)春,汉武帝遣大将军卫青、骠骑将军霍去病各率五万骑兵分两路深入漠北,彻底歼灭了匈奴主力,严重地削弱了匈奴的势力,使其从此无力大举南下,形成了"是后匈奴远遁,而漠南无王庭"的大好局面。至此,汉武帝从根本上摧毁了匈奴赖以发动骚扰战争的军事实力,使匈奴再也无力对汉王朝构成实际的军事威胁。

元朔三年(前126年)张骞出使西域归来。历时十三年艰苦卓绝的跋涉,促进了汉夷之间的第一次文化交流。元狩四年(前119年)张骞二使西域。从新疆连接中亚细亚的一条横贯东西的通道,再次畅通无阻。这条后世闻名的"丝绸之路"把汉朝同中亚许多国家联系起来,促进了它们之间的政治,经济和军事,文化的交流,促进了人类文明的发展。

经过对东北方和南方用兵,中央政府直辖的郡县东北至朝鲜半岛(有真番、临屯、乐浪、玄菟四郡),西南至黔、滇,南方至越南北部(有交趾、九真、日南三郡)。西北在河西走廊打通以后,将西域也正式划入汉朝的版图。汉朝的疆界以秦土为基础,向四方展拓了近一倍。

汉朝建国以来,经过近一个世纪的寻觅、徘徊、奋斗,进入了中国封建时代的第一个鼎盛时期:边疆安定,四邻睦好,内政已修,民富国强。此时,大概刘彻觉得才有资格和时间行报天告地之大礼,遂于元封元年(前110年)三月启程东巡,先到嵩山祭中岳,而后兴致勃勃地东往泰山,立石于泰之巅,又转往海边巡游。四月,返至泰山行封祀礼,建九尺坛,埋玉牒书,植松柏树,立无字碑,以显示其"受命于天""功德贯世"。当封禅结束后,汉武帝在泰山脚下明堂接受群臣朝贺,志满意得之时,必定在默默告慰刘姓列祖列宗,同时必定在深深感念前朝重臣贾谊。——敕命修缮长沙贾谊故居,提拔贾谊两个孙子为郡守,便是这种感念结出的果实。

此时的汉帝国建立了一个国家前所未有的尊严,也给了一个族群挺立千秋的自信,这个国号又成了一个伟大民族永远的名字。对于这个疆域辽阔、军威远播、经济繁荣、社会稳定、人民有耻有格的帝国盛世,后人自然毫不吝啬地送上赞美和称颂:

汉武帝身后半个世纪的元帝时,黄门令史游所作的一本学童识字书《急就篇》赞曰:"汉地广大,无不容盛。万方来朝,臣妾使令。边境无事,中国安宁。百姓承德,阴阳和平,风雨时节,莫不滋荣。灾蝗不起,五谷孰成。贤圣并进,博士先生。长乐无极老复丁。"这实在是"天下久长""天下大昌"通俗而形象的注脚。

在汉武帝辞世220年后成书的《汉书》中,班固在《武帝纪赞》中颂道:"孝武初立,卓然罢黜百家,表章《六经》,遂畴咨海内,举其俊茂,与之立功。兴太学,修郊祀,改正朔,定历数,协音律,作诗乐,建封禅,礼百神,绍周后,号令文章,焕焉可述,后嗣得遵洪业而有三代之风。如武帝之雄才大略,不改文景之恭俭以济斯民,虽《诗》《书》所称何有加焉!"

"见日之光、天下久长","见日之光、天下大昌"镜铭,正是西汉中期人们期盼社会安定、经济繁荣、国防巩固、生活幸福的心理反映，亦是对汉武帝继承大业、推进盛世的肯定和称颂，这应是情理中事。"镜铭证史"可谓确也！

作为一个全然由华夏文明自身孕育出来的伟大王朝，"雄汉"在最深的层面影响了此后中国两千年封建社会的历史。

汉王朝在历代统一王朝中是享有最长的国祚。历史上每当群雄割据、军阀混战的时候，它总是一个具有强号召力的旗号。从公元221年刘备建"蜀汉"，到公元1360年陈友谅建"大汉"，其间1100年，共有八个政权以"汉"为国号，其中既有汉人也有胡人。这岂不是对汉朝最直接的追思和最深情的眷顾？

一种汉朝情结在后世生成延续，唐人尤甚。唐太宗对汉朝历史表现出异乎寻常的关注，具有深厚文学素养的他，常常"览前贤""寻既往"，心有所悟，将自己对汉朝人事的评价借助诗歌的形式表达出来，从而在客观上成为唐代诗人汉朝情结形成的诱因。"奉天竭诚敬，临民思惠养；纳善察忠谏，明科慎刑赏。"诗言志，从《帝京篇》诗句中，我们是不是明白无误地读出了一位伟大帝王对另一位伟大帝王的惺惺相惜？一个强大帝国对另一个强大帝国的心慕手追？

的确，为了国泰民安，为了长治久安，中国封建社会历代明君贤相，志士仁人都曾从盛汉汲取了治理国家、安定社会、发展经济和文化的丰富思想营养：

——儒家思想作为维系封建社会的统治思想，从唐宋到明清，历代皆奉若定海神针，从董仲舒、朱熹到王阳明，丰富发展。它像一根红线，贯穿着华夏民族两千余年的思想史，政治史、文化史，成为中国封建社会始终不可违抗的主流意识形态。

——武帝后的中国封建社会，虽然天下大势分久必合、合久必分，但是天下"定于一"的"大一统"却始终是历史发展的主旋律，"国家统一"始终是常态，是不可逆的大趋势，是中华各民族共同的政治理想和道德观、价值观。

——汉朝劝农桑、重粮食、盐铁官营等根本经济思想和重大经济政策，得到后世充分的肯定和借鉴。它们在不同历史时期，都成为制定经济政策的参照和蓝本，展现其持久的生命力。

——汉朝对于匈奴和其他周边游牧民族采取的和亲、征伐、迁居、编籍、同化政策，亦被视为行之有效的安边手段，为后世各朝不断效法和复制。唐代大诗人王昌龄《出塞》："秦时明月汉时关，万里长征人未还。但使龙城飞将在，不教胡马度阴山。"这首著名的边塞诗，代表了汉代以后华夏民族对那段历史的回顾与赞美。

再从西汉以后存世的新莽铭与东汉镜铭来看。新莽前后有："中国大宁，子孙益昌。""中国大宁宜子孙"，"中国安宁兵不打扰"，"胡虏殄灭天下复"，"单于举士列侯王"等内容。东汉时期有："单于来臣至汉强"，"羌胡尽退四夷服"（《后汉书》"灵帝建宁三年，烧当羌奉使贡献。"）"黄贼破尽海众昌"（中平元年破黄巾军，中平二年纪年铭）等内容。这些镜铭都反映着汉代百姓期盼长治久安的迫切心情。

镜铭"见日之光，天下久长""见日之光，天下大昌"简短的16个字所包含的深刻含义，在它面世以后两千多年的历史中，始终释放着自己的正能量。

2.2 从镜铭看汉代选官制度

■ 孙克让

一、背景

1. 镜铭

这个题目让人似乎有些不解，然而镜铭中确实存在着汉代选官的内容，最直截了当的当属东汉时一面半圆方枚的神人神兽镜，其铭文直指汉代选官制度："郡举孝廉州博士，少不努力老大悔。"此镜刊于清代冯云鹏、冯云鹓合撰的《金石索》一书中。其全铭："许氏作镜自有纪，青龙白虎居左右。圣人周公鲁孔子，作吏高迁车生耳，郡举孝廉州博士，少不努力老大悔。吉。"此铭亦刊于王士伦著《浙江出土铜镜》之《历代镜铭选录》中之91条。迄今所知，江苏宜兴市文管会又有新的资料出现。

"郡举孝廉"是汉代一种选官制度与科目之一，同"贤良方正"一样，郡国之内应按时、按质举荐。孝廉是以孝与廉作为选官的基础条件，一般先从郎官做起。"州博士"一般指州县内推举有学问的人，能通古今之史。汉代的博士一般为老师，从中央太学到郡学、县学、乡学和私学皆有博士，特别是在武帝时有五经博士，以充太学师资。

汉代镜铭还有较多与考官、举官内容相一致的铭文，需要认真查询。本文先从汉代重视孝道说起。王超《中国历代官制与文化》载："到了汉代，封建统治者为了加强对臣民的德治教化，提出了'三教先忠'的道德观。所谓'三教'，《白虎通》说夏、商、周三代施行德教的特点各有不同侧重点，夏朝'尚忠'，商朝'尚敬'，周朝'尚文'。'三者如顺连环，周而复始，穷者反本'。秦朝尚法非儒，二世而亡。西汉以孝治国，国势隆盛。"到了东汉强调"忠"，实际上忠孝一体，不同时期各有侧重。

"西汉以孝治国，国势隆盛"，"孝"，首先体现在皇帝身上，开国皇帝刘邦登上大位依然孝敬他的父亲。《史记·高祖本纪》载："六年，高祖五日一朝太公，如家人父子礼。太公家令说太公曰：'天无二日，土无二王。今高祖虽子，人主也；太公虽父，人臣也。奈何令人主拜臣！如此，则威重不行。'"后来，汉高祖乃尊太公为太上皇，以表示进一步的孝敬。此外，在汉代地方官中，郡、县、乡都设有"三老"，汉高祖二年（前201年）诏曰："举民年五十以上，有修行，能帅众为善，置以为三老，乡一人。"汉孝惠帝四年（前192年）"春正月，举民孝弟（悌）力田者，复其身"。汉文帝十二年（前169年）诏曰："三老，众民之师。"汉武帝元狩六年（前117年）派员巡天下，"谕三老孝弟以为民师"[1]。三老为高祖时设立，"孝弟力田"始于惠帝，是奖励具有孝悌德行和善于耕田之人，到了汉

2.2 从镜铭看汉代选官制度

文帝时"孝弟力田"与"三老"同为掌管教化之乡官,成为基层官员。

俗语说"百善孝为先",什么是孝呢?《新书·道术》:"子爱利亲谓之孝。"毛传:"善父母为孝,善事兄弟为友。"《论语·学而》:"其为人也孝弟。"朱熹注:"善事父母为孝,善事兄弟为弟。"汉代很重视孝道,以《孝经》为儒家七经之首,如《诗·大序》中云:"先王以是经夫妇,成孝敬,厚人伦,美教化,移风俗。"我们从西汉皇帝称谓上可以看出,西汉皇帝除汉高祖刘邦以外,每位皇帝谥号前均加以一个"孝"字。如孝惠皇帝、孝文皇帝、孝景皇帝、孝武皇帝、孝昭皇帝、孝宣皇帝、孝元皇帝、孝成皇帝、孝哀皇帝和孝平皇帝。足见西汉以孝治国。

在汉镜中体现孝道的镜铭很多,较早的有《清华铭文镜·镜铭辑录》43条(本书下册图64):"有君子之方,视父如帝,视母如王,爱其弟,敬其兄。忠信以为商(常)。"(图1)直径13.5厘米,重413克。属于西汉早期花瓣纹铭文镜。"视父如帝,视母如王"是将孝顺父母之情感达到了极致,是最典型的善事父母。"爱其弟,敬其兄"是标准的孝悌。"忠信以为商(常)"是"君子之方"。西汉尚"孝",东汉尚"忠",忠孝相连,虽然有时忠孝不能两全,但是从总体上看往往还是相一致的。在封建社会忠君就是忠臣。《论语·八佾》曰:"君使臣以礼,臣事君以忠。"在古代君国一体,忠君与爱国可以等同。所以为官为人必以董仲舒提出三纲思想为准:"君为臣纲,父为子纲,夫为妻纲。"因此,这条镜铭正是西汉倡导孝的体现,也是选官的最基本的条件。

还有一件西汉中期的草叶铭文镜(本书下册图90),直径18.2厘米,重529克。其铭文为"必忠必信,久而必亲;不信不忠,久而自穷"(图2)。做人对君王、父母、亲戚、朋友等要必忠必信,久了会更加亲切和谐;若不忠不信,必然离心离德,亲朋远离,孤立无援,久之必走向穷途末路。这也是一种孝悌的规劝。

在东汉有一面铜镜铭文直接以"孝为右"这样响亮的座右铭(《清华铭文镜》图62),直径16.3厘米,重728克。其铭为"黍言之纪孝为右,古有便父又利母。鲜人王侨赤诵(松)

图1

图2

图3　　　　　　　　　　　　　　图3A

子，乘露越江海，徘徊名山"（图3）。"孝"通常理解为孝顺，在社会上对君王、上级、朋友之长者或老师要孝顺；居家要对长辈孝顺，对平辈要友善。《左传·隐公三年》："君义、臣行、父慈、子孝、兄爱、弟敬、所谓六顺也。"贾谊《新书·道术》："子爱利亲谓之孝，反孝为孽。"可见汉代是如何重视孝道。

西汉时还有孝道方面的镜铭如"何以为信，祝父母耳""二亲有疾身常在，时时。"都以孝为主题。另外从西汉末经王莽时期到东汉有大量有关孝敬父母的铭文，据不完全统计有镜铭30～40条，这里就不一一列举了，只是将其中不重复的词句排列于下：

（1）"长保二亲乐富昌……"

（2）"二亲具夫妻相保……"

（3）"长保二亲如侯王……"

（4）"长保二亲子孙力……"

（5）"长保二亲利弟兄……"

（6）"长保二亲受大福……"

（7）"长保二亲得天力……"

（8）"长保二亲有大福……"

（9）"常葆父母利弟兄……"

（10）"长保二亲乐毋已……"

以上这些铭文与汉代（特别是西汉）倡导孝道的政治主张完全合拍，充分体现出"百善之首孝为先"的思想。正如历史学家所总结的，西汉以孝治国，以孝廉为举荐官员的基本条件，建立了从上到下一系列孝廉的官员队伍，最后达到西汉的国势隆盛。虽然西汉末与东汉中后期出现过衰势，但两汉四百余年之总趋势还是好的。

2. 教育制度

春秋战国时，各国为扩大自己的势力，积极争取人才，大力培育人才，多有官办教育。同时，像孔子等名人亦创办私学，打破了王公贵族的垄断局面，加之一些名流还"养食"一批文人，从而形成了多种学派共存的局面，百家崛起，诸子争鸣。秦始皇认为，人民没有文化就不会反抗，所以就"焚书坑儒"，破坏文化教育。然而，悲哀的是推翻秦朝者并非文化人，正是没有多少文化的陈胜、吴广、项羽、刘邦。

西汉接受了秦亡的教训，大力发展教育，形成了汉代的教育系统，逐渐建立了从中央到地方的学校。学校分为官学和私学，官学又分中央与地方两级。汉武帝时建中央太学，选士子入太学，以五经博士为师，教授太学生，以通古知今。教学科目以《诗》《书》《礼》《易》《春秋》五经十五科为教材。有严格师承关系，师法为源，家法为流。老师通一经者即被朝廷立为博士，他们教弟子为师法，弟子再传为家法。学习以自学为主，两年一考，九年毕业考试，合格者才准毕业。汉代地方郡国学校称为"学"，县、道、邑、侯国学校称为"校"，乡学称为"庠"，村庄小学称为"序"。郡县学设经师一人，乡和村各设孝经师一人。除官学之外，经师大儒如董仲舒、王充、郑玄等，自立"精舍"开办私学。汉代私学从数量上和质量上往往超过官学，产生了一大批经师、博士。

经过刻苦读书，大批知识分子成为政府官员和教育系统的师资后备军。学生要想做官还要通过基层选拔、举荐，主要考查科目有贤良、方正、忠孝、廉洁、茂才、异等、文学、直言、极谏、明经、兵法等。

3. 举荐制度

西汉开创举贤良方正始于汉孝文帝。《资治通鉴·汉纪五》载："（二年）诏：群臣悉思朕之过时及知见之所不及，匄以启告朕。及举贤良、方正、能直言极谏者，以匡朕之不逮。"在汉武帝时，举荐制度逐渐形成，并有严格标准。东汉应劭《汉官仪》载，察举孝廉和贤良方正有四个基本标准："一曰德行高妙，志节清白；二曰学通修行，经中博士；三曰明达法令，足以决疑，能按章覆问，文中御史；四曰刚毅多略，遭事不惑，明足以决，才任三辅令。皆有孝悌、廉正之行。"这四个标准来察举孝廉，其标准很高、很严。第一条"德行高妙"。德指道德、品德，《易·乾·文言》："君子进德修业。"而德行指道德品行，《周礼·地官·师氏》："敏德以为行本。"郑云注："德行，内外之称，在心为德，施之为行。"高妙指特殊的道德修养。"志节清白"是指志向高远，《诗·关雎序》："在心为志。"《论语·公冶长》："盍各言尔志。"有志者称志士，有高尚志向和节操，有气节如"浩然之气"。《礼记·孔子闲居》："志气塞乎天地。""清白"则是操行纯洁无污，如王逸在《离骚序》中说屈原："不忍以清白久居浊世，遂赴汨渊自沈而死。"由此可见"德行高妙，志节清白"标准之高。所以，在汉代铜镜中，常见有歌颂"德"和"清白"的铭文内容不足为奇。第二条"学通修行，经中博士"。修行应是修身在内心，而行为在其外，如《汉书·严彭祖传》："凡通经术，固当修行先王之道。""经中博士"在前所述，要中博士至少要精通五经之一经。三四两项标准是熟练掌握法令，按章按律执法明断，文可中御史之水平，才可当三辅令，其标准亦很高。关键是最后两句"皆有孝弟、廉正之行"，不管做到几项，基础的基础是"孝廉"。这与文前镜铭"郡举孝廉州博士"完全一致。

汉代选拔人才的方法很多，主要有荐举、察举、征聘和选郎等。郡国太守荐举所管地区的臣民中的孝廉，朝廷大臣则以察举的方式选贤良方正之才，这是他们分内的重要工作，做好有赏而做错则罚。武帝时规定：郡国20万人口以上者，一岁可举孝廉一人；40万～60万人可举孝廉三人；80万人者举四人；100万人之郡举选五人；120万人则选举六人。而不足20万人之郡，两年选一人，不足10万人的小郡则三年才可举选一人。还规定：如到限定时间，郡国太守仍不举孝，不察廉，不荐一人者，轻则以不胜任免官，重则以不奉诏以不敬论罪。另外"所举非实，选亲蔽贤者，轻则免官，重则与同罪"[2]。

西汉以察贤良为重，而以得人之多在举孝廉。所得贤良与孝廉都能委以重任，如《汉书·东方朔传》："武帝初即位，征天下举方正贤良文学才力之士，待以不次之位。"西汉察举贤良之代表人物为公孙弘，他少时穷困潦倒以放猪度日，但认真读书，四十余岁，研习《春秋》等杂说。武帝即位，他以贤良文学被推举，官一直做到宰相之高位。还有一位叫朱买臣，其家贫困，但好读书，学《春秋》，精《楚辞》。他一边打柴，一边诵书经，还常常高歌于路途之上。年四十依然如故，其妻气得与他离了婚，后来被汉武帝召见，经考查回到故乡会稽当了太守之职。当乘马荣归故里上任时，原妻马前认夫，朱买臣令马前泼水让原妻收起。后世将此编成戏曲，一直流传至今。两汉举孝廉的代表人物很多，如鲍宣、薛宣、萧望之、赵广汉、张衡、许慎、华佗等人物，都是以孝廉荐举入仕。个个都成了历史上的重臣，彪炳史册。另一种方式是征聘，地方郡国或朝廷中央官员举孝廉及贤良方正，经过朝廷考查核实，重要的可由皇帝下诏特征，并以公车迎聘，不拘一格而用之。再有一种选官方法叫郎选，射策题目按大小分为甲乙科，合格者成为郎官。除此之外，还有举荐孝廉为郎。"郎"有多种：荫子为郎、上书为郎、入射为郎、善骑射为郎，甚至会杂技亦可为郎，当然还有"毛遂自荐"的情况。汉代郎选较为宽泛，初选的郎官是入官道的第一步，类似一种出身，汉代很多官员选拔提升都是由此作为起步。评品郎官有专设中正官员来察访，官分为三等九级，记录造册，已备吏部任官之用。总之，汉代政治之兴隆，长治久安，与其选官得法得人，处理好中央与地方即分权又合作配合，上下相制又内外相维有极大关系。

在西汉成帝之后，外戚王氏弄权和东汉时外戚专权、宦官祸乱，由西汉开创的乡举里选、举荐、郎选等制度遭到严重破坏。东汉末又发生党锢事件，知识分子遭到残酷镇压，官位为门阀权贵所垄断。但是从数千年中国历史上看，汉代选官的举措还是有其长处，对当时社会的思想意识和经济发展，起到了一定的积极作用。

二、结合实例谈汉代选官制度

从以上汉代教育制度和选拔人才的方法以及标准上看，汉代特别是西汉将孝廉作为教育和选拔人才的第一首要条件。这一方面前文已论述。以下结合铜镜实例重点，讨论汉代重视的品德修养和贤良方正方面的严格要求。

1. "贤者戒己仁为右"铭文镜

该镜见于《三槐堂藏镜》图78（即《清华铭文镜》图65），直径16.3厘米，重770克（图4），其铭为"贤者戒己仁为右，台忘（荒）毋以象君子。二亲有疾身常在，时时"。"贤"，一般指德行好与才能高，有时专指才能。《谷梁传·文公六年》："使贤者佐仁者。"范宁集解："贤者，多才也。"而有时又专指德行，《荀子·王制》："欲立功名，则莫若尚贤使能矣。"一般亦指贤达与贤惠，其明事理而又心胸坦荡，只有这样的人才能戒己而又能以"仁"为座右。"仁"是儒家思想的核心，其含义是极其广泛的道德范畴。《礼记·中庸》："仁者人也，亲亲为大。"本意指人与人之间相亲相爱，即所谓"仁者爱人"。孔子认为"仁"包括恭、宽、信、敏、惠、智、勇、忠、恕、孝、悌等内容。还说："己所不欲，勿施于人""己欲立而立人，己欲达而达人"。爱己与爱人应当一致，方为以"仁为右"。

图4

图4A

2. "幸得时年获嘉德"铭文镜

《三槐堂藏镜》图66（即《清华铭文镜》图57），直径19.7厘米，重量828克。其铭为"新朝治竟子孙息，多贺君家受大福。位至公卿蒙禄食，幸得时年获嘉德，传之后世乐无亟。大吉"（图5）（参见本书下册157）。《三槐堂藏镜》中还有一镜其铭与此镜相类"幸逢时年获嘉德"，其中有为王莽歌颂功德之意，但也是对"德"的弘扬。

3. "岁考五德商羽声"铭文镜

浙江止水斋藏，直径18.8厘米。铭文为"雕刻治竟日月精，岁考五德商羽声。天地和合子孙显，寿主男极从以宁。长相保有富贵荣"（图6）。此铭核心内容是"岁考五德商羽声"。汉代形成了一整套封建官僚体制，用以保障其社会稳定和生机，形成天子传子、宰相传贤德的流程。为防宰相权力过大，又设监察御史施以监察，形成两套系统相互监督、相互

图5

图5A

图6

图6A

制约的良性机制。汉代为保障官员的良性发展，重视从中央到地方的教育制度。在举孝廉和贤良方正的过程中，有其考核程序和严格标准。决定委任后又有试用、转正、定级别、年考、退休等规定。对没有明显政绩的庸碌之辈一律免官，对胜任者可破格重用，使上下官员正常更新，以此保证官员队伍的质量。

4."敬奉贤良"铭文镜

《清华铭文镜》图70。直径9.7厘米，重228克。其铭为"吾作明竟，幽涷三刚，调刻无极。众王主阳，敬奉贤良，士至三公。六吉兮"（图7）。

5. "君德守道,敬奉贤良"镜

北京宝鉴斋藏,直径12.16厘米,重326克。其铭为"吾作明竟,配象万疆。君德守道,敬奉贤良。曾年益寿,服者公卿。富贵安乐,子孙番昌。咸得所欢,其师命长"。两镜皆有"敬奉贤良"(图7A、图8A)铭文,两镜时代相近,属东汉末年或稍后。汉代举贤良方正始于文帝二年(前178年),武帝初又发展为举贤良文学,而后一直发展到东汉末年。通过对贤良的尊重和启用,社会上形成对贤良的尊重、敬奉与爱戴,使社会风气得以健康向上发展。图8镜又多了"君德守道"(图8B),进一步说明知识分子修德的重要性。《易·乾·文言》中云"君子进德修业",这是古代中国知识分子"修身、齐家、治国、平天下"的第一步——修身,是儒家教育的重要部分。《管子·心术上》:"德者道之舍。"正与铭文"君子守道"相合,是儒家以德治天下的重要内容,文者以"仁、义、礼、智、信"为五德;武者如《孙子兵法·计篇》:"将者,智、信、仁、勇、严也。"此为兵家五德。

图7

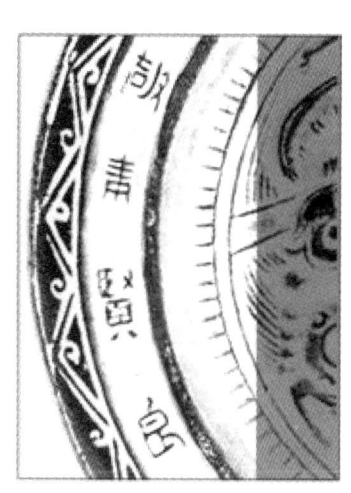

图7A

图8A

图8B

以上这些镜铭与本文所述之汉代教育、举荐、选官条件、程序、任用、考核皆密切相关。正像本文开头所举"许氏"镜铭所云:"郡举孝廉州博士,少不努力老大悔。"与汉代文献相合,是汉代历史文献与实物的实证,是汉代儒家思想在实物上的具体体现,儒家主张积极地"修身、齐家、治国、平天下",主张积极入世,努力刻苦学修,求取功名,促进社会进步与发展。

与此相吻合的是汉乐府《平调曲·长歌行》:"青青园中葵,朝露待日晞。阳春布德泽,万物生光辉。常恐秋节至,焜黄华叶衰。百川东到海,何时复西归?少壮不努力,老大徒伤悲。"[3]这是汉代鼓励年轻人持之以恒地刻苦读书、立志,成为像公孙弘和朱买臣等人一样,做有用之人。我们很难想象,两千多年前这首诗曾激励了多少学子,又有多少走上有所作为的道路,成为至今还为我们牢记在心的先贤。

注 释

[1] 以上三条均引至《资治通鉴》汉纪四、汉纪六、汉纪八、汉纪九。

[2] 参见《汉书·卷六·武帝纪》。

[3] 引自《古唐诗合解》附古诗一册四卷,集录唐以前古诗一册。清王尧衢注。

2.3 新莽镜"单于举土"铭研究

■ 王纲怀

一、问题提出

距今已有整两千年的新莽镜,问世在一个特定年代,造就了诸多特定元素:纹饰基本固定[1];尺寸重量规范[2];文字书法多元[3];镜铭折射历史(在"镜铭证史"方面可谓首屈一指);年号国号突出[4]。

带国号"新"字的新莽镜铭文皆为七言,一般可分四类。甲类,首句"新有善铜出丹阳"镜为"新"字镜中的大类;乙类,首句"新朝治镜子孙息"镜在"新"字镜中属罕见;丙类,系"王氏昭(或"作")镜四夷服"镜的第二句"多贺新家人民息",乃是"新"字镜中的少数;丁类,首句"新兴辟雍建明堂"镜,亦是"新"字镜中的少数。丁类镜的句式多见四句以下而少见四句以上,以常见的四句式为例,前两句固定为"新兴辟雍建明堂,然于举土列侯王",后两句主要是"将军令尹民户行,诸生万舍在北方",少数有例外。

1935年刘体智《小校经阁金文拓本》中,收录了7面甲类镜、1面乙类镜、5面丙类镜(就私人收藏而言,应属数量最多),仅见1面四句的丁类镜;1935年梁上椿《岩窟藏镜》中,只收录了4面甲类镜,却不见丁类镜;1984年孔祥星、刘一曼《中国古代铜镜》中,亦不见有丁类镜;1987年陈佩芬《上海博物馆藏青铜镜》中,才见两面丁类镜,分别为四句和三句;1992年孔祥星、刘一曼《中国铜镜图典》中,虽有不少新莽镜,然丁类镜才见一面(图374),其铭文仅有三句。

图1

图1A

近些年来，在各地博物馆和收藏家处，又陆续发现了十余面铭文为"新兴辟雍建明堂"的丁类镜。本文汇集10面，详见表一：

表一　新兴辟雍建明堂铭文镜一览表

序号	直径（厘米）	重量（克）	铭　文　内　容	备　　注
1	23.3	1384	新兴辟雍建明堂，然于举土列侯王，将军令尹民户行，□□□□□，诸生万舍在北方，郊祀星宿并共皇，左龙右虎主四彭，子孙复具治中央。	陕西私人藏，汉尺10寸
2	18.8	812	新兴辟雍建明堂，然于举土列侯王，将军令尹民户行，诸生万舍在北方，郊祀星宿并共皇，子孙复具治中央。	江苏聚珍阁藏，汉尺8寸
3	18.8	1070	新兴辟雍建明堂，然于举土列侯王，将军令尹民户行，诸生万舍在北方，子孙复具治中央。	阜阳市博物馆藏，汉尺8寸
4	18.7	1082	新兴辟雍建明堂，然于举土列侯王，将军令尹民户行，郊祀星宿并共皇。	张铁山先生藏，汉尺8寸，八乳制式
5	18.8	755	新兴辟雍建明堂，虏胡殄灭见青黄，然于举土列侯王，将军令尹民户行，诸生万舍在北方，郊祀星宿并共皇，子孙复具治中央。	引自《清华铭文镜》图53，汉尺8寸
6	16.7	/	新兴辟雍建明堂，然于举土列侯王，将军令尹民户行，诸生万舍在北方，子孙复具居中央，左龙右虎主四彭，家常大富宜君王，大富昌，宜君王，乐未央。	京都国立博物馆藏，汉尺7寸
7	15.4	565	新兴辟雍建明堂，单于举土列侯王，将军大尹民户行，八子九孙治中央，常服此镜寿命长。	引自《清华铭文镜》图54
8	14.0	437	新兴辟雍建明堂，然于举土列侯王，将军令尹民户行，诸生万舍在北方。	陈学斌先生藏，汉尺6寸
9	13.5	380	新兴辟雍建明堂，然于举土列侯王，将军令尹民户行，诸生万舍在北方，乐未央。	引自《上海博物馆藏青铜镜》图39，汉尺6寸
10	19.2	984	新起辟雍建明堂，单于去土□侯王，黄金为席，璧玉□床，千秋万岁，乐巨央孙。黍言之纪从镜始，青龙左在白东虎，长□亲，官孙子。	李经谋先生藏，减笔篆隶书体

"新兴辟雍建明堂"铭之丁类镜的存世量并不大，然品种却有多样，其历史文化的内涵相当丰富。本文主要是对铭文第二句"单于举土列侯王"，进行一些力所能及的释读与考证，试着探讨其实际内容以及历史依据。

从目前存世的此类镜来看，第二句的开头两字几乎都是"然于"。一种观点认为，"然"是"单"的通假字，"然于"应该就是"单于"。另一种观点认为，"然于"是全部铭文中的转折词语，不含具体内容。今看到表一序号7号镜（图1），才证实了第一种观点的正确。而后，在李经谋先生处，又发现了另一面形制完全不同的"单于"铭新莽镜（表一序号10），至此，对于第一种观点再也毋庸置疑。

《史记·匈奴列传》注："单于者，广大之貌，言其象天单于然。""单于"就是匈奴对其天子的称谓。为什么新莽镜铭文上多不用正规的"单于"，而用带语气词"然"的"然于"？《汉书·食货志》载，居摄元年（6年）王莽开始贬低匈奴（详见后文）。有一种可能是用语气词"然"字代替匈奴天子正式称谓单于中的"单"字,同样有贬低之意。唯《汉书》中说的贬低词是"善于",而镜铭中却用"然于",是否还有别的什么历史典故?

二、主题释考

整部西汉史的"外事"中,笔墨最重、震撼最大的就是,从汉高祖刘邦立国(前206年)到昭君出塞(前33年)的173年间,汉匈关系时弛时张的"战争与和平"史。我们简要回顾这段历史。

公元前3世纪,冒顿单于统治了匈奴,国力逐渐强大,多次侵犯汉朝边境。公元前200年冬,刘邦亲率大军北上,匈奴军队伪装后退,诱其深入,刘邦轻骑突进到平城白登山,却被冒顿单于的四十万精锐骑兵包围。刘邦与汉军被围七天七夜,最后刘邦用了贿赂匈奴阏氏的方法,才得以逃出重围。由于长年战乱,国家初定,经济残破,汉朝采取和亲政策,力求与匈奴暂时维持和平。到了景帝时期,汉朝一方面继续和亲,另外也在边境进行屯田移民,在国内则实行复马令来增加马匹,加强士卒训练并大量制造兵器,做好了抗击匈奴的准备。

汉武帝年间,派以卫青、霍去病为首的将领对匈奴进行三次大规模战争。汉朝控制了河西走廊,切断了匈奴与西羌的联系,为汉朝与西域之间开辟通道,而匈奴则北徙漠北。汉朝虽一举将匈奴击溃,但自身也元气大伤,武帝"轮台悔过",下令休养生息。

西汉王朝与匈奴的和平史要从汉宣帝时代说起,《汉书·宣帝纪》载:神爵二年(前60年)秋,"匈奴日逐王先贤掸将众万余来降"。《汉书·匈奴传》又载:"汉封日逐王为归德侯。"从此开始,匈奴不断地以"称臣""入侍""来朝""朝贺"等方式向西汉王朝表示友好。同样西汉王朝亦以"客礼待之""赐以……(厚礼)""赐礼如初"以及用"和亲""封侯"等方式向匈奴转达了期盼和平的渴望。直至天凤初年,新莽王朝亦还在持续这种外交政策。《汉书·匈奴传》载:天凤二年(15年)五月,"……封骨都侯留为后安公,留子男奢为后安侯。单于贪莽金币,故曲听之,然寇盗如故"。由上可知,西汉与新莽两朝对匈奴的封侯政策,持续了约有75年的历史。镜铭内容"列侯王"完全符合这些史实。

我们还可简略地从有关史料来佐证汉与匈奴的和平历史,继而进一步确认"单于"和"然于"这两个不同用词的问世年代。

《汉书·宣帝纪》载:"(五凤二年,即公元前56年)冬十一月,匈奴呼速累单于帅众来降,封为列侯。"

同书载:"(五凤四年,即公元前54年)匈奴单于称臣,遣弟谷蠡王入侍。"

同书载:"(甘露元年,即公元前53年)匈奴呼韩邪单于遣子右贤王铢娄渠堂入侍……冬,匈奴单于遣弟左贤王来朝贺。"

同书载:"(甘露二年,即公元前52年)匈奴呼韩邪单于款五原塞,愿奉国珍朝三年正月。"

同书载:"(甘露三年,即公元前51年)春正月,匈奴呼韩邪单于稽侯狦来朝,赞谒称藩而不名……二月,单于罢归……郅支单于远遁,匈奴遂定。"

同书载："（黄龙元年，即公元前49年）匈奴呼韩邪单于来朝，赐礼如初。二月，单于归国。"

《汉书·元帝纪》载："（建昭四年，即公元前35年）春正月，以诛郅支单于告祠郊庙。赦天下。"

同书载："（竟宁元年，即公元前33年）春正月，匈奴呼韩邪单于来朝。诏曰："匈奴郅支单于背叛礼义，既伏其辜，呼韩邪单于不忘恩德，乡慕礼义，复修朝贺之礼，愿保塞传之无穷，边陲长无兵革之事。其改元为竟宁，赐单于待诏掖庭王嫱为阏氏。"

同书载："（建始四年，即公元前29年）春正月，匈奴单于来朝。"

《汉书·成帝纪》载："（河平四年，即公元前25年）春正月，匈奴单于来朝。"

《资治通鉴·汉纪二十六》载："（建平四年，即公元前3年）匈奴单于上书愿朝五年。"

《资治通鉴·汉纪二十七》载："（元寿二年，即公元前1年）春，正月，匈奴单于及乌孙大昆弥伊秩靡皆来朝汉以为荣。"

《汉书·王莽传》载："（元始二年，即公元2年）莽念中国已平，唯四夷未有异，乃遣使者赍黄金币帛，重赂匈奴单于，使上书言：'闻中国讥二名，故名囊知牙斯今更名知，慕从圣制'。"

《汉书·食货志》载："（居摄元年，即公元6年）王莽因汉承平之业，匈奴称藩……莽乃遣使易单于印，贬钩町王为侯。二方始怨，侵犯边境。"

以上史料说明，自西汉神爵二年（前60年）至居摄元年（6年）的65年间，汉王朝与匈奴始终保持着和平关系。镜铭"单于举土列侯王"的主旨是，只要匈奴友好，汉王朝可以赐封单于为侯为王。居摄元年，自作"聪明"的王莽大权在握，强制推行"易单于印（改"玺"字为"章"），贬（匈奴）钩町王为侯"的愚昧政策，激化了匈奴与汉的矛盾，终于使延续了65年的一段和平历史宣告结束。充分说明无贬低之意的"单于"铭镜（详见图1镜）问世在居摄元年之前，而多数有贬低匈奴之意的"然于"镜则应问世在居摄元年以后。"然于"铭镜是"单于"铭镜的自然延续。

鉴于长期的战争，人民渴望和平。从大的概念看，新莽镜铭中"举土"一词意通"臣服"，就是对这段"和平"历史的肯定。作为和平史主角之一的呼韩邪单于，在汉史中亦屡屡得到肯定。

从具体的范围讲，当时汉王朝对匈奴确实还有一段索求土地的历史。绥和元年（前8年），匈奴乌珠留单于新立。《汉书·匈奴传》载：

> 汉遣中郎将夏侯藩、副校尉韩言使匈奴。时帝舅大司马骠骑将军王根领尚书事，或说根曰："匈奴有斗入汉地，直张掖郡，生奇材木，箭杆就羽，如得之，于边甚饶，国家有广地之灵，将军显功，垂于无穷。"根为上言其利，上直欲从单于求之，为有不得，伤命损威。根即但以上指晓藩，令从藩所说而求之。藩至匈奴，以语次说匈奴曰："窃见匈奴斗入汉地，直张掖郡。汉三都尉居塞上，士卒数百人寒苦，候望久劳。单于宜上书献此地，直断阏之，省两都尉士卒数百人，以复天之厚恩，其报必大。"……单

于曰："父兄传五世，汉不求此地，至知（乌珠留单于名囊知牙斯）独求，何也？……匈奴西边诸侯作穹庐及车，皆仰此山材木，且先父地，不敢失也。"

从西汉和东汉的历史地图看，此入汉地之"斗"，的确始终没有划归汉王朝。匈奴单于回答中的"此山"，即今张掖市东北方的龙首山，位于甘肃西部和内蒙古西部的交界处。龙首山沿西北至东南的走向，与合黎山合称为走廊北山。想不到在两千年前的冷兵器时代，这片荒僻之地竟是一块战略要地！同年，"根因乞骸骨，荐莽自代，上遂擢为大司马"（《汉书·王莽传》）。当时，王莽即将上任大司马，对此事必定了然于胸。虽然《汉书》对这块土地的以后发展再也没有记录，但当时的汉王朝和随后的新莽王朝决不会置之不理。这件政治、外交、军事、领土交织在一起的大事，亦必然会反映到文化上来。可以这样假设，"举土"一词还具有特殊的概念，即是一种期盼：希望这块战略要地能通过和平的方式，从匈奴那里转归新莽王朝的版图。当时若能如愿，新莽王朝不仅可以得到重要的战略物资，还可以确保河西走廊的安全，使从长安通往西域的大道更加平坦。

三、标准探讨

再从形制变迁来考察"单于举土"铭莽式镜的问世年代。

图1镜直径14.4厘米，前文表中10号镜直径19.2厘米，两镜直径都不是标准尺寸（1尺即23.1厘米）的整数倍（或谓误差较大），其问世年代明显与王莽"制度甚盛"的时期不符，甚至可以认为，此两镜并非由"尚方"的官炉所铸。众所周知，王莽是一个极其"集权"的"理想主义"者，大权在握伊始，就实行了一系列"制度甚盛"的管理措施。

《汉书·平帝纪》载："（元始三年，即公元3年）夏，安汉公奏车服制度，吏民养生、送终、嫁娶、奴婢、田宅、器械之品。"

《汉书·王莽传》载："（元始四年，即公元4年）是岁，莽奏起明堂、辟雍、灵台，为学者筑舍万区，作市、常满仓，制度甚盛。"

《汉书·食货志第四下》载："（居摄二年，即公元7年）王莽居摄，变汉制，以周钱有子母相权，于是更造大钱，径寸二分，重十二铢，文曰'大钱五十'……"

除了上述史载的内容外，王莽实施的改制还包括改官名，易官制，推行古代的井田制，实行五均赊贷和"六筦"，对货币制度进行四次改革，改变州、郡县的名称和区划，对首都及宫殿与城门进行改名等。在这样的历史背景下，对铜镜这样的生活工艺品，亦必然会实施改革与规范。居摄年间问世的"铸成错刀天下喜，安汉保真世毋有"莽式镜[5]，应是最早问世并初步定型的器物，可称之为十二地支四灵博局镜。图1镜没有十二地支铭文方框，却有西汉晚期镜中的钮外重圈与圈间环形九乳的纹饰。说明还没有被标准规范的"单于举土"铭莽式镜，应问世在已经有了标准规范的居摄年间之前。此外，前文表一10号镜的文字多错别、通假与省偏旁，尤其是"单于"中"单"字的上面的两个"口"字被简化为两个点，这种情况绝对不会在正规的莽式镜中出现。合理的解释，"单于"铭莽式镜只能是问世在"制度甚盛"的居摄年间之前。

四、相关问题

若能肯定上述考证,则还有三个相关问题需要进行连带探讨。

首先,新兴铭莽式镜如何会出现在新朝建立之前?

《汉书·成帝纪》载:"(永始元年,即公元前16年)五月,封舅曼子侍中骑都尉光禄大夫王莽为新都侯。"

《汉书·王莽传》载:"(永始元年,即公元前16年)封莽为新都侯,国南阳新野之都乡,千五百户。"

《资治通鉴·汉纪二十三》载:"(永始元年,即公元前16年)五月,乙未,封莽为新都侯。"

以上多份史料告诉我们,王莽的封地在"南阳新野之都乡"。无论其以后的地位怎样变化:大司马、太傅、安汉公、宰衡、摄皇帝(居摄)、真皇帝,然其皆是发迹于新都侯,根据地在"新野之都乡"。王莽立国称号为"新",说明这个"新"字对他有着刻骨铭心的影响,王莽心里新朝的"新"就是新都侯的"新"。在王莽逐步夺取皇位的过程中,他早就把"新"字当成了未来的国号。这个过程之中,即使提前使用了"新"字,亦因为他是新都侯,而不存在"犯上作乱"的嫌疑。

笔者认为,新兴铭莽式镜是一个有着两个阶段的镜例:居摄前就有这类器物问世,虽然所用"单于"称谓是正规的,但其形制是不正规的;居摄后仍有同类器物问世,虽然所用"然于"称谓是不正规的(有贬义),但其形制是正规的。前文表一中的8面"然于"铭莽式镜都有标准尺度,而且分别是汉尺10寸、8寸、7寸、6寸的四种系列规格。似可认为,新莽的"新"字有狭义与广义两个概念:狭义理解,仅是始建国元年(9年)成立的新朝之"新";广义理解,还包括封地为"新野之都乡"的新都侯之"新"。"单于"铭莽式镜应属于广义理解的范围。

其次,铭文"八子九孙治中央"所处年代。

包括图1镜在内的诸多莽式镜铭文皆有"八子九孙治中央"与"子孙备具居中央"的内容。王莽在始建国元年(9年)登上皇位以后,的确有一段绝非虚言的"八子九孙治中央"历史。

《汉书·王莽传》载:"二子(指莽长子、莽次子)前诛死,乃以(指莽四子)临为皇太子,(指莽三子)安为新嘉辟(师古曰:"取为国君之父。"),封(指莽长子)宇子六人:千为功隆公,寿为功明公,吉为功成公,安为功崇公,世为功昭公,利为功著公。大赦天下……又按金匮,辅臣皆封拜……安阳侯王舜(莽之堂弟)为太师,封安新公……丕进侯王寻为大司徒,章新公……成都侯王邑(莽之堂弟)为大司空,隆新公……京兆王兴为卫将军,奉新公……京兆王盛为前将军,崇新公。凡十一公……封王氏齐缞(即五服之一)之属为侯,大功为伯,小功为子,缌麻(五服中最轻的一种)为男……"

事实上,早在王莽登上皇位约四十年前的元成之际,王氏子孙就已在西汉王朝中占据了许多的高位要职。

《汉书·王莽传》载："元后父及兄弟皆以元、成世封侯，位居辅政，家凡九侯，五大司马，语在元后传。"

《汉书·元后传》载："（竟宁元年，即公元前33年）元帝崩，太子立，是为孝成帝……以凤为大司马大将军令尚书事。益封五千户……又封太后同母弟崇为安成侯，食邑万户。凤庶弟谭等皆赐爵关内侯，食邑。"

《汉书·元后传》载："（河平二年，即公元前27年）上悉封舅谭为平阿侯，商成都侯，立红阳侯，根曲阳侯，逢时高平侯。"

《资治通鉴·汉纪二十二》载："（阳朔元年，即公元前24年）王氏子弟皆卿、大夫、侍中、诸曹，分据势官，满朝廷。"

为此，"八子九孙治中央"的铭文，无论放在新莽时期还是四十年前的元成之际，都能找到可靠的历史依据。

图1镜铭文"八子九孙治中央"后面还有一句"常服此镜寿命长"，这是与当时的习俗有关。从《列子·汤问》《楚辞·天问》《史记·封禅书》《史记·秦始皇本纪》《史记·孝武本纪》等文献可知，早在战国和西汉，华夏大地就延续着具有道家思想的长寿文化，集中反映在三神山—不死药—徐福东渡这一文化踪迹[6]。从《西汉礼制建筑》一书的图片资料可知，王莽九庙的废墟中出土了大量的瓦当，其中带铭文的器物多有"延年益寿""千秋万岁"之语。在西汉镜铭中，更是多见"延年益寿""千秋万岁""与天无极""与天相寿""与地相长"等内容。

再次，单于铭新莽镜（似称莽式镜更为贴切）问世年代的上限。

图1镜问世年代下限在"制度甚盛"的居摄年间之始。年代上推，这是一个王莽步步高升的时代，亦是朝野对他歌功颂德的时代。元始五年（5年）可说是到了登峰造极的地步。《汉书·王莽传》载："是时，吏民以莽不受新野田[7]而上书者前后四十八万七千五百七十二人，及诸侯王、公、列侯、宗室见者皆叩头言，宜亟加赏于安汉公。"单于铭莽式镜铭文亦完全是歌功颂德的内容，其问世年代的上限应在元始年间后期（4~5年）。

居摄年间，匈奴与汉再次交恶，"然于"铭莽式镜铭文虽然保留了对王莽歌功颂德的基本内容，却将其中关键词的"单于"更改成了带有贬义的"然于"。给世人留下了怎么也看不明白的"然于举土列侯王"。因为此类镜铭中的"新"字就是"篡汉"的代名词，地皇四年（23年），随着新朝的灭亡，所有带"新"字铭的莽式镜就完全地消失在历史的长河之中。

五、小结

"单于"铭莽式镜（其"新"字应该是新都侯的新）问世于居摄元年（6年）以前，在匈奴与汉的和平友好大前提下，百姓拥戴王莽的时期（4~6年）；"然于"铭莽式镜（其"新"字主要是新朝的新）问世在居摄元年之后匈奴与汉的再次交恶时期（7~23年）。这两类都不属于莽式镜代表性器物[8]的新兴铭莽式镜，其年代区分当可明确在居摄之初（6~7年）。"单于"铭莽式镜应是在特定历史条件下，为王莽歌功颂德而铸制的"纪念性"器物，见证了65年间汉与匈奴的一段和平历史。另外，在东汉早期的龙虎镜中，还见有"单于来臣至汉强"之铭文，此类莽式镜有着深厚的历史价值与文化价值。《中国书法全集·9 秦汉金文陶文》图163砖刻铭文："单于和亲，千秋万岁，安乐未央。"同样亦是重要的证史实物之一，两者可互为佐证。

综上所述，莽式镜铭文中出现"单于举土列侯王"内容，既是一个实实在在的历史过程，亦是一段汉王朝与匈奴间和平历史的回顾。在东汉镜铭中，还见"单于来臣至汉强""羌胡尽退四夷服"等内容。镜铭可以证史，新莽镜铭"单于举土列侯王"算得上是一个佳例。

注 释

[1] 四灵、博局、十二地支。

[2] 详见本书"新莽官制镜的标准与制式"。

[3] 汉隶、多隶少篆变体、悬针篆、多篆少隶变体、简隶等。

[4] 详见本书下册图录部分图137、图138、图139。

[5] 本书下册图录之图141。直径21厘米，重量1042克。在其主纹外围有一周顺时针向的35字汉隶铭文："令名之纪七言止，涑治铜华去恶宰，铸成错刀天下喜，安汉保真世毋有，长乐日进宜孙子。"金错刀系王莽在居摄二年（7年）第一次货币改革的产物，其法定流通年代当是王莽摄政的居摄年间。"安汉"即指王莽，西汉王朝在元始元年（1年）给已是大司马的王莽再次加官晋爵，"拜为太傅，赐号安汉公"（《汉书·王莽传》）。此镜年代理应划在王莽还是安汉公的西汉末年，但其文化却与而后的新莽时期一脉相传。此类镜称西汉镜却不是西汉文化，谓新莽镜又不到新莽年代，笔者认为，这是打上了王莽思想印记的西汉末年镜，姑且将其命名为"莽式镜"似较为恰当。此镜是不带年号的"纪年镜"，其年代当在居摄二年（7年）至居摄三年（8年）的两年之间。

[6] 详见拙著《日本蓬莱纹铜镜研究》，上海古籍出版社，2008年出版。

[7] 《汉书·王莽传》：元始二年（2年）"莽既尊重，欲以女配帝为皇后，以固其权……事下有司，皆曰：'请以新野田二万五千六百钦益封莽，满百里。'（王莽推辞后）太后许之。有司奏：'故事，聘皇后黄金二万斤，为钱二万万。'莽深辞让，受四千万……莽复以其千万分予九族贫者"。

[8] 同注[2]。

2.4 新莽镜"井田平贫"铭研究

■ 杨玉彬

1978年3月,安徽省阜阳县程集区刘棚乡万庄大队刘庄村农民在七渔河西侧田间取土时发现一座小型砖石墓,随即私自将墓葬破坏,随葬器物被哄抢。文物部门获悉情况后赴现场调查,从农民手中收缴一面新莽时期"井田平贫"铭博局纹镜出土器,因镜铭文涉及王莽"王田制"改革这一重大历史事件,又是目前所见新莽镜出土材料中的唯一例镜,可谓弥足珍贵。可喜的是,在《2012泓盛春拍》图录之图910上,又见到了似为同模的此类镜。长期以来,关于王莽"王田制"改革是否真正实施等问题,学术界曾有若干争议,这两面新莽铭文镜(见图1、图1A)的发现,提供了难得的实证材料。"井田平贫"之镜铭内容、流播背景及其相关"王田制"改革等问题,值得我们进行探讨。

一、铭文释读

镜作圆形,圆钮及钮座,座外环带状九乳丁纹间有"长宜子孙"四字。主纹区的博局与乳钉将纹饰分作四区,其间依次配置青龙对羽人、朱雀对长尾兽、白虎对蟾蜍、独角羊对大耳兽组图。主纹区外一周圈带铭文:"刘氏去,王氏持,天下安宁乐可喜,井田平贫广其志。"铭文圈带外依次置短斜线纹、锯齿纹、流云纹圈带,宽平缘。直径15.1厘米。

此铭释读,历来有歧义,多年流行两说,一读"刘氏去,王氏持,天下安宁,乐可喜。井田平,贫广其志。"一读"刘氏去,王氏持,天下安宁,乐可喜。井田平贫,广其志。"笔者以为,本类铭辞既是新莽时期的政治谣谚,当以两汉之际流行的七言诗镜铭体例断句为宜,读作"刘氏去,王氏持,天下安宁乐可喜,井田平贫

图1

图1A

广其志。"前后押韵而易于口诵，契合汉代民谣特征。检视新莽镜中较完整的铭辞，皆循西汉晚期以来七言诗规制而无例外，可为阜阳"井田平贫"博局镜铭文断句正误资以间证。此铭歌颂王莽代汉建立新朝之功业、表达新莽"王田制"改革受到贫民拥戴的内涵明显无误。虽几种断句方法稍异，然均不影响镜铭的正确释读。

二、时代背景

汉代谣谚的大量出现与广泛流播，是我国古代史上一种独特的文化景观，这种现象对社会生活产生的重大影响为后世所罕见。汉初除暴秦"禁言"之弊，继而形成了宽松的政治环境，统治者以"举谣言""观采风谣"来考察官吏，并检讨自己为政之好恶得失，以及当时社会流行天人感应、谶纬神学思想等原因，为谣谚参政议政、褒贬吏治、反映民众疾苦、素描社会百态等创造了条件。由于谣谚传播快、影响大、易为统治者所采纳。谣谚的制造与传播者又不必为"过言之失"承担责任，社会上不同阶层、不同身份背景的人便热衷于使用谣谚来表达自己的情感与主张，其中内容与时政紧密关联、且具鲜明舆论导向者，可谓是"政治谣谚"，或称着"政治民谣"。

据文献记载，两汉之际是"政治谣谚"的一个多发期。究其原因，应与这一时期社会动荡混乱、政权角逐更易、多种矛盾交织的现实生活状况有关。西汉晚期以降，统治者骄奢淫逸，外戚弄臣专权，土地兼并严重，自然灾害频发，导致社会危机四伏，刘氏政权人心尽失，无可挽回地步入了历史尽头。这一时期人们普遍缺乏安全感，有识之士强烈渴望社会发生变革，于是制造、传播各种谣谚成了公众宣泄政治倾向、抨击奸邪权贵、寻求精神慰藉的有力手段。政治谣谚的影响力，不仅令权贵忧悸失色，连皇帝本人也有所畏惧，窥视皇权已久、好大喜功的外戚王莽，自然深谙其微妙功效与"无形"作用，便玩起了驾驭谣谚操控民意、为自己歌功颂德的手段。《汉书·王莽传》载：元始四年（4年），大司徒陈崇等人受王莽派遣巡行天下、观览风俗，竟一次性收集到歌颂王莽功德的民谣三万言之繁。王莽能够代汉以成帝业，自然缘于汉末社会动荡混乱、刘氏皇权腐朽将亡等要因，而就权谋诈术的运作手段而言，王氏幕僚儒士集团成功布控谣谚所起的作用亦举足轻重。目前所见的新莽镜材料中，为王莽新朝歌功颂德、粉饰太平的"政治谣谚"类铭辞十分流行，"井田平贫"铭博局镜即其中之精彩一例。

三、新莽改革

《汉书·王莽传》完整地记述了王莽代汉立新的经过，新朝建立之初即着手推行"王田制"改革，并非王莽一时心血来潮。西汉末年，出现了剧烈的土地兼并现象，导致政局动荡不安。王公外戚、官僚贵族、豪强富贾等大肆兼并土地及由此引发的社会贫富不均矛盾，自西汉初年即已经出现，武帝时期这种现象虽有所遏止，却未从根本上解决问题。西汉晚期的土地兼并现象已达到疯狂的地步，不仅王公贵族、官僚大贾通过"强贱买""侵夺人田""兼并农人""赊贷""占垦""劫假"等手段,贪得无厌地吞田占地,连皇帝本人也"置私田于民间"而参与其中。汉末土地兼并的狂潮,严重激化了社会矛盾,直接导致了封建小农经济的破产,形成了数以百万计的失地农民被迫为奴或辗转流亡的悲惨景象,挣扎于死亡线上的大规模流民形成了社会动荡不安的严重局面。新朝初立,剧烈的土地兼并与流民问题依然存在,由此引发的尖锐矛盾时刻威胁着新生政权的生存与巩固。虽然存在历史的局限性,然而王莽推行"王田制"改革,可谓找准了社会动荡不安的病根,开出了一剂根治社会土地兼并痼疾的良方。

其实,王莽早在元始三年(3年)夏就曾以大司马的身份做过实行"王田制"改革的试点,后因遭"反虏逆贼"的干扰而停止。新朝始建国元年(9年)四月,王莽正式颁布"王田诏"推行土地制度改革。《汉书·王莽传》:"(王莽曰:)古者,设庐井八家,一夫一妇田百亩,什一而税,则国给民富而颂声作,此唐、虞之道,三代所遵行也。秦为无道,厚赋税以自供奉,罢民力以极欲,坏圣制,废井田,是以兼并起,贪鄙生,强者规田以千数,弱者曾无立锥之居⋯⋯汉氏减轻田租,三十而税一,常有更赋,罢癃咸出,而豪民侵凌,分田劫假,厥名三十税一,实什税五也。父子夫妇终年耕耘,所得不足以自存⋯⋯今更名天下田曰'王田',奴婢曰'私属',皆不得买卖。其男口不盈八,而田过一井者,分余田予九族邻里乡党。故无田,今当受田者,如制度。敢有非井田圣制,无法惑众者,投诸四裔,以御魑魅,如皇始祖考虞帝故事。"从这段话看,王莽的"王田制"之法,实际上是机械地套用了先秦时期实行的"井田制"土地制度模式,这个"王田令"的推行至少包含了以下几项措施:一是全国土地一律收归国有,再按照人口户数对土地进行重新进行分配;二是对地主、农民的占田数量进行规范,地主不足八口之家占田以一井(九百亩)为限,农民一夫一妇授田百亩。地主占田超出一井的土地,由政府无偿收回后分给无地、少地的农民;三是严禁土地买卖。

先秦时期"井田制"土地分配制度的实施与存在,是以国家占有大量足够支配的土地资源为前提条件,两汉之际社会土地所有制结构较先秦时期已经发生了根本变化,私有制已成为社会主要的土地占有形式。以儒生成分占主导地位的王莽集团,怀着极大的信心与热情推行"王田制",既对新朝土地制度改革带来的巨大困难估计不足,又应对改革中出现各种复杂情况,缺少强有力的各种措施,最终失败在所难免。新朝"王田制"改革,以最激进的方式触动、剥夺了地主阶级的利益,国家没收地主的土地分给无地农民,首先遭到的是整个官僚贵族、豪绅巨贾的强烈抵制与反抗。《汉书·食货志》记载王田令发布后"犯令,法至死,制度又不定,吏缘为奸,天下嗷嗷然,陷刑者重"。可见,新朝政府为确保"王田制"改革的顺利实施,开始是以坚决的态度,采取了强有力镇压手段的。但法不责众,实际执行过程中出现了"抵罪者不以胜数"的混乱局面。及至始建国四年(12年),中郎区博谏莽曰:"井田虽圣王法,其废久矣。周道既衰,而民不从。秦知顺民之心,可以获大利也,故灭庐井而废阡陌,遂王诸夏,迄今海内未厌其弊。今欲违民心,追复千载绝迹,虽尧舜复起,而无百年之渐,弗能行也。天下初定,万民新附,诚未可施行。"王莽迫于压力,于是宣布"诸名食王田,皆得卖之,勿拘以法",取消了禁止土地买卖之法，王田制改革遂告失败。

从始建国元年四月新朝颁布"王田令"到四年被迫取消"严禁土地买卖"的改革措施，王莽旨在从根本上解决社会土地兼并痼疾而推行的改革，前后不到四年即草草收场，这次土地制度改革的失败，对当时政治、经济、文化等领域的系列改革、乃至对新朝政权产生的灾难性冲击和影响十分巨大。此后，有恃无恐的社会土地兼并现象造成的社会动荡混乱危机更加严重，可以说这次土地制度改革的失败是导致新朝政权崩溃的重要原因之一。

"王田制"是王莽新朝系列改制的核心内容，如何正确看待王莽新朝的这次"王田制"土地改革运动？有人评价王莽是在"愚蠢复古"，有人认为王莽是"倒行逆施"，有人认为王莽"政令多出、朝令夕改"，所谓的土地制度改革仅是一场儿戏，甚至有观点认为王莽将土地收归国有，是想把天下土地变成自己的私产等。其实，上述观点多是受了《汉书》中班固"王莽篡汉"封建正统思想的影响所致，宏观考察两汉之际的社会状况，不难发现论者对王莽改制评价的偏颇之处，正如著名历史学家翦伯赞先生所言："假如我们离开'袒刘'的立场，则王莽仍不失为中国历史上最具有胆识的一位政治家……当王莽窃取天下后，眼看他所接收的天下已经陷于崩溃决裂的现象，而且他知道，这种现象是从社会经济最深刻的地方爆发出来，即由土地兼并而引致之农民流亡所致。他知道，为了要抢救土地所有者的政权，已经不是减租、免税、抗灾、恤贫等小恩小惠所能奏效；他认为要将当时矛盾百出的社会经济制度加以改良，也许是有效的，于是而有王莽的改制。"王莽的"王田制"改革，有其自身无法克服的阶级局限性，但其正面的积极意义，还是应该肯定。

四、"井田"研讨

缘于史载陋略存疑，又缺少直接的可靠物证材料，关于王莽新朝推行"王田制"改革的具体情况，过去一直是困扰史学界的一个聚讼悬案，多年争论的焦点在于：当时的"王田制"改革措施在全国范围内究竟有没有实际推行过？其中有三种观点最为流行。

第一种观点认为，《汉书·王莽传》所记的内容，只表明当时曾短暂推行过"严禁土地买卖"这一项法令，前后不足四年即告废止。至于"王田令"中规定的对封建地主多占土地的具体处理、对数以百万计流民依法实行授田的实施情况，《汉书》未提及，亦无其他汉代文献材料来证明当时实施过这些措施。因此，王莽的"王田制"改革只是制定、颁布法令做做表面文章，实际执行中并没有具体实施法令规定的若干内容，这个结论亦可从《汉书·食货志》所记王田制改革"制度又不定"的描述中得以证实。

第二种观点认为，当时"王田制"改革的部分制度在全国实际推行过，虽然《汉书》未确记，但有出土文物"成纪閒（间）田宰"印、传世文物"庐江亭閒（间）田宰"印、流沙汉简"闲田"铭简等实物材料可证。"王田"未区分，则不会有"间田"之说，所以当时"王田制"中的改革法令至少部分实行过。《汉书·食货志》载王田令发布后，"犯令，法至死，制度又不定，吏缘为奸，天下嗷嗷然，陷刑者重"及上引中郎区博对王莽的劝谏文，都是记述当时新朝"王田令"实际执行过程中出现的种种后果，可作为此项土地制度改革法令实行过的间证。

第三种观点认为，王莽新朝不仅颁布了"王田令"改革措施昭告天下，并在全国也全面推行过这项土地制度改革，只是在实施过程中，因阻力过大，局面一度失控，而于始建国四年曾短暂废除过"王田令"，之后又恢复了各项改革措施并坚持到新朝灭亡。此说的文献依据，《王莽传》载，地皇二年（21年）卜者王况所言："新室即位以来，民田奴婢不得买卖。"表明"王田制"改革并非到始建国四年即告消亡，又《王莽传》载，天凤元年（14年）"诸侯国置閒田，为黜陟增减云"，天凤元年既有"閒（间）田"存在，则证明"王田制"此时仍在沿用。此外，地皇二年，公孙禄批评王莽改制"明学男张邯、地理侯孙阳造井田，使民弃土业"，地皇三年（19年），王莽打算派使者分行天下"除井田、奴婢……之禁"，但使者"待见未发"，表明王田令应一直执行到新朝末年。

上述王莽新朝"王田制"改革具体实施情况的种种结论，多建立在对文献材料的辗转稽求、类比间证上，缘于汉代文献记载的陋略模糊，后世论者理解有歧义亦属自然。关于出土"閒（间）田"铭汉印、汉简文物的史证价值，亦因过去研究者对"閒（间）田"二字的释读意见不一，多年来未能获得史学界的充分肯定，如有论者认为《礼记·王制》所记"名山大泽不以封，其余以为附庸閒田"中的"閒田"，实指"未封之地"，王莽附会《王制》把诸侯封地以外的郡县辖地称为"閒田"，应与"王田"的分配无涉等。阜阳刘庄新莽墓出土的博局镜"井田平贫广其志"铭辞，文义清晰无误地表明，王莽新朝当时确实推行过"王田（井田）制"土地制度改革，并在民间产生了广泛影响，进而亦证明陈直先生早年关于"閒（间）田""王田"之间关系的推论，完全合乎史实。

五、镜铭证史

这两面"井田平贫"铭新莽镜，与目前见于著录的众多硕大精美"尚方"御制镜或其他官作坊铸镜比较，不仅器形较小、铸制亦算不上精整，阜阳出土镜所属的墓葬为流行于两汉之际的典型小砖室墓，可见墓主身份地位不高，大体可划入为"平民"之列，凡此均表明这两面镜为可能新莽时期民间作坊所铸。歌颂"井田平贫广其志"的铭辞既能在民间铸镜中出现，表明此类符合广大平民阶层利益需求的政治歌谣，在当时的民间应是十分流行。细审镜铭，虽属易于诵读的口语化政治民谣，遣词造句却十分地精雅考究，因故此类谣谚出自广大民众自发创造的可能性似乎不大。当时的情况很可能是，此类为"王田制"改革欢呼粉饰的称颂之辞出自王莽集团文人之手并有意识地广布天下，又确为民众所衷心喜爱，以致终成流播风谣。似亦符合王莽好大喜功、擅长作"太平之制"表面文章的行事风格。即便是"井田颂"民谣果真原创于民间、为贫民阶层发自肺腑拥戴称颂王莽新政之辞，亦应是经过了新朝幕僚、儒士的二次加工、润饰之后方为镜铭所用。反之，假如当时新朝政府没有在全国实际推行过"井田制"各项法令，便不会有此类"井田颂"民谣的广为流播。

以"井田平贫"铭博局镜为据，确认新莽时期有实际推行"王田制"改革之实，便可对《汉书》中关于"王田令"的陋略记述词句予以重新认识。

（1）既然新朝以坚决的态度严厉颁行"王田诏"中规定的各项改革法令，为什么《汉书》中的仅记载有国家禁止土地买卖法令的史实，而不提及政府没收地主多占土地和为无地流民授田法令的执行情况呢？这是因为"王田令"的实施，首当其冲的任务是将地主的多占土地无偿收为国有，而地主则在利用"王田令"制度疏缺不严的漏洞[1]之后，为了最大限度地规避风险减少损失，便不惜以身试法，违禁做买卖土地的交易，由此导致"王田令"颁行之初，地主违禁买卖土地和国家严厉打击土地买卖行为，成为最为突出的焦点矛盾。形成"天下嗷嗷然，陷刑者重""抵罪者不以胜数"混乱失控局面。《汉书》记载这个突出焦点而忽略其他法令执行情况，并不意味着没收地主多余土地、授田给无地农民的改革措施没有实施。从另一个角度看，"王田诏"颁行之初，大量的土地违法交易案件陡然增加，并最终出现局面失控的情况并非偶然，恰恰证明了这一反常现象系因国家严厉执行没收地主多余土地、授田给无地农民的改革政策而引发。如果新朝政权不在全国严厉实施国家没收地主多余土地的改革措施，哪来的那么多土地违禁交易案突然出现？

（2）两汉之际王莽"王田制"这一激进的土地改革运动，前后存续时间不足四年，宛若历史长河里的一颗炫目流星，在经过了照亮夜空的短暂辉煌之后，旋即迅速消逝，或因于这种快速出现又快速废止的猝然变化，让史家班固权衡之后认为不值得详书，故而《汉书·王莽传》中笔墨记之甚略。

（3）有论者根据《王莽传》记载地皇二年王况所言"新室即位以来，民田奴婢不得买卖"，地皇二年公孙禄批评王莽改制"明学男张邯、地理侯孙阳造井田，使民弃土业"，地皇三年王莽打算派使者分行天下"除井田、奴婢……之禁"，认为王莽"王田令"在始建国四年之后，仍在继续执行并一直延续到新朝末年。实则上述王况、公孙禄等言论，均是后人对之前发生过的事件追溯，并非说当时新朝"王田制"仍在实施。至于有些地方延续实施"井田制"土地制度的现象，作为少数很可能存在，但作为王莽新朝政权推行的全国性"王田制"土地改革，在始建国四年下诏废止后肯定不会再死灰复燃，原因前已述及。

世间万物运转，多循福祸相依、生死轮回、利弊共生之道。两汉之际政治谣谚的微妙舆论导向作用，既能为王莽掌握皇权、执政天下所用，当然亦能为其政敌所用。具有讽刺意味的是，热衷于利用政治谣谚操控社会舆论、影响和引导民心向背的王莽，恰恰也吃尽了政敌刘氏集团不断网罗、传播的险恶谣谚非难、中伤的苦头，在农民起义和刘氏贵族势力的双重打击下最终灭亡。

六、小结

（1）阜阳"井田平贫"铭博局镜，出土于新莽时期墓主身份地位不高的小型普通砖室墓中，且直径较小，与同时代流行的硕大精美官作坊铸镜明显不同，推定应系民间制镜作坊所作。

（2）为王莽代汉立新歌功颂德、颂扬王莽"王田制"改革的政治歌谣，出现于阜阳博局镜铭辞中，该镜又系民间铸镜，表明此类谣谚当时已在民间广为流播，并深受广大百姓

2.4 新莽镜"井田平贫"铭研究

欢迎。

（3）"井田平贫"铭新莽博局镜歌谣虽文意明达通俗，但用词精雅、音韵考究，原创应非出自民间。此类颂扬新朝新政之辞，很可能为王莽幕僚儒士所创并有意传播。后因的确迎合了民众的心声而成风谣，"井田颂"流播既广影响亦深，最终为铜镜铸铭所吸纳。

（4）此镜年代可靠、出土地点清晰、镜铭文意确凿，是目前发现的罕见实物资料，与王莽"王田制"改革这一重大历史事件直接相关，其"证史""校史""补史"的价值弥足珍贵。该镜铭辞内容与《汉书》所记相互校勘，可确证王莽"王田制"改革，当时在全国范围推行。对于解决学术界关于新莽"王田制"改革问题的争议，具有重要意义。

【注 释】

[1] 如与吏缘勾结分户析产，钻"男口不盈八占田限额一井"的空子，将巨额田产化整为零"合法"占有等。

【参考文献】

1. 马新：《时政谣谚与两汉民众参与意识》，《齐鲁学刊》2001年第6期。
2. 吕宗力：《汉代的谣言》，浙江大学出版社2011年版。
3. 仝晰纲：《汉代的乡里风谣与举谣谚》，《人文杂志》1999年第4期。
4. 王凯旋：《汉代谣谚与世风》，《聊城大学学报》2004年第6期。
5. 班固：《汉书》，中华书局1962年版。
6. 陈直：《汉书新证》，天津人民出版社1959年版。
7. 陈忠锋：《王莽理想政治研究》，华东师大2008年博士论文。
8. 王彦辉：《汉代豪民研究》，东北师范大学出版社2001年版。
9. 陈苏镇：《汉代政治与〈春秋〉学》，中国广播电视出版社2001年版。
10. 葛承雍：《王莽的悲剧——兼与张志哲等同志商榷》，《西北大学学报》1981年第1期。

2.5 西汉日光镜铭文释考与研讨

■ 孙克让　叶德舞

一、概述

"见日之光"是西汉最为常见而又广泛流传的镜铭文[1]，依据年代与主纹的不同，此类镜主要分为以下七种[2]。

甲、西汉早期，蟠螭地纹（本文图1～图5）；

乙、西汉早期，四乳纹等其他纹（本文图6～图8）；

丙、西汉早中期，花瓣纹（本文图9～图13）；

丁、西汉中期，草叶纹（本文图14～图18）；

戊、西汉中晚期，单圈纹（本文图19～图21）；

己、西汉中晚期，重圈纹（本文图22～图23）；

庚、西汉晚期，四灵博局纹（本文图24）。

这七类首句都有"见日之光"铭文或是由其衍生并发展出各种组合的铭文，形成了一个"见日之光"为主题的镜类，在西汉铭文镜中占据了重要地位。

二、主题

日光镜铭文是以"见日之光，天下大明"作为主题内容。这样一个简单而又直白的字句，其意义何在？笔者认为，这个"日"不是自然界的"日（太阳）"，而是人们心目中的太阳。大家都知道，人类在远古时期都崇拜太阳，因为它给人们带来光明和温暖，人们热爱和依赖太阳，"日"被人们供奉为神。远古人们认为，世上万物都由神来主宰。在长期生活当中，人们将太阳的大恩大德转化为对远古先哲的赞美，称元首、天子为日（太阳）的代表。

古人怎样称呼他们心中的先哲呢？《虞夏书·尧典》："允恭克让，光被四表，格于上下。"说尧"谦恭克让"的光芒照射到四海之外，充塞了天地之间。后来，尧让帝位于禹，《卿云歌》诗云："卿云烂兮，糺缦缦兮。日月光华，旦复旦兮。"[3]诗中歌王化之隆，颂帝德之盛，圣人的光辉如日月普照，无穷无尽。古诗《八伯歌》："明明上天，灿烂星陈，日月光华，弘于一人。"是说明朗的上天，众星有序排列，日月光华与尧舜光彩一样，宏大而永久。《尚书·皋陶谟》中亦称赞舜："禹曰：'俞哉！帝，光天之下，至于海隅苍生，万邦黎献，共为帝臣，惟帝时举。'"大禹称赞舜帝：你的光辉照亮天下，以达海角民众，万邦君臣贤人，臣服于你的光芒之下，供你选择使用。《诗经·大雅·文王》："文王在上，于昭于天。周虽旧邦，其命维新。有周不显，帝命不时。文王陟降，在帝左右。"说文王高居天上，发出辉煌的光芒。岐周虽古国，天命已换新。周朝光明而往，文王适时降福，总伴在天帝左右。亦称周文王如太阳光芒照天下。

在周易八卦中，以天为阳，为乾；以地为阴，为坤。《周易·说卦传》云："乾为天、为圜、为君、为父……为首"是说，主宰自然界在上者是天，主宰一国在上者是君，主宰一家人在上者是父，故卦中三阳爻表示天、君、父。还有孟氏《易》象："乾为王、为神、为人、为圣人、为贤人、为君子、为善人……为大明。"《周易·文言传》："大哉乾乎，刚健中正，纯粹精也。"就是伟大的天啊！像太阳那样刚健中正运行，太阳是光与热的精华源泉[4]。由此可知，"天""太阳（日）""君王"三者都是可以互为转换的称谓。

上述文献表明，我们看到"日"与国君的关系，所以就不难理解"见日之光，天下人明"的意义了。此类镜都是圆形，内有铭文方框，这是"天圆地方"[5]的一种体现。

还有一种铭文"见日之光、天下大阳"。"阳"字不仅有光明感，还体现温暖的存在，显然是当时人们对明君治国的共同感悟。更有甚者，有铭："天上见长，心思大王""心思美人，勿忘大王""见日之光，明者君王""日出大明，天下益昌"等。这些内容进一步阐明"日"与大王、国运的关系。几千年来，有一句老话："天无二日，国无二君。"人们始终将好的国君比做太阳。

对于西汉百姓来说，尤其是对生活在汉文帝、景帝时期的百姓来说，他们有着更加深刻的感悟：人们从秦始皇、秦二世的黑暗统治下走出来，又幸运地遇上了"文景之治"。记忆犹新，对比强烈。今人距离那段时间已经两千余年，感情色彩已经淡漠，可以较为理智地评价历史。秦始皇统一中国，建立第一个封建中央集权，实行郡县制，制定法律，统一度量衡，车同轨、书同文等诸方面都具有重要贡献。然对其暴行，《史记·秦始皇本纪》载："秦王怀贪鄙之心，行自奋之智，不信功臣、不亲士兵，废王道、立私权、焚文书。而酷刑法，先诈力而后仁义，以暴虐为天下始。"人们在见不着太阳的昏暗中挣扎。在无望中只有造反。秦末，陈胜、吴广起义，经过多年征战之后，汉高祖刘邦才建立了统一的封建帝国。

汉高祖以其平民出身，接受秦灭亡的教训，发展农业生产，平定割据，体察民情，重本轻末，制定《汉律》，使社会经济得到一定发展。"大风起兮云飞扬，威加海内兮归故乡，安得猛士兮守四方。"《大风歌》表明了汉高祖刘邦决心在掌权之后强国兴邦的雄心。但他在位仅七年。身后，吕后专权，诸吕作乱，残害忠良，终遭汉初元老的平定。汉兴至此已二十七年，这是西汉早期的前半段，铜镜多延用战国晚期及秦式镜，无铭文镜者较多。笔者认为，这段时间稍后才有了铭文镜，如《清华铭文镜》图3铭："修相思，毋相忘，常乐未央。"图4铭："愁思甚，悲欲见，毋说相思，愿毋绝。"两铭皆是在连年征战，在兵役、劳役及种种离乱造成的家破人亡后，所产生的相思文化，铭文是客观现实的反映。而图5则应是吕后在位以后的反映，其铭文"大乐贵富，千秋万岁，宜酒食"是享乐文化的表现。

代王刘恒受周勃等众臣拥立而即帝位，开启了闻名于世的"文景之治"。《资治通鉴》卷一六载："孝文、孝景，清净恭俭，安养天下，七十余年之间，国家无事，非遇水旱之灾，民则人给家足。都鄙廪庾皆满，而府库余货财；京师之钱累巨万，贯朽不可校；太仓之粟陈陈相因，充溢露积于外，至腐败不可食。"这段史料充分说明，文景之治使国家与人民相当富足，这是封建社会最为光明的时期之一，较之秦末有天壤之别。正如东汉班固所赞："汉兴，扫除烦苛，与民休息。至于孝文，加之以恭俭，景帝遵业，五六十载间，至于移风易俗，黎民醇厚。周云成康，汉言文景，美矣！"

三、一览

依据本文概述中的七个大类，本文有选择性地对存世日光镜进行统计、汇总（详见表一）。

表一 西汉日光铭镜类一览表

图号	分类	主纹	铭文内容	直径（厘米）	重量（克）	资料来源
1	甲	蟠螭地纹	见日之光。	8.9	50	《清华铭文镜》图6
2			见之日光。	9.5	59	本书下册图21
3			见日之光，天下大明。	7.3	19	本书下册图22
4			见日之光，所言必当。	8.1	32	本书下册图23
5			见日之光，明者君王。	8.9	50	本书下册图24
6	乙	纯文字	见日之光，天下大明。	6.6	33	本书下册图36
7		四乳方框	见日之光，天下大阳。	10.6	128	《汉铭斋藏镜》图28
8		四乳草叶	见日之光，天下大明。	8.3	60	《汉铭斋藏镜》图33
9	丙	花瓣纹	见日之光，服者君王。	13.6	260	本书下册图53
10			见日之光，所言必当，幸毋见忘。	11.6	178	本书下册图54
11			见日之光，天下大阳。服者君卿，延年千岁，幸至未央，常以行。	18.8	515	本书下册图60
12			见日之光，天下大阳。服者君卿，幸至未央。	11.5	/	本书下册图62
13		花瓣草叶	见日光，天下大阳。服者君卿，延年益寿，敬毋相忘，幸至未央。	13.6	348	本书下册图92
14	丁	草叶纹	见日之光，天下久长。	11.4	122	本书下册图66
15			见日之光，天下大昌。	15.9	342	本书下册图67
16			见日之光，所言必当。	11.5	131	本书下册图68
17			见日之光，服者君卿。千秋万岁，愿毋相忘。	20.2	730	本书下册图69
18			见日之光，美人在旁。	13.7	260	本书下册图70

续表

图号	分类	主纹	铭文内容	直径(厘米)	重量(克)	资料来源
19	戊	单圈	见日之光，天下大明。	7.3	69	《长安汉镜》图22-7
20			见日之光，天下大明。	8.7	165	《清华铭文镜》图25
21			宣王。见日之光，天下大明，乐未央。千秋万岁，毋相忘，时来何伤。	约10	/	徐州市博物馆
22	己	重圈	内圈：见日之光，长毋相忘 外圈：内清质以昭明……	15.2	494	本书下册图122
23			内圈：见日之光，长毋相忘 外圈：姚皎光而耀美……	13.8	427	本书下册图124
24	庚	四灵博局	见日之光，天下大明。而（尔）昭侯王，长乐未央。	14.0	454	《清华铭文镜》图42

四、图释

依据表一之排列，这里对24个图例进行逐一释考。

图1 蟠螭纹日光铭镜是此类镜的最早品种，本文共列举五面。主要特点是：尺寸小、重量轻、带地纹、文字大[6]。

图2 这是一面文字排列"错位"的特殊镜。在顺时针向连读时，图1镜为"见日之光"，此镜是"见之日光"。

图3 此镜可谓是主题镜铭"见日之光，天下大明"的源头器物。其单位面积重量仅0.45克/平方厘米，说明西汉早期（应在文帝之前或之初）的生活艰难与节俭风尚。

图4、图5 两镜皆为早期日光镜的"衍生"品种。史载，汉文帝劝农、养桑、减赋、安居，"所言必当"与"明者君王"似又理解为百姓对汉文帝恢复民生的赞誉与拥戴。

图6 器物直径最小，似为最早的手镜。

图7 这种布局比较少见，此镜尺寸在同类镜中属于大者。"大阳"在文中已有比较与释读。

图8 此镜系日光铭四乳镜的经典器物，形制规整，书体俊美。1971年，陕西千阳汉墓出土同类镜，直径7.3厘米。《中国书法全集·九秦汉金

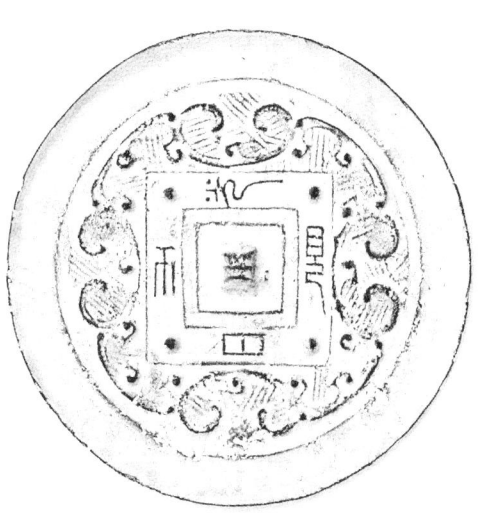

图1

图2

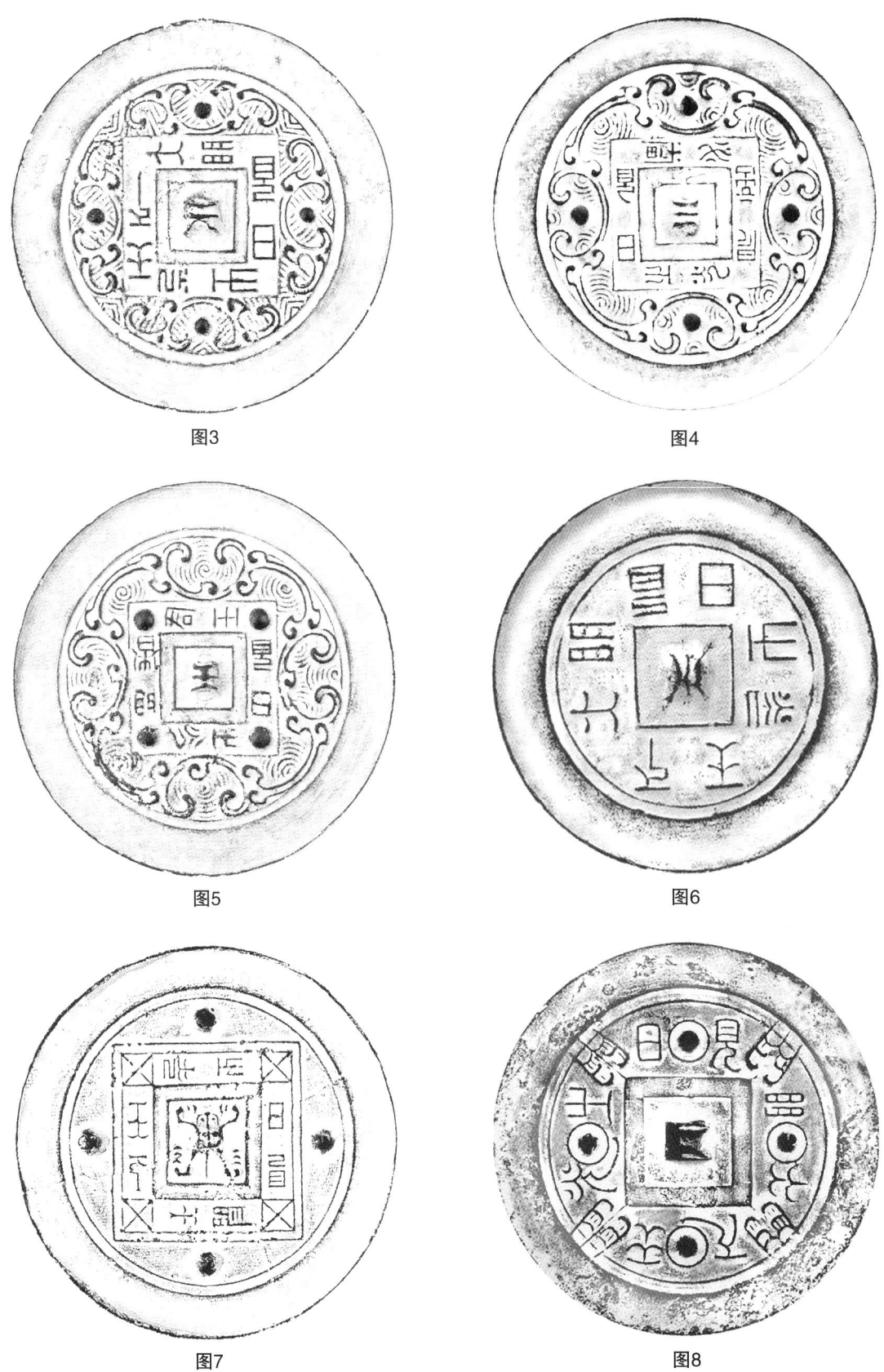

图3　　　　　　　　　　　　图4

图5　　　　　　　　　　　　图6

图7　　　　　　　　　　　　图8

文陶文》图48文字对此镜评为："小篆体，极规范。"

图9 "服者君王"的喻义与"服者君卿"相似，此镜与《清华铭文镜》图7相比，仅"服"与"明"的一字之差，可见日光铭镜在西汉时期出现的多样性。此书纹饰较为奇特，围以四桃形花瓣之四乳钉，布局在铭文方框原有四角处。在十六内向连弧之内侧与铭文方框等处，多有当时几何制图所留下的线痕，为后人研究留下了蛛丝马迹。

图10 "当"字与"言"字在一起时应作公正、正直之释，当言亦即直言。《管子·霸形》："桓公曰：仲父胡为然？盍不当言，寡人其有乡乎！""所言必当"可释为所有言语必定公正。本书下册图23、图61、图68、图91有相同铭文"所言必当"。

图11 此镜尺寸在同类器物中属最大者之一。《清华铭文镜》图18有详尽释读。

图12 此镜文字书体与本书下册图63十分相近，又称为"遵古"的缪篆。其问世年代应在西汉早中期之间，即景武之际。当属最迟的花瓣纹镜。

图13 此镜存世较少，虽在国内外都有见，然唯其为出土器物。在花瓣纹之间出现早期的草叶纹，可知此镜的问世年代也应在西汉早中期之间。在西汉早中期镜铭中，多见"长毋相忘""修毋相忘""慎毋相忘""常毋相忘""久毋见忘""幸毋相忘"等，罕见此镜的"敬毋相忘"。

图14 历史进入武帝时期，大汉帝国对"国家"的概念加强，草叶纹镜的铭文亦反映出这种时代特色，如"天下久长""天下大昌"等内容。《四川省出土铜镜》图15有铭"见日之光，长乐未央"。

图15 此镜在8字铭文镜中属硕大者。与图14镜铭文共同，其内容反映出一种"国家"层面的

图9

图10

图11

图12　　　　　　　　　　　　　图13

图14　　　　　　　　　　　　　图15

概念。

　　图16　此镜铭文与图4完全相同,说明了文化的延续性。

　　图17　此镜尺寸在日光铭类的同类器物中似属最大者,《清华铭文镜》图19有详尽释读。

　　图18　另见《四川省出土铜镜》图22铭文:"心思美人,毋忘大至。"这些镜铭反映出西汉中期时,尤其是在汉武帝抗击匈奴以后,社会安定、经济发展、生活富裕,人们对享受生活有了追求。

　　图19　此镜是存世最多的日光镜标准器,尤其特别的是,此类器物中可见"透光镜"的现象存在,本书有专论,兹不赘述。

　　图20　与图19相比,这是单圈日光镜中的小类,详见《清华铭文镜》图26之释读。

　　图21　铭文内容让我们更清楚地认识到"见日之光,天下大明"亦是为明君立言。《资治通鉴》卷二七有班固赞曰:"孝宣之治,信赏必罚,综合名实。政事、文学、法理之士,咸精

2.5 西汉日光镜铭文释考与研讨

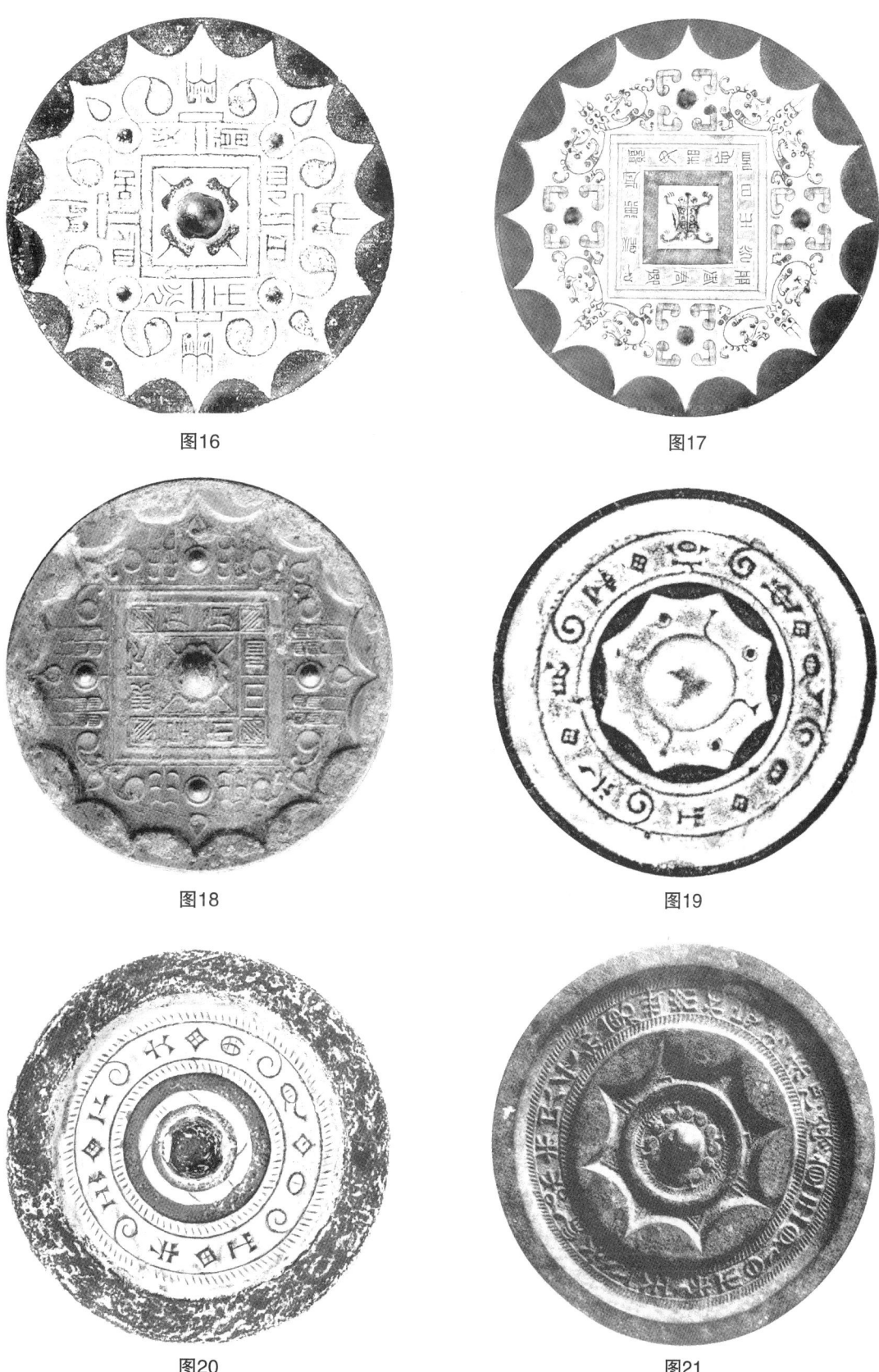

图16　　　　　　　　　　图17

图18　　　　　　　　　　图19

图20　　　　　　　　　　图21

图22

图23

图24

其能。至于工技巧、工匠、器械，自元、成间鲜能及之。亦足以知吏称其职，民安其业也。遭值匈奴乖乱，推亡固存，信威北夷，单于慕义，稽首称藩。功光祖宗，业垂后嗣，可谓中兴，侔德殷宗，周宣矣！"为什么镜铭称"王"而不称皇帝呢？那是因为西汉人心中的秦始皇的皇帝称谓，在他们心中还存有阴影，人们乐以周代的成、康之王道为理想时期。周代宣王是中兴之王，汉宣帝是汉代中兴之帝，由此可知，"见日之光，明者君王"和"天上见长，心思君王"等铭文中的"君王"即是当时人们对皇帝的称呼。

图22、图23 在西汉中晚期的铭重圈镜中，可说有一大半内容，皆为日光（内圈）与其他铭文（外圈）的组合，如日光—昭明，日光—清泠，日光—皎光，日光—君有行等。其中以日光—昭明的存世量最大。

图24 镜之书体为西汉晚期的悬针篆书体，说明此镜应该是最晚的日光铭镜类。

由以上24图可知：这些日光镜铭文多是当时人们对心目中明君的深切感悟，是歌颂和赞美。从景帝后期开始，镜体走向厚重，尺寸逐渐增大，铸制更加精致，体现豪华之气。铭文多现享乐文化，如"长富贵、乐无事、日有喜、常得所喜、宜酒食"（1968年河北满城出土元鼎四年的中山国靖王刘胜墓）；"上高堂，临东相，竽瑟会，酒食芳。"（本书下册图94）；"从（纵）酒东相，长乐未央"（本书下册图95）；"投博至明，置酒高堂"（本书下册图96、图97）等。到了西汉晚期，"见日之光，天下大明"等日光铭镜类就很少出现。铭文内容呈多元化趋势。诸多的西汉镜铭，为后人留下了宝贵的文化遗产。

五、小结

日光镜铭从文、景时期出现，迅速发展成势，武帝中期渐衰，宣帝又见中兴直至西汉晚期再次昙花一现，而后终于消失。正如《论语》所言："天下有道则见，无道则隐。"然而，将帝王比作太阳之说一直沿用至后世。

【注　释】

［1］《长安汉镜》一书汇集了334面汉镜，其间日光镜有92面，占总数1/4以上。
［2］参考《止水集——王纲怀铜镜研究论集》和《清华铭文镜》两书。
［3］此诗选自《唐诗合解笺注》附古诗一册四卷，收录唐以前古诗，再注时只写"古诗"二字。
［4］参见《周易探源》。
［5］参考《止水集》第二篇"农政"。
［6］"修相思"铭与"愁思悲"铭的蟠螭纹镜，虽问世年代比此类镜早，然其文字面积较小。

2.6 西汉昭明镜铭文释考与研讨

■ 王纲怀

图1 避讳"彻"字前的昭明镜（国家博物院藏）
（本书下册图15）

此类主纹是"三叶蟠螭纹"与"博局蟠螭纹"，其铭文组成有单圈24字与重圈（24+48）72字两种。详见拙文《西汉早期蟠螭纹铭文镜研究》。蟠螭纹是战国镜的特色，在西汉铭文镜中仍然出现，当是一种承前启后的过渡状态。

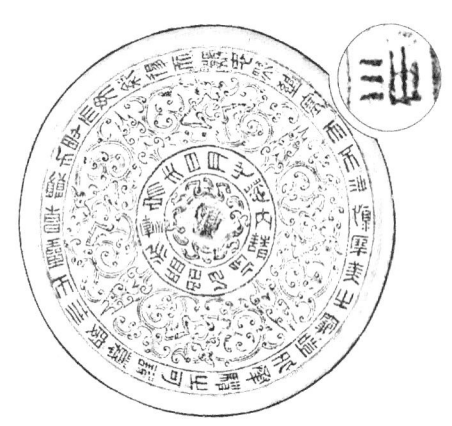

图2 避讳"彻"字后的昭明镜
（本书下册图20）

此类主纹的昭明镜先是带"四叶蟠螭纹"的铭文，以后取消蟠螭主纹，成为纯铭文的镜类；有蟠螭主纹的铭文组成仅重圈（14+34）48字一种。蟠螭纹是战国镜的特色，在西汉铭文镜中仍然出现，当是一种承前启后的过渡状态。

昭明镜与日光镜、清白镜、铜华镜等镜种流行于西汉中晚期及新莽时期，因其铭文有"内清质以昭明，光辉象夫日月"句而得名。常见昭明镜完整的铭文第三句第三字，以前皆认读作"扬"字。近年来，诸多专家学者一致认为"扬"应为"穆"字。为此，昭明镜铭文内容应读为"内清质以昭明，光辉象夫日月，心忽穆而愿忠，然壅塞而不彻（泄）"（见图1、图2）。

此四句六言24字的铭文如何确切解读？在对昭明镜的长期研究中，这是个始终令人困惑的问题。近期，笔者边查阅资料，边研读汉史，期许在两者间探蛛丝马迹，寻因果渊源，以求破解难题。寅卯交替，终有所获。

昭明镜铭文解读按传统有四说：工艺说、养生说、敬夫说、忠君说。

工艺说主要依据是铭文前两句，指铜镜净无杂质，镜面日月般光亮。养生说依据第四句"不泄"，谓此与陆贾"养气治性，思通精神，延寿命者，则志不流于外"相通，是养生健体思想在镜铭中的反映。敬夫说则联系常见的昭明—清白铭重圈镜中有"絜清白而事君"语，认为是为人妻妾的持镜者的表白。忠君说称，"愿忠""事君"乃忠君之意。

四种解读，于镜铭全文既无连贯统一的思维，又缺高屋建瓴的剖析，局部演绎似顺理成章，通观全篇则语焉不详，故皆如隔靴搔痒，雾里看花。

对于此铭解读，笔者有三点思考似可作启锁

之钥。

其一，汉王逸在《离骚序》中曾说："离骚之文，依诗取兴，引类譬喻。故善鸟香草以配忠贞，恶禽臭物以比谗佞，灵修美人以媲于君，宓妃佚女以譬贤臣，虬龙鸾凤以托君子，飘风云霓以为小人。"可见从《诗经》《楚辞》等中国古典文学来看，传统以香草美人比喻忠君之意。

其二，西汉镜铭内容的涉及面甚广，相思文化、长寿文化、祈祥文化、情爱文化等都不必隐晦。常识可知，只有站在对立面的角度讽喻时政时，才需要隐晦。

其三，昭明镜问世于景帝时期，终止于新莽时期，先后经历一个半世纪，其存世时间之长和存世数量之多（数以千计）说明，这个历史重担完全不是敬夫说所能担当。

"内清质以昭明"——"昭明"即"显明之意"。《国语·周语下》："夫礼之立成者为饫，昭明大节而已。" "光辉象夫日月"——《新书·道德说》："明者，神气在内则无光而为知，明则有辉于外矣。" "心忽穆而愿忠"——"忽"古字有"草"字头，今已不见。"忽""沕"通假，"忽穆"即为"沕穆"。《史记·屈原贾生列传》："沕穆无穷兮，胡可胜言。"唐司马贞《史记索隐》曰："沕穆，深微貌，以言其理深微，不可尽言也。" "然壅塞而不彻（泄）"——壅塞原意阻塞，不彻（泄）即不通畅。如果仅到此止步，把四句铭文译作：内无杂念品质高尚，形象光辉日清月朗，心愿尽忠深微难言，水流阻塞沟通不畅。读罢这种"迢迢牛奶路"式的译文，读者可能仍是一头雾水。

铜镜铭文兴盛于汉代，并逐渐成为铜镜纹饰的重要组成部分，是汉代铜镜的一个显著特征，也是了解这一历史时期的社会思想变化、书体演变规律和鉴别铜镜年代的重要依据之一。言简意赅、不歌而诵的铭文既可状物，亦可言情，既可咏志，当然也可喻人。如果跳出惯性思维而从借镜喻人的思路解读昭明镜铭文，其文义可能就畅达无碍了。

"昭明"句，若据班固《典引》中"臣固常伏刻诵圣论，昭明好恶，不遗微细"理解，是不是描述了一位臣子在向皇上诉说自己的主张，而且好恶分明、微细不遗呢？"日月"句对镜而言似有夸大之感，如喻指一种人的心理及生理状态是否更为恰当？"忽穆"句中之"忠"字，指对铜镜主人固无不可，《史记·屈原贾生列传》所云"沕穆无穷兮，胡可胜言！祸兮福所倚，福兮祸所伏"，若把它看作是臣子表白对君王的忠心而又不能尽言的心态是否更为贴切？"壅塞"句若仅就字面解作水流阻塞显然于意不通，但据《晏子春秋·谏上》"君疏辅远弼，忠臣壅塞"、《左传·昭公元年》"距违君命，而有所壅塞不行是惧"和曹操《上书理窦武陈蕃》"武等正直，而见陷害，奸邪盈朝，善人壅塞"来看，理解为君臣不和、难以沟通之意是否更加可信？根据"信达雅"的原则，我们现在似可将昭明镜铭文译为

品质高尚而清白坦荡，忠贞不贰堪与日月同光。
虽满怀忠直恭谨之心，却因君臣隔阂难以通畅。

至此，似乎可见一位历史人物在向我们招手，一个重大事件在向我们靠近。然而，要彻底解读这段铭文，让这位呼之欲出的人物走到幕前，让这个若明若暗的事件重现舞台，还有一个不可或缺的条件：昭明镜的问世时间。

对于蟠螭主纹不同的昭明镜,其间有一细微差别,即"三叶蟠螭纹"与"博局蟠螭纹"镜中的铭文末字皆为"彻"字,而其后之"四叶蟠螭纹"却已改成"泄"字。24字铭文中的23字皆沿袭不变,唯独将"彻"字更改为"泄"字,别无他由,唯一的解释是刻意为之。"彻"字是汉武帝的大名,按例不可不予避讳。如汉初辩士蒯彻,史书即一律改称"蒯通"。镜铭带"彻",自然要避讳改作为"泄"。1995年,李学勤、艾兰《欧洲所藏中国青铜器遗珠》图199,首先提出了镜铭"泄"字当是"彻"之避讳字,为汉镜铭文解读指点迷津。

据此,笔者以为,最早昭明镜应问世于汉武帝即位(建元元年,公元前140年)前的汉景帝时期(前156年—前141年)。

"文景之治"约四十年间,对皇上赤胆忠心、耿直尽忠,却未能善终而让后人扼腕叹息、深切怀念的重臣,遍检汉史,可说是只有两位:贾谊和晁错。

贾谊(前200年~前168年),洛阳(今河南洛阳)人。18岁即有才名,由河南郡守吴公推荐,20余岁被文帝召为博士,后被破格提为太中大夫。23岁时,因遭群臣忌恨,被贬为长沙王太傅。后被召回长安,为梁怀王太傅。梁怀王坠马身亡,贾谊深感歉疚,33岁忧伤而死。

晁错(前200年~前154年),颍川(今河南禹县)人。文帝时,因文才出众任太常掌故,后历任太子舍人、博士、太子家令后举贤良文学,对策高第,迁中大夫。为人峭直刻深,辩才非凡,被太子刘启(即后来的景帝)尊为"智囊"。景帝即位,以错为内史,迁御史大夫,位列三公。景帝前元三年(前154年)因建言削藩,于七国之乱时被腰斩,时年46岁。

贾谊、晁错同为西汉前期不可多得的英才,他们都力主削藩,同时重视积粮对立国的重要作用。贾谊的《论积贮疏》和晁错的《论贵粟疏》,被鲁迅先生誉为"沾溉后人,其泽甚远"的"西汉鸿文"。但纵观二人的一生,贾谊只是引导文帝勾画王朝发展的蓝图,晁错却在辅佐景帝驾驶帝国前行的航船;贾谊多半是空灵地在文学中徜徉,晁错更为踏实地在政坛上驰骋;观察贾谊多在辞赋散文中,认识晁错多在典籍史册里;感受贾谊升腾的是浪漫,如天马行空,品评晁错沉淀的是平实,似老骥伏枥;贾谊英年早逝,可谓悲苦悲凉,使人悲伤,晁错壮年罹难,可叹悲哀悲壮,令人悲愤。再对照铭文内涵,镜铭映射的那件历史事件,至此可以拉开大幕了,七国之乱是正选剧目;镜铭呼唤的那位臣子,如今应该揭去面纱了,直臣晁错是不二人选!

晁错学贯儒法,知识渊博,且能言善辩。他针对西汉王朝的社会问题,鞭辟入里地向景帝提出三个方面的治国策略:劝农固本,大力发展农业;移民戍边,抵御匈奴入侵;削藩去权,对付诸王挑战。然而在削藩问题上,他过于书生意气,其心有余,其力不足。身为国家股肱之臣,预料到藩国坐大之害,却行事不密,只知一味削权,不做防叛筹谋。他为人"峭直刻深"。"峭直",言辞不拐弯抹角,直来直去,不算什么大的毛病;但是"刻深",即处事待人苛刻严酷,得理不饶人,又犯官场大忌。这种政治失误和性格缺陷,为以后的事变埋下了不幸的种子,同时国家和他自己亦付出了惨痛的代价。《汉书》说晁错"锐于为国远虑，而不见身害"，实在切中肯綮。七国之乱，外有大兵压境，内有袁盎僭言，在"请诛晁错，以清君侧"的呐喊声下，景帝方寸大乱，一句"吾不爱一人而谢天下"迟疑糊涂，便使晁错期待的"尊天子、安宗庙"的愿望瞬间烟灭云散，化为一段历史遗憾。

晁错之死是西汉一大政治悲剧，也是一大冤案。晁错为自己的政治理想和政治抱负而被冤杀，当时就有人为之鸣不平。谒者仆射邓公曾当着景帝的面发泄不满："夫晁错患诸侯强大不可制，故请削之，以尊京师，万世之利也。计画始行，卒受大戮，内杜忠臣之口，外为诸侯报仇，臣窃为陛下不取也。"——晁错主张削藩，是大汉王朝的千秋大业，但计划刚刚实行，自己却被冤杀，以后还有忠臣敢说真话吗？这是亲者痛、仇者快的事。陛下你真不该这么做啊。景帝默然良久，曰"公言善，吾亦恨之"，深表悔恨之意。

汉代铜镜铭文属于一种民间通俗文学，文字乃各地镜师创作，为大众所共同传播和拥有，因此带着强烈的民意。邓公的话可以说是当时民意的体现，反映了人民对晁错的景仰和怀念。一些镜师推出昭明镜，把这种感情记录在铭文中，当在情理之中。其时，官方未曾公开平反晁错冤案，民间自然不便明言。于是，便有了这篇微言大义、耐人寻味的昭明镜铭。

晁错身后一千两百余年，苏轼写了一篇《晁错论》，批评晁错因主政缺少"前知其当然，事至不惧，而徐为之图"三个条件，以致招来杀身之祸。此乃一家之言，正确与否姑且不论。和《留侯论》《贾谊论》一样，一生坎坷、怀才不遇的东坡先生写《晁错论》，旨在把历史的杯盏，借文学的杜康，浇心中的块垒而已。可以说，昭明镜铭某种意义上乃是一篇汉代微型版的《晁错论》。与苏论不同的是，它从正面肯定了这位政治家的功劳。"删繁就简三秋树"，在这短短四句六言24字的西汉谣谚里，有歌颂，有追思，有感叹，有惋惜，有愤慨，真是七情交织，五味杂陈。"领异标新二月花"，昭明昭明，用镜铭为一缕冤魂平反昭雪，为一位直臣彰显清明，可谓蹊径独辟，用心良苦。

昭明镜铭是镜铭中的一个另类，亦是镜铭中的一朵奇葩！

2.7 西汉清白镜铭文释考与研讨

■ 王纲怀

图1 《古镜今照》图44

图2 高本汉《早期中国铜镜》图F8

与昭明镜同时问世的清白镜（图1、图2）[1]，因其镜铭首句"絜清白而事君"而得名。近百年来，诸多专家学者对其铭文进行过反复研讨。目前大致认定，其八句六言48字的齐全铭文辨读应为："絜清白而事君，怨汾骊（欢）之弇（合）明，微玄锡之流泽，恐疏远而日忘，怀糜（靡）美之窮體（穷礼），外承骊（欢）之可说，慕窈窕于（之）灵景（影），愿永思而毋绝。"

如何确切解读这段铭文，与昭明镜铭同样长期令人困惑。这段铭文与昭明镜相似，也是骚体，而且同样文字优美，同样晦涩难解。以"微玄锡之流泽"为依托的"工艺说"，以"絜清白而事君""愿永思而毋绝"为佐证的"敬夫说"，与昭明镜铭的传统解读同出一辙，于言不顺，于理不通。关于昭明镜铭文释考，笔者有初步结论：是对西汉直臣晁错的隐晦纪念。与昭明镜同处一器的清白镜，其铭文是否可顺着这一思路解读？在其他释考山重水复的形势下，或许可迎来柳暗花明。

昭明镜非敬夫说，同时代多用与其组合在一起的清白镜自然亦非敬夫说。这里，我们对清白镜铭文逐句试作解析。

第一句：絜清白而事君。

絜：通"洁"，纯洁。"事"即"侍奉"。《易·蛊》："不事王侯，志可则也。"《资治通鉴》卷一五："太子家令颍川晁错上言兵事。"此年为公元前169年，晁错30岁，至公元前154年被腰斩时晁错46岁，侍奉汉文帝十三年以上，侍奉汉景帝三年，一共侍奉两代君王十六年以上，可谓赤胆忠心，劳苦功高。

2.7 西汉清白镜铭文释考与研讨

第二句：怨沄骊（欢）之弇（合）明。

怨：同"怨"，怨恨，《晋书·陆云传》："非兰怨而桂亲，岂涂害而壑利。"沄：通"蕴"，即蓄藏、积聚之意，《左传·昭公十年》："蕴利生孽。" 骊：在此专指关系密切的人，《墨子·明鬼下》："今絜为酒醴粢盛……虽使鬼神请亡，此犹可以合骊聚众。"弇：遮盖。《说文》："弇，盖也。明：圣明。贾谊《过秦论》："明智而忠信。"《汉书·晁错传》："错为人峭直刻深。"如此言属实，则一定会因其性格而得罪于人、结怨于人，若遇小人定遭祸害。据《汉书·晁错传》，同朝大臣袁盎在私下与景帝交谈时称晁错为"贼臣"，在七国之乱时竟说："方今计，独有斩错，发使赦吴楚七国，复其故地，则兵可毋血刃而俱罢。"这正如《汉书·晁错传》所说，晁错"锐于为国远虑，而不见身害"，只问国事而不顾自身，壮年罹难。

第三句：微玄锡之流泽。

微：无，没有。《左传·僖公三十年》："微夫人之力不及此。""玄锡"指主要成分为锡与汞的铜镜研磨材料，《淮南子·修务训》："明镜之始下型，朦然而未见形容，及其粉以玄锡、摩以白旃，鬓眉微毫可得而察。"《吕氏春秋·召类篇》高诱注："明镜见人之丑，而不推破之；而扢以玄锡，摩以白旃。"简言之，玄锡即为铜镜开光所用之抛光粉（详见何堂坤《中国古代铜镜的技术研究》）。"流泽"即流布光泽。泽：光泽。《素问·玉机真藏论》："色夭不泽。"此句的意思是：没有玄锡擦拭让镜子清明光亮。

第四句：恐疏远而日忘。

恐：担心、害怕。此句的意思是：担心日渐疏远而被遗忘。

第五句：怀糜（靡）美之窮軆（穷礼）。

怀：心里存有。《九章·怀沙》："怀瑾握玉兮。""糜"通"靡"，华丽之意，《庄子·天下篇》："不靡于万物。"成玄英疏："靡，丽也。"穷礼：即"躬体"，恭敬弯腰。穷（窮）通躬。《仪礼·聘礼》："执圭入门鞠躬焉。"校注："魏氏曰温本作'鞠穷焉'。"礼（禮）：通体（體）。此句的意思是：心怀美好的品德又恭敬有礼。《汉书·晁错传》载："错衣朝衣斩东市。"朝廷重臣身着宽袍大袖、褒衣博带的朝服被突然腰斩，具有极大的悲壮性，此铭突出写明"怀糜美"——胸前华服似有讽喻之意。"窮軆（穷礼）"，指的是晁错洁身自好，人品清廉。这句铭文使得晁错的形象愈加高大。

第六句：外承骊之可说。

承欢：即谓迎合人意，求取欢心。《楚辞·九章·哀郢》："外承欢之汋约兮，谌荏弱而难持。"王逸注："言佞人承君欢颜，好其谄言，令之汋汋然。""说"通"悦"，即喜悦、高兴。《诗·召南·草虫》："亦既见止，亦既觏止，我心则说。"此铭应是对晁错"峭直深刻"性格的正面肯定之意。封建时代的大臣对帝王态度多是迎合，而晁错敢于直言、坚持真理，确属难能可贵。这种观点具有挑战性和针对性，在一定程度上反映了当时的民意。

第七句：慕窈窕于（之）灵景。

景：即"影"，影子。这里指镜中的影像。此句的意思是：怜惜镜中灵动的身影。在24

字昭明镜铭与48字清白镜铭中，此句文学色彩最为浓烈。同时，也可透视出铭文作者对"腰斩"一事的深恶痛绝，故特别提出"窈窕"一说，或许是一种暗讽。

第八句：愿永思而毋绝。

绝：可作停止之意。《礼记·杂记下》："当祖，大夫至，虽当踊，绝诵而拜之。"中国的三代青铜器铭文，在末句多有"子子孙孙永宝之"的内容，此铭与之相比，不仅有异曲同工之妙，还多了"永思"之意。镜铭作者将晁错定位到了值得永远纪念之国家英雄的高度。

至此，"清白镜"8句六言48字铭文可译为

以贞洁清白之身侍奉君王，怨恨谄佞掩蔽了圣明之光。
惜无玄锡将镜面擦拭明亮，担心日渐疏远而渐遭遗忘。
礼敬折腰心怀着美好愿望，然君王被媚惑而享乐迷惘。
看镜中窈窕身影心生爱怜，愿君王长久思念永不相忘。

昭明镜与清白镜同时流行于西汉中后期，而铭文又都是以表现"错虽不终，世哀其忠"（《汉书·晁错传》）为主旨。但细细考察，二者相互关联而又有些微差别。

昭明镜铭文"内清质以昭明，光辉象夫日月，心忽穆而愿忠，然壅塞而不彻（泄）——品质高尚而清白坦荡，忠贞不贰堪与日月同光，虽满怀忠直恭谨之心，却因君臣隔阂难以通畅"，这像一篇记叙短文，如一幅大致轮廓的写意画，较为曲折隐晦地道出了晁错之死的悲剧和冤案，表达了同情和缅怀之意。而清白镜铭则是对昭明镜铭作了细化与补充，它像一篇抒情散文，如一幅细部勾勒的工笔画，描绘了主人公的形象，展现了他的品格，歌颂了他的功绩，抒发了百姓崇敬、怀念的感情。较之昭明镜铭，清白镜铭有叙述，有描写，有抒情，文学手法更丰富，迫近事件更直接，呼唤人物更大胆，抒发感情也更强烈。利用铭文为直臣晁错冤案鼓与呼，如果说昭明镜是滥觞透迤，清白镜则是水流汨汨。两者联袂呼应，互为印证，珠联璧合，相得益彰，是西汉不可多得的镜铭佳作。

注 释

[1]《西汉昭明镜铭文释考与研讨》一文图1为汉景帝中晚期的昭明镜铭四句六言24字，昭明末字系未避讳之"彻"字，图2为汉武帝初年昭明镜铭全部24字加上清白镜铭后半之24字，共48字，昭明末字系已避讳之"泄"字。本文两图皆为汉景帝中晚期之完整的昭明镜铭（24字）与清白镜铭（48字）的铭重圈镜，共72字，昭明末字亦系未避讳之"彻"字。统计并了解已有的资料可知，本文清白铭的文字最为完整、最是规范，几乎没有通假、错别、反书、省偏旁等文字缺陷。拙著《汉铭斋藏镜》中有详尽的判读，于此不复赘述。

第3章 哲 学 篇

3.1 汉镜神仙思想研究　/191

3.2 汉镜中的西王母神话　/215

3.3 西汉早期镜道家文化概说　/231

3.4 东汉三段式神仙镜与五斗米道　/237

3.5 西汉中期镜铭之儒家思想　/252

3.6 三国吴佛字铭佛像镜研究　/256

3.1 汉镜神仙思想研究

■ 杨玉彬

汉镜神仙思想的物象构成宏富庞杂、自成体系，它是汉人在神仙信仰与升仙不死说支配下营造的一个令观者无限向往的神秘奇异世界。本文按"仙人""仙禽""神兽""神物"分类，对镜图承载神仙思想的物象尝试系统释名释义，借此分析两汉不同历史阶段镜图神仙思想的演变特征及社会背景、时代动因。

一、汉镜神仙世界物象释名释义

（一）仙人类

1. 西王母、东王公（父）

（1）西王母

图式常见以下几类：侧身跽坐，着宽袍，戴胜，形体小而独居（《图典》图303）；正面、侧身跽坐或站立，着宽袍，形象与世俗贵妇类似，形体高大，两侧多仙人侍者（《图典》图435）；与第二类基本雷同，但体生双翼（《浙江》图30）；正面踞坐悬圃或龙虎座上，两侧罕见仙人侍者（《上博》图54）。古代西王母神话源远流长，早期形象被记载在《山海经》《庄子·大宗师》中，两汉西王母渐趋"仙化"为众仙之主，具有掌管"不死药"、决定世人升仙永生、为众生消灾弭祸、保佑世人平安等多种神性功能，备受汉代世人崇拜。

（2）东王公（父）

东王公（父）多作为西王母的"对偶神"出现，其形象、分类与西王母基本雷同，一般以三山冠、颌下有胡须相区别（《图典》图446）。东王公（父）的出现一般认为不早于公元2世纪，《神异经》中有东王公（父）居于东荒山大石室的记载。《洞冥记》记"西王母适东王公舍"的传说，汉代流行儿歌"著清裙，入天门；揖金母，拜木公"，表明汉代东王公（父）与西王母在神仙世界里伴出，两者宛若夫妻。

2. 羽人、人面鸟、鸟首人

（1）羽人

图式习见三类：长头，长耳，长胡后飘，体被羽毛或生双翼，多细长尾（《上博》图39）；鸟喙形尖长嘴，躯体下部似人形，形成"鸟首人身"像（《西安》图34）；形构类同世俗之人，仅体被羽翼以示区别（《上博》图50）。羽人的形态有献物、持举器皿、持杵捣药、乘骑奔走、空中飘飞、跪拜、跽坐、站立、奏乐、吟唱、舞蹈、杂耍等多种变化，并多作侍者出现。

羽人即神仙说中的仙人，《楚辞·远游》："仍羽人于丹丘兮，留不死之旧乡。"王逸注："人得道身生毛羽也。"《道虚》："好道学仙，中生毛羽，终以飞升。"《论衡·无形篇》："图仙人之形，体生毛，臂变为翼……千岁不死。"两汉时期"鸟首羽人"或"鸟兽合体"的仙人形象，被真实地保留在镜图中。

（2）人面鸟、鸟首人

镜图中人面鸟身神也是汉代仙人形象之一（《长安》图42，《湖南》图55），鸟体被羽翼、擅长飞升，"人""鸟"合体实际就是汉人想象中的神仙形象。《山海经》中有"人面鸟"神话，稍后《抱朴子·对俗》亦记："千秋之鸟，万岁之禽，皆人面而鸟身，寿亦如其名。"镜图中的另一类鸟首人身神，也是汉代神仙说中仙人形象之一。

3. 仙人侍者、求仙者、修道升仙者、方士

（1）仙人侍者、求仙者、修道升仙者

镜图主神两侧还有一类没有羽翼的侍者，有擎举献物（《浙江》图版28）、跪拜求药（《图典》图442）、执便面侍立（《中原》图21）、恭迎状（《古今》图150）、奏乐吟诵（《古今》图92）、歌舞杂耍（《图典》图437）等多种形态，这些侍者虽与汉代世俗之人无异，亦属神仙世界里的仙人。两汉神仙说"世俗化""民间化"的发展，使大量现实生活题材融入神仙生活世界之中，以故镜图大量出现上述仙界侍者形象。东汉镜中，还出现了世俗之人乘车在神禽异兽、持节方士导引下升天成仙的组图。

（2）方士

有"步行式""乘骑式""伫立式""跽坐式""跪拜式"等多种形态，常以"持节""体被羽衣"为其主要特征（《长沙》图114，《古今》图142、《中原》图21）。有些方士作一手持旌节、一手捧举三株果或芝草状（《妙极神工》图303），还有一类方士侧身跽坐在圆腹釜形器前，作"炼丹"状（《长沙》图108）。方士的本领在于能够"通鬼神"、招"仙人"、炼"丹药"、导引世人成仙等，《汉书·郊祀志》记载方士因贡献"致仙方"而显贵者甚众，因欺骗帝王行迹败露杀身亡命者亦不乏其例，镜图中描述的方士活动场景，大抵属于"导人入仙""拜谒仙人""开火炼丹"之类。

4. 王子乔（侨）、赤松（诵、踊）子

王子乔（侨）、赤松（诵、踊）子形象多见于禽兽镜组图中，绍兴漓渚柏氏七乳禽兽镜中有一组两仙人相对跽坐博弈图（《图典》图350），两人身后的马有"王乔马""赤诵马"榜题，表明两位弈棋者就是王子乔、赤松子。此类仙人博弈图在汉镜中出现频率较高，因多数没有榜题而难以确认他们就是王子乔、赤松子。另一类有"上有……仙人子侨赤松子""神鱼仙人赤松子""崔文王侨骑鹿行"之类铭辞"注释"仙人身份的镜图，则可以推

定图式中两相对博弈、捣药、戏耍、骑鹿的仙人,就是传说中王子乔与赤松子。《淮南子》《列仙传》《搜神记》及汉乐府诗中有关于王子乔、赤松子仙人生活的记载,汉人还习惯用"松乔"合称指代仙人,可见两者是神仙传说在汉代很流行。

5. 天皇、五帝、地祇、伯牙、子期、黄帝

(1) 天皇、五帝、地祇

以"五段式"重列神兽镜图式为例,自上而下依次分段排列的诸神为:第一层正中主神是"天皇";第二层中间主神是"白牙";第二层至第四层依空间方位配置"五帝"图像,即"南方赤帝、西方白帝、东方青帝、北方黑帝、中央黄帝";中间第三层或第四层的镜钮左右两侧,配置主神"西王母、东王公"图像;最下一层中间主神为"地祇"。

上述诸神空间配位实则是东汉时期官方郊祀"祀神系统"内容的反映。《后汉书·祭祀志》记载建武二年(公元26年)洛阳南郊郊天之坛诸神布局:"(郊兆)圆坛八陛,中又为重坛,天地位其上……其外坛上为五帝位。青帝位在甲寅之地,赤帝位在丙巳之地,黄帝位在丁未之地,白帝位在庚申之地,黑帝位在壬亥之地……"这个等级森严、复杂有序的"诸神谱系"共由1514位神祇组成,镜图录入的仅是其缩影。

(2) 伯牙、子期

"伯牙弹琴子期吟"组合,均被配置在镜图天皇大帝之下的显要位置上。伯牙身前置放长板状琴,作两臂前伸操琴状,子期则肃穆倾听或作身躯后仰的吟唱。伯牙、子期擅琴乐的故事,见于《吕氏春秋·本味》《淮南子·说山训》、蔡邕《琴操》。两汉帝王行神仙事,乐舞表演是其必备内容,《史记·封禅书》:"(祀天、地祇)皆用乐舞,而神乃可得而礼也。"伯牙、子期频繁出现于汉镜仙人世界组图中,均与汉人迷信"仙人好音乐",进而以伯牙、子期弄乐为"媒介"招神、娱神的思想相关。

(3) 黄帝

黄帝在镜图空间方位中位居中央,与《淮南子·天文训》所记"中央土也,其帝黄帝,其佐后土,执绳而制四方"相合。传说中的黄帝勇武善战,先战炎帝于阪泉、次战蚩尤于涿鹿,又战夸父、共工,无往不胜,神威非凡,自然可以抵御各类凶强,镜铭"黄帝除凶"即取此意。

6. 九子、九子母、尧舜、尧舜二女、仓颉、燧人氏

(1) 九子、九子母

九子、九子母物象配置于东汉"三段式"神像镜图式上段龟趺坐华盖的两侧,其中有一妇人哺乳、九子环居周围者为"标准图式"(荆州博物馆藏镜),亦有母妇特征不明显、母妇周围不足九人者为"简约图式"(《西安》图60、图61)。

九子母传说渊源甚古,《楚辞·天问》:"女歧无合,夫焉取九子?"王逸注:"女歧,神女,无夫而生九子也。"《汉书·成帝纪》"元帝在太子宫生甲观画堂"句下应劭注:"甲观在太子宫甲地,主用乳生也。画堂画九子母。"可见无夫而生九子的"女歧",

在汉代以前就是神人,东汉时期的九子母神形象就是指"女歧"。"三段式神像镜"图式中的"一母九子"位在天之中心的北极宫,九子母被置放于最尊贵的凸显地位。

(2)尧舜、尧舜二女

"舜拜谒尧""尧嫁二女于舜"图式,见于东汉"三段式"神像镜中。《山海经》记有"帝之二女"居于洞庭之山的传说,至刘向《列女传·有虞二妃》中,始确见尧赐舜二女说的内容:"有虞(舜)二妃,帝尧二女也,长娥皇,次女英。"帝尧察舜贤能,禅让帝位,并嫁二女于舜以示信任。二女亦贤而有奇谋,多次助舜脱险,传说二女在舜死后,自溺于湘江。

(3)仓颉、燧人氏

三段式神像镜中有"仓颉作书、燧人造火"图像(《西安》图61),有镜铭为证。仓颉作书见于《淮南子·本经训》:"仓颉作书而天雨粟,鬼夜哭。"许慎《〈说文〉序》:"黄帝之史仓颉……初造书契。"《春秋纬元命苞》记仓颉"四目灵光,实有睿德,生而能书……指掌而创文字",与镜图中的四目神人貌合。

燧人氏钻木取火的神话见于《太平御览》引《王子年拾遗记》:"燧人始钻木取火,炮生为熟,令人无腹疾……遂天之意,故为遂人。"《艺文类聚》引《九州论》:"燧人氏夏取枣杏之火。"上述西安镜图式中,两神人作持棒钻磨生火状,正是镜铭所指的情节。

7. 太一、伏羲、女娲、河伯、蚩尤

(1)太一(泰一、太乙)

太一(泰一、太乙)神图像常见三类:人首虎身,形体硕大,正面踞蹲,两上肢外展,左右分别搂抱一人首蛇身神(《古今》图139);变体虎型,作站立状,两上肢左右外展,分别搂抱一人首蛇身神(《中原》图95);头部、躯体细部模糊,仅能看出是一位肩被羽翼的长发老者,侧身跽坐在龙舟中部(《中原》图130,《上博》图47)。

《史记·封禅书》记载汉代自武帝时始将太一作为最尊贵的天神,凌驾五帝之上统一诸天,并设泰畤祠祭祀。成帝以来,太一神在诸神中的至高地位开始动摇,东汉时期太一神崇拜之风式微,同时道教构建的另一个"诸神体系"渐趋流播。太一神的图像被置于镜缘画纹带中而罕见配组于主纹区者,应系其"主神"地位在神仙说中渐趋式微的例证。

(2)伏羲、女娲

伏羲、女娲图式作人面蛇身状(《古今》图139,《中原》图95),《鲁灵光殿赋》《楚辞·天问》《帝王世纪》等文献有记载,此亦为目前发现的大量汉画实物材料所验证。东汉阴阳五行说炽盛,伏羲、女娲对举出现符合"阴""阳"平衡法则,而道家认为"阴""阳"出于"太一",《老子》:"阴阳者,神明所生也。神明者,天地所生也。天地者,太一所生也。"《吕氏春秋》:"太一出两仪,两仪出阴阳……万物所出,造于太一,化于阴阳。"上述例镜中太一神搂抱伏羲、女娲的组合图式,也是东汉道教"太一化生阴阳"思想的形象图解。

(3)河伯

河伯神多以乘鱼车出行或驾三鱼行进的图式出现(《故宫》图25,《中原》图132,《中国文物报》1996年5月26日报道南阳镜），在汉镜"太一出行图"中，河伯神作为"导从"配置在太一神的龙舟前方。在"灵魂升天"图中，河伯神导引逝者灵魂由"冥界"通往"天界"。早期的河伯本为黄河"水神"，至汉代这个神话经历了与"冰夷""冯夷"等神话融合的复杂"仙化"演变，河伯渐趋成为一位可以随意出入天界并具有导引世俗之人或死者灵魂升仙功能的天上神仙。汉镜图式中的河伯，即多与导引升仙活动有关。

（4）蚩尤

蚩尤图式四肢弓张，张嘴吼状，形若凶悍巨兽（《古今》图127、《千镜堂》图160），有的手中还执有兵器。画纹带缘中的蚩尤排列在"诸神出行"队列中，并多有铭文标识其名称和神性功能（《古今》图127）。《山海经·大荒北经》："蚩尤作兵伐黄帝。"秦汉时奉祭蚩尤为战神，《史记·高祖本纪》记刘邦举事曾"祭蚩尤于沛庭"，《史记·封禅书》："天下已定，令祝官立蚩尤之祠于长安。"《汉书音义》："蚩尤，古天子，好五兵，故今祭之。"将蚩尤配置于镜图中，意在借助蚩尤的凶悍神力镇邪除祟，镜铭有"蚩尤避邪"词句。

（二）仙禽类

1. 朱雀

常见三类：低首或昂首，细颈，两翅附于体背作伏卧状，尾硕大分叉（《图典》图281）；体形修长或短粗，尾硕大并分叉翻卷，昂首伫立，或做展翅欲飞状（《图典》图248）；长喙，羽状冠，尾长而分叉上扬，昂首展翅飞行（《图典》图270）。此外，还常见头、尾、翅简化，躯体大而浑圆成流线型的图式及雏雀型、鹅、雁型图式等（《图典》图281、图293）。朱雀不仅是天象二十八宿中的南方七宿、是四神空间架构中的南方神雀，还是汉代神话里常见的仙人乘骑，《楚辞·九辩》："左朱雀之茇茇兮，右苍龙之跃跃。"《惜誓》："飞朱鸟使先驱，驾太一之象舆。"此外朱雀还被汉人广泛用于除凶、镇守宅门或丧葬镇守墓门等。

2. 凤鸟

凤鸟图式与朱雀雷同（《图典》图248，《西安》图35），作为仙人乘骑和得道之人升天的向导，它在镜图中比朱雀出现得更频繁。汉镜中常见凤鸟张嘴引颈吞服圆颗粒状物的图式，应系传说中服食长生果"琅玕"场景的再现，《庄子》："南方有鸟，其名为凤……以璆琳琅玕为食。"此外凤鸟还是仙界守护昆仑天阙的神鸟。

凤鸟与朱雀仅具有空间方位属性上的区别：朱雀是"四神"空间架构中位居南方的神禽，在镜图中遵循严格的空间配组配位规制。凤鸟不属于"四神"空间体系中的方位神，它多数场合下以"百鸟之王""祥瑞""出入天界的使者""仙界的护卫神""升仙乘骑"等身份出现。镜图中一只鸟如果单独出现而不在"四神"方位体系中，则很难判断它究竟是朱雀还是凤鸟。

3. 三足乌

三足乌形构与常见乌鸦、飞雀类似，仅以"三足"标示其神异之处（《图典》图250）。三足乌常被配置在西王母图像系统中，一般与九尾狐成对出现（《故宫》图34，《古今》图63）。汉代三足乌神话渊源有两说：一说与太阳有关，《淮南子·精神训》："日中有踆乌。"高诱注："犹蹲也，谓三足乌。"《论衡》："日中有三足乌。"《灵宪》："日者，阳精之宗，积而成鸟，象鸟，而有三趾。"一说三足乌为西王母役使的取食鸟。《大人赋》："吾乃今日目睹西王母……亦幸有三足乌为之使。"《汉书·司马相如传》注引张云："三足乌，青鸟也，主为西王母取食，在昆仑墟之北。"

4. 仙鹤

鹤多尖喙、细长颈、长腿，常作伸头引颈奋飞状（《故宫》图47，《洛阳》图31）。鹤是长寿仙禽，《淮南子·说林训》："鹤寿千岁，以极其游。"鹤还是常见的仙人乘骑，《楚辞·远游》："孔鸟飞而送迎兮，腾群鹤于摇光。"《九怀》："耆蔡兮踊跃，孔鹤兮回翔。"《列仙传》记王子乔升仙即驾鹤而行，《搜神记》所记"玄鹤衔珠"亦与服食升仙说有关。

（三）神兽类

1. 青龙与白虎

（1）青龙

常见形态有五类：头硕大，长嘴，曲颈，有角和须，长尾，体呈四肢张腾的翼兽状（《图典》图248）；与第一类类同，但体短宽肥硕，属典型的"兽体型"龙（《全集》图87）；头部鸟首状，体瘦长，是特殊的"鸟兽合体"型龙（《三槐》图83）；躯体任意拉长、收缩、压扁、扭曲、简化，属于"线体型"龙（《故宫》图45）；兽体形，躯体盘曲在镜钮附近并为镜钮叠压（《千镜堂》图153），有些龙体和白虎、辟邪、天禄等神兽纠结在一起。

青龙是"四神"空间架构中的东方守护神，《三辅黄图》："苍龙、白虎、朱雀、玄武，天之四灵，以正四方"，又是神仙传说中的仙人乘骑，《山海经》《大戴礼记》《焦氏易林》多处记神人骑龙出行，《史记·封禅书》记有黄帝乘龙升天的传说。此外青龙还具有去恶除凶辟不祥等神性，《论衡》："龙虎猛神，天之正鬼也，飞尸、流凶，安敢妄集。"

（2）白虎

常见形态有三类：写实型，有引颈前行、昂首驻足、盘曲静卧、张口吞食等形态（《图典》图248，《三槐》图71）；体被双翼，躯体夸张变形（《六安》图120）；躯体盘曲在镜钮附近，或与其他神兽缠绕纠结在一起（《图典》图480），或单独成区（《图典》图478）；体作拉长、压扁、扭曲等形变处理（《图典》349）。

白虎是"四神"架构中位于西方的守护神,是"导引"世俗之人升仙的使者,也是仙人乘骑出游的工具,《楚辞·哀时命》:"使枭羊先导兮,白虎为之前后。"贾谊《惜誓》:"苍龙蚴虬于左骖兮,白虎骋而为右騑。"此外白虎还有除凶去恶辟不祥的神性。

2. 神龟与玄武

(1) 神龟

神龟图式均为写实型(《图典》图353)。汉人认为龟擅长行气导引、是长寿仙物,《史记·龟册列传》:"龟千年乃游莲叶上。"《春秋说题辞》:"龟之为言久矣,千岁知凶吉也。"龟不仅是仙人乘骑,还具有引导世人升仙的神性,《尚书·帝验期》:"泊周穆王驾龟罴鱼鳖……而会于王母。"镜图中习见羽人乘龟物象。此外,龟还有预示祥瑞、辟恶除邪、富贵长寿等神性。

(2) 玄武

常见以下几类:蛇位于龟上方,两者不缠绕纠结(《陈介祺》图67);龟、蛇离解,蛇环包龟,两者仍居一区(《图典》图279);龟、蛇分作两区(《清华》图42)。玄武不仅是"四神"空间架构中的北方守护神,还是仙人出行的常伴神物(《陈介祺》图67),《楚辞·远游》:"时暧而倪莽兮,召玄武而奔属。"《九怀》:"玄武步兮水母。"

3. 辟邪、天禄、麒麟、飞廉、天马

(1) 辟邪与天禄

辟邪与天禄混而难辨,其中有一类榜题自铭"辟邪"的独角神兽,作回首张口欲衔尾状,可作为辟邪的"标准图式"看待(《古今》图106,《图典》图305)。神兽镜中还有双角短粗、嘴大而宽扁、两圆眼外凸、正面踞蹲的辟邪图式(《古今》图131、《古今》图48)。《急就篇》云"射魅辟邪除群凶",可见其主要职能是辟除妖邪。镜图有一类体被双翼的大嘴狮形兽,作四肢弓张、昂首吼叫状,则可能是常与辟邪伴出的天禄(《古今》图116、135)。对于有"上有天禄居中央"镜铭或"天禄"榜题资证的神兽(《德惠堂》图134),则可作视为天禄的标准图式。"天禄"本意指上天所赐福禄《孟子·万章下》,至汉代演变成有翼狮子状的神兽。

(2) 麒麟

常见形态有三类:作独角羊昂首前奔状(《陈介祺》图102);体表有斑点,为羊首鹿身式(《西安》图32),多被配置在"五灵纹"组图中的西南空间方位;独角羊状,独角的顶端长出圆形肉球(《古今》图109),与文献记载麒麟"一角,戴肉"特征相合。有些"独角羊"神兽旁铸有"孔子羊""孔子白羊"的榜题,其实就是汉代的麒麟(《南阳》图版105-2,《古今》图106),这个形象源出于鲁哀公十四年(前481年)"西狩获麟"的典故,传说鲁哀公狩猎获麟,引起仁者孔子的哀怜,并因此绝笔《春秋》。

(3) 飞(蜚)廉

常见三类:头禽鸟形,兽体有翼,尾细长卷曲(《故宫》图33,《南阳》图版96-2);

鸟首、长颈、有角，躯体鹿形、有翼，尾短小（《湖南》图61）；头鸟首形，独角长而卷曲，体细长有翼，尾上卷（《图典》P297）。

飞廉是擅奔风神，《楚辞·离骚》："前望舒使先驱，后飞廉使奔属。"《史记·司马相如列传》"推蜚廉"句《集解》引郭璞曰："飞廉，龙雀也。鸟首鹿身者。"《三辅黄图·观》："飞廉，神禽能致风气者，身似鹿，头如雀，有角而蛇尾，纹如豹。"至汉代飞廉演变为仙人乘骑，《淮南子》："骑飞廉而从敦圄。"

（4）天马（乘黄）

常见两类：昂首或伸首引颈，鬃毛上竖，短尾上翘，四肢弓张狂奔，多有羽翼（《浙江》彩版26，《陈介祺》图126）；驻立静立，形构类同第一类（《浙江》图版20）。天马马身龙翼，谓之"乘黄"，《山海经》："白民之国有乘黄，乘之寿二千岁。"乐府诗《日出》"訾黄其何不徕下"句下应劭曰："乘黄，龙翼马身，乘之寿二千岁。"世人乘骑天马不仅能够长寿，还能够直接作为升天工具实现成仙的愿望，乐府诗《天马》："天马来，执徐时，将遥举，谁无期。天马来，开远门，竦予身，逝昆仑。天马来，龙之媒，游阊阖，观玉台。"

4. 玉兔、蟾蜍、九尾狐

（1）玉兔

图式大致分三类：长耳，体被羽翼，面向西王母，多见侧身跽坐、上体直立持杵捣药状（《古今》图82）；长耳、小脑袋、尖嘴，躯体则类同羽人（《千镜堂》图184）；写实型，作伏地状静立状（《千镜堂》图124），亦有躯体前倾或站立作持杵捣药图式（《全集》图59）。汉代兔的神话有两类：一与月亮传说有关，兔与蟾蜍并居月中代表月亮阴阳圆缺的变化，《灵宪》："月者阴精而成兽，象兔蛤焉。"《春秋元命苞》："月之言阙也，两设以蟾蜍与玉兔者，阴阳双居，明阳之制阴，阴之倚阳也。"一与西王母不死之药有关，《乐府诗集·董逃行》："采取神药若木端，白兔长跪捣药蛤蟆丸……服此药可得神仙。"东汉晚期两类神话渐趋融合，傅玄《拟天问》："月中何游？玉兔捣药。"

（2）蟾蜍

常见三类：一为写实型，躯体团状，嘴扁宽，体多饰圆点斑，有的颌下生须、有短小尾（《上博》图44）；一为短兽体型，体呈团状，嘴宽扁，独角，颌下有须，体被羽翼，四肢长而粗壮，长尾，有的长尾分叉翻卷（《陈介祺》图84，《三槐》图65）；一为长兽体型，独角，躯体长而健壮，作昂首爬行状（《西安》图36）。

蟾蜍神话多与月神及不死药有关，《淮南子·览冥训》："羿请不死之药于西王母，姮娥窃以奔月，托身于月，是为蟾蜍，而为月精。"《太平御览》引《乐府诗》："采取神药山之端，白兔捣成蛤蟆丸。"镜图中还有"蟾蜍举盘献药"图式（《千镜堂》图121）。

（3）九尾狐

常见三类：蹲踞型，上体直立或前倾，昂首前视或回望，尾多上卷，体态肥硕（《千镜堂》图96）；体近鹿形，长颈，有翼，四肢长，多作昂首前行状（《古今》图63），亦有体细长、伸首引颈伏地爬行的图式（《故宫》图45）；四肢弓张、伸首引颈疾驰状(《故宫》图34)。九尾狐是西王母仙界常见的神物,具有预示其赐福人间、使子孙繁盛家族兴旺等神性。

5.熊、猿、鹿、羊、鱼

(1)熊

常见四类:四肢伸张,仰卧,尖耳后竖(《南阳》图版96-1);回首爬行状,尖嘴外突,小尾上卷,一前肢上扬作扑击状(《洛阳》图26);直体蹲踞,两前肢伸展,嘴大张,头有弯曲独角,细长尾卷曲分叉(《仪征》图113);蹲踞后仰,体态肥硕,一前肢前伸作扑食状(《图典》图354)。此外,还见站立回首导引状的图式(《古今》图75)、击杀牛的图式(《六安》图104)、戏搏白虎图式(《古今》图106)等。熊在具有生命延长与化生的神性,《山海经·中山经》:"熊山,有穴焉。熊之穴,恒出入神人。"《抱朴子·玉策篇》:"熊寿五百岁,五百岁则能化。"此外,熊的生命力旺盛、力大勇武、刚猛强悍,还是抵御凶邪的祥兽。

(2)猿(猨)

大致分四类:躯体前倾,四肢外展,面目侧望(《西汉早期道家文化镜》图10);躯体前倾,昂首前望,两前肢伸展做导引状(《古今》图66);爬行侧视或回望状(《六安》图99);上体直立,上肢外展上扬,两下肢屈跪状(《广西》图19),或上体直立踞坐(《古今》图42)。猿被认为是一类长寿、聪慧、善变、擅奔的神兽,《吕氏春秋》记有荆王射杀白猨神的故事,《淮南子》:"楚王亡其猿,而林木为之残。"《吴越春秋》载有白猿化作老者点化越女技击的传说。猿擅长行气导引而长寿,《春秋繁露》:"蝯以猴,大而黑,长前臂,寿八百,好引其气也。"

(3)鹿

常见昂首前奔或驻足静立状,嘴尖细,耳上竖,长颈,体饰圆斑点,尾短小(《长沙》图65)。鹿是汉代神话中的仙人乘骑,《穆天子传》:"天子西升于黎丘之阳……乃驾鹿以游于山上。"《飞龙篇》:"乘彼白鹿,手翳芝草。"《仙赋》:"观仓川而升天门,驰白鹿而从麒麟",镜铭有"崔文王乔骑鹿行"记述(《止水集》P84表八E-9)。

(4)羊

多为昂首飞驰状,独角长而后卷(《西安》图36、《图典》253),也有少量的两角羊(《西安》图35)。羊是神话中的仙人乘骑,《春秋命历序》:"(皇神)出游,驾六蜚羊,政三百岁。"《列仙传》:"(葛由)乘木羊入蜀……随之者不复还,皆得仙道。"镜图中麒麟也多作独角羊状,两者的区别主要在于配置的空间方位不同。

(5)鱼(神鱼)

镜图中的鱼皆为写实型(《古今》图106,《长沙》图114),鱼是仙界神物,镜铭有"神鱼,仙人赤松子"之铭文。鱼有时作为仙人乘骑或仙界使者出现(《故宫》图25),有时则作为方士、仙人的随从现身(《中原》图124,《陈介祺》图126),这些组图均体现出鱼具有沟通天地人神、导引世人或死者灵魂升天成仙的神异功能。镜图中还见有"鱼车图""鱼鸟图""鱼龙（蛇）图""双鱼（比目鱼）图"等组合物象，虽承载的内涵较隐晦，但多与其具有导引升仙、生命延长与化生的神性功能相关。

（四）神物类

1. 灵芝、琅玕、三株果、仙果、丹药

镜图中有羽人、神兽擎举"三株果"的物象（《古今》图63），此类"三株果"如为凤鸟所食，应是琅玕，如为其他仙禽神兽所食，则可能是灵芝果。另一类羽人、神兽持举的"桃形物"，也应是神仙说中的仙果。琅玕系凤鸟所食仙果，《庄子》："吾闻南方有鸟，其名为凤……以璆琳琅玕为食。"《说文》："琅玕，似珠者。"灵芝的记载见于《说文》："芝，神草也。"《论衡》："芝草一年三华，食之令人眉寿庆世，盖仙人之所食。"《山海经》载昆仑山赤水上三株树"其为树如柏，叶皆为珠"，亦为长生不死之物。此外还有仙人持"药丸"图式（《古今》图113），乐府诗《善哉行》："经历名山，芝草翻翻，仙人王乔，奉药一丸。"

2. 甘露、承露盘、玉泉、澧泉、药尊

（1）甘露、承露盘（杯）

汉镜中有一类羽人或独角兽擎举容器朝向天空作承接状的图式（《图典》图271），表现的是仙人用承露盘、酒杯等承接甘露的场景。神仙说认为仙人"不食五谷，吸风饮露"，武帝曾派方士用铜盆（承露盘）承接甘露，用以和玉屑服食，意欲以此实现升仙不死的愿望。《三辅黄图》："建章（宫）有神明台……武帝造祭仙人处。上有承露盘，有铜仙人舒掌捧铜盘、玉杯，以承云表之露，以露和玉屑服之，以求仙道。"

（2）玉泉、澧（醴）泉

汉镜中流行仙人中间置放器皿或仙人举杯对饮的图式（《千镜堂》图126、133），有些容器中还放有盛勺（《古今》图149），这些容器中的液体，可能就是汉人所谓的"玉（澧）泉"之类的饮用物。"玉泉（澧泉）是用甘露、玉屑及其他矿物质等拌浸在一起久酿而成的液体，古代久有服玉不老说，《神农本草经》说玉泉能够"主五藏百病，柔筋强骨，安魂魄，长肌肉，益气，久服而耐寒暑，不饥渴，不老神仙。"镜铭常见"渴饮玉泉饥食枣""食玉英，饮澧泉"等铭辞，表明汉人相信"饮玉泉""食玉英"是仙人应该过的生活。

（3）药尊（尊、鼎、壶、杯、臼……）

镜图仙人身边的案几或空地上、车马出行图与西王母图区之间多配置尊、鼎、杯、壶之类容器（《图典》436，《上博》图50），有的托举在侍神手中（《浙江》图版28），此类容器多为盛放玉泉、丹丸、仙果等"不死药"所用的药尊，承载的是与生命不死相关的神话内涵。

3. 门阙、楼阁、山峦、车马

（1）门阙（天门）

汉镜仙界的双阙图（南阳天公出行镜、阜阳车马升天图镜），即神仙说中的"天门"，

《淮南子·天文训》："天阿（门）者，群神之阙也。"《神异经·西北荒经》："西北荒中有二金阙，高百丈……二阙相去百丈，上有明月珠，径三丈，光照千里。中有金阶，西北入两阙中，名曰天门。"有的门阙内还有大司守卫，以示天门等级森严、不能随便出入，《焦氏易林》："天门九重，泽内难通，明坐到暮，不见神公。"

（2）楼阁

汉镜中还有楼阁图（《息斋》图62、《浙江》彩版13），神仙说认为"仙人好楼居"，武帝听信方士蛊惑广造宫室和候神的神明台。《三辅黄图》："神明台，武帝造祭仙人处。"此外，长安还建有飞廉馆、桂馆，在甘泉宫建有益寿馆与通天台，这些公馆中均有奇高的台、柱，其功用就是为了招仙人降临，镜图中此类楼阁多表示仙人居所。

（3）山峦（昆仑山）

镜图中山峦习见于行进车马和西王母仙界之间（《千镜堂》图201，《浙江》图13），多用几条简约短弧线标示，"山峦"即指西王母仙界昆仑山，《山海经·海内荒经》："昆仑之虚……百神所在也"，《淮南子·地形训》："昆仑之丘……或上倍之，登之乃神，是谓之太帝之居。"车骑升仙者跨过山峦，则表示进入了西王母仙界。

（4）车马

常见两类：一为轺车，以一马轺车、两马轺车组图最为常见（《六安》图86，《千镜堂》图201）；一为辎车，有一马辎车（《图典》437）、两马辎车（《中原》图12）、三马辎车（《浙江》图24）、四马辎车（《故宫》图51）、五马辎车（《旅顺》图63）、六马辎车（《三槐》图102）多种。上述两类车马，均属于"写实型"，它们出现于西王母神话镜图中，应归入仙人世界的物象范畴。

4. 云气纹、柿蒂纹、蝙蝠纹、鸟羽（翰）

（1）云气纹

云气纹有涡状卷云纹、"S"形流云纹、水波形流云纹、双曲卷云纹、不规则卷曲纹等组图，云气是仙人世界的构成要素，庄子《逍遥篇》《论衡·无形篇》记仙人出游、飞升都需要借助云气才能完成。此外，仙人"吸风饮露""餐朝霞""食沆瀣"，益寿万年不老不死，亦多与采食云气有关，镜铭中亦多见直接描述神仙出行"驾交龙兮乘浮云"的词句。

（2）柿蒂纹（莲花纹）

常见两类：写实型，即标准的四出柿蒂纹状；衍变型，形构保留柿蒂纹特征，四出瓣夸张变形，具有几何图案化的装饰效果。柿蒂纹实际就是汉代《西京赋》《鲁灵光赋》中所说的莲花纹。莲花在汉代是"天国仙境"的象征符号，它多配置在镜图中的央位置，喻指天之正中的"华盖"，即天极中宫所在地。

（3）蝙蝠纹（鼠仙纹）

汉镜中还有大量的处理成装饰图案的蝙蝠纹（《湖南》图63，《山东》图24，）。蝙蝠作翼鼠状，擅长夜飞，神秘而多变，古有"服翼"之称，《尔雅》："蝙蝠服翼。"《玄中记》："百岁伏翼，色赤，止则倒悬。千岁伏翼，色白，得食者，寿千岁。"由此，古代的蝙蝠又称"仙鼠",《古今注》:"蝙蝠一名仙鼠,又曰飞鼠,五百岁则色白脑重……食之得仙。"可见蝙蝠具有"不死药"的功效,食之可升仙永生。

(4)鸟羽纹(翰)

镜图中有鸟羽纹,形同凤尾,视之如金光四射的"发光体"(《洛阳》图30、《图典》图267),此类羽翼即文献所云的"翰",《说文》:"翰,天鸡也,赤羽。"《诗经·小雅·小宛》:"宛彼鸣鸠,翰飞戾天。"由此"翰"寓意高飞,与羽化升天的神仙思想关联,用于镜图标示仙境所在。

5. 博局、巨、铜柱、建木、悬圃、龙虎座、华盖

(1)博局、巨(矩)

镜图中流行的博局纹,不仅象征宇宙四方八极,代表天地空间架构,还是世人与天界神灵通联的媒介,汉人歌舞祀祭西王母,常张设博局招神。从"刻娄博局去不羊"的镜铭看,它还具有辟邪除祟去不祥的神异功能。

东汉镜中还有一类龙、虎口衔的"巨",体作直线型、方折线型,如同支撑着整个物象系统的稳定"架构"(《上博》图55),镜铭"天禽四首,衔持维纲""天禽衔持,维刚大吉"形象地阐释了它的神性功能,即承载的是与"博局"(规矩)类同的神性功能——象征天地宇宙的空间架构体系,系博局纹的解构异化图式。

(2)铜柱(天柱)

镜图中"铜柱"作直柱状,并多有榜题(《图典》图350,《古今》图106)。《神异经·中荒经》"昆仑之山有铜柱焉,其高入天,所谓天柱也……故其柱铭曰:'昆仑铜柱,其高入天,周圆如削,肤体美焉'"。铜柱上还见锁链拴着的守卫天门的虎豹神。《汉书·郊祀志》记"太初元年建建章宫,宫中有铜柱",《三辅黄图》记建章宫内神明台建造的铜柱高达二十丈,直通天穹。

(3)建木

常见两类:一为高大树状,下部中央两根硕壮树干多呈"8"字形相互纠结缠绕,上端枝蔓向两侧波浪状延伸(《四川文物》2008年第四期第60页图一、第61页图二);另一类仅能看到相互缠绕的"8"字形、"S"形以及涡纹状的柔韧躯干(《上博》图63,《图典》图432)。建木位于大地的中心、具有可以通天的功能,《淮南子·坠形训》:"建木在都广,众帝所自上下。日中无景,呼而无响,盖天地之中也。"高诱注:"众帝之从都广山上天还下,故曰上下。"一说建木为黄帝所造作。

(4)悬圃

镜图西王母坐圃,上部圆平、下方有弯曲柱支撑,谓之"悬圃"(《古今》图117,《上博》图54)。"悬圃"本系昆仑山山名,为西王母所居,《淮南子·坠形训》:"昆仑之丘,或上倍之,是谓之凉风之山,登之而不死;或上倍之,是谓悬圃。"

(5)龙虎座

神兽镜西王母图式中的"龙虎座",具有体现西王母王者的尊贵身份的含义,同时龙、

虎配位一体，还有阴阳交合、化生生命的内涵，这与西王母作为最高母性之神的身份特征是一致的。

（6）华盖

常见两类：伞盖倒扣于主神上方，伞柄上部弯曲、下部直挺，侍神手执伞柄而立（《古今》图142）；伞盖轮廓由规则曲弧线勾勒，硕大而外展，伞柱粗壮挺直，底部有龟趺基座（《图典》图432）。华盖本系帝王出行时有礼仪象征的遮阳伞盖，在仙人世界是主神身份地位的标志物。传说黄帝造华盖而升天成仙，由此神仙说中华盖成为世人实现升仙愿望的重要工具，《汉书·王莽传》："或言黄帝时建华盖以登仙，莽乃造华盖九重，高八丈一尺，金蚤羽葆，载以秘机四轮车，驾六马，力士三百人、黄衣帻，车上人击鼓，挽者皆呼登仙。"华盖也是天文星象中星宿名，属紫微垣。三段式神兽镜图像上段中央之华盖，是天地中心的象征。

6. 便面、笏、谒版、旌节、幢

（1）便面

神人手持便面的镜图习见，其形状一边半椭圆形或梯形、一边为手柄，宛若竖立小旗（《长沙》图108，《古今》图148）。便面既是用于遮挡脸面的手持工具，也是一种礼仪用具。便面作为仙人、神禽异兽表演"扇舞"的主要道具，则意味着它与辟邪升仙活动有关。

（2）笏、谒板

镜图有神人手执长条片状板的物象，常见两类：一为侍神执板者低眉垂目，面向主神侧身站立或跪坐，双手持板于胸前，一副恭敬受命的神情（《陈介祺》图126），此类执板当是"笏"；一类持板者侧身面向主神、两手作递举执板状，主神则执便面作答（《妙极神工》图425），此类执板应系"谒板"。

笏与谒板形构类同，两者使用功能有别：《礼记·玉藻》："凡有用于指画于君前，用笏；造受命于君前，则书于笏。"可知笏为手板，主要用于指画、记事；谒板则是拜谒活动使用的工具，《释名·释书契》："谒，诣也，诣告也。书其名于上，以告所至诣者也。"古人诣告时，要将自己的姓名写在谒板上，以通告进谒的对象。拜见之前呈递谒板（奉谒），是示敬的礼仪行为。汉代的谒板以木为材，修治、削改需用书刀。

（3）旌节、幢

镜图中方士常执旌节（《千镜堂》图97），其形制见于《汉官仪》："节所以为信也，以竹为之，柄长八尺，以旄牛尾为其眊，三重。"另一类长直杆状、上部饰有多重旄的"幢"（《中原》图21），与旌节形状类同，但两者内涵与功用有别：幢是用于仪仗的旗帜，《汉书·韩延寿传》："建幢棨，植羽葆。"《后汉书·班超传》："拜超为将兵长史，假鼓吹幢麾"；旌节则作为执行王命的凭信使用，依规制旌节似无超过四重旄者，而旌幢则不然，四重旄以上者常见；"幢"常出现在车骑仪仗出行的队列中（《千镜堂》图165），不仅常见多重旄，幢杆亦较旌节长而高大。执幢者多成群出行，持节者常独自前进，盖因于此。

(五)组合物象

1. 羽人饲（戏）龙（虎、凤、鹿、雀、玄武等）

汉镜中习见羽人饲（戏）龙组图（《六安》图41），羽人多见屈体前倾、手中持举芝草、三株果图式，青龙多作张口欲食状。类似的物象还常见羽人饲虎（《仪征》图68）、羽人饲凤（《六安》图41）、羽人饲雀（《三槐堂》图65）、羽人饲雏鸡（《长沙》图106）、羽人饲羊（《长安》图版56）、羽人饲鹿（《鄂州》图92）、羽人饲熊（《六安》图104）、羽人饲玄武（《上博》图39）等图式。此类图式寄寓了汉人渴望通过"服食"不死药进入神仙世界的愿望。

有论者上述"羽人饲龙"释为"羽人戏龙"，认为它表现的是仙人"导引术"。将羽人手持"仙果"者认证为"饲龙"似应更确切一些，而对羽人手不持物者，解释为"戏龙"、认为其承载了"导引"升仙神学内涵亦无不可。

2. 仙人乘骑（鹿、龙、凤、龟、羊、鹤、麒麟等）

镜图中还见仙人乘骑组图，以羽人骑鹿为例，鹿竖耳翘尾，作昂首引颈、四肢奔腾状，乘骑羽人长羽后飘（《故宫》图45）。另有羽人骑羊（《千镜堂》图137）、羽人骑凤（《全集》图58）、羽人乘龟（《清华》图42）等组图，所承载的都是仙人出行或得道之人乘骑升仙的思想内涵。

汉镜中还有与西王母、东王父图式配组的"车马出行图"，其中一部分为"仙人出游"情节，有的还有"东王公车"榜题（《古今》图145），另一部分则属"乘骑升仙"题材的范畴（《千镜堂》图211，《浙江》彩版18）。

3. 仙人持物（三株果、药丸、容器、谒板、便面等）

镜图仙人持物形态复杂，有羽人献物（《浙江》图版24）、羽人接物（《千镜堂》图173）、仙人托举器具（《陈介祺》图126）、侍者执便面、仙人持谒板等多种形式，表达的内容也不尽相同，其中羽人持三株果、仙人献药、仙人擎容器之类的图式，承载的是与"服食升仙"题材有关的内容。侍者持便面、仙人执谒板之类的图式，表达的是仙人日常生活场景内容。

4. 仙人宴饮、乐舞百戏

汉镜有大量的表现仙人宴饮、乐舞百戏的图式，乐舞百戏图中有弈棋（《故宫》图48）、鼓瑟（《六安》图99）、吹奏（《中原》图96）、击鼓（《息斋》图66）、吟唱（《千镜堂》图175）、长袖舞（《长沙》图144）、盘舞（《古今》图103）、弄丸（《鄂州》图91）、倒立（《古今》图142）、叠案（《中原》图96）、斗兽（《六安》图99）等场景。这些图式与汉代世俗生活中的乐舞宴饮生活场景雷同，只是仙人融入其中，观者才不致"人""仙"两界相混。

5. 鸟衔（啄、食）鱼、鱼化龙（蛇化鱼）、大螺化龙

（1）鸟衔鱼、鸟啄鱼、鸟食鱼

镜图中鸟、鱼组合多见"鸟衔鱼""鸟啄鱼""鸟食鱼"几种图式（《故宫》图44，《上博》图34、《图典》图305）。"鸟衔（食）鱼"早在史前时期即被原始先民赋予了"生殖崇拜"的神性内涵，鸟象征"阳"、鱼为"阴"，两者交合具有"阴阳交配、化生生命"的寓意，由此生命得以再生与永恒，与汉代神仙说之生命不死内涵雷同。《山海经·西山经》记载食鱼鸟"玉胜"是西王母仙境的神鸟，"鸟食鱼"有时也应象征天国仙境。

（2）鱼化龙、蛇化鱼

镜图中有"鱼""龙（蛇）"缠绕图式（《湖南》图64，《中原》图50），论者对此类组图神话内涵的认识付诸阙疑，本文给出"鱼化龙""蛇化鱼"两种释读。

第一，"鱼化龙"。鱼作写实型，龙缠绕鱼体几圈后昂首回望。"鱼化龙"实系汉代"河伯化龙"神话的图解，河伯神初始以"鱼"的形象存在，《尸子》："（河伯）白面长人鱼身。"《韩非子·内储说》："（齐人）乃为坛场大水之上，有间，大鱼动，因曰：此河伯也。"因鱼生活于水中，河伯的生命初始仅存于水，后化生成具有升天入地神性的"龙"（《楚辞·天问》王逸注"河伯化为白龙游于水旁"），摆脱了生命原在水域空间的束缚与限制，实现了生命的转化与永恒，神性亦因此发生了质变。这一河伯神由"水神"向"天神"转化的过程，是汉代神仙说对早期神话不断加工改造的"仙化"结果。

第二，"蛇化鱼"。上述缠绕鱼的"龙"若认定为"蛇"，则可用"鱼妇"神话内容解释。《山海经·大荒西经》："有鱼偏枯，名曰鱼妇。颛顼死即复苏。风道北来，天乃大泉水，蛇乃化为鱼，是为鱼妇。颛顼死即复苏。"郭璞注："《淮南子》曰：'后稷龙（垄）在建木西，其人死复苏，其半为鱼。'盖谓此也。"所谓的"鱼妇"，谓颛顼乘蛇化为鱼之机，半体托生与鱼，因而"死即复苏"。汉镜图式中流行这个喻示生命能够"转化"与"再生"、进而实现永生不死愿望的神话传说，隐讳地表达了东汉时期神仙说中的"升仙""仙化"思想。

（3）大螺化龙

"大螺化龙"图像见于镜图画纹带缘中（《湖南》图63，《图典》图278），大螺多作螺旋壳状，一端口大张、一端细卷尾，龙从大螺体内钻出作前行或回望状，龙头及上半躯露于螺外。

大螺是古代的水神，"螺神化龙"的神性内涵类同于"河伯化龙"神话：大螺由水神"化生"成龙、进而完成了"神"向"仙"的转变，实现了生命的再生与永恒，这是汉代升仙思想对传统神话的改造所致。南阳画像馆收藏的一块螺神画像石中，同时刻绘有"鱼妇神话"与"螺神化龙"两幅图，这个承载颛顼生命"转化"与"再生"隐晦寓意的神话出现于上述画像题材中，可作为"大螺化龙"具有相同神话学内涵的见证。

镜图中亦见大螺化生为仙人的个别例证（《镜涵春秋》图61），其承载的螺神仙化内涵，较"大螺化龙"图式更为生动直白。

6. 升天成仙图、太一出行图

（1）"车马出行"升仙类组图

大致分四类：一类由车马出行、羽人迎宾、西王母仙界三组图式构成（《浙江》彩图12）；一类由车马出行、山峦、西王母仙界三组图式构成（《千镜堂》图201）；一类由车马出行、拱桥、西王母仙界三组图式构成（《千镜堂》图211）；一类由车马出行、仙界迎宾、跪拜天门、仙境歌舞宴饮等多幅图式前后连贯构成（阜阳博物馆藏镜）。

上述"车马出行图"与"西王母仙界图"之间配置了"迎宾羽人""昆仑山""拱桥"等图式，正是此类作为连接"升仙者"与"西王母"符号物象的存在，才将几幅看似互不相干的场景图，连贯成具有前承后续发展演进情节的升仙故事，使其中原本隐讳的神话内涵表述出来。

（2）"灵魂出行"升仙类组图

本类图式流行于东汉镜中，以南阳新野镜为例（《中国文物报》1996年5月26日第3版），图像分四区：第一区置双阙图，两龙驾云车从双阙中驰出，云车中乘一有翼神人，有"天公"榜题；第二区天公云车前，有两神驾云车导行；第三区置三鱼驾云车朝天门方向行进，云车上乘一人，有"河伯"榜题；第四区河伯鱼车的前方，配置一乘龙向双阙行进的长发仙人，作回首向河伯招手导引状。河伯鱼车的后面，有一手举"灯笼"的乘鱼者，紧跟河伯的鱼车向着天门方向行进。上述乘鱼者手举灯笼前行，表现的是逝者灵魂出行场景。双阙代表天门，河伯神及回身招手的羽人，是在导引后面的乘鱼灵魂向天门行进。死者的灵魂是由黑暗的冥界乘鱼行进，所以要手提灯笼照亮。

湖南省博物馆七乳禽兽镜画纹带缘中表现"灵魂升仙"情节的图式，与上述镜图类似（《考古》2001年第10期），两者的差异表现在：湖南镜中多了白虎导引图、伏地跪拜图、猎牛图；湖南镜中没有出现西王母，而是以"九尾狐、三足乌、翰"三种物象组合指示仙界所在；湖南镜以"玄武云车"图代替了南阳镜中的河伯鱼车图；湖南镜多配置了双鱼、双凤、建鼓舞图式。但湖南镜配置的手提"灯笼"乘鱼者以及导行的玄武神等，与南阳镜同类物象承载的升仙思想内涵相同，都是对死者灵魂升天场景的"图解"。

故宫博物院收藏的一件神仙人物故事镜（《故宫》图25），表现的亦属升天成仙故事类题材，只不过图式表述升仙过程时没有明确特定的"升仙者"身份而显得晦涩难懂，已有论者详解，不赘述。

（3）太一出行图

东汉画纹带缘镜中习见"太一出行"图（《上博》图47，《古今》图114），太一神所乘的云车及其前后配置的物象组图甚是繁缛复杂。以《中原》图132为例，该镜画纹带缘中共配置了16组组合物象：太一神的龙舟前有三龙牵拉，龙舟上共置4位神人，其中太一神仰首侧身跪坐在椭圆形宽大羽毛状围垫上，前方一仙人正执鞭上扬驱龙驾车，太一神身后并列两持节而立的侍者；龙舟前方依次配置伏羲御日、仙人乘凤、仙人乘鹤、仙人乘龟、仙人乘鸟头兽、仙人乘虎、兵神蚩尤、狮子、辟邪、女娲捧月等组图，均朝着太一神龙舟出行的同一方向飞奔，组图间穿插舒卷流动、缠绵纠结的流云纹，尽显太一出行场面宏大、气势磅礴的尊贵气势。汉代约略至武帝始太一神被尊为天界的至高无上主神，其出行场景自然非同凡响。东汉太一神信仰衰微而日趋"边缘化"，因故此类组图被置入画纹带缘中。

二、演变特征与时代动因

汉镜的图像与铭文，是映证同时代社会思想意识、宗教信仰、生活习俗的载体，两汉时期流行的神仙信仰与升仙不死说内容及其前后演变轨迹，在铜镜图式与铭文中有直观、形象的反映。汉镜图式中的神仙思想，从西汉早期至终东汉一代，具有鲜明的阶段性发展特征，其内容与表现形式，呈现出由简单到丰富，由隐约模糊到具体清晰，由"神""人"隔离到两者共容互动、由上层贵族迷信到"世俗化""民间化"流播的演变规律。

（一）西汉早期

西汉早期的铜镜，尚未发现铸有神仙人物的图式。属于神仙思想范畴的神禽异兽物象，除前文提及的"蟾蜍""猿"等个案外，其余例证罕见。此期铜镜铭文虽流行企盼、祝愿生命健康长寿的词句，但多与关注现实生活的"富贵""宜酒食"内容题材相关，直接表达神仙不死思想生的铭辞罕见。本文例举铭辞中，仅有一例与"西王母"神仙思想有关，表明神仙思想在西汉早中期铜镜铭文中不是主流内容题材。

（二）西汉中期

西汉中期以四乳禽兽纹镜为典型器的镜图中，开始出现与神仙世界密切相关的羽人、神兽、仙禽物象组图，如羽人、四神、凤鸟、雀、熊、鹿、羊、灵芝、三株果等，其中羽人持举灵芝、三株果饲神兽图式，羽人导引、嬉戏神兽图式，青龙、白虎等禽兽服食灵芝、仙草图式较为流行。这些图式承载的均为当时神仙说中流行的成仙术思想内涵，如"羽人持仙果饲神兽"及"神兽吞食灵芝、仙果"图式是"服食成仙"思想的反映，"羽人导引、嬉戏神兽"图式是"导引成仙"思想的反映。西汉中期神仙说盛行，武帝尤狂热迷信神仙思想与升仙术，多次派人"入海求蓬莱安期生之属"以寻觅"不死之药"，赵少君、少翁、栾大、公孙卿等一批神仙方士纷纷向武帝献不死之方，在众多方士的蛊惑下，武帝深信能够通过服食"不死药"实现生命永生的愿望。"服食"是当时最为流行的一种成仙术，早期流传下来的服食药饵成仙术，至汉代因"使人入海求诸仙人及不死药"的目标屡屡无法实现而被废弃，代之而行的是服食看得见、摸得着的丹药和名山大川中找得到的实物。据考《列仙传》记有神仙71人，仅通过服食修炼成仙的仙人就达31人，其中服食的药物总计不少于48种。镜图中所谓的"羽人饲龙""羽人饲虎""羽人饲鹿""羽人饲凤"等图式，实系表示龙、虎、鹿、凤等动物服食仙人所赐予的"不死之药"而成仙的主题内涵。

"行气导引"是西汉早期流行的另一种修道成仙术，《庄子·刻意》："吹呴呼吸，吐故纳新，熊经鸟申，为寿而已。此道引之士，养形之人，彭祖寿考者之所好也。"王逸注《楚辞·九歌》则从另一个角度附会导引成仙的原因"奉迎导引……形体连蜷，神则欢喜，必留而止",镜图中流行的所谓"羽人戏龙(虎、鹿、羊……)"图式,或即表示这些禽兽在仙人示范下"导引"入仙的场景。此期镜图中描绘的神仙世界场景较为简约,西王母图像系统和其他仙人参与活动的情节等内容尚未出现。

(三)西汉晚期至东汉早期

晚期至东汉早期,以四乳禽兽镜、博局禽兽镜、多乳禽兽镜为典型器铜镜组图中,表现神仙思想的内容题材大量出现并呈现出以下几个特征。

第一,镜图中羽人、仙禽、神兽、仙界植物、器物的种类与数量大量增加,物象组合形式与内容情节复杂化,同时现实生活题材的内容大量融入神仙世界,如仙禽神兽类除了西汉中期镜图中常见的"四神"、凤鸟、鹿、羊、熊、蟾蜍、独角兽等继续流行外,还出现了雏雀、鸡、鹤、龟、兔、鱼、马等图式。组合物象中除了早期流行的"羽人饲禽兽""羽人戏禽兽""神兽服食灵芝"等图式外,还大量增加了"羽人乘骑""羽人驾驭禽兽出行""仙人献物""仙人拜谒""仙人持便面""仙人跪求丹药""仙人宴饮""仙人对语""仙人弈棋""仙人歌舞""仙人乐舞百戏""鸟食鱼"等内容,同时配置的鼎、釜、尊、壶、盘、杯、案几、博局等器具也是西汉中期镜图中所不见的。镜图神仙世界推陈出新、繁缛多变的变化,是这一时期社会上神仙信仰与神仙说炽盛的产物,早期的神仙说与成仙术一般限于帝王将相之类的上层贵族阶层内流传,且"神仙"多居于世外名山大川,世俗平民阶层难以与之接触,到了西汉晚期,经众多方士对神仙说内容与升仙方式的不断加工改造,不但"仙人"与世俗之人之间的隔阂渐趋消除,上自王公贵族下至凡夫俗子亦皆可修炼而成仙人。《列仙传》和稍后《神仙传》所记载的修道成仙者的身份十分庞杂,其中不乏平民成仙的例子。这一时期修道成仙的方式,除"服食""导引"外,"乘骑"也成为常见的世人直接入仙手段,《神仙传》记的乘骑升仙者不乏其例。"乘骑"也是仙人出游的一种常见方式,汉代文献中记载仙人乘骑故事很多,镜图中的"仙人乘骑"图式,是当时神仙说内容的形象化图解。

这一时期还有大量的羽人双手捧持"药丸"、羽人侧身跪求"药丸"的图式,此类场景再现的是当时社会上流行的炼制、服食丹药的情节。神仙说中"炼丹术"是修仙者成仙的途径之一,《列仙传》《神仙传》记载的赤斧、主柱、茅盈、张道陵等皆以通过炼制、服食丹药成仙。《抱朴子·金丹》还详细记载了服食丹药成仙的功效,汉镜图式中羽人捧持的药丸,应属神仙说中的"丹药"之类。

西汉晚期以来神仙信仰与升仙术"世俗化""民间化"的发展,导致了神仙世界里"人""仙"之间的互动互容,大量的人间世俗活动情节场景出现于仙人生活中,上述镜图中"仙人宴饮""仙人对语""仙人弈棋""仙人歌舞""仙人乐舞百戏"等场景的设置,便是这一神仙思想演变背景下的产物。

第二,西王母图像系统融入镜图,成为镜图神仙世界物象中的重要组成部分。西汉中期镜图中的承载神仙思想的物象,以神禽异兽为主流,仙人形象(羽人)不仅简约单一,出现的频率亦不高。汉镜图式中大量仙人形象的出现,应约略始于西汉晚期,其中的重要原因与西王母图像系统融入镜图以及西王母成为汉镜仙人世界里的"主宰神"有关。西汉晚期至东汉早期画像中,西王母图像系统中至少包含了西王母、玉女侍者、白虎、玉兔捣药、蟾蜍、九尾狐、三足乌、凤鸟等物象,有论者将其分为"核心图像""必要图像""辅助图像"三类,这一时期汉镜图式中九尾狐与三足乌、玉兔捣药与蟾蜍出现十分频繁,主神西王母图像则出现不多。现知年代最早的汉代神画西王母图像,见于西汉中期偏后的洛阳卜千秋墓壁画中,南阳、郑州等地也发现了西汉后期画像砖上的西王母像。新莽时期王母像,见于洛阳辛村壁画墓中、始建国二年(10年)铜镜及扬州出土的铜镜上。这一时期西王母图像的一般特征:侧面跽坐云端,多着宽袍,头戴胜,无肩翼。就镜图分区与物象空间配组的特征看,西汉晚期至新莽时期的西王母两侧,尚未出现形体较小的仙人侍者,一般仅配置玉兔捣药、九尾狐与三足乌与之相伴,且图像所占的空间大小比例与其他图像区神禽异兽基本等同,还没有从形构上突出主神"高大尊显"的地位,从而表现出此期镜图中西王母图像的"原始性"特点。尽管如此,主神西王母图像在镜图中的出现,在汉镜神仙思想演变历程中仍具有划时代的重大意义,此前汉镜图式中出现的"仙人"形象,均系隐约泛指,即便如镜铭"上大山(华山),见神人……"说得似乎言之凿凿、清晰无误,亦无法确知指的是传说中的哪位"仙人",更无法确认仙界主神的身份,这种近于虚无缥缈的模糊"仙人观",至西王母图像融入镜图时发生了根本性变化,进而汉镜中"神仙世界"的概念清晰具体起来,这种变化,是西汉晚期、新莽时期社会上狂热信仰崇拜西王母神话的特定环境影响使然。

到了东汉早期,汉镜西王母构图有了新变化,其身姿虽跽坐,但多作正面拱手、头部戴胜状,且两侧大量增加了侍者及玉兔、九尾狐、青鸟、三足乌、龙虎等神兽禽鸟,此类构图中西王母的"对偶神"东王公仍未出现,因而仍可称镜图中的主神西王母为"独尊模式"。东汉早期出现的画像镜图式中,西王母及其配组物象无论是形构还是空间大小关系,都较禽兽纹镜发生了新变化,突出表现在早期神仙形象的进一步"世俗化",西王母的发式服饰、头部五官、四肢躯体的形构与现实生活中的女性几乎无异,两侧的侍者亦与世间凡人的特征雷同,这种变化,成为西王母由"神人"向"女仙"彻底演变的标志。

西汉晚期至东汉早期铜镜图式中,与神仙思想直接相关的镜铭十分丰富,如"上有仙人不知老"类、"寿敝(比)金石西王母"类等。这一时期多乳禽兽镜镜图中,还流行铸"王母""侍者""子乔马""赤踊马""辟邪""铜柱"之类的榜题,以直接标注图像物名的例证。

(四)东汉中晚期

东汉中晚期铜镜中的神仙思想完全占据了主导与统治地位,镜图内容与物象配组形式较前发生了显著变化,此期流行的画像镜、神兽镜镜图中,西王母几乎成了无处不在的内容题材,具体变化特征表现在以下几个方面。

第一,东汉早期以前流行的"西王母图像系统"被肢解离散,其中西王母形象被有意识地保留在主纹区,并作了重点强化处理,以进一步凸显"主神地位",而白虎、玉兔捣药、蟾蜍、九尾狐、三足乌等多从主纹区剔除，或被配置到镜缘画纹带中作了拉长、压扁、曲扭等变形处理，进而弱化或消隐了作为西王母传统图像系统中的神话学意义。

第二，四乳四分区组图，这时出现了主神西王母的对偶神"东王公"图式，两者一般隔钮对称配位，少量作邻区配图，在镜图中被置于大小对等、地位相同的地位。有些主神图像旁还铸有"西王母""王母""东王父""东王公"之类的榜题。西王母、东王公以外的两区图像，多配置神禽异兽、仙人乘骑出游、车马出行、宴饮享乐、六博弈棋、操琴奏乐、乐舞百戏等图式，以表现神仙世界仙人逍遥快乐、精神自由的生活方式。

第三，西王母、东王父在镜图中作为形体高大的主神，两侧一般配置有形体较小的仙人侍者。西王母、东王公均着宽袍大袖，多胖圆脸，有侧身或正面、站立或跪坐或起舞等多种形态，一幅雍容华贵的世间贵族模样。侍者有侧身跪坐、跪拜、持便面站立、起舞、表演乐舞百戏等多种形态。早期那种端坐云端、构图简约的西王母图像和尖首长发、体被羽翼的羽人侍者形象，已经从镜图中消逝。

第四，随着时间的推移，西王母、东王父的仙人形态渐趋发生复杂演变，但总的发展趋势是：西王母、东王公形构从无翼到多饰肩翼、从站立、舞蹈、跪坐平地到坐于各式云柱悬圃或龙虎座上，亦有少量站立姿势出现。并且愈至东汉晚末期，西王母纹样愈是变形呈几何图案变化，其喻示神性内涵的羽翼、云柱悬圃、龙虎座等部位多抽象而"符号化"，尤其羽翼的复杂变化，呈现出浓重的艺术装饰效果。

第五，东汉晚期，铜镜配图深受当时道教神仙思想的影响，形成了一个上下分层排列、左右尊卑有序的"诸神体系"，西王母、东王父不仅形构更加简约，而且在这个"神仙谱系"中已不再是唯一的主神。西王母、东王公传统主神地位的式微，是东汉晚期道教神仙思想发展演变的结果。

东汉中晚期镜图内容与组合形式的上述变化，亦是这一时期神仙信仰与升仙说演变的物化映证，以西王母、东王公和众多侍者形构中配置大量的复杂羽翼为例，"羽翼"在人物图式中被着重夸张放大而"凸显"，与当时"羽化"成仙术的流行相关，传统的"服食""导引""乘骑"成仙术固然对修道求仙者有吸引力，但没有"羽化"成仙之术更为方便、快捷、直接、形象，因而更具有诱惑力而为世人所接受，《论衡·道虚》："好道学仙，中生羽毛，终以飞升……为道学仙之人能先生数寸之毛羽，从地自奋，升楼台之阶，乃可谓升天""好道之人……故谓之能生毛羽，毛羽具备，升仙能也"，把学道入仙的"羽化"过程描绘得生动自然、呼之欲出，几乎到了"人""仙"身份转换毫无障碍的程度。《史记·孝武本纪》记载武帝封栾大为天道将军，"于是天子刻玉印……使使衣羽衣，夜立白茅上，五利将军亦衣羽衣，立白茅上受印，以示弗臣也"。《汉书·王莽传》亦载王莽曾身穿羽衣乘羽车让侍者拉着、呼喊着行进，以幻想早日升天成仙。汉代仙道文献记载的世俗之人成仙者体生羽翼飞升的例证不胜枚举，此期镜图中人物组图夸张放大"羽翼"的功能，可视为"羽化"神仙思想的强烈影响渗透所致。

东汉中、晚期铜镜铭文中，充斥着浓郁的神仙思想，并且前后内涵有所衍变。以"（六）"类、"（七）"类镜铭为例，此类镜铭辞与早期"上大山，见神人""上有仙人不知老""寿敝金石西王母""上有西王母东王父"之类的铭辞明显有异，虽然铭文中仍提及西王母、东王父，但强调的中心是"众神见容"场景，重点突出的是"诸神"整体观，而非视"西王母、东王父"为唯一主神。这种悄然变化，主要是东汉中晚期道教对先秦以来神仙思想、仙人群体进行大规模整合改造的结果，应系当时道家"造神运动"影响所致。

（五）社会背景与时代动因

汉镜图式与铭文中神仙思想的上述演变，有着特定的社会背景与时代动因。

汉初六七十年间，天下正处于秦汉连年战争破坏后的恢复期，汉初社会经济凋敝、土地荒芜、人口死亡流散严重的现状，迫使刘汉政权不得不把重心放在安置流民、恢复和发展社会生产、解决国家财政困难和民众温饱问题上。以实现生命不死、贪图享受、精神自由为终极目的的神仙思想与升仙术，此时没有适宜发展、繁荣的社会土壤。史载，西汉前期高祖至景帝几位帝王，除文帝受方士蛊惑在短暂的一段时间内服食丹药迷信过升仙术外，其他帝王没有迷信和倡导神仙说者。在饥寒交迫中艰难生存的平民阶层，更是不会将思想和精力放在虚无缥缈的神仙迷信和升仙术上。因而这一时期神仙说和成仙术在社会上没有形成影响，文献典籍和实物遗存中，亦难以看到神仙思想流播的痕迹，汉镜图式、铭文中几乎见不到神仙思想的内容。

经文、景两代四十年的财富积累，至武帝时出现了政治清平、经济繁荣、社会富足的盛世局面，强大的汉帝国声威远播，社会上贪图享乐之风亦随之而起，人们享受现实生活带来的美好富足，便自然企盼、幻想这种美满生活能够无限延续下去，但个体生命的存在都是有限的，如何才能生命永驻？于是先秦之际就已存在的神仙不死说和各种升仙术便"死灰复燃"、应运而生。汉武帝本人是一个神仙不死说的狂热信仰者和神仙不死术的迷恋者，从《汉书·孝武本纪》中记载的大量史实便可印证，此期帝王将相中另一位神仙不死说的狂热信徒是淮南王刘安，刘安一生致力于各种升仙术的实践和研究，为后世留下了"累累硕果"。不过这一时期神仙不死说和成仙术的盛兴还只限于上层贵族阶层，并没有在民间流播开来。以升仙术中的炼丹、服食丹药活动为例，炼制丹药需要金玉、丹砂等珍贵矿物原料，需要消耗极高的人力、物力，一般贫民阶层很难承受炼丹的代价，这种令普通人"望而生畏"的事情尽管有诱惑力，但在民间没有发展的空间。这一时期神仙说中的"仙人"，远离尘世隐于名山大川，逍遥物外，非诸如有道帝王将相之显贵者所不能见。"仙道"与平民之间的距离甚为遥远，而消耗人力、物力、财力兴师动众的求仙活动又非世俗凡夫之力所能为，此系神仙说在民间没有流播开来的原因。

武帝以后的历代帝王，仍迷信神仙说，热衷于升仙不死之术，同时一些神仙方士为了宣传神仙思想学说、扩大影响以适应社会之需，便对传统的神仙说内容进行加工改造，逐渐扩大了"仙人"活动的时空范围，拓展了"仙人"的神性功能，使"仙"与"人""仙境"与"世俗世界"之间的距离、隔阂渐趋缩小，为汉代神仙说"世俗化""民间化"的进一步发展作了铺垫。西汉晚期，尤其是自元、成二帝以来，皇权衰落、弄臣专权形成的政治危机加剧，社会土地高度集中导致的大量无地贫民饥寒交迫居无定所，加上自然环境变化带来的各种灾异横行，造就了流民队伍规模的不断扩大和平民的大量死亡，进而使社会动荡不安的局面愈演愈烈，人们在恐惧、无助、绝望中，等待着灾难与死亡的降临。在信仰危机和巨大灾难面前，以信仰西王母为主神、能为众生提供精神庇护的民间道教此时则迅速滋生蔓延。民间道教将早期神仙说与当时社会上流行的谶纬方术、阴阳五行思想、黄老之学的内容按现实生活之需加以整合改造，形成了一种贴近民间、贴近大众、人仙可以互动的神仙说和升仙术。以主神西王母的形象与神性功能改变为例，西汉中期以前的西王母神，是一位高高居于昆仑仙界、掌管"不死之药"、能使人升天成仙生命不死的主仙，除周穆王、汉武帝之类的帝王外，世俗凡间俗子一般无缘与西王母相见。但到了西汉晚期，西王母不仅掌管"不死之药"、能够使人成仙不死，还被赋予了消灾弭祸、辟邪除祟、庇护众生、赐福世人、保佑平安等复杂的神性功能，其活动空间也不再仅限于昆仑山，而是可以随时出入天上、人间、地下阴间的法力无边"万能神"。西王母的仙人生活内容，也较早期有所变化，可以和众仙一起吹笙操琴、歌舞吟唱、投壶弈棋、服食宴饮、杂耍表演等，甚至和东王公宛若一对恩爱夫妻，共同出入、形影不离，这种具有浓重人间烟火情调的仙人生活场景在镜图中得以"复制"和"再现"，大量现实世界场景融入了镜图中的神仙生活世界，亦表明这一时期神仙思想在民间流播之广、影响之深，已经成为人们日常生活里的一个重要组成部分。

东汉晚期以来，随着太平道、五斗米道等民间道教的进一步发展流播，道家开始根据本教的信仰与生存发展需要，既整合、改造传统的神仙形象，又不断创造出具有本教特点的仙人，进而按照若干个等级、位次分级排列，构筑一个尊卑长幼秩序井然的"神仙队伍"。这种社会文化背景下，西王母、东王父在传统神话中"唯我独尊"的主神地位被动摇，有关西王母传统神话积淀的理论学说体系分崩离析，一个宗教信仰"多神世界"的局面渐趋成型，群神分掌天下、西王母作为众神之一的"事实"开始为世人接受。镜图中同时容纳不同身份背景的"神人"、进而构成一个或若干个尊卑有序的诸神体系，便有了可能。

【注　释】

［1］袁珂：《中国神话传说词典》，上海辞书出版社1985年版。

［2］李立：《文化嬗变与汉代自然神话演变》，汕头大学出版社2000年版。

［3］李淞：《论汉代艺术中的西王母图像》，湖南教育出版社2000年版。

［4］牛天伟、金爱秀：《汉画神灵考述》，河南大学出版社2002年版。

［5］施杰：《意义、解释与再解释——谶纬语境与汉画形相》，《中国汉画研究》第二卷，2006年版。

［6］李淞：《试论"三段式神像镜"的图像结构与主题》，《陕西师范大学》2011年第6期。

［7］苏奎：《"三段式神仙镜"的图像研究》，《四川文物》2008年第4期。

［8］倪润安：《秦汉之际仙人思想的整合与定位》，《中原文物》2003年第6期。

［9］石川三佐男、陈钰：《东方文化的思想和礼仪——〈岩窟藏镜〉所收渔畋文规矩镜新考》，

《云梦学刊》2006年第1期。

［10］霍巍：《四川何家山崖墓出土神兽镜及相关问题》，《考古》2000年第5期。

［11］霍巍：《试析汉晋神兽镜中的龙虎神兽与"衔巨"图纹》，《考古》2003年第5期。

［12］王卉：《东汉画像镜上的"王子乔"与"赤松子"》，《宁夏师范学院学报》第31卷第2期。

［13］熊建华：《帆船纹吕氏镜小考》，《考古》2001年第10期。

［14］王同海：《东汉"天公出行"镜纹样试析》，《消费导刊》2009年第1期。

［15］张文安：《周秦两汉神仙信仰研究》，郑州大学2005年博士论文。

［16］黄永飞：《汉代墓葬艺术中的车马出行图像研究》，中央美术学院2009年硕士论文。

［17］潘中华：《汉画"太一"像——对象征图像的一次具体考察》，东南大学2005年硕士论文。

文中涉及的铜镜著录简称、全称对照表

序号	简称	全称	作者、出版社及出版时间
1	《广西》	《广西铜镜》	黄启善，文物出版社，2004年
2	《浙江》	《浙江出土铜镜》	王士伦、王牧，文物出版社，2006年
3	《千镜堂》	《丹阳铜镜青瓷博物馆·千镜堂》	陈凤九，文物出版社，2007年
4	《上博》	《炼形神冶、硬质良工——上海博物馆藏铜镜精品》	上海博物馆，上海书画出版社，2005年
5	《三槐》	《三槐堂藏镜》	王纲怀，文物出版社，2004年
6	《历博（三）》	《馆藏铜镜选辑（三）》	杨桂荣，《中国历史博物馆馆刊》1992年第1期
7	《湖南》	《湖南出土铜镜图录》	湖南省博物馆，文物出版社，1960年
8	《陕西》	《陕西省出土铜镜》	陕西省文物管理委员会，文物出版社，1959年
9	《故宫》	《故宫收藏你应该知道的200件铜镜》	故宫博物院，紫禁城出版社，2007年
10	《全集》	《中国美术全集16·铜镜》	中国青铜器全集编委会，文物出版社，1998年
11	《旅顺》	《旅顺博物馆藏铜镜》	旅顺博物馆，文物出版社，1997年
12	《息斋》	《息斋藏镜》	王度，台北历史博物馆，2001年
13	《六安》	《六安出土铜镜》	安徽省考古所、六安市文物局，文物出版社，1997年
14	《鄂州》	《鄂州铜镜》	鄂州市博物馆，中国文学出版社，2002年
15	《长安》	《长安汉镜》	程林泉、韩国河，陕西人民出版社，2002年
16	《长沙》	《楚风汉韵——长沙市博物馆藏镜》	长沙市博物馆，文物出版社，2010年
17	《图典》	《中国铜镜图典》	孔祥星、刘一曼，文物出版社，1992年
18	《西安》	《西安出土文物精华·铜镜》	西安市文物考古所，世界图书出版公司，2008年
19	《南阳》	《南阳出土铜镜》	南阳市文物考古所，文物出版社，2010年
20	《中原》	《中原藏镜聚英》	王趁意，中州古籍出版社，2011年
21	《洛阳》	《洛阳出土铜镜》	洛阳博物馆，文物出版社，1988年

续表

序号	简称	全称	作者、出版社及出版时间
22	《陈介祺》	《陈介祺藏古拓本选编·铜镜卷》	曹菁菁、卢芳玉，浙江古籍出版社，2008年
23	《山东》	《山东省博物馆藏珍·铜镜卷》	山东省博物馆，山东文化音像出版社，2004年
24	《仪征》	《仪征馆藏铜镜》	仪征博物馆，江苏美术出版社，2010年
25	《古今》	《古镜今照》	浙江省博物馆，文物出版社，2012年
26	《湖南》	《铜镜图案——湖南出土历代铜镜》	周世荣，湖南美术出版社，1987年
27	《清华》	《清华铭文镜》	王纲怀，清华大学出版社，2011年
28	《妙极神工》	《妙极神工——铜镜专场》	江苏聚德2012迎春拍卖铜镜图录
29	《德惠堂》	《绝照览心·德惠堂及海外藏镜》	嘉德2011秋拍铜镜图录

3.2 汉镜中的西王母神话

■ 杨玉彬

西王母神话在我国古代源远流长，殷墟甲骨卜辞、周代金文中有"西母""王母"的记载，表明商周时期可能已经出现了西王母传说的史影。从《山海经·西山经》《山海经·大荒西经》《庄子·大宗师》等文献中的多处记载看，最迟战国之际有关西王母的传说即已广为流播。延及汉代，西王母形象完成了从早期部落图腾、月相自然神、凶残动物神、半人半兽合体神、人格化的神仙到年轻貌美女仙的复杂演变，成为具有浓郁"世俗化""民间化"特征的众仙之主。汉代神仙信仰与升仙不死说极盛，世人热切渴望通过升仙之途实现自己生命能够无限延长与再生的愿望，而传说中的西王母具有掌管"不死之药"、可以使世俗生命永生的特异功能，由此王母神就成为汉人狂热信仰与崇拜的对象，进而形成了上自皇室贵戚、官僚贵族下至布衣贫民社会公众广泛参与的西王母迷信与祭祀风潮。

两汉时期西王母神话及其祭祀活动的广泛传播，深刻影响了同时代社会的思想观念、宗教信仰、生活习俗、文化艺术风尚，并在两汉文献典籍、物质文化遗存中打上了浓重的烙印，目前已发现的汉代帛画、漆画、墓葬壁画、画像砖、画像石、摇钱树、铜镜等实物材料中，西王母神话几乎成了无处不在的表现题材。汉镜中的西王母神话题材十分丰富，此类题材在汉镜中大致经历了一个西汉早期初现（图1、图2）、西汉中晚期至东汉时期逐渐发展、流播的演变过程，而西汉中晚期至东汉时期铜镜中西王母神话内容题

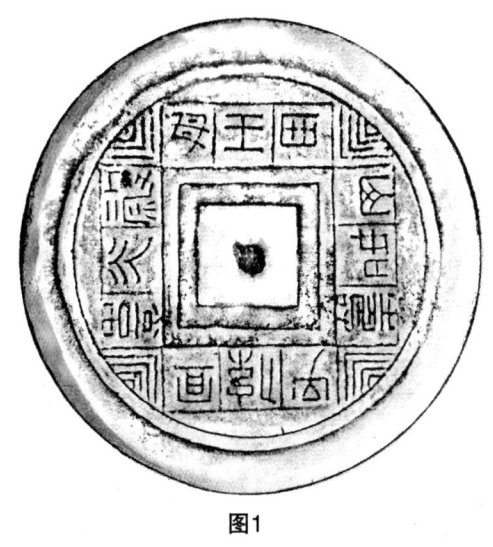

图1

图2

材，又集中出现在禽兽镜、画像镜、神兽镜的图式、铭文中。本文集中材料分析比较这三类镜图式中的西王母图像、铭文特征，推断镜图中不同西王母图像的流行年代，并对此类镜西王母内容题材的兴衰衍变轨迹及其流变社会动因试作探证。

一、禽兽镜中的西王母

1. 图式

检索见于著录的汉代禽兽镜标本，其中镜图配置可确认有西王母图像者计12枚，依据西王母形构特征及其与配组图像之间的组合关系，大致可分作以下7类。

Ⅰ类 "始建国二年"铭博局纹禽兽镜（图3）。中国国家博物馆收藏，是目前所知年代最早的配组有西王母图像的纪年铭文禽兽镜。该镜主纹区由四组神人禽兽物像配组，其中一组为西王母配捣药玉兔，西王母侧身跽坐云端，着宽袍大袖，蓬发戴胜，一手前伸向着玉兔作接药状，另一手隐于袖袍中，身体周围饰卷云纹。玉兔前倾作持杵捣药状。此类镜还见于安徽寿县、朝鲜平壤石岩里出土镜，只是西王母构图细节与上述镜稍异。

Ⅱ类 博局纹禽兽镜（图4）。江苏扬州蜀岗新莽墓出土，西王母侧身跽坐云端，头戴胜，宽袍笼袖，玉兔体略前倾、跪向西王母。西王母与玉兔间置一药樽。此类图式虽不见玉兔捣药动作，但有药樽出现在图示显要位置，亦同样反映了"西王母对玉兔捣药"图式承载的神性内涵。

Ⅲ类 博局纹禽兽镜（图5）。故宫博物院藏。西王母侧身跽坐，长发后飘，两手笼于宽袖袍中，头顶的戴胜省隐，身前置一长柄杯，身后置玉兔持杵捣药图。与西王母相对配置的物像有九尾狐、三足乌、凤鸟，所有神禽异兽皆向着西

图3

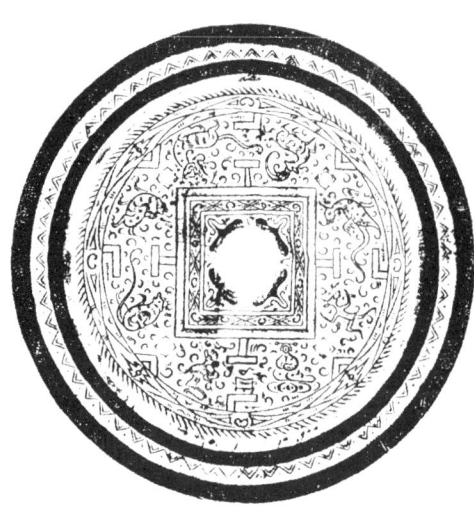

图4

图5

图6　　　　　　　　　　　　　　图7

图8　　　　　　　　　　　　　　图9

王母行进，西王母前还置一枝蔓曲折柔长的神树，树干上还伫立多只小鸟。《古镜今照》图82收录器图式与故宫镜近似，西王母图像区配置有玉兔捣药、蟾蜍起舞、三足乌、凤鸟等。

Ⅳ类　《古镜今照》图149收录私藏镜（图6）。西王母居于图像区中间，侧身跽坐，着宽袍，头戴胜，形体小而简约。西王母左侧上方配置起舞蟾蜍、下方配置九尾狐，右侧上部为玉兔捣药、下部配置三足乌。

Ⅴ类　《息斋藏镜》博局纹禽兽镜（图7）。西王母侧身跽坐，着宽袍大袖，蓬发戴胜，白虎与西王母同区对置、构图简约。本例镜图式中有九尾狐、三足乌、蟾蜍、玉兔物象出现，但均不与西王母配位同区，且这些神禽异兽多作为填衬物像出现。此类西王母与白虎同区配位的例镜还见于《古镜今照》图78收录器。

Ⅵ类　江苏丹阳铜镜青瓷博物馆藏博局纹禽兽镜（图8）。西王母侧身跽坐，蓬发戴胜，双手笼于宽袍袖中，两侧分别配置持节羽人与捣药玉兔，西王母物像虽因铜镜构图所需而形体被缩小，但居于中间主神位置。本例镜镜图其他三区还配置有九尾狐、三足乌、凤鸟、蟾蜍等神禽异兽。

Ⅶ类 簠斋藏"新有善铜"铭博局纹禽兽镜（图9）。西王母与玄武同配一区，蓬发戴胜，侧身踞坐，一手扬起作取灵芝仙果状，其前置一株菌状灵芝，身后置捣药玉兔和一朝向药樽伸首引颈的神雀，玉兔呈拱腰站立状，一前肢前伸持杵，药杵细长下端置入药樽中。

2. 铭文

汉代禽兽镜铭文中，反映神仙生活或神仙思想的内容多见，尤其是博局禽兽镜、七乳禽兽镜中更为流行，但直接与西王母相关的辞句甚少，见于著录的此类镜西王母铭辞摘录如下。

（1）西王母，寿如山，谷光喜，宜系子。（本书下册图37、图41皆为纯文字镜，问世年代在西汉早期）。

（2）上大山，见神人，□王母……宜官□，保子孙，富贵昌，乐未央兮（《奇觚室吉金文述》卷15）。

（3）湅言之纪从镜始……寿敝金石西王母……（《簠斋藏镜》卷下）。

（4）湅言之始自有纪……辟如□众乐典祀……寿□金石西王母（《博古图录》卷28）。

（5）湅言之始自有纪……辟如□众乐无已，寿敝金石先王母。（《古镜今照》图74）。

（6）湅言之纪从镜始……寿比金石先王母……（《六安出土铜镜》图112）。

（7）湅言之纪从镜始……寿如金石□王母……（《浙江出土铜镜》彩版5）。

（8）湅言之纪从镜始……寿□金石□王母（《三槐堂藏镜》图86）。

（9）袁氏作竟真大巧，上有东王公西王母……仙人子乔赤踊子，千秋万岁不知老……（《三槐堂藏镜》图106）。

（10）作佳镜哉真大好，上有仙人不知老……寿敝金石先王母（《息斋藏镜》图2746）。

（11）王氏作竟真大好，上有仙人不知老……寿如王母家万倍，中国安宁兵不扰……（《息斋藏镜》图2750）。

（12）尚方作竟真大好，上有仙人不知老，东王父（《铜都藏镜选》图2-40）。

3. 小结

汉代禽兽纹镜图式中的西王母图像出现频率不高，主要流行"西王母配玉兔捣药""西王母配白虎"两类组图模式。西王母侧身跽坐云端，蓬发戴胜，形体较小且结构简约省隐，就形构大小而言在整幅镜图配组中还没有凸显出作为主神的"核心"地位。西王母图像多与三足乌、九尾狐、玉兔、蟾蜍、凤鸟、羽人、持节方士等物象伴出，共同构成王母神世界的情节环境。此期西王母组图中标示"西王母之山"的昆仑山物象还没有出现，只是以大量的云气纹、卷云纹充斥画面以标示仙界所在。镜铭中出现的西王母辞句数量不多，表达的思想内涵单调，多与祈愿生命长寿有关。可见这一时期镜图中的的西王母图式与铭文，还只是比较"客观"地描述、再现西王母及其神仙世界里的场景与特征，没有出现世俗之人与仙人互动、杂融的情况，"世人""仙人"之间难以逾越的界隔还是极明显的，此期西王母的对偶神东王公（父）亦未出现。

二、画像镜中的西王母

1. 图式

汉代画像镜中的西王母内容题材大量出现，此类镜物象组图复杂多变，根据镜图西王母及配组物象形态特征的差异，可将常见的西王母画像镜标本大致分作以下几类。

Ⅰ类　主神西王母体态肥胖，头硕大，圆鼓脸，宽额，大眼，小嘴，着宽袍大袖，双袖笼胸前或两手前伸，一副雍容华贵的"贵妇"神态。西王母两侧各配置一侍者，均作腰微弓，拱手面向主神状，此类"一主二仆、主大仆小"的构图被有些研究者称为"三位一体"模式。东王父（公）与西王母夹钮对置，两者冠式、服饰、体态基本雷同，几乎看不出性别差异。西王母、东王公及侍神构图简约，仅以弧线勾勒人物轮廓，尽显浑圆、流畅、柔美神韵。主神两侧多带有"西王母""东王父（公）"铭文、榜题。此类镜在淮河流域东汉人物画像镜中习见，典型器见于上海博物馆藏龙氏神人龙虎画像镜（图10），此外河南洛阳出土"蔡氏"铭神人车马画像镜（《中国青铜器全集16·铜镜》图80）、浙江嵊州出土"蔡氏"铭神人车马画像镜（《浙江出土铜镜》彩版图18）、安徽六安寿县出土"郑氏"铭神人神兽画像镜（《六安出土铜镜》图120）中的西王母、东王父形态及组图风格均属此类镜。

图10

Ⅱ类　主神西王母正面跽坐，体态较Ⅰ类镜挺拔。西王母及其两侧侍者、羽人的配组为"一主三仆、主大仆小"模式，侍神形态活泼多变，跽坐、站立、杂耍者均有，本类镜四乳四分区配图，东王公、西王母夹钮对置，东王公多戴三山冠或三梁冠，颌下有须，与王母以示区别。镜中人物刻画较Ⅰ类镜复杂细腻，王母、王父服饰多以复线勾出。此类镜在绍兴地区出土器中习见，典型器见于上海博物馆藏神人车马画像镜（图11、图12），此外《古镜今照》图143、图

图11

图12

图13

图14

144，《丹阳铜镜青瓷博物馆·千镜堂》图204、图205、图206收录器中的西王母及其配组侍神形态特征，亦属此类镜。

Ⅲ类 西王母、东王公形态特征与Ⅱ类镜图式基本相同，区别在于两主神肩生向上飘逸的硕大羽翼，主神两侧配置数量众多的羽人，这些羽人多作成排跪拜状，形构极简约，看不出五轮廓构和躯体细部特征，仅夸张性地用成组的短平行线表现出硕大羽翼。典型器见于浙江奉化出土"石氏"铭神人车马画像镜（图13）。此类西王母、东王公及其配组羽人侍者形象，还见于陕西西安莲湖出土"袁氏"铭神人神兽画像镜（《西安文物精华·铜镜》图47）浙江私藏"永元三年"铭神人神兽画像镜（《古镜今照》图141）。

Ⅳ类 西王母侧身站立或跽坐，两手笼袖拱胸前或作一手前伸状，两侧各配置一作低首弓腰拜谒状的侍者。主神、侍神形体修长简约，头部、躯体多仅以大块面勾勒轮廓，身体各部位比例合理，不见臃肿肥大之感，亦见少量冠饰、服式细部用线条刻画的例镜。东王父与西王母夹钮对置，两者构图基本一致，有的标本以戴三山冠与王母相区别。典型例镜见于《清华铭文镜》图68收录的袁氏神人龙虎画像镜（图14）。此外湖北荆门、山东枣庄、安徽阜阳亦见此类出土镜的报道。

Ⅴ类 镜图四分区组图，除相邻两区配置西王母、东王公"一主二侍"图式外，另外还配置一区特殊的"西王母舞蹈图"：西王母身材苗条修长，持长巾伸展双臂翩然起舞，衣袂裙摆随风飘飞，两侧有仙鹤神鸟伴舞，西王母旁还配置"东（西）王母"榜题。例镜见于浙江绍兴出土"田氏"铭神人车马画像镜（《浙江出土铜镜》图版23）。

Ⅵ类 主神西王母单独成区或"一主一侍"组图模式。西王母侧身跽坐，双手平放腹前或向前伸展，侍神或低首弓腰作拜谒状，或抚琴奏乐，或起舞杂耍，或侧身跽坐作弄物状，或与主神对语，形态变换丰富，大小与主神西王母基本雷同。此类镜有"四乳四分区""六乳六分区"等构图模式，东王父、西王母已不再严格遵守夹钮对置的配图规制，而是表现出"邻区""隔区""对区"模式等较大的构图随意性。典型器见于山东济宁博物馆藏神仙人物画像镜镜（《中国铜镜图典》图455）、山东枣庄滕州出土神仙人物画像镜（《鉴耀齐鲁》图196）、河南南阳出土"新有善铜"铭神人神兽画像镜（《南阳出土铜镜》图版105下）、河南固始出土神仙人物画像镜（《中国铜镜图典》图456）、湖北鄂州出土"三羊"铭神人禽兽画像镜（图15）、鄂州出土"尚方"铭神人禽兽画像镜（图16）、湖南长沙出土"郑氏"铭神人神兽画像镜（《长沙出土铜镜》图114）等。

图15

Ⅶ类　主神西王母"一主二侍"组图，西王母侧身跽坐，头戴护帼，着宽大袍服，怀抱一婴儿，两侧侍神一持便面跽坐、一站立作长袖舞。东王公"一主二侍"组图与西王母图像区夹钮对置，与前几类镜不同的是两侍者皆位于东王公前方，形成主神、侍神并列的组图模式。例镜见于《古镜今照》图149私藏镜（图17）。

图16

Ⅷ类　四分区组图，四组图像分别为"车马出行""仙界迎宾""仙人娱乐""天门升仙"，四幅图前后连贯构成一个完整的升仙故事情节。"仙人娱乐"中的西王母跽坐在舟形云座上，头戴华胜冠，着宽袍大袖，两手置腹前或一手前伸，两侧侍者略小于主神。天门内的西王母与东王公并排跽坐，在整幅图中所占的空间较小。例镜见于安徽阜阳东汉晚期墓出土"蔡氏铭车马升仙图画像镜"（图18）。

2. 铭文

画像镜中有关西王母的铭辞大量增加，

图17

配置形式较为随意，除铭文圈带中习见"西王母、东王父"辞句外，主纹区人物图像旁还流行配置"西王母（王母、西母）""东王公（父）""玉女"之类的榜题，常见的此类镜铭如下：

（1）龙氏作竟自有道，东王公西王母，青龙在左白虎居右，刻治今守悉皆在，大吉（《上海博物馆藏铜镜精品》图49）。

（2）龙氏作竟自□□，东王公西王母，青龙在左白虎居右，□治□□□习左，大吉（《古镜图录》卷中）。

图18

（3）龙氏作竟佳且好，明而日月世少有，刻治分守悉皆在，长保二亲宜孙子，东王父西王母，大吉羊矣兮《小檀栾金镜影》卷二、《小校经阁金文》卷十五）。

（4）龙氏作竟世少有，尚有东王父西王母，仙人子乔赤松子……服此镜宜孙子（《古镜今照》图149）。

（5）袁氏作竟兮真，上有东王公西王母，仙人子乔侍左右，辟邪喜怒无央咎，长保二亲生久（《古镜图录》卷中、《簠斋藏镜》卷上、《小校经阁金文》卷十五）。

（6）袁氏作竟真大巧，东王父西王母，青龙在左白虎居右，山人子高杰诵子，千秋万岁不知老……（《历博馆藏铜镜选辑（三）》图119）。

（7）袁氏作竟真大□，东王公西王母，青龙在左白虎居右，山人子高乔赤容子，千秋万倍（《古镜图录》卷中）。

（8）袁氏作竟世少有，东王公西王母，辟去不羊□孙子，白虎山人居在右，长保二亲子孙力，五（《西安文物精华·铜镜》图47）。

（9）刘氏作竟真大好，（上）有东王公西王母，宜子孙，师命长（《息斋藏镜》图2618）。

（10）吕氏作竟流信德，青龙白虎相纹错，东公西母山独药，采自□□□□则昌……（《故宫藏镜》图52）。

（11）三羊作竟自有纪，辟去不宜古市，上有东王父西王母，君宜子（《鄂州铜镜》图91）。

（12）尚方作竟自有真，良时日吉大赏，十子九孙各有喜，□至三公中常侍，上有东王父西王母，三人子乔大田子平（《藤花厅镜谱》卷二）。

（13）尚方作镜真大巧，上有东王父西王母，□天□□不知老（《中国铜镜图典》p.456）。

（14）尚方作竟佳且好，左有王父坐行道，右有王母，白虎芝草方其后，令人富贵不老，子孙满室世（《六安出土铜镜》图122）。

（15）尚方作竟四夷服，位至三公，东生月□□，东王父西王母（《历博馆藏铜镜选辑（三）》图127）。

（16）蒙氏作竟真大工，东王公西王母，青龙在左白虎居右，山人子高赤容（《金石索》"金索"卷6、《小檀栾金镜影》卷二、《小校经阁金文》卷十五）。

（17）盍氏作竟真大好，上有东王公西王母，仙人子高赤松子，长保二亲兮利孙子兮吉（《金石索》"金索"卷六、《奇觚室吉金文述》卷十五、《小檀栾金镜影》卷二、《小校经阁金文》卷十五）。

（18）张氏作竟大无伤……上有天守传相受，东王父西王母，令君□遂宜孙子……（《金石索》"金索"卷六）。

（19）□氏作竟真大□，上有东王公西王母，仙人子侨赤诵子，白虎□□□□□高升□万，千秋万岁□长（《小檀栾金镜影》卷二）。

（20）蔡氏作竟自有意，良时日，家大富，七子九孙各有喜，官至三公中尚侍，上有东王父西王母，与天相保兮（《中国铜镜图典》p.454）。

（21）宋氏作竟自有意，善时日，家大富……官至公卿中尚侍，上有东王父西王母，予天相保不知老，吏人服之带服章（《小校经阁金文》卷十五）。

（22）石氏作竟世少有，东王公西王母，人有三仙侍左右，后常侍名玉女……男为公侯女□□，千秋万岁生长久（《古镜今照》图141）。

（23）郑氏作竟自有纪，上有东王公西王母，公君阳远宜子孙，长保二亲不知老（《长沙博物馆藏镜》图114）。

（24）画像镜人物多见榜题，如"西王母"（《金石索》"金索"卷六、《小檀栾金镜影》卷二）、"东王父"（《中国铜镜图典》p.449）、"王父""王母"（《中国铜镜图典》p.435）、"东王父""西王母"（《中国铜镜图典》p.436）、"东王父""西王母""玉（王）女"（《浙江出土铜镜》图版32）等。

3. 小结

汉画像镜中西王母题材大量出现并成为主要内容，镜图中作为主神的西王母形体高大、居于构图空间的"核心"位置，其两侧还多配置有形体较小的侍神。此期作为西王母的对偶神东王公也大量出现，并多和西王母夹钮对置，两者处于对等地位。早期镜图中的九尾狐、三足乌、玉兔、蟾蜍等再现西王母神仙世界特征的图像在主纹区罕见或不存，代之而来的是大量的"车马出行""神仙人物""仙人娱乐""仙人拜谒"等具有浓郁"世俗化""民间化"特色的组图，西王母、东王父、玉女及其他侍神、羽人形构亦演变成世俗之人的特征。此期"世俗世界"与"仙人世界"之间难以逾越的界隔渐趋不再明显，现实生活中的人几乎随时皆可通过乘坐车马、服食丹药或在方士、神禽异兽的导引下进入西王母仙界，"人""仙"互动的场景在镜图中习见。镜铭中亦大量融入了西王母、东王公内容，除表达神仙不死思想和描述仙人快乐生活情景外，还被拓展了赐予世人财富、显贵、消灾除凶、护佑平安等丰富内涵。

图19

图20

图21

三、神兽镜中的西王母

1. 图式

汉代神兽镜中的西王母内容题材仍十分流行，单列式、重列式、环绕式、对置式等神兽镜中均习见西王母、东王公组图，此类镜图式中的西王母多体被双翼、正面踞坐云柱悬圃上，且在众神中的"主神"地位渐趋不存。神兽镜中常见的西王母图式，可大致分作以下七类。

Ⅰ类 西王母正面踞坐在弧形云柱支撑的悬圃上，体侧两翼粗壮坚挺上飘。云柱悬圃简约勾勒出轮廓或成"符号"图案。东王父与王母夹钮对置，形态相似，仅以一种顶尖内卷的变形三山冠相区别，另两图案一般为伯牙弹琴、黄帝戴冕旒。四主神两侧为神兽，多为衔枚龙虎、天禄、避邪之类。例镜见上海博物馆藏"永康元年"铭神人神兽镜（图19）、"中平四年"铭神人神兽镜。

Ⅱ类 西王母构图与Ⅰ类镜基本类似，区别在于王母羽翼变为弧圈形几何纹，头部以下体态较Ⅰ类镜大而清晰，但座下悬圃及弧状云柱更加虚简。王母两侧神兽仅突出放大头部而省隐躯体部位。东王父与王母夹钮对置而形态基本一致，仅以三山冠标志区别。例镜见于上海博物馆藏"天王日月"铭神人神兽镜（图20）。

Ⅲ类 西王母像较Ⅰ类、Ⅱ类镜精整，正面端坐龙虎座上，戴华胜冠，双手笼袖拱于胸前，体被羽翼。肩翼以弯曲弧线为基本形态，羽梢多分叉翻卷呈弧圈状，这类"图案化"羽翼仅作为一种"符号"存在，喻示其代表的意义。王母座中龙虎图，亦仅刻画出头部及上躯，座下以"T"形架承托。东王公与王母夹钮左右对置。例镜见于浙江绍兴出土的"吾作明镜"铭神人神兽镜（图21）。

Ⅳ类 西王母侧身含胸跽坐，有肩翼，两侧置白虎、青鸟。东王公与西王母仍夹钮左右对置，两者形态基本雷同，均肩翼短粗向上飘举，不同之处在于冠式、两侧饰青龙、朱雀。例镜见于上海博物馆藏"吾作"神人神兽镜（图22）。

Ⅴ类 西王母刻画粗糙，多正面端坐，五官模糊，四肢省隐，唯肩翼粗壮坚挺向上飘卷。东王公与西王母夹钮对置、形态约略相同。与前几式镜不同之处，是西王母、东王父既没有悬圃座或龙虎座，两侧也没有成对神兽，而是置大小相等、位置略低的神人。例镜见于上海博物馆藏"建安十年"铭神人神兽镜（图23）。

Ⅵ类 西王母正面或侧面端坐，双手笼袖拱于胸前或省隐不显，肩翼粗壮坚挺上飘，缺少前几式镜肩翼灵动欲飞的神采。东王父与西王母夹钮对置，两者形态相似。本式镜中王母、王父体形一般较大而置于中段。例镜缘于四川绵阳何家山崖墓出土三段式神人神兽镜（图24）、陕西西安汉墓出土三段式神人神兽镜，此外日本五岛美术馆、美国波士顿美术馆收藏的三段式神人神兽镜中亦见此类西王母简约形构（图25）。

Ⅶ类 西王母像仍出现于三段式神人神兽镜中，王母居中段左侧，正面昂首踞于云端龙虎座上，面部五官位置清晰，头戴胜，肩翼飘逸张扬、粗壮有力，具有图案化的装饰效果。东王父戴三山冠，与西母夹钮对置。例镜见于美国西雅图美术馆收藏的三段式神人神兽镜（图26）。

2. 铭文

（1）元兴元年五月丙午天大赦，广汉造作尚方镜……长乐未央，富且昌，宜侯王，师命长生如石，位至三公，寿如东王公西王母，仙人子，立至公侯（《山东省博物馆藏珍·铜镜》图35）。

（2）建宁元年九月九日丙午，造作尚方明镜……上有东王父西王母，生如山石，长宜子孙，八千万里，富且昌，乐未央，宜侯王……（《中国铜镜图典》p.377）。

图22

图23

图24

图25

图26

（3）元兴元年五月丙午日，□大利，广汉造作尚方镜……寿如东王公西王母，仙人子立公侯（《善斋吉金录》"镜"卷一、《陶斋吉金录》卷七、《古镜图录》卷六、《小校经阁金文》卷十五、《浣花拜石轩镜铭集录》卷一）。

（4）中平四年五月午日……买者大富，长宜子孙，延年命长，上如王父西王母兮，大乐未央，长生大吉……（《中国铜镜图典》p.413）。

（5）中平六年正月丙午日，吾作明镜……辟去不祥宜孙子，东王父西王母，仙人王女大神道……（《善斋吉金录》"镜"卷一、《小校经阁金文》卷十五）。

（6）永康元年正月丙午……买者大富，延寿命长，上如王父西王母兮，君宜高官，立至公侯，长生大吉，太师命长。（《上海博物馆藏镜精品》图54）。

（7）永康元年正月丙午日……上有东王父西王母，生如山石，大吉（《浙江出土铜镜》p.52第129）。

（8）建安十九年八月五日，吾作竟，天王日月，伯牙弹琴，黄帝仙人，东王父西母，宜子先，大吉祥，位至三公，□□夫（《鄂州铜镜》图142）。

（9）金西母来，始有其宰宜葆利众典祀（《啸堂集古录》）。

（10）尚方作竟，明如日月不已，寿如东王公西王母，长宜子孙，位至三公，君宜高官（《古镜集录》卷中）。

（11）吾作明镜……众神见容，天守四首，东王父西王母仙人，三月三日，三公九卿，延年益寿，与师命长（《中国铜镜图典》p.417）。

（12）吾作明镜，配像万疆，统德序道……曾年益寿，服者公卿，富贵安乐，子孙蕃昌，咸得所愿，其师命长，东王西母，与天丰至（《古镜今照》图114）。

（13）吾作明镜，幽涑三商，天王日月，上□东王父西王母，山之子，高志□子，用者大吉，生如金石，位至三公，长乐未央……宜子孙（《广西铜镜》图82）。

（14）吾作明镜，幽涑三商，周刻无极……及甫西王，仙人王女，用者吉祥（《广西铜镜》图83）。

（15）吾作明竟自有道，东王公西王母，曾年益寿长宜子孙（《山东省博物馆藏珍·铜镜》图40）。

（16）明镜造，亲见宜，赤□师□白牙，西母东父，侯□众日（《小校经阁金文》卷十五）。

（17）广汉西蜀刘氏作竟，延熹三年五月五日……寿如东王公西王母，长宜子孙，长乐未央……（《浙江出土铜镜》p.52第127）。

（18）正月丙日，王作明镜自有方，除去不祥宜古市，大吉利……上有东王父西王母，主如山石，宜西北万里，富昌长乐《鄂州铜镜》图101）。

3. 小结

汉神兽镜构图中的西王母图像仍十分流行，且多与东王公对称出现。与画像镜不同的是，此类镜图式中配置的神人神兽不仅数量众多，众神的形体空间大小也大体雷同，西王母、东王公多正面跌坐或踞坐，体生双翼，形构向着简约省隐的"抽象化""符号化"方向发展。在通过"对置""层叠""分段""环绕"等模式构建的复杂有序的神人体系图像（天皇大帝、五帝、伯牙、子期、黄帝、地祇）中，西王母、东王公作为这个序列中一般被配置在中部的钮左右两侧，但其传统意义上的"主神""核心"地位已不在凸显，而是仅作为众神序列中的一员出现的。此期镜铭内涵丰富复杂，西王母辞句虽经常出现，但已不再是镜铭表达的唯一中心内涵，而就西王母铭辞本身表达的内涵而言，除了承载长寿永生的意义外，还增加了"宜子孙""宜公侯""除凶趋吉"等复杂神性功能。

四、问题讨论

1. 问世概述

见于著录的西汉早期（高祖至武帝以前）铜镜标本中，除了问世在西汉早期的《汉镜文化研究》图37、图41外，迄今罕见西王母内容题材的图式与镜铭，表明这一时期的西王母神话还不是十分流行、至少还没有渗透到当时的铜镜文化中去。西汉中晚期，以禽兽纹镜为代表的铜镜组图、铭文中开始出现西王母神话内容，从目前发现的标本看，此期西王母内容题材镜总体数量不多，西王母图像在镜图中所占空间较小，甚至与镜图中其他神禽异兽形体大小雷同，表明这一时期西王母神话还没有在铜镜组图中构成主流题材。西汉晚期至终东汉，铜镜图式、铭文中大量出现了西王母内容，成为禽兽镜、画像镜、神兽镜中使用频率最高的神话题材，且西王母图像也发生了复杂变化，表明这一时期社会上西王母神话影响之广、流播之深，已成为此期铜镜文化中的重要特色。

2. 演变轨迹

禽兽镜图式中最初出现的西王母图像，均侧身踞坐，戴胜，形体较小，在镜图中还没有成为"核心"物象。西王母周围多配置有玉兔捣药、九尾狐、三足乌、羽人或持节方士、蟾蜍、凤鸟、流云等，构成一个较为独立稳定的神话图像系统。此类西王母图像主要流行于西汉晚期、新莽至东汉早期。在这一时期镜图中，还没有作为西王母对偶神的东王公出现，有论者亦称之为"西王母独尊"阶段。

画像镜图式中的西王母也以侧身跽坐为主、少量有站立图式，但形象刻画已与上述禽兽镜中的同类物像完全不同。此期西王母形体高大，两侧配置有数量不等的形体较小的侍神，在整幅镜图中，着力凸显主神西王母的"核心"地位，且西王母肢体、五官形构比例、服饰发式与同时代现实生活中的人形大致雷同。这一时期西王母的对偶神东王公图像开始大量出现，东王公与西王母夹钮对置或邻区配位，两者形构大小近于雷同，具有等同"主神"的地位。同时，此期镜图中还大量配置了车马出行、宴饮、拜谒、乐舞、百戏等娱乐场景与汉代现实社会生活密切相关的组图，而此前西王母神话世界里习见的图像玉兔捣药、九尾狐、三足乌等多省隐不见，或被"缩小""弱化"处理到陪衬的物象中去，表明此期汉镜中西王母神话的情节内容、表现形式已向着"世俗化""平民化"方向深入发展。上述西王母图像主要流行于东汉早中期的画像镜图式中，东汉中晚期，画像镜图式中也流行一类主神"核心"地位被削弱的西王母图像，表现为西王母、东王公各自独立成区，没有侍神配置，或配置"一主一侍"模式图像、但西王母和侍神形体大小基本对等，两者近乎于"平起平坐"的关系，西王母图像系统的此类变化是当时社会上西王母神话演变的"物化"反映（后详）。

东汉中晚期盛行的神兽镜中，西王母流行正面跽坐悬圃或龙虎座上的图式，西王母形体结构、发式、服饰刻画多简约模糊，同时肩生双翼的特征十分凸显，两侧侍神减少或不存，画像镜图式中习见的车马出行、宴饮、拜谒、乐舞、百戏等组图，神兽镜中亦基本不见。与画像镜组图比较的另一个显著变化是，神兽镜排列神人图像众多，且每位神人所占空间大小基本雷同，西王母在"众神"系列中"主神"地位渐趋式微，这一众神并列出现的特征，在镜铭中也屡被提及。

综上所述，汉镜图式中西王母图像特征的演变线索，概括如表一。

表一 西王母图像特征演变线索一览表

西王母特征	西汉早期四乳镜等	西汉中晚期、新莽禽兽镜	东汉早中期画像镜、神兽镜	东汉中晚期、三国神兽镜
纯铭文	西王母寿如山	/	/	/
图像配置	/	西王母"独尊"	西王母、东王公"平分天下"	西王母、东王公、列仙"共主神界"
形态	/	跽坐云端蓬发戴胜	侧身跽坐或站立	跽坐于云柱圃或龙虎座
体态	/	主大次小（尊卑关系）	主次一致（对等关系）	主次距离较大（不明确）
侍者	/	无	两侧有	配以舞者、百戏等
伴兽	/	少许神禽异兽	多有神禽异兽	减少（或消失）神禽异兽
羽翼	/	无	部分有	抽象化，符号化

3. 功能变化

观察上述列举的三类镜铭，可以看出镜图西王母神性功能不同时期有变化：

(1) 禽兽镜西王母铭文13例，其中说西王母"寿如山"者1例，说西王母"寿比（如、币、敝）金石"者7例，说西王母"仙人不知老"者1例，说"寿如王母家万倍"者1例，说西王母"千秋万岁不知老"者1例，因文字阙疑无法准确判断西王母神性功能者1例。统计表明，在早期铜镜文化中，西王母承载的神性内涵，几乎皆与"长寿""不死"主题有关。

(2) 画像镜西王母铭文23例，其中说西王母"千秋万岁不知老"者4例，说西王母"与天相保不知老"者3例，说西王母能够使人"富贵不老"者1例，说西王母之山有"不死药"者1例，说西王母"长保二亲"健康长寿者2条，说西王母能够带来"大吉"者1例，说西王母具有"辟不祥、宜古市"法力者1例，说西王母能够"宜子孙"、赐予世人"子孙满室世"者5例，说西王母能够保佑世人"位至三公"者2例、保佑世人"男为公侯女夫人"者1例，客观叙述西王母神仙身份者1例。统计表明，画像镜铭辞中西王母承载的神性功能较为复杂，除了自身生不知死、具有掌管不死之药、能够赐予世人长寿不老的神性功能外，此时的西王母还具有消灾除凶、辟除不祥、护佑世人发财富贵、高官显贵、吉祥平安、父母健康、儿孙满堂、赐予天下苍生福祉等神性功能。可见西王母神性已经由过去与"生命不死"相关联的"单一神"，演变成法力无边、无所不能的庇佑天下苍生万物的"多功能神"。这些既多且广的神性功能与汉代世俗社会里人们的生活需求、安全需求、心理期盼皆息息相关，这是西王母神话"民间化""世俗化"演变的印证。

(3) 神兽镜铭文18例，皆与西王母神性功能相关联，其中说"寿如西王母"者4例，说西王母"生如山石"者3例，说西王母能够令人"延年命长"者2例，表达西王母"大神道"者1例，说西王母能够使人"富贵"者1例，能保佑人"位至三公"者1例，能保佑"子孙蕃昌"者1例，能给世人带来"吉祥"者1例等。神兽镜铭辞一般较长，早期铭辞的突出特点是一个铭文圈带涉及诸多内涵，如吉祥、长寿、高官、富贵、享乐、宜子孙等，而不以不单独突出西王母"主神"神性功能，铭辞中表达的吉祥语，也不一定与西王母神性功能相关联。晚期纪年铭辞，着重突出"众神"的功能，凸显系列群神形象，如"伯牙弹琴、黄帝仙人、东王西母""众神见容""配像万疆"等，此时西王母作为众神之一在镜铭中被提及，已不再是"众神之主"了。

从上述镜铭内涵可知，两汉镜图西王母神性功能，大致经历如下：

"寿如山"（西汉早期）——→掌"不死之药"（西汉早中期）——→年轻貌美的群仙之首，导引世人升天不死（西汉中晚期）——→为世人消灾除凶，赐予世人显贵与财富，护佑生命、抚慰心灵的万能救世神（西汉末至东汉）——→列仙中的一位主神，能使世人生者健康长寿，死者灵魂升仙（东汉晚期）。

4. 社会动因

在汉镜图式中西王母题材的流播与演变，是同时代西王母神话流播及演变轨迹的形象化体现，这一流播演变的社会动因，主要与两汉时期特殊的社会性、神仙说、成仙术的兴衰以及原始道教造神运动的推波助澜有关。

由于秦汉战争的残酷破坏，汉初，土地荒芜，经济凋敝，人口散亡，财富匮缺。《史记·平准书》记载"自天子不能具均驷，而将相或乘牛车，齐民无盖藏"，记述了汉政府困顿的情形。当时安置流民、稳定社会、恢复和发展生产、解决民众温饱问题是统治者要亟待解决的问题，所以刘汉政权实行了轻徭薄赋、与民休息的开明宽松政策。这一时期人们主要关注的是衣食住行、社会生产、财富的创造与积累等与现实生活密切相关的问题，所以汉镜铭辞内容主要是表现祈求富贵、祝福生活美满、身体健康长寿、家族平安幸福、仕途通畅显达之类的的内容。以追求个体生命不死、精神逍遥享乐为基本生活目标的神仙思想。当时还不具备发展、流播的社会条件，因而神仙思想没能成为社会生活中的主流文化，自然亦未能影响、渗透至铜镜文化中，此即早期汉镜中罕见西王母内容题材的原因（图1、图2镜的问世年代似在文帝前后）。

　　文景盛世，社会经济迅速恢复发展，到武帝时汉代社会累积了雄厚的物质财富，富足的生活条件使社会上奢侈享乐之风亦随着兴起。人们在现实生活世界里安逸享乐的同时，十分渴望生命能够无限延长或再生、在另一个世界里继续过着自由享乐的生活。先秦之际即已存在的神仙说与成仙术，此时便有了发展流播的社会土壤。这一时期在武帝的直接倡导和参与下，汉代上层社会形成了迷信神仙说、热衷成仙术的狂热风潮，并渐向社会各阶层发展蔓延。这种神仙思想渗透至西汉中期社会文化的诸多层面，对汉镜文化亦产生了深刻影响。因故汉代中期铜镜铭文中有大量的表达神仙不死、期盼世俗生命永生的辞句。然当时神仙说与成仙术思想内容，还没有与西王母神话故事的情节内涵融合起来，两者大体上还处于既各自独立流播发展、又有逐渐磨合、交融趋向的阶段。传统西王母神话的"仙化"演变，还主要出现于上层社会求仙者的操控、推动中，并没有形成诸如后世全国性的大规模崇拜、祭祀西王母神的社会运动。流行于汉代中晚期的禽兽镜图式、铭文中，出现神仙不死思想的内容多而西王母内容题材相对较少的的原因，即是上述社会背景下神仙思想发展演变的反映。

　　西汉宣帝以后国运衰微，元、成二帝沉溺声色、奢靡无度，官府横征暴敛，社会土地兼并现象愈演愈烈，加上关东洪水、郡国蝗灾等自然灾害频发，各种政治危机、社会矛盾、自然灾害交织在一起，导致人民流离失所，流民暴动此起彼伏，社会动荡不安，刘汉统治权民心尽失并随时有倾覆之险。巨大的灾难、死亡的恐惧时刻笼罩着整个社会，惶惶不安的人们渴望西王母神作为"救世主"出现，以庇佑天下众生。在这一社会背景下，西王母神话的广泛传播影响，深深地触及汉代社会政治、经济、文化的各个层面。《汉书·五行志》《后汉书·安帝纪》记载西汉哀帝建平四年（前3年）、东汉永初五年（11年）曾发生过几次席卷全国而传行西王母的大规模流民运动，连京师诸县百官、甚至皇帝本人也参加到歌舞祭祀西王母的活动之中，以冀通过祭祀西王母，获得（恐慌）心灵的解脱。汉画像镜、神兽镜中大量出现西王母题材，就是上述文化背景下的产物。

　　此外两汉自武帝以来的众多帝王与达官权贵带头迷信神仙不死说、致力于倡导各种升仙方术活动，有力推动了西王母神话的发展演变。东汉原始道教大规模造神运动的兴起，对先秦以来流传下来的神话传说、历史故事、名人典故等进行的全面重组改造，也有力地促动了汉代西王母神话情节与内涵的演变异化。

3.3 西汉早期镜道家文化概说

■ 王纲怀　业露华

铭文与图像反映出儒家文化与佛家文化的汉镜，存世数量有限，皆在较小的十位数[1]；而包括出土品与传世品在内之道家文化镜的存世量，则是数以千计[2]。

以老子和庄子为代表的道家文化源于先秦。据《汉书·艺文志》载，道家思想主要来源于史官，古时史官历代相承，他们在记录历代的兴亡成败中，体悟到天道自然运行的道理。因此，道家思想崇尚自然，主张清静无为，在此思想指导下的道家文化，多寄情于自然山水，表现出空灵清虚，潇洒飘逸的特点。

西汉早期，以道家的无为而治作为政治主导思想，使民众得以休养生息的机会，社会经济有了极大的发展，终于取得了"文景之治"的赞誉。与此同时，道家思想和道家文化也得以繁荣发展。其后虽有董仲舒"罢黜百家，独尊儒术"之说，但实际上在整个西汉社会上影响最大的还是黄老思想，这一时期反映道家文化的铜镜大量出现。反映道家文化的汉镜，始见于西汉早期[3]，经过逐年发展，在西汉末期王莽掌权，摄政之时，汉镜中的道家文化大量涌现，到了东汉桓灵之际，铜镜中的道家文化几乎是一统天下。

汉镜道家文化的重点是在西汉晚期至东汉晚期，而其初创时的西汉早期则因资料缺乏而较少有人关注。本文尝试着对此作粗浅的探讨。

一、西汉早期镜铭中的道家文化

对西汉早期镜铭进行梳理，列出八面镜例，它们有着不同主纹与不同铭文的道家文化内容。详见表一：

表一　西汉早期镜铭道家文化一览表

图号	主纹	镜铭主题词	直径（厘米）	重量（克）	全铭	本书下册图号
1	三凤蟠螭	与天地相翼	11.2	132	与天地相翼，大乐贵富毋极	6
2	博局蟠螭	千秋万岁，延年益寿	15.4	289	大乐贵富得所好，千秋万岁，延年益寿	14
3	八龙博局		16.5	350		32
4	纯文	寿如山，西王母	9.6	78	寿如山，西王母，谷光意，宜系子	37
5	纯文	与天相寿，与地相长	10.4	118	与天相寿，与地相长，富贵如言，长乐未央	38
6	纯文连弧	与天相寿，与地相长	12.5	159	与天相寿，与地相长，富贵如言，长毋相忘	39
7	四乳	寿如山，西王母	9.6	84	寿如山，西王母，谷光意，宜系子	41
8	连弧花瓣	与天无极，与美相长	13.9	260	与天无极，与美相长，驩乐如志，长毋相忘	58

图1 与天地相翼铭三凤蟠螭镜

图2 大乐贵富铭博局蟠螭镜

图3 大乐贵富铭龙纹博局连弧镜

由表一可知，由于汉武帝采纳董仲舒"独尊儒术"的统治策略，本来以崇尚清虚无为的黄老思想，开始吸收阴阳、方术以及养生、成仙等内容，成为道家文化的重要组成部分以及当时社会上层所乐此不疲的生活方式。此类铭文的出现，应是当时社会意识形态的历史记录。

图1镜铭文有另一种读法："大乐贵富毋极，与天地相翼。"然在分类上不易与主纹为四叶（另有博局纹）蟠螭的大乐贵富铭文镜相区别。相翼，当为奉戴、恭敬之意。《尚书·皋陶谟》："庶明励翼。"孔颖达疏："各自勉励，翼戴上命。言如鸟之羽翼而奉戴之。"《尔雅·释诂》："翼，敬也。"此类镜铭每见"与天相翼"之类的文字，显现了汉人敬畏天地鬼神的思想观念。此镜铭文内容应列汉镜道家文化开创器物之一。

图2、图3两面镜铭文中，"千秋万岁"可释岁月长久，也可释作帝王之死。这里当是道家文化中的祝寿之辞，延年益寿即延长寿命，增加岁数。战国宋玉《高唐赋》："九窍通郁，精神察滞，延年益寿千万岁。"《史记·商君列传》："君之危若朝露，尚将欲延年益寿乎？"《云笈七籖》卷一一六："举世之人，皆愿长生不死，延年益寿。"文前有述，追求长寿、成仙等思想被道家可吸收，成为道家文化的重要组成部分，这些镜铭正是汉代道家思想和道家文化的反映。

图4、图5两面镜铭中，西王母是中国古代的女神仙，古时以为长生不老的象征，铭文"寿如山"正是此意。据《穆天子传》卷三："乙丑，天子觞西王母于瑶池之上，西王母为天子谣。"人世间天子竟能与昆仑山上的神仙西王母对饮欢歌，除了说明汉人对神仙的痴迷外，实在是一件令人费解的事。好在《穆天子传》一书的虚妄成分颇多，人仙对饮也权作神话故事看看而已。迄今所知，此两铭文镜系汉镜道家文化中关于西王母内容的最早器物。本

书另有专题文章《汉镜神仙思想研究》与《汉镜中的西王母研究》可供参考、比较。

图6、图7、图8三镜铭文的"与天"内容，正是汉代天人合一思想的具体反映。凡合乎天道者，则得天助。《国语·越语下》"持盈者与天"韦昭注："与天，法天也。"《管子·形势》："持满者与天。"尹知章注："能持满者，则与天合。"《史记·越王勾践世家》："持满者与天。"司马贞索隐："与天，天与也。言持满不溢，与天同道，故天与之。"

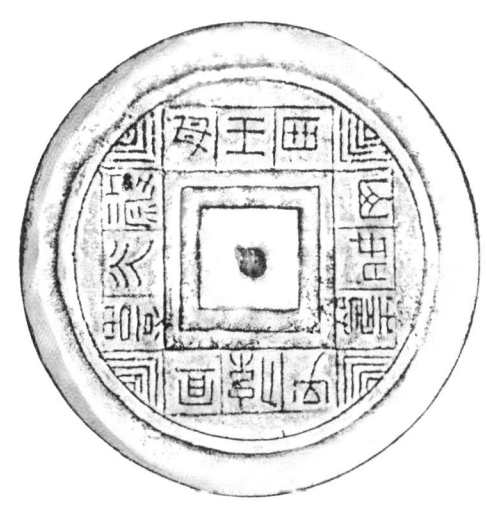

图4 西王母铭纯文镜

图5 西王母铭四乳镜

图6 与天相寿铭纯文镜

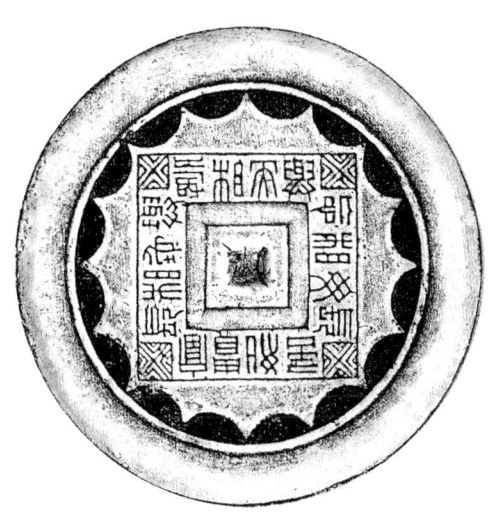

图7 与天相寿铭纯文连弧镜

图8 与天无极铭四乳连弧花瓣镜

二、西汉早期镜图中的道家文化

在西汉早期镜图中，罕见有道家文化者，本文有幸找到两例。详见表二。

表二 西汉早期道家文化镜图一览表

图号	镜图主题纹		直径（厘米）	重量（克）	钮式	主纹	地纹	资料来源
9	蟾蜍	全镜拓片	10.0	88	三弦	蟾蜍，蟠虺	涡状	《止水阁藏镜》图28
9A		局部放大						
10	猿猴	全镜拓片	8.9	60	三弦	猿猴，蟠虺	涡状	《止水阁藏镜》图39
10A		局部放大						

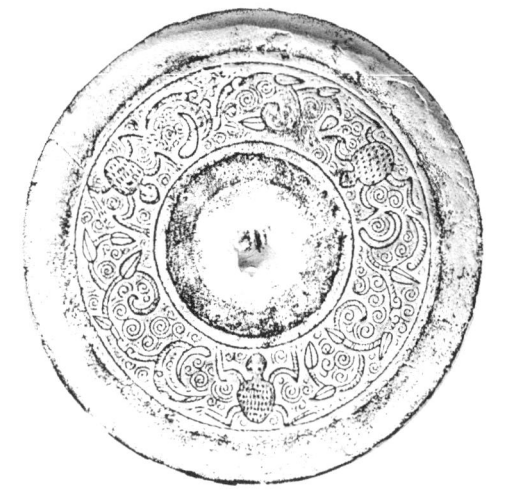
图9 蟾蜍纹蟠虺镜

图9A 蟾蜍纹蟠虺镜（局部）

图9是一面有蟾蜍纹蟠虺镜。我们知道，蟠虺纹早在商代的青铜器中就已出现，先秦时也有蟠虺纹铜镜出现。但有蟾蜍纹的蟠虺镜，在西汉早期镜中十分罕见，说明当时的道家文化还未普及。

蟾蜍亦作"蟾蟢""蟾诸"，俗称癞蛤蟆，属两栖类动物。其形似蛙，身形稍大。背部多黑绿色的大小疙瘩，耳后腺与皮肤腺分泌白色黏液，即可入药之蟾酥。

蟾蜍具有冬眠的生物习性，古人以为蟾蜍入冬长眠地下不饮不食，如同生命的休止或死亡，春天则复苏，如同生命由死复生。如此反复轮回，完成了生命的再生与永恒，因而蟾蜍具有生命不死的神性。汉代蟾蜍神话多与月神及不死药有关。《淮南子·览冥训》："羿请不死之药与西王母，姮娥窃以奔月，托身于月，是为蟾蜍，而为月精。"《乐府诗集·董逃行》："采取神药若木端，白兔长跪捣药蛤蟆丸。"稍后的神仙说将蟾蜍长寿不死的神性说得更为直白，如《玄中记》："蟾蜍头生角，得而食之，寿千岁。"《抱朴子》："肉芝者，谓万岁蟾蜍，头上有角……（食之）令人寿千岁。"在阴阳五行说中，蟾蜍还被视为月精，属水，属阴，位在北方。这种思想在古代文献与汉镜实物中多有体现，免赘述。

图10是一面有猿猴纹的蟠螭镜。猿（猨）是道家文化中的一种重要物像，在古代被认为是一类具有聪慧、善变化、善攀援、长生不死等属性的神秘灵兽，它既生活在世俗人间中，又出入于神仙世界。《吕氏春秋》："荆王有神白猨，王自射之，则搏树而熙。使养由基射之，始调弓矫矢，未发，猨拥树而号。"《淮南子》："楚王亡其猿，而林木为之残。"是说猿不仅聪伶绝顶、还属于神灵一类的动物范畴。此外猿作为神兽还见于《山海经》："堂庭之山，发爽之山，其上多白猨。"《吴越春秋》中记载有一个名叫猿公的神人与越女技击而化作白猿的奇异传说。《抱朴子》："周穆王南征，一军皆化。君子为猨为鹤，小人为虫为沙。"可见猿成为神兽后，的确具备了善于变化的神通。汉镜将猿的物象题材融入神话图式中，还缘于汉人迷信猿擅长行气导引、具备长寿不死的特性，《春秋繁露》："蝯以猴，大而黑，长前臂，寿八百，好引其气也。"稍后《抱朴子》："猿寿五百岁则变为玃，千岁则变为老人。"猿的这个生命不死神性，与西汉迷信神仙的不死说、渴望实现生命无限延长与再生愿望的思想十分契合。

图10 猿猴纹蟠螭镜

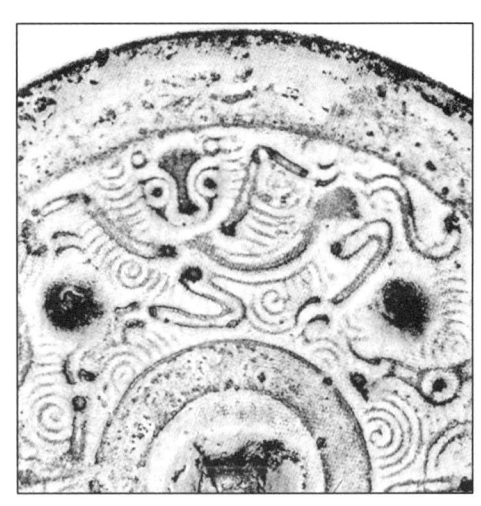

图10A 猿猴纹蟠螭镜（局部）

三、小结

本文列举西汉早期铜镜所具有的道家文化内容，涉及几个方面：一是崇尚天地自然永固不死的思想，如图1三凤蟠螭镜铭文"与天地相翼"，图8连弧花瓣镜铭文"与天无极"等；二是表达人们期盼长寿的愿望，如"千秋万岁""寿如山""与天相寿"等；三是折射神仙思想的影响，如"西王母"铭文、"蟾蜍"镜图等；四是反映出对美好生活的向往，如"富贵如言""欢乐如志""大乐贵富""长毋相忘"等。

从春秋时期老子创建道家思想学说，到东汉中晚期张道陵创建中国本土宗教道教，前后相距有七个世纪之多。西汉早期镜所反映道家文化的时代，正处于这两者之间，对于道家至道教的这段漫长发展史而言，本文所展示的镜铭与镜图，有着承前启后、继往开来的历史地位。

道家文化的发展传播，必然会在社会思潮和人们的日常生活中表现出来。西汉早期铜镜中道家文化之铭文和镜图的出现，正是这一时期社会思潮在铜镜上的客观反映。

注　释

［1］见本书另文《西汉中期镜铭之儒家思想》《三国吴佛字铭佛像镜研究》。
［2］见本书另文《汉镜神仙思想研究》《汉镜中的西王母神话》。
［3］本文暂且将西汉早期定位于汉高祖刘邦开国（前206年）至汉武帝即位（前140年）的66年之间。

3.4 东汉三段式神仙镜与五斗米道

■ 森下章司

东汉铜镜中的一种三段式神仙镜，因具有独特的图像令人注目。近年来，有一批文章推定这种镜与五斗米道有某种关系（巫2000、李2011等）。但是，并没有强有力的证据作为这种观点的佐证。本文试图对三段式神仙镜的变迁和发展进行考古学探讨，并根据其图像与道教经典所记的故事、神格之间所显示的共通性，讨论它与五斗米道的关系。

1. 三段式神仙镜的变迁与年代

（1）三段式神仙镜的分类

三段式神仙镜，是用二条水平线将内区分为上、中、下三段。各段配置有华盖、龟、人物（含母子像）、神仙、兽像、树木（建木）等丰富多彩的图像。分析内区图像、外区纹样、铭文等诸要素之后，分为以下三类（表）。

　　a类（图1-1～1-3）：外区主要是菱云纹或三角纹。铭文是长铭，书写于铭文带上。铭文含有直接指示"一母妇""九子""三王""尧""舜""仓颉""燧人"等图像内容的词语。上段的子像，造型服装、所持物、姿态等方面都有不同，区分很明确。中段的东王父、西王母像还附有龙虎座。

　　b·b'类（图1-4、1-5）：外区是变形龙纹为主体。在半圆方形带中的方形里书写铭文的例子有很多。"九子明竟""九子竟"等，将"九子"置于铭文的起首。子的造型区分不明确。龙虎座消失。

　　又，王纲怀氏藏镜和故宫博物院藏（故宫55）以"吾作"铭开始的镜，图像要素中也有差异，将其作为b'类。

　　c类（图1-6）：外区是变形龙纹或素纹。铭文中"九子""三王"之语消失。上段的母子像表现僵硬，几乎是没有区别的并列立像。龟的头部表现很小，甚或有被省略的。呈简略"8"字形的建木增多。下段以相向的两个人物像为主。

以上 a～c类，基本上显示了图像和铭文退化的变化过程。a类上段的子像被明确地区别出来，铭文与图像的对应是明确的。

b类形式化了，原本指示图像的"九子"，变为"九子竟"这样的作镜主体者，图像与铭文的对应被破坏，九子表现的区别上也显得薄弱。

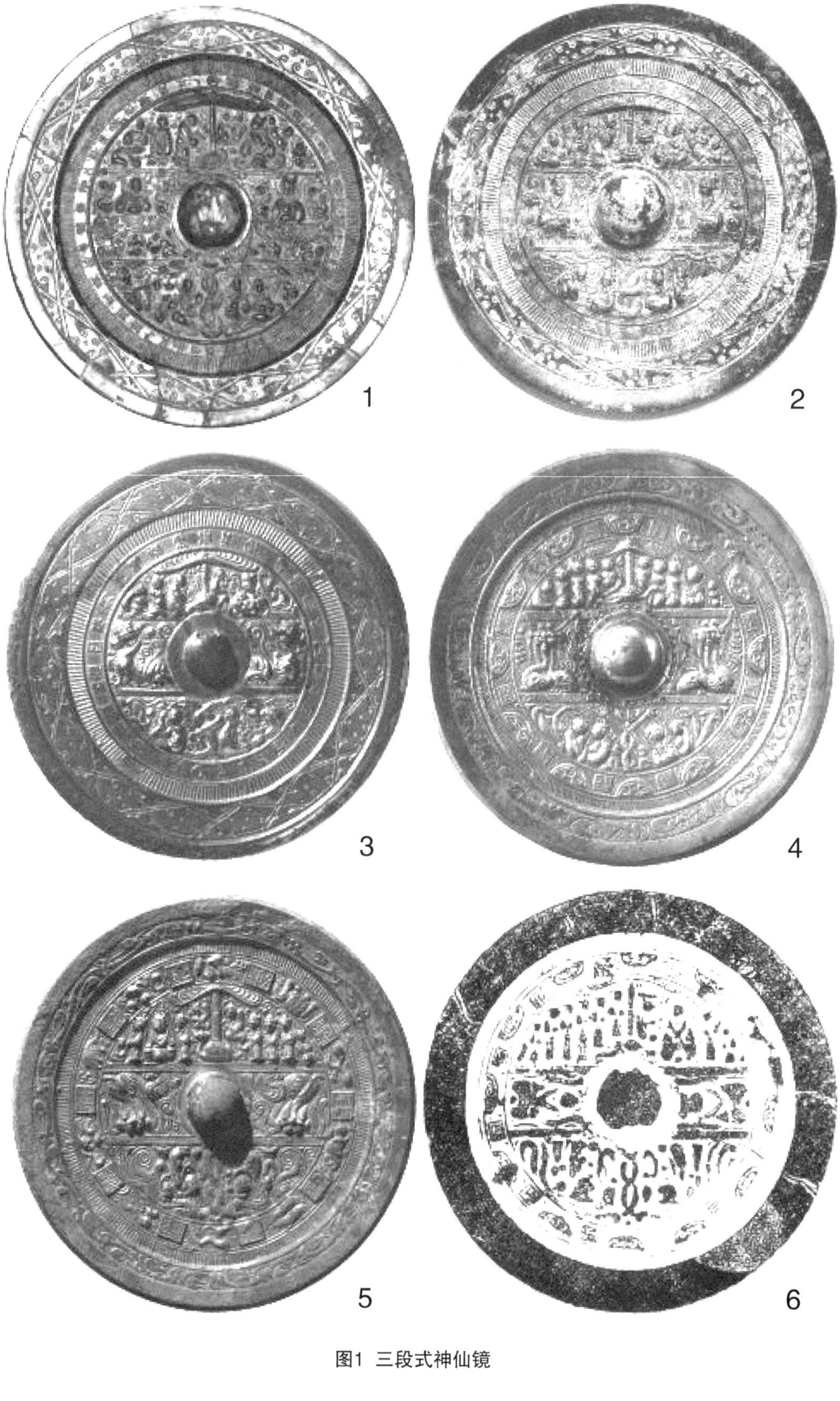

图1 三段式神仙镜

c类在图像退化的同时，铭文内容与图像之间更是完全丧失了关系。下段的图像与上段的图像倒置，中段头部向着镜钮的向心式东王父、西王母增多，最初的配置被破坏了。上段灵龟和下段的建木，其表现也简略化了。

与内区图像和铭文相对应的外区纹样，也由a类的菱云纹向b、c类的变形龙纹转变。c类外区也有素纹。如此，则能够追溯a类诞生的图像和铭文省略的过程，推定a类到c类的时间变化。

在铭文和图像上，与三段式神仙镜有着很强共通性的镜式有方格盘龙镜和方铭兽纹镜（图2），合称为华西系镜群（图3）。由外区纹样的特征，我认为它们是与三段式神仙镜b、c类并行的镜。

图2 方铭盘龙兽纹

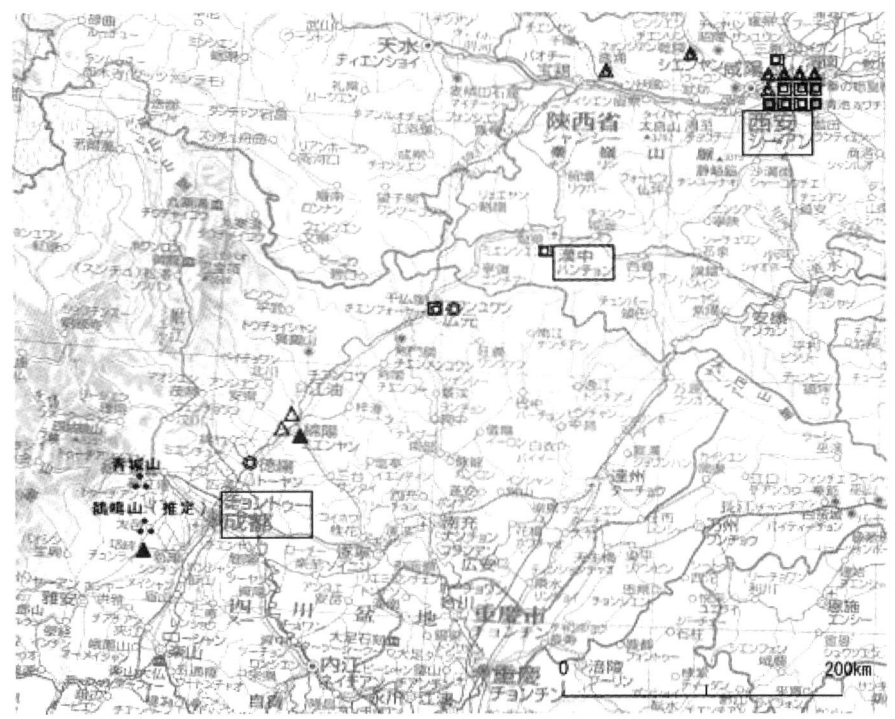

图3 华西系镜群的分布

（2）三段式神仙镜的年代

三段式神仙镜中没有纪年镜。虽然大体上被认为是东汉后半期的镜，但根据与其他镜群相比较及墓葬资料的讨论，来进行更为详细的年代判定。

与其他镜群的比较 三段式神仙镜a类的外区，以菱云纹为主体。最初在外区采用这种菱云纹的镜群，是广汉郡系的兽首镜和神兽镜。其出现可追溯到元兴元年（105年）铭环状乳神兽镜，在永寿二年（156年）至中平四年（187年）间的纪年镜中也多见（原田，1997）。可能是参照了邻接之地所生产的广汉郡系镜群，a类的年代可以置于2世纪中叶左右。

下限年代的材料，是画纹带对置式神兽镜。三段式神仙镜与画纹带对置式神兽镜，在铭文中使用"九子""三王"等特征性的语句，这点是相同的（森下，2011a）。可知时期也是并行的。在b类时期，这样的镜式产生了。画纹带对置式神兽镜中，有建安廿一年（216年）、建安廿四年（219年）等纪年镜，属于这种镜式的末期形式。其终结年代可以置于3世纪前半叶。

墓葬资料 出土三段式神仙镜a类的墓葬，是四川省绵阳市何家山1号墓（何，1991）。这是建于小山腹地当中的崖墓。表现佛像的摇钱树作为随葬品令人注目。报告认为墓的年代为东汉晚期。

西安市中华世纪城社区22号墓是土洞墓（程等，2009：758—764页）。出土了方铭兽纹镜，外区围以变形龙纹。有书写"熹平六年正月廿三日"纪年的共出品朱书陶瓶，受到关注。熹平六年是177年，虽然有是否祔葬的问题，却显示变形龙纹的三段式神仙镜b类的年代，在2世纪后半期。

西安市东郊常家湾1号墓已被毁，仅残留墓葬地面的一部分（程等，2009：390—398页）。出土了外区是变形龙纹的三段式神仙镜b类，以"九子竟"开头的铭文书写在方格里。还有，西安市电信局第二长途通信大楼163号墓、西安市石油学院15号墓出土b、c类阶段的方铭兽纹镜（程等，2009）。西安的东汉墓中，含有纪年铭的出土品的墓葬资料有不少，与它们相比较后，也可以将以上的例子匡定于2世纪的后半期。

如此与其他的镜群进行比较，再进行墓葬资料的探讨之后，我认为三段式神仙镜a类在2世纪中叶，b类的中心时期置于2世纪后半叶，在3世纪前半叶走向了终结。

（3）三段式神仙镜的展开

形成于四川 三段式神仙镜产生于四川。对于和四川的关系，从分布状况受到关注（俞，1986；霍，1999；巫，2000等）。再次详细地探讨，如图3所示，多集中在四川、陕西。数量虽少，但a类自四川成都一带出土也被关注。这里的部分地区，五斗米道教之祖张陵曾在此传道。

a类阶段与四川的关连，造形表现上也存在共同性。a类中段的神仙像伴有龙虎座是其特征。而这是四川的西王母表现的特征。这点很早已由小南一郎所指出，后来也被很多研究者所认同（周静，2001等）。

再者，在上段所表现的母妇像，是露出乳房让婴儿吃奶的独特表现（图4-1），同样姿态的女俑在四川被发现（图4-2；四川省文化厅等，2009）。让女性胸部可见，这样大胆的表现，与所谓"秘戏图"画像砖等有共同点，也可以视为其地域的造型特色吧。又，对于下段所表现的建木(图4-3)，表现非常相似的汉代画像砖在四川出土了（图4-4, 高，1987）。三段式神仙镜的诞生，其地域的造型样式，显示与其背后某种信仰风俗有关。

1 三段式神仙镜上的母子像

2 人物俑上的母子像

3 三段式神仙镜上的"建木"

4 画像砖上的"建木"表现

图4 四川的图像表现

从四川到陕西 三段式神仙镜，推定在b类阶段其中心从四川转移到了陕西一带。b、c类的大多数集中在西安周边。很多同阶段的方铭兽纹镜也在西安周边出土。

从造型的表现来看，b、c类省略了龙虎座，露出胸部的母妇姿态表现也消失。这意味失去了四川的地域性特征。

b、c类的缘部，即所谓的端部很多是倾斜的。这倾斜的端面可见于在2世纪前半时广布华北地域的蝙蝠钮座式连弧纹镜、双头龙纹镜等。而且c类铭文是以"位至三公""君宜高官"等的短铭句为主体。这也是2世纪的蝙蝠钮座式连弧纹镜和双头龙纹镜多采用的铭文形式。在b、c类阶段，我认为是受到了陕西地方铜镜的传统影响。

镜群的动向 在2世纪中叶，三段式神仙镜采用了崭新的图像和铭文，在四川一地成立。在创作出表现新世界观的图像的同时，兼具了造型表现上的地域性特征。

2世纪后半叶纹样和铭文的进一步形式化，模仿方铭盘龙镜、方铭兽纹镜等其他镜式的镜开始制作，生产较广。可以认为在这个阶段里，制作中心转移到了陕西。而且如同江南的画纹带对置式神兽镜那样，对远地的铜镜生产也产生了影响。后在3世纪前半叶走向了终结。

2. 五斗米道的动向

将以上所究明的三段式神仙镜与关连镜群的动向，与同时期同地域活动的五斗米道的动向进行比较。

（1）五斗米道的动向与三段式神仙镜

五斗米道之祖为张陵，是有很多传说的人物，在史书中并没有清楚的生卒年。在四川的鹄鸣山（鹤鸣山）上开创五斗米道的时间，《三国志·张鲁传》中是在汉顺帝前后（125—144年），跨度很大。在《汉天师世家》（《续道藏》所收，明代）等后世的传记中，也有作汉安二年（143年）。传承明伪不明，但参考大渊忍尔的考证（大渊1991：39-45页），是在

140年左右成立的。

《三国志·张鲁传》中，记载了张陵—张衡—张鲁历三代传承，但与《后汉书·灵帝纪》《三国志》所引《典略》记述的"张修"的关系成为疑问。据《典略》载，张鲁利用了张修的事业，将其壮大。《三国志》记载，在初平年间与张鲁共同攻略汉中，其后被张鲁杀害的人也是张修。裴松之将张修当作张衡，但后人颇多异议。与其时间相近的刘艾的《灵帝记》，其中记述有"巴郡巫人张修"的内容，在《后汉书·灵帝纪》中也有"巴郡妖巫张修"之说。张修当初是在巴郡活动（刘屹，2005：552-557页）。从《典略》中的张修的记述来看，五斗米道很早就在汉中一带传播。

张鲁靠近益州牧刘焉，巩固了自己的地位，以此为根基攻略汉中。将作为"师君"的教民组织化，在其地构建了教团的基础。他与焉子刘璋相对立，并断绝斜谷，杀害汉使，拥权自立。但是，在建安二十年（215年），终归顺曹操，其政权被夺。与太平道不同，五斗米道在当权者支持下较快发展，有了从蜀、汉中地方向其他地域传播的机会。表现出北迁意向的五斗米道，其势力逐渐从蜀向以汉中为中心的地区转移（周蜀蓉，2008）。

（2）三段式神仙镜·关连镜群的动向与五斗米道

张陵开创五斗米道，是在2世纪中叶，其地在蜀郡、广汉郡一带。能够推想三段式神仙镜也在同时期产生，其中心是四川的蜀郡一带。

2世纪后半叶，张修在汉中扩张势力，其后，张鲁攻略汉中形成了据点。在这一时期三段式神仙镜和关连镜群向陕西地域发展，四川特色的造型表现减弱。现在出土的例子都集中在西安周边，但汉中地区的后汉镜资料缺乏，制作地是西安周边还是汉中并不清楚。后汉末期，与战乱和五斗米道的动向相关连，显示在关中地区和汉中之间，人们的移动事件多被认可（大渊，1991：55-58页）。不管哪里是制作地，在这样紧密的地域关系中，铜镜的分布产生扩大和移动可以理解。其后，该地区归顺曹魏，三段式神仙镜在汉中政权崩溃的3世纪前半叶走向了终结。

如此，镜群的展开，可以理解五斗米道的动向与年代、地域在细小之处重合，再次强有力地显示与五斗米道的关连。

3．三段式神仙镜的图像世界与道教

（1）图像的新解释

与五斗米道的关系，从三段式神仙镜图像的角度也可以讨论。

图像解释的进展 林巳奈夫着手解释过三段式神仙镜的图像（林巳奈夫，1973）。林将中央的盖作"华盖星"，同时认定上段中心人物是天皇大帝、周围的人物像是其臣属。他解释上段的全部是象征性表示北方天空的星座图像。而且将下段具有四目的人物视为仓颉和神农。尽管对这样的说明也有疑问（樋口，1979：226页），但作为对汉镜图像的新解释，却具有定论的地位。

与此有关的新材料出现了。霍巍以何家山1号墓出土的铭文为基础，认为上段的图像相当于铭文中的"尧帝赐舜二女"（霍，1999、2000）。

3.4 东汉三段式神仙镜与五斗米道

楢山满照详细讨论了何家山镜等实物资料，从铭文和图像两方面，究明了上段的中心图像是由母妇像和"九子"组成，唯下段的人物像是尧舜及二女，给研究带来了新的光明（楢山，2007），由于这样划时代的研究，对图像的理解迎来了大转变。只是，这上段的母子具体来说，是什么神格，成为了遗留问题。它们被置于比东王父、西王母更上段的位置，理由还不明。

图像的新解释　对于上段图像的问题，参照"道藏"洞真部的"玉清无上灵宝自然北斗本生真经"（以下简称为北斗本生经，Schipper（施舟人）No.45，以下简略为S.N），我认为可以综合来说明（森下，2011 b）。

　　北斗本生经有如下记事：
　　　在昔龙汉，有一国王，其名周御，圣德无边，时人禀受八万四千大劫。王有玉妃，明哲慈慧，号曰紫光夫人。誓尘劫中，已发至愿，愿生圣子，辅佐乾坤，以神造化。后三千劫，于此王出世。因上春日，百花荣茂之时，游戏后苑，至金莲花温玉池边，脱服澡盥，忽有所感，莲花九包，应时开发，化生九子。其二长子，是为天皇大帝、紫微大帝；其七幼子，是为贪狼、巨门、禄存、文曲、廉贞、武曲、破军之星。或善或恶，化导群情。于玉池中，经于七日七夜，结为光明，飞居中极，去地九千万里，化为九大宝宫。二长帝君居紫微垣太虚宫中勾陈之位，掌握符图，纪纲元化，为众星之主领也。

在《太上玄灵斗姆大圣元君本命延生心经》（洞神部　S.N..621斗姆经）中，称这个妇人为"斗母（斗姆）"。因天人感应，圣贤的紫光夫人无夫而生九子，他们升天成为了北辰、北斗星。生出他们的圣母被称为了"斗母（斗姆）"。

上段图像的解释　三段式神仙镜上段所表现的母妇和九子，相当于斗母和成为星星的子。与位于华盖右侧的母妇相对，采用了大小子围绕和仰面尊上的构图。子的数是"九子"，铭文中也书写为"子九人"。三段式神仙镜在"一母妇坐九人""九子作容""九子作"这样的铭文中，强调"九子"，图像也表现为九子。即使是在之前的故事当中，斗母所生的就是九子，是曾经作为北辰星的特别的儿子们。

"九子"当中位于中央的1、2二个人物，相当前面故事的天皇大帝、紫微大帝。他们与其他的子相比，被描绘得格外大，能够说明在北辰中是具有中心性的神格。榜题"大男"是成年男性、虽然找不出"活老"的用例，但我仍然认为显示是成熟男性。表示男子已长大成人，可堪重任。

其他七子是构成北斗的星，与天狼以下的七星相对应。各子表现都不同。在道教经典中称为"本命星"，构成的北斗星有着各自的作用。这些子从左按顺序虽然有上、下配置，但成列排列。可能是有意按照北斗原型配置。

中央的盖的图像，按林巳奈夫的考证，是北天空的星座、华盖座。华盖并不是只作为北辰的星座之一描绘的，是宇宙中心的象征，其伞之大，是有意表现天空的星星的广大吧。华盖座下的龟不用说是北方的象征。

北天的星辰，和成为中心的斗母，可以综合起来理解上段的全部图像。

三段式神仙镜的图像世界 正如图5所示，若能如上所述的话，那么其与中段、下段的图像的关系就明确了。中段一定是西王母、东王父所表现的神仙世界。下段是尧舜、燧人、仓颉等，因"禅让""造火""作书"等对人类世界带来新文化的圣帝们是主题。人皇是以"人为"治理地下世界。耸立在中心的树木表现，如果建木的认定是正确的话，则与《淮南子·坠形训》的"众帝所自上下"相对应。而且与上段的华盖对照，也有表示大地中心的意图吧。

将与司掌天地运行的北辰、北斗有关的图像群放在最上面的位置是自然的，被分为三段的图像，能够统一说明井然表现的天界、仙界、人界。而且有意配置上段为北方，中段为东西方，下段表现南方。如果依此解释的话，能够说明各段的图像几乎全是有相互关连的。

而且斗母、北辰、北斗，如在北斗本生经等经典中集中所示的那样，它们都是与道教信仰有很深关系的神格。这里将三段式神仙镜与五斗米道相关连，是能找出的一个接点吧。

（2）北辰、北斗、斗母与道教信仰

对道教、汉代的信仰中上面所说的神格位置进行深入探讨。

北斗信仰与五斗米道 有直接显示北斗信仰和道教、五斗米道的关系的道教经典。

《道藏》洞神部里，除了前面的北斗本生经，《太上玄灵北斗本命延生真经(S.N.622)》《太上玄灵北斗本命长生妙经(S.N.623)》《太上说南斗六司延寿度人妙经(S.N.624)》《太上说东斗主算护命妙经(S.N.625)》《太上说西斗记名护身妙经(S.N.626)》《太上说中斗大魁保命妙经(S.N.627)》等，整合了与斗星有关的经典。它们合称为《五斗经》。

图5 段式神仙镜的图像世界

《五斗经》中，有老君传授给蜀的正一天师（张陵）的记述。《北斗延生经》中，有"尔时太上老君，以永寿元年正月七日……分身教化，化身下降，至于蜀郡……授与天师北斗本命经诀"。从这件事来看，对于五斗米道与北斗信仰的关系，可知是被普遍认可的。卿希泰将"五斗米道"的名称自身，与五方星斗崇拜关连起来。"米"与"姆"的音相通，"斗米"视为"斗姆"，显示五斗米道对北斗和斗母的重视。而且，在《汉天师世家》中，他也注意到有这样的传说（卿，1980），张陵的母亲，"梦见神人从北斗魁星中降临,感应而有孕"。

本来这些记述,是后世的假托。饶宗颐在《张道陵著述考》中,将与五斗有关的经典类作"存疑十种","后人增益之作"。一方面,引《抱朴子》也认为在晋以前有北斗的祭祀(饶1991)。《道藏提要》将《五斗经》置于唐宋时代的作品,《五斗经》中出现的地名,也经考证是晋以后和唐代所设置(卿,1988:161页)。《道藏通考》(Schipper and Verellen ed. 2004)也同样地,将这些经典的产生时间大体在为唐末至宋代。萧登福主张《北斗延生经》的原型是在张陵时期所产生,五斗米道与北斗信仰有密切的关连(萧登福1997)。即使经典最终产生的年代较晚,没有北斗,也不能否定北斗信仰和五斗米道的关系。

由于东汉晚期以来民间道教传播的神秘性,道教原始文献的亡佚,后世对道教原始信仰的改造与异化,有关早期五斗米道(北斗信仰等)原始信息渐为后世遗忘(或曲解),致使《五斗经》关于五斗米道与北斗信仰关系的证载,被后世论者视为虚妄的假托。本文列举的三段式神仙镜图像表明,正是晚出的《五斗经》记载,保留了早期五斗米道(北斗信仰等)原始而真实的信息。

至少在唐末至宋代,张陵与北斗信仰的关系很深,存在一些传承,这是明确的。北辰、北斗的信仰在东汉时期发展,被六朝时期的道教所继承。这些记述,作为资料能够表明,五斗米道中北斗信仰被重视的可能性。

斗母与女岐 斗母被标识为"斗姆""斗姥""斗母老"等,也被称为"斗母元君"。即使在现在的道教中也是一个重要的神格。

三段式神仙镜的上段母妇像比定为斗母,年代则成为了问题。《北斗本生经》《斗姆经》的产生也被置于唐末至宋代。尚找不出更早的用例。斗母信仰一般认为是受佛教影响,在宋代前后发生,元代以后,与摩利支天信仰发生关系而发展(萧进铭,2011)。

但是,并不是"斗母"的名称,而是作为生出北辰、北斗星的圣母其神格自汉代就存在,这是有可能的。作为启发资料,可以举出《楚辞·天问》的一节。

> 天何所沓?十二焉分?日月安属?列星安陈?出自汤谷,次于蒙汜。自明及晦,所行几里?夜光何德,死则又育?厥利维何,而顾菟在腹?女岐无合,夫焉取九子?

东汉王逸在注中为"女岐,神女,无夫而生九子也"。《汉书》成帝纪的"甲观画堂",东汉应劭注为"甲观在太子宫甲地、主用乳生也。画堂画九子母"。"女岐"可视为东汉时期九子母的神格。

解释缺乏其他例子的"女岐"是难题,存在各种解释。其中游国恩举出《史记·天官书》的"尾为九子",参考《史记正义》的"尾九星为后宫,亦为九子星",提出与"尾星"的关连性(游,1982)。上一节里,如果"女岐"不是与天文现象有关的神格,与文理不通。

从三段式神仙镜的图像解释来看,所讨论的九子之母＝北辰、北斗之母,如果能视为与女岐相合的神格的话,就能说得通了。女岐"无合夫"而产九子,这一点与依天人感应生九子的斗母是相同的。

与日月、列星相连，可看作是点出了与北辰、北斗有关的神格。作为与处于天的中心的北极、北斗有关的神格，与日月并列是很适合的。如此看来，上节对各种天体、天文有关的传承和其奇怪之处的询问，也可以理解为是触及北辰、北斗的诞生的问题。此节后接着出现的"伯强""惠气"一般是作为北方的风神来解释的（星川1970：114页），与之后的关连也明确。这虽然是仅存的残断资料，却揭示了生出北辰、北斗的圣母九子母的神格，以斗母的形式自很早就存在的可能性。

结语

根据考古学的讨论、与道教经典的对比，从图像解释来推想三段式神仙镜和五斗米道的深的关连。有参照的经典年代的问题等，斗母神格的出现时期是否可追溯至后汉末，应探讨的课题有很多。目前作为假说提出来。但是正如考古学的分析结果显示的那样，在东汉末的四川、陕西、三段式神仙镜，是与包括五斗米道在内的该地域的信仰、社会动向有很深关系的镜群，这是肯定的。

如果三段式神仙镜与五斗米道的关系是密切的话，利用这些镜的资料，对于有很多不明之处的五斗米道信仰的实际情况，反而能打开接近之路。与五斗米道有关的史料，如前面所触及的，尽管有与教团组织和活动方面有关的记载，但作为宗教以什么为信仰对象，对这点还缺乏记载。对北辰、北斗和生出他们的圣母的信仰，如果存在于五斗米道的话，作为与后来的"道教"相关的要素，镜群也成了有宗教史地位的材料吧。

有关资料调查，承蒙冈村秀典、王纲怀、陈佩芬、王牧、孔震、庄静芬、广川守各位指教，在此致谢。感谢郭永利先生的翻译。

【参考文献】

1. 程林泉、张翔宇、张小丽、王久刚，2009，《西安东汉墓》，文物出版社。
2. 大渊忍尔，1991，《初期の道教》，创文社。
3. 高文（编），1987，《四川汉代画像砖》，上海人民美术出版社。
4. 霍巍，1999，《三段式神仙镜とその相关问题についての研究——その日中文化交涉史における位置づけを考える》，《日本研究》第19集，国际日本文化研究中心：35-52页。
5. 霍巍，2000，《四川何家山崖墓出土神兽镜及相关问题研究》，《考古》第5期：68-78页。
6. 何志国，1991，《四川绵阳何家山一号东汉崖墓清理简报》，《文物》第3期：1-8页。
7. 李淞，2011b，《试论"三段式神像镜"的图像结构与主题》，《陕西师范大学学报（哲学社会科学版）》第6期：120-125页。
8. 林巳奈夫，1973，《汉镜图像の二、三について》，《东方学报》京都第44册，京都大学人文科学研究所：1-65页。

9. 刘屹，2005，《敬天与崇道——中古经教道教形成的思想史背景》，中华书局。
10. 绵阳博物馆，1990，《四川绵阳西山六朝崖墓》，《考古》11期：1024-1029页。
11. 卿希泰，1980，《中国道教思想史纲》（汉魏两晋南北朝时期），四川人民出版社。
12. 卿希泰（主编），1988，《中国道教史》第1卷，四川人民出版社。
13. 饶宗颐，1991，《老子想尔注校证》，上海古籍出版社。
14. 任继愈、钟肇鹏，1991，《道藏提要(第三次修订)》，中国社会科学出版社。
15. 森下章司，2011a，《汉末三国西晋镜の展开》，《东方学报》京都第86册，京都大学人文科学研究所：91-138页。
16. 森下章司，2011b，《三段式神仙镜の新解释》，《古文化谈丛》第66集，九州古文化研究会：1-14页。
17. 四川省文化厅、四川文物管理局，2009，《天府藏珍——四川馆文物精华》，四川科学技术出版社。
18. 苏奎，2008，《邛崃文管所藏"三段式神仙镜"的图像研究》，《四川文物》第4期：60-65页。
19. 苏奎，2011，《邛崃三段式神仙镜的铭文研究》，《华夏考古》第1期：99-103页。
20. 樋口隆康，1979，《古镜·古镜图录》，新潮社。
21. 巫鸿，2000，《地域考古与对"五斗米道"美术传统的重构》，《汉唐之间的宗教艺术与考古》，文物出版社：431-455页。
22. 萧登福，1997，《〈太上玄灵北斗本命延生真经〉探述》，《宗教学研究》上：第3期：49-65页；下：第4期：30-39页。
23. 小南一郎，1974，《西王母と七夕传承》，《东方学报》京都第46册，京都大学人文科学研究所：33-81页。
24. 星川清孝，1970，《〈楚辞〉新释汉文大系34，明治书院。
25. 游国恩，1982，《天问纂义》，中华书局。
26. 原田三寿，1997，《永康元年镜の特征とその制作背景》，《立命馆大学考古学论集》Ⅰ，立命馆大学考古学论集刊行会：133-144页。
27. 楢山满照，2007，《后汉时代四川地域における〈圣人〉图像の表现——三段式神仙镜の图像解释をめぐって—》，《美术史》第163册，美术史学会：193-207页。
28. 楢山满照，2012，《汉代画像にみる圣帝像とその机能——馆藏三段式神仙镜を起点として—》，《早稻田大学会津八一纪念博物馆·研究纪要》第13号：51-66页。
29. 俞伟超，1986，《鄂城汉三国六朝铜镜·序》，文物出版社：1-16页。
30. 昭明，1995，《陕西凤翔出土汉镜举要》，《文博》第3期：94-104页。
31. 周蜀蓉，2008，《张鲁北迁及五斗米道的发展与影响》，《四川大学学报(哲学社会科学版)》第5期：65-73页。
32. 周静，2001，《汉晋时期西南地区有关西王母神话考古资料的类型及其特点》，《四川大学考古专业创建四十周年暨冯汉骥教授百年诞辰纪念文集》，四川大学出版社：376-391页。
33. 中国古镜研究班，2011，《三国西晋镜铭集释》，《东方学报》京都第86册，京都大学人文科学研究所：291-333页。
34. Bagley, Robert（ed.），2001，Ancient Sichuan Treasures from a Lost Civilization, Seattle Art Museum（巴格莱·罗伯特（编），2001，《古代四川——失落文明的珍宝》，西雅图美

术馆)。

35. Chou, J, 2000, Circles of Reflection The Carter Collection of Chinese Bronze Mirrors, The Cleveland museum of Art (《见日之光：卡特的中国铜镜收藏》,克里夫兰艺术博物馆)。
36. Schipper, K and Verellen, F(ed.), 2004, The Taoist Canon—A Historical Companion to the Daozang、The University of Chicago Press (施舟人、傅飞岚,2004,《道藏通考》,芝加哥大学出版社)。

【出典简称】

欧米……梅原末治,1931,《欧米における支那古镜》,刀江书院。

开明堂……西村俊范,1994,《古镜コレクション开明堂英华》,村上开明堂。

岩窟……梁上椿,1940——1942,《岩窟藏镜》。

故宫……郭玉海,1996,《故宫藏镜》,紫禁城出版社。

古镜……罗振玉,1916,《古镜图录》。

四川……四川省博物馆、重庆市博物馆,1960,《四川省出土铜镜》,文物出版社。

上海……陈佩芬,1987,《上海博物馆藏青铜镜》,上海书画出版社。

小校……刘体智,1935,《小校经阁金文拓本》。

西安……西安市文物保护考古所,2008,《西安文物精华·铜镜》,世界图书出版西安公司。

陕西……陕西省文物管理委员会,1959,《陕西省出土铜镜》,文物出版社。

尊古斋…黄浚,1990,《尊古斋古镜集景》,上海古籍出版社。

陈介祺…辛冠洁,2000,《陈介祺藏镜》,文物出版社。

桃阴……梅原末治编,1925,《桃阴庐和汉古鉴图录》。

服部……持田大辅,2008,《服部コレクション 镜の世界》,早稻田大学会津八一纪念博物馆。

樋口……樋口隆康,1979,《古镜》,新潮社。

簠斋……陈介祺,1925,《簠斋藏镜》。

Seattle ……Bagley Robert(ed.), 2001, Ancient Sichuan Treasures from a Lost Civilization, Seattle Art Museum。

【插图出典】

图1-1:冈村秀典氏提供;图1-2:Bagley(ed.)2001 p.328;图1-3:庄静芬氏藏;图1-4:西安,60页;图1-5:上海博物馆藏,图1-6:昭1995·图7-1。

图2-1:古镜·中·28右;图2-2:程 等2009·图129。

图3:森下作成。

图4-1:王纲怀氏藏;图6-2:四川省文化厅、四川文物管理局,2009,165页;图6-3:Seattle

p.328；图6-4：高（编），1987，210、211页。

图5：森下作成。

附表 三段式神仙镜的因素

分类	地域	出土/所藏	直径(厘米)	外区	文样带	铭文	上段人物	中段	下段人物
a类	湖北	荆州博物馆藏		菱云六涡	栉齿+铭	黄盖作竟甚有畏，国寿无疆，下利二亲。尧赐女为帝君。一母妇坐子九人。翠盖覆贵敬坐卢，东王父西王母，哀万民兮（华西01）	母（抱赤子）+九子	东王父丨西王母龙虎座树上	尧舜丨二女
	四川	何家山1号墓（何1991）	18.3	菱云六涡	栉齿+铭	余造明镜，九子作容。翠羽秘盖，灵鹅台杠。调刻神圣。西母东王。尧帝赐舜二女，天下泰平。风雨时节，五谷孰成。其师命长（华西02）	母（抱赤子）+七子	西王母丨东王父龙虎座树上	尧舜丨二女
	四川	邛崃市文物管理所藏(苏2008a)	17.4	菱云四涡	栉齿+铭	余造明镜，九子作，上刻神圣。西母东王。尧赐舜二女，天下泰平。禾谷孰成（华西03）	母（抱赤子）+八子	东王父丨西王母龙虎座	二女丨尧舜
		西雅图美术馆藏（樋口·183）	18.8	三角二涡	栉齿+铭	余作明竟大毋伤。巧工刻之成文章。左龙右帛辟不羊。朱鸟玄武顺阴阳。子孙备具居中央。长保二亲宜疾王。乐兮	母+六子	西王母丨东王父龙虎座波?上	尧舜丨二女
		西安未央区（西安·61）庄静芬氏藏镜[踏返品]	16.6	菱云五～四涡	栉齿+铭	余造明镜，三王作容。翠羽秘盖，灵鹅台杠。仓颉作书，以教后生。燧人造火，五味（华西06）	母（抱赤子）+六子	兽丨兽	仓颉丨燧人+一人
b类	陕西	西安东郊常家湾1号墓（程他编2009）	17.6	变形龙纹	界圈+半圆方形	九子竟，清而明。利父母，便弟兄。夫妻相。宜长保，君长生。乐未央	母+八子	西王母+蛇身神像丨东王父+蛇身神像	（三人丨三人）
	陕西	西安咸宁路（西安·60）	17.4	变形龙纹	栉齿+半圆方形	九子竟、清而明。利父母、便弟兄（华西04）	母+九子	兽丨兽	二人丨二人
	陕西	西安东郊坝桥457号墓（陕西·76）	16.6	变形龙纹	栉齿+半圆方形+兽纹	九子竟……母便弟兄	母+八子	西王母+蛇身神像丨东王父+蛇身神像	三人丨三人
	陕西	西安东郊韩森寨4号房01号墓（陕西·75）	17.4	变形龙纹	栉齿+方形+兽纹	不明白	母+八子	东王父丨西王母倒立	二人丨二人

续表

分类	地域	出土/所藏	直径(厘米)	外区	文样带	铭文	上段人物	中段	下段人物
b类		上海博物馆藏（上海·64）	16.7	变形龙纹	栉齿+方形+兽纹	九子明竟，幽湅三冈。巧工刻之周文。上有四守吉昌（华西05）	母+九子	兽|兽	二人（四目）|二人倒立
		不列颠博物馆藏（京大人文研资料）·尊古斋69［同型］		变形龙纹	栉齿+半圆方形	九子明□金冈、作□□□长生	母+八子	东王父|西王母求心	二人|二人倒立
		王纲怀氏藏	16.1	变形龙纹	铭	吾作明竟幽湅金冈。巧工造作成文章。多贺国家人民番息，胡羌殄灭天下复。风雨时节五谷熟。传后世乐毋极	母（抱赤子）+七子	伯牙+锺子期|东王父+西王母	一人|一人
		故宫博物院藏（故宫藏镜·55）	17.1	菱云四涡	栉齿+半圆方形	吾作月竟，幽湅三冈。巧工刻之成文章。上有四守石不羊。宜土	母+八子	兽|兽求心	二人|二人
		克里夫兰美术馆藏(Chou2000)	13.9	变形龙纹	栉齿+半圆方形	吾作目竟，幽湅三冈，巧工刻之	母+七子	西王母|东王父求心	一人（四目）|一人倒立
		小校·15-75上		变形龙纹	栉齿+半圆方形	吾作明镜，幽湅金冈，□工刻	母+七子	东王父|西王母求心	一人|一人倒立
		小校·15-75下		变形龙纹	栉齿+半圆方形	吾作明竟，青而明，利父母兄弟	母+九(?)子	西王母|东王父外向	二人|二人
c类	群马	前桥天神山古坟	16.3	变形龙纹	栉齿+半圆方形	君宜高官，长宜子孙，位至三公	母+七子	东王父+一人|西王母+一人	二人|二人倒立
		古镜图录·下5左（陈介祺·中133）	12.5	变形龙纹	栉齿+半圆方形	君宜高官，位至三公，大吉利	母+六子	东王父|西王母求心	一人|一人倒立
	陕西	凤翔唐村乡邸村（昭1995）	15.1	素纹	半圆方形	君宜官，位至三□，宜古市□	母+九子	东王父|西王母求心	二人|二人倒立
		服部收藏(栖山2012)	14.0	变形龙纹	栉齿+半圆方形	君宜高官，生如山石，至作三公	母+八(?)子	西王母|东王父求心	二人|二人倒立
		宁乐美术馆藏（桃阴22）	14.8	变形龙纹	栉齿+半圆方形	君宜高官，位至三公，生如山石	母+七子	东王父|西王母求心	二人|二人倒立
		波士顿美术馆藏（欧米·44）	17.6	变形龙纹	栉齿+半圆方形	当令买竟者令富昌，十男五女	母+八子	西王母|东王父求心	一人|一人（四目）倒立
		岩窟·汉下14	11.3	变形龙纹	栉齿+半圆方形	天王日月，天王日月，大吉	母+四子	西王母|东王父倒立	一人|一人倒立

续表

分类	地域	出土/所藏	直径(厘米)	外区	文样带	铭文	上段人物	中段	下段人物
c类	陕西	村上开明堂藏（村上·55）	15.2	菱云四涡	栉齿+兽纹	なし	母+七子	西王母｜东王父 求心	二人｜二人倒立
		西安乾县六区（陕西·77）	14.8	变形龙纹	栉齿+兽纹	なし	母+七子	西王母+一人｜东王父+一人	二人｜二人倒立
		庄静芬氏藏镜	15.1	变形龙纹	栉齿+兽纹	なし	母+七子	西王母｜东王父 求心	二人｜二人倒立
		五岛美术馆藏		变形龙纹	栉齿+半圆方形	なし	母+六子	东王父｜西王母 求心	一人｜一人倒立

注：四川·绵阳西山崖墓、同·白虎嘴19号崖墓（详细不明）、深圳博物馆藏、"中国铜镜"镜。

3.5 西汉中期镜铭之儒家思想

■ 王纲怀

先秦时期，诸子蜂起，百家争鸣，打破了"庶人不议"的传统观念，取而代之的是"处士横议"的活跃风气。其中儒、道、墨、法等学说的影响尤为深远，特别是后来在封建社会长期处于主导地位的儒家思想，成了两千多年来中国文化的精神支柱。

从汉初到武帝刘彻即位前，西汉统治者在政治上奉行无为而治、在经济上实行轻徭薄赋、在思想上信奉黄老学说。这一统治策略对解除秦代苛政、促进休养生息、恢复并发展生产、安定社会秩序，无疑起了重要作用。然而，反映在对内对外的统治政策上，不免有其姑息、妥协的一面，由此而造成了农民脱离户籍、地方势力膨胀、匈奴野心扩大等不良后果。显然，主张"无为而治"的安邦之策已不能适应加强中央集权的需要。同时，经过"文景之治"的经济恢复，西汉王朝已积累起足够的财富，具备了一定的实力，为加强中央集权奠定了坚实的经济基础。巩固政权需要有统一持久的思想理论，西汉统治者从信"黄老"到尊"儒学"的这种变化，自汉景帝时期就已逐渐酝酿，而在汉武帝即位以后最终完成。《汉书·武帝纪》载：建元元年（前140年）冬十月，汉武帝"诏丞相、御史、列侯、中二千石、二千石、诸侯相举贤良方正直言极谏之士"。而此时身为丞相的卫绾上奏"所举贤良，或治申、商、韩非、苏秦、张仪之言，乱国政，请皆罢"。这就是后来被称为"罢黜百家"的动议。卫绾的主张得到汉武帝的强力支持。当然，这时的儒家思想是掺杂了道家、法家、阴阳五行家的一些思想。这种与时俱进的新思想，神化了专制王权，维护了封建统治秩序，自然受到统治者的推崇。

儒学被用来作为统治思想，一方面是由于其本身包含着有利于加强中央集权所需要的思想因素，如"天道观"及"大一统"等，更重要的是西汉大儒董仲舒（前179年—前104年）等对先秦儒学的补充完善，使其成为维护封建统治的完整理论。后虽有窦太后等的阻挠，但儒学最终被推上了俯视其他学说的高位。这种地位不仅反映在统治者的思想上，而且表现在行动上。汉武帝时期为提倡儒学，先后不断提出各种具体措施，如置五经博士、兴办太学、行封禅礼、太初改制（修订礼制和历法）、建立年号等。更重要的在于通过这些措施，将儒家思想渗透到礼制、教育、法律等各个领域之中。

一个时代造就一种文化，一种文化印证一个时代。铜镜作为一种文化载体，在西汉中期之花瓣镜和草叶镜的铭文上，出现了儒家思想内容，印证了"罢黜百家，独尊儒术"那个时代的历史。现对以下三面铜镜铭文作逐一释考。

一、与人无极铭花瓣镜（图1、图1A）

资料来源：《汉铭斋藏镜》图51

直径：11.5厘米；重量：196克

铭文：与人无极，天必利之；富贵安乐，幸毋相忘。

同类镜铭常见"与天无极""与天相寿""与地相长""与美相长"等内容，此铭"与人无极"甚是罕见。董仲舒的"人"与"民"及其"顺命"的统治思想是中国古代统治者实施统治的重要依据和基础内容，认为人是由君、民、臣所构成，都受上天控制。"与人"即合乎民意、取得人心。此铭前两句可谓董仲舒"天人感应"说之经典句例，意即人的行为能感应上天。这则铭文表达的是，努力使君与民处于一个统一体中，构建一种让君与民密切联系、命运相关的政治局面。董仲舒新儒家除重视天道之外，还重视人情，更富有人情味，具有近人近俗的特点。因而儒家的教义很容易深入到老百姓的日常生活中去，发挥一民心、齐民俗的教化作用。另有观点认为，"人"通假儒家思想核心之"仁"，免赘述。此镜问世年代比本文图2镜明显要早，应是西汉宣扬新儒家思想的早期器物。

图1　与人无极铭花瓣镜（西汉中期）

图1A

此铭字体扁形、笔画圆转，既特殊又俊美。与《山东省博物馆·铜镜卷》图10比较，直径相同（皆为汉尺5寸），书体一致，好似出于同一工匠之手，唯钮式有别。

二、必忠必信铭草叶镜（图2，图2A）

资料来源：《汉铭斋藏镜》图75

直径：18.2厘米，重量：529克

铭文：必忠必信，久而必亲，不信不忠，久而自穷。

《清华铭文镜》图41是西汉晚期的铭重圈镜，其内圈铭文："居必忠必信，久而益亲，而不信不忠，久而自穷。"此镜与之相比，少了"居"与"而"两字，另将"益"字换成"必"字，其问世年代大致在西汉晚期。

董仲舒对为人处世标准，提出"三纲五常"，就是"君为臣纲""父为子纲""夫为

图2 必忠必信铭草叶镜（西汉中期）

图2A

妻纲"，以及"仁、义、礼、智、信"五种为人处世的道德标准。"三纲五常"被董仲舒论证为"天意"安排的永恒不变的信条，他说"道之大原出于天，天不变道亦不变"。在这里，他所说的"道"就是指"三纲五常"的道德信条，这些道德是作为"百神之君"的"天"安排给人世间的，只要是"天意"不变，人间就永远不能改变，董仲舒的思想为中国封建社会的政权、君权、神权、父权、夫权、族权的统治提供了理论依据。忠信风行，则君臣、君民团结，反之则国家危矣！这段铭文正贴切地体现了董仲舒的这一思想，五常之道是处理君臣、父子、夫妻、上下、尊卑关系的基本法则，治国者应该给予足够的重视。坚持五常之道，就能维持社会的稳定和人际关系的和谐。三纲五常和名教观念，为封建阶级统治和等级秩序的神圣性与合理性而辩护，成为中国封建专制统治的基本理论。

1968年，河北满城中山国靖王刘胜墓出土了一面汉尺9寸的草叶纹镜，刘胜殁于元鼎四年（前113年），说明草叶纹镜在汉武帝时期的前半段已经盛行。

三、有君子之方铭花瓣镜(图3、图3A)

资料来源：《止水集·两汉儒家思想铭文镜》图1

直径：13.5厘米；重量：413克

铭文：有君子之方；视父如帝，视母如王；爱其弟，敬其兄；忠信以为商（常）。

忠孝合一的孝道思想是儒家思想学说的重要组成部分。"方"即规律、道理。这则铭文以直白的语言宣扬儒家的这一伦理观念。无论先秦儒家还是西汉新儒家，皆十分重视以君臣、父子、夫妇、兄弟、朋友为"五伦"的伦理关系。孔子认为：为政首先要"正名"，做到"君君、臣臣、父父、子子"。孟子也认为"使契为司徒，教以人伦：君臣有义，父子有亲，夫妇有别，长幼有序，朋友有信"（《孟子·滕文公上》）。董仲舒则强调"立义以明尊卑之分"（《春秋繁露·盟会要》）。汉武帝时，把符合封建统治利益的政治观念、道德规范等立为名分，定为名目，号为名节，制为功名，用它对百姓进行教化，称"以名为教"，其内容主要就是三纲五常。"商"字通"常"，意为伦常、纲常。汉蔡琰《悲愤诗》："汉季失权柄，董卓乱天常。"

图3 有君子之方铭花瓣镜（西汉中期）　　　　　　　　　　　　图3A

在董仲舒的思想体系中，忠道和孝道是统一的，甚至可以说，孝道就是忠道，忠道就是孝道。不难看出，这也是一种"家国同构"的思想，就是把国和家统一，把君王和父亲的角色合二为一。这样君王既具有至高无上的政治权威，同时又成为天下所有人都必须孝敬的父母一样的角色。向君王尽忠，也就是最大的孝行。因而，如果能在家庭中做到孝亲，那就必然会在朝廷里尽忠。可以说，这段铭文就是董仲舒所代表的西汉统治者推行明孝理、行教化，以融合家庭、报国敬业、凝聚社会，维持社会稳定的真实写照。

除了上述三镜外，另见若干直径稍小的具铭四乳镜，其内容借镜喻人，表达了在西汉人际关系中，儒家思想"诚"与"信"的重要性。即使在两千年后的今天，仍具有教育意义。详见表一。

表一　存世佛像镜汇总一览表

序号	直径（厘米）	重量（克）	铭文内容	资料来源
1	7.7	43	玄金之清，可以取诚。	本书下册图47
2	/	/	玄金之清，可见信诚。	《考古与文物》2006年第4期
3	9.3	62	金清阴光，可以取信。	本书下册图48
4	7.5	/	金清阴光，可以取信。	陕西历史博物馆《千秋金鉴》第43页

四、小结

第一，本文三镜当是汉武帝"罢黜百家，独尊儒术"的历史产物，问世在与董仲舒同一时代的西汉中期之初。

第二，图1与图3镜应是存世最早的儒家思想铭文镜，相对比图2要稍早些。

第三，图1与图3镜为花瓣镜的断代提供了依据，即花瓣镜的问世年代最晚应在汉武帝即位以后。

3.6 三国吴佛字铭佛像镜研究

■ 王纲怀 业露华

图1

图2

图3

作为中国传统文化两大主干的儒家文化与道家文化，系植根于中国的本土文化。而佛家文化原本是外来文化，后与中土文化不断融合，终成为中国传统文化的有机组成部分。经过不断的发展，到了19世纪中叶以前，中国文化一直延续着"儒、释、道"三家共存并行的格局。它们给中国文化思想史打上了深深的烙印，不仅予历代文学作品留下鸿篇巨制，而且在工艺制品中亦留下传世之宝。本文所述三国吴佛像镜，就是其引人注目的烙印之一。

王仲殊先生《论吴晋时期的佛像夔凤镜》一文说："佛像夔凤镜等饰有佛像的器物在长江中下游地区出现，无疑是佛教在吴地流行的结果。"[1]此论甚确。佛像镜作为一种饰有佛像内容的宗教器物，一定是受了佛教影响才会出现并流行。从目前国内外所藏的约20面佛像镜来看，其出现地多为江南，也就是说主要在长江中下游地区。这些佛像镜的出现，必然与这一地区的佛教传播和发展有着密切关联。

以新发现的3面不同类型之三国吴佛像镜（图1、图2、图3）作素材，并以其中一面具"佛"字铭的佛像镜（图3A）为要点，本文将着重探讨：佛教传入中国，江南佛教的传播，三国吴佛像镜的问世，三国吴佛像镜分类、纹饰及镜铭"佛"字等问题。

一、佛教传入中国

迄今所知，中国汉地佛教的输入，大致在公元纪元前后。相传，公元前2年，即汉哀帝元寿元年，大月氏王曾派一个叫伊存的使者来到洛阳，并向人们口授佛教经典。三国时曹魏有个郎中鱼豢，曾经写过一本书，名曰《魏略》，其中的《西戎传》即记载了上述这件事。然而《魏略》早已亡佚，我们已无法看到。好在晋代史学家裴松之所注《三国志》，大量引用过《魏略》中的一些内容，这就使此书得以保存了其中的一些珍贵史料。关于汉哀帝元寿元年佛教输入汉地之事，《三国志·东夷传》评注有载："天竺又有神人，名沙律。昔汉哀帝元寿元年，博士弟子景庐（《魏书·释老志》作秦景宪）受大月氏王使伊存口授《浮图经》曰复立[2]者其人也。《浮图》所载临蒲塞、桑门、伯闻、疏问、白疏闲、比丘、晨门，皆弟子号也。"

这一材料在各种文章中曾被广泛引用，基本上得到了学术界的认同。1998年，中国佛教界曾举行一系列活动来纪念佛教传入中国2000年，说明中国佛教界也普遍认可这一说法。一种宗教的传入，虽非一时一事即可确定，但作为一种重大的历史性事件，这一说法亦已被大众接受。

大月氏人原来居住在我国甘肃以西，河西走廊一带，以游牧为生，后来因遭匈奴攻击，被迫向西迁徙，大约在公元前130年前后，迁到位于今阿姆河[3]上游与兴都库什山[4]之间的地方，并征服了当地的原大夏国。汉代张骞出使西域时，曾到过这里[5]。大约在公元前3世纪，印度孔雀王朝的阿育王派遣使者到印度各地及周边诸国传播佛教，就曾将佛教带到西域大夏等地，故而这里很早就有佛教流传[6]。张骞出使西域时，看到这里有产自中国的邛竹杖和蜀布，感到奇怪，问了当地人后，才知这些东西都是由当地商人在与印度贸易时从印度得来。张骞由此推断，印度与四川较为接近，并建议今后出使大夏等西域国家时，可从四川一路出发，这样既便捷又安全[7]。

月氏人征服大夏后，迅速融入了当地社会，其经济形态和社会生活都有了很大的变化，原是"随畜移徙"的游牧民族，由此逐渐转变为以农耕为主的民族，经济迅速发展，商业开始繁荣。公元1世纪时，大月氏已成为佛教重地。在早期来中国传播佛教的西域僧人中，有许多就来自大月氏。

佛教开始传入汉地时，人们对它的理解还很粗浅，基本上只是把它当作一种祭祀，或是当作社会上流行的一种方术。在相当长的一段时期内，佛教作为外来宗教，只是传播在西域来华从事商贸活动的商人以及定居于汉地的西域移民之间，其时并未引起人们的普遍关注。所以，从西汉哀帝元寿元年至东汉明帝永平年间，也就是公元纪年初期的几十年间，佛教活动很少见于史籍记载。即使偶有记载，也只是把它当作神仙方术或是祭祀祖先的一种行为方式，往往与黄老思想并提[8]。但到了汉桓帝（146—167年在位）时，也就是公元1世纪中期，佛教已经传入宫中。据《后汉书·桓帝纪》："（桓帝）饰芳林而考濯龙之宫，设华盖以祠浮图、老子。"《后汉书·襄楷传》又载，桓帝延熹九年（166年），襄楷上书云："又闻宫中立黄老、浮屠之祠。此道清虚，贵尚无为，好生恶杀，省欲去奢。"这是将浮屠与作为神仙的黄老同时并列祭祀，说明当时佛教仍是依附于黄老，并作为神仙方术的一种而得到统治阶级的侍奉。《后汉书·西域传》中，在叙述桓帝奉佛之事后说："百姓稍有奉佛者，后遂转盛。"说明至汉桓帝以后，也就是到了东汉末年，佛教才慢慢流传于民间。

关于佛教由天竺东渐来华的传播时间与路线，在唐代以后的佛学典籍中，历来有"海上说"与"陆路说"两种。近世论者多认为，佛教沿水路传入中土说之证据薄弱，而佛教文化之西域来华说有着更为充分的文献材料资证。东汉晚期以来，佛教文化除由西域经河西走廊传入中原地区流播外，蜀地也是一个重要的传播分布区。目前，虽缺乏足够的文献记载，然从多年来考古发掘出土的陶质、铜质摇钱树等材料中，却可看到大量的佛教造像题材，表明东汉三国之际，蜀地佛教文化的传播亦见踪迹，只是在同时期的铜镜构图中，还没有见到实例。

二、江南佛教的传播

东汉末年，战乱不断，中原地方的许多人因躲避战祸而来到长江以南地区，佛教信仰亦随之传入江南。相传，东汉末年来洛阳译经的安息国僧人安世高，就因避乱来到江南，曾留下许多神异事迹[9]。当时地处南方并已属三国吴管辖的交州[10]，就曾是那时学人的避乱之地。《牟子理惑论》中说："灵帝崩后，天下扰乱，独交州差安，北方异人咸来在焉。"交州一带，因远离中原，因此关洛一带的战乱，对这里影响不大。相对安宁的社会环境，吸引了一大批中原人士。当时驻守在交州一带的太守士燮[11]，年轻时曾在洛阳随名儒刘陶[12]受学，因此对北方来的文人学士表示欢迎和优待[13]，于是避乱南下的人们纷纷定居于此。这些移民对交州一带社会经济文化的发展，亦起到了促进作用。这些人中，部分是受了佛教影响的人，他们的南迁，必然会把佛教带到南方，如《理惑论》的作者牟子即是[14]。由此，传播于中原地区的佛教，也随之在南方得到流传。

长江中下游地区佛像镜的多次出现，当与三国时吴地佛教的流行有很大关系，而吴地佛教的流行，又与当时在江南从事译经、传教活动的佛教徒有很大关系。在这些佛教徒中，最重要的人士是支谦和康僧会。这两人一为居士，一是僧人，都因避汉末战乱来到江南，都对江南佛教的传播和发展起了很大作用。

支谦又名支越，字恭明。他是居士，祖籍月氏，其祖父在汉灵帝时归附东汉，来居汉地。支谦从小就受到佛教的熏陶，后来他又受业于支亮，"博览经籍，莫不精究，世间伎艺，多所综习，遍学异书，通六国语"[15]。支亮是汉代著名译经僧支娄迦谶（简称支谶）的弟子。因此，他实际上是支谶的再传弟子。支谶、支亮和支谦三人被后人称为"三支"，而"天下博知，不出三支"[16]，成为一时美谈。支谦于献帝末避乱来到吴地后，因博学多才而受吴主孙权赏识，先拜为博士，后又委以"辅导东宫"之任。支谦认为，当时吴地佛法刚刚开始流行，可经文翻译却不多，而自己既通梵文，又精汉语，可以在这方面有所成就，于是收集各种梵文经典，译成汉文[17]。

支谦精通汉文，长于文辞，因此其译文"曲得圣义，辞旨文雅"，遂大行于世，得以流播普及[18]。但也有人反对这种翻译风格，特别是一些在佛经翻译上主张"质朴"的人。如东晋时的道安法师在总结和阐述翻译理论时，就认为支谦的译文"巧则巧矣，惧窍成而混沌终矣"[19]。可谓"仁者见仁，智者见智"。但不管怎么说，支谦开创的译风，对佛教在中国的传播，对印度佛教逐步中国化，以及帮助当时人们对佛教的理解，都起了很大的作用。

三国吴时期，对于江南佛教的传播和发展起过重要作用的另外一位大师，就是僧人康僧会。康僧会的祖先为康居人，"世居天竺"（《开元录》作"印度"）。父亲是商人，因从事商业，又迁居于交趾。康僧会十来岁时父母双亡，他服丧完毕后即行出家。据佛教史料记载，他"为人弘雅有识量，笃志好学，明解三藏，博览六经，天文图纬，多所综涉，辩于枢机，颇属文翰"[20]。赤乌十年（247年），康僧会"杖锡东游"，来到建业（今南京），感到吴地佛教初行，"风化未全"，他想促使"道振江左，兴立图寺"，于是"营立茅茨，设像行道"[21]。据载，吴主孙权初不信佛，认为其说荒诞。后康僧会"洁斋静室，以铜瓶加几，烧香礼请"，求得佛祖舍利，经孙权打试而显神异，于是信服，并建立寺院。因是江南始有佛寺，故称"建初寺"。

当时，佛教的理论教义还未被人们理解。在这种情况下，康僧会着重宣扬佛教的因果报应等与中国传统伦理观念接近的教义。据《高僧传》记载，吴国末帝孙皓性情凶狠暴躁，于是康僧会以善恶报应等事来开导他[22]。应该说，康僧会的传教手段，取得了一定的成功，以致后来孙皓"宣示宗室，莫不必奉"[23]。因此，江南佛教的兴盛与发展，与康僧会这一时期在江南的传教活动有很大关系。

三、三国吴佛像镜的问世

三国时期，吴地佛像镜的出现，与当时江南佛教的传播有密切关系。如前所述，吴国佛教的传播，则又与支谦、康僧会等在江南的佛教传译活动密切相连。特别是他们的传教活动，不仅是翻译佛经和宣传佛教教义，还通过大量其他活动在民间扩大佛教的影响。如支谦除了"明解三藏，博览六经"之外，还对"天文图纬，多所综涉。辩于枢机，颇属文翰"[24]。支谦不仅文才出众，且还精通音律。据有关史料记载，他曾根据《无量寿经》《中本起经》（即《瑞应本起经》）制"赞菩萨连句梵呗"[25]三契。支谦所作梵呗早已失传，但他制作偈颂的行为方式，对于佛教音乐的发展，产生了重大影响。这种以歌咏赞颂的形式宣扬佛教，对于佛教教义的传播和普及，起了重要的推动作用。除了翻译佛经之外，康僧会还以神秘灵验之事、善恶罪福之事等，向宫廷和社会宣扬佛法。他翻译的《六度集经》，按大乘佛经所说"六度"分为六章，辑录各种佛经共91篇。整部经典以所谓"菩萨本行"即释迦牟尼前生的种种神话故事，来说明佛教的教义教理。《六度集经》译出后，对佛教普及起过很大作用。其中有些神话、寓言故事流传甚广，对中国文学的发展也产生过了一定影响。

佛教并从宫廷走向民间，不仅在统治者之间，就是在一般民众中，也有了信奉者，佛教在江南的影响逐步扩大。据《魏书·释老志》记载，三国时期佛教寺庙在各地都有兴建。《三国志·孙琳传》有曰："琳意弥溢，侮慢民神，遂烧大桥头伍子胥庙，又毁浮图寺，斩道人。"这种把佛寺看作"民神"的行为，说明民间亦出现了建寺者。佛教的流行，促使以佛教为题材的器物不断出现。故三国吴佛像镜的出土现世，当在情理之中。

由国内出土资料可知，三国吴佛像镜主要为三国吴时期的会稽与鄂州两地所铸制，这又与三国吴来回变迁的都城位置有关。建安十六年（211年），孙权自京口（今镇江）徙治秣陵（今南京），第二年改名建业。魏黄初二年（221年），孙权自公安迁都于鄂州，改名武昌。黄武三年（224年），著名的佛教学者支谦和印度来的僧人维只难、竺律炎等在武昌（今鄂州）译出《法句经》《太子瑞应本起经》等。这两部经都是佛教的入门经典，其译出和流传无疑为江南佛教的推广起了很大作用。黄龙元年（229年），孙权称帝，改元黄龙，再次迁都于建业。以陆逊辅太子孙登留守武昌（鄂州），以为陪都，同时将建业富户千户迁至武昌。此举有力地促进了该地区经济的发展。鄂州地区本有冶铜业，成为吴的都城期间，铜镜铸造业便有了更大的发展，成为三国时期的铸镜中心之一。由此，鄂州地区遂出现了大量铜镜，而且其中又有一些为佛像镜。《鄂州铜镜》（2002年鄂州市博物馆编撰）一书中，即记录了该地区出土的3面三国吴佛像镜。

有关资料显示，三国时期中国佛教的重镇，一为洛阳，二即为建业。汤用彤先生《汉魏两晋南北朝佛教史》中，对此有深入分析。王仲殊先生《论吴晋时期的佛像夔凤镜》一文曾重点介绍了6面长江以南地区的出土佛像镜。江南佛教除建业外，吴越地区流传也很早，据近年来考古发现：1982年，浙江上虞吴墓中发掘出土的瓷谷仓瓶上饰有贴塑佛像，绍兴亦出土青瓷双系佛像罐等。这些情况表明了三国吴时期，江南地区的佛教传播已具一定规模。地处浙东的会稽，铸镜历史更是悠久，早在春秋时期，这里的冶铸制造业就十分发达，其兵器的铸造尤为著名。东汉三国时期，这里已经是闻名遐迩的铜镜铸造中心之一，在铜镜铸造过程中融合佛教题材理所当然。

佛像镜的问世，当在佛教流行以后。而吴地佛教流行，则是在康僧会来此之后。因此，江南的佛像镜上限年代当不会早于三国吴孙权统治的时期，具体时间很可能是在公元211年至221年这10年间。从孙权的黄武元年（222年）至孙皓的天纪四年（280年），名义上的三国吴存在58年。换言之，三国吴佛像镜的问世时间就在这一个甲子之间。

四、三国吴佛像镜分类

1985年《考古》第7期，载有王仲殊先生《论吴晋时期的佛像夔凤镜》一文，此文记录了4面（表一B3、B6、B7、B8）国外大博物馆或美术馆收藏的传世品与7面（表一A1~A7）在我国长江中下游地区考古发掘的出土品。盛世多祥瑞。近年来，又接连有精彩的器物与资料问世。迄今所知，可供查考者又得8面（表一A8、B1、B2、B4、B5、B9、B10、B11），现笔者将其汇总成表，详见表一。

3.6 三国吴佛字铭佛像镜研究

表一 存世佛像镜汇总一览表

分类	编号	资料来源		直径（厘米）	重量（克）	说明
		出土年代	出土地点			
A.出土器物（以年代为序）	A1	三国吴	湖北鄂城五里墩	16.3	/	现藏中国国家博物馆
	A2	三国吴	浙江武义桐琴	15.4	/	主纹内二组飞天，有蟹纹
	A3	三国吴	江苏南京西善桥	14.5	/	主纹无佛像，有蟹纹
	A4	三国吴	浙江省博物馆藏	11.7	250	传为杭州出土，小镜孤例
	A5	三国吴至西晋	湖南长沙左家塘	16.0	/	总体形制与A1镜类同
	A6	西晋	浙江金华古方	16.1	/	四佛皆立，形制奇特
	A7	东晋	江西南昌东湖	12.0	/	边缘形制奇特
	A8	三国吴	鄂州市重机厂	18.5	/	现藏鄂州市博物馆
B.传世器物（以直径为序）	B1	本书下册图199		18.8	残431	连弧外花边。有"佛"字
	B2	《古镜今照》图155		18.8	531	连弧外花边
	B3	德国柏林国立博物馆藏		17.8	/	主纹无佛像，十二连弧
	B4	《止水阁藏镜》图131		17.5	526	总体形制与A1镜类同
	B5	《江苏实成2012春拍》图650		17.0	607	总体形制与A1镜类同
	B6	美国哈佛大学福格博物馆藏		14.6	/	总体形制与B9镜类同
	B7	日本东京国立博物馆藏		14.3	/	佛像组与A1镜相同
	B8	美国波士顿美术馆藏		14.2	/	与B9镜似为同模
	B9	本书下册图198		14.2	360	有飞天纹、双头三足乌纹
	B10	《故宫藏镜》图71（三国魏？）		22.1	1457	环状乳半圆方枚形制
	B11	《古镜今照》图157（三国魏？）		23.5	1817	半圆方枚形制

表一中三国吴镜共15面（出土器6、国外藏4、国内藏5），两晋镜共4面（出土器2、国内藏2）。因6面出土器物的考古年代皆在三国吴，占出土总数之四分之三，故在表一中传世器物的形制、风格与之相近者，有理由认为其问世年代一致。两晋镜是中国早期佛像镜的尾声，主纹不同，形制有别。更有学者认为，B10、B11两镜形制与经典的三国吴佛像镜明显不同，且其水银沁包浆（俗称"干坑"）显示了出土地点似在中原（洛阳？）地区，应是三国魏之器物。为方便归纳与分析，本文姑免对这些佛像镜进行讨论。事实上，还有一些直径太小（如《鄂州铜镜》图174）或是破碎太过的存世器物，虽属三国吴地区，却因缺乏可比性，

亦未予列入。

依据总体形制、主纹数量与佛像布局的不同，表一中的15面三国吴佛像镜可分为三类，详见表二。

表二　三国吴佛像镜分类表

类别	边缘	直径范围	编号	直径（厘米）	本文图号	主纹内 1像	主纹内 2像	主纹内 3像	连弧内 飞天	说　明
甲	十六连弧	<15	B6	14.6	/	0	0	1	2	有"宜王公卿"铭文（3镜似为同模）
			B8	14.2	/	0	0	1	2	
			B9	14.2	图1	0	0	1	2	
乙	十六连弧外宽素缘	14～18	A1	16.3	/	3	0	1	0	三组一佛之座有龙首
			A2	15.4	/	3	0	1	1	有缺损
			A3	14.5	/	0	0	0	2	边缘有飞天
			A4	11.6	/	0	1	0	3	边缘有飞天
			A5	16.0	/	0	0	4	0	缺损四分之一
			B3	17.8	/	0	0	0	3	边缘十二连弧
			B4	17.5	图2	2	0	2	0	二组一佛之座有龙首
			B5	17.0	/	1	1	0	0	版模稍差
			B7	14.3	/	3	0	1	0	三组一佛之座有龙首
丙	十六连弧外龙凤缘	>18	A8	18.5	/	2	0	2	0	破碎残缺
			B1	18.8	图3	0	0	4	0	有"三□佛王"铭文
			B2	18.8	/	0	0	4	0	有一组模糊

由表二可知：

（1）甲类镜。B6、B8、B9三镜的佛像主纹与连弧中的飞天布局等皆相同，且三镜皆有"宜王公卿"之铭文。就总体形制而言，推测此类镜在佛像镜中问世时间较早，唯此类镜中才有飞天纹饰。

飞天是佛教石窟、壁画中经常出现的艺术题材。"天"，梵文音译"提婆"，是古印度宗教对一种神的称呼，如婆罗门教的至高神曰"梵天"。在佛教中，"天"是三界（欲界、色界、无色界）众生中的一类，其中的"欲界"有六天，统称为"六欲天"；"色界"有四禅十八天；"无色界"有四天。其他还有各种各样的"天"，如日天、月天、韦陀天等。这些"天"统称为"诸天"。这些被称为"天"的众生，虽然其所受果报较凡人殊胜，但也未能摆脱轮回的缠缚。他们也是"六道众生"（天、人、修罗、地狱、畜生、饿鬼）之一。当他们享受完果报，将再次进入这六道中轮回，因此佛教有"六道轮回"之说。由此而言，他们的果位，在佛教中很低。

"天"的形象往往是佛教艺术创作的重要题材。一般佛教寺院中都有"四大天王""韦陀天""十二诸天"等各类形象。除此以外，在佛教石窟、壁画中，诸天形象往往随侍佛陀而出现，以烘托场景气氛。在诸天中，有一类统称之为"飞天"，这更为人们所熟悉。他们本是印度古代宗教神话中能歌善舞的天神乾闼婆和紧那罗，佛教将之列为"八部众"（天龙八部）。在佛教石窟、壁画等艺术作品中，她们和众多伎乐诸天一起，或飘逸于空中，或献花于佛前，或奏乐于众中。她们大多体态轻盈，婀娜多姿，给人一种美的视觉享受。

飞天形象在中国出现得很早。大约在东汉末年开始开凿的新疆克孜尔千佛洞中，就有各种飞天形象出现。稍后的敦煌莫高窟壁画，更是以各种多彩多姿的飞天形象著称于世。敦煌飞天也就成了莫高窟的一张艺术名片。三国佛像镜中飞天形象的出现，对于我们研究佛教艺术的产生、发展以及传播，应该说很有意义，值得引起研究者的注意。

（2）乙类镜。这是三国吴佛像镜的大类。表二中列有9面，约占总数15面的3/5。此类镜之佛像布局与设置呈现出多样性与特殊性，其外缘通常为∣六连弧（唯B3镜系十二连弧），直径多为14～18厘米（唯A4镜直径仅11.6厘米）。但A1、B4、B7三镜是三国吴佛像镜中的特殊类型，即4组皆有佛像，其中1像组的佛座两侧皆饰龙头，3像组的莲花佛座与常规相同。不过就总体形制言，乙类镜只是在甲类镜的基础上增加了宽素缘。

（3）丙类镜。迄今为止，唯见得A8、B1、B2等三面直径为汉尺8寸的实物。尽管A8镜破损残缺，然其出土年代[26]大致可定三国吴时期，故对于本研究有着重要的"物证"价值。尽管B1镜2组残缺、B2镜1组模糊，然而因其尺寸较大，纹饰清晰，尤其是B1镜中出现的"佛"字，使此类镜的文化价值得以大幅提升。就总体形制而言，丙类镜只是在甲类镜的基础上增加了花边缘。

在现今存世器物中，还发现有不见佛像的丙类镜，如《上海博物馆藏铜镜精品》图67即为一例。此镜直径18.8厘米，重量810克，其问世年代应与A8镜相近。

五、三国吴佛像镜纹饰

此类镜历来之称谓有对鸟镜、对凤镜、八凤镜、夔凤镜等不同名目，其源头器物乃是东汉中晚期桓灵之际问世的变形四叶镜[27]。查考可知，就在变形四叶镜中，有一类粗体字的铭文镜[28]，其第4句铭文多为"八爵相向法古始"，点出题纹之铭。从多件存世器物看，"爵"字被略去上半部，可谓镜铭铸制中之"省偏旁"者。早在新莽时期，铭文中就多见"朱爵玄武顺阴阳"之铭文。"朱爵"，通假"朱雀"，为四灵之一的"南朱雀"，亦即"朱鸟"。《史记·天官书》："南宫朱鸟。"《礼记·曲礼上》："行，前朱鸟而后玄武，左青龙而右白虎。"孔颖达疏："军前宜捷，故用鸟。"朱鸟又可作"凤"释。《后汉书·张衡传》："前祝融使举麾兮，纚朱鸟以承旗。"李贤注："朱鸟，凤也。"笔者认为，此类镜之名称谓，似以"对凤镜"为宜，既通俗易读，又合乎镜铭之原义。

本文表二中除图1、图2、图3三镜外，其余诸镜皆已有介绍（详见1985年《考古》第7期所载王仲殊文），这里不复赘述。本文仅就此三面佛像镜进行阐述。

（1）图1镜（表一B9），直径14.2厘米，重量360克。

图1A

图1A-1

图1A-2

图1A-3

图1A-4

此镜铭文为"宜王公卿",字体为汉隶。镜外沿为十六连弧纹。除此镜外,此类十六连弧纹佛像镜,在美国哈佛大学福格博物馆与美国波士顿美术馆亦各藏一面,经仔细比较,B6、B8、B9三镜似为同模。

此镜边缘一周十六连弧纹组成的纹缘带中,有两个弧形内各有一像,其头上皆有项光,从姿态来看,应为飞天(文前已有释读)。以下方正中为界,左侧第一弧内之飞天(详见图1A-2),其头顶向边缘;双手向两边扬起,手中持有器物,似为器乐之类。身体横侧成浅U形,由裙下伸出赤裸双足,向身体后上方横向伸展,体态飘逸。左侧第五弧之飞天(详见图1A-3),其头顶向镜心,双手向外伸展张开,身上飘带环绕,身体上下方似有流动的云彩;两飞天呈一正一反之布局。其余十四连弧内有形态各异的龙、凤、禽、兽等,特别是左侧第一弧内为双头三足乌[29],应是象征太阳的"金乌"(详见图1A-4)。

十六连弧纹向内是由四组对凤分为四区,每组对凤皆作相对状,凤头间分别有"宜王公卿"四字。四个区的主纹中仅有一组为三尊佛像(详见图1A-1),其间,中间一尊坐于覆瓣莲座上,双足结跏趺坐,头有项光。主尊像体态较两侧两尊为大,且为坐佛像。两侧的两尊站于坐佛两边,头上亦有项光。这两尊像的双手都向身体两侧平举向上,身上有天衣飘展。佛之身体并非直立,而是顺着叶纹,以佛像为中心向中间作左右弯曲伸展。此两尊立像造型与十六连弧纹的飞天形象相似,由此看来,若非胁侍菩萨(或谓弟子),即是飞天。

在存世约20面的3类三国吴佛像镜中,只发现这一类镜有"宜王公卿"的铭文,四个字分别置于4组对凤之上。"公卿",亦称三公九卿,或泛称高官。《论语·子罕》:"出则事公卿,入则事父兄。"《后汉书·陈宠传》:"及大将军窦宪征匈奴,公卿以下及郡国无不遣吏子弟奉献遗者。"汉荀悦《汉纪·昭帝纪》:"始元元年,春二月,黄鹄下建章宫太液池中,公卿上寿。"对此镜铭,学界还有不同的辨识与释读,如应作"公卿宜王""王谊(宜)公卿"等,有待再考。

这类佛像镜的铭文在汉代多用作吉祥语,如近年浙江宁波、余姚一带出土不少镌有类似吉祥语的瓦当、砖石,其上即分别有"富贵祥,宜公卿""富贵祥,宜王侯"等字样。这些镌有吉祥语的瓦当、砖石,表达了人们一种祈求幸福吉祥的心愿。将这样的吉祥语铸于佛像镜上,一方面表达了人们的心愿,另一方面也可说明,这些佛像镜除具有日常的实用价值之外,也可作为一种祈求吉祥如愿的饰物和礼品。

(2)图2镜(表一B4),直径17.5厘米,重量525克。

在表二15面三国吴佛像镜中,图2镜是唯一一面主纹呈对称布局的器物。此镜纹饰精细清晰,有较高的欣赏价值。镜内四个心形叶瓣内,佛像布局两两对称。四组佛像以及总体形制与鄂城镜(A1)大致相仿,主纹大同小异,其比较见表三。

表三　B4(图2)镜与A1镜主纹比较一览表

表一镜名	直径(厘米)	一像组	三像组	三像组之项光	主佛脸向	佛龛与华盖	华盖上禽鸟	1像组两侧龙首	双凤头顶饰物
B4(图2)	17.5	2	2	三像皆有项光	右	对称较好	有	大、细	长、曲
A1	16.3	3	1	仅一像有项光	左	对称较差	无	小、粗	短、直

A1镜是1975年由湖北省博物馆在鄂城钢厂五里墩工地发掘出土。详见王仲殊《论吴晋时期的佛像夔凤镜》图5、陈佩芬《中国青铜器全集·铜镜》图98,在此不复赘述。比较可知,在一组3像中,有两种不同的主纹:其一,三像皆有项光者(如B4镜),可称"一佛两菩萨"或是"一佛两弟子";其二,三像中仅中间主像有项光者(如A1镜),主像两侧二像无项光者,可称"两供奉""两随侍"或是"一供奉一随侍"。

湖北鄂城出土的佛像镜(A1镜)现保存在中国国家博物馆。据王仲殊先生记述,此镜保存良好,图纹精致、清晰,是佛像夔凤镜中难得的珍

图2A

图2A-1

图2A-2

图2A-3

品[30]。然而此镜已碎裂，整面铜镜有四条裂纹由镜钮向边缘呈放射状，且在一条裂纹的边缘还呈现破损缺残。虽然不影响作为佛像镜之珍品价值，但不免让人略感遗憾。从表二可知，图2镜整体形式与主纹与鄂城镜相似，但比鄂城镜更值得关注。首先，此镜直径比鄂城镜略大1厘米，为17.5厘米。其次，鄂城镜四组佛像中，仅一组为三像，其余三个主纹区佛像均为一像。而此镜则为二组一像，二组三像，呈两两相对的均衡排列。其余诸多区别，详见表三。更难能可贵的是，此镜与鄂城镜一样，图纹清晰、精致、可见当时的铜镜铸造工艺已经达到相当高的水平。两镜相比较，此镜保存更加完好。

此镜纹饰由外至内，在素缘内是十六连弧纹，连弧纹中分别有龙虎、凤鸟等各种纹饰。龙虎等均作奔跑状，而凤鸟则似飞翔状。所有动物纹饰造型都显得动态十足，栩栩如生。由连弧纹往里则有四组相对的双凤组成四个主区。柿蒂形钮座的四个瓣内，则对称分布四组佛像。其中两组为单像，佛像结跏趺坐于覆瓣莲座上（详见图2A-1），头上皆双重项光，瓣内都有佛龛，龛顶饰有华盖，上有略作展翅状的玄鸟。莲花座的两边，附有侧面朝外之龙首，状似为佛护法。另两组均为三尊像（详见图2A-1、图2A-2），其纹饰、形制与鄂城镜中三尊像的一组较为相似，中间一尊主佛，坐于莲花座上，作半跏思维状，佛像头有项光。两边一立一跪两尊像，右边一尊跪像，作跪拜状，似为弟子或侍者（表一A1镜跪拜者无项光，应为供养人），左边一尊站立像，手持曲柄华盖，华盖顶上饰有玄鸟，其身上未见有天衣类饰物，亦应为弟子或侍者。

（3）图3镜（表一B1），直径18.8厘米，残重432克。

按照表二的分类，此镜为丙类镜。丙类镜存世仅见三面，其形制以及主纹大同小异，其比较见表四。A8镜因破碎残缺太多，无法进行比较，故不列表中。

表四　B1（图3）镜与B2镜主纹比较一览表

表一镜名	三像组	镜铭	十六连弧内纹及镜缘周纹	主佛右侧侍佛	双凤相对处分隔物	双凤上部
B1（图3）	4	三□佛王	内纹向心周纹离心	右手举物	直杆状	饰物
B2	4	六国六□太平□命	同为向心	两手下垂	连球状	铭文

此镜也有四字铭文，然其铭文与甲类镜在内容和布局上都不同。甲类镜四字铭文为"宜王公卿"，此镜四字铭文则为"三□佛王"；甲类镜四字铭文分别置于四组对凤之上，而此镜四字铭文却分别置于每组佛像之上。据考查，迄今未见乙类镜中带有铭文。

此镜残剩一半稍多，其铭文中有"佛"字。从目前所见到的佛像镜来看，可谓罕见。原器主纹应为四组三像，现在残存完整的二组，这二组中间佛的项光之上分别为"佛""王"两字。"佛"字一组图像中（详见图3A-1），中间一尊像结跏趺坐于莲座上，头上有项光，当为佛像。佛像两侧，分别站立两尊立像，头上亦有项光，衣裾飘拂。佛之手中分别持有似为莲枝的细长饰物。此两尊佛像当为胁侍菩萨或是弟子像。另一组"王"字铭的组像中，中间的佛像与前相似，形式和风格并无大异，唯左右两胁侍菩萨略有差别。佛像右边之像直立无持物，而左边一尊则手持细长莲花，与前组中胁侍菩萨像相似。这两组像都成一佛两菩萨构图，像外则无佛龛。其柿蒂形钮座的四瓣外为两两相对的双凤，双凤中间有一类似于幡柱状饰物。主纹区外为十六连弧纹，连弧纹内有龙虎、凤鸟等动物，连弧纹外则围绕一圈由十几个动物图像组成的镜缘。这些动物的图像造型，皆优美潇洒、飘逸流动，显现了高超的铸造技术和精湛的艺术水准。

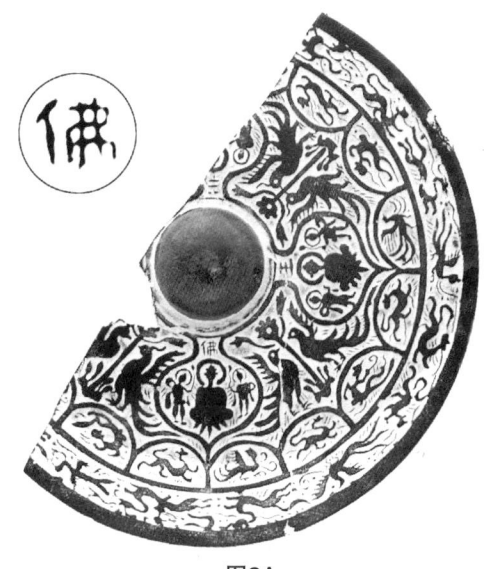

图3A

图3A-1

六、镜铭"佛"字研究

从汉文字义来说，"佛"本来是"仿佛"的意思。《说文》："佛，仿佛也。从人，弗声。"此外，用作动词时，则通"拂"，是违背的意思。《礼记·学记》："其求之也佛。"唐孔颖达疏："佛，戾也。教者佛戾也，教者既背违其理，其学者求之则又违戾。"[31]这个"佛"字与佛教之佛没有关系。

佛教中的"佛"，乃"佛陀"简称，是梵文Buddha的音译，其意为"觉者"，指已经达到大彻大悟的人。佛教界认为，觉有三意：自觉、觉他、觉行圆满。觉行圆满是佛教修行的最高境界。"佛"，乃是佛教对创始者释迦牟尼的尊称。小乘佛教尊释迦牟尼为佛；大乘佛教则认为除释迦牟尼外，一切觉行圆满者皆可称为佛。因此，十方世界同时有许多的佛，一如《华严经》所描绘的内容。

佛教传入中国的初期，佛陀一词也往往译作"浮图""浮屠"等。汤用彤《汉魏两晋南北朝佛教史》有云："查《史记·大宛传》张博望虽言及身毒，然于浮图，则《史》《汉》均未记其有所称述。"《魏书·释老志》则曰："及开西域，遣张骞使大夏还，传其旁有身毒国，一名天竺，始闻浮屠之教。"这是说在汉武帝经略西域时，佛教的消息开始传来汉地。《魏书·释老志》又说："浮屠正号曰佛陀。佛陀与浮图（屠）声相近，皆西方言，其来转为二音，华言译之，则谓净觉，言灭秽成明，道为圣悟。"这里明确解释了浮图、浮屠和佛陀几个词之间的关系。《魏书》的作者魏收（507—572年）是北朝的文史学家，其时佛教传入汉地已有500多年，佛陀一词早已流行，并替代了早期的"浮图""浮屠"等用法。在魏收之前东晋文史学家袁宏的《后汉纪》中，亦已明确提出"浮屠"即佛之说。《后汉纪·明帝纪上》称："浮屠者，佛也。西域天竺有佛道焉。佛者，汉言觉。将悟群生也。"袁宏生活于约公元328至约376年间，这时对浮屠与佛的关系已经很明确。其实，早在东汉晚期来华译经的安世高、支娄迦谶等人，已经在他们的翻译中使用了"佛"这个字。安世高在汉桓帝（147—167年在位）时来华；支娄迦谶则比安世高略晚，他于汉灵帝光和、中平年间（178—189年）在洛阳从事译经活动。这就说明，在公元2世纪时，"佛"字已经开始用于佛教。汉灵帝中平元年（184年），爆发黄巾起义，中原陷入战乱。其后魏、蜀、吴三国鼎立。从安世高来华译经算起至三国时期，其间不过数十年时间。而"佛"之一字，从开始用于专指佛教及佛陀，到出现于佛镜铭文之中，可谓传播迅速。

由于图3镜的镜体残缺，现在能看到的镜铭，唯存"佛、三、王"三字。佛教中有"三身佛""三世"之说。三身佛指的是法身佛毗卢遮那，报身佛卢舍那，应身佛释迦牟尼。但这样的三身佛思想产生较晚。三世佛又有横三世和竖三世之说：横三世指东方药师佛，西方阿弥陀佛，中间释迦牟尼佛；竖三世则为过去燃灯佛，现在释迦牟尼佛，未来弥勒佛。大乘佛教中三世佛思想流行很普通，现在佛教寺院中大雄宝殿一般都供三世佛。此镜铭文所缺究为何字，似有一种可能，即"三宝佛王"。佛教中"三宝"指"佛""法""僧"。"三宝佛"是"三世佛"或"三身佛"的统称。笔者对此佛像镜铭的推测正确与否，还有待深入考证。

七、结语

第一，据史料记载，西汉哀帝元寿元年（前2年）佛教开始传入中国。《后汉书》卷三十下襄楷上书："又闻宫中立黄老、浮屠之祠。"东汉桓灵之际，中原地区开始大量翻译佛经。东汉末年，中原战乱，随着人口大量迁移，佛教开始传入江南的三国吴地区。

第二，东汉末年，会稽、鄂州已经成了中国铜镜的制作中心。此时，佛教也先后传入这些地区，于是佛教艺术和铜镜制作相结合，佛像镜应运而生。

第三，随着三国吴都城的往复变迁，三国吴佛像镜有可能最早问世于公元211—221年都城在建业时的会稽郡地区，接着出现于公元221—229年都城在鄂州时的江夏郡地区，黄龙元年（229年）都城迁回建业以后，这两个地区还会继续铸制。依据器物主纹之图案，此类镜的命名，似称对凤佛像镜为宜。

第四，三国吴佛像镜的形制有三类。甲类，十六连弧本身即为镜缘，其直径多在15厘米以下；乙类，十六连弧外有宽素缘，直径多为15～18厘米；丙类，十六连弧外有龙、凤、禽、兽缘，直径多在18厘米以上（即汉尺8寸）。

第五，三国吴佛像镜的佛像主纹在四个分区中，有一组、二组、四组之分，在每一组中有一像、二像、三像之分。在三像组中，中间有项光者定佛无疑；两侧之像包括有项光与无项光两类，有项光者可称"胁侍菩萨"或"弟子"；无项光者可谓"侍者"或"供养人"。

第六，东汉桓灵以前的各类文献上，唯见"浮屠"或"浮图"字样，而不见"佛"字出现。直至东汉桓灵之际出现的译经中，始见"佛"字。在三国吴佛字铭佛像镜中这个"佛"字的问世年代，应与文献时间相差不远。有可能这是在器物上最早见到的"佛"字之一。

第七，佛像镜的问世，丰富了中国铜镜文化的内涵，同时也为中国佛教传播历史及佛教艺术发展等方面的研究，提供了宝贵的素材。

第八，"佛"字在三国吴佛像镜上出现，足以证实佛像镜中头上项光、身下莲花、结跏趺坐之人形图案，当属佛像无疑。

【注 释】

[1] 见《考古》1985年第7期。

[2] 汤用彤《汉魏两晋南北朝佛教史》第四章载："《世说注》等均作'复豆'。《酉阳杂俎》卷二，汉所获大月氏复立经。"

[3] 中国古代史籍如《史记》《汉书》中称妫水，唐代称乌浒河。源头瓦赫基尔河位于阿富汗境内，自东向西，依次流经阿富汗与乌兹别克斯坦、土库曼斯坦的边境后，注入咸海。全长2540千米，是中亚最长的河流。

[4] 亚洲中部南部的高山，大部分位于阿富汗境内，是印度河流域与阿姆河流域的分水岭。

[5] 《史记·大宛列传》记："大夏在大宛西南二千余里妫水南。其俗土著，与大宛同俗……及大月氏西徙，攻败之，皆臣畜大夏。大夏民多，可百余万。其都曰蓝市城，有市贩贾诸物。其东南有身毒国。"

[6] 有关阿育王的事迹，可查阅西晋安法钦所译的《阿育王传》和梁僧伽婆罗所译的《阿育王

经》（两经为同本异译）。

[7] 见《史记·大宛列传》。

[8] 《后汉书·楚王英传》："英少时好游侠，交通宾客，晚节更喜黄老学，喜为浮屠斋戒祭祀。"

[9] 据《高僧传》卷一"安清传"载：安清字世高。本是安息国太子。在汉桓帝之时，来到中原。不久即通习华语，先后译出《安般守意》《阴持入》、大小《十二门经》等。"值灵帝之末，关洛扰乱年，乃振锡江南"。

[10] 交州为古代地名。西汉称交趾，为汉代十三州之一。东汉初改为交州，范围包括现在中国的两广部分地区以及越南的北部和中部。

[11] 士燮（137—226年），字威彦，今广西梧州人。汉末三国时占据交州一带，后归附东吴孙权，封为左将军。

[12] 据《后汉书》卷五十七载：刘陶字子奇，一名伟。颍川颍阴人。汉桓帝时曾官至侍御史、尚书令等。灵帝时因宦官谗言，下狱死。

[13] 《三国志·吴书·士燮传》载："士燮字威彦，苍梧广信人也。其先本鲁国汶阳人，至王莽之乱，避地交州。六世至燮父赐，桓帝时为日南太守。燮少游学京师，事颍川刘子奇，治《左氏春秋》。察孝廉，补尚书郎，公事免官。父赐丧阕后，举茂才，除巫令，迁交阯太守。"又："燮体器宽厚，谦虚下士，中国士人往依避难者以百数。耽玩《春秋》，为之注解。"

[14] 《理惑论》记："是时灵帝崩后，天下扰乱，独交州差安。北方异人咸来在焉……方世扰攘，非显己之秋也……于是锐志于佛道，兼研《老子五千文》。"见僧佑《弘明集》卷一。

[15] 见《高僧传》卷一《魏吴建业建初寺康僧会传》附《支谦传》。

[16] 见《北山录》卷四。

[17] 据支愍度《合首楞严记》载：自黄武（222—228年）至建兴（253—254年）年间，支谦译经，共出经数十部。据《出三藏记集》则有三十六部（四十八卷）。其中重要的是《阿弥陀经》《维摩诘经》《太子瑞应本起经》等。

[18] 同注[15]。

[19] 见僧佑《出三藏记集》卷八《摩诃钵罗若波罗蜜经抄序第一》。

[20] 见《高僧传》卷一《魏吴建业建初寺康僧会传》。

[21] 同注[20]。

[22] 《高僧传》卷一《魏吴建业建初寺康僧会传》中说："会在吴朝，亟说正法。以皓性凶粗，不及妙义，唯叙报应近事，以开其心。"

[23] 同注[20]。

[24] 同注[15]。

[25] 所谓梵呗，是依据佛经中歌颂佛的事迹（文句）所作之偈颂，这种偈颂注有音韵，可配以乐器进行歌咏。

[26] 《鄂州铜镜》图175："1986年4月鄂州重型机械厂第1号西晋早期墓出土。"

[27] 可查知最早器物为：日本东京五岛美术馆藏永寿二年（156年）铭纪年镜，《汉铭斋藏

镜》图116为延熹三年（160年）铭纪年镜。

[28] 可知器物为：《尊古斋古镜集景》图59，《泉屋博古·镜鉴篇》图56，《汉铭斋藏镜》图116。其铭内容多见："吴氏作镜自有纪，青虎白虎居左右，神鱼仙人赤松子，八爵相向法古始，今以长命宜孙子，作吏高迁，车生二耳。"孙小龙先生藏直径21.1厘米之同类镜，铭文多达49字。

[29] 三足乌是古代传说中的神鸟、瑞鸟。《东观汉记·章帝纪》："三足乌集沛国，白鹿、白兔、九尾狐见。"汉王充《论衡·说日》："儒者曰：日中有三足乌，月中有兔、蟾蜍。"

[30] 同注［1］。

[31] 见《礼记正义》卷三十六《学记第十八》。

[32] 见著于正史的最早记载，可知在东汉桓帝延熹九年（166年）。

第4章 科技篇

4.1 汉镜中的数学问题

　　——汉镜连弧数字与作图研究　/ 275

4.2 汉镜中的物理现象

　　——西汉透光镜研究　/ 288

4.3 东汉三国高凸镜面曲率半径研究　/ 295

4.4 汉镜表面富锡技术研究　/ 300

4.5 汉代镜范材料分析及其相关讨论　/ 313

4.6 汉镜铭文关于铜质与熔炼的探讨　/ 323

4.7 汉镜铭文中的地理概念　/ 330

4.8 西汉铭文镜度量标准研究　/ 335

4.9 新莽官制镜的标准与制式　/ 341

4.1 汉镜中的数学问题——汉镜连弧数字与作图研究

■ 冯立昇 王纲怀

汉代是我国铜镜发展的重要时期,古镜以这一时期出土的数量最多。在各种汉镜的背面纹饰上,大都有精致的几何图案,需要不少数学知识,如同心圆组、正方形、等腰三角形、菱形和圆弧形等都会经常出现。在制造这些铜镜的过程中,要用到多种几何作图方法。铜镜上的几何图形,用我国古代的规、矩、尺等测绘工具一般都能绘制,但要有很高的技术要求。在几何图案的绘制中,技术要求较高的是等分圆周或等分弧的工作。在连弧纹镜圆周几何等分的作图中,除大量偶数等分的情况外,还可看到3、5、9、15、21、27等奇数数字。偶尔也能看到7、11、13、17、19、23、29等难以作图的数字,这些数字都是素数[1]。因此,汉代铜镜的图案设计与制作,涉及较多的数学问题。

在汉镜中,有许多连弧纹镜要用到等分圆周的几何方法。从现在的数学理论看,用圆规、直尺等分圆周的问题,等价于正多边形的作图问题。从基本作图方法可知,二等分任意角容易实现。如n为正整数,任意角能分为2^n等分,因而圆周也能分为2^n等分。在圆上连接等于半径的弦,可将圆周6等分,由此容易将圆周3等分和12等分。因此,用圆规、直尺可准确将圆周2^n等分和$3×2^n$等分。5等分圆周,用直尺、圆规也可准确作图。用圆规、直尺可准确实现$2^l×3^m×5^n$等分(l、m、n为正整数,也可为0,但$m+n\leq 2$)[2]。在流传下来的铜镜中,最常见的情形是6等分、8等分、12等分和16等分,8和16等分尤多,大概因为这些等分用中国传统的制图工具规、矩能够准确地作图,而且方法比较简便。图1为西汉时期的内向12连弧纹镜[3],图2为十分常见的西

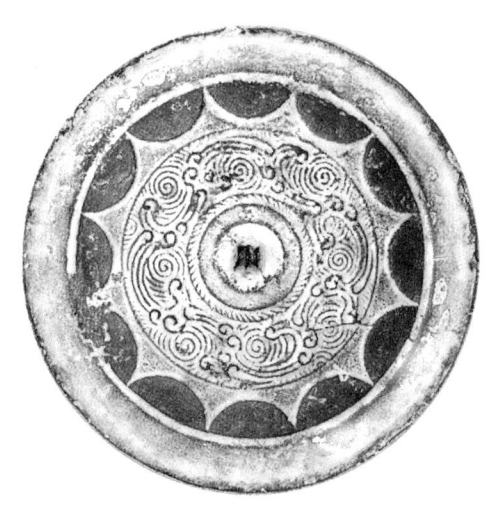

图1 西汉12连弧纹镜

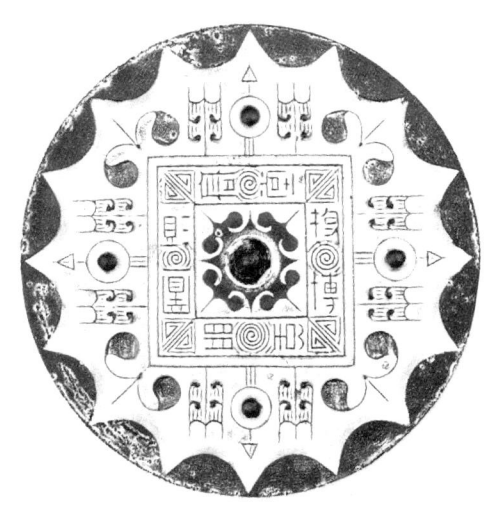

图2 西汉16连弧纹镜

汉时期草叶纹内向16连弧纹镜[4]。图3为西汉中晚期日光铭文连弧镜，图3a为照片，图3b为其拓片图形[5]。

该铜镜内圈有内向12连弧纹，外圈有内向16连弧，至少包含12等分和16等分圆周的问题。内外圈为同心圆，我们在拓片图形上作通过内圈相对圆弧中点的两条相互垂直的直径，将内外圆周都4等分，且直径两端点也正好落在外圆圆弧的交点上。用等分角的方法，另作与前面所作两垂直直径成45度角的两条相互垂直的直径，则两垂直直径通过内圆两圆弧的交点，直径端点正好落在外圆两圆弧的交点上，内外圆周被8等分。这表明在铜镜的设计和制作时其作图相当准确。

图3　西汉日光铭文连弧镜

汉代如何进行等分圆周，目前还没有见到较明确的记载。我们只能根据有关史料和当时数学发展情况进行一些推测。

成书于西汉时期的数学天文著作《周髀算经》涉及了用规矩进行几何作图的问题。《周髀算经·卷上》载："万物周事而圆方用焉，大匠造制而规矩设焉。或毁方而为圆，或破圆而为方。方中为圆者，谓之圆方；圆中为方者，谓之方圆也。"这里"圆方"即正方形的内切圆，而"方圆"即圆的内接正方形。规矩是画圆、画方的工具，分度也当为其基本功能。通过对汉代的内向连弧纹镜背纹几何图案及其制图痕迹进行观察和分析，可以确定有些连弧纹是用规矩等工具精心绘制而成。图4为西汉连弧纹铜镜及其拓片，镜的背纹为内向16连弧。值得注意的是，这枚铜镜保留了较多的作图痕迹，包括一个完整的与镜缘为同心圆的圆，圆形和以圆心（钮心）为中心所画的正交十字线及过四角乳钉的十字线图案都相当清晰。图12为西汉中早期的投博铭草叶连弧镜拓片，从背纹可知，镜缘也为内向16连弧纹。

连弧纹内有凸起的线条与几何图形，以钮为中心，连接上下乳钉的线与连接左右乳钉的线构成正交十字线。方框四角的对角线也构成十字线，十字线同时也成为分区和等分弧的重要标线。这面铜镜的背纹同样反映了设计和制模过程中采用规、矩画圆、作方和等分圆周的

4.1 汉镜中的数学问题

a　　　　　　　　　　　　　　　　b

图4　西汉连弧镜的作图痕迹

作图痕迹，对我们分析汉代如何进行4等分、8等分和16等分圆周有很大帮助。

用规和矩进行4等分、8等分圆周都很容易。4等分圆周只要先画圆的一条直径，再使用矩，过圆心作该直径的垂线，画出另一条相垂直的直径就可实现。在4等分圆周的基础上，使用矩可把圆周8等分。先用矩把一个直角等分，可作出一条直径。然后再使用两次矩，可作出另一条与其垂直的直径，这样用4条直径就把圆周8等分了（图5）[6]。

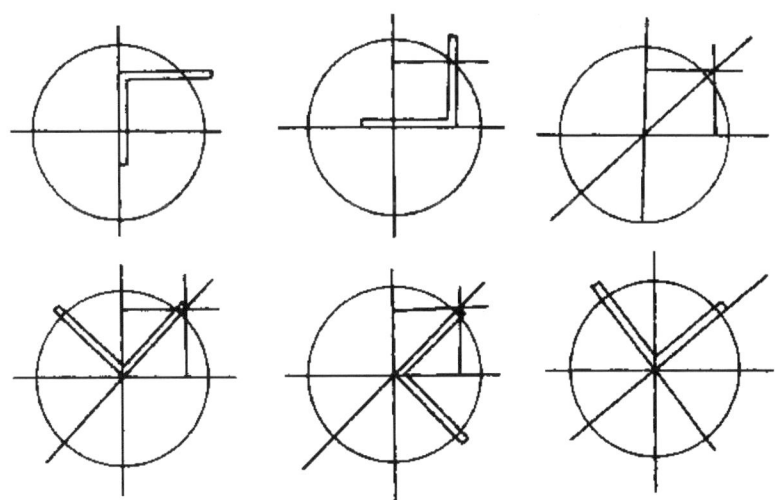

图5　用规和矩进行4等分、8等分圆周示意图

用规矩进行6等分圆周也很容易。圆内接正六边形的每一边长与半径相等，其顶点把其外接圆圆周正好6等分。用矩尺作圆的内接正六边形就可把圆周6等分。也可用规取半径长度直接在圆周上截取6个等分点。刘徽在《九章算术》方田章注割圆文中说："圆中容六觚之一面，与圆径之半，其数均等。"如图6所示，半径$r = OA = OB$，内接六边形边长$a_6 = AB$，这是

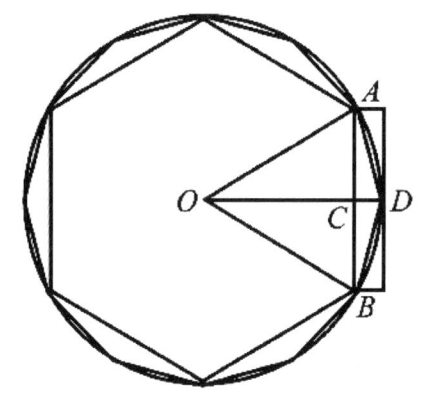

图6 用规和矩进行6等分圆周示意图

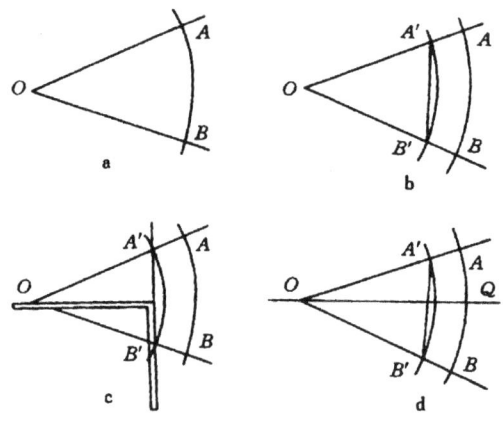

图7 用规、矩进行二等分弧示意图

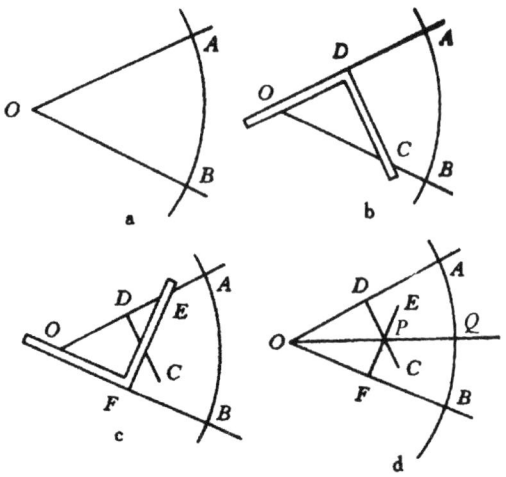

图8 用矩进行二等分弧示意图

正六边形最为简单的几何做法。

秦、汉时期的许多工艺技术中要用到等分圆周的方法，如制造车轮、齿轮和一些天文仪器都要进行等分圆周的工作。汉代铜镜上的连弧图案，经实际测量，绝大多数都相当准确。当时，应是已有了二等分一已知弧的方法。实际上，只要能二等分一角，就可二等分其对应的弧。在先秦时，工程技术中就出现了二等分一些特殊角的方法。《考工记》上已给出不同角度的一些构件的专有名称，即"半矩谓之宣，一宣有半谓之欘，一欘有半谓之柯，一柯有半谓之磬折。"为制造这些构件，显然要进行等分90°、45°、67°30'和101°15'角的工作。汉代人们对规、矩的功用，有了更深刻的了解和认识，当时应该有了二等一弧（或等分一角）的一般方法。我们这里提出当时可能采用的方法。

假定∠AOB和弧AB是已知的（图7a），用规矩将它们平分。取合适的半径，以O为圆心作弧A'B'（图7b），过A'，B'作弦A'B'，用矩过O点作弧A'B'的垂线（图7c），延长该垂线使它与AB相交，其交点Q即为弧AB的中点，OQ则是∠AOB的平分线（图7d）。如尺寸许可的话，也可直接连接A，B两点，用矩过O点作弧AB的垂线就可把它们平分。

实际上，不用规只用矩也很容易把一已知角和已知弧平分。把矩的一边和∠AOB的一条线对齐，沿另一边作OA的垂线DC（图8b），再把矩翻过来作OB的垂线FE，并使OF等于OD（图8c）。FE与DC交于一点P，连接O、P，其延长线与弧AB交于Q，这样，OP就是∠AOB的平分线，Q点为弧AB的中点（图8d）。

在等分圆周和二等分弧的基础上容易作出多种连弧形几何图案。在6等分圆的基础上，很容易将圆周3等分和12等分，进而24等分、48等分、96等分。在古代铜镜图案中，有不少需要3等分圆周的例子，如三山镜、三乳三凤镜和三叶三螭镜等。在汉镜中也可以见到24等分、48等分、96等分的实例。图9是东汉时期的吾作明竟铭变形四叶兽首镜背纹拓片[7]，钮座外变形四叶呈放射状，将纹饰分为四区，每区饰一兽首。镜上有内向24连弧纹，绘制图案时需要将圆周24等分。我们用现代工具对图9等分弧进行测量检验，发现作图相当精确。在东汉时期变形四叶兽首镜中还有内向48连弧纹镜[8]，制作时需要将圆周48等分。图10为西汉末王莽时期的王氏铭四灵博局镜背纹的拓片[9]，其几何图案布局十分严整，规律性也极其明确，反映了很高的制图水平。较靠外部分的圆周上有一圈三角锯齿纹，共计96个锯齿，作图时需要将圆周96等分。我们在扫描后的拓片图上加绘了若干辅助线，以对此图进行精度分析（图11），结果表明，其准确性很高，不比我们现代工具绘出的图形逊色。由图11可知，图案的对称性很好，钮心为多个同心圆圆心，也是中间正方形方框的中心，大小乳钉对称分布。为了准确作图，不仅要进行4等分和8等分圆周，还要进行12等分、24等分、48等分、96等分圆周的工作。

在8等分圆的基础上，通过等分弧，很容易将圆周16等分，进而32等分、64等分、128等分。对于图2所示的连弧纹镜，内向16连弧纹的作图方法可能采用的就是这样一种方法。图12a是这一连弧纹镜背纹的拓片图。我们通过在该图上加绘一些线来说明可能的作图方法（图12b）。在制作泥镜模坯时，先要将其横坯径制作得比铜镜尺寸大一些，先用圆规以钮心位置为圆心，画出铜镜实际直径尺寸的外圆，再用矩尺画出两条相互垂直过圆心的直线，将圆周4等分，同时也确定分区，然后用圆规将其再等分，画出正交十字线，通过等分弧可将圆周32等分，并过圆心和等分点连线，可产生出等分圆的32条

图9　东汉变形四叶兽首镜拓片

图10　王氏铭四灵博局镜拓片

图11　王氏铭四灵博局镜背纹几何图案精度分析

径向射线。因连弧的圆心都在以铜镜钮心为圆心的某个圆周上,将圆规的一端定在圆心,以较铜镜实际直径尺寸稍大的合适尺寸画出同心圆,与每一条径向射线产生的交点,便是内向连弧的圆心点位置。选取适当长度的半径,以各圆心点为圆心依次画弧,就可得到均匀的连弧图形。

5等分、10等分和20等分圆周的实例在汉镜中也不难找到。图13是湖北鄂州博物馆所藏东汉鸟兽纹带镜[10],其中五个大的乳钉距铜镜钮心等距,相当于均匀分布在以钮心为圆心的一圆周上,作图时需要进行5等分圆周。湖北鄂州博物馆五乳五禽镜和五乳鸟兽纹带镜,五个乳钉位置的确定也要通过5等分圆周实现。图14为成都羊子山西汉墓出土的连弧镜拓片图,镜缘为内向10连弧纹[11]。图15是故宫博物院藏东汉变形四叶兽首镜背纹拓片[12],镜背图中外区有内向20连弧纹。根据数学原理,五等分圆和十等分圆的作图都可用尺规作出。十等分圆比较复杂,要用到"黄金分割"原理或比较复杂的计算。五等分圆一般可以在十等分的基础上作出,或用尺、规直接作出。用规和尺进行五等分圆周,在汉代用什么方法,不见记载。在明代算术中有用直尺、圆规的近似作图方法[13]。汉代可能也是用近似方法完成,但应当也是建立在一定的数学计算基础之上。在五等分圆周的基础上,可用二等分角或弧的方法,实现10等分和20等分圆周。

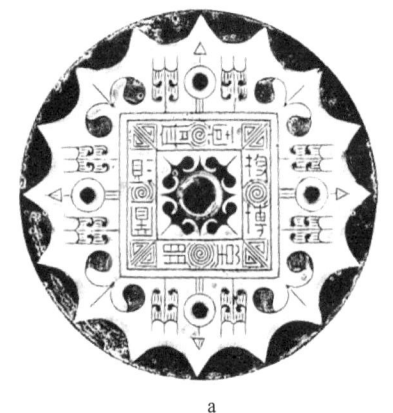
a
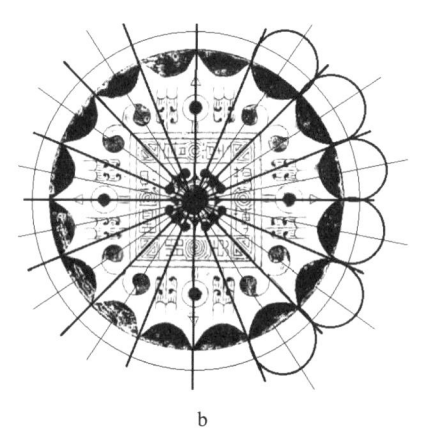
b

图12 用规矩进行16等分圆周和作图示意图

图13 东汉代五乳镜

图14 成都羊子山西汉连弧镜拓片

图15 东汉变形四叶兽首镜拓片

汉代在铜镜图案中，还出现了7、9等难以作图的连弧数。图16为成都羊子山西汉墓出土的云纹地连弧纹镜[14]，为内向7连弧纹。图17为洛阳博物馆藏西汉初双线连弧纹镜[15]，也为内向7连弧纹。图18为西安张家坡村出土的四螭镜[16]，其内区有内向9连弧纹。按照现在的数学观点，7等分、9等分圆周都不能用尺规准确作出，汉代也只能是用近似或实验的方法完成的。《周髀算经》中记载了一种把圆周分为$365\frac{1}{4}$度的方法。在一块平面上画一个直径121.75尺的圆，求得它的周长为365.25尺（这里所取圆周率为3）。这样，按一尺等于一度的简单关系分圆周为$365\frac{1}{4}$度。这只是一种近似的方法。用与此相类似的方法也可进行5等分、7等分、9等分圆周，一般误差不是很大，能大致满足要求。用这种方法进行5等分圆周时，可以取圆周率为3，近似地认为其等分的圆弧所对应的弦长为$\frac{3}{5}\times 2R$（R为圆的半径）。用矩尺在圆周上选取相距为$\frac{6}{5}R$的点，就可把该圆大致5等分，然后再从通过直观观察，进行微小的修正，以达到要求。

图16 西汉云纹地连弧纹镜　　　图17 西汉初期双线连弧镜　　　图18 西安出土四螭镜

明代数学家李笃培（1575—1631年）在其著作《中西数学图说》中，讨论过作正五边形和正七边形的近似方法。他给出圆内接正七边形的近似方法或许对我们认识汉镜的等分圆周方法有所帮助，这里作一简要介绍。如图19，以O为圆心OF为半径作一圆，将直径分为10等分，OQ为直径的1/10，OA为半径（$=OF$），求出AQ，再求出AF，令$EG=AF$，可由$\frac{1}{2}AF$（$=RG$）再求出FG，即为正七边形的边长[17]。实际作图则很简单，连接AF，过圆心作AF的垂直平分线交圆于G，取FE（$=FG$）为半径，用圆规依次截取，即可得E、H、D、C、B等

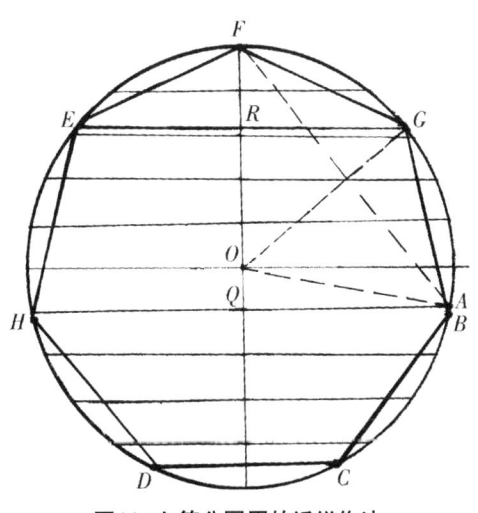

图19 七等分圆周的近似作法

分点，将圆周7等分。在铜镜图案的绘制中，不排除古人采用过类似的简便方法。

值得注意的是，除了3、5、7外，汉代铜镜的连弧数还出现了13、17、19、23、29和31等素数。此外，11连弧纹铜镜在战国铜镜中出现过[18]，而汉镜中有其倍数22连弧纹铜镜（图20）[19]，13的倍数26也在连弧数中出现。图21为西汉时期的13连弧纹镜拓片，图22为西汉出现的17连弧纹镜背纹的拓片，在东汉时期的铜镜也有17连弧纹镜（图23）。图24是东汉出现的复杂程度更高的23连弧纹镜[20]。

图20 汉代变形四叶兽首镜

图21 西汉13连弧纹镜

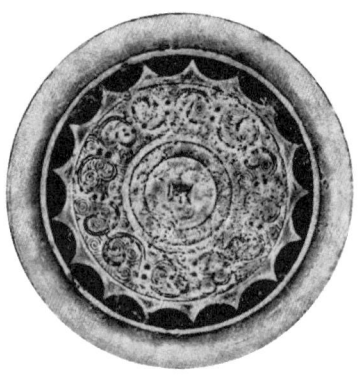
图22 西汉17连弧纹镜

图23 东汉17连弧纹镜

图24 东汉23连弧纹镜

17等分圆周问题在数学史上非常著名，德国大数学家高斯于1796年3月30日发现了正十七边形的尺规作图方法，从而使他下定决心终身从事数学研究工作。这时他开始写科学日记，以后记下了他的许多发现[21]。高斯曾要求在他去世后将正十七边形刻在他的墓碑上。尽管这一愿望未能实现，但他的出生地布伦瑞克为他建的纪念碑上确有这样一个正十七边形。高斯一定不会想到，早在2000多年前的汉代，中国工匠们就已经关注到了17等分圆周问题，并作出了相当准确和精美的等分圆周图案。

高斯直到1801年才从理论上解决了一个正n边形能否尺规作图的判定问题，并给出了判定方法。表一列出的是边数不超过100的正多边形，其中可用尺规作图的情况[22]。详见表一。

表一　可用尺规作图之正多边形一览表

n的形状	用尺规能作的正多边形的边数	
2^m	4、8、16、32、64	
$2^{2^t}+1$	3、5、17	
$2^m p_1 p_2 \cdots p_k$（p_1，p_2，…，p_k，是两两不同的$2^{2^a}+1$型的素数）	6的倍数	6、12、24、48、96
	10的倍数	10、20、40、80
	15的倍数	15、30、60
	34的倍数	34、68
	51	
	85	

东汉时期，数学和制图带水平有了进一步的提高，在带铭文的东汉变形四叶兽首镜中涉及许多作图难度更高的等分圆周与圆弧问题，其连弧数主要在17以上。下面给出一个迄今所知的统计结果，详见表二。

表二　连弧数在17以上的汉镜一览表

序号	连弧数	年代	资料来源
1	17	西汉	《止水阁藏镜》图63
2	17	东汉	《中国嘉德2007秋拍》图4742
3	18	西汉	《止水阁藏镜》图64
4	18	东汉	《止水阁藏镜》图114
5	19	东汉	本书下册图196
6	20	西汉	本书下册图61、图128
7	20	东汉	本书下册图177
8	21	东汉	樋口隆康《古镜·图录》图137
9	22	东汉	本书下册图184
10	23	东汉	《中国青铜器全集·16》图63
11	24	东汉	本书下册图185
12	25	东汉	《止水阁藏镜》图117
13	26	东汉	《镜涵春秋》图133
14	27	东汉	樋口隆康《古镜·图录》图135
15	28	东汉	南阳市博物馆
16	29	东汉	《中国嘉德2010秋拍》图6921
17	30	东汉	《止水阁藏镜》图116
18	31	东汉	日本兵库辰马考古资料馆
19	32	东汉	本书下册图186
20	33	东汉	《丹阳铜镜青瓷博物馆·千镜堂》图186（非变形四叶兽首主纹）
21	38	东汉	《泓盛2011秋拍》图1258
22	48	东汉	《中国历史博物馆馆刊》馆藏铜镜选辑（三）图94
23	62	东汉	樋口隆康《古镜·图录》图138

表二中100以内的素数，只有3、5、17。由此可知，对于汉代铜镜中的素数连弧数，只有这三个数是可能利用尺规进行等分圆周的准确作图。汉代工匠在铜镜背纹构图中的等分圆周数据，不仅涵盖了3、5、17，而且包括了更为繁复的19、23、29、31等连弧数，表明古人对

这些素数发生过很大的兴趣。东汉三国时期是中国数学理论发展的重要时期,出现了为数学而数学的倾向。王莽铜镜和东汉变形四叶兽首镜中复杂、精准的几何构图,为我们了解和认识这一时期应用数学的水平,提供了重要的依据。

古代不仅在铜镜中要进行等分圆周的工作,在一些天文仪器的制造中也需要用到等分圆周方法。分别在内蒙古托克托和河南洛阳金村出土的两件晷仪,是我国流传于世的最早的一种天文仪器。它们都是秦汉之际的遗物。这种仪器主要是用一块方形石板制成的。石板的表面平整,中央有一较大和较深的圆孔。表面上有3个同心圆,其中一个是不完全的圆周。在第一个圆到第二个圆之间刻有69条辐射直线纹。条纹与大圆相交处有69个小孔,孔之间的距离相等,共占去整个圆周2/3多一点。小孔边上都标有数码,从1至69按顺时针方向排列。数码部是用秦、汉之际的小篆书写的。在第一个圆到第二个圆之间刻有一个正方形,过正方形的四角还刻有对角线的延长线,又把圆周平分为4等分和8等分(图25)[23]。从小孔位置的分布看,仪器制造者显然是通过100等分圆周来确定小孔位置的。两件晷仪的表面图案相同,但洛阳金村出土的一件图案更加精致和规整,刻度比较精确。在制造这种仪器时,首先需要画线作图。

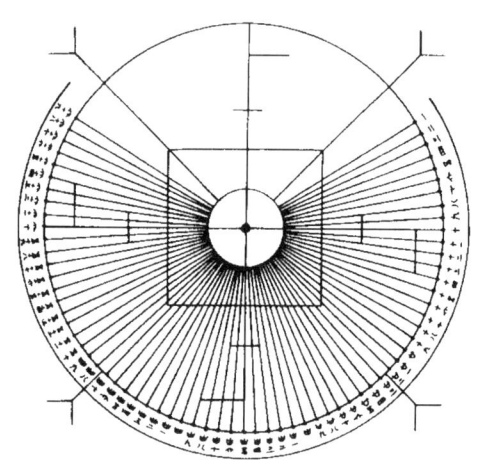

图25 洛阳金村出土的汉代晷仪表面图案示意图

用古代的规矩把圆周100等分是一项难度比较大的工作,大概是用近似方法画出。可能是先进行计算,求得正100边形的近似边长,然后进行作图。在作图时为了控制误差,先4等分和8等分了圆周。4等分点也是100等分点的组成部分,8等分点在两个100等分点之间。这件仪器的等分圆周方法,对于我们了解汉代等分圆周的近似方法,有一定的参考价值。

类似这样整体控制精度的方法,在铜镜的作图中实际上得到了更好的体现。从前面图11可知,王莽四灵博局镜图案,反映了很高的作图水平。图26a也是一面属于新莽官制镜的王氏作镜铭四灵博局镜,图26b是该镜背纹的拓片图[24],只是我们加了一些过钮心的径向辐射直线以说明作图方法。其镜背表面上有多个以钮心为圆心的同心圆,靠近外部的一圆周上有一圈三角锯齿纹,共计104个锯齿,作图时需要将圆周104等分。中央部分的正方形方框,其中心与钮心重合,过中心十字正交线与过正方形的四角的辐射状直线,可将圆周平分为4等分和8等分。因104 = 8×13,先将圆周4等分和8等分可起到整体控制作图精度的作用。方框外任意两个对称位置的大乳钉与方框内对应的两个小乳钉及钮心五个点,总是都在一条线上,而且中心到每个大乳钉都是等距的。大小乳钉定位十分准确,这表明它们是在等分圆周的基础上,通过规、矩等作图工具来确定其位置。此外,背纹图案中T、L、V符号的分区及定位也十分精准,几何形的对称性和规律性很强,都反映出极高的几何作图水平。

最后,本文再列入6例难得见到的资料(图27—图32),以供参考。详见表三。

4.1 汉镜中的数学问题　　285

a

b

图26　王氏铭四灵博局镜及背纹拓片图案

表三　个别连弧数一览表

图号	表二序号	连弧数	年代	直径（厘米）	重量（克）	数字分解	备注
27	3	18	西汉	12.3	165	$2\times3\times3$	两镜存世时间相差3个世纪
28	4	18	东汉	15.9	284	$2\times3\times3$	
29	12	25	东汉	12.7	208	5×5	两镜连弧皆为数字5的倍数
30	17	30	东汉	13.3	235	$2\times3\times5$	
31	19	32	东汉	12.8	211	$2\times2\times2\times2\times2$	典型2等分
32	21	38	东汉	19.3	555	2×19	数字19为素数

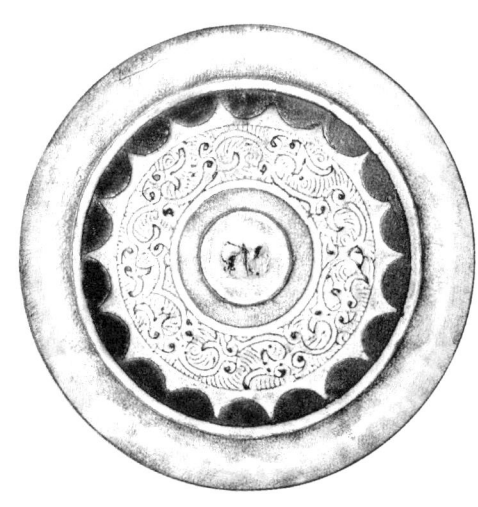

图27

图28

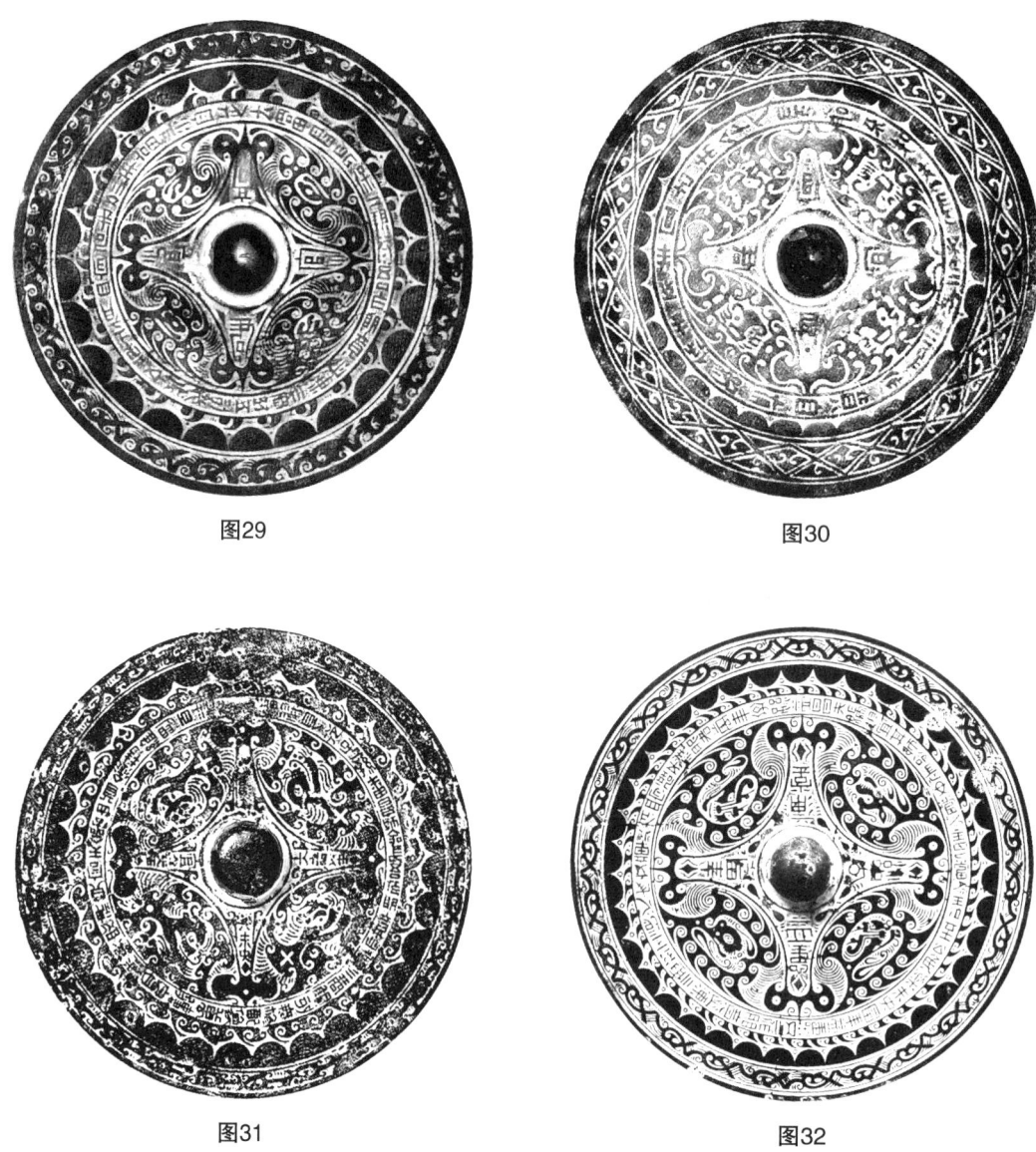

图29　　　　　　　　　　　图30

图31　　　　　　　　　　　图32

〖注　释〗

［1］王纲怀：《汉代铜镜巧解数学难题》，《中国收藏》2011年第4期。

［2］柳原吉次著，崔朝庆译：《几何学轨迹及作图》，商务印书馆1929年，154—155页。

［3］《止水阁藏镜》图59。

［4］王纲怀：《清华铭文镜：镜铭汉字演变简史》，清华大学出版社2011年，46—47页。

［5］同上书，54—57页。

［6］李迪：《中国数学史简编》，辽宁人民出版社1984年，46页。

［7］同注［4］，134—135页。

［8］杨桂荣：《馆藏铜镜选辑（三）》，《中国历史博物馆馆刊》1993年第01期。

［9］ 同注［4］，100—101页。

［10］ 湖北省博物馆、鄂州市博物馆：《鄂城汉三国六朝铜镜》，文物出版社1986年，图版16。

［11］ 四川省博物馆：《四川省出土铜镜》，文物出版社1960年，24—25页。

［12］ 郭玉海：《故宫藏镜》，紫禁城出版社1996年，第40页。

［13］ 李迪：《从古代铜镜上的花纹探讨古代等分圆周方法》，内蒙古师范学院学报（自然科学版）1977年第1期。

［14］ 同注［11］，第22页。

［15］ 洛阳博物馆：《洛阳出土铜镜》，文物出版社1988年，黑白版图版4。

［16］ 陕西省文物管理委员会：《陕西省出土铜镜》，文物出版社1955年，第63页。

［17］ 严敦杰：《古代的一些近似方法》，数学通报1960年06期。

［18］ 同注［12］，第15页。

［19］ 孙机：《汉代物质文化资料图说》，文物出版社1991年，第275页。

［20］ 同注［1］。

［21］ 胡作玄：《近代数学史》，山东教育出版社2006年，第515页。

［22］ 梅向明、周春荔：《尺规作图话古今》，湖南教育出版社2000年，第121—128页。

［23］ 李鉴澄：《晷仪——现存我国最古老的天文仪器之一》，《科技史文集》第一辑（天文学史专辑），上海科学技术出版社1978年。

［24］ 同注［4］，100—101页。

4.2 汉镜中的物理现象——西汉透光镜研究

■ 廉海萍 谭德睿

在我国4000年的铜镜发展史中,最引人注目的是距今已有2000年历史的西汉透光镜。透光镜是一种特殊的青铜镜,镜面微凸,不仅像普通的青铜镜一样能用于映照,并且当阳光或平行光束照射在镜面时,镜面的反射投影像会影现出与镜背相同的纹饰和铭文(图1),就似光已透过了铜镜到达了镜背,由于日光等可见光的波长较长,穿透能力低,即使铜镜薄至0.1mm,光线也无法透过铜镜到达镜背,因此透光镜这种透光的物理现象非常神奇,引起了世人的关注。

 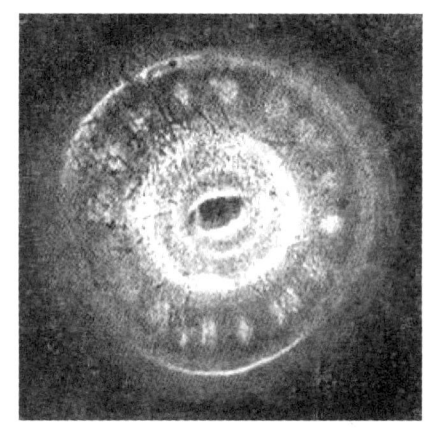

图1 西汉见日之光透光镜与镜面反射光投影成像图,青铜铸造,直径7.4厘米,上海博物馆藏

对透光镜透光现象和透光原理进行探索研究的记载,最早出现在北宋沈括的《梦溪笔谈·器用卷》透光镜一节中。沈括描述了他所见到的古镜透光现象:"世有透光鉴,鉴背有铭文,凡二十字,字极古,莫能读。以鉴承日光,则背文及二十字皆透在屋壁上,瞭瞭分明。"沈括还对铜镜的透光原理做了推测:"人有原其理,以谓铸时薄处先冷,唯背文上差厚,后冷而铜缩多,文虽在背,而鉴面隐然有迹,所以于光中现。予观之,理诚如是。"此说现代学者称为铸造收缩形成法。以现代科学知识可理解为这种收缩来源于金属从液态到固态的凝固收缩差,以西汉见日之光透光镜为例,镜面最厚处3.1毫米,最薄处0.7毫米,若按锡青铜的铸造收缩率为1.4%计,可计算出镜面的不平度为0.0168毫米,这种不平度在之后的磨镜过程中无法保留,所以至今未见铜镜毛坯即可"透光"的铜镜。

元代吾丘衍在《闲居集》中提出了另一种看法,认为古镜透光效应的产生是由于镜面材料不同而发生透光现象的："光随铜之清浊分明暗也。"此说现代学者称为补铸镶嵌形成法。这种方法只是将与镜面不同的材料镶嵌入镜面内，两种材料的相接处存在分界线，在反射光图案中将存在一条明显的界线，反射图纹只是镜背纹饰在镜面的仿真反射投影，与西汉透光镜的透光现象完全不同。

清代郑复光在《镜镜詅痴》中指出："惟夫刮力在手，随镜凸凹而生轻重，故有凸凹之迹，其大致平处发为大光，其小有不平处光或他向，遂成异光，故见为花纹也。"此说现代学者称为刮磨形成法。

上述推测在古代当然无法作科学检测，亦未经实验验证而下不了定论。

日本自江户时代以后到明治初期（约相当于我国明代到清代后半期）也出现了有"透光"效果的铜镜，欧洲学者称之为"魔镜"（The Magic Mirror），并对其"透光"原理进行推测或调查研究前后约百年，自至1932年才由英国著名物理学家布拉格（W.H.Bragg）在他的光学教材《光的世界》（*The Universe of Light*）中作了总结，认为"魔镜"抛光后需用刮磨器刮磨镜面，因各处厚薄不同而产生起伏不平，当光线从镜面被反射时，反射光的聚散情形，悉与镜背的纹饰相对应，因而产生了"透光"效应[1]。

然而中国古铜镜制作中并无刮磨工序，西方学者亦未见过2000年前的中国透光镜，更不知其制作过程，所以西汉透光镜的"透光"原理和制作工艺一直是未解之谜。

现代学者对透光镜的研究，缘起于1961年周恩来总理视察上海博物馆时，对馆藏的西汉透光镜倍感兴趣，当得知透光原理尚未破解时，总理当即指示要组织力量加以研究，发掘古代科技宝藏（图2）。

20世纪70年代，遵照周总理指示，上海博物馆邀请了上海市科学技术协会材料与铸造专家阮崇武主持这项研究。阮崇武组织了复旦大学光学系、上海交通大学铸造教研室和固体力学教研室以及上海仪表铸锻厂的专家和工人，利用科学仪器对透光镜的"透光"现象进行了系统研究并做了大量的模拟试验，终于解开了西汉透光镜透光之谜，并复制成功。

1982年，阮崇武和毛增滇综合各方面的研究成果并结合自己的研究，撰写了《中国"透光"古铜镜的奥秘》一书，详细和全面地介绍了西汉透光镜的"透光"原理和制造技术[1]。该书对西汉透光镜的"透光"现象进行了力学分析和验证实验，认为铜镜"透光"是铸造过程中的铸造残余应力使逐渐磨薄的铜镜逐渐变形，镜体向镜面一边拱起，由于铜镜壁厚差异使其拱起程度不一致，造成镜面厚薄处曲率差异，并用与古陶范性能相似的陶瓷型精密铸造法铸出镜坯，在磨盘上抛磨镜面后得到了透光镜。

图2　1961年7月周总理视察上海博物馆时欣赏西汉透光镜效果

1. 透光镜的成像原理

从现代光学的观点看,光在另一种介质的界面上作用会产生光的折射和反射现象,当平行光照射在物体表面上时,不同的表面状态对光的反射情况是不同的(图3):当平行光照射在物体上时,平面物体均匀地反射光线,反射光仍呈平行状态;凹面物体使光线汇聚,物体表面越凹,即曲率半径越小,光线汇聚程度越高,反射光投影成像越亮;凸面物体使光线发散,物体表面越凸,即曲率半径越小,光线向四周发散的程度越大,反射光投影成像越暗。

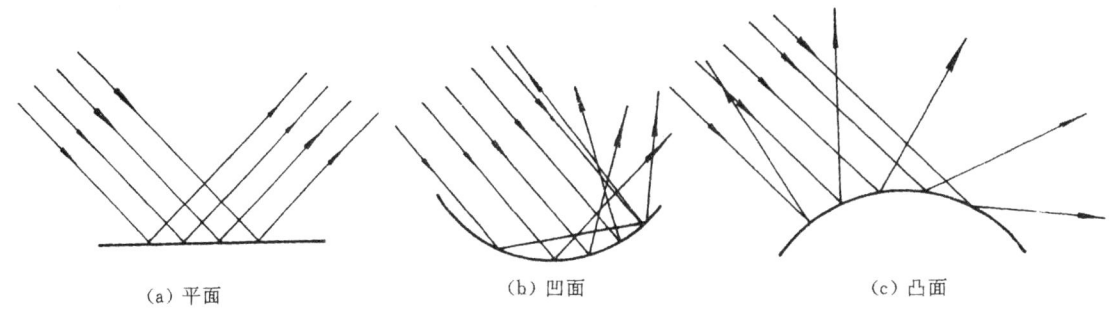

图3 不同物体表面对平行入射光的反射状态

由于光一部分被反射,一部分被折射,反射光强度将低于入射光,反射光与入射光之比称反射率。对于不同金属,反射率也不同;对于不同的合金配比,不同的金属组织,表面对光的反射率也不同。因此,不同物体,即使具备相同的表面状态,对光的反射程度也不同。

镜面在平行光照射下,能在反射光投影中显现出与镜背相似的明暗图纹,只有两种可能情况:

(1)镜面各处由于组织结构或成分不同,对光的放射率依镜背结构或成分有相应的变化,因而产生明暗不同的图纹;

(2)镜面各处依镜背结构产生相应的曲率不等的凹凸面,使光线汇聚或发散,因而产生明暗不同的图纹。

在第一种情况下有两种可能:一是镜面采用不同材料制作,即补铸镶嵌法,这种方法制作的透光镜透光效果与西汉透光镜的反射图像不同,在反射光图纹中存在一条明显的界线[2],因此这种方法不是西汉制作透光镜的方法。二是镜体厚薄差异,镜面各处冷却速度不同,薄处先冷,晶粒细,厚处后冷,晶粒粗,镜面各处的显微组织与镜背图纹有一定程度的对应关系[3],使镜面各处对光的反射强度存在一定的差异,但这种差异不能产生与镜背图纹相对应的明暗图纹,否则的话,凡是有厚度差别的铜镜都应有透光效果,对比透光镜镀膜前后的反射图纹(图4),透光镜镜面镀膜后仍有透光效果[3],因此镜面金属组织结构的差异不是铜镜透光的原因。

这样,铜镜的透光只能是第二种情况:在镜面各处组织结构和成分基本一致时,镜面在平行光照射下,能在反射光投影中显现出与镜背相似的明暗图纹,只能是镜面存在着肉眼不易察觉的与镜背纹饰对应的微小的凹凸变形,使反射光的散射度不同,从而产生了对应于镜背图案的明暗透光现象,见图5。

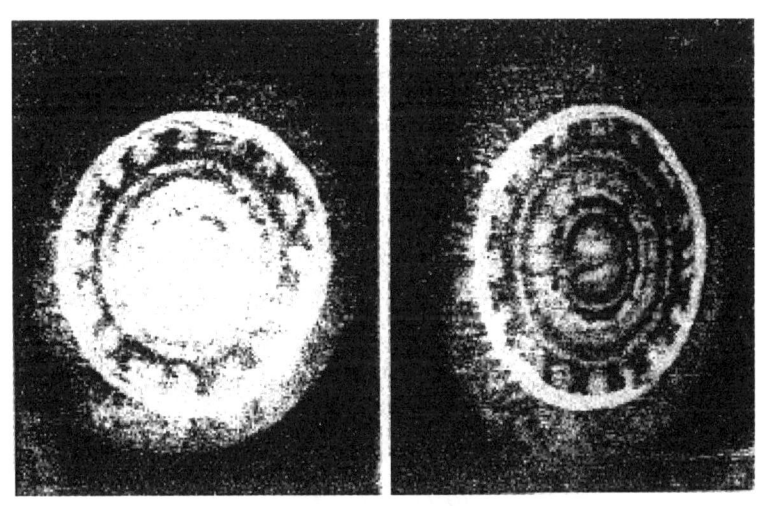

图4　透光镜镜面镀银膜前后的反射图像
（左：镀膜前；右：镀膜后）

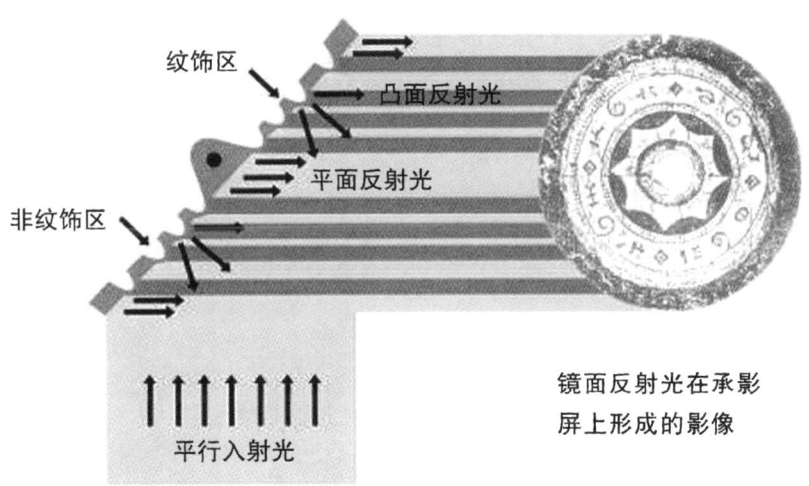

图5　透光镜镜面对光反射投影示意图

曲率差异型透光镜存在两种可能：一是整个镜面呈全凸面,但镜面各处凸起程度不同,镜面成像时,较凸处即曲率半径较小处使光的发散度大于曲率半径较大处,因而产生明暗图纹,如图6(a)所示;二是镜面各处存在着微观的凸面和凹面,镜面成像时,凸处使光线发散,凹处使光线汇聚,因而产生明暗图纹,如图6(b)所示。

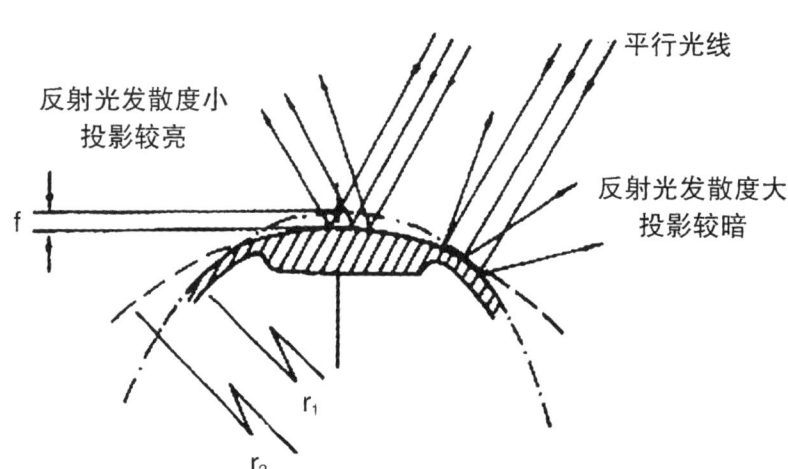

(a) 镜面为曲率不等的全凸面

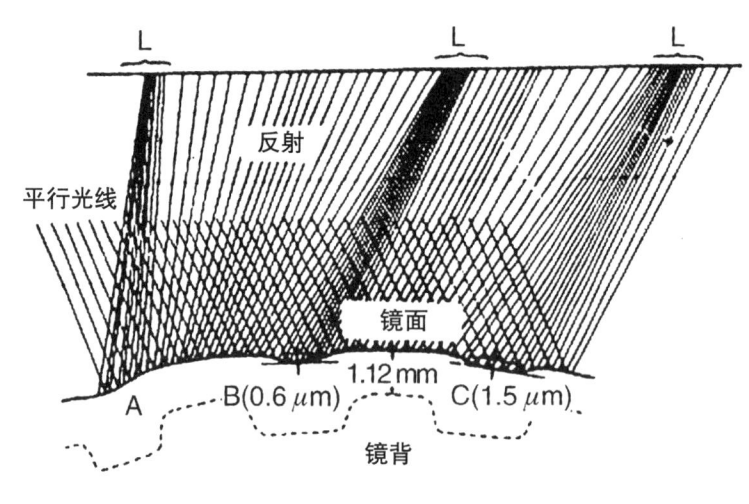

(b) 镜面存在微观凸面和凹面

图6　曲率不同镜面反射光情况示意图

2. 透光镜镜面曲率差异产生的原因

那么透光镜镜面上与镜背纹饰相对应的变形又是如何产生的呢？

汉代铜镜一般是采用陶范法铸造成形，铸成后为了提高镜的映照效果，都要对镜面进行打磨抛光。在铸造铜镜时由于铜镜厚薄结构的差异，使液态金属凝固速度不同，无纹饰处的镜体较薄，金属液凝固得快，而镜缘和有图纹处较厚，金属液凝固得慢，由于当镜缘还在凝固收缩时，镜体已经凝固并具有了一定的刚度，阻碍镜缘和较厚的图纹处的凝固收缩，使冷却凝固后的铜镜上产生铸造残余应力，当镜体磨薄到一定程度，铸造残余应力的作用力使镜体变形，向镜面一边拱起，镜体薄处的刚度比镜缘和图纹的厚处小，薄处变形比厚处大。另外，在磨镜时，镜缘和凸起的镜背纹饰与无纹饰处的镜体对镜面的支撑力不同，有纹饰的厚处退让少，磨削量大，无纹饰的薄处，刚性小，退让程度大，磨削量小，进一步加大了镜面上与镜背对应的变形，这些叠加的变形最终导致铜镜产生透光现象。在铜镜的铸造与镜面研磨加工过程中所产生的铸造应力和弹性应变，使镜面产生了肉眼不易察觉的与镜背纹饰相对应的曲率差异，在镜面上形成曲率不等的凹凸面（图7），使反射光汇聚或发散，产生了对应于镜背图案的明暗透光效应。

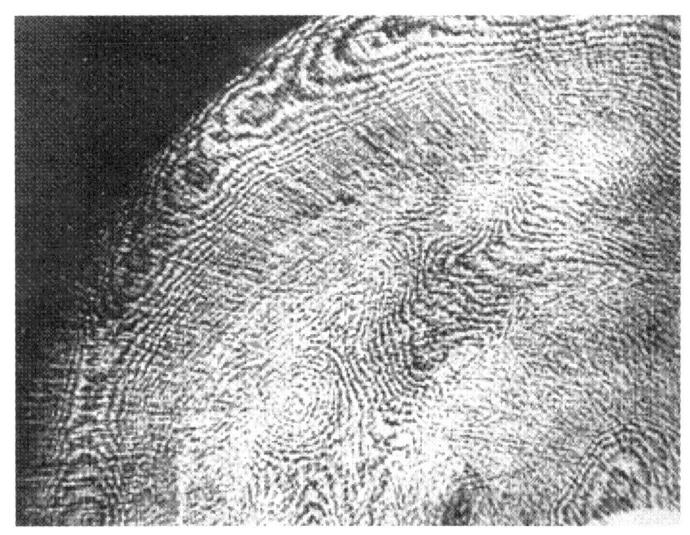

图7　西汉见日之光透光镜镜面激光干涉图像局部特写，可见镜面起伏不平。有纹饰和文字的厚处镜面比较平坦，薄处有微小凸起

3. 透光镜的制作过程

透光镜的制作主要分两步：铸镜和磨镜。

（1）铸镜（图8）。首先根据镜背的纹饰雕刻一母模；在母模上制备对半分型的2块泥范，将浇口设在镜缘处；将配成的高温青铜液浇入陶范内，待金属冷却凝固后取出铜镜，清除浇口，得到铜镜的粗坯。汉唐铜镜含锡多在20%~24%，按此作为制作铜镜的合金材料。若采用含锡过高的青铜（如超过30%），铸成的铜镜脆性大，极易碎裂；若采用含锡过低的青铜，铸成的铜镜色泽偏黄，映照效果不佳。

（2）磨镜。铸成的铜镜表面粗糙，必须进行磨研和抛光。准备一块与镜面曲率半径一致的磨盘，所有的研磨和抛光都在磨盘上进行。开始研磨时磨盘的曲面与铜镜的曲面基本一

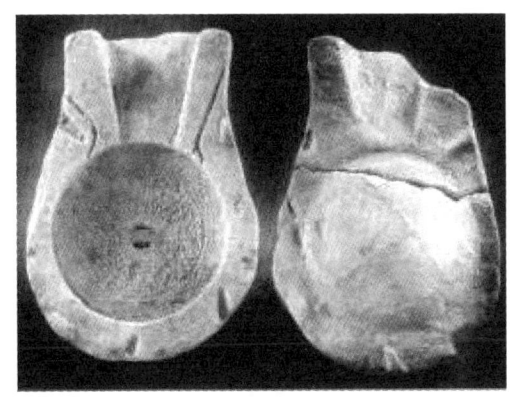

图8　侯马铸铜遗址出土的阳燧范与铸镜示意图

致，当铜镜磨薄到一定程度时，薄处凸起，相应的镜面局部曲率发生了变化，此时铜镜已有透光效果。

综上所述，西汉铜镜透光的机理是由于镜面存在与镜背纹饰相应的曲率差异，曲面的曲率差异使反射光的散射度不同，反射影像即映现了镜背图文的透光效应。制作透光镜的工艺因素是镜背要有合理的图纹结构和镜体厚度，镜体材质要有合适的性能，以及存在引起弹性应变的应力或外力。

注　释

[1] 阮崇武，毛增滇. 中国"透光"古铜镜的奥秘. 上海：上海科学技术出版社，1982。

[2] 上海博物馆，复旦大学光学系. 解开西汉古镜"透光"之谜. 复旦学报（自然科学版），1975年第3期。

[3] 上海交通大学西汉古铜镜研究组. 西汉"透光"古铜镜研究. 金属学报，Vol.12（1976）№ 1。

4.3 东汉三国高凸镜面曲率半径研究

■ 王纲怀

北宋沈括（1031-1095）《梦溪笔谈》卷十九："古人铸鉴，鉴大则平，鉴小则凸；凡鉴洼则照人面大，凸则照人面小。小鉴不能全观人面，故令微凸，收人面令小，则鉴虽小而能纳人面。仍复量鉴之小大、增减、高下，常令人面与鉴大小相若。此工之巧智，后人不能造。比得古鉴，皆刮磨令平，此师旷所以伤知音也。"

寻遍有四千年历史的中国铜镜可知，尽管年代不同，镜种有别，然其绝大多数的照容镜面，皆为平面或稍有凸出的"微凸平面"。从两千年前的西汉晚期开始，明显地感觉到，镜面有了变凸的趋势。自东汉桓灵之际直至三国时代的百余年间，出现了变形四叶兽首与四叶对凤为主纹的两个镜种，比较而言，它们的镜面凸起程度可谓最大，暂将其称作"高凸镜面"。一面直径仅10厘米的高凸镜面，在20厘米处照容，即可将一个成人的面容全部收纳其中（详见图1）。

古代的总体经济水平较低，铜材又是钱币的主要原料，人们只能是根据个人经济状况的高低，来购买尺寸大小不同的铜镜。怎样才能使尺寸较小的铜镜，起到映照脸部全貌的效果？古人早就知道：凸面镜可以有收缩人脸的作用，并应用于生产实践以满足生活所需。时至今日，为我们后人保存了这些诸多充分利用物理知识的宝贵实物。

镜面越凸，表示其曲率半径越小。如果镜面过凸，曲率半径太小，也会失去照容之目的。究竟怎样一个尺度才是合适？有没有一个大致的成俗约定？为此，笔者试从手上已有的10件实物，进行、测量、计算、归纳、研讨。

图1

一、汇总

1. 观察

首先，选择的样本要有代表性，可以明显感觉是高凸镜面。有幸的是，本文还找到了东汉延熹三年（160年）与三国魏甘露五年（260年）的2个纪年镜实例，两者之间正好相差一百年，为此类镜的大致断代，提供了可靠依据。

2. 测量

铜镜的直径与重量容易知道，而测量其弧度却非易事。笔者从日本购买到了一种名为"真弧"的专用工具，即方便地解决了测量镜面凸出高度（H）的问题。应该承认，人工测量一定会产生误差，只能做到力所能及地接近实际情况。

3. 计算

已知：根据铜镜曲率半径符号关系示意图（图2）可知，镜面半径B，镜面凸度H。

求证：曲率半径D。

证明：由图一设定斜边为D，长直边为D-H，短直边为B。依据勾股定律可知：

因为：$D^2 = (D-H)^2 + B^2$
$= D^2 - 2DH + H^2 + B^2$

所以：$D = (H^2 + B^2) / 2H$

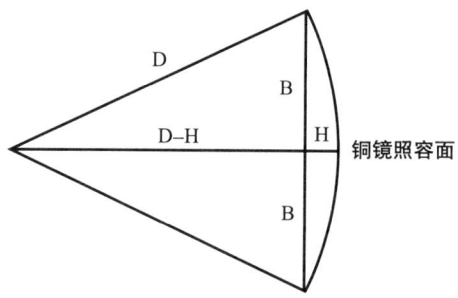

图2 铜镜曲率半径符号关系示意图

依据上述过程，汇总10件实物，经测量与计算，可得到曲率半径（D）的10个数据。详见表一。

表一 东汉三国高凸镜面曲率半径一览表

图号	镜类	连弧数字	重量（克）	面径 2B	半径 B	弧高 H	曲率半径 D	铸制误差 %	资料来源
				（厘米）					
3	变形四叶兽首	18	284	15.9	7.95	0.42	75.5	+9.1	《止水阁藏镜》图114
4		19	467	16.6	8.30	0.50	69.2	−0.015	本书下册图196 纪年镜：甘露五年
5		20	479	15.4	7.70	0.41	72.6	+4.6	本书下册《图录》图177 纪年铭：延熹三年
6		22	404	16.9	8.45	0.52	68.9	−0.06	本书下册图184
7		25	208	12.7	6.35	0.34	69.4	+0.015	《止水阁藏镜》图117
8		30	235	13.3	6.65	0.22	100.9	大于标准	《止水阁藏镜》图116
9		32	211	12.8	6.40	0.20	102.8	大于标准	《汉铭斋藏镜》图118
10	四叶对凤	16	668	18.0	9.00	0.59	68.9	−0.06	镜友资料
11		16	285	14.4	7.40	0.31	88.6	大于标准	镜友资料
12	特例	/	195	10.6	5.30	0.27	62.2	−11.4	《止水阁藏镜》图129

说明：为简化表格内容，表中曲率半径的铸制误差，暂以汉尺标准（1尺为23.1厘米）进行研讨，即汉尺3尺为69.3厘米。

二、研讨

分析由表一的10个曲率半径可知：

1. 除了图8、图9、图11这3个小直径铜镜的曲率半径偏大以外，70%的数据皆围绕在70厘米左右。汉代的度量标准告诉我们：汉代1尺即今之23.1厘米，汉代3尺即今69.3厘米；三国1尺即今之24.2厘米，三国3尺即今72.6厘米。

2. 依据实物可知，东汉三国高凸面镜的直径范围多在汉尺5寸（今11.6厘米）至汉尺8寸（今18.5厘米）。一般而言，汉尺6寸（今13.9厘米）及其以上者之大尺寸者，其曲径半径皆在约定成俗的汉尺3尺（69.3厘米）。

3. 若以汉尺3尺（今69.3厘米）作为假设的曲率半径标准尺度，我们就可以推算出不同标准直径镜面凸度的弧高值，或许这就是当时铸制的"成俗约定"。

4. 因为作坊、工匠的不同，一定会产生铸制误差，统计表明，曲率半径的误差一般会控制在±10%以内。其中图4、图6、图7、图10等4镜的误差皆在±0.1%以内，似可认为，它们

图3

图4

图5

图6

是一批高凸镜面的代表性器物。

5. 图12镜是特例，虽说主纹与众不同，然因照容面特别光亮而仍可照容。比较而言，其镜面最凸，即曲率半径最小（仍可认定为是汉尺3尺，只是误差大了一些）。图1反映了图12镜照容时的实际情况。

6. 根据图1实际照容可知，在20厘米的正常照容距离，用直径10厘米的铜镜，恰好将一个成人的面容纳入镜中。随着照容距离的增加，镜面中的影像还会随之变小。虽计算理论有些复杂，然实际测量容易明白。

7. 应该承认，铜镜表面被铸造并打磨成精确的球面，有着较大的技术含量，因为稍有变形，就会出现"哈哈镜"的照容变形现象。东汉桓灵之际文化发达，推动了高凸镜面这一"高技术"的发展。而延续百余年后，在天下大乱的三国后期，高凸镜面虽还是维系着中国铜镜铸造史上的这一"奇观"，然终于逐渐走向消失。

图7

图8

图9

图10

4.3 东汉三国高凸镜面曲率半径研究　299

图11

图12

4.4 汉镜表面富锡技术研究[1]

■ 谭德睿

中国古铜镜中表面多有呈白亮状态者：或镜面白亮可鉴，或镜背通体或局部显白亮光泽，或镜背有白亮的文字与纹饰。

镜面白亮者，古玩业称之为"水银沁"（或水银浸、水银青、水银古、水银包浆），见图1。镜背通体或局部显白亮色泽者尚未见撰文阐述，亦无专门称谓，见图2。镜背有白亮文字和纹饰者，古玩业多称之为错银，见图3。

图1这类铜镜表面白亮，具有良好装饰效果和反光性能，其抗氧化变色及耐腐蚀性能十分优良，经历千百年的埋藏或暴露于大气中，若表面未受磨损，仍然光可鉴人，"鬓眉微毫，可得而察"。

图1 "水银沁"铜镜

自从玻璃镜使用之后，"水银沁"铜镜白亮层表面处理技术失传。自明清两代起，一些学者就对其工艺作过多方面的推测。1984—1986年，上海博物馆与上海材料研究所合作，对上海博馆藏的一块东汉"水银沁"铜镜残片进行了全面的检测分析，从而揭开了"水银沁"

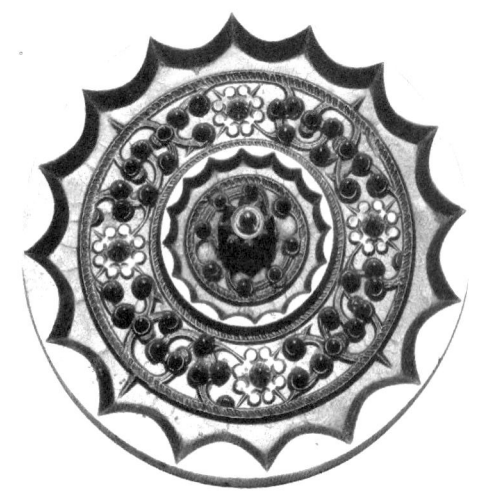

图2-1 乳钉四周的花瓣和镜缘上有白亮层的汉镜

图2-2 只在纹饰上及其周边有白亮层的唐镜

铜镜千年不锈之谜，又在大量模拟试验基础上，挖掘复原出古代磨镜药（玄锡）的配方以及铜器表面擦渗富锡的工艺技术。

20世纪90年代，上海博物馆与上海材料研究所再次合作，对东周菱形纹饰青铜残剑进行科学检测和复原试验，挖掘出湮灭已久的富锡膏剂涂层扩散工艺使铜器表面富锡化的技术，并发现亮斑兵器和图2的汉唐铜镜镜背通体或局部白亮效果，亦由富锡膏剂扩散工艺形成。

至于图3的白亮文字和纹饰，笔者仅对其进行初步检测，断定其并非错银，亦是表面富锡处理形成，但是尚不知处理工艺。其纹饰和义字似用毛笔蘸取液体随意绘就，暂称其为液态富锡。

由此可见，从先秦到明清，我们的祖先共创造了擦渗富锡、膏剂富锡和液态富锡三种铜器表面富锡技术，成就非凡。

图3 明代五子登科镜的白亮纹饰和文字用毛笔绘出

本文整理了擦渗富锡铜镜表面富锡技术的研究成果，供铜镜研究同仁参考。膏剂富锡工艺是在研究吴越菱形纹饰铜兵器时发现并复原成功的，限于篇幅，有兴趣者请参阅注释［21］论文阐述之研究成果。至于液态富锡工艺则尚待挖掘、研究与传承。

一、"水银沁"铜镜技术研究

在《周礼·考工记》《天工开物》等文献以及在古铜镜的铭文中，都有一些关于铜镜配料、成分及熔炼的简单记载。其中有的虽提及铸镜加银，但今人的研究表明，战国、汉、唐铜镜的铸造，只用铜、锡、铅三种金属，铜约占配比的2/3，锡铅之和约占1/3[2]。另有一些文献及古代遗存则表明，古代铸镜既用陶范法，在汉唐时也用失蜡法成形[3]。

有关古铜镜铸后处理的最早记载，见于西汉淮南王刘安的《淮南子·修务训》："明镜之始下型，蒙然未见形容，及其粉以玄锡，摩以白旃，鬓眉微毫，可得而察。"《吕氏春秋·恃君览·达郁》东汉高诱注也载："镜明见人之丑……而挖以玄锡，摩以白旃。"汉代铜镜中也有"焕玄锡之流泽""假玄锡之流泽"等铭文。因而，对"粉（挖）以玄锡，摩以白旃"一语的解释，成为古今学者认识古铜镜铸后处理工艺的焦点。

"旃"通"毡"，"白旃"即白色毛毡。"摩"通"磨"，为动词。"挖"作擦拭解。"粉"与"挖"对应，亦应为动词，似与某种粉状物有关。对"玄锡"一词，则众说纷纭。对于铜镜白亮表面的处理工艺或"玄锡"的解释，于是出现了水银说[4、5]、银说[6]、铅粉说[7]、铅汞齐说[8、9、10]、锡石说[11、12]、二氧化锡说[13]、锡汞齐说[14]、磨镜药说等观点。另外，对于古代铜器的其他白亮表面，还有热处理[15]、反偏析[16]、热浸镀锡[17]等观点。

根据上述情况，必须对"水银沁"铜镜作全面系统的检测分析，并进行模拟试验，才能彻底揭开"水银沁"表面的奥秘,复原古代铜镜表面处理工艺。

1."水银沁"铜镜的检测分析

研究选择的"水银沁"铜镜残片见图4,镜面白亮略灰,镜背不如镜面白亮。断口呈脆性断裂状,色灰白。磨去"水银沁"层,铜镜基体呈浅黄色。根据其形制和纹饰、铭文,可断定为王莽或东汉前期的制品,编号东白1。

图4 东白1古铜镜残片

(1)化学成分分析

化学分析结果见表一。其中西白1为西汉"水银沁"铜镜。可见东白1其成分和同时代其他铜镜相近,无特殊性。可知铜镜基体合金成分与表面的白亮现象无关。

表一 古铜镜和复制镜的化学成分

试样名称	成分(wt%)												合计
	Cu	Sn	Pb	As	P	O	S	Ni	Zn	Fe	Ag	Si	
东白1	68.09	24.72	6.08	0.52	0.003	0.01	0.076	0.053	0.003	0.33	0.12	0.13	100.14
西白1	70.66	23.71	4.75	0.32	0.0013	0.02	0.008	0.044	0.0005	0.092	0.134	0.12	99.86
17面东汉镜平均主成分[18]	67.82	24.62	5.73										98.17
17面西汉镜平均主成分[17]	68.50	23.75	5.55										97.80
复制镜	67.31	25.31	6.90										99.52

(2)组织形貌分析

东白1的金相组织见图5,其结构为($\alpha+\delta$)+α+Pb,未发现锡反偏析。其X射线衍射分析图谱见图6,结果见表2,分析结果与金相检测一致。

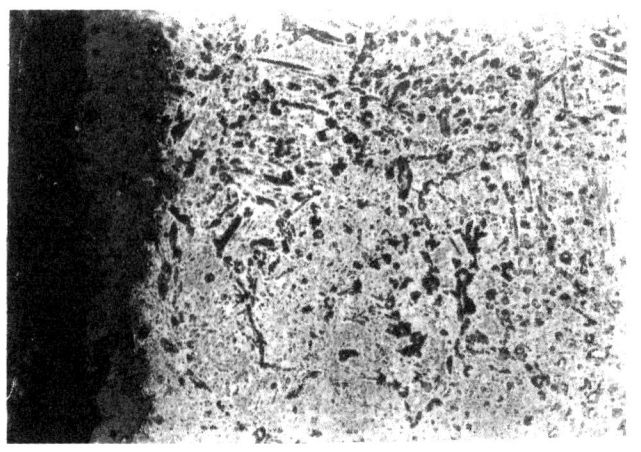

图5 东白1剖面金相组织(320×),左侧为镜面

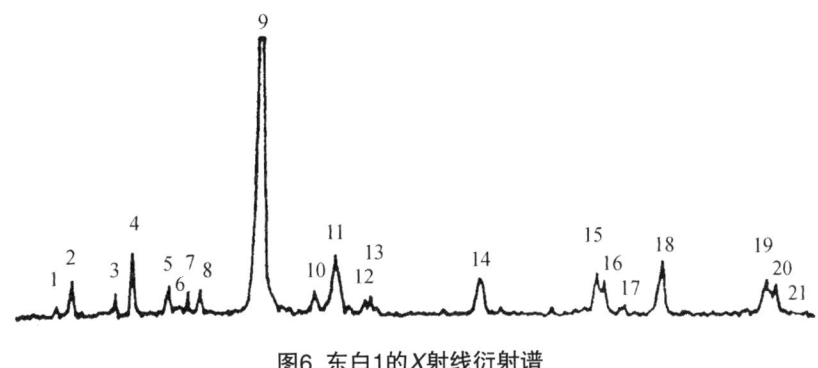

图6 东白1的X射线衍射谱

（3）耐腐蚀性能分析

试验选用6种介质，按ASTMQ-1《金属全浸腐蚀试验标准推荐方法》[19]进行，结果见表3。试验发现，在非氧化性介质（①-④）中，铜镜基体和表面的耐腐蚀性相差不大，基体稍优于镜面和镜背；而在硝酸类介质（⑤-⑥）中，基体和表面有显著有差别，镜面和镜背大大优于基体。由此可推断，东白1镜表面和基体在结构、成分等方面可能有所不同。同时还发现，镜面的耐腐蚀性稍优于镜背。

表2 东白1的X射线衍射分析结果

编号	D（Å）	2θ	I/I_1	编号	D（Å）	2θ	I/I_1	编号	D（Å）	2θ	I/I_1
1	3.674	2	24.2	8	2.403	5	37.38	15	1.306	7	72.28
2	3.463	6	25.7	9	2.119	100	42.62	16	1.295	6	73
3	2.997	4	29.78	10	1.917	4	47.36	17	1.27	2	74.64
4	2.853	11	31.32	11	1.849	10	49.22	18	1.222	10	78.14
5	2.593	5	34.56	12	1.759	3	51.92	19	1.114	6	87.46
6	2.514	2	35.68	13	1.748	3	52.28	20	1.105	6	88.36
7	2.471	5	36.32	14	1.496	6	61.94	21	1.089	1	90.02

（4）颜色性能测定

为科学地确定东白1表面的白亮色泽，以利于对比分析，进行了颜色性能测定。东白1表面的反射率色散曲线见图7，颜色指数见表4。图表说明，东白表面的色泽为白色略带灰黄。而肉眼观察东白1基体的色泽为锡青铜固有的浅黄色。镜表面和基体在颜色上的差异，同样预示镜表面可能经过某种处理，使得两者成分不同。

表3 东白1的耐腐蚀性试验结果（mg/cm²）

编号	试验时间	12h			48h			96h			腐蚀速度★（mm/a）		
	取样部位	镜面	镜背	基体	镜面	镜背	基体	镜面	镜背	基体	镜面	镜背	基体
①	3.5%NaCl，pH=3.5	0.2	0.2	0.1	0.5	0.6	0.2	0.7	0.8	0.3	0.084	0.096	0.036
②	5%H_2SO_4	1.5	1.2	0.2	3.4	2.7	0.6	4.5	4.1	2.5	0.54	0.49	0.30
③	10%NaOH	1.5	1.3	0.1	2.0	1.9	0.6	2.2	2.3	1.2	0.26	0.28	0.14

续表

④	2.5%NH₄OH	2.0	1.3	0.3	4.3	3.7	2.0	10.4	8.2	5.9	1.25	0.98	0.71
⑤	7%HNO₃	6.3	7.9	13.5	8.5	12.4	47.0	16.7	31.2	76.6	2.00	3.74	9.19
⑥	9%HNO₃+10%HF	5.5	12.1	5.1	12.3	44.7	27.7	23.5	60.2	70.2	2.82	7.22	8.42

★ 腐蚀速度是指样品在各种介质中，经96小时试验所算得的腐蚀速度。

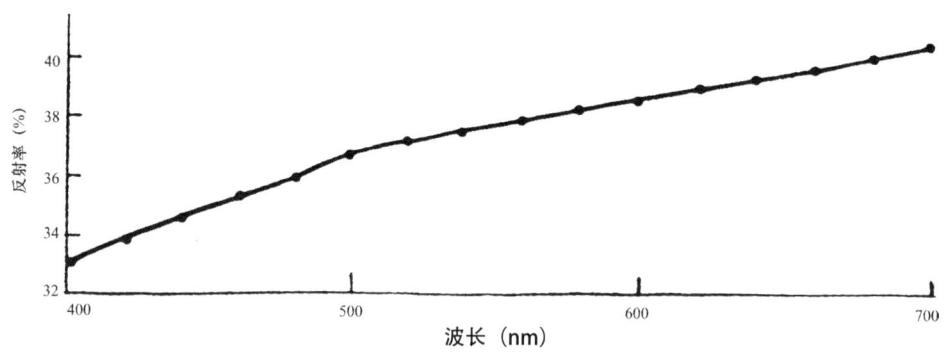

图7 东白1镜面的反射率色散曲线

表4 东白1和模拟试验样品表面的颜色指数

试样	白度	黄度	三刺激值			色度坐标	
			X	Y	Z	x	y
东白1	17.45	8.75	35.796	37.624	37.644	0.32230	0.33876
模拟试样	61.00	3.87	67.534	71.432	73.977	0.31715	0..545

（5）表面和表层分析

① 俄歇电子能谱（AES）分析。

本实验在PHI500型电子能错仪上进行。东白1镜面上某点的俄歇电子能谱分析结果见图8，用Ar+溅射分析获得的主元素浓度的深度分布曲线见图9。检测反映，在镜表面各分析点有Sn、O、Cu以及分布不均匀的Pb、S、Ca、K、Al、Cl、C、N、Si、Fe等元素存在，且Ca、K、Al等元素只存在表面；镜表面的含锡量高于基体，有的地方达63wt%，锡浓度从表面到基体逐渐降低，表明镜表面富锡，富锡层厚度约为几十到几百纳米（nm）；表面层中的氧和锡的浓度变化趋势同步，说明表面存在锡的氧化物。同时还发现，镜背的富锡程度和均匀性不如镜面。

② X射线光电子能谱（XPS）分析。

实验用仪器同上。XPS全能量扫描结果表明，镜表面上存在Sn、O、Cu、Pb、C、Ca等元素。用面积灵敏度因子方法作半定量计算[20]，求得镜表面上锡含量为50wt%以上，即表面富锡，与AES分析结果一致。窄扫描精细结构分析所得表面Sn3d谱如图10所示，与SnO_2及Sn的标准Sn3d谱（图11、12）相对照，证实东白1表面富锡层中的Sn是SnO_2。另外，检测还发现表面上存在Cu、Pb等元素的氧化物。

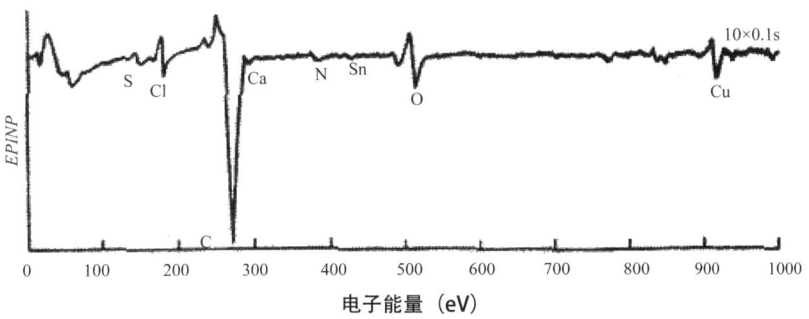

图8 东白1镜面上的AES谱

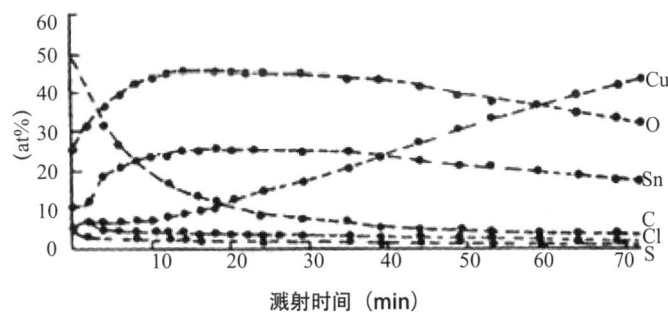

图9 东白1镜面上主元素浓度的深度分布曲线

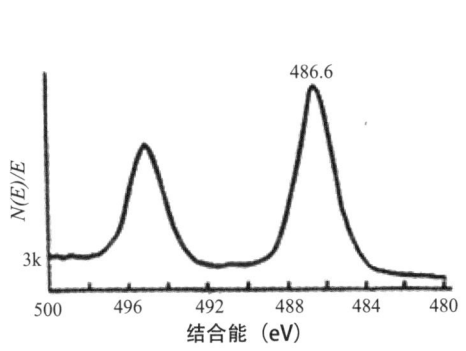

图10 东白1镜面表面上的Sn3d谱

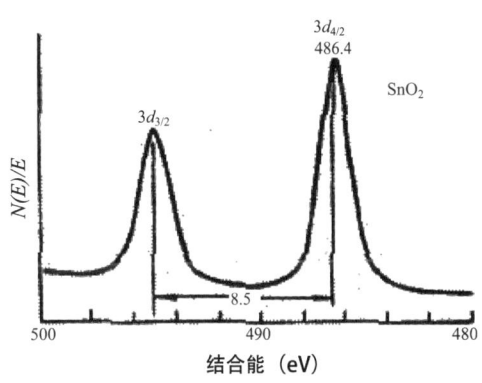

图11 二氧化锡的标准Sn3d谱

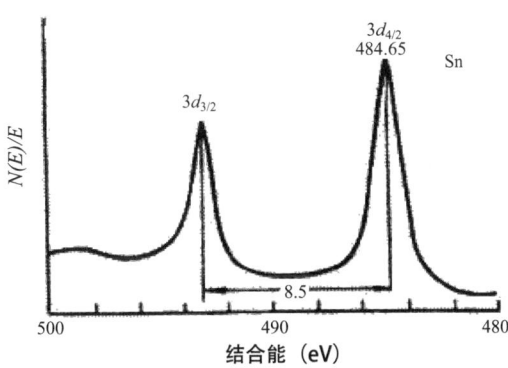

图12 纯锡的标准Sn3d谱

③ 透射电镜（TEM）分析。

研究中发现，用某种溶液滴在东白1表面，经一段时间，在液滴表面包覆着一层透明薄膜。将此膜剥离后置于JEM－200高压电镜下观察，见其是由细小结晶颗粒构成，晶粒度约17nm（图13），图14的电子衍射照片也表明，透明膜呈细微晶粒结构特征。图14上呈现有5条衍射环，经测量计算，其面间距为3.15、2.48、2.16、1.46、1.26（以0.1nm为单位），与SnO_2标准值（表5）对照，数据非常接近，说明此透明膜以SnO_2为主。用同样方法分析镜背，发现东白1镜背表面也有一层以SnO_2为主薄膜，但不如镜面厚实。

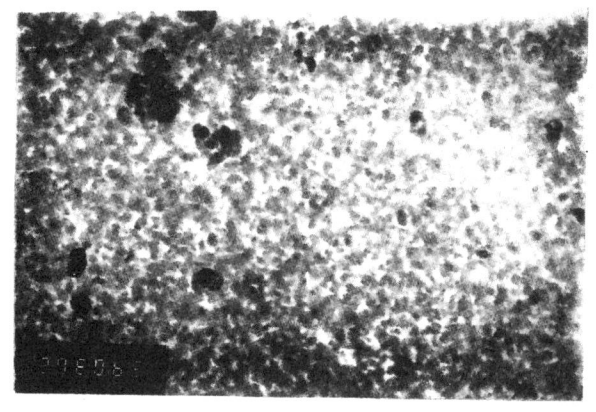

图13 东白1镜面透明薄膜的TEM像（59000X）

图14 东白1镜面透明薄膜的电子衍射照片

表5 SnO_2的X射线衍射强度与面间距

d（0.1nm）	3.35	2.644	2.369	2.309	2.120	1.765	1.675	1.593	1.498	1.439
I/I_1	100	80	25	6	2	65	18	8	14	18
hkl	110	101	200	111	210	211	220	002	310	112

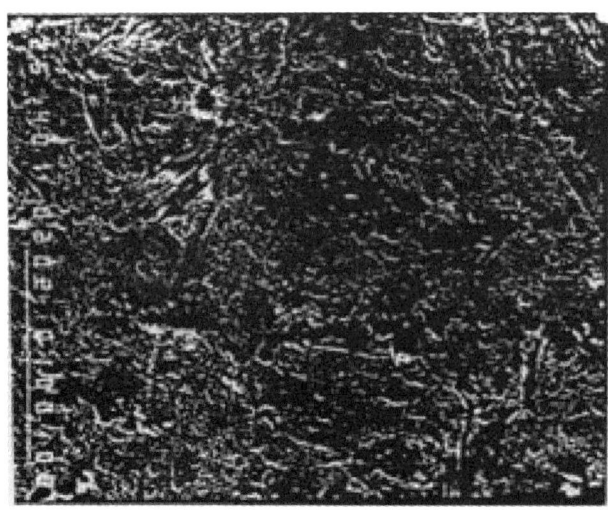

图15 东白1镜面的二次电子像（400X）

④ 扫描电镜电子探针表层分析。

实验在JCXA-733电子探针上进行。拍摄的东白1自然表面二次电子像如图15所示，见镜面有磨抛处理的痕迹。电子探针半定量分析结果见表6，也证实镜表面的含锡量高于基体。但是，用电子束对东白1横截面的某一视场作铜和锡的线扫描，见此表层内的锡含量分布是均匀的，无富锡现象。这一情况看似与AES和XPS分析结果有矛盾，实际说明了东白1表面的富锡层极薄，横截面线扫描反映不出锡含量的变化。

表6　电子探针半定量分析结果

试样	分析部位	主元素含量（wt%）		
		Cu	Sn	Pb
东白1	自然镜面	53～60	34～35	1～4
	横截面基体	73～83	17～30	1～2

（6）检测分析结论

① 对东白1及其他汉唐铜镜的化学分析表明，它们都是由成分相近的Cu—Sn—Pb三元合金铸成，其组织结构为(α+δ)+α+Pb，无特殊性。因此，东白1具有"水银沁"铜镜的代表性，其表面白亮现象和基体成分无关。

② 根据腐蚀试验和颜色测定结果，可推断东白1的表面状态和基体不同。表面和表层分析证实了这一推断，发现其表面为一层极薄的富锡层，含锡量由表面向基体逐渐递减，富锡层的表面已形成了以SnO_2为主成分的、透明致密的微晶态薄膜。

③ 表面分析还检测到Ca、K、Al、S等元素，分析不均匀，有些只存在于表面；镜表面还见有磨抛痕迹。因此，这些元素可能来源于外部污染，也可能是在表面处理过程中带入的。

④ 检测分析还发现，在耐蚀性能、富锡程度及均匀性、表面薄膜性能等方面，镜面均优于镜背，这种现象可能是由于镜面经常得到处理所造成的。

⑤ 东白1分析结果未发现表面有Hg、Ag、Pb等元素富集。因此，有关"水银沁"铜镜的水银说、银说、铅粉说和铅汞齐说不能成立。

2. 东汉"水银沁"模拟试验及结果

鉴于对东白1"水银沁"铜镜的分析发现了表面富锡现象，而前述的古代铜镜白亮表面成因又存在许多和锡有关的观点，因此需进行模拟试验，找出真正的古代铜镜表面处理工艺。

模拟试验所用试样的化学成分见表1和古镜相近，铸造试样时采用和古陶范比较接近的陶瓷型（Shaw process），铸型经550℃预热。试样的金相组织见图16，和东白1相似，为(α+δ)+α+Pb，仅晶粒细小一些。因此推断，东白1应为铸态，未经热处理，铸型温度可能高于550℃。

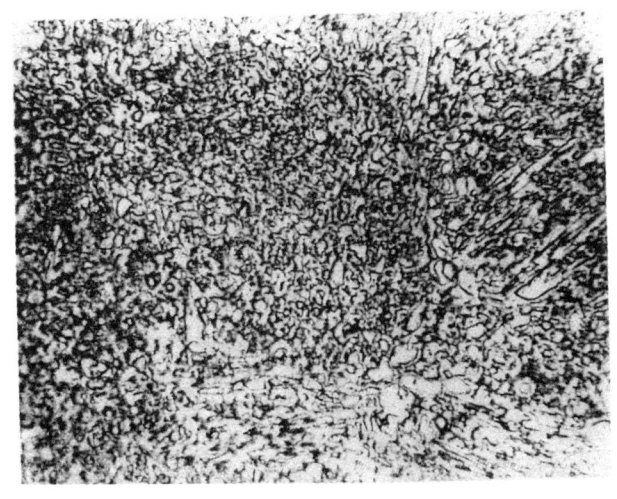

图16　复制铸造试样的显微组织（500X）

（1）磨镜药处理模拟试验

在南宋赵希鹄《洞天清禄集》、明刘基《多能鄙事》和冯梦桢《快雪堂漫录》、清郑复光《镜镜詅痴》以及《古今秘苑》等古文献中，有一些关于铜镜铸后处理用"磨镜药"的记载，磨镜药的材料涉及汞、锡、明矾、白铁、白矾、枯矾、胆矾、鹿顶角等。陕西省西安市文物保护考古研究所藏有一幅明代杜堇《设色人物磨镜图》（图17）[20]，画中一老翁坐于长凳上，双手握一类似毡团的材料正在磨镜，身旁放有一些瓶罐。这幅图可作为"粉以玄锡，摩以白旃"的佐证。这类沿街叫唤磨镜的行业，在唐人小说中也有记载。

图17 明·杜堇《设色人物磨镜图》

根据上述资料，再结合东白1表面有磨抛痕迹以及表面含有Ca、K、Al、S等元素情况，推测磨镜药即玄锡，是由锡、汞和一些含有上述元素的材料组成，磨镜工艺就是在毛毡上或用毡团蘸磨镜药揩擦镜面的工艺。

根据上述推测，试验配制的磨镜药为灰白色粉剂，经磨镜后变为黑灰色，可重复使用。试样经此工艺处理后，产生了银亮的"水银沁"效果。为确定其表面状态，也进行了和东白1相同的检测分析，并与东白1作比对。

① 金相分析。

金相检验未见其组织有何变化。可能该表面处理层和东白1一样是很薄的，金相分析观察不到。

② 耐腐蚀性能分析。

分析用方法和东白1相同，其结果见表7，可见复制试样的耐腐蚀性能变化趋势和东白1一致。且处理后放置300天的试样，失重量低于放置3天之试样，表明前者耐腐蚀性比后者高。

表7 东白1和复制试样12小时腐蚀试验结果（mg/cm²）

编号	介质	东白1		复制试样A（放置3天）		复制试样B（放置300天）
		镜面	镜背	表面	基体	表面
①	3.5%NaCl，pH=3.5	0.2	0.1	0.2	0.1	0.1
②	5%H$_2$SO$_4$	1.5	0.2	0.4	0.2	0.7
③	10%NaOH	1.5	0.1	0.2	0.1	0.2
④	2.5%NH$_4$OH	2.0	0.3	0.8	0.3	0.5
⑤	7%HNO$_3$	6.3	13.5	6.7	13.3	3.8
⑥	9%HNO$_3$+1%HF	5.5	5.1	23.2	9.9	13.2

③ 颜色性能测定。

试样的颜色指数见表4，反射率色散曲线见图18。表明其表面的色泽也为银白色略灰黄。与东白1比较，两者的反射率色散曲线相似，模拟试样的色泽更为白亮。

④ 俄歇电子能谱（AES）分析。

对磨镜药处理后放置300天的试样表面进行AES分析，得到如图19所示的主元素浓度深度分布曲线，可见其表面富锡，富锡层厚约10多个nm，富锡量与东白1相近，且也以锡的氧化物形式存在。分析所得AES谱（图20），发现其表面除Sn、O、Cu外，也有只存在于表面的S、Ca、Cl、C元素。上述结果均与东白1基本一致，仅见富锡层厚度、富锡量与均匀性稍差些。

⑤ X光电子能谱（XPS）分析。

分析半定量计算得到的表面成分为Sn64wt%、Cu4wt%、Pb10wt%、O18wt%。也表明其表面富锡。对磨镜后6天的试样所做XPS分析的Sn3d谱见图21，经计算机曲线拟合处理为两对Sn3d5/2谱峰，结合能为489.3eV和484.4eV，分别对应于SnO_2和Sn的标准Sn3d谱（图11、图12），说明该试样表面的锡在大气中已部分氧化成SnO_2。又对处理后300天试样作分析，证实其表面的锡已全部成为SnO_2。

⑥ 扫描电镜分析。

试样的自然表面二次电子像见图22，也发现有磨抛痕迹。和东白1相比，虽然其表面组织浮凸感不强，但与东白1还是很相像的。

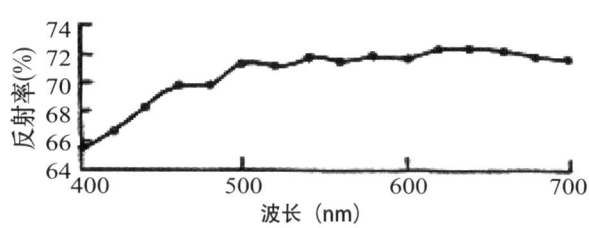

图18 磨镜药处理试样表面的反射率色散曲线

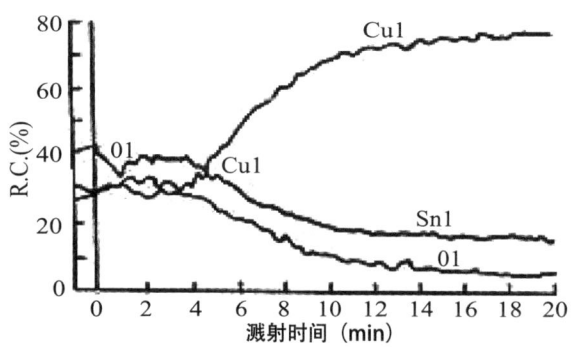

图19 磨镜药处理试样表面主要元素浓度的深度分布曲线

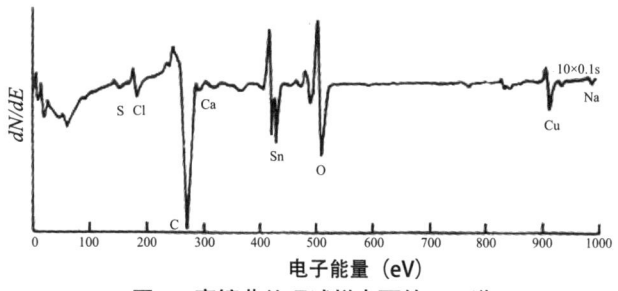

图20 磨镜药处理试样表面的AES谱

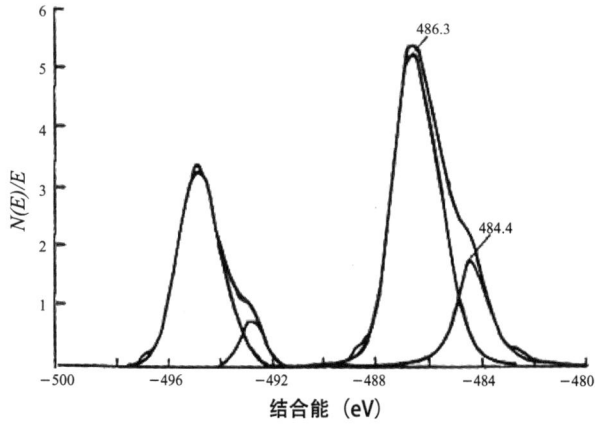

图21 磨镜药表面处理试样A的表面Sn3d谱

(2) 其他模拟试验

针对其他的热处理说、热浸镀锡说、汞齐镀锡说和锡反偏析说观点,还进行了相应的模拟试验。试验结果表明:经过热处理,试样的淬火和淬火—回火态组织均为β+Pb,颜色未见变白,反而显得更黄;薄壁高锡青铜试样不能产生反偏析;热浸镀锡和汞齐镀锡法在试样表面只造成了锡的堆附层,而不是富锡层,其表面状态和东白1完全不同。

(3) 模拟试验结论

① 经过对铸造和热处理复原试验证实,东白1为铸态,未经热处理,铸造时铸型温度可能高于550℃。

② 热处理法、反偏析法和热浸镀锡、汞齐镀锡工艺不是"水银沁"铜镜的表面处理工艺。

③ 经过磨镜药表面处理后的试样,其表面色泽由浅黄变为略带灰黄的银白色,和东白1相似。试样的白亮程度高于东白1,原因可能是古镜使用日久,又经长期埋藏,表面受到了污染、磨损或腐蚀,因而白亮程度下降。对其表面检测分析确认,经磨镜药处理后,其表面明显富锡,且在空气中会逐渐氧化最终形成以SnO_2为主成分的薄膜。试样表面的Ca、K、Al等元素,主要是由于含有这些成分的磨镜药在擦渗处理时带入的。磨镜药在铜镜表面反复摩擦后,颜色由灰白色变成黑灰色,正是"玄"色,仍可继续使用,所以《淮南子·修务训》的作者谈及的"玄锡"应当就是磨镜药。复制试样表面的富锡程度和均匀性不如东白1,这种现象是和磨镜操作时的用药量、时间、用力轻重、接触面程度等因素有关,也和古铜镜在使用阶段经常多次再加工有关。这一原因同时也造成了东白1镜面和镜背表面性能的差异。综上所述,磨镜药处理是古代"水银沁"铜镜的表面处理工艺。

3. 东汉"水银沁"铜镜表面处理技术研究结论

① 东白1铜镜,因为表面有一层数十至数百纳米(nm)的富锡层,故抛光后呈现鉴人毫发的白亮效果。在此富锡层的表面,又逐渐形成了以SnO_2为主成分的、透明致密的微晶态薄膜,具有良好耐腐蚀性能。如果这层薄膜不受破坏,就可保护基体不受腐蚀,使镜面长期保持白亮状态。这就是古代"水银沁"铜镜的千年不锈之谜。

② 古代"水银沁"铜镜表面处理技术,就是"粉(扮)以玄锡,摩以白旃"。"玄锡"就是磨镜药——由汞、锡及含有Ca、K、Al、S等元素的多种材料组成的混合粉剂。由于磨镜药的作用,使镜表面产生了富锡层。

③ 有关"水银沁"铜镜表面处理工艺的其他观点都是不能成立的。

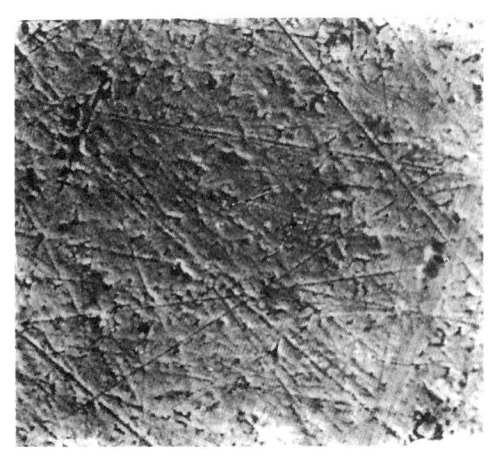

图22 磨镜药处理试样表面的二次电子像

二、富锡膏剂涂层扩散工艺研究

除镜面有"水银沁"富锡层之外,镜背尚有通体或局部白亮者,显然是人为形成。但是这类局部白亮若用磨镜药磨拭,显然难以操作(图2-1、图2-2)。笔者等在研究东周铜兵器菱形纹饰技术时发现,[21]形成铜器表面富锡层的技术,除擦渗富锡技术之外,尚有富锡合金膏剂扩散工艺可使铜器表面富锡化,生成比擦渗富锡深厚得多的、可千年不锈的、含锡量约40%白亮富锡细晶层。这种技术早在春秋时期著名的国宝越王勾践剑(图23)及吴王夫差矛表面上已出现。经科学检测,汉唐铜镜背面局部白亮层亦是采用这种富锡膏剂扩散技术形成。

关于富锡膏剂扩散工艺的研究,详见注释[21]的论述。

三、结论

铜器表面的三种富锡技术——擦渗富锡、膏剂富锡和液态富锡,都在铜镜的映像、装饰与保护中得到应用,且时间跨度达2500多年。这是中国金属工艺史与铜镜制作史上一项了不起的科技成就。

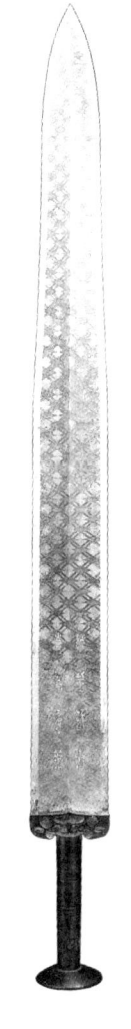

图23 越王勾践剑

【注 释】

[1] 田长浒.中国古代青铜镜铸造技术的分析研究.成都科技大学学报,1984(3):145。

[2] 谭德睿.灿烂的中国古代失蜡铸造.上海:上海科学技术文献出版社,1989。

[3] 李调元.博物要览.梁上椿,岩窟藏镜.史树青.古代科技事物四考.文物,1962(3):48。

[4] 小松茂,山田淑人.古铜镜的化学研究.东方学报,京都(8),昭和12年10月:11。

[5] 王士伦.汉六朝镜铭初探.考古学报 1958(9):注[3]。

[6] 同上书.编者按。

[7] 朱活.也来谈谈扬州出土的唐代铜镜.文博通讯,1981,(4)。

[8] 张子高. 中国化学史稿（古代之部）. 北京：科学出版社，1964：54。

[9] 梁瑞香. 中国表面处理技术史的探讨（二）——古代磨光与抛光技术. 电镀与精饰，1984，（4）：39。

[10] 闻广. 中国古代青铜与锡矿. 地质评论，1980，26（4）：331。

[11] 孔祥星，刘一曼. 中国古代铜镜. 北京：文物出版社，1984：116。

[12] 曹元宇. 中国化学史话. 南京：江苏科学技术出版社，1985。

[13] 何堂坤. 关于古镜表面透明层的科学分析. 自然科学史研究，1985，4（3）：251。

[14] 何堂坤. 我国古代铜镜淬火技术的初步研究. 自然科学史研究，1986，5（2）：159。

[15] 曹献民. 云南青铜器铸造技术. 云南青铜器论丛编写组. 云南青铜器论丛. 北京：文物出版社，1981：203。

[16] 梁瑞香. 中国表面处理技术史探讨(三)——古代鎏（镀）锡技术. 电镀与精饰，1984（5）：40。

[17] 吴来明. "六齐"、商周青铜器化学成分及其演变的研究，文物1984（11）：76。

[18] ASTM G31-72（1979年确认）。

[19] Hand book of X—Ray Photoelectron Spectroscopy Published by physical Electronies Divison, Perkin-Elmer Corporation, 1978。

[20] 王建中，彭建萍. 明杜堇的《设色人物磨镜图》轴. 中国文物报，1992-04-26。

[21] 谭德睿，廉海萍，吴则嘉，苏立民，李晋，章国英，李忠，胡凡. 东周铜兵器菱形纹饰技术研究，考古学报，2000（1）。

4.5 汉代镜范材料分析及其相关讨论

■ 刘 煜

一、引言

"不知今夕是何夕，催促阳台近镜台。谁道芙蓉水中种，青铜镜里一枝开。"唐朝诗人贾岛的诗《友人婚杨氏催妆》，借青铜镜里显现的影像，夸奖朋友新婚妻子的如花容颜。作为一种使用时间最长和最普遍的日用品，铜镜的发展、演进、流传与历史的变迁、文化的交流息息相关，更以其美好的外观和丰富的装饰形式为人们所喜爱。铜镜虽小，工艺却不简单。合金技术、铸造技术、热处理技术、表面装饰技术的综合运用，巧夺天工。

古代世界的铜镜大致包括两个体系，一个是以中国为代表的圆形具钮镜，一个是以西亚、埃及、希腊、罗马为代表的圆形具柄镜。其中，中国系统的铜镜主要是铸造高锡青铜，经热处理、刮削、研磨，得到表面"光可鉴人"、背面"纹饰富丽"的铜镜，映像效果"鬓眉微毫可得而察"[1]。

对于铜镜的科学研究约始于20世纪20年代。最开始的研究集中在利用化学方法检测铜镜的合金成分。比如近重真澄[2]、梁津[3]、小松茂、山内淑人[4]等。后来，梁上椿对铜镜铸造工艺做了初步研究[5]，等等。但是，系统的科学研究始自20世纪七八十年代，随着考古工作的全面展开，人们逐渐对铜镜的发展史有了较为清晰的认识，并对铜镜的形制、纹饰、铭文等有了较多的研究，技术研究的内容也大为拓展，其中比较重要的包括：对铜镜合金成分的分析[6]、关于铜镜合金成分兼"剑燧之齐"的讨论[7]、对铜镜表面热处理工艺的讨论[8]、对透光镜的研究[9]、对"水银沁"[10]及"黑漆古"[11]等表面技术的研究等。何堂坤则在1999年出版了《中国古代铜镜的技术研究》一书，系统总结了铜镜技术研究的成果。

但在所有的技术研究之中，对于铜镜铸造技术的研究却显得有些不足。这主要是因为考古材料的缺乏，传世和出土的镜范较少的缘故。中国古代的铜镜铸范，自20世纪初就开始见于著录，著名的包括1916年罗振玉编著的《古器物范图录》，1940年刊行的梁上椿的《岩窟藏镜》等。上述藏品因其收藏性质，且年代久远，无法进行科学研究。

1997年山东临淄齐国故城内出土镜范残片1件，后被齐国故城遗址博物馆收藏，笔者曾参与对这片镜范（临淄JF: 08）的材料研究，从成分、物相、羼和料、表面层、焙烧温度等多方面讨论了这件镜范的材料[12]。2003年春起山东省考古研究所会同中国社会科学院考古研究所对临淄齐国故城内的汉代铸镜作坊进行专门调查，采集到10余件汉代镜范，勘探并确认了两处汉代铸镜遗址，并采集到14件镜范遗物。山东省考古研究所于

2004年与日本奈良县立橿原考古学研究所开始合作研究,研究成果结集出版[13]。但是,中日学者对这批镜范材料进行分析时,得出了并不完全一致的结论。由于针对镜范材料的科学研究很少,这些样品、实验和讨论殊为难得,有必要对其进行细致的分析,以利进一步的深入研究和讨论。

二、出土及收集的镜范材料

1. 图录及收藏镜范

清末之后,一些范的收藏见于著录,如罗振玉《古器物范图录》和梁上椿《岩窟藏镜》等著作,其中就包括一些镜范,此外还有一些博物馆和私人收藏。何堂坤根据著录的情况统计,计有30件,有泥范和石范两种类型。其中泥范25件,时代从春秋晚期到战国西汉时期,其中春秋晚期1件、战国早期4件、战国中期晚期及汉代镜范20件(何的统计包括了一件临淄出土的镜范)。石范4件,分别为《小校经阁金文拓本》卷一五载1片规矩四神石质镜范、张英《吉林出土铜镜》录2片,为星云纹,其中1件为1984年通化出土,另1件为1986年东丰出土,上海博物馆藏滑石镜范1件。何堂坤认为东丰石范和上海石范可能是制范用的模[14]。

2. 临淄齐国故城出土的镜范材料

临淄出土的镜范材料共计78件,其中镜背范39件,镜面范29件,改制范与残范9件,其他铸范1件。镜背范上的纹样包括蟠螭纹(图1)、四乳草叶纹(图2)、四乳弦纹、博局草叶纹等,尤以四乳草叶纹为最多。如图2所见,镜背范上中部与型腔相连的宽道即为浇口,两侧较窄的是冒口,分型面呈浅褐色,没有扣合镜面范的榫卯,说明是直接扣放在一起浇注的。型

图1 蟠螭纹镜背范　　　　　　　　　　图2 四乳草叶纹镜背范

腔呈黑褐色，光滑平整，纹样清晰，中间有制作镜钮的凹窝。该范显然曾经浇注过，型腔面结构致密，可能浇注前涂有涂料层，因为断面明显可见大小不同不连续的孔隙。此外，有一件SLQJF：33四乳草叶纹镜背范型腔表面似乎未经浇注，可见表面涂抹有致密的涂料，涂料含反射光矿物材料。大部分范手感都很轻，显示这种范使用的材料密度很小。范上的花纹似乎是经过画线后，用手持工具精心雕刻的。型腔可能也是刻出的。但对范的塑形似乎包括堆塑、手指按压、涂抹、用工具拍打、切削等手法。也有用旧范改制的现象，可见原范上的花纹[15]。

三、镜范的材料学研究

1. 古代陶范的性能

陶范材料的选择和制备，既是陶范铸造工艺流程的首道工序，亦是制作精美青铜器的关键所在。以往的研究表明，商周陶范制作的关键是选取制范材料，配制出具有良好的可塑性、可雕性、复印性、湿强度和干强度，足够高的耐火度和低的收缩率，足够好的退让性及充型性能、低的高温膨胀性及低的发气量以及低的蓄热系数的泥料来制作陶范[16]。谭德睿曾指出，植物硅酸体的加入是商周陶范具有良好蓄热系数和充型能力的关键[17]。然而，笔者曾对孝民屯东南地出土的陶范进行初步研究，结果显示主要的羼和料是一种碳酸钙类的物质[18]。而周原出土的陶范并未添加此类物质[19]。这些区别是地域性的、时代性的，或是因为数据量不够而得到的片面印象，尚需要在大量检测数据的基础上进行深入的研究与讨论，并辅以复原实验的检验。

相比而言，镜范手感很轻，断面孔隙很多，直觉上与商周陶范材料存在一定区别，中日学者对其展开了系统的研究。

2. 镜范材料研究的基本概况

笔者曾参与分析了一件山东临淄齐故城出土的日光大明草叶纹镜范，其化学成分分析显示该镜范的原料不存在背面层的差异，即采用同样的材料制成。镜范的化学成分与当地土壤的化学成分相比，SiO_2的含量非常高，Fe_2O_3、CaO等助熔剂的含量低于后者，特别是CaO的含量很低。而X射线衍射（XRD）分析显示该镜范的主要物相为石英，钾长石，斜长石、伊利石、无定型氧化物，说明其主要来源是含伊利石的砂质土壤，即很可能取自当地的原生土。大量的无定型氧化物包括非结晶态的各类氧化物，以SiO_2为主（图3）。

扫描电镜和植硅石分析显示，样品中含有大量的植硅石但类型却异常地单一，基本上都是稻属植物的颖壳所特有的双峰类型。经数量统计，在3克镜范土中共发现双峰类型植硅石六千余个。这一现象说明，在该镜范的制作过程中，制作者在陶土中有意识地羼入了大量的稻壳灰，导致该镜范的SiO_2含量大大高于当地原生土，这同时造成了该镜范的密度较低（1.07），仅略大于水，远远低于侯马东周陶范（约1.56），说明其羼和的草木灰类物质，数量远远多于后者。侯马东周陶范内加入的则是寒冷地区的禾亚科草类植物灰，另加木炭屑。

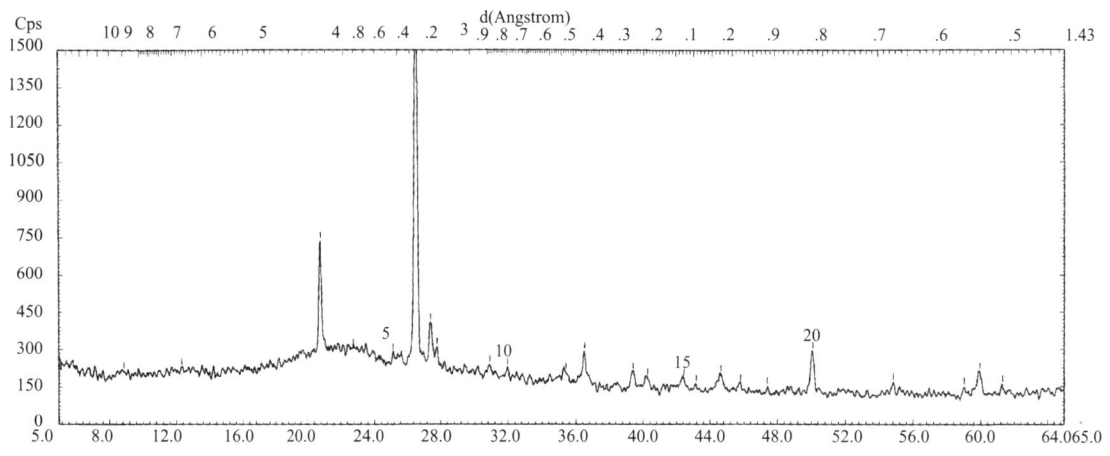

图3 镜范（JF：08）的X射线衍射图像，可见大量的非晶态氧化物

二者所羼杂的植物灰质的种类是不同的。该镜范样品的吸水率与郑州、殷墟、洛阳等地出土的商周古陶范近似，为52.1%，比侯马东周陶范的吸水率（24.2%）大得多，表明该镜范的致密度不是很高，材料比较疏松，断面的孔隙较多。[20]

崔剑锋等测试了两件镜范，分别是SLQ-HB：48镜背范及SLQ-HB：28镜面范，XRD分析结果显示这两件范的物相组成主要为石英、钾长石、斜长石和伊利石。另外也有大量无定形氧化物，以SiO_2为主。扫描电镜分析显示这些特殊的物相是稻壳的植硅石，据此他们认为这两件镜范的材质都是使用黏土羼杂植物灰烧成的陶质范。[21]

日本学者田贺井笃平、橘由里香对关野镜范（1940年关野雄收藏的镜范）、临淄镜范SLQJF：5、SLQJF：25等三块样品进行了研究，他们认为这些样品富含硅质而缺乏有色矿物，与流纹岩成分接近。但是关野镜范、临淄镜范SLQJF：25中有较多植物质，因此这种材料可能是用含凝灰岩成分的微粒子材料人工制作，因此他们指出，关野镜范和临淄镜范SLQJF：25为混入大量植物质的、人工制作的陶制镜范。临淄镜范SLQJF：05可判断不是石质镜范，但材料与镜范SLQJF：25不同[22]。

奥田尚通过岩相显微镜观察东京大学收藏的镜范（简称"东大范"）、日本藤井有邻馆收藏的镜范（简称"藤井范"）、临淄镜范SLQJF：05、SLQJF：25等四件镜范的原材料，认为除东大范是用凝灰岩粉末加工的而外，其余三件均为凝灰岩切削加工而成[23]。而中井一夫对东大范和藤井范及近80件临淄出土的镜范进行观察后，认为镜范中存在石制品和陶制品两类，也有的是在石质芯的外面涂贴泥土而成型[24]。

从上面的总结可见，对这些范的材质，存在陶土和石质的争论。而之所以会存在这种争论，首先是因为经过科学分析的材料太少，没办法给出准确和全面的认识。其次，因为这些陶范的确并不完全相同，有些密度较小，有些密度很大。我们这里觉得材料特殊的镜范，是指那些密度很小，看起来与商周陶范外观相差较大的样品。讨论的焦点集中在以下几个问题：一是因为岩相观察微观结构中缺乏黏土，结构类似凝灰岩，是不是土质？二是断面有极高的孔隙，这些孔隙是怎么形成的？三是这些非晶态SiO_2的来源，是草木灰，硅藻土，还是其他？由于这些样品都羼有大量植硅石，姑且不论其来源，天然的石质镜范首先就不可能。如果是用石头磨成粉再羼入植物质，似乎过于复杂了，而且缺乏黏合剂。所以基本上可以肯定是用土壤经过淘洗加入植硅石含量高的物质，但是，因为并未采用定量的X射线衍射分析，因此无法推算富含植硅石的物质究竟占多少。

其中，最重要的问题就是这种富含植硅石的物质究竟是什么？我们倾向于认为是草木灰，因为《天工开物》中就记载铸镜"模用灰沙"，这个灰就是草木灰，而且传统工艺调查、过去的研究都指向草木灰[25]。具体到临淄镜范JF：08，可能是稻壳灰[26]。

三船温尚推测镜范的原料可能是生土中羼入大量经粉碎的稻谷壳，并做了复原实验，由于稻谷壳比想象的坚硬而难于磨碎成粉末，过筛后剩下的稻壳粉数量较少，最终将生土、黏土、稻壳混在一起在830℃的温度下经数小时烧制而成，制成的范与镜范看来差别较大，而且密度也要大很多[27]。

荆志淳等最新的研究显示这种镜范可能是使用淘洗后的生土加上植硅石（不是草木灰，是一种从植物比如稻壳加工出来的白色物质）制作而成的，而且这种植硅石是材料的主体，同时可能使用了牛粪之类的有机材料作为黏合剂，经过焙烧后形成大量孔洞。这种富含非晶态SiO_2的镜范材料使得浇注后的铜镜表面形成富硅层，这可能是黑漆古类铜镜特殊表面层形成的内因[28]。目前这个研究还在进行之中，样本偏少，研究的初步结论已经颇具颠覆性，为学术界瞩目，研究论文尚未正式发表。

目前，山东临淄齐国故城已经初步确定一处铸镜遗址，随着发掘的和研究的深入，必然会对此问题有更加透彻的认识。解决问题的关键一是大量样品的成分和结构分析，特别是制作薄片，进行岩相学的分析，但制样过程要注意是否有黏土的流失；二是要有比较完善的复原实验，需要按照研究结论配制镜范材料、制范、制作花纹、干燥、焙烧、刷涂涂料、浇注；三是需要对残范取样、制作薄片，看是否具有与出土镜范类似的成分和结构。

3. 关于密度的测定

这种镜范的一个突出特点是密度小，手感很轻。横田胜对临淄出土的78件镜范进行了密度测定（其中有2件样品分别碎裂成2块），得到80个数据。具体方法是将特定的镜范封入塑料袋（有2件用乳胶薄膜袋包裹做了对比），用电池驱动的携带型抽吸泵将袋内空气排净。将封好的镜范浸入水中，通过溢水的体积来测量镜范的体积，用托盘天平测量镜范的质量，计算镜范的密度。[29]笔者曾委托中国科学院硅酸盐研究所对那件草叶纹镜范（JF：08）进行密度测定，结果显示是1.07，略重于水[30]。横田胜的报告只提供了具体数据，但没有任何分析。细究这些数据，将其分列为几个数据区间，我们可以发现一些有趣的现象，参见表1。

表1　临淄镜范密度统计

密度单位：克/立方厘米

项目	小于1	1～1.2	1.2～1.5	1.5～2	大于2
数量	24	16	21	13	6
比例（%）	30	20	26.25	16.25	7.5

虽然这次密度测量存在一定的问题，有两块镜面范样品碎成了不同部分，测量结果相差较大。这固然由于不同的部位密度可能相差较大，但也显示测量存在一定的误差。用乳胶薄膜袋包裹的样品比对显示用塑料袋包裹的测量数值偏高，推测可能有10%的误差。因此，可能样品实际的密度值还要更小一些。[31]由于我们主要讨论基本的趋势，而且可资对比的包乳胶袋的样品数据太少，据此推算的误差率只是一个可能的大概值，因此在统计时没有去掉碎裂样品的4个数据，也没有对数据进行修正。

从表1我们可以看出绝大部分的镜范密度约3/4小于1.5克/立方厘米，其中半数小于1.2克/立方厘米，而密度小于水的就占近1/3。由于过去对商周陶范的研究中很少关注密度，所以数据较少。一件侯马陶范的密度数据是1.56克/立方厘米[32]，现代普通黏土范的密度是1.6克/立方厘米左右[33]。由此可见，临淄出土的镜范的确可能与商周陶范质地差别较大。

相比而言，镜背范的密度大部分很低，3/4在1.2克/立方厘米以下，只有2件密度高于2克/立方厘米。统计结果参见表2。

表2 临淄镜背范密度统计

密度单位：克/立方厘米

项目	小于1	1～1.2	1.2～1.5	1.5～2	大于2
数量	15	14	6	2	2
比例（%）	38.4	35.9	15.4	5.1	5.1

这两件密度高的样品都很特殊，1件是62号，可能是利用旧范进行再加工而尚未完成的半成品，分型面和型腔都孔隙很多。还有1件是73号，断面上可见很多细小白色颗粒，且镜范的制法似乎也不同于其他镜范。因为殷墟陶范材料中常见带有细小白色颗粒，且密度较大的，是否这块镜范的材料不同于大多数镜范而近于更早的做法，值得进一步讨论。

镜面范的密度就要高一些了。近3/4的样品在1.2克/立方厘米以上，只有5件样品在1克/立方厘米以下。这5件样品中，除了51号无法复原外，都是平面镜。统计结果参见表3。

表3 临淄镜面范密度统计

密度单位：克/立方厘米

项目	小于1	1～1.2	1.2～1.5	1.5～2	大于2
数量	5	4	9	9	4
比例（%）	16.1	12.9	29	29	12.9

以上数据分析似乎显示出一定的规律，就是这种密度极低的材料主要用来作为镜背范，而镜面范使用的材料要重一些，这似乎显示了镜面镜背可能使用不同的材料。铸造凸面镜使用的材料可能也与铸造平面镜的不同。但这些现象背后意味着什么，是工匠们的主动选择还是因地制宜，是突破传统的创新做法，还是来自不同的技术体系？这些问题，值得进一步探讨。

4. 样品表面黑色层的分析

对临淄齐故城出土镜范的考古学观察显示，这些镜范表面似乎大部分都涂有涂料，有些甚至可见黏稠状液体滞积的痕迹，主要目的是填塞范体表面暴露出的孔隙，保证铸件质量[34]。

笔者研究的临淄镜范（JF：08）的型腔表面有一层黑色表面层（图4），经过X射线荧光波谱分析和断面扫描，发现该表面层与基体具有截然的分界，没有过渡区域。表面层中富含金属元素，铅、锡、铜的含量均高于表面（根据图3中1和2的成分分析），铅是极易发生偏析而富集在金属表面的元素，故镜范表面层中的铅元素含量大大高于铜和锡。由于设备的局限，未能测出是否含有碳等轻元素。但是表面层中的硫元素的含量高于内层，可能是浇注之前经过烟熏的缘故，这种状况在未经浇注的商代殷墟陶范中有发现。表面层中铁的含量也较高，我们曾在曲村青铜器表面层的成分检测中发现呈黑色或铅灰的表面层内含铁较高，而这样颜色的表面在铜镜中是很常见的。因此我们可以认

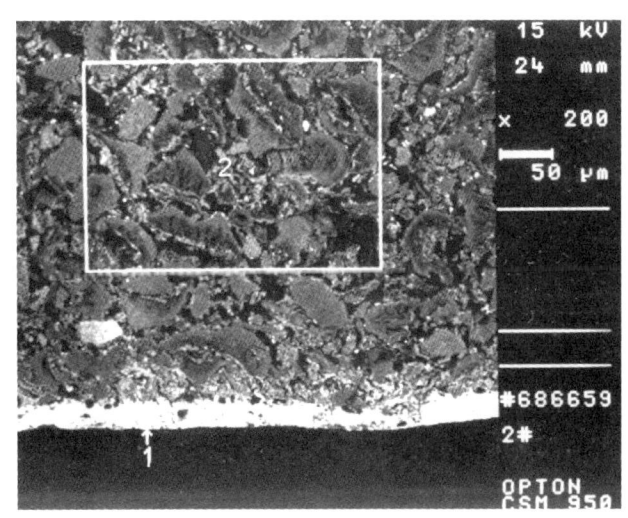

图4 镜范（JF：08）的二次电子像
1. 表面层；2. 基体内部。

为该表面层是合范浇注时高温的液体青铜流经陶范表面时迅速形成的[35]。日本学者田贺井笃平、橘由里香研究临淄镜范SLQJF：05的黑色表面层，发现型腔面具有的250微米层，不仅仅是由于浇注时金属元素扩散时产生的，而是反映了型腔面的所涂抹的材料的化学成分[36]。由此可见，表面刷涂涂料是大家的共识。

但是这些刷涂的涂料到底是什么物质呢？由于现有的科学研究中分析的材料都是经过浇注的，故只能通过一些观察和猜测。三船温尚指出如果是涂抹墨汁之类的东西，应该是烘烤之前；若是使之附着油烟，就是在烘烤之后[37]。安阳出土商代陶范的检测中也曾发现黑色、红色的表面层，推测分别可能是烟熏或是涂抹富含氧化铁的红色细泥[38]。当然，这一问题的解决，还需要更多样品的科学检测，特别是未使用过的镜范样品的检测，既要分析表面层和基体的成分差别，亦要分析不同元素沿着表面向内部的分布。

四、结语

白云翔指出，东亚古代铜镜的铸造技术，有石范铸造和陶范铸造两个传统[39]。山西侯马东周陶质镜范和河北易县燕下都战国山字纹镜范的发现表明，中国东周时期铜镜采用陶范铸造工艺。而汉代的铜镜铸造，采用石范还是陶范，单面范还是双面范，却历来存在争论。临淄齐故城这批镜范材料的发现，澄清了一些问题，比如，确实是双面范铸造，但也引发了更多的争论，如前所述，到底是不是陶范铸造，关于镜范的材料和工艺问题，涂料问题等，

存在不小的意见分歧。

　　这些争论的产生，原因很多。首先是科学检测的样本数量和对象问题。举例来说，每个研究涉及的几乎都不超过4件样品，而且大家讨论的样品多数不一样，不具备直接可比性。其次是研究的方法问题。笔者的研究中欠缺了制作薄片进行岩相分析的环节，而扫描电镜的观察可能会漏掉部分信息。奥田尚的研究只有显微镜观察而没有成分、矿物组成、植硅石的分析。田贺井笃平等的研究也并未使用定量的X射线衍射及植硅石分析。相比而言，荆志淳等人的研究从方法上是更完整的。最后，就是关于实验数据的解读，由于研究背景的差异，每个人的解释都不完全相同。

　　关于经检测的临淄镜范是石质还是陶质的问题，就目前的分析可见，几乎除奥田尚外，都认为是陶范，有些羼入植物质，而有些没有。主要的区别在于这些植物质羼入的形态和工艺，是草木灰、经过破碎的植物质还是有特制的植硅石？荆志淳等人的研究尚未正式发表，但引发了很多思考和讨论，如果这真的是一种不同于传统陶范的新材料、新工艺，那这种材料的优点是什么？是专门用于铸镜还是当时整个青铜器铸造工艺的创新？如是前者，必须考虑其性能和功用的关系，而如是后者，促进这种改变发生的动因是什么？太多的问题会随着新的研究而产生，而这些问题的提出，为我们全面认识中国古代的铸镜技术提供了更大的可能性。

【注　释】

［1］何堂坤：《中国古代铜镜的技术研究》，北京：紫禁城出版社，1999年：5—19页。

［2］近重真澄：《东洋古铜器の化学的研究》，《史林》1918年第3卷：第201页。

［3］梁津：《周代合金成分考》，《科学》1925年第9卷第10期。

［4］小松茂、山内淑人：《东洋古铜器の化学的研究》《古镜の化学的研究》，分别载于《东方学报》1933年京都版第3册，1936年京都版第8册。转引自何堂坤：《中国古代铜镜的技术研究》，第18页。

［5］梁上椿：《古代铸镜技术之探讨》，《大陆杂志》1951年第3卷第11期。

［6］李虎侯：《齐家文化铜镜的非破坏鉴定》，《考古》1980年第4期；北京钢铁学院冶金史组：《中国早期铜器的初步研究》，《考古学报》1981年第3期；周欣、周长源：《扬州出土的唐代铜镜》，《文物》1979年第7期。

［7］张子高：《"六齐"别解》，《清华大学学报》1958年第4卷第2期。

［8］参见何堂坤：《中国古代铜镜的技术研究》第五章《铜镜热处理技术》，北京：紫禁城出版社，1999年：142～174页。

［9］上海交通大学西汉古铜镜研究组：《西汉"透光"古铜镜研究》，《金属学报》1976年第1期；陈佩芬：《西汉透光镜及其模拟实验》，《文物》1976年第2期；上海博物馆、复旦大学化学系：《解开西汉古镜"透光"之谜》，《复旦学报（自然科学版）》1975年第3期；何堂坤：《关于透光镜机理的几个问题》，《中原文物》1982年第4期。

4.5 汉代镜范材料分析及其相关讨论

[10] 谭德睿、吴来明、舒文芬、徐克熹等：《东汉"水银沁"铜镜表面处理技术研究》，《上海博物馆文物保护科学论文集》，上海：上海科学技术文献出版社，1996年：96—108页。

[11] W. T. Chase, U.M. Franklin :"Early Chinese black mirrors and Pattern—etched Weapons", Art Oriental, Vol11, 1979, 215～258; 何堂坤：《几件表层漆黑的古铜镜之分析研究》，《考古学报》1987年第1期；孙淑云、马肇曾、金莲姬、韩汝玢、柯俊：《土壤中腐殖酸对铜镜表面"黑漆古"形成的影响》，《中国冶金史论文集》（二），北京科技大学，1994年；马肇曾：《腐殖酸使铜镜表面形成"黑漆古"的研究》，《考古》1994年第3期。孙淑云、周忠福、李前懋、韩汝玢、柯俊：《铜镜表面"黑漆古"中"痕像"的研究——"黑漆古"形成机理研究之二》，《自然科学史研究》1996年第2期。

[12] 刘煜、赵志军、白云翔、张光明：《山东临淄齐国故城汉代镜范的科学分析》，《考古》2005年第12期：84～89页。

[13] 中国山东省文物考古研究所、日本奈良县立橿原考古学研究所：《山东临淄齐国故城汉代镜范的考古学研究》，北京：科学出版社，2007年。

[14] 何堂坤：《中国古代铜镜的技术研究》，102～106页，北京：紫禁城出版社，1999年。

[15] 中国山东省文物考古研究所、日本奈良县立橿原考古学研究所：《山东临淄齐国故城汉代镜范的考古学研究》，科学出版社，2007年，1-92页。

[16] 廉海萍：《中国古代铸造技术概述》，《上海博物馆文物保护科学论文集》，上海：上海科学技术文献出版社，1996年。

[17] 谭德睿：《中国青铜时代陶范铸造技术研究》，《考古学报》1999年第2期：211～250页。

[18] 刘煜、岳占伟：《殷墟陶范的材料及处理工艺的初步研究》，《夏商周文明研究（六）——2004年安阳殷商文明国际学术研讨会论文集》，北京：社会科学文献出版社，2004年：450-456页。原文因篇幅所限缺图表，后补充图表收入中国社会科学院考古研究所考古科技中心：《科技考古》第1辑，北京：中国社会科学出版社，2005年：226—236页。

[19] 刘煜、宋江宁、刘歆益：《周原出土铸铜遗物的分析检测》，《考古与文物》2007年4期：94—100页。

[20] 刘煜、赵志军、白云翔、张光明：《山东临淄齐国故城汉代镜范的科学分析》，《考古》2005年第12期：84—89页。

[21] 崔剑锋、吴小红：《临淄齐国汉代镜范和铜镜检测报告》，《山东临淄齐国故城汉代镜范的考古学研究》，北京：科学出版社，2007年：234—241页。

[22] 田贺井笃平、橘由里香：《草叶纹镜范的物质科学研究》，《山东临淄齐国故城汉代镜范的考古学研究》，北京：科学出版社，2007年：242—250页。

[23] 奥田尚：《关于四件镜范之原材料的观察》，《山东临淄齐国故城汉代镜范的考古学研究》，北京：科学出版社，2007年：255—259页。

[24] 中井一夫：《从镜范的观察论其材质》，《山东临淄齐国故城汉代镜范的考古学研究》，北京：科学出版社，2007年：226—229页。

[25] 谭德睿：《中国青铜时代陶范铸造技术研究》，《考古学报》1999年2期，211—250页。

[26] 刘煜、赵志军、白云翔、张光明：《山东临淄齐国故城汉代镜范的科学分析》，《考古》2005

年第12期：84—89页。

[27] 三船温尚：《从临淄齐国故城汉代镜范和日本收藏的草叶纹镜范考察铜镜制作技术》，《山东临淄齐国故城汉代镜范的考古学研究》，北京：科学出版社，2007年：206—225页。

[28] 荆志淳、白云翔：《临淄出土西汉草叶纹镜范的材料学研究》，东亚青铜冶铸业国际论坛会议论文，2012年9月。

[29] 横田胜：《临淄齐国故城出土镜范的密度测定》，《山东临淄齐国故城汉代镜范的考古学研究》，北京：科学出版社，2007年：230—233页。

[30] 刘煜、赵志军、白云翔、张光明：《山东临淄齐国故城汉代镜范的科学分析》，《考古》2005年第12期：84—89页。

[31] 白云翔：《临淄齐国故城汉代镜范及相关问题研究》，《山东临淄齐国故城汉代镜范的考古学研究》，北京：科学出版社，2007年：95—133页。

[32] 谭德睿：《中国青铜时代陶范铸造技术研究》，《考古学报》1999年第2期：211—255页。

[33] 清水康二、三船温尚：《草叶纹镜范研究的现状和课题》，《山东临淄齐国故城汉代镜范的考古学研究》，北京：科学出版社，2007年：191页。

[34] 白云翔：《临淄齐国故城汉代镜范及相关问题研究》，《山东临淄齐国故城汉代镜范的考古学研究》，北京：科学出版社，2007年：95—133页。

[35] 刘煜、赵志军、白云翔、张光明：《山东临淄齐国故城汉代镜范的科学分析》，《考古》2005年第12期：84—89页。

[36] 田贺井笃平、橘由里香：《草叶纹镜范的物质科学研究》，《山东临淄齐国故城汉代镜范的考古学研究》，北京：科学出版社，2007年：242—250页。

[37] 三船温尚：《从临淄齐国故城汉代镜范和日本收藏的草叶纹镜范考察铜镜制作技术》，《山东临淄齐国故城汉代镜范的考古学研究》，北京：科学出版社，2007年：206—225页。

[38] 刘煜、岳占伟：《殷墟陶范的材料及处理工艺的初步研究》，《夏商周文明研究（六）——2004年安阳殷商文明国际学术研讨会论文集》，北京：社会科学文献出版社，2004年：450—456页。后收入中国社会科学院考古研究所考古科技中心：《科技考古》第1辑，北京：中国社会科学出版社，2005年：226—236页。

[39] 白云翔：《论古代东亚铜镜铸造技术的两个传统》，待刊。

4.6 汉镜铭文关于铜质与熔炼的探讨

■ 王纲怀

一、概述

早在汉代以前,古人对金属铸造就有了自己的正确认识。《考工记》:"天有时,地有气,工有巧,材有美,合此四者然后可以为良。"《荀子》:"刑范正,金锡美,工治巧,火齐得。"顾名思义,铜镜就是铜质的镜子。使用者对照容的要求越高时,铸镜者对铜镜材质的要求也就越高。自古以来,对铜镜合金的配比、熔炼、"去恶宰"(去除不良杂质)、浇铸、打磨等工艺都有诸多研究成果。在汉镜铭文上,可以时常见到关于铜质与熔炼的内容。为方便探讨,按汉镜的年代序列,我们分别选取了关于铜质(A类)与关于熔炼(B类)的各6个镜例。详见表一、表二。

表一 汉镜铭文关于铜质内容一览表

图号	年代	直径(厘米)	重量(克)	铭文内容	本书下册图号
A1	西汉早中	7.7	43	玄金之清,可以取诚	47
A2	西汉早中	13.9	309	此镜甚明,服者君卿,万岁未央	51
A3	西汉早中	13.5	200	曰:鉴物象状兮明日审,外光内景兮辉荡渊	52
A4	西汉中期	18.1	502	镜清明,铜必良,宜大王,毋相忘	89
A5	西汉中期	18.9	873	清练铜华,杂锡银黄,以成明镜,令名文章,延年益寿,长乐未央,寿敝金石,与天为常,善哉毋伤	104
A6	西汉中晚	18.0	701	姚皎光而喻美兮,挟佳艳而承间,怀欢察而惟予兮,爱存神而不迁,得并埶而不衰兮,精照哳而侍君	109

表二 汉镜铭文关于熔炼内容一览表

图号	年代	直径(厘米)	重量(克)	铭文内容	本书下册图号
B1	西汉早中	11.4	155	清浪金华以为监,昭察衣服观容貌,结组中身,於勿毋相可取信,遂阴光,宜美人	56
B2	西汉中晚	14.2	500	湅治铜华尽具清,以之为镜昭身刑,五色尽具正赤青,毕长生	108
B3	西汉中晚	17.5	751	清浪铜华以为镜,昭察衣服兮观容貌,丝组杂沓兮以为信,清光乎宜佳人	119
B4	新莽	19.2	937	作佳镜哉真大兰,上有离守相因连,湅治铜锡自生文,昭君面目白黑分,大夫欲市入臣门,不争价值贵其恩	166
B5	东汉早期	13.9	411	李言之纪从竟始,湅治铜锡去恶宰,长葆二亲利孙子	171
B6	东汉晚期	12.5	232	建安四年,玄象命真,盖作明竟,宫必巧治工,破山采锡,伐石索同,翼火炉治,幽湅三商,如□日耀,合象月明,五□昔□	汉雅堂

二、铜质（A）类镜铭文释考

A1. 镜铭"玄金之清"

玄金为铁的别名，《说文》："铁，黑金也。"笔者认为，这里的"玄"应是玄妙、深奥之意，《老子》："玄之又玄，众妙之门。"汉及汉代以前，"金"又作"铜"的别称。如夏、商、周时期的精美铜器称为"三代吉金"；春秋曾侯簠铜器铭"克狄（获）繁阳，金道锡（易）行"；战国铜锭、青铜、剑铭文"繁阳之金"等。镜铭中的"玄金"意指奇妙的铜质。铭文首句可释为："巧妙的铜质，可使镜清明。"西汉镜铭多有借镜喻人之用意，"可以取诚""可见信诚"都是教育用镜者，要像铜镜清白可鉴、无可遁形那样地以"诚"待人。"诚"即诚实、真诚、忠诚。《易·乾·文言》："闲邪存其诚。"孔颖达疏："言防闲邪恶，当自存其诚实也。"《礼记·学记》：使人不由其诚，教人不尽其材。"孔颖达疏："诚，忠诚。"

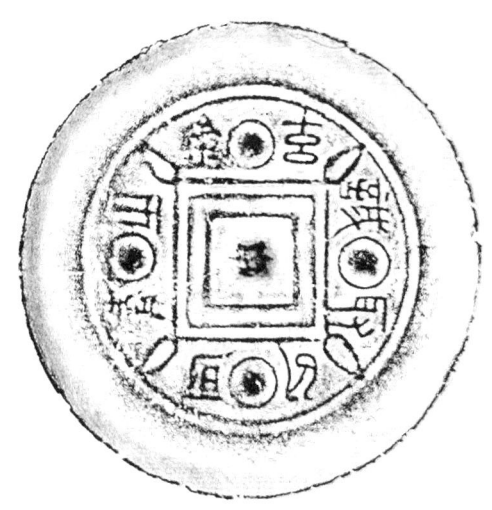

图A1

A2. 镜铭"此镜甚明"

在出土器物中亦见一例，即《鉴耀齐鲁》图64-2，镜之直径11.6厘米（汉尺5寸），重量200克，铭文云："此镜甚明，服者君卿。"可知，本镜铭文末句"万岁未央"的使用较为少见。此类镜铭内容完全是铸镜作坊的自许之词。事实上，真要做到"此镜甚明"，需有合金、熔炼等诸多的技术要求。一面好镜，来之不易。

图A2

A3. 镜铭"外光内景兮辉荡渊"

李学勤老师将上方左侧第一字之"曰"字拈出而单独成句，可谓迷宫之"路标"也！"审"字在此可释明白、清楚之意，《公孙龙子·白马》："是白马之非马，审矣。"司马迁《报任少卿书》："由此言之，勇怯，势也；强弱，

图A3

形也；审矣！"铭文中"景"通"影"，如清白镜铭文"慕窈窕于灵景"，"灵景"即用作"灵影"解。"荡渊"，意谓物象显于清光明亮的镜面，犹如深潭照影、光摇云天一般。

A4. 镜铭"镜清明，铜必良"

此镜铭文前两句当是说铸镜对铜质的要求，表明若使铜镜清明，必须采用优质青铜铸制，既表示客观规律，也带有自夸自诩之商业广告性质。一般说来，西汉镜铭中自我夸奖铜镜质量的广告词不少，如"服者君卿""服者君王""此镜甚明""镜以此行""涑治铜华清而明"等，可谓成了一种时代特色。

图A4

A5. 镜铭"清练铜华，杂锡银黄"

"银黄"指白银与黄金。《韩非子·解老》："隋侯之珠，不饰以银黄。"铭文起首两句，详尽描述铸制过程对铜质纯净与配比组成的要求。在科技层面上，中国铜镜本体没有含银与含金的实例，白银与黄金只是在鎏银或鎏金时所用之材料。此铭"杂锡银黄"的本意当指青铜镜材料的合金成分，《考工记》："金有六齐。六分其金而锡居一，谓之钟鼎之齐……金锡半谓之鉴燧之齐。"

图A5

A6. 镜铭"姚皎光"

屈原《离骚》，借香草美人而喻明君。此镜有异曲同工之妙，借铜镜的清明来比喻月亮的皎洁。镜铭通篇内容大意谓忠君，托言美人在镜用情专一而不迁，言"侍君"如待美人。"姚"读"眺"。李零先生将此铭释读为：眺望星空，月光皎洁，明亮又美丽，何不乘此良宵美景，带美人来赏月。哪怕你暗自观察百般挑剔怨恨我，我会把我的爱深藏心底，永不变心。但愿与你携手，白头到老，请让我像这轮明月，明亮皎洁，陪伴你。

图A6

图B1

图B2

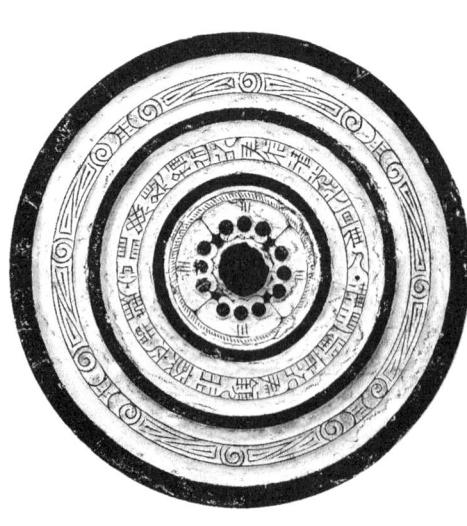

图B3

三、熔炼（B）类镜铭文释考

B1. 镜铭"清浪金华"

此镜铭文起首二字"请浪"疑即"清朗"。请，据《汉书·贾谊传》颜师古注，通"清"；浪，当为"朗"之省笔（镜铭中每多见此类文字，或因工匠铸模之"偷懒"所致，或因铭文空间有限而成）。据《龙龛手镜》卷一："朗，音朗，明也。"是"请浪"即清明之谓也。此镜首句末字监为"鉴"字的省偏旁，"鉴"通假"鉴"，即古代的青铜大口盆，盛水后可用以照容，镜之原始义即本源于此。《诗·邶风·柏舟》："我心匪鉴。"毛传："所以察形也。"《庄子·德充符》："鉴明则尘垢不止，止则不明也。"成玄英疏："鉴，镜也。"

B2. 镜铭"五色尽具"

"五色"即青、赤、白、黑、黄五种颜色，古代以此五者为正色。此铭之"五色尽具"应指古代炼铜掌握火候时的技术手段，《考工记》："凡铸金之状，金与锡：黑浊之气竭黄白次之，黄白之气竭青白次之，青白之气竭青气次之，然后可铸也。"古人铸造青铜时，完全依照熔炼时气体的颜色来掌握火候，火候到了就是炉温到了，"炉火纯青"时方可浇铸。遍检存世约十种铜华镜的铭文内容，大多涉及对冶涷与铸造的技术要求，故铜华镜的"科技含量"可谓高矣！

B3. 镜铭"清浪铜华"

此类镜铭文内容和书体特征，在西汉早期的花瓣镜中已有出现，于西汉中期又偶尔露面。其一，本书下册图55，属连弧纹草叶圈带铭文镜，顺时针向30字铭文连读为："清浪铜华兮以为鉴，昭察衣服兮观容貌，丝组杂沓兮以为信，清光兮宜佳人。"其二，本书下册图107，属连弧纹圈带铭文镜，顺时针向42字铭文连读为："清浪铜华以为鉴乎，照察衣服观容貌乎。丝组绶，秋风起，心甚悲。时念君，立辈（裵）迴，常客君思不可为。游中国，侍来盟。"

B4. 镜铭"湅治铜锡"

"兰"即"烂"，本意为明亮、有光芒。《诗经·女曰鸡鸣》："明星有烂"，《观沧海》："星汉灿烂，若出其里。"镜铭"作佳镜哉真大兰"即夸耀佳镜映面明亮清晰，与"囗氏作镜清而明"含义相近。另，"兰"作"难"，意谓铸制精美铜镜十分困难。"市"，即购买。《国语·齐语》："以其所有，易其所无，市贱鬻贵。""臣"，古人表示谦卑的自称，多见于秦汉以前。《史记·高祖本纪》："臣少好相人。"裴骃《集解》引张晏曰："古人相与语多自称臣，自卑下之道，若今人相与语皆自称仆。"恩，即"德泽"。《孟子·梁惠王下》："今恩足以及禽兽，而功不至于百姓者，独何与？"这里试用现代汉语解释，大致如下："铸制一面好镜，确有不少困难；镜纹饰以禽兽，形成一组图案。除了冶炼铜锡，还要自编铭文；照着你的面目，脸上有髒清楚。大人若想购买，可来我的作坊；因为质量上乘，不必讨价还价。"

B5. 镜铭"湅治铜锡去恶宰"

铭文首字"柒"，历来有不同的解读，或作"黍"，或作"来"。这里应为"漆"字的省偏旁，与"七"谐音。当时的重要镜铭大多七言，铭文句首之"柒（七）"乃系新莽风尚。本类铭辞是研究汉代七言诗渊源流变的重要材料。"宰"当为"滓"之省偏旁，"去恶宰"即谓去除不良杂质。由此可见，镜铭虽明言铸镜工艺，却暗喻着做人的修养。

B6. 镜铭"破山采锡，仗石索同，翼火炉治，幽湅三商"

此镜铭文在冶炼上的关键句是"破山采锡，

图B4

图B5

图B6

仗石索同,翼火炉冶,幽涷三商。"破为动词,意即剖开;分开。《庄子·天地》:"百年之木,破为牺尊,青黄而文之。" 仗亦动词,可释凭借;依靠。《史记·春申君列传》:"王若负人徒之众,仗兵革之强……臣恐其有后患也。"翼系动词,借助,凭借。《汉书·扬雄传下》:"不阶浮云,翼疾风,虚举而上升,则不能撅胶葛,腾九闳。"这前三句内容也可读成:开山采锡,依石取铜,借火炉冶。铭文将采矿石、取铜锡、炼合金的过程说得十分清楚。

商应释作金。《白虎通·礼乐》:"金谓商。"《汉书·食货志上》:"商为金。"《吕氏春秋·孟春纪》高诱注:"商,金也,其位在西方。"《汉书·郊祀志下》师古注:"商,金也,于序在秋,古谓西方之庭。"何堂坤《中国古代铜镜的技术研究》第97页载:"所以总的来看,此'三商'应指铜、锡、铅,'幽涷三商'便应是隐蔽地、神秘地、巧妙地熔炼铜锡铅意;古人用此四字铭,既反映了当时的一种习俗,也反映了人们对铸镜合金熔炼操作的一些认识。"

在东汉中晚期,关于熔炼铜锡铅的"幽涷三商"一词及其同类铭文,延续了约有一个世纪,并成为东汉镜铭的一种主要特色。我们对内容有异的主题铭文进行统计,列出了按年代排序的系列。详见表三。

表三 "幽涷三商"及其同类铭文年代排序一览表

序号	公元纪年	铭文纪年	主题铭文	资料来源	说明
1	87—88	章和	龙氏作竟涷治同,合会银易得和中。	《六安出土铜镜》图135	"幽涷三商"尚未问世
2	105	元兴元年	幽涷三商	南阳市博物馆藏	"幽涷三商"出现最早
3	160	延熹三年	幽涷三商	本书下册图177	安帝至顺帝的半个世纪中纪年镜甚少
4	164	延熹七年	幽涷三冈	本书下册图178	"商"改"冈"
5	167	永康元年	合涷黄白周刻兮	湖北鄂州西山出土	"幽"改"合","三商"改"黄白"
6	167	永康元年	幽涷黄白	本书下册图179	"三商"改"黄白"
7	175	熹平四年	合涷白黄	本书下册图181	"幽"改"合","三商"改"白黄"
8	187	中平四年	幽涷白同	本书下册图183	"三商"改"白同"
9	/	/	幽涷三刚	本书下册图185	"三商"改"三刚"
10	202	建安七年	百涷青同	梅原末治《汉三国六朝纪年镜图说》图版15-2	首次出现"涷数"概念
11	205	建安十年	幽涷宫商	本书下册图191	"三商"改"宫商"
12	/	三国蜀	幽涷金冈	本书下册图193	"三商"改"金冈"

由表三可知诸多关于当时冶炼的概念与信息。

（1）"幽涑"可用"合涑"代替，即证明"三商"为代表铜锡铅之"三金"，而非代表时辰之"三刻"。

（2）序7镜中出现了"涑数"的概念，涑数多表示除渣越多，即铜质更好。

（3）"三商"可用"黄白"或"白黄"代替，黄即铜，白即锡，"三商"为"三金"。从而，亦进一步证实何堂坤先生观点毋庸置疑。

（4）"宫商"之"宫"可释为"土"，《白虎通·礼乐》："土谓宫，金谓商。"说明古人对冶炼过程之目的性十分明白：去除非金属杂质，提高金属的纯度。

（5）"冈"应是"刚"的省偏旁。"刚"当作坚硬之释，可理解为代表金属的矿石。《诗·小雅·采薇》："采薇采薇，薇亦刚止。"

四、小结

综上所述，此两类汉镜铭文阐述了一种理念：若想得到一面上好的铜镜，必须从铜质（合金）与熔炼这两个方面提出严格要求。铭文内容："三商"为合金成分（铜锡铅）；"幽涑"可谓巧妙熔炼；"五色"乃指火候（温度）变化；"去恶宰"就是去除杂质。中国古代镜铭多有以镜喻人的情况，此两类汉镜在延伸一种理念——"此镜甚明"，来之不易。

4.7 汉镜铭文中的地理概念

■ 王纲怀　孙小龙

在汉镜铭文中，有诸多的地理概念，本文挑选了四个问世年代清楚的镜例，进行简要探讨。其经典内容为："新有善铜出丹阳""单于举土列侯王""广汉西蜀""扬州会稽山阴安本里"等。

一、新莽，"新有善铜出丹阳"（见图1、图1A）

全铭内容：新有善铜出丹阳，和以银锡清且明，左龙右虎掌四彭（旁），朱爵玄武顺阴阳，八子九孙治中央，刻娄博局去不羊（祥），家常大富宜君王，千秋万岁乐未央。

资料来源：本书下册图153，直径18.7厘米，重量830克。

《神异志》载："丹阳铜似金，可锻以作器。"《汉书·食货志》载："从建元（前140—前135年）以来……有司言曰……金有三等……赤金为下。"注曰："孟康：赤金丹阳铜也。"镜铭中铜镜原料出自"丹阳"之说，经查考可知，此"丹阳"既非春秋时"丹水之阳"的丹阳或湖北秭归东南的丹阳，亦非今日江苏镇江东南的丹阳，而是安徽境内长江南侧的古丹阳（郡）。《汉书·地理志》载：汉武帝元封二年（109年），"改故鄣为丹阳郡，郡治苑陵（今安徽宣城市宣州区）"。其地理位置相当于今天安徽长江以南，江苏大茅山及浙江天目山以西，浙江新安江支流武强溪以北区域。其行政范围包括皖南全部并延伸至江苏南

图1

图1A

京、句容和浙江吴兴一带。《安徽通志》称："铜陵县，汉丹阳郡春谷县（今繁昌），陵阳县（今青阳）"。从20世纪80年代开始，大量的考古发现证实：汉丹阳郡正是古"丹阳铜"的主要产地，具体的地理位置应是今日安徽之铜陵。

在镜铭中，另有"南山""南乡""堂琅""咸阳""南阳"等产地情况。其一，"新有善铜出南山"（浙江私人藏）之"南山"，据《越绝书》载："越国都城（大城）以南为山区，统称南山。"《水经注》曰："练塘，句践炼冶锡铜之处，采炭南山。"其二，"新有善铜出南乡"（《止水集》表二B-4）之南乡，本意应作"南方"之解，《诗·商颂·殷武》："维女荆楚，居国南乡。"汉时唯丹阳一地设铜官，故"南乡"亦可认为是"丹阳"。另一种解释应是"南山之乡"，即同其一的"南山"之解。其三，"汉有善铜出堂浪"（《镜涵春秋》图060）之"堂浪"，查《古今地名大辞典》通假"堂琅"，书载："汉置后汉省，晋复置改口堂琅，南齐后荒废，在今云南会泽县境。"《辞海》载："1954年由会泽县析置东川矿区……铜矿开采历史悠久，所产之铜，称为'云铜'"。《汉书·地理志上》："犍为郡有堂琅县，出铜。"当时有"堂琅铜，朱提银"的说法。其四，"秦中作竟居咸阳"（本书下册图142）之秦中，公元前221年，秦王政统一中原，建都咸阳。这里的秦中应指咸阳的周边地区。其五，"子孙千人出南阳"（《南阳出土铜镜》图28），战国秦昭王三十五年（前272年）置南阳郡，"南阳"自古至今，皆为今河南南阳。

"新有善铜出丹阳"镜的铭文格式可说是"传承有序"，既上承西汉又下传东汉，这两个时间区段与新莽的重大区别是铭文国号皆用"汉"字。"下传东汉"的时间不长，主要在东汉初期，亦易辨识（特别是书体有悬针篆韵味时），"上承西汉"因为缺乏资料，长期不能定论。直到1993年春，在江苏省连云港市所辖东海县温泉镇尹湾村西南2公里处，发现了汉墓群落。1996年《文物》第8期尹湾汉墓群发掘简报载："尹湾汉墓群的时代可定在西汉中晚期到王莽时期。"尹湾4号墓出土一面"八乳神兽规矩镜"（表八E-3），86字铭文有"汉有善铜出丹阳"句，此镜首字是"汉"，故年代肯定不到新莽，再比较西汉中晚期铜华镜书体的方折汉隶，两者又甚相似。因此，既可认为此镜是西汉镜演变到新莽镜的过渡器物，亦可将此镜看成是"新有善铜出丹阳"镜形制的源头器物。总而言之，"汉有善铜出丹阳"与"新有善铜出丹阳"一脉相承。

二、新莽，"单于举土列侯王"（见图2、图2A）

全铭内容：新兴辟雍建明堂，单于举土列侯王，将军大尹民户行，八子九孙治中央，常服此镜寿命长。

资料来源：本书下册图160，直径14.4厘米，重量476克。

鉴于长期的战争，人民渴望和平。从大的概念看，新莽镜铭中"举土"一词意通"臣服"，就是对这段"和平"历史的肯定。作为和平史主角之一的呼韩邪单于，在汉史中亦屡屡得到肯定。经过二十年的和平相处后，竟宁元年（前33年）三月，"呼韩邪单于来朝……诏曰：'愿保塞传之无穷，边垂长无兵革之事。其改元为竟宁，赐单于侍诏掖庭王嫱（即名

图2

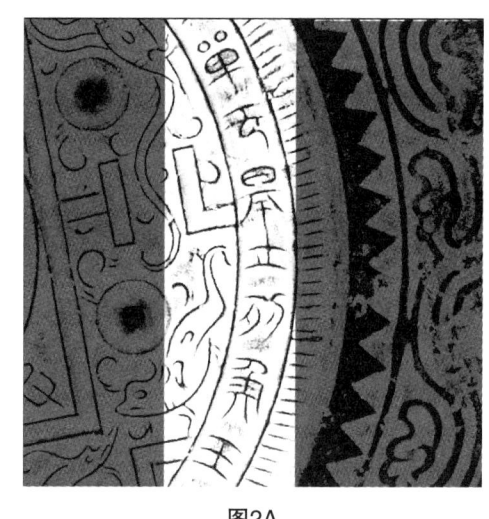

图2A

载史册的王昭君）为阏氏。'"

从小的范围讲，当时汉王朝对匈奴确实还有一段索求土地的历史。绥和元年（前8年），匈奴乌珠留单于新立。《汉书·匈奴传》载：

> 汉遣中郎将夏侯藩、副校尉韩言使匈奴。时帝舅大司马骠骑将军王根领尚书事，或说根曰："匈奴有斗入汉地，直张掖郡，生奇材木，箭竿就羽，如得之，于边甚饶，国家有广地之实，将军显功，垂于无穷。"根为上言其利，上直欲从单于求之，为有不得，伤命损威。根即旦以上指晓藩，令从藩所说而求之。藩至匈奴，以语次说匈奴曰："窃见匈奴斗入汉地，直张掖郡。汉三都尉居塞上，士卒数百人寒苦，候望久劳。单于宜上书献此地，直断阏之，省两都尉士卒数百人，以复天之厚恩，其报必大。"……单于曰："父兄传五世，汉不求此地，至知（乌珠留单于名囊知牙斯）独求，何也？……匈奴两边诸侯作穹庐及车，皆仰此山材木，且先父地，不敢失也。"

从西汉和东汉的历史地图看，此入汉地之"斗"始终没有划归汉王朝。匈奴单于回答中的"此山"即今张掖市东北方的龙首山，位于甘肃西部和内蒙古西部的交界处。龙首山沿西北至东南的走向，与合黎山合称为走廊北山。想不到在两千年前的冷兵器时代，这个荒僻之地竟是一块战略要地！同年，"根因乞骸骨，荐莽自代，上遂擢为大司马"（《汉书·王莽传》）。当时，王莽即将上任大司马，对此事必定了然于胸。虽然《汉书》对这块土地的以后发展再也没有记录，但当时的汉王朝和随后的新莽王朝决不会置之不理。这件政治、外交、军事、领土交织在一起的大事，亦必然会反映到文化上来。可以这样猜测，"举土"一词还具有特殊的地理概念，即是一种期盼：希望这块战略要地能通过和平的方式，从匈奴那里转归新莽王朝版图。

三、东汉，"广汉西蜀"（见图3、图3A）

全铭内容：延熹三年五月丙午日造作。尚方明竟，广汉西蜀，幽涷三商，天王日月，位至三公兮，山人。

资料来源：本书下册图177，直径16.9厘米，重量479克。

东汉之广汉在今广汉市北，古称雒县，曾为益州刺史部与所属广汉郡治所之所在地。中国新石器时代至商周时期的早期蜀文化遗存——三星堆遗址，其地理位置即在今广汉市的南兴镇三星村。毋庸置疑，这个地区从人文之初直至东汉魏晋，始终是华夏青铜器（包括铜镜）的一个铸造重镇。

从本书《东汉变形四叶兽首镜》之表一可知，记地"广汉"多见于变形四叶兽首镜中。然从本书下册图182可知，记地"广汉"亦见于环状乳神兽镜中。由此可见，当时的西蜀广汉生产了至少2个品种的铜镜。统计可知，纪地"广汉西蜀"之存世铜镜有十余面之多。

图3

图3A

四、三国吴，"扬州会稽山阴安本里"（见图4、图4A）

全铭内容：黄武五年二月午未朔六日庚巳，扬州会稽山阴安本里，思子兮服者吉，富贵寿春长久。

资料来源：东京五岛美术馆《前汉至元时代的纪年镜》图20，直径10.3厘米，重量167克。

三国时期，魏、吴各置扬州，魏治寿春，吴治建业（今南京市）。事实上，三国吴分别在建业（今南京市）与武昌（今鄂州市）两地来回定都。此镜铭文记地"扬州"有"东都"之意，会稽郡当在"东都"管辖之下，其记地由高及低分成4个层次：扬州—会稽—山阴—安本里，这种有行政管辖区分的详细记地方式，可谓罕见。

自秦始皇二十五年（前222年）始定郡名以来，会稽、山阴的地理概念多有变化，时至今日，皆在绍兴地区。"安本里"应系东汉时属山阴管辖的一个镇或乡，也许哪一天有了确切

图4

图4A

的出土资料,方可为"安本里"作出准确的地理定位。

在汉镜中,我们还可以找到许多涉及地理概念的铭文,如"盛如长安南"(详见本书《一面图文并茂的东汉画像镜——镜铭"盛如长安南,贤如鲁孔子"传递的文化信息》)、"吴向阳周是"(《浙江出土铜镜》修订本彩版12)、"吴向里柏氏(上海博物馆藏)、"铜出徐州"(日本奈良县黑冢古坟出土之20号镜)等。结合铜镜铸造地问题的研究,汉镜铭文中的地理概念有着很大的探索空间,尚待深入研讨。

4.8 西汉铭文镜度量标准研究

■ 王纲怀

一、尺度

中国出现度量衡概念的时间，可以追溯到公元前两千年左右。《史记·夏本纪》载："（禹）声为律，身为度，称以出。"《大戴礼记·主言》云："布手[1]知尺。"从殷墟出土的商代骨尺上有"分""寸"的十进位刻度，说明我国的长度单位很早就已采用了十进位制。《中国科学技术史·度量衡卷》告诉我们，在战国（前475—前221年）时，就已经有了长度的统一标准，即一尺等于今天的公制23.1厘米。这个标准又历经秦、西汉、新莽、东汉，一直延续了五百余年的历史。公元前221年，秦始皇统一中国后，用政令对计量器具、文字、货币、道路、兵器等进行了全国规模的统一，同时颁布各种律令，如《工律》中规定："与器同物者，其大小短长广必等。"

铜镜是一种上至帝王、下及百姓都会用到的生活用品，其尺度标准必然地被纳入了国家管理的体系。统计可知，在长期使用此项标准的岁月中，一部分战国镜、一部分西汉早期镜、大部分西汉草叶纹镜、大部分莽式四灵博局镜等，都比较严格地遵循着1尺等于今天公制23.1厘米的标准制度。大量数据表明，汉镜的尺度主要在3寸（6.93厘米）至12寸（27.22厘米）的十个尺寸等级，太小或太大都不方便使用。粗略而言，3寸与4寸两个规格，主要在西汉早期的蟠螭镜、蟠虺镜、四乳镜或是西汉中期的日光镜、昭明镜中才出现；11寸与12寸两个规格只是偶尔出现在个别的镜类之中；可以说，汉镜绝大部分尺度都在5～10寸的6个最为方便使用的等级规格。东汉（尤其是中晚期）铜镜的铸造技术与造型艺术得到高度发展，加之一部分低水平民间仿西汉、仿莽式镜的出现，致使这个时期执行度量标准的情况较差，本文暂不列入。

从古至今，度量衡标准都允许误差的存在。笔者认为，产生误差的实际情况比较复杂。对于历代铜镜而言，误差±0.5%可认为是制作精准；误差±1%属于一个合理范围；某些"宽松"情况会允许到±2%。原因多种：其一，铸制作坊的身份差异（官炉严格、民炉宽松）；其二，器物的重要性差异（重要严格、次要宽松）；其三，执行度量衡标准后，同一时代的时间差异（开始严格、后来宽松）；其四，同一时代的地点差异（京城严格、地方宽松）；其五，对铸件精加工时，刮削打磨的数量差异（师傅严格、徒弟宽松）；其六，度量衡器（特别是竹木材质时）本身的磨损误差；其七，温、湿度变化的误差；其八，铜镜盛行期以后的当代仿制品；其九，实际丈量中的误差。这些情况说明，长度标准有一个绝对性，还有一个相对性，亦就是产生误差的必然性。以河北满城中山国靖王刘胜墓出土的草叶铭文镜为例，直径20.7厘米（即为汉尺9寸镜），与标准20.79厘米相比较，其误差仅为-0.4%，应属制作精准之器物。大量镜例表明，西汉铭文镜的标准尺度存在着明显的有序规律（可参见拙文《止水集·西汉铭文镜》《止水集·莽式铭文镜》）。汉镜标准尺度详见表一。

表一　汉镜标准尺度一览表[2]

铜镜直径（汉寸）		3	4	5	6	7	8	9	10	11	12
换算公制（厘米）		6.93	9.20	11.55	13.86	16.17	18.48	20.79	23.10	25.41	27.72
误差	精准 −0.5%	6.89	9.15	11.50	13.79	16.09	18.39	20.68	22.99	25.28	27.58
	精准 +0.5%	6.96	9.24	11.61	13.97	16.25	18.57	20.90	23.22	25.54	27.86
	合理 −1%	6.86	9.11	11.44	13.72	16.01	18.30	20.58	22.87	25.16	27.44
	合理 +1%	6.99	9.29	11.67	14.00	16.33	18.67	21.00	23.33	25.66	28.00
	允许 −2%	6.79	9.02	11.32	13.58	15.85	18.11	20.37	22.64	24.90	27.17
	允许 +2%	7.07	9.38	11.78	14.14	16.49	18.85	21.20	23.56	25.92	28.27

二、重量

（一）方法

在电子秤发明以前，秤重时必须有砝码，因为使用或携带的不便，致使长期以来对文物的研究，多关注尺度而少关注重量。在进行铜镜考察时，对同尺寸的器物还可以进行比较，对不同尺寸的器物就无法进行比较。目前，有不少值得重视的资料，因只有尺寸而没有重量，给学术研究带来了困惑。本文在此提出一个单位面积重量（克/平方厘米）的概念，用英文字母 m 来表示。此举有以下几种意义：

（1）由此可作比较研究，m 值大小的关系，就是厚重与轻薄的关系。

（2）归根到底，m 值就是用铜量指标。以河北满城中山靖王刘胜墓出土之日有熹铭草叶纹镜为例，直径20.7厘米，重量945克，m 值为2.81。换一种说法，若要制作一面汉尺9寸（20.79厘米）镜，确定用铜量指标 m 值为2.81时，那么制作所需的原料用量就是945克（损耗量另加）。

（3）在官制莽式镜中，对于6寸、7寸、8寸、9寸这4种规格，实践证明其 m 值被严格地控制在2.95～3.0克/平方厘米的范围，不同尺寸的标准重量十分明显：6寸镜约为445克，7寸镜约为606克，8寸镜约为791克，9寸镜约为1001克。因为实际生产时的条件一定会产生变化，出现误差属于必然。如果这面铜镜的重量误差在±5%以内，就可以认为是符合标准。

（4）对于不同镜类比较其标准度时：m 值的浮动率较小时，说明此类镜的标准度较高，管理较为严格；m 值的浮动率较大时，说明该镜类的标准度较低，管理较为松弛。

此外，西汉早期铭文镜距今已有近2200年的历史，因为出土地点的特殊条件（湿度、pH值、电介质、腐殖质等），致使小部分器物会有失重（亦称"脱胎"）现象。其现实情况是器物失去了原来应该有的重量且容易断裂，严重者用手指按压的力量即可使其粉碎。对于这类失重器物，我们不作为数据采集对象。

（二）汇总

根据需要与可能，我们采集了有代表性的镜类数据，汇总成表二。以西汉（包括新莽）铭文镜为例，有蟠螭镜（小型）、蟠虺镜、蟠螭镜（大型）、四乳镜、花瓣镜、草叶镜、圈带镜、莽式镜8个镜类，其他诸如纯文字镜、龙纹镜等，因缺乏代表性与系列性而未予列入。对于数据采集，我们确定了4个前提条件。

（1）为确保代表性，尽量随机取样，并不取残缺镜例。

（2）为确保可靠性，尽量数据准确（精确度为1克）。

（3）每个镜种各取8～12个镜例，并在删除其最高值与最低值后，再取得m的算术平均值。

（4）对不同镜种的m平均值进行排列，并对每个镜种间m值的浮动率进行排序后，方可对重量研究进行评估。

表二　汉镜m值分类表

序	分类	铭文首句	资料来源	直径（厘米）	重量（克）	m值	说明
A类：西汉蟠螭（小型、稍早）							
1	A1	修相思	《清华铭文镜》图3	13.8	186	1.24	缠绕式
2	A2	修相思	《故宫藏镜》图24	13.7	232	1.58	间隔式
3	A3	感思甚	《清华铭文镜》图4	11.6	152	1.43	
4	A4	与天地相冀	《故宫藏镜》图23	13.3	209	1.50	
5	A5	与天地相冀	《汉铭斋藏镜》图2	11.2	130	1.31	
6	A6	与天地相冀	《汉铭斋藏镜》图3	9.3	85	1.25	
7	A7	感思悲	《汉铭斋藏镜》图7	12.8	246	1.90	
8	A8	感思悲	上海博局山房	11.5	127	1.22	
9	A9	感思悲	上海博局山房	11.0	105	1.11	
10	A10	感思悲	《汉铭斋藏镜》图8	10.5	110	1.27	
A类m平均值m_0为1.35克/平方厘米							
B类：西汉蟠虺							
11	B1	见日（4字）	《清华铭文镜》图6	9.3	45	0.66	
12	B2	见日（8字）	《清华铭文镜》图7	8.9	50	0.81	
13	B3	见日（8字）	《清华铭文镜》图8	7.3	19	0.45	
14	B4	常贵（8字）	《清华铭文镜》图9	8.6	41	0.71	
15	B5	见日（4字）	《汉铭斋藏镜》图17	9.5	59	0.83	
16	B6	见日（8字）	《汉铭斋藏镜》图18	8.1	32	0.62	
17	B7	常贵（6字）	《汉铭斋藏镜》图19	8.8	43	0.71	
18	B8	常贵（8字）	《汉铭斋藏镜》图20	8.9	52	0.84	
B类m平均值m_0为0.72克/平方厘米							
C类：西汉蟠螭（大型、稍晚）							
19	C1	大乐富贵	《上海博物馆藏铜镜精品》图31	19.0	430	1.52	博局方框
20	C2	长富贵	《汉铭斋藏镜》图14	18.7	607	2.21	四叶圈带
21	C3	大乐贵富	《汉铭斋藏镜》图12	18.5	415	1.54	四叶圈带
22	C4	大乐贵富	《清华铭文镜》图5	18.2	474	1.82	四叶圈带
23	C5	大乐贵富	《汉铭斋藏镜》图11	16.1	350	1.72	四叶圈带
24	C6	大乐贵富	《汉铭斋藏镜》图9	15.4	289	1.55	博局方框
25	C7	大乐贵富	《越地范金》第123页	14.0	332	2.16	博局方框
26	C8	大乐贵富	《汉铭斋藏镜》图13	13.4	149	1.06	四叶圈带
27	C9	大乐贵富	《汉铭斋藏镜》图10	11.3	142	1.42	博局方框
28	C10	相思（大乐）	《汉铭斋藏镜》图4	13.3	212	1.53	四叶圈带
C类m平均值m_0为1.73克/平方厘米							
D类：西汉四乳							
29	D1	常乐未央	《清华铭文镜》图13	6.9	38	1.02	
30	D2	时来何伤	《汉铭斋藏镜》图30	6.9	36	0.96	
31	D3	长毋相忘	《汉铭斋藏镜》图31	8.8	63	1.04	
32	D4	常毋相忘	《汉铭斋藏镜》图32	9.1	74	1.14	
33	D5	君来何伤	《汉铭斋藏镜》图34	9.6	78	1.08	
34	D6	君来何伤	《汉铭斋藏镜》图35	9.8	70	0.92	
35	D7	长毋相忘	《汉铭斋藏镜》图40	9.4	94	1.36	
36	D8	西王母	《汉铭斋藏镜》图29	9.6	84	1.16	
37	D9	美宜之	《汉铭斋藏镜》图43	11.6	113	1.07	

续表

序	分类	铭文首句	资料来源	直径（厘米）	重量（克）	m值	说明
38	D10	与众异	《汉铭斋藏镜》图44	11.4	100	0.98	
						D类m平均值m_0为1.06克/平方厘米	
E类：西汉花瓣							
39	E1	见日（23字）	《清华铭文镜》图18	18.8	515	1.85	
40	E2	此镜甚明	《汉铭斋藏镜》图46	13.9	309	2.16	
41	E3	见日（君王）	《汉铭斋藏镜》图47	13.6	260	1.79	
42	E4	君毋相忘	《汉铭斋藏镜》图48	13.4	220	1.56	
43	E5	见日（所言）	《汉铭斋藏镜》图49	11.6	178	1.68	
44	E6	与天（20字）	《汉铭斋藏镜》图50	11.6	224	2.11	
45	E7	与人（16字）	《汉铭斋藏镜》图51	11.5	196	1.89	
46	E8	请浪（25字）	《汉铭斋藏镜》图52	11.5	196	1.89	
47	E9	请浪（32字）	《汉铭斋藏镜》图53	11.4	155	1.52	
48	E10	与天（16字）	《汉铭斋藏镜》图54	14.1	239	1.53	
49	E11	长相思	《汉铭斋藏镜》图55	12.4	178	1.48	
50	E12	镜以此行	《汉铭斋藏镜》图56	19.2	544	1.88	
						E类m平均值m_0为1.77克/平方厘米	
F类：西汉草叶							
51	F1	见日（16字）	《清华铭文镜》图19	20.2	730	2.28	
52	F2	日有憙	《清华铭文镜》图20	18.2	430	1.65	
53	F3	日有事	《清华铭文镜》图21	13.8	283	1.89	
54	F4	时来何伤	《清华铭文镜》图22	13.8	235	1.57	
55	F5	必忠必信	《汉铭斋藏镜》图75	18.2	529	2.04	
56	F6	与君相欢	《汉铭斋藏镜》图71	16.0	375	1.87	
57	F7	上高堂	《汉铭斋藏镜》图76	16.2	322	1.56	
58	F8	久浮何伤	《汉铭斋藏镜》图72	15.9	318	1.60	
59	F9	君行卒	《汉铭斋藏镜》图68	13.6	237	1.63	
60	F10	投薄衍酒	《汉铭斋藏镜》图79	13.7	223	1.52	
61	F11	见日（所言）	《汉铭斋藏镜》图59	11.5	131	1.26	
62	F12	日出之光	《汉铭斋藏镜》图61	11.4	202	1.98	
						F类m平均值m_0为1.74克/平方厘米	
G类：西汉圈带							
63	G1	君有远行	《上海博物馆藏铜镜精品》图37	17.8	460	1.86	
64	G2	絜清白而事君	《清华铭文镜》图29	17.4	720	3.03	
65	G3	絜清白而事君	《汉铭斋藏镜》图88	17.6	764	3.14	
66	G4	絜清白而事君	《汉铭斋藏镜》图89	15.5	508	2.68	
67	G5	涑治铜华	《清华铭文镜》图31	23.6	1280	2.93	
68	G6	涑治铜华	《清华铭文镜》图32	18.7	910	3.31	
69	G7	清练铜华	《清华铭文镜》图90	18.9	873	3.11	
70	G8	涑治铜华	《汉铭斋藏镜》图91	17.5	806	3.34	
71	G9	练治铜华	《汉铭斋藏镜》图92	16.5	614	2.87	
72	G10	皎光（单圈）	《汉铭斋藏镜》图95	18.0	701	2.76	
73	G11	日有憙	《汉铭斋藏镜》图96	17.4	821	3.45	
74	G12	君忘忘	《汉铭斋藏镜》图99	16.3	528	2.52	
						G类m平均值m_0为2.95克/平方厘米	
H类：莽式四灵博局（西汉末—新莽—东汉初）							
75	H1	尚方御竟	《岩窟藏镜》二中1	21.0	1020	2.95	
76	H2	尚方御竟	《清华铭文镜》图44	20.9	1000	2.92	
77	H3	尚方作竟	《清华铭文镜》图45	18.6	791	2.91	
78	H4	尚方作竟	《清华铭文镜》图46	16.1	560	2.75	
79	H5	尚方佳竟	《清华铭文镜》图48	13.7	428	2.91	
80	H6	王氏昭竟	中国国家博物馆藏	21.1	1100	3.15	

续表

序	分类	铭文首句	资料来源	直径（厘米）	重量（克）	m值	说明
81	H7	王氏昭竟	《故宫藏镜》图32	21.0	1021	2.95	
82	H8	王氏昭竟	《上海博物馆藏铜镜精品》图42	18.5	867	3.22	
83	H9	王氏作竟	《清华铭文镜》图49	18.1	740	2.88	
84	H10	新有善铜	中国国家博物馆藏	23.0	1200	2.89	
85	H11	新有善铜	《清华铭文镜》图55	18.7	830	3.02	
86	H12	昭匈胁	《汉铭斋藏镜》图106	16.6	632	2.92	
						H类m平均值m_0为2.96克/平方厘米	

（三）评估

在对表二数据进行汇总、计算与排序，可得到表三的评估依据。

表三　西汉镜m值汇总表

序	镜种	m值					浮动率（标准程度）		评价
		低值m_1	高值m_2	浮动值，$m_3=m_2-m_1$	平均值m_0	排序	m_3/m_0	排序	
1	蟠螭（小型）	1.22	1.58	0.34	1.35	3	25%	3	差别较小
2	蟠虺	0.62	0.83	0.21	0.72	1	29%	5	最为轻薄
3	蟠螭（大型）	1.42	2.16	0.74	1.73	4	43%	8	差别最大
4	四乳（前期）	0.96	1.16	0.20	1.06	2	19%	2	差别较小
5	花瓣	1.48	2.11	0.63	1.77	5	36%	6	差别较大
6	草叶	1.52	2.28	0.76	1.74	4	42%	7	差别较大
7	圈带（大型）	2.52	3.34	0.82	2.95	6	28%	4	最为厚重
8	莽式（官制）	2.91	3.15	0.24	2.96	6	8%	1	最为标准

根据表三可知：

（1）西汉蟠螭铭文镜（小型）——差别较小。此类镜前期尺寸偏小，主要是修相思铭（个别镜有10寸）、感思甚铭、与天地相翼铭、感思悲铭等镜类，直径多为5寸（11.55厘米）、6寸（13.86厘米），其m平均值1.35克/平方厘米，m值浮动率（标准度）属中下水平。

（2）西汉蟠虺铭文镜——最为轻薄。此类镜品种不多（以日光铭、常贵富铭为主），直径偏小，多在3.5寸（8.09厘米）至4寸（9.24厘米）之间。m平均值为0.72克/平方厘米，几乎是蟠螭纹镜的一半，其问世年代有可能在汉文帝即位不久的"节俭"时期。此类镜可说是中国铜镜史上最为轻薄的器物，极限最低之m值仅0.45克/平方厘米（《清华铭文镜》图8）。此类镜的标准化程度较差。

（3）西汉蟠螭铭文镜（大型）——差别最大。此类镜后期尺寸偏大，主要是大乐贵富铭（分为博局与圈带两种）等镜类，直径多为6寸（13.86厘米）、7寸（16.17厘米）、8寸（18.48厘米），其m平均值为1.73克/平方厘米，其m值浮动率（标准度）属最差水平。分析原因，蟠螭（大型）镜类问世的持续时间较长，并经历了汉文帝初年的"节俭"时期，一直延续至汉武帝之初。故而此类镜亦是西汉镜由较低m值（1.35）向较高m值（1.73）过渡的一个镜类。由此中国铜镜结束了饰有地纹的早期时代，开始在镜背纹饰突出铭文或主纹。

（4）西汉四乳铭文镜——差别较小。问世时间大致分为两个阶段，前一阶段主要在文景时期，存世器物较多，代表性较强，表二中的数据全部来自这个阶段。此类镜直径较小，多为3寸、4寸、5寸，m值较低，标准化程度较好。西汉晚期又出现一些四乳铭文镜，如《三槐堂藏镜》图64的"家常贵富"镜，《清华铭文镜》图36的千秋万岁镜，因其品种较少，代表性不强，而没有被列入表二的数据采集范围。

（5）西汉花瓣铭文镜——差别较大。此类镜的问世年代似与四乳镜相近，且略早于草叶铭文镜，其存世量不算大，m平均值居中等，标准化程度较差。此类镜的直径以5寸、6寸为主，迄今未见大镜，仍属西汉早期的中小镜系列。

（6）西汉草叶铭文镜——差别较大。这是一个西汉的著名镜种：存世数量较大，尺寸系列齐全（有5～12寸的7个规格），铭文内容丰富，纹饰千变万化。此类镜的尺寸标准度较好，然其m值标准度都不高，m值的浮动率接近50%。m平均值为1.74克／平方厘米，这是一个偏高的数字，符合西汉铭文镜m值由低走高的大趋势。汉武帝平定匈奴以后，社会生产得到发展，人民生活逐步安定。铜镜太小了使用不便，铜镜太薄了容易破碎，生活必需品的制造与使用，开始走上了一条符合自然规律之路。

（7）西汉圈带铭文镜——最为厚重。此类镜分为小型（直径通常小于6寸）与大型（直径多在7寸以上）两个大类：小型镜主要是日光镜和昭明镜，因其多由民间作坊生产，尺寸变化很大，重量情况复杂，本文对此类小型镜不作数据采集。表二中的全部数据皆来自于此类大型镜，主要是清白镜、皎光镜、日有憙镜、君忘忘镜、铜华镜等。这个镜种布满了文字，几乎没有纹饰。此类镜的m平均值为2.95克／平方厘米，达到了西汉镜的最高值。换言之，以相同直径为例，圈带铭文镜在西汉铭文镜系列中的用铜量最大。m值浮动率（标准化程度）位居中等。

在圈带铭文镜中，还有一个重圈系列，直径以6寸、7寸为多，m值情况大致接近。如《清华铭文镜》图38，直径13.8厘米，重量427克，m值2.85克／平方厘米；《清华铭文镜》图39，直径16.3厘米，重量546克，m值2.61克／平方厘米。由此可知，与表二数据相差不多。总体而言，其存世量偏少一些，本文不再列入。

（8）莽式铭文镜——最为标准。新莽时期的度量衡制度与秦始皇时期一样，在中国历史上留下了光辉的篇章。新莽是一个非常特殊的时期，政权上属于"和平过渡"，文化上与西汉一脉相承。有一些西汉末期的铜镜铭文与纹饰（如尚方铭四灵博局），称西汉镜却不是西汉文化，谓新莽镜又不到新莽年代。笔者认为，这是打上了王莽思想印记的西汉末期镜，姑且将其命名为"莽式镜"似较为恰当。同样，到了新莽灭亡以后的东汉初年，因为文化的延续性，也还有新莽镜式样的莽式镜出现。一个相同的镜种，跨越了西汉—新莽—东汉三个时期，这在中国铜镜史上，几乎是一个特例，详见《止水集·莽式铭文镜》。

根据表三可知，莽式镜的m平均值为2.96，完全继承了西汉晚期圈带铭文镜（大型）的m平均值2.95。其m值浮动率仅是8%，充分说明此类镜的标值化程度很高。这在中国铜镜史上，又是另一个特例。

值得强调一点，东汉时期对莽式镜的仿制品很多。比较而言，这些仿制品：m值较低，镜体偏薄，缘口稍斜，镜面略凸，书体甚差。在进行研究时，必须将这些不标准不规整的仿制品删除。

注　释

［1］即将拇指与食指尽量张开，用以丈量。

［2］在实际使用时，小数点后只取1位即满足要求，其后一位可四舍五入。

4.9 新莽官制镜的标准与制式

■ 王纲怀　冯立昇

作为两汉之际铜镜文化主流的莽式铭文镜（实际上就是带铭文的四灵博局镜），流行于西汉末—新莽—东汉初时期大约30年的时间里，浏览莽式镜铭文，可以从中窥见当时政治、经济、文化等各个领域变化的蛛丝马迹。如果再结合存世丰富的新莽钱币和度量衡器物，并通过史籍，我们就可以比较全面地把握两汉之际的文化脉息。

王莽是两汉之际的特殊人物，受到了褒贬两重天的历史评价，从元始元年（1年）的"安汉公"至居摄年间（6—8年）的"摄皇帝"期间，虽西汉朝野对他的歌功颂德可说是登峰造极，然却一直被自东汉始两千年来的儒家正统视为篡汉逆贼。事实上早在西汉末的近10年间，王莽及其家族就已经独揽了整个西汉王朝的大权，不少长期被认为是新莽时期的器物，亦早在西汉末年就已经出现。铜镜是一个时代的文化载体，这些烙上王莽思想印记的四灵博局铭文镜，跨越了西汉和新莽两个时期（事实上还包括东汉初），就年代命名而言，有着两难的困惑。

从典型实例来看，可见扬州出土铜镜，其铭："令名之纪七言止，涷治铜华去恶宰，铸成错刀天下喜，安汉保真世毋有，长乐日进宜孙子。"金错刀系王莽第一次货币改革的产物，其法定流通年代当是王莽摄政的居摄年间。"安汉"即指安汉公王莽，西汉王朝在元始元年给已是大司马的王莽再次加官晋爵，"拜为太傅，赐号安汉公"（《汉书·王莽传》）。此镜年代理应划在西汉末年，但其文化却与而后的新莽时期"一脉相传"。此类镜称西汉镜却不是西汉文化，谓新莽镜又不到新莽年代，笔者认为，这是打上了王莽思想印记的西汉末期镜，姑且将其命名为"莽式镜"似较为恰当。此镜应是不带年号的"纪年镜"，其年代当在居摄二年（7年）至居摄三年（8年）的两年之间，这显然比收藏在中国国家博物馆和上海博物馆的两面国宝级始建国纪年镜要早。因此，早在王莽掌权后篡位前的西汉末年，就有了如同新莽镜式样的"莽式镜"，这在中国铜镜史上，几乎是一个特例。同样，到了新莽灭亡以后的东汉初年，因为文化的连续性，也还有新莽镜式样的莽式镜出现，其典型例子就是一部分"汉有善铜出丹阳"镜。因为改朝换代的需要，只是将"新"字改成了"汉"字，其制式与铭文仍全部照搬原来的新莽镜。

秦始皇统一中国后，用政令对计量器具、文字、货币、道路、兵器等进行了全国规模的统一，同时还颁发了各种律令。秦代尺度标准继承了先秦的23.1厘米；西汉至东汉的426年间，依旧保持了前朝留下的传统；新莽处于两汉之间，仅存世短短的15年，不但维系了这个数百年不变的尺度标准（另见拙文《西汉铭文镜度量研究》），而且还在度量衡历史上留下了光辉的篇章。在存世国宝中有新莽铜嘉量与新莽铜卡尺，以及新莽铜量、始建国铜方斗、始建国龠、始建国撮、始建国铜升和漯仓铜斛等。在20世纪20年代，故宫博物院还从北京琉璃厂古玩市场同时收购了两件都带有"始建国"（9～13年）年号的青铜器——权（秤锤）和衡（秤杆）。现存"台北故宫博物院"的新莽嘉量是刘歆（前50～公元前23年）主持研制的集斛、斗、升、合、龠五量为一器的法定标准量器，制作的十分精致，反映了相当高的科学水平。新莽铜卡尺结构和功能与现代的游标卡尺十分相近，是非常先进的测量工具。

莽式镜铭文的种类很多，镜铭首句常见的是："尚方御竟（镜）大毋伤"（下简称"尚方"铭，见表一），"尚方作竟真大好"（下简称"尚方"铭，见表二），"新有善铜出丹阳"（下简称"新有"铭，见表三），"新兴辟雍建明堂"（下简称"新兴"铭，见表四），"王氏作竟四夷服"（下简称"王氏"铭，见表五）等。莽式镜的标准体系要先从"尚方"铭文镜说起。"尚方"是秦代开始设置的官署名，汉代分左、中、右三尚方，皆由九卿之一的少府管辖，执掌帝王所用器物的制作，主造并储藏皇室所用刀剑等兵器以及包括铜镜在内的各种玩好器物。《汉书》："少府属官，有钩盾、尚方、御府。""御"字在此有两说，一说为管辖与治理，《国语·周语上》载"百官御事"；二说为对帝王所用器物的敬称，如御用。盛行期各种规格"尚方"镜的存世数量并不少，其中一些应是皇室所用，另一些也许是皇亲国戚与高层官吏所用。从存世数量和完美程度来分析，此类镜亦不可能全部都在帝王之家。比较"尚方御镜"和"尚方作镜"的总体形制，找不到明显的差距，在"尚方御镜"的铭文结尾处，多有"如侯王"之句，若"御镜"是专供皇室所用，则"如侯王"就说不通。因此，笔者认为，这里的"御"字主要是"管辖""治理"之意。表一A5镜与表五E8镜是一种特殊情况，作为罕见的鎏金尚方御镜，理应是皇室成员所用。将盛行期的"尚方"镜与新莽度量衡之标准相对照，可知新莽时期"尚方"铭镜是质量控制水平很高的一种官制标准制品。

表一　尚方御竟铭莽式镜一览表

序号	直径（厘米）	汉尺（寸）	重量（克）	m值（克/平方厘米）	字数	铭文首句	资料来源
A1	23.2	10	1219	2.88	49	尚方御镜哉真大好	《止水集·莽式铭文镜》图8
A2	21.0	9	1020	2.95	49	尚方御竟大毋伤	《岩窟藏镜》二中1
A3	20.8	9	1000	2.95	50	尚方御竟大毋伤	《清华铭文镜》图44
A4	18.6	8	823	3.03	49	尚方御竟大毋伤	《止水集·莽式铭文镜》表一A1-7
A5	16.4	7	624	2.95	42	尚方御竟大毋伤	日本千石唯司藏（鎏金）
A6	16.1	7	560	2.75	42	尚方御竟大毋伤	《清华铭文镜》图46
A7	13.7	6	430	2.93	41	尚方御竟真大好	《岩窟藏镜》二中7
A8	13.7	6	457	3.11	34	尚方御竟大毋伤	《清华铭文镜》图47

表二　尚方作竟铭莽式镜一览表

序号	直径（厘米）	汉尺（寸）	重量（克）	m值（克/平方厘米）	字数	铭文首句	资料来源
B1	23.2	10	1144	2.17	40	尚方作竟真大巧	《清华铭文镜》图43
B2	23.2	10	1080	2.60	49	尚方作竟真大巧	嘉德2005春拍5764
B3	20.2	9	850	2.66	30	尚方作竟真大巧	中国国家博物馆
B4	18.8	8	791	2.85	51	尚方作竟真大好	《清华铭文镜》图45
B5	18.6	8	840	3.09	36	尚方作竟哉真大好	《汉铭斋藏镜》图105
B6	16.1	7	578	2.84	42	尚方作竟真大好	《止水集·莽式铭文镜》表一A2-10
B7	13.7	6	429	2.92	45	尚方佳竟真大好	《清华铭文镜》图48
B8	13.6	6	326	2.25	35	尚方作竟真大好	《止水集·莽式铭文镜》表一A2-12

表三　新有善铜铭莽式镜一览表

序号	直径（厘米）	汉尺（寸）	重量（克）	m值（克/平方厘米）	字数	铭文首句	资料来源
C1	23.0	10	1200	2.89	64	新有善铜出丹阳	中国国家博物馆
C2	20.9	9	1066	3.11	56	新有善铜出南乡	《止水集·莽式铭文镜》表二B-4
C3	18.7	8	830	3.02	56	新有善铜出丹阳	《清华铭文镜》图55
C4	18.5	8	943	3.51	35	新有善铜出丹阳	《洛阳出土铜镜》图29
C5	16.6	7	654	3.03	48	新有善铜出丹阳	《止水集·莽式铭文镜》图12
C6	16.5	7	650	3.04	25	新有善铜出丹阳	《岩窟藏镜》二中14
C7	14.0	6	515	3.34	21	新有善铜出丹阳	《止水集·莽式铭文镜》表二B-16
C8	13.8	6	454	3.03	15	新有善铜出丹阳	《汉铭斋藏镜》图111

表四　新兴辟雍铭莽式镜一览表

序号	直径（厘米）	汉尺（寸）	重量（克）	m值（克/平方厘米）	字数	铭文首句	资料来源
D1	23.3	10	1384	3.24	56	新兴辟雍建明堂	《止水集·莽式铭文镜》表三C-1
D2	18.8	8	812	2.94	42	新兴辟雍建明堂	《止水集·莽式铭文镜》图13
D3	18.8	8	1070	3.85	35	新兴辟雍建明堂	《止水集·莽式铭文镜》表三C-4
D4	18.7	8	1082	3.92	28	新兴辟雍建明堂	《止水集·莽式铭文镜》表三C-5
D5	18.1	8	775	3.01	42	新兴辟雍建明堂	《清华铭文镜》图53
D6	16.6	7	585	2.71	49	新兴辟雍建明堂	《止水集·莽式铭文镜》表三C-7
D7	14.4	6	476	2.92	35	新兴辟雍建明堂	《清华铭文镜》图54
D8	13.5	6	380	2.66	31	新兴辟雍建明堂	《上海博物馆藏青铜镜》图39

表五　王氏昭（作）竟铭莽式镜一览表

序号	直径（厘米）	汉尺（寸）	重量（克）	m值（克/平方厘米）	字数	铭文首句	资料来源
E1	21.1	9	1100	3.15	49	王氏昭竟四夷服	中国国家博物馆
E2	21.0	9	1021	2.95	56	王氏昭竟四夷服	《故宫藏镜》图32
E3	20.6	9	916	2.75	56	王氏作竟真大好	《止水集·莽式铭文镜》表四D-5
E4	18.6	8	635	2.33	48	王氏作竟四夷服	《清华铭文镜》图51
E5	18.6	8	866	3.22	50	王氏昭竟四夷服	《上海博物馆藏青铜镜》图41
E6	18.5	8	621	2.32	49	王氏作竟四夷服	《清华铭文镜》图50
E7	18.1	8	740	2.88	43	王氏作竟真大好	《清华铭文镜》图49
E8	16.6	7	635	2.94	29	王氏作竟四夷服	《止水集·莽式铭文镜》图18

尚方铭莽式镜作为一个标准化系列产品体系，我们可从以下10个方面加以考察和认识其质量控制标准和规范。

（1）尺寸规格：根据《中国科学技术史·度量衡卷》，以西汉和新莽的长度单位1尺，相当于现在公制23.1厘米进行换算可知：尚方铭镜的直径多见9寸、8寸、7寸，少见10寸、6寸。有一些器物虽稍有误差，然通常皆不超过2%。迄今为止的统计数字表明，"尚方"铭、"新有"铭和"新兴"铭三类皆有10寸镜和6寸镜，而"王氏"铭最大只有9寸镜，最小只有7寸镜。

新莽官制镜以汉尺8寸、9寸、10寸为多，且执行标准严格。本文以背纹图测量的9组数据作比对，试举了序号1、序号2、序号3（即《清华铭文镜》图50、图44、图43）为例。详见表六。

表六　新莽官制镜背纹测量数据表

序号	尺度标准	1	2	3	4	5	6	7	8	9
		尺寸						凹面方框		
		外缘直径	锯齿纹外缘径	锯齿纹内缘径	周铭外径	周铭内径	乳心距	外框边长	铭文外边长	铭文内边长
1	公制(厘米)	18.5	14.6	13.3	12.0	10.7	7.6	5.8	5.1	3.8
	汉尺(寸)	8.0	6.3	5.7	5.2	4.6	3.3	3.1	2.2	1.6
2	公制(厘米)	20.9	16.4	14.9	13.4	11.8	8.4	6.4	5.6	3.7
	汉尺(寸)	9.0	7.1	6.4	5.8	5.1	3.6	2.8	2.4	1.6
3	公制(厘米)	23.2	19.4	17.7	15.9	14.4	9.7	7.2	6.4	4.6
	汉尺(寸)	10.0	8.4	7.6	6.9	6.2	4.2	2.5	2.8	2

比对表六之序2镜（《清华铭文镜》图44）与序1镜（《清华铭文镜》图50）相关直径的数据：以16.4∶14.6为例，两者之比基本满足9∶8之约数（1.18）。再比对序3镜（《清华铭文镜》图43）与序2镜的数据，两者之锯齿纹内、外缘径和周铭外径之比亦为1.18，即：19.4∶16.4 ≈ 17.7∶14.9 ≈ 15.9∶13.4 ≈1.18。由此可知，新莽官制镜除了有严格的标准与制式外，在不同规格的图案作比对时可看到，其直径之间，亦有相应的严格比例。

（2）重量：对于汉尺9寸、8寸、7寸的标准器物而言，其平均的单位面积重量m（$m = g/A$，g为铜镜重量，A为其外圆面积）值，被严格地控制在2.9～3.0的标准范围：千石唯司的鎏金尚方御镜（表一A5）m值为2.95，《清华铭文镜》图44的尚方御镜（表一A3）m值为2.95，《岩窟藏镜》二中1尚方作镜（表一A2）m值为2.95，以m值2.95为例，即9寸镜的（成品）用铜量（含锡铅在内）在1001克左右（A3镜恰为1000克），8寸镜的用铜量在791克左右，7寸镜的用铜量在606克左右。对于10寸镜而言，需避免过重而不便使用，其m值会稍低一些；对于6寸镜而言，因避免过薄而容易破碎，其m值会稍高一些。比较莽式镜而言，东汉早中期的仿制"尚方"镜，有着文字甚差、减笔过多、四灵错位、子午转向、镜面较凸等变化，其m值亦明显偏低，不在本文讨论之列。

（3）文字：尚方镜铭已是容易认读的"今文字"，亦证明了汉字从古文字向今文字演化的"隶变"早在西汉末已经完成。此类镜特别是尚方御镜，其文字比较规范，难以找到反书或别体字，少见通假（如"今"即"金"）与省偏旁（如"竟"即"镜"），对于笔画多的文字偶有减笔。语句多为七言，呈圆周排列且按顺时针方向旋读，有起讫符号，首字多位于青龙头前的东北方位。

（4）书体：在有龙头前饰金乌和虎头前饰蟾蜍纹饰的"尚方"镜（特别是尚方御镜）中，镜铭书法多是一种笔端出尖、如同柳叶的特殊书体，因其结构近似隶书，姑且可称"莽隶"，比西晋卫瓘所创之"柳叶篆"要早二百多年。在正规的"王氏"镜中，铭文亦皆为莽隶书体。在其他的各种莽式镜中，除了鎏金镜之外，几乎不见这种似被控制使用的特种书体。

（5）主纹：四灵纹与博局纹的组合出现于西汉晚期，亦是王莽思想印记在官制莽式镜中的典型标志。包括新兴铭莽式镜在内的若干镜例表明，在带十二地支的标准莽式镜出现之前，就有了不带十二地支的"前莽式镜"。换言之，在西汉晚期的各类四灵博局镜中，只有到居摄前后的西汉末出现十二地支纹时，标准莽式镜才算是基本定型。

十二地支是标准莽式镜中一个固定制式，位于内外凹面方框之间，且与十二乳钉相间，呈顺时针向排列。十二地支是"子、丑、寅、卯、辰、巳、午、未、申、酉、戌、亥"的总称，古代用以计时，其起源于先秦时代的华夏文明。《睡虎地秦简》一书告诉我们，早在秦代以前就已经将十二支配以动物，作为人的相属。在镜铭中，西汉早期镜偶有不完全的十二地支出现，完全的十二地支则源自于西汉末的纯十二地支镜与十二地支四灵博局镜，图中排序和配置也更为精准、规范。在6寸（即13.8厘米）莽式镜中，多因镜面太小而在纹饰布局时省略了十二地支。存世器物表明，莽式镜中出现十二支最早在西汉末的居摄前后，最晚至东汉早期。一个奇怪的现象是，东汉中期以后的长时间里再不见十二地支在铜镜上出现，直到六百年后的北朝末至隋唐两代，才又看到十二地支以十二生肖的形象重现人间。

标准莽式镜对四灵、博局及总体形制有着严格的要求。其设计思想反映了几何作图与艺术和文化的完美结合。

第一，读图方向坐北朝南（北方玄武在下，南方朱雀在上），"左（东）青龙，右（西）白虎"。中心十二地支的"子"在下、"午"在上，子午线穿钮孔而过。置图时不可颠倒或转向，如果上下变位、左右不对，古代"方术"的概念就错了。

第二，每个方位的四灵之一，通常皆在TL纹的右侧。更为复杂的纹饰，在青龙头前饰有金乌（喻示太阳），在白虎头前饰有蟾蜍（喻示月亮）。统计可知，有金乌蟾蜍者多为中原铸制，无金乌蟾蜍者多系会稽铸制。

第三，在方术学中，TL纹处"四正"位，V纹处"四维"位。TLV纹仅大小粗细允许差异，其布局却不可任意变化。除了西汉早期蟠螭博局镜的TLV纹用四线式外，几乎所有莽式镜的TLV纹皆为凹面式。

第四，多数情况系TLV纹与边缘之间嵌一周铭文带，少数情况为T纹与LV纹之间嵌一周铭文带，个别情况是铭文带分成8段，均匀分布在L纹与V纹之间。

（6）伴兽：四灵主纹饰的布局，通常皆处于每一方位的TL纹右侧，在其左侧为伴兽（或羽人骑鹿，或独角兽，或羽人等）。纹饰空隙处多饰以禽鸟为主的动物，纹饰总约为十数个（王氏昭竟莽式镜最多有35个，详见表五E2镜）。青龙头前多有"金乌"（喻示太阳），白虎头前多有蟾蜍（喻示月亮）。有学者提出，没有"金乌"和"蟾蜍"的尚方御镜系列，可能由会稽（古绍兴）等地方作坊制作。

（7）边缘：边缘纹饰皆系水波纹（俗名流云纹，应称辟雍纹[1]），在9寸、8寸、7寸三个规格中，不见其他莽式镜边缘所有的变形禽兽纹或多重锯齿纹。个别7寸、6寸镜中偶见多重锯齿纹，应是在离开了盛行期的新莽后期制作。比较新莽和东汉两个时期的边缘断面，前者呈现等高状，后者呈现外高内低的斜坡状。再比较缘口斜坡处，新莽时稍直，东汉时偏斜。

（8）边宽：边缘宽度与直径之比（边宽系数）n值：表一A5鎏金尚方御镜的边缘特别宽，n值大于15%；"王氏"镜n值为13%～15%；7寸、8寸、9寸的"尚方镜"的n值多为12%～14%；其他新莽镜种的n值一般都小于这个范围。

（9）镜钮：莽式镜之镜钮多是一种下半部带圆锥状的半圆球体，其镜钮大小适当，比较而言，东汉时镜钮偏高偏大，魏晋时更大。钮座大致分两种情况，西汉晚期主要是四叶纹（亦称柿蒂纹）；西汉末期与新莽时期主要是变形（叶内部分雕空）四叶纹并在其叶间加上四片小叶。还有一种情况，即十二地支方框较小时，不出现叶纹钮座，另当别论。

（10）镜面：比较正面（照容面）弧度，西汉镜微凸、新莽镜稍凸、东汉早期镜较凸，东汉三国镜更凸，可知两汉时期镜面凸度呈现一种逐渐加大的变化，说明当时人们在照容时，对照容面积放大之要求有与日俱增的趋势。详见本书《东汉三国高凸镜面曲率半径研究》。

新有善铜铭莽式铭文镜（表三），新兴辟雍铭莽式铭文镜（表四）、王氏昭（作）竟铭莽式铭文镜（表五）这三类镜的大多数，皆符合尚方铭莽式镜的标准体系。似可认为，表一至表五所列实物，大体上都属于新莽官制镜的范围。本文列举表一A3（图1）、表五E2（图2）的2镜图片，以供读者鉴赏。此2镜之m值皆为2.95克/平方厘米，可当作比对标准。

综上所述，从对现存新莽官制镜的分析看，王莽时期铜镜的设计达到相当高的水平，在尺寸规格、图案格局、重量控制等方面都相当规范或统一，铜镜的生产也达到了系列化、规范化与批量化生产阶段。

图1

图1A

图2

注释

［1］一种猜想：王莽居摄至新莽始建国期间，正规的四灵博局镜问世，四灵或博局的纹饰源由，都是为了辟去不祥。延续这个思路，俗称流云纹的边缘纹饰，实为象征着礼制建筑外围的水波纹，名曰辟雍，喻义"行礼乐、宣教化"。可参见《西汉礼制建筑遗址》（文物出版社2003年）一书。

第5章 文学、美学篇

5.1 汉镜铭文与汉乐府

——兼说语体与音韵 /349

5.2 说汉镜铭文中的女性赋体诗

——"姚皎光"镜 /357

5.3 从博局镜看汉镜之美 /359

5.4 西汉镜抽象龙纹研讨 /368

5.5 居摄、新莽镜花边纹研讨 /376

5.1 汉镜铭文与汉乐府——兼说语体与音韵

■ 张炳生

汉王朝是我国第一个封建盛世,在大一统盛世中,社会生产力得到了极大的发展,其文化也体现出特有的大汉气象。它延续并发展了曾被秦帝国一度中断的传统礼乐文化,形成了以儒家思想为核心的统一的封建文化,统一性与综合性成为其最突出的特色。汉代哲学自然、道德、宗教三大流派,重于探讨社会人生、人伦纲常,成为伦理道德型哲学;汉代史著体例完备,诞生了《史记》《汉书》皇皇巨著,代表了中国封建社会史学的最高水平;汉代文学无论诗、赋或散文无不大家如云、佳作迭出。这些特色的形成,与中国特殊的社会发展形态有关,更与汉代大一统格局的变化密切相连。同时,历史悠久的华夏文化,尤其是春秋战国时期的文化,给汉代文化特色的形成提供了珍贵的文化资源,使它成为华夏传统文化的集大成者和中国封建大一统文化的楷模。汉乐府和汉镜铭文便是在这种政治、经济、文化土壤中破土而出的两朵奇葩。

汉乐府指由汉时乐府机关所采制的诗歌。其中的民歌,原本在民间流传,经由乐府保存下来。《汉书·艺文志》载:"自孝武立乐府而采歌谣,于是有代赵之讴,秦楚之风。皆感于哀乐,缘事而发。"它是继《诗经》之后,古代民歌的又一次大汇集,它开创了诗歌现实主义的新风,在文学史上有极高的地位,与诗经、楚辞可鼎足而立。作为一种新的诗体,汉乐府为整个汉代社会提供了另外一种精神食粮。

汉镜铭文作为附属于制镜工艺的实用文字,一方面保持相对的独立性,但又不是封闭的,与诗歌、辞赋、谣谚等韵文体有着密切的联系,特别受到乐府、楚辞的浸润、熏陶和影响。而作为草根艺术,它与起于民间、传于民众的汉乐府更有着天然相通的血脉之源。从内容上说,汉镜许多铭文应是直接从乐府诗歌脱胎而来。

君有行镜铭文可谓抒情纪事类的代表:"君有行,妾有忧。行有日,反毋期。愿君强饭多勉之,仰天大[1]息长相思。"(图1);我们读汉乐府《琴调曲·饮马长城窟行》:"青青河畔草,绵绵思远道。远道不可思,夙昔梦见之……长跪读素书,书中竟何如?上言加餐饭,下言长相忆。"可以说,君有行镜铭文就是《琴调

图1

曲·饮马长城窟行》一诗的翻唱。乐府《十五从军征》中"十五从军征,八十始得归……中庭生旅谷,井上生旅葵。舂谷持作饭,采葵持作羹。羹饭一时熟,不知贻阿谁。出门东向望,泪落沾我衣"与道路远镜铭"道路远,侍前希。昔同起,予志悲"(见《小校经阁金文拓本》)比照,可以说,铭文完全是由诗句演化而来。读"长富贵,乐毋事,日有意,常得所喜,宜酒食"(河北满城中山国靖王刘胜墓出土)、"日有事,宜酒食,长富贵,美人侍"(图2)等铭文,再与汉乐府《杂曲·古歌》"上金殿,著玉樽,延贵客,入金门……东厨具肴膳,椎牛烹猪羊。主人前进酒,弹瑟为清商……清樽发朱颜,四坐乐且康。今日乐相乐,延年寿千霜"比较,我们可以发现,其实镜铭文就是此诗的缩写。

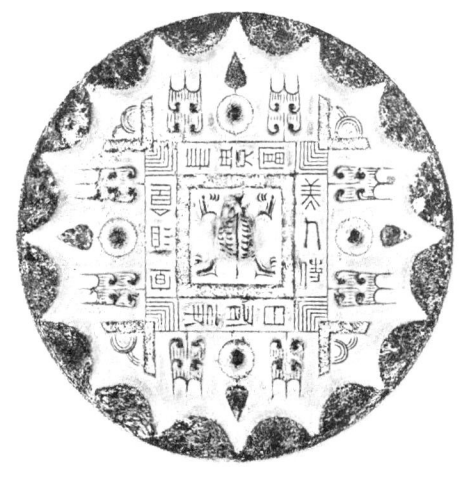

图2

图3

"日有喜,月有富。乐毋事,常得(意)。美人会,竽瑟侍。贾市程,万物正。老复丁,死复生。醉不知,醒[2]且醒"(图3);"上高堂,临东相,竽瑟会,酒食芳"(图4);"从[3]酒东相,长乐未央"(图5);"投博至明,置酒高堂"(见《清华铭文镜》图23),这些祈祷吉祥的铭文与《清调曲·相逢行》"黄金为君门,白玉为君堂。堂上置樽

图4

图5

酒，作使邯郸倡。中庭生桂树，华灯何煌煌……入门时左顾，但见双鸳鸯，鸳鸯七十二，罗列自成行。音声何嘈囋，鹤鸣东西厢……丈人且安坐，调丝方未央"比较，镜铭活脱脱就是乐府诗的释义。

原本在民间流传的歌诗，本身就是草民心底愿望和呼声的反映，无论抒情纪事，祈祷吉祥，谈仙说道，汉乐府诗所表现的多是人们普遍关心的敏感问题，如苦与乐、爱与恨、生与死等。镜铭文大多出自同样处于社会底层的工匠之手。他们共同的处境，共同的命运，共同的愿望也就形成的相同的人生价值，相近的社会认同。同声相应，同气相求，心心相印，脉脉相通，在生活同一底色上，自然也就产生出艺术创作的类似题材。

作为不同的艺术，铜镜铭文和汉乐府又呈现出各自的艺术特质，其外在表现亦有着明显异差。这主要表现在以下几个方面。

一是反映社会生活面的阔与狭。两汉乐府诗的作者来自不同阶层，诗人的笔触深入到社会生活的各个层面，因此，汉乐府内容丰富，反映的社会面广泛。诸如对于阶级压迫的反抗和控诉（《东门行》《妇病行》《乌声》）；对战争和徭役的怨愤（《战城南》《十五从军征》）；对上层社会骄奢淫逸、丑恶腐朽生活的揭露与批判（《鸡鸣》《相逢行》《长安有狭斜行》）；对妇女受封建礼教和封建婚姻制度的束缚压迫的血泪控诉（《怨歌行》《白头吟》）；对人民的劳动生活和美丽自然风光的讴歌（《江南可采莲》）；对人生无常、求仙游乐情绪的表达（《善行哉》《西门行》《怨诗行》）。可以说，乐府犹如汉代社会的万花筒，走进它，我们可以窥视当时社会的百事概貌，大千景象，万家忧乐。

制镜工匠相对民谣歌者而言，实属小众；汉乐府诗来自民间，其重心在社会底层，而铜镜作为商品，其铭文的适应对象主要在中上层社会。这两个基本条件决定，相对汉乐府反映广阔的社会画面、具体的生活场景而言，镜铭文视野则显得较为逼仄狭窄，笔触所及只是一般的社会形态。

二是揭示本质的深与浅。汉乐府民歌不仅具有丰富的社会内容，而且具有深刻的思想意义。所谓"感于哀乐，缘事而发"，就是说，乐府民歌的作者面向现实生活，根据人们在各种各样的遭遇中所表现出来的喜怒哀乐而进行创作的。它继承和发扬了《诗经》现实主义优良传统，真实而具体地反映了当时的社会面貌和人民的思想感情。

社会成员之间的贫富悬殊、苦乐不均在汉乐府中得到充分的反映。《东门行》《妇病行》《孤儿行》表现的都是平民百姓的疾苦，是来自社会最底层的呻吟呼号；而《鸡鸣》《相逢行》《长安有狭斜行》等诗，与《东门行》等迥然有别，都是以富贵之家为表现对象。这就形成对比鲜明、反差极大的两幅画面：一边是饥寒交迫，在死亡线上挣扎，一边是奢侈豪华，不知人间还有忧愁事；一边是连自己的妻儿都无法养活，一边是妻妾成群，锦衣玉食，而且还豢养大群水鸟。这两组乐府诗引导读者遍历天堂地狱，领略到人间贫富悬殊、苦乐不均的两极世界。再看《十五从军征》，主人公15岁从军，80岁才返回家乡，坟冢累累，满目荒凉，老人万念俱灰，倚门远望，不知如何度过风烛残年。《上山采蘼芜》写的则是妇女无辜被弃的不幸。此外还有写官家豪富对人民的欺凌和上层社会的腐朽与无耻等。胡应麟在《诗薮》中说："汉乐府采摭闾阎，非由润色，然质而不俚，浅而能深，近而能远，天下至文，靡以过之。后世言

图6

图7

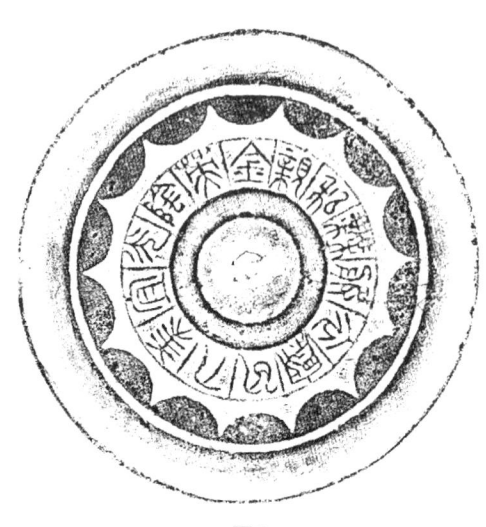

图8

诗,继自两汉,宜也。"高度肯定乐府运用通俗自然的语言,真实而深刻地反映出广阔的社会生活和人民的爱憎,具有高度的思想性与艺术性,这位明朝文艺批评家的这个评价可谓切中肯綮。

而纵观汉镜铭文,虽对当时社会的主题有所触及,但大多或是抒情纪事、庇佑祝祜,或谈仙说道、追求长寿,或祈祷吉祥、警诫劝勉。如"尚方作竟真大好,上有仙人不知老,渴饮玉泉饥食枣,浮游天下敖四海,徘徊名山采芝草,寿如金石为国保。大富昌,子孙备,具中央"(图6);"涑冶铜华得其清,以之为竟昭身刑,五色尽具正赤青,毕长生"(图7);"金英阴光宜美人,以察衣服无私亲。"(图8)。从以上镜铭看,汉镜铭文更多的是表现人们的各种愿望与幻想,凝结着汉代社会世俗生活的种种追求与情感。如"尚方作镜铭",较之文人游仙辞赋及乐府诗为直接、概括、完整地表现汉人的游仙幻想。可以说,汉镜铭文创作者更多侧重于娱乐功能,而较少教化的动机。因而,其铭文只是触及社会的痒区而非痛点,是揭示表层败相而非深层病灶。

三是表现手法的繁与约。汉乐府民歌具有极高的美学价值,其艺术成就是卓越的,充分表现了劳动人民的创作才华,在文学史上具有了承前启后的关键作用。就其表现手法而言,博喻、对话、夸张、白描、对偶、起兴等,异常丰富,十分精彩。

乐府最突出的特色是以叙事为主,善于剪裁和安排情节,或描写一个场面,或叙述一个完整曲折的故事,手法纯熟自然。其中最成熟的作品当属《陌上桑》和《孔雀东南飞》。两诗都注意以人物关系构建叙事情节,以人物冲突推动情节的发展,并注意人物活动的典型环境。乐府还善于通过人物的语言和行动来刻画人物的性格特征。如《东门行》中妻子与丈夫的对话,《上山采蘼芜》中弃妇与故夫的答对,《陌上桑》中"罗敷前致辞"的从容、无畏,《孔雀东南飞》中焦母捶床大怒、刘母拊掌而悲等都是其例。善于运用比兴、拟人、夸张、铺陈和烘托手法是乐府又一大艺术特色。如《白头吟》以"礼如山上雪,皎若云间月"比喻女子的爱情纯洁;《陌上桑》以铺陈手法表现罗敷的美丽等。

汉镜铭则少有乐府诗的形象表达,而更多的是直接揭示。也就是说,在赋、比、兴诸文学手法中,它往往采用赋的平铺直叙,直抒胸臆,只开门见山,而非曲径通幽。汉镜铭,多出于工匠之手,实为通俗文学之一种,其在当时的基本文学风格,是俗文学而非雅文学,是一种近于格言体的应用性的文体,与一般的文人文学创作相比,自有高下之别,文野之分。

四是释放情感的烈与温。汉乐府民歌感情的表现是激烈而直露的。它不同于《诗经》的情感表达的温柔敦厚风格,汉乐府民歌既受屈原"长太息以掩涕兮,哀民生之多艰"精神的熏陶,同时又具在更广泛的生活方面和更强烈的程度上表现这一特点,无论表现社会不平、战争残酷、爱情悲欢,乃至乡思愁苦方面,都淋漓尽致地地释放情感。叙事诗是如此,抒情诗更是如此。"战城南,死郭北,野死不葬乌可食……水声激激,蒲苇冥冥,枭骑战斗死,驽马徘徊鸣",我们通过(《战城南》)这样惨烈景象的描述感受人民遭受战争痛苦的呐喊;"上邪!我欲与君相知,长命无绝衰。山无棱,江水为竭,冬雷震震,夏雨雪,天地合,乃敢与君绝",我们也能从(《上邪》)女主人公的决绝誓言中,体味热恋中有情人生死不弃的惊心动魄的力量。"秋风萧萧愁杀人,出亦愁,入亦愁,座中何人,谁不怀忧?令我白头!"《古歌》抒发的乡愁,又是那样浓厚沉重,令人无法排遣。"青青园中葵,朝露待日晞。阳春布德泽,万物生光辉。常恐秋节至,焜黄华叶衰。百川东到海,何日复西归?少壮不努力,老大徒伤悲!"《长歌行》对美好人生的珍爱又表现得多么强烈而又直白。在这类民歌中,长歌当哭,呐喊呼号,浓烈、直接、鲜明的感情随处可感,随手可触。汉乐府在中国诗歌史上,是一次情感的大释放,说汉乐府民歌是"感于哀乐"之作,可谓一语中的。

汉镜铭文也有此类感情强烈的文字,诸如:"君行卒,予志悲,久不见,侍前稀"(图9);"君有远行妾私喜,饶自次,其某止。君征行来。何以为信?祝父母耳。何木毋疵?何人毋友?相思有常,可长"(图10);"许氏作竟自

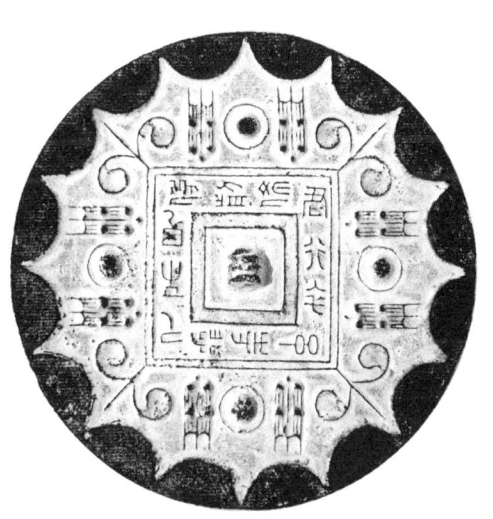

图9

图10

有纪,青龙白虎居左右,圣人周公鲁孔子,作吏高迁车生耳,郡举孝廉州博士,少不努力老乃悔。吉"(见罗振玉《古镜图录》)。正如清人张廷济所评:"君有行镜铭嗣哀艳如汉魏乐府,镜文中之仅见者。"但总体而论,镜铭不如乐府古辞之铺陈排比、生动具体,其表现是趋于概括性的,着重表现基本的内容与主旨,所以形象性比较弱,而且是以一般的使用者为阅读物件,所以其言少有雅奥之词,而多趋浅近,直接表现普通人的幻想、愿望与心声,即达幽怨,通风喻,表称颂,故在其风格上表现得比较温婉、中和、平实。

镜铭在汉代是一种相对独立的韵文系统,它并非文人自由创作的纯文学文体,其创作的目的与形式,取决于铜镜本身的条件。首先,镌刻空间逼仄。方寸之地,少的只能容十几字,多也不过几十字,这就大大制约了其表现力,因而镜铭必须弃繁就简、舍丰取约,突出文字的概括性和典型性;而乐府从几百言的短章到长达几千言鸿篇,可调动各种艺术手段,以求尽情尽兴,尽善尽美。其次,工匠要考虑文字与镜背图案花纹的配合,达到和谐统一,相得益彰,将文字做概括性的处理当在情理之中。同时,作为商品,镜铭要适合销售对象的要求,文辞通俗,较少修饰,因而形象性较弱。统观汉镜铭文,虽然采用了诗歌的各种体式,但与正宗的诗歌乐府相比,抒情与叙事的功能都十分薄弱,修辞艺术也较简单。可以说,镜铭在汉代的各种韵文系统中,应属于在诗学上层次较低,艺术的形态比较原始的一种,整体的文学价值并不高。这些是创作者的创作意图、文学水平、受众要求和制作条件等因素所决定的,不可苛求。

从语体考察,西汉的乐府民歌中,《铙歌十八曲》全都是杂言,《江南》则是整齐的五言。另外,像《十五从军征》等也有人认为是西汉作品。但不管如何,到了东汉以后,乐府民歌中整齐的五言诗越来越多,艺术上也越来越成熟。东汉中后期,文人的五言诗也日趋兴盛。而且,一般所说的"民歌",尤其是上述语言技巧相当高的"民歌",也难以排斥经过文人修饰甚或出于文人之手的可能。在汉代乐府民歌中和文人创作中孕育成熟的五言诗体,成为乐府诗歌中最重要、最辉煌的篇章,《陌上桑》《孔雀东南飞》就是代表。

镜铭多三言体,如"长相思,毋相忘。常富贵,乐未央";亦有四言体,如"见日之光,天下大明,服者君卿";七言体如"新兴辟雍建明堂,单于举土列侯王,将军大尹民户行,八子九孙治中央,常服此镜寿命长"(图11);三七言相杂的杂言体如"作佳镜,清且明,葆子孙,乐未央。车当传驾骑趣庄,出乘四马自有行,男则封侯女嫁王,刻娄博局去不羊。服此镜,为上卿"(图12)。令人感到意外的是,汉镜铭未见五言体。

为何镜铭不曾借鉴五言歌诗体呢?镜铭始于汉初,与汉代的杂歌谣词、郊祀乐章一样,其诗形源于汉代民间楚歌体,故其除四言外,以三言、七言或三七杂言为主,并形成一种传统沿袭,故没有采用后来流行的五言体。所以,从根本上说,三言、四言和杂言镜铭在文体上属于韵文,而非歌诗,属于不入乐、不歌而诵的杂谣、谚语之类。

从传世的大量铜镜看,其中许多铭文中明确标有"七言"字样,如"七言之纪从镜始","七言之始自有纪"等说明。"七言"已经是一种被普遍使用的语言形式,汉人在铜镜中创作七言铭文,已经成为那个时代的社会习俗。愚以为,七言体是汉镜铭文的精华。

首先,七言体数量多。据统计,现存汉代七言镜铭至少有近400篇,其中少的只有一句,最多的有十一句。四句式、五句式各有百多首,占据绝大部分。其次,这些汉镜七言铭文,

图11　　　　　　　　　　　图12

不论奇数句、偶数句都是整饬的七言句式；没有平仄、对仗的讲究；音顿明显是二二三节奏；大都押韵，有平声韵也有仄声韵。这些特点说明，汉镜七言铭文最有诗相，最具诗味，最涵诗品，实际上就是七言古诗的雏形，是由歌向诗过渡阶段的歌诗。"尚方"镜最有代表性，可以说是其他镜铭的源头，姑且以其中两镜铭文为例略作分析：

尚方|作竟|真大巧，上有|仙人|不知老，渴饮|玉泉|饥食枣，寿如|金石|佳且好。

音顿二二三，节奏规整；韵脚"巧、老、枣、好"，按宋平水韵应属上声十八巧韵和十九皓韵。

尚方|作镜|四夷服，多贺|国家|人民息，胡虏|殄灭|天下复，风雨|时节|五谷熟，长保|二亲|子孙力，传吉|后世|乐毋极。

同样音顿二二三，节奏规整。其韵可分为两个系列："服、复、熟"和"息、力、极"。在清人段玉裁《古十七部谐声表》中，虽然"复"和"熟"没有列出，但是，"服、息、力、极"同属于谐声的第一部无疑。

从目前所掌握的各种资料看，现有汉镜七言铭文大多出现在新莽、东汉的铜镜上，少量作于稍前的西汉晚期。但不同时期的作品风格、形式并没有太大差别，从西汉到新莽到东汉，汉镜铭文具有良好的延续性，呈现出程式化的特点。根据艺术发展规律，一种艺术形式从形成到成熟、到程式化，必须经历过一段较长时间的发展和演变。从七言铭文在西汉晚期就已具有的程式化看，汉镜七言古诗在西汉晚期之前早就存在，并经历了一段发展、演变、定形之路。它大大弥补了汉代七言古诗流传下来的数量极少的缺憾。迄今为止，虽然有关汉镜七言铭文的作者名姓不得而知，但这些无名文学家、铸镜工匠的巨大功绩，都永远地镌刻在闪亮的铜鉴上，记载在不朽的文学史篇中。

附表　本文铭文镜一览表

图号	与汉乐府相关之镜铭内容	直径(厘米)	重量(克)	资料来源
1	愿君强饭多勉之	15.3	/	罗振玉《古镜图录》中三
2	宜酒食，美人侍	13.8	283	《清华铭文镜》图21
3	美人会，竽瑟侍。醉不知，醒旦醒	15.6	443	本书下册图111
4	上高堂，临东相，竽瑟会，酒食芳	16.2	322	本书下册图94
5	从酒东相	11.2	113	本书下册图95
6	仙人，玉泉，食枣，芝草	18.6	791	本书下册图149
7	昭身刑，毕长生	14.2	500	本书下册图108
8	昭美人，无私亲	9.7	73	本书下册图40
9	君行卒，予志悲	13.6	235	《汉铭斋藏镜》图68
10	君有远行，君征行来	17.8	460	《上海博物馆藏青铜镜》图34
11	（七言体）	14.4	476	本书下册图160、图171
12	（三七言之杂言体）	15.7	606	本书下册图163

【注　释】

[1] 古字"大"与"太"通假。

[2] "醒"字起源很早，意为酒醉后神志不清的状态。《诗·小雅·节南山》："忧心如醒，谁秉国成。""醉不知，醒旦醒"可释读为：醉酒以后竟浑然不知，这种神志恍惚的状态（醒）一直到第二天早上（旦）才恢复过来（醒）。

[3] "从酒"即恣意饮酒。《晏子春秋·杂下十三》："田桓子曰：'何谓从酒？'晏子曰：'无客而饮，谓之从酒。今若子者，昼夜守尊，谓之从酒也。'"

5.2 说汉镜铭文中的女性赋体诗
——"姚皎光"镜

■ 李 零

铜镜中有一种赏月诗,铭文是以"姚皎光而曜美兮"开头,全铭很少。

梁鉴藏镜有两件这类铭文的镜子,一件与"内清质"铭的前四句配"内清质"铭在内圈,"姚皎光"铭在外圈;一件与"清治铜华"铭配,"清治铜华"铭在内圈,"姚皎光"铭在外圈(图1)。前者的"姚皎光"铭完整无缺,后者的"姚皎光"铭脱一字,今以完整者为标本,解释一下。

一、释文

姚(姚)皎光而曜美兮,挟佳都而承闲。
怀驩(观)察而恚予兮,爰存神而不迁。
得竝埶(执)而不衰兮,精(请)昭折(晳)而侍君。(外圈)

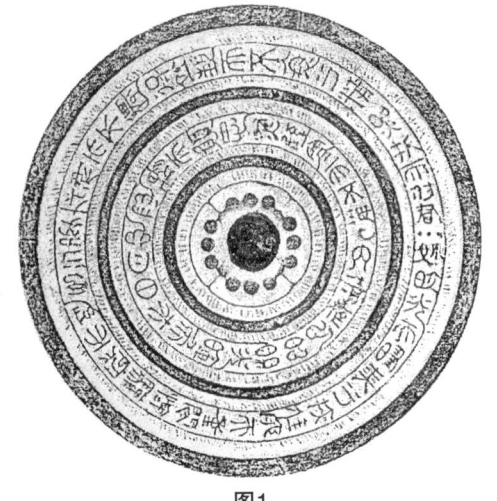

图1

二、注释

"姚皎光而曜美兮,挟佳都而承闲",是说趁花好月圆,带美人赏月。"姚"读姚。"皎光"是月光。《说文解字·白部》:"皎,月之白也。从白交声,《诗》曰'月出皎兮'。""曜美"指月光明亮而美丽。"曜"同耀,他本或作"耀"。"佳都",佳、都皆有美义。汉代喜欢用"佳人"指美人。"都"是娴静美好之义。"承闲"是趁机。《楚辞》三用"承闲",《九章·抽思》:"愿承闲而自察兮,心震悼而不敢。"《七谏·谬谏》:"愿承闲而效志兮,恐犯忌而干讳。"《九叹·逢纷》:"愿承闲而自恃兮,径淫曀而道壅。"

"怀驩察而恚予兮,爰存神而不迁",是说自己的爱人老是暗自观察,怨恨自己。"驩察"读观察。"恚"是忿恨,释"性"误。"存神"犹言"潜心""藏心"。如《法言·问神》:"或问'神'。曰:'心'。'请问之。'曰:'潜天而天,潜地而地。天地,神明而不测者也。心之潜也,犹将测之,况于事伦乎?''敢问潜心于圣。'曰:'昔乎仲尼潜心于文王矣,达之;颜渊亦潜心于仲尼矣,未达一闲耳。神在所潜而已矣。'"《太玄经·玄数》也以"藏心""存神"并说。《后汉书·冯衍传》引冯衍《显志赋》:"陟山谷而闲处兮,守寂寞而存神。"《艺文类聚》卷三六引张华

《答陆士龙诗序》："修道以养和，弃物以存神。"道家也以这个词指炼气养神。"不迁"犹言不变。

"得竝埶而不衰兮，精昭折而侍君。""竝埶"读并执，意思是手牵手。竝和并是同一字的两种写法。《诗·北风·击鼓》"执手之手，与子偕老"，《北风·北风》"惠而好我，携手同行"，都是讲男女相爱手牵手。"精"读请。"昭折"读昭晢，是光明、白晢之义。

三、译文

眺望星空，月光皎洁，明亮又美丽，何不乘此良宵美景，带美人来赏月。

哪怕你暗自观察百般挑剔怨恨我，我会把我的爱深藏心底，永不变心。

但愿与你携手，白头到老，请让我像这轮明月，明亮皎洁，陪伴你。

四、比较

最近发表的王纲怀藏镜也有一件这种铭文的全铭镜（图2），字体差异较大，但内容相同。异文有二：

（1）"曜"，王本从日从仑，仑是龠的误写。

（2）"折"，王本从日从制，见《集韵·祭韵》，字同"晣"。折与制古书常通假，如"折狱"同"制狱"，"制衣"作"袻衣"。

图2

5.3 从博局镜看汉镜之美

■ 展梦夏 尚 刚

"在艺术作品中各民族留下了他们的最丰富的见解和思想；美的艺术对于了解哲理和宗教，往往是一把钥匙。"——黑格尔《美学·全书序论》[1]

内容与形式的关系一直是美学的基本问题之一。黑格尔认为，"只有真正具体的理念才能产生真正的形象，这两方面的符合就是理想"[2]。也就是说，只有当形式完美地表达真正的内容（精神）时，才能达到艺术美。虽然我们绝对不能认同他对中国、印度、埃及等东方艺术的贬损，但其思考方式依然极具启发。在一枚小小的青铜圆板上，汉代人创造了何种形式，以表达自己的何种理念，以至古往今来的无数人们对其赞叹不已、爱不释手？这是本文尝试回答的问题。

众所周知，汉镜的形式丰富多彩，不同时段流行的样式又各不相同。若泛泛而谈，不仅作者感到难于下笔，读者读来更会如坠雾中。因此本文希望选取一种典型作为讨论的具体对象。作为典型，它既有特殊之处，能充分显示汉镜艺术所达到的高度；又具有一定普遍性，对其做出的多数分析也可以适用于其他种类的汉镜。本文中的这个典型，就是博局镜。需要事先说明的是，文中援引的例子会时时溢出这个典型，以求得出的观点不那么局限。

博局镜，以前又叫"TVL镜"或"规矩镜"[3]。其特点是镜背上有类似英文字母T、L、V的三种符号。按照配合纹样的不同，可以分为蟠螭纹博局镜、草叶纹博局镜、四神（或五灵）博局镜、鸟兽纹博局镜、几何纹博局镜、简化博局镜等。其中又以流行于西汉晚期至东汉初年的四神博局镜最具代表性（图1）。其背部纹样以镜钮为中心，呈同心环带状，由内向外大致如下。

（1）圆钮，四叶纹钮座或圆钮座。

（2）座外方框，方框内有的排列十二地支铭。

（3）方框四边各向外伸出一T形符号，与L形符号相对，方框四角又与V形符号相对，将镜的内区分为四方八等分。青龙、白虎、朱雀、玄武各踞一等分，其他四等分配以鸟、兽、羽人等。也有的四神介于T、L符号之间，形成踞于东西南北四方之势，禽兽则处于填补空白的地位。

图1 "尚方"铭四神博局镜，西汉末至新莽，直径20.9厘米，重1000克

（4）外区有的环绕一圈铭文带。

（5）边缘纹饰较为复雜，以三角锯齿纹（重复齿状纹）、水波云纹（双线波纹）、流云纹（连续云藻纹）为主[4]。

其引人注目之处，主要在于镜背上排列规整的TVL形奇特符号，再加上十二地支和四神纹的出现，很容易让人感觉到其中蕴涵着特殊意味。这种特殊意味，百余年来经专家学者们的充分探讨，逐渐显豁。这也是为什么本文要选择这种铜镜作为典型的原因之一。

以下，本文将从博局镜的结构、纹样和铭文三个方面进行分析。

一、法象天地

学者已经指出，两汉时期的官方美学，完全被纳入"天人感应"的神学经学思想体系中[5]。事实上，从以"天人感应"为核心的《春秋繁露》到用神学的观点来解释"六经"的谶纬，再到糅合今古文经学与谶纬、"永为世则"的《白虎通》，这一汉代思想史的主线，所反映出的观念不仅属于上层知识阶级的精英文化（"大传统"），也被一般人民的通俗文化（"小传统"）所接受[6]。在汉代，两者并无严格的分野，交流基本是畅通的。

《春秋繁露》中说："天地之行美也。是以天高其位而下其施，藏其形而见其光，序列星而近至精，考阴阳而降霜露……地卑其位而上其气，暴其形而著其情，受其死而献其生，成其事而归其功……为人君者其法取象于天也……为人臣者其法取象于地也。"[7]天地为人提供了生存的空间，也树立了道德的楷模，显示了美的理念。人取法天地，也就有了社会生活之美。

因此，"'天'不仅是人类生存于其中的空间与时间，还是人类理解和判断一切的基本依据。仿效'天'的构造，模拟'天'的运行，遵循'天'的规则，就可以获得思想与行为的合理性"[8]。换句话说，在汉人的观念中，创造美就要尽可能地取法天地。

博局镜正是这样一种造作。根据众多专家学者的研究[9]，镜上所谓的"TVL"纹与汉人的天地观念密不可分。《淮南子·天文训》说："子午、卯酉为二绳，丑寅、辰巳、未申、戌亥为四钩。东北为报德之维也，西南为背阳之维，东南为常羊之维，西北为蹄通之维。"[10]另，卯、酉、子、午为四仲[11]。按照镜上十二干支的排列方位，便可知"T为二绳，L为四仲，V为四钩"[12]。而镜上的铭文也在明明白白地说："法象天地，如日月之光""圣人之作镜兮，取气于五行"[13]。同样，汉人在栻盘、日晷、博局上刻画"TVL"纹也都具有"法天地，象四时"（《史记·日者列传》）的含义（图2）。如果再联系"日光"镜和"昭明"镜上"见日之光，天

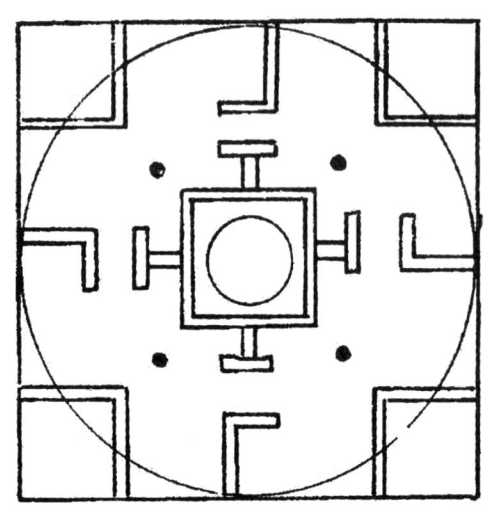

图2 博局与博局纹镜重叠吻合

下大明""内清质以昭明,光辉象夫日月"的铭文,我们便可了解:原来,汉镜的美是以天地为依据的,故而能光辉灿烂,有如日月。

钩、绳、仲、维,它们将天固定得如此坚牢(《鹖冠子·道端篇》"钩绳相布,衔橛相制"),汉人不必再有杞人之忧。而"天不变,道亦不变"。社会体系也如同天地一样稳固。虽然政权会随五德终始而更替,这个幅员辽阔、人口众多的大一统国家,却将像天地一样久长。在这种信念的指引下,汉镜装饰中,牢固的框架、稳定的结构、严谨的构图成为时代主流。虽然在东汉中后期流行的一些镜种(如龙虎镜、神兽镜等)上有所突破,将镜背的装饰面划分成若干同心环带、再将环带若干等分是最通行的做法。由此我们还可以联想到,汉代雕塑的雄强造型、丝绸图案的清晰结构等等,不都宣示着汉人对宇宙秩序的信心吗?

二、此岸仙界

汉代图像艺术表现出的天人宇宙模式可以分为四个世界——天上、仙界、人间、地下。这一模式历经两汉没有发生过根本性的变化[14]。其中,仙界是汉人渴望的归宿,代表着人们对长生、幸福、自由的种种期盼。而且这一世界"不是与现实苦难对峙的难及的彼岸,而是好像就存在于与现实人间相距不远的此岸之中";"人间生活的兴趣不但没有因向往神仙世界而零落凋谢,相反,是更为生意盎然生机蓬勃,使天上也充满人间的乐趣"[15]。

博局镜上,象征天地的框架中,神禽异兽羽人驰骋其间(图3)。虽然四神以外尚不能一一指实,但这些形象都非世间所有,大概就是对仙界的表现。铭文中"左龙右虎游四彭,朱爵玄武顺阴阳"时时出现,揭示着四神纹护持保佑、调理阴阳的意义。另一种较易辨识的形象是羽人。汉人认为"人得道身生毛羽"[16],将羽人看作仙界的象征,并通过各种艺术手段加以表现,如绘画、錾刻、雕塑等。王充说当时的人"图仙人之形,体生毛,臂变为翼,行于云则年增矣,千岁不死"[17],为镜上羽人提供了绝佳的注解。

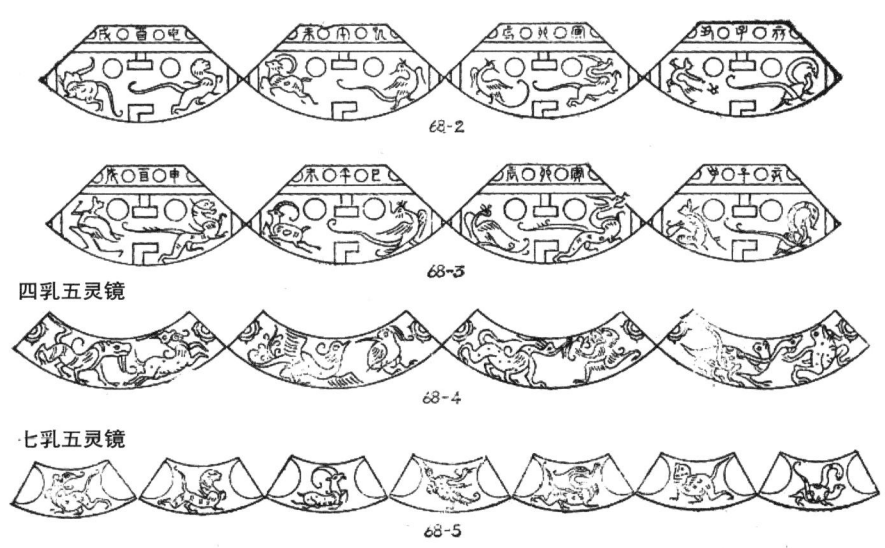

图3 镜上纹样局部

祈福以外，铜镜上仙界形象的表现或许有着更深的思想背景——同类相动。

"天人感应"，意味着天人之间是一种完美的对应关系，并以此相感互动。"美事召美类，恶事召恶类。类之相应而起也……帝王之将兴也，其美祥亦先见；其将亡也，妖孽亦先见"[18]。在这种相感相动的关系里，人并非全然被动的。因此，汉人会有"发瑞"的做法，即在物品上刻画祥瑞图像以引出真的祥瑞[19]。这种艺术现象在哲学界也曾引起过关注，认为"秦汉时代的人们基于经验，以为象征和象征所模拟的事物或现象之间有某种神秘的关系，于是那些画像图像类的东西可能并不只是一种单纯的艺术品，而有某种神秘的实用意味。像汉武帝时，少翁就用画像招致神物，如画云气车，各以胜日避鬼；画太一天地诸神，以致天神"[20]。其观察是极为敏锐的，但是如果只用"经验"来解释，似乎犹未达一间。"发瑞"的做法乃是根植于"天人感应"美学观，这种观念不论对我们理解铜镜上的纹样还是汉代其他工艺美术都有重要意义。

从形式上看，铜镜上的神禽异兽羽人，多是以线造型，表现侧面轮廓。"乔治·罗利将这种简单的轮廓表述称作'概念型'（ideational）图像。就是说形象只表现绘画对象的概念，简化到它的本质"[21]。这种简化加强了形象的象征性。当汉人手握铜镜，目光接触纹样的一刹那，立刻就能感觉到仙界仿佛就在手中。

另外，线条蜿蜒伸展的流动性，为严整的结构填充了勃勃的生机，最恰如其分地表达出人们观念里仙界自由、欢乐的气氛。

三、文字力量

在中国人的观念中，文字蕴涵着神秘的力量。"昔者仓颉作书，而天雨粟、鬼夜哭"[22]。文字之始，天地鬼神震动如此。因此借助文字来辟邪祈福，成为一种常见的做法。汉末流行的画符，即基于这样的深层心理原因[23]。

这种观念表现于铜镜，就是铭文的大量运用。这是汉镜主要特点之一，也是汉人的创造[24]。汉镜铭文短者两字（如"千金"），长者可达86字[25]，甚至成为镜背的主要装饰[26]。博局镜上常见的有"尚方""善铜""佳镜""黍言"等[27]。其中有对长生的渴望，有对仙人的艳羡，有对富贵的希求，也有对家庭团圆的企盼、对子孙绵延的祈愿、对国家昌盛的祝福。关于铭文的丰富内涵，在本书中有专门研究，这里就不展开了。值得指出的是，不管用镜还是作镜的汉人，都相信铭文有如同谶文的应验，也相信铜镜本身的神秘力量，两种信念在镜上合而为一[28]。

从较晚的文献中依然可以看到这样的例证。南齐幸臣"（綦母）珍之有一铜镜，背有'三公'字。常语人云：'征祥如此，何患三公不至？'[29]"熟悉铜镜史的人一眼就可以看出，綦母珍之所拥有的大概就是一面铸有"位至三公"字样的汉镜。他相信这面镜子是上天降下的祥兆，故而有随后"启帝求封"的举动。

既然人们相信文字本身的力量，那么当铭文内容及其形式已经为众人所熟知时，完整就不再重要，只需部分文字就足以承载、表达所有意义。这意味着，铭文在本质上可以等同于一种象征性的图案。例如，"日光""昭明"（图4）"清白""铜华"等是西汉铜镜上最常见的几种铭文，其完整形式最长可以达到72字，但实际所见通常都不足。这里当然有镜背面积、铸造精粗等方面的原因。然而笔者认为，文字的象征性才是更为根本的因素。即使是今日的研究者，只要看到其中的两字，就能联想到全部，当时的人自然更熟悉。台湾学者林素清指出："西汉中期，篆体较为方正，且渐有铭文取代花纹图样的趋势。在利用文字作为镜背装饰主题的风气下，铭文字体刻意经营，出现了种种变化，时而方笔，时而圆笔，并夹杂着各种图案符号，以强调整体美观，充分显现灵活运用文字以表达美感的能力。[30]"当某种图案为世人普遍接受时，略微的变化就不会影响其意义的传达，反而可以允许作镜者根据实际情况做符合艺术原则的改动。这也就解释了镜铭中少字、减笔缺笔、字间饰等现象。例如，字间饰是一种在铭文中间反复出现、类似文字的符号，以"而""の""⊕"形的最为常见。它当然可以起到填补空间的作用，但是许多铭文（如"内清质以昭明"云云）并不完整，又何须填补？因此字间饰更应被看作调节图案韵律的一种手段。类似文字，就保持了整体风格的一致；反复出现，就保证了镜背图案的均衡。这样的设计，既无损于铜镜的意义，又达到更佳的效果，或许还会降低工艺难度，可谓一举多得。

另外，关于铭文意涵，有一点似乎还没有得到充分重视，那就是铭文中体现的工艺美术制作原则。

试看这段（图5）：

"新有善铜出丹阳，涑治银锡清而明。尚方御竟大毋伤，巧工刻之成文章。左龙右虎掌四彭，朱爵玄武顺阴阳。子孙备具居中央，长保二亲如侯王，千秋万岁乐未央。[31]"

图4 "日光昭明"铭重圈镜

图5 四神博局镜铭文

首二句，自赞此镜所用是来自著名产地丹阳的优质铜料，并与银锡配伍冶炼，才做得如此清澈明亮。三四句强调制镜者乃是服务宫廷的能工巧匠，故而产品没有瑕疵，文章焕发。之后数句则描述了镜上纹样与其所具备的吉祥寓意。与前面四句相同或类似的铭文，汉镜上比比皆是。如夸耀来源的："汉有善铜出堂琅""新有善铜出南乡（山）"等；称赞材料的："涑治铜华清而明，以之为镜宜文章"等。至于"尚方作竟真大巧"以及层出不穷的"王氏""张氏""朱氏""杜氏""青盖""吴向里柏氏"……"作镜"，或者"吾作明镜"等铭文，更是对工匠技术的夸耀，甚至有了广告的性质。此外，还有强调时间的，如"永始二年五月丙午漏上五工丰造"等[32]。

对工艺美学思想史有所了解的人，大约一下子就会联想起《考工记》中提出的手工业制作原则："天有时，地有气，材有美，工有巧，合此四者，然后可以为良"。"其大意是顺应天时，适合地气，材料优良，工艺精湛，四者结合，才能得到精良的作品。[33]"《考工记》在汉代被补入《周礼·冬官》，成为"经"的一部分。因此，铜镜铭文，尤其是"尚方"铭上反映出与《考工记》一脉相承的思想，也在情理之中。

值得注意的是，《考工记》在上述引文后紧接着说："材美工巧，然而不良，则不时，不得地气也"，并列举了大量例证[34]。显然强调的是天时和地气的重要性。而在汉镜铭文中，"巧工"和"涑治"的作用更关键。"维镜之旧生兮质坚刚，处于名山兮侯工人，涑取精华兮光耀增。[35]"唯有工人将铜采出名山，涑取精华，才能制成明镜。唯有"巧工刻之"，才有"左龙右虎""朱爵玄武"的纹样，因而"长保二亲如侯王，千秋万岁乐未央"的祈愿才不会无所依傍。这再次印证了李泽厚先生的观点："人对客观世界的征服，这才是汉代艺术的真正主题。[36]"

四、小结

著名图案学家雷圭元先生曾这样概括汉镜的形式特点："严守规矩，按米字格纵横驰骋。[37]"可谓一语中的。这样的形式背后，充溢着的是汉人的精神。通过阴阳五行，汉人将世间万物都纳入到统一的体系中。在这个清晰、稳固、久长的体系里，人是目的和中心，可以"下长万物，上参天地"，可以肆意地追求此生及永恒的幸福。

一枚小小的镜子承载了汉人多少所知所想！镜子上有"与天无极，与美相长"的铭文，意思大约是希望镜主能与上天同寿，与美人相伴。然而，这八个字形容汉镜本身不也很贴切吗？镜子制作法天，故能有美，故能久长。

它终究做到了。千百年而下，当我们用目光轻抚那斑驳的古铜时，依然能感受到生命的活力，感受到美的愉悦。

【插图来源】

图1 王纲怀：《清华铭文镜——镜铭汉字演变简史》，北京：清华大学出版社，2011年，第88页。

图2 傅举有：《论秦汉时期的博具、博戏兼及博局纹镜》，《考古学报》1986年第1期，第31页，图7-1。

图3 孙机：《汉代物质文化资料图说》，北京：文物出版社，1991年，第271页，图68-2、3、4、5。

图4 孔祥星、刘一曼：《中国铜镜图典》，北京：文物出版社，1992年，第242页。

图5 原图采自国家图书馆金石拓片组编：《国家图书馆藏陈介祺藏古拓本选编·铜镜卷》，上海：上海古籍出版社，2008年，第90页。

注 释

[1] 黑格尔：《美学》（第一卷），朱光潜译，北京：商务印书馆，1979年，第10页。

[2] 同上，第94页。

[3] 周铮：《"规矩镜"应改称"博局镜"》，《考古》1987年第12期，第1116-1118页。

[4] 孔祥星、刘一曼：《中国古代铜镜》，北京：文物出版社，1984年，第75页。数字编号为笔者所加，标点略有改动。

[5] 施昌东：《汉代美学思想述评》，北京：中华书局，1981年，第2页。

[6] 余英时：《士与中国文化》，上海人民出版社，2003年，第123页。

[7] 苏舆：《春秋繁露义证·天地之行》，北京：中华书局，1992年，第458、459页。

[8] 葛兆光：《七世纪前中国的知识、思想与信仰世界》，上海：复旦大学出版社，1998年，第334页。

[9] 孙机：《托克托日晷》，《中国历史博物馆馆刊》1981年第3期，第74-81、91页。傅举有：《论秦汉时期的博具、博戏兼及博局纹镜》，《考古学报》1986年第1期，第21-42页；此文重刊于《湖南省博物馆四十周年纪念论文集》，长沙：湖南教育出版社，1996年，第17-34页，后记中又有增补。李学勤：《规矩镜、日晷、博局》，《比较考古学随笔》，南宁：广西师范大学出版社，1997年，第21-28页；《〈博局占〉与规矩纹》，《文物》1997年第1期，第49-51页。李零：《中国方术考》（修订本），上海：东方出版社，2000年，第165-174页；《跋中山王墓出土的六博棋局——与尹湾〈博局占〉的设计比较》，《中国历史文物》2002年第1期，第8-15页。Lillian Tseng, Representation and Appropriation: Rethinking the TLV Mirror in Han China, Early China (Berkeley), no. 29 (2004), pp.161-213. 其他较早研究的综述可参见孔祥星、刘一曼：《中国古代铜镜》，北京：文物出版社，1984年，第80-83页。

[10] 刘文典：《淮南鸿烈集解》卷三《天文训》，北京：中华书局，1989年，第96页。

[11] 同上书，第89页。"太阴在四仲，则岁星行三宿。"高诱注："仲，中也。四中，谓太阴在卯、酉、子、午四面之中也。"刘文典集解："陶方琦云：《占经》二十三引许注：'太阴，谓太岁也；四仲，子、午、卯、酉也。'"

[12] 李学勤：《〈博局占〉与规矩纹》，《文物》1997年第1期，第50页。

[13] 前者见湖南省博物馆编：《湖南省出土铜镜图录》，北京：文物出版社，1960年，第13

页。后者见王纲怀：《莽式铭文镜》，《止水集》，上海古籍出版社，2010年，第84页。

[14] 刘宗超：《汉代造型艺术及其精神》，北京：人民出版社，2006年，第79页。

[15] 李泽厚：《美的历程》，北京：文物出版社，1981年，第73-74页。《楚辞·远游》："仍羽人于丹丘兮，留不死之旧乡。"王逸注云云。

[16] 王充：《论衡》卷二《无形篇》，上海：上海人民出版社，1974年，第24页。

[17] 苏舆：《春秋繁露义证》卷十三《同类相动》，北京：中华书局，1992年，第358页。

[18] 巫鸿：《三盘山出土车饰与西汉美术中的"祥瑞"图像》，《礼仪中的美术——巫鸿中国古代美术史文编》（上卷），北京：三联书店，2005年，第151页。

[19] 葛兆光：《七世纪前中国的知识、思想与信仰世界》，上海：复旦大学出版社，1998年，第328页。

[20] 巫鸿：《中国古代艺术与建筑中的"纪念碑性"》，上海：上海人民出版社，2009年，第48页。

[21] 刘文典：《淮南鸿烈集解》卷八《本经训》，北京：中华书局，1984年，第252页。

[22] 葛兆光：《七世纪前中国的知识、思想与信仰世界》，上海：复旦大学出版社，第117页。本页注释②中所举例证有《太平经》中的"复文"、陕西户县出土的曹氏朱书解注瓶、洛阳西郊出土解注瓶等，都是汉代的文献和遗物。

[23] 铜镜铭文始于何时，学界有汉代和战国末两说。战国说的证据还不充分，蔡运章曾举出两件实物（蔡运章：《洛阳发现战国时期有铭铜镜略论》，《文物》1997年第9期，第66-69页），但遭到一些学者否定（周世荣：《〈洛阳发现战国时期有铭铜镜略论〉质疑》，《中国历史文物》2003年第4期，第61-64页。祁普实：《再评"千金"铭文镜的产生年代》，《中国文物报》2005年6月22日）。河南藏家王趁意近年来又提供了更多例证（王趁意：《中国古代镜早期铭文研究》，《中原古镜聚英》，郑州：中州古籍出版社，2011年，第65-73页），但尚未经学界讨论检验。无论如何，铜镜上大段铭文的出现及铭文的频繁使用，始于汉代无疑。

[24] 江苏尹湾4号墓所出八乳禽兽纹博局镜。见连云港市博物馆：《江苏东海县尹湾汉墓群发掘简报》，《文物》1996年第8期，第9页。

[25] 王纲怀：《西汉铭文镜》，《止水集》第1-48页；《莽式铭文镜》，《止水集》第55-94页。

[26] 孔祥星、刘一曼：《中国古代铜镜》，北京：文物出版社，第75-77页。

[27] 葛兆光：《七世纪前中国的知识、思想与信仰世界》，上海：复旦大学出版社，第334页。

[28] 《南史·綦母珍之传》，北京：中华书局，1975年，第1929页。

[29] 林素清：《两汉镜铭初探》，《中央研究院历史语言研究所集刊》第63本第2分册，1993年。转引自王纲怀：《清华铭文镜——镜铭汉字演变简史》，北京：清华大学出版社，2011年，第74页。

[30] 广西壮族自治区博物馆编：《广西铜镜》，北京：文物出版社，2004年，第62页。修正后的释文见王纲怀：《莽式铭文镜》，《止水集》第68页。

[31] "五月丙午"并非实际，乃是汉人"以火胜金"五行思想的反映。见庞朴：《五月丙午与

正月丁亥》,《文物》1976年第6期,第81-82页。

[32] 尚刚编著:《中国工艺美术史新编》,北京:高等教育出版社,2007年,第106-107页。

[33] 闻人军:《考工记》,北京:中国国际广播出版社,2011年,第159-160页。

[34] 西安地区出土"光耀"七乳禽兽镜。见程林泉、韩国河:《长安汉镜》,西安:陕西人民出版社,2002年,第144页。

[35] 李泽厚:《美的历程》,第76页。

[36] 雷圭元:《雷圭元论图案艺术》,杭州:浙江美术出版社,1992年,第178-179页。

[37] 花瓣镜铭文。见程林泉、韩国河:《长安汉镜》,西安:陕西人民出版社,2002年,第56页。

5.4 西汉镜抽象龙纹研讨

■ 傅 军　陈灿堂

龙是中华民族的图腾，也是中国古代传说中一种神异动物，为鳞虫之长。它既善变化，又能兴云雨，还会利万物，事实上，这种不存在于自然界的虚拟生物，从它诞生的那时起，就是许多不同动物部件组合而成的一种图腾综合体。在一定程度上，亦为后世再现它形象的人们，预留了很多想象和创造的空间。

龙的雏形在新石器时代晚期就已萌芽[1]，但对它形象记述的古籍大多不一，解释也众说纷纭。而根据考古资料，目前发现年代最早的龙纹镜，是在春秋时期。在中国铜镜史上，不同的历史阶段，都曾出现为数众多的龙纹镜，其间尤以西汉时期的龙纹镜最具特色，最为耐人寻味。更为难得的是，还出现了若干抽象形式的龙纹镜，以及从具象到意象再到抽象，这样一条相对清晰完整的龙纹形态的发展脉络[2]。

在2000年前的西汉时期，为什么会在铜镜上出现这种抽象龙纹？

众所周知，中国铜镜有着悠久的历史，在玻璃制镜流行之前，铜镜是人们照面饰容的用具。铜镜正面平滑光亮，可以清晰地照出人面，背面通常铸有精致的花纹和铭文。而这些纹饰和铭文的产生及流行常常与当时的思想文化、社会生活有着密切的关系。一个时代有一个时代的精神，一个时代有一个时代的审美特征，因此各个历史时期的铜镜有着各自不同的时代特征和审美情趣，形成了我国铜镜完整的发展演变系统。代秦而兴的西汉王朝，创造了中华文明史上极为灿烂的一页，雄壮豪放成为这个时代的精神主旋律和审美特征。这种雄壮豪放的精神气质，一扫先秦时代的小心谨慎的萎靡气象，大胆越过了礼乐的雷池而向传统挑战，人们不自觉地从以往的思维方式中解放出来，在礼乐之外，发现了更广阔、更振奋人心的新天地。汉代是我国铜镜发展的重要时期，不仅在数量上比战国时期有了显著的增长，而且在制作形式和艺术表现上也有了很大的发展。豪迈、昂扬、开放、自信的时代环境和独特氛围，无疑为新颖大胆的艺术形式的产生和发展提供了肥沃的土壤与适宜的气候。因此，在这种时代背景下产生抽象龙纹，当在情理之中。西汉镜抽象龙纹有一个酝酿（可见龙身）、发展（只见龙头）、成熟（点线展示）的演变过程，本文选取10个镜例（图1至图10）作为展示，详见表一。

表一 西汉镜抽象龙纹一览表

图号	镜号	演变分类	直径(厘米)	重量(克)	对称	四乳	草叶	十六连弧	地纹	资料来源
1	A1	A类：可见龙身	8.1	60	×	○	×	×	○	《止水阁藏镜》图53
2	A2		8.5	62	○	○	×	×	×	《西汉龙纹镜》图8
3	A3		8.4	59	○	○	×	○	×	《西汉龙纹镜》图19
4	A4		11.5	178	○	○	○	○	×	《西汉龙纹镜》图59
5	B1	B类：只现龙头	9.9	104	○	×	○	○	×	《西汉龙纹镜》图60
6	B2		11.5	138	○	×	○	○	×	《翰海2012春拍》图1815
7	B3		10.1	80	○	×	花瓣	○	×	《西汉龙纹镜》图61
8	C1	C类：点线展示	9.6	79	○	○	○	○	×	《西汉龙纹镜》图63
9	C2		9.6	76	○	○	○	○	×	《止水阁藏镜》图54
10	C3		10.2	92	○	○	○	○	×	《西汉龙纹镜》图62

图1

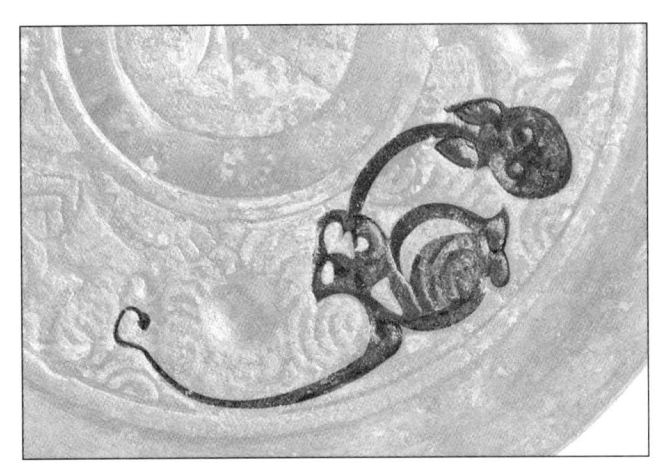

图1A

图2

图2A

图3

图3A

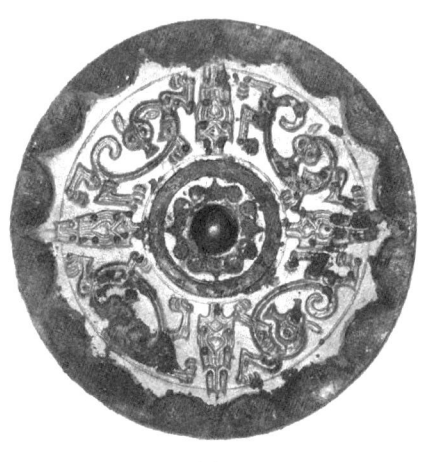

图4

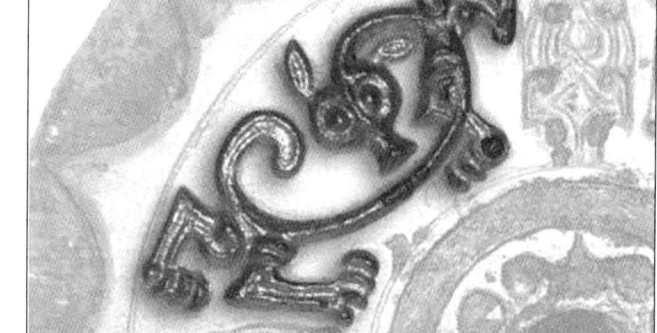

图4A

图5

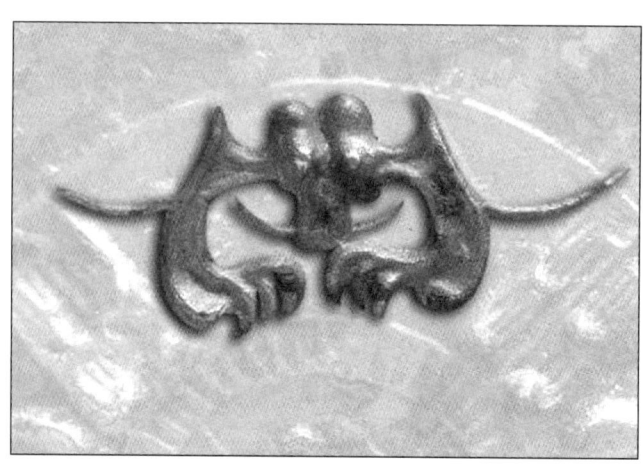

图5A

5.4 西汉镜抽象龙纹研讨

图6

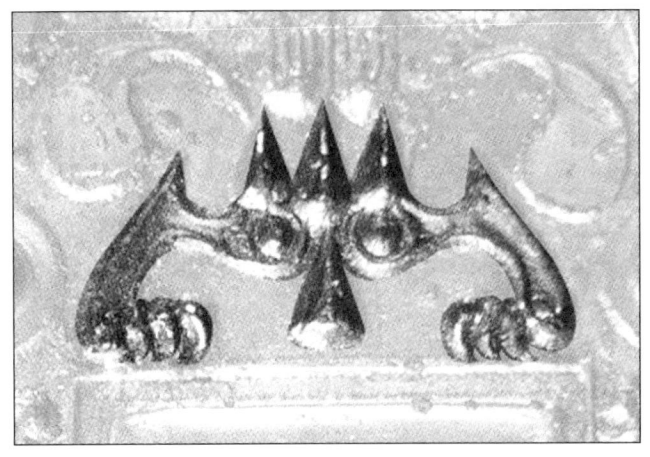

图6A

图7

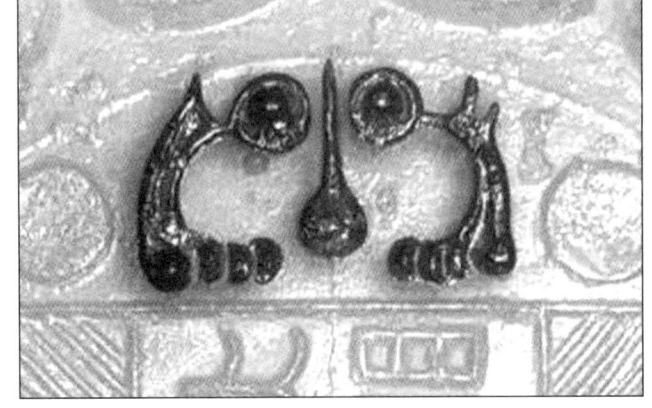

图7A

图8

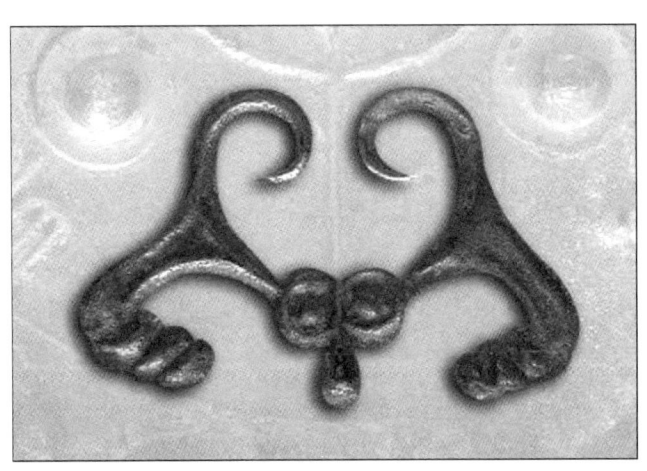

图8A

图9

图9A

图10

图10A

西汉时期铜镜上的龙纹，总体而言是在继承秦以来的写实艺术的基础上，更加注重内心精神气质的表达。它们造型夸张，经常为抒情而省略大部分细节，用高度概括的手法取大势、去繁缛，追求神似，形成简练、明快而又古拙的风格。事实上，这种充满生命活力的艺术格调，正是中国封建社会上升期大气磅礴的精神写照，也是汉代人生命价值的表征。

形象如此，构图亦然。与后代的巧、细、轻相比，它显得分外的拙、粗、重。然而，它不华丽却单纯，它无细部而洗练。它由于不以自身形象为自足目的，就反而显得开放而不封闭。它由于以简化的轮廓为形象，就使粗犷的气势不受束缚而更带有抽象的浪漫风格。从而也使这类铜镜超越了日常生活中照面饰容的用途，而是浓缩了一个时代的社会生活、文化意识和思想观念。

其实，我们可以从汉代其他艺术形式上得到同样的印证。比如汉代的陶俑为追求神情韵致，不讲究细节，对五官、衣纹等只作简单交代，进退俯仰、节奏感强，这与秦俑的一丝不苟的写实形成强烈对比。又比如汉代的雕塑，运用夸张乃至变形来强调人与动物的神韵，用简练明快、以少胜多的表现手法，达到了雕塑语言的多变性和雕塑空间的自由性，给人一种淋漓尽致、一气呵成的艺术享受。鲁迅曾云："遥想汉人多少闳放，新来的动植物，即毫不拘忌妒，来充装饰的花纹……凡取用外来事物的时候，就如将彼俘来一样，自由驱使，绝不介怀。"

因此，西汉时期的艺术除了思想观念层面的天真狂放之外，简约几乎成为这个时代形式追求中普遍的共识，西汉铜镜中这种抽象龙纹便是其中一例。从最初的简化细节，用龙的主干，比如头、身体、四肢来表现一条龙，逐渐过渡到仅用龙角、龙珠、龙爪三个象征性的符号来代表一条龙。

那么，这种抽象龙纹到底算不算抽象艺术？要想搞清楚这个问题，我们有必要将抽象艺术和艺术中的抽象性区别开来。应该说，但凡构成艺术的东西，都有一定的抽象性。如果没有某种意义上的抽象，艺术就不能成立。因为，艺术毕竟不同于照片，不能事无巨细地将所有的细节都展示出来，即便是超级写实，为了达到某种效果，必定会省去其中的某些方面，而突出另一些方面，这个过程就是抽象。抽象是人的一种思维方式，是思维的一种天性。

作为自觉的艺术思潮的抽象艺术，在20世纪兴起于欧美。自康定斯基1910年画出了世界上第一张抽象水彩画之后，抽象主义就诞生了。抽象主义有一个明确的界定，它是现代视觉革命的产物。如果我们按艺术史的文脉来谈的话，可以比较清晰地追溯到印象派特别是后期印象派，像塞尚就直接影响了立体主义，而立体主义则启发了第一批抽象画家。抽象主义在以康定斯基和蒙德里安为代表的现代主义阶段，已经有了一些明确的特点，这些特点在后来的发展中并没有失去。

抽象一词的原意，即人类对事物非本质因素的舍弃与对本质因素的抽取。现代抽象主义艺术也因此分成两种不同的类型：一种是从自然现象出发加以简约或抽取其富有表现特征的因素，形成简单的、极其概括的形象；另一种是不以自然物象为基础的几何构成。而多数现代抽象主义作品着眼点在于艺术形式的独特创造。

抽象艺术并不是仅仅以简约概括的手段，来反映现实世界的一面镜子，还有更为重要的是图式语言所构成的创作动机，即抽象艺术家们所要营造的且与现实世界平行存在的精神空间。抽象艺术的出现使视觉艺术彻底摆脱了为记录现实而存在的命运，是实现艺术自我表达权利的里程碑式胜利，是真正的"为艺术而艺术"。因此，对照上述的要求，西汉镜抽象龙纹只是风格简约，但却不失形象，目的是为了形象鲜明悦目，是不舍具象的抽象，与西方抽象艺术中的无对象艺术（non-objective）和非具象艺术（non-figurative）有着本质上的不同。

另外，需要特别说明的是，在西方抽象这个概念进入中国之前，中国文字记载中一直没有出现过"抽象"这两个字，抽象两个字的汉字翻译是从日文转过来的，是一个外来语。在中国文字历史上，有"意""象""意象"和"超象"的词义和抽象最接近。另外还有"道""气""气韵""心象""神""禅"等字和抽象有关。中国是世界上抽象文化相对发达的国家，在漫长的历史发展过程中，抽象的符号、抽象的形式、抽象的审美比比皆是。从早期的彩陶，到稍后青铜器，再到篆刻书法，以及后来的庭院设计、山石摆设，无不展现出抽象形式与抽象审美深入完美的交织。所以，中国古代文学艺术中，存在悠久而又深厚的对于抽象美感的欣赏传统。这种特殊的审美行为、心理和文字记载很多，比如书法中的草书、园林里的太湖石、家具上镶嵌的大理石屏以及西汉铜镜上的抽象龙纹等，都是很好的例证。

国人对抽象美的欣赏，都建立在具象审美的基础之上，那些草书法、太湖石、大理石、龙纹等"抽象"形式的美感，或多或少都是有着现实的依据，也就是说，这种审美模式是象征主义的，与抽象主义无关。这种对现实生活中具体事物的简化和提炼，与其说是"抽象"，还不如说是"暗示"或"象征"。但是，《道德经》中"大音希声""大象无形""大成若缺""大盈若冲""唯道集虚"等论述，又充分表达出中国式审美崇尚简约、概括、象征、隐喻甚至虚幻的倾向，也奠定了中国传统抽象审美的心理基础。

我们还可以尝试运用现代格式塔心理学，来解释为什么西汉时期会出现这种抽象形式的龙纹。美国当代学者鲁道夫·阿恩海姆曾在《艺术与视知觉》一书，运用格式塔心理学原理，解释许多艺术问题特别是简化问题。他认为：简化有两种意思，一是"简单"，这是从量的角度说的，"它是指某一个样式中只包含着很少几个成分，而成分与成分之间的关系很简单"。二是指把丰富的意义和多样化的形式组织在一个统一的结构中，"当某一件艺术品具有简化性时，人们总是指这件作品把丰富的意义和多样化的形式组织在统一的结构中。在这个结构中，所有的细节不仅各得其所，而且各有分工"。也就是说，简化性从作品本身的美感心理特征看，其符号和结构具有十分饱满的情绪张力；从读者的主观反应看，这种结构具有强烈的美感生发之力。简化性不但不排斥丰富性，而且恰恰是以后者为必要条件的。简化必须是多样的统一。因此，简化是质的概念而不是量的概念。

那么，怎么才能达到简化的效果呢？阿恩海姆说："当再现过程不再拘泥于事物本身的形状时，向简单的形象生成的趋势就获得了自由运动的机会。"这可谓是一语中的！简化实际上是一种抽象，即超越对象的形似，而通过主观精神的自由运作把握对象的结构，简化出对象的结构本质。因此，艺术的抽象，是一种以具体可感而又极度简练的形式结构传达丰富的美感经验。这种形式结构必须具有极大的美感凝聚力和包容性，这是与拘于形似相对的。

如果用克莱夫·贝尔的简化理论来看，简化是造成有意味的形式的必要手段。贝尔说："简化对于整个艺术来说都是必要的。没有简化，艺术不能存在，因为艺术家创造的是有意味的形式，而只有简化才能把有意味的东西从大量无意味的东西中提取出来。"但贝尔补充说："一个艺术家为了使他的构图有把握，他想到的第一件事就是简化。但是简化并不仅仅是去掉细节，还要把剩下的再现形式加以改造，使它具有意味。"贝尔的理论与阿恩海姆不谋而合，简化不是数量上的增减，而是一种凝聚，是对对象的结构特性的把握。这个观点基于格式塔理论中的同构对应说之上，是物的又是心的，因而是有意味的。

综上所述，抽象龙纹在西汉时期的铜镜上出现，有着时代、审美、心理等多方面的深层根源。虽然，我们不完全赞同西人丹纳早在19世纪就为我们构筑的"种族、环境、时代"这样的决定论关系，但我们相信，历史上某一种艺术形式的出现，必定有其深刻的内在逻辑，并且可以从上述这些因素上找到潜在影响。

【注 释】

［1］《西汉龙纹镜·序言》载：中国龙文化源远流长，自河南濮阳新石器晚期仰韶文化的蚌塑龙算起，距今已有七千年的历史。

［2］详见陈灿堂：《西汉龙纹镜》，上海：上海古籍出版社，2012年。

5.5 居摄、新莽镜花边纹研讨

■ 王纲怀　傅　军

　　古人观容，始映像于静止水体，曰"止水"，后取各类贮水之器代之。用于止水映像的青铜器，名为"鉴"。青铜镜问世传与人文始祖同步，古人云："帝因铸镜以像之。"铜镜之正面观容，背面则饰以精美图案与证史铭文，既是古人不可或缺的生活用品，又是雅俗共赏的工艺品。古代铜镜的青铜材料由铜、锡、铅按比例组成，其锻造与打磨工序繁复，镜面照容效果之优劣，体现了当时的工艺技术水准。铜镜作为青铜器的一个特殊门类，蕴涵诸多特色。其一，铸制历史连贯；其二，考古断代便捷；其三，文化内涵博大；其四，彰显审美情趣；其五，证史直观翔实；其六，书体映照生辉。

　　罗振玉《古镜图录·序》："予年逾冠即嗜吉金文字……颇搜集古铜鉴，然不能多得也……以为刻划之精巧，文字之瑰奇，辞旨之温雅，一器而三善备焉者莫若镜也。"

　　李学勤《清华铭文镜·序言》："铜镜是我国古代历时最久、传播最广的文物种类之一。从考古发现来说，铜镜已可追溯到铜石并用时代的齐家文化，也就是说比夏朝还要早。自殷商以至春秋，是铜镜的滥觞期，已获标本不多。其后铜镜工艺迅速发展，出现了三个高峰时期。第一个高峰系在战国，当时列国铜镜各异，而以楚国最为突出。汉代是铜镜的第二个高峰，影响所及远达境外。经过魏晋以下的一段衰退，在隋唐又形成第三个高峰。"

　　古代的一面铜镜如同今天的一张名片，它是一个民族、一个时代的文化缩影。仅此而言，汉镜即是汉代的一张名片。汉族、汉人、汉字、汉语、汉文化等"汉"字，皆源自于汉代的"汉"，研究汉镜文化在今天有着重要的意义。

　　汉镜星空灿烂、包罗万象，其中写意手法花边镜是其中分外耀眼的一组星座，它们多以珍禽奇兽或是植物纹样作装饰。看到这些花边镜以后，会让人高山仰止，赞叹不已，我们的祖先，竟会有如此高超的艺术才华与想象力！《楚风汉韵——长沙市博物馆藏镜》图87、图99即为典型的实例。为让读者一睹为快，笔者力所能及地将它们汇集在一起。详见表一。

表一　汉代写意花边镜一览表

图号	大致年代	直径(厘米)	重量(克)	铭文首句	资料来源	说明
1	西汉晚	11.9	253	无铭（四乳制式）	《江苏实成2011秋拍》图282	典型西汉器物
2	西汉末	16.5	687	汉有善铜出丹阳	《江苏实成2011秋拍》图195	
3		14.8	531	汉有善铜出丹阳	《汉铭斋藏镜》图104	花边中有"宜子孙"3字
4		14.3	478	汉有善铜出丹阳	《江苏实成2011秋拍》图344	
5	新莽	18.5	879	新有善铜出丹阳	《汉铭斋藏镜》图110	
6		16.5	692	新有善铜出丹阳	《江苏实成2012春拍》图660	
7		14.0	484	新有善铜出丹阳	《江苏实成2011秋拍》图382	
8		14.0	438	新有善铜出丹阳	《江苏实成2012春拍》图687	

续表

图号	大致年代	直径(厘米)	重量(克)	铭文首句	资料来源	说明
9	新莽东汉	16.6	588	日有憙,宜酒食	《清华铭文镜》图64	书体为飘逸悬针篆
10	东汉早中	21.3	1158	(无铭)	《江苏实成2012春拍》图625	典型东汉器物
11	两汉之际	16.6	700	(无铭)	《古镜今照》图66	有大泉五十钱纹
12		14.2	490	(无铭)	《古镜今照》图84	
13		14.0	467	(无铭)	《古镜今照》图83	如同剪纸
14		13.1	364	(无铭)	《江苏实成2012春拍》图664	如同剪纸
15		13.1	352	(无铭)	《江苏实成2012春拍》图702	
16		12.8	418	陈氏作竟与众异	《古镜今照》图92	举例之植物纹

图1

图2

图3

图4

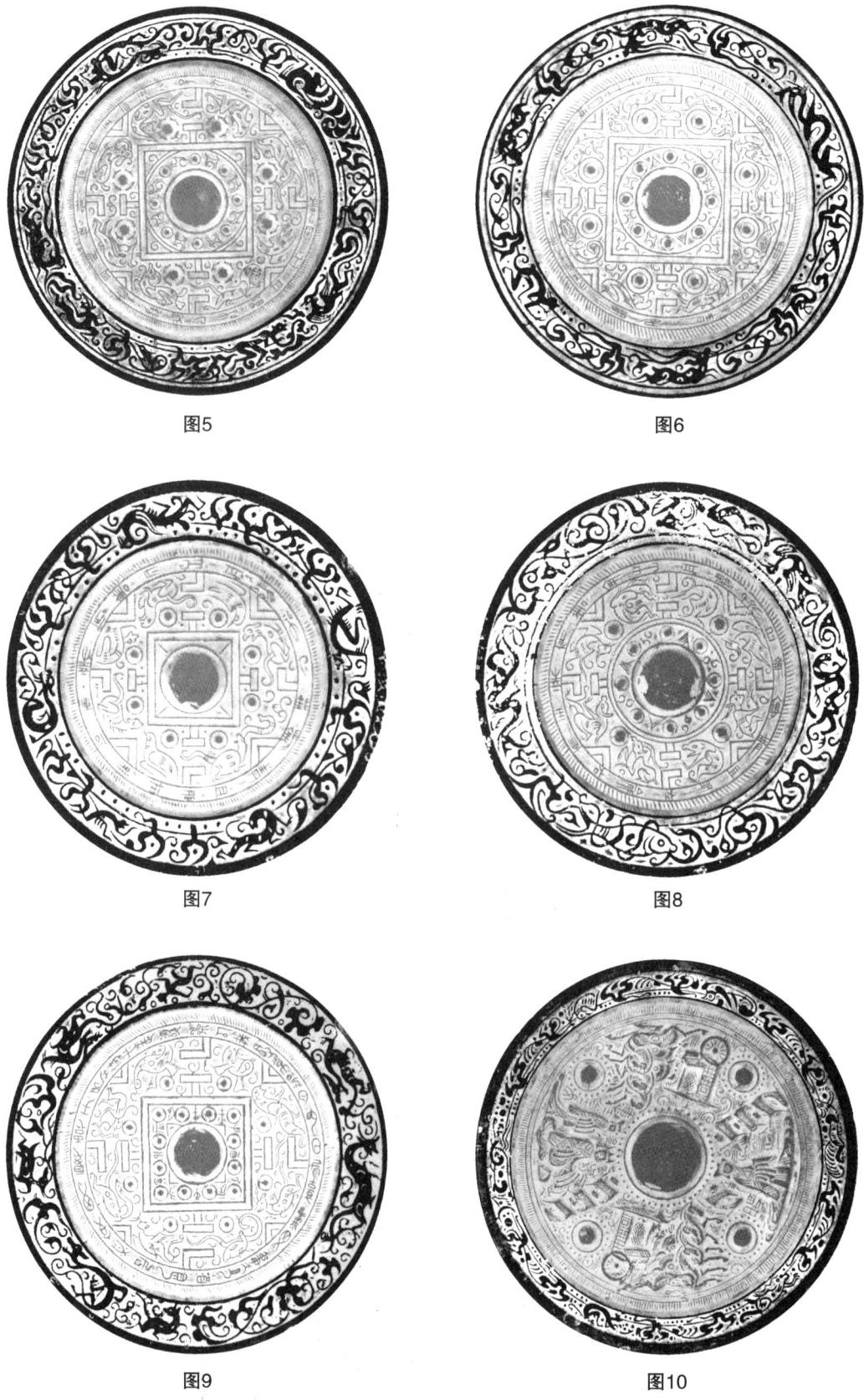

图5　　　　　　　　　　　　　图6

图7　　　　　　　　　　　　　图8

图9　　　　　　　　　　　　　图10

5.5 居摄、新莽镜花边纹研讨

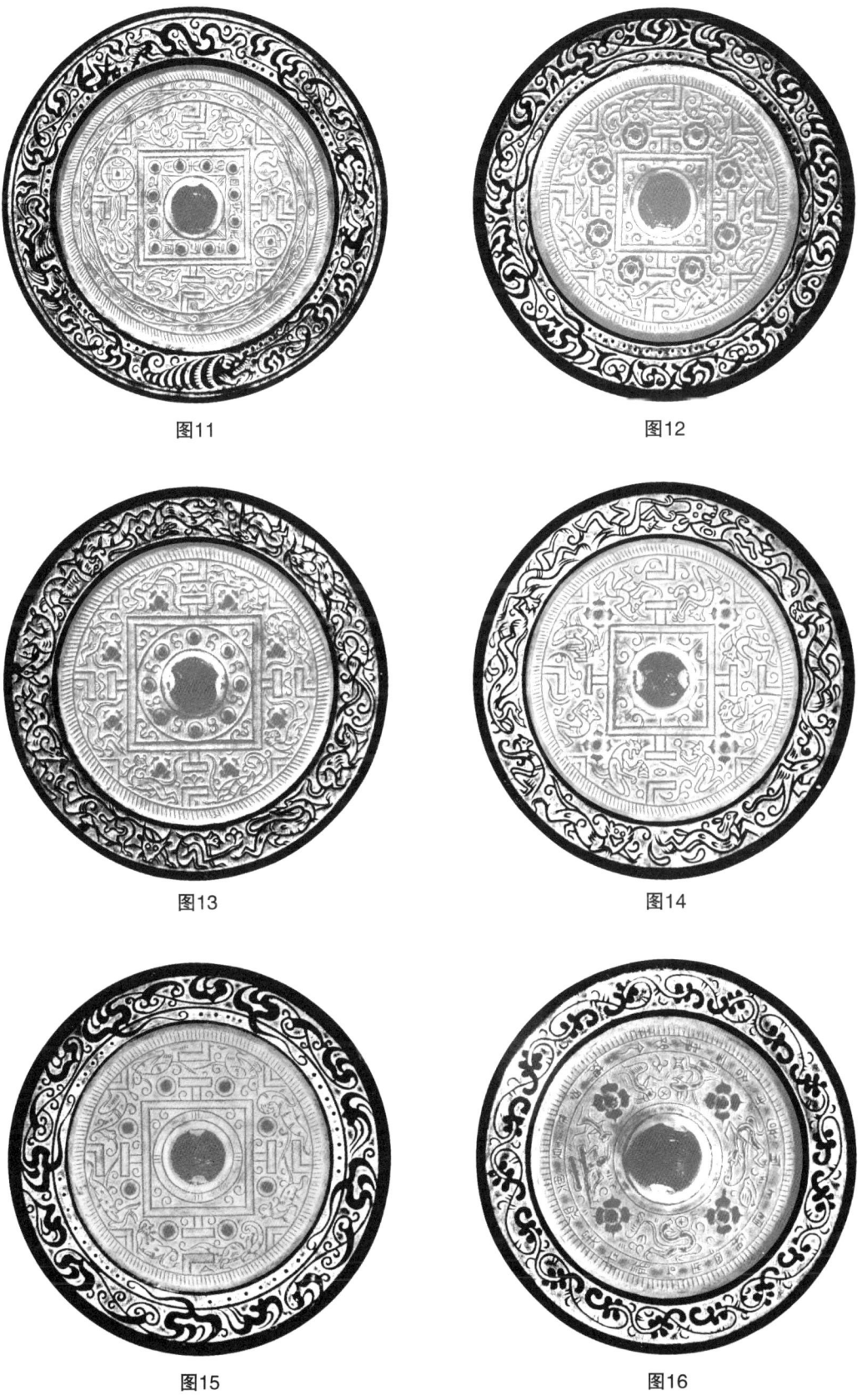

图11　　　　　　　　　图12

图13　　　　　　　　　图14

图15　　　　　　　　　图16

由表一可知，此类镜大致发生在西汉晚期，繁荣在西汉末与新莽、东汉早期，东汉中期以后渐趋式微，前后经历了约有一个世纪。从其美妙的器物纹饰，可以知道汉人的伟大创造力，此类镜是"汉承楚制"的最好证明。众所周知，战国时期的楚文化独领风骚，楚镜工艺一枝独秀。秦灭楚以后，人杰地灵的楚地依然保留了楚文化的基因和土壤。汉武帝时期，在社会经济大发展的背景下，楚地文化又得到了迅速发展。据初步调查，在全国的出土资料中，此类镜主要是在楚地有发现。在花边镜的诸多纹饰中，本文着重观察并探讨其间的龙纹图案。

龙是华夏图腾。中国龙文化源远流长，自河南濮阳新石器晚期仰韶文化的蚌塑龙算起，距今已有七千年的历史。在中国铜镜史上，有战国、两汉、隋唐三座高峰。概括而言，战国镜龙纹抽象神秘，隋唐镜龙纹具象辉煌。而处于战国与隋唐之间的两汉，其龙纹以简洁写意为特色，尤以突出主题的西汉龙纹镜为代表，出现一种明快粗犷的表现手法。打开上海古籍出版社出版的《西汉龙纹镜》一书，其间81幅精美的龙纹图扑面而来。看其外形，弯曲、环绕、勾连、纠结，可称千姿百态；观其动作，舒展、摇摆、匍匐、腾飞，可谓争奇斗艳；视其表述，整体、局部、夸张、省略，可言琳琅满目；察其手法，具象、抽象、幼态、童趣，可说异彩纷呈。

由于花边镜龙纹的写意更加明显，又因为它们不在《西汉龙纹镜》一书之内，故本文挑选了表一中六个器物的局部龙纹，并加以勾勒、放大，详见图2A、图4A、图5A、图7A、图9A、图11A，亦算是对《西汉龙纹镜》的一个补充。

《湖南出土铜镜图录》有五面同类花边镜，因图片质量欠佳而未在本文成图，本文仅作资料汇总，详见表二。

表二 湖南出土同类镜一览表

《湖南出土铜镜图录》	直径(厘米)	铭文首句	出土概况	说明
图69	22.2	汉有善铜出丹阳	1956年长沙砚瓦池出土	同类镜属最大者
图74	13.5	侯氏作	1955年长沙丝茅冲出土	
图76	14.0	杜氏作	1955年长沙窑岭出土	杜氏是著名工匠
图81	13.5	/	1953年长沙月亮山出土	
图82	14.0	/	1954年长沙扫把塘出土	花边中有五铢钱纹

《六安出土铜镜》一书中的花边镜，多见花卉纹缘，如图82、图83、图99、图101、图104等。似可认为，此类花边镜（如图16）主要诞生在原是楚国的长沙地区及其周边（如六安）地区。由于花卉纹缘存世较多以及本文篇幅所限，不得已在此省略了诸多花卉纹缘的图片资料。

在中国传统装饰中，植物仿生纹样一直是主流。这不仅因为植物是自然形态，具有强大的亲和力，更在于植物纹样介于抽象与具象之间，保留了具象形态的特点。在写意手法花边镜中，我们可以看到，大量的植物纹样通过夸张、变形和概括，使之规律化、秩序化、程式化。这种经过"风格化"的自然形态，运用条理和反复这一构成法则的处理，使得纹饰变得洗练而有节奏感，产生有序、生动、流畅、稳定、完整、平衡的视觉美感。

汉代花边镜的表现手法，虽然是先秦艺术风格的继承和延续，但一扫之前神秘的宗教含义，主题纹饰素朴，构造丰满，寓动于静，图案结构简单，改变了战国时期严谨细密的风格。不求工细形似，只求以精练之笔来勾勒景物的神态，达到形简却意丰的审美效果。这从一个侧面，反映出汉代造型语言的特色：单纯、洗练、硬朗、挺拔、大气、华美。

此类镜边缘纹饰除了龙纹与植物以外，还包括羽人、凤、鹿、羊、斗兽、建鼓舞、蛇缠鱼、大螺化龙、仙人娱乐、灵魂升天、太一出行等各种珍禽异兽。以本文列图为例，一眼望去，琳琅满目、风姿绰约，本来是"具象"的羽人与动物，都采用了尽情写意的创作手法。即便有再多的美好语言，也不能表述完全，还是让读者自己来鉴赏、品味、交流、研讨。

第6章 文 字 篇

6.1 两汉镜铭内容与书体研究 / 385

6.2 西汉镜铭书体与简帛隶书比较研究 / 408

6.3 从西汉镜铭书体看汉字隶变 / 420

6.4 西汉镜铭"君"字释 / 425

6.5 东汉镜铭"仓颉作书"传递的文化信息 / 430

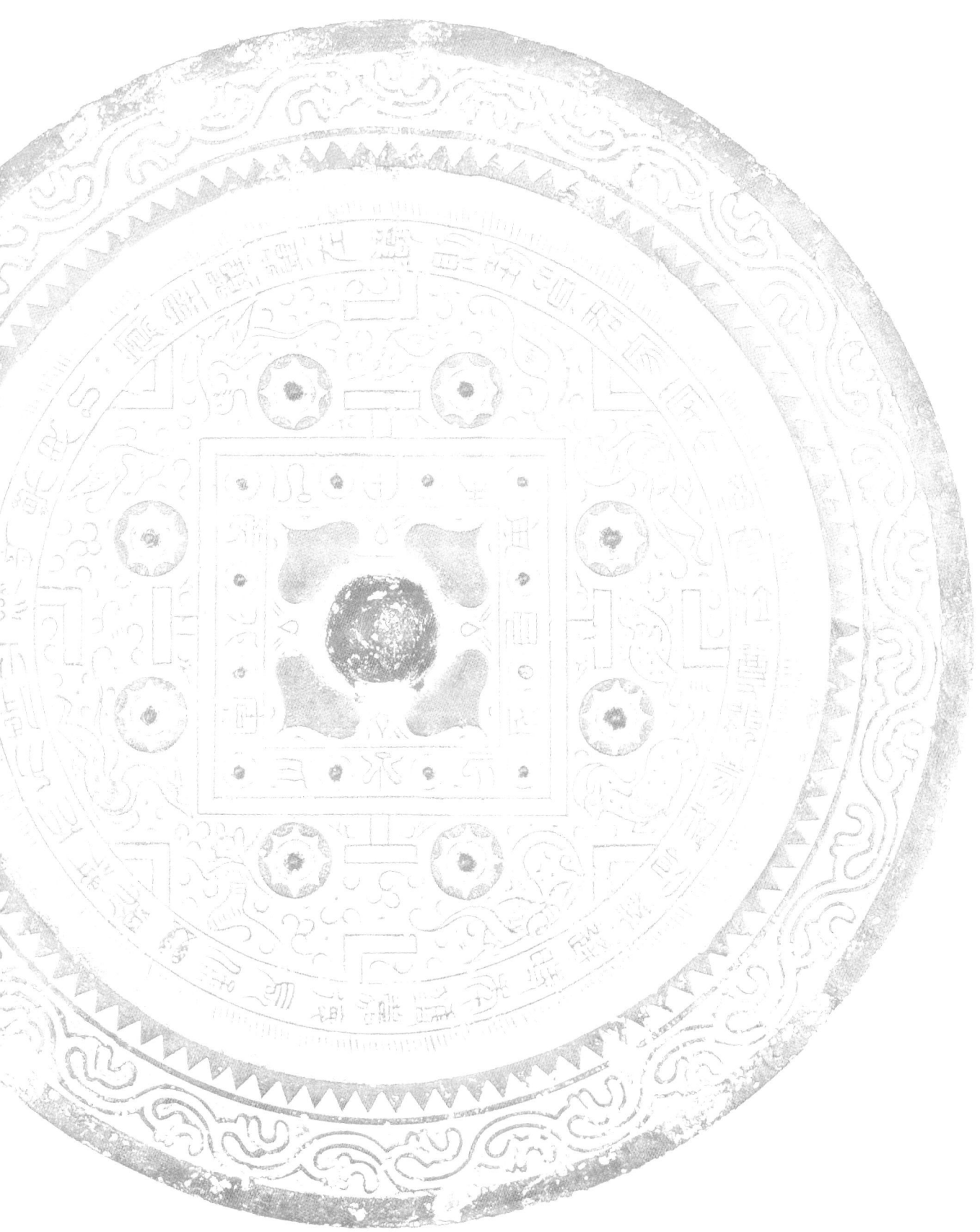

6.1 两汉镜铭内容与书体研究

■ 林素清

一、前言

多年前曾撰文,利用出土汉镜资料,将汉镜铭文依照铜镜时代、类型与字体特征,简单分成七个时期讨论:

(1)西汉前期(指景帝以前):镜铭字体以小篆为主,与秦篆圆转匀称之笔意接近。

(2)西汉中晚期(是铭文镜最盛行期):可约分三小段:

其一,景帝至武帝初,字体为较方正篆体。

其二,武帝至宣帝,为篆隶夹杂之方篆,笔画间略见隶化痕迹,与美化倾向。

其三,宣帝至西汉末,图案化字体盛行且字里行间夹有符号,有圆体草化字体及方折隶化两大类型。

(3)王莽时期:字体有复古倾向,小篆体再度流行,有拉长字体的趋势。

(4)东汉早期:隶书为主,且因民间铸镜盛行,铭文中常见脱文、减字现象。

(5)东汉中晚期:铭文中俗讹、简省和通假字极多,显示民间刻工水准不高,同时也反映了东汉民间使用俗字的概况,对汉字简体字使用状况,也提供一些讯息[1]。

本文拟就两汉镜铭文字之多样性,讨论汉镜铭所表现的字体艺术化倾向及不同镜类所采用的字体、草书的渊源、隶变过程及缪篆体的形成等课题。

汉镜除了开始使用铭文之外,还有另一重要突破,就是摆脱了以前青铜礼器纹饰的影响,出现了铜镜自己的主题纹饰[2],也就是以镜钮为中心所展开的图案与纹饰,一般采用四分法布局,或以同心圆形式,围绕镜钮,展开多层纹饰。有动植物纹、神兽、历史人物、几何图形等多种内容,更常见代表四方的青龙、白虎、朱雀、玄武纹,以及以东王公、西王母为主题的纹饰,结合了天圆地方的宇宙概念。

镜铭始于汉初,西汉以来逐渐普及,西汉中晚期尤其盛行,且最具特色。西汉前期铭文字体以小篆为主,书体风格与秦刻石相近,笔画圆润;西汉中期,篆体较为方整,也渐有以铭文字体取代纹饰与图样的趋势。

在利用文字作为镜背装饰主题的风气下,铭文字体经过刻意规摹、设计,于是出现了种种变化,时而方笔,时而圆笔,并夹杂各式图案符号,相互配合,用以强调铭文带的整体美感,充分显现了灵活运用字体来表达整体和谐的美感,汉代所谓"缪篆"正成于此时。

王莽时期,镜铭字体出现了短暂的复古现象,字体崇尚修长之篆体。东汉以来,则因私人铸镜的缘故，镜铭上见到大量简体、讹体、俗体和许多通假字，隶书也开始用于镜铭。从种种铜镜纹饰与铭文内容，既能见到汉代生活与文化内涵，也能很真实地反映当时文字使用的面貌。

二、两汉有铭铜镜书体与镜类概述

（一）西汉前期（景帝以前）

汉早期铜镜多沿袭战国风格，镜面小、镜壁薄，弦旋钮或鼻钮。主纹多为蟠螭纹，地文则有细密钩连雷纹，或间以四叶纹。这类镜铭字体以小篆为主，与秦篆相当接近，笔画婉转圆润，完全是篆体风格。铭文多以顺时针方向绕读一周，于铭文首尾之间，多有鱼形图案作为记号，例如：

（1）大乐贵富蟠螭纹镜："（鱼纹）大乐贵富，千秋万岁，宜酒食。[3]"

（2）大乐未央蟠螭纹镜："（双鱼纹）修相思，慎毋相忘，大乐未央。[4]"

（3）大乐贵富蟠螭规矩纹镜："（鱼纹）大乐贵富得所好，千秋万岁，延年益寿。[5]"

此外亦见无鱼纹之蟠螭纹镜，如：

（4）愁思悲蟠螭纹镜："愁思悲，愿见忠，君不悦，相思愿毋绝。[6]"

（5）大乐贵富蟠螭纹镜："大乐贵富，千秋万岁宜酒食。"

这类铭文字体皆作圆笔，近于"秦篆"。如大作"大"、千作"千"、乐作"乐"、贵作"贵"、万作"万"、酒作"酒"，皆标准篆体，且各字间距较大，不至于妨碍篆字结构，铭文或三言、四言，甚至有五言或七言。镜铭排置于方形钮座者，铭文多采三言或四言体，字体不受书写空间影响，所以篆体较为规整。

（二）景帝至武帝初

文景之治以后，随着社会经济勃兴，铜镜的制作也有长足进展，除镜面加大，镜壁增厚，镜缘较宽，镜钮渐呈半球体外，镜背花纹也开始突破传统青铜彝器纹饰范畴，代之则以新颖的草叶纹、花瓣纹、星云纹、连珠纹、乳状纹等，并多呈现对称的四等分构图。以最常见的四乳草叶纹镜为例，此镜为柿叶形钮座，座外有方栏铭文带。铭文在镜背中开始占相当重要的地位。为配合方栏铭文带的空间，镜铭字体虽仍以篆体为主，但较以往更显方整，这类字体与西汉时期的玺印或铜器铭文字体相近，或又可称之为"汉篆"。镜铭内容多为祝愿语或吉祥颂词，尤其喜用日光来比喻明镜的光亮，这与唐五代以后，较常以月光来形容明镜的习惯，颇有差异，正可看出日光镜深受楚地文化影响。日光镜常见形式如：

（6）日光四乳草叶纹镜。柿叶纹钮座，座外方栏，铭文："见日之光，天下大阳。[7]"

（7）日光草叶纹镜。圆钮，座外方栏，铭文："见日之光，天下大明。[8]"

（8）日光四乳草叶纹。三弦钮，座外方栏，铭文："见日之光，天下大明。[9]"

（9）日光草叶纹镜。三弦钮，钮外方栏铭文带，每边各一字铭，文为："见日之光。[10]"

（10）相思毋忘四乳草叶花瓣纹镜。（残）钮座外方栏，铭文："□□□（见日之）光，千秋万岁，长毋相□（忘）。[11]"

（11）日光规矩草叶纹镜。圆钮，草叶纹钮座，座外方格铭文带，每边二字，四角各一乳。方格外有简化规矩纹，间杂草叶。内向十六连弧缘。铭文："见日之光，长毋相忘。[12]"

（12）日光憙四乳草叶纹镜。圆钮，四叶纹钮座，座外方栏，铭文："日有憙，得君喜，长贵富，乐毋事。[13]"

以上各镜多为方钮座，铭文皆置于四边方格栏中，每边各有一字、二字或三字、四字不等。除了少数与西汉前期镜铭篆体较近似，其余都为方篆体，这应与铭文各分置于方栏有关。字体结构仍以篆体（汉篆）为主，部分笔画则稍作变化，例如："见"字小篆"从目从人"作"見"，而（6）～（8）草叶纹日光镜之"见"字，将人形与目旁拆离，写作"見"或"見"形。

又如"之"字，小篆作"㞢"，根据《说文》的解释是"象艸过屮，枝茎渐益大有所之也"。然而上述镜铭"之"字作"㞢"形，左右两竖笔平齐，已有"破圆为方"的趋势，将象形字原有线条，逐渐符号化，并均匀分布笔画，从中已能见到篆体隶化的初貌，与所谓"摹印"书体概念接近。

（13）常相思蟠螭纹镜。方座，座外方栏铭文。圆涡地螭纹。铭文："常相思，毋相忘，常贵富，乐未央。[14]"

（14）常与君蟠螭纹镜。三弦钮。方座。座外方栏铭文。圆涡地螭纹。铭文："常与君，相謹幸，毋相忘，莫远望。[15]"

（15）相思贵富草叶连弧纹镜。座外方栏，铭文："长相思，毋相忘，长贵富，乐未央。[16]"

带方栏草叶连弧铭文镜及蟠螭纹铭文镜，是这类型镜较早期形式，其铭文方栏四角落皆不作特殊处理，只是顺序填以文字，铭文多以顺时针方向绕读一周。内容多为四字句吉语，或四言二句、四言一句，铭文平均分置四边。字体仍以篆体为主，而较西汉前期更方正。部分笔画则作曲折变化，如"长"字作"長""乐"字作"樂""贵"字作"貴""謹"字作"謹"，已见到不少规画与绸缪之意。而"万"字作"萬""贵"字作"貴""思"字作"思"，也略见脱离篆体笔意，隶化更为明显了。

另又有几件四言四句草叶连弧纹镜，也是西汉中期稍前之作，可惜皆残破，如：

（16）服者君卿草叶纹镜，三弦钮，方座，座外方栏，铭文："服者君卿，延年益寿，安乐未央，□□□□。[17]"

（17）服者君卿草叶纹镜，方钮座，座外方栏，铭文十六字，但已残破，仅存九字："见□□□，□□大阳，服者君卿，所言□□。[18]"

其中"者"字作"者"，已失篆意；"所"字作"所"，则已变换"户"与"斤"旁原来的位置。

（18）服者君卿草叶纹镜。伏螭钮、座外方栏，略残，只存十二字。铭文："·见日之光，□（服）者君卿，千秋万岁，长□□□。[19]"见字前有"·"符，当是镜铭之起讫符号。

（19）日光必当草叶连弧镜。铭文十六字，逆时针方向："见日之光，天下大阳，服者君卿，所言必当。[20]"

（三）武帝至宣帝时期

汉武帝以后，所见带方栏之草叶连弧镜等已有如下的改变。

首先，方栏铭文之四角处，已不再容纳文字，或铸以乳丁纹饰，或以图案"◊""⊠""▨""▨"来代替，方栏每边内容二字或三字，十分清晰、易读。尤其是后两种图案，最能与此时流行的方篆体相互配合，使用颇为普遍。

其次，镜铭字体也出现一些变化，除了篆体更为方正外，字形趋于简省，隶化痕迹更见清晰。如"光"字从"炎"形，转为"光"或"光"形，笔画平直，且较为简省。又如："也"作"亘"，"大"作"大"，"除"作"除"，"民"作"巨""彐"，"日"作"日"等，像这种篆隶间杂字体，正是西汉篆体字的特色。

（20）君行卒草叶连弧镜。柿蒂钮，钮座外方栏，铭文："君行卒，予志悲，久不见，侍前希。[21]"

（21）日有憙草叶连弧镜。鼻形钮、钮座外方栏，栏内四角有叶纹，铭文："日有憙，宜酒食，长贵富，乐毋事。[22]"

（22）与天相寿草叶连弧镜。伏螭钮，钮座外方栏，栏内四角作叶纹。铭文八字，每字之间又有"〇"纹为界："与天相寿，与地相长。[23]"

（23）日光大明草叶连弧镜。柿蒂钮，钮座外方栏，内铭文八字，栏四角有"▨"纹为饰。铭文："见日之光，天下大明。[24]"

（24）日光大明草叶连弧镜。纹饰、铭文皆同上，唯每字间又以直线隔开，每字各置于一方格中[25]。

（25）日光大阳规矩草叶连弧镜。钮座外方栏，四角饰以四乳，铭文："见日之光，天下大阳。[26]"

（26）日光毋忘草叶连弧镜。柿蒂钮座，座外方栏内四角有"▨"或"▨"图案。铭文："见日之光，长毋相忘。[27]"

（27）日光毋忘规矩连弧纹镜。柿叶钮座，座外方栏，四角饰以四乳，铭文八字，每字以直线隔开，铭文："见日之光，长毋相忘。[28]"

（28）日光大明四乳镜。兽形钮。方栏四角饰"⊠"纹，铭文："见日之光，天下大明。[29]"

（四）宣帝至西汉末期

昭宣至西汉末时期，连弧铭文镜是最盛行的镜类。连弧铭文镜多圆钮，钮座外，内区饰以连弧纹（多内向八连弧），外区则为铭文带。早期连弧铭文镜边缘较窄，晚期则以素宽缘居多。整个镜背甚少装饰，铭文成为主题装饰，铭文所占镜面空间较前期带方栏草叶纹镜更为显著，这是汉镜中最独特的一种类型。

连弧铭文镜所使用的字体极为特殊，非篆非隶，自成一格。简笔与连笔颇多，字里行间往往夹杂一些图案或符号，这种图文并见的情形，仅见于汉镜。

连弧铭文镜字体可分为圆体和方体两大类型，圆体字铭早于方体字类，约起于武帝时代，昭宣时期逐渐多见，而大盛于西汉末。字多简省，每字或每两字间，常夹杂"☉""⊘""⊙"一类圆形符饰，且常见连笔书写方式，如 ☽（以）、⚘（雍）、𝄞 ⚘（明）、⚗（清）、⚘（照）等写法，皆与汉代草书的书写方式相当类似。此外，此类镜铭字体与符号还有一个特点，就是文字末笔或符号末端往往拖长笔画，以与纹饰圈缘相连，达到图文联贯的美感[30]。

方体字体之连弧镜较晚出，大约始于西汉中期[31]，而多见于西汉末和东汉初年。这类字体方正，略呈扁形，字的首尾笔往往加重，略呈楔形，这与汉隶顿挫、波挑笔法有相通处，东汉八分书体强调的美感，在方字连弧铭已经出现。方字连弧铭文间常见加入"帀""𠀆"符号以为装饰，或称为"而字镜"，或认为"而"字只是表声文字，有如歌词中表音衬字，其实并不尽然[32]，其实"帀""𠀆"多仅与方体铭类相搭配，这与"☉""⊘""⊙"只与圆体铭字搭配的道理相同，这些符号在铭文带内的作用是装饰，非表义。

由圆字连弧镜铭间添加圆形符号"☉""⊘"，以及方字连弧铭间添加"帀""𠀆"等方形图案，可见这类镜铭文字的装饰意味十分浓厚，故不时有趣味性游戏笔画出现。例如，四川万县汉富贵砖，[33]文作▦▦，将富、贵两字各写成含田形笔画，两田形分置画面对角处，以表现对称均衡美感，一方面又可将之拆读为"宜田，宜贝"四字。另有富贵砖，写作"合丰""富昌"，陈直认为可分别又读为"合田丰贝""富有""富昌"等几种方式[34]，这种用字自如的趣味，是以往所未见的，这也充分显示出汉字使用已完全纯熟。

连弧铭文镜从文字内容可分为日光连弧、昭明连弧、清白连弧和铜华连弧几类。

其一，日光连弧铭文镜，流行相当广泛，[35]几乎各地汉墓都有出土，尤以河南出土最多。镜体较小，直径多在8厘米以内，铭文大致有以下四类：

（29）"见日之光，天下大明"[36]。圆体字，字间夹"◇""ℯ"纹。

（30）"见日之光，长毋相忘"[37]。圆体字，字间夹"⊙"纹。

（31）"见日之光，长不相忘"[38]。圆体字，字间夹"⊕"纹。

（32）"见日之光乎与君长毋相忘"[39]。字间无符号。

以上各铭文字体皆圆体，多省笔。如"见"字省作"⸮"形，"日"字省作"O"形，"相"字省作"KO"形，使得文字与符号难以分辨。

其二，昭明连弧铭文镜，流行更为广泛，是出土最多的有铭汉镜[40]，镜面较日光连弧大，多在10～12厘米。铭文字数不固定，往往视镜面大小，而有省字减句现象。完整铭文为：

（33）"内清质以昭明，光辉象夫日月，心忽穆而愿忠，然壅塞而不泄"。

方字昭明连弧铭，字常省笔，且为配合方体字，字体结构多刻意安排成方形，如"清"字作"清""明"字作"田""昭"字作"昭""象"字作"象"。铭文起首渐见起讫符，常见的式样有"━""▭""━━"等，字里行间又另加"而"字形符号（或释为天字），以呼应镜铭带的整体美感。如：

（34）"━━内而清而以而昭而明而光而夫而日而日而不而泄"[41]。

（35）"▭▭内而清而以而昭而明而光而象而夫而日而日而不而泄"[42]。

（36）"━内而曰而以而昭而明而光而日而月而工"[43]。

圆字昭明连弧亦多省字省句，只是文字间多不加"而"形符号，也少见添加其他纹饰符号，只偶见加上"十"符：

（37）"内清质以昭明，光象夫（十）日月，心忽而愿忠，壅塞而不泄"[44]。

其三，清白连弧镜，镜式与昭明连弧镜同，铭文亦六字句，完整者为六言八句，共四十八字：

（38）"洁清白以事君，怨阴驩之弇明。焕玄锡之流泽，志疏远而日忘。怀糜美之穷礼，外承驩之可说，慕窕佼之灵景，愿永思而毋绝"。

这类铭文以方体字居多，也常见到减字减句情形，西汉末较常见到。此外，又有如下镜铭：

（39）"日有憙，月有富。乐毋事，常得意。美人会，竽瑟侍。贾市程，万物平。"

（40）"清冶铜华以为镜，昭察衣服观容貌，丝组杂沓以为信，清光宜佳人"[45]。

（41）"清冶铜华清而明，以之为镜宜文章，延年益寿辟不羊（祥），与天毋亟如日光，长乐未央"[46]。

另外，又有双重铭文重圈镜，连珠钮，两圈铭文为主要装饰，盛行于西汉中叶。内、外圈铭有多种组合方式：

（甲）日光昭明重圈镜：

（42）内圈："见日之光，长毋相忘"。

外圈："内清质以昭明，光辉象乎日月，心忽扬而愿忠，然雍塞而不泄"[47]。

内圈铭文有"б"类符号隔开，外圈铭文多省字减句，以圆体字较常见。

（乙）昭明清白重圈镜：

（43）内圈："内清质以昭明，光［而］象夫日月，心忽扬而愿忠，然雍塞而不泄"。

外圈："絜精白（以）（而）事君，志行驩之合明，焕玄［锡］之流泽，恐疏［远］而日忘。怀美之穷礼，外承驩之可说，慕佼窕乎灵景，愿永思而毋绝"[48]。

（丙）昭明存神重圈镜：

（44）内圈："内清质以昭明，光辉象夫日月，心忽扬而愿忠，然雍塞而不泄。"

外圈："姚皎光而耀美，挟佳都而丞间。怀驩察而惟予，爱存神而不迁。得并执而不衰，精昭（照）折而侍君"[49]。

（丁）日光铜华铭重圈镜：

（45）内圈："见日之光，天下大明，千秋万世，长毋相忘，宜侯王"。

外圈："·清银铜华以为镜，丝组为纪以为信，清光明乎，服者富贵番昌，镜辟（避）不羊（祥）"[50]。

（戊）毋忘番昌重圈镜：

（46）内圈："久不相见，长毋相忘"八字，每字间隔以"爻"纹。

外圈："常宜子孙兮日番昌，千秋万世乐未央，宜吏□弟兄，精明光兮□□"[51]。

字体较方，杂七言句，时代应较晚。

（己）日光佳人重圈镜：

（47）内圈："见日之光，长毋相忘"，每字间隔以"◎"纹。

外圈："银清华、精皎日，奄惠芳。承佳泽，结微（美）颜。安姣信，耀流光。佋（照）佳人"。[52] 三言一句，每句间各以"◎"纹隔开，共八句，二十四字。

铭重圈镜常见文字的末笔与纹饰带边缘相连的现象，表现得更为频繁，力如昭明清白铭重圈镜[53]。

总之，铭重圈镜和连弧铭文镜，是完全利用文字作为装饰主体，故字体变化较大，同一个字，或圆体或方体，而有不同写法。圆体字篆意较浓，多连笔，时代较早；方体字隶化较深，笔画起讫处常呈楔形，多简笔，时代较晚。这两类字体都刻意经营，与缪篆配合书写空间而字体上作些挪让、推移的方式相近，我们不妨视为缪篆体。如日作"⊙"与"日"，月作"𐤃"与"月"，明作"⊙月"与"日月"，而作"冇"与"帀"；泄作"泚"与"汕"等。且简笔渐多，如铜省作"钅"，者省为"者"，质省作"斦"，很容易误释。

（五）王莽时期

王莽托古改制，政治、经济制度虽有重大变革，但沿社会上一般思想、艺术方面，大抵仍沿袭西汉之风，昭明连弧、昭明重圈、铜华连弧等镜类依旧出现。昭明镜字体多为方体，常夹带"而"字为饰，镜铭语句常不完整。又，铭文首尾处多已用符号"·" "…"等符号隔开。

铜镜纹饰内容日益丰富，开始出现青龙、白虎、朱雀、玄武及犀牛、鹿、羊、兔、蟾蜍、瑞鸟等禽兽纹和仙人纹，表现手法较以往更细致。构图方式仍多见利用乳丁间隔成若干区，各区内各置以禽兽或瑞鸟纹。或以同心圆环绕多层纹带，富立体层次感，边缘装饰也较复杂，往往同时使用数种纹样。

王莽时规矩纹镜最为盛行，从纹饰上大致分为鸟兽纹规矩、几何纹规矩及四神纹规矩等类型。铜镜之钮座外或带方栏，或见圆圈带，内铸以十二支铭。此外，镜铭开始出现较长的七言韵语，通常每句皆韵，并出现以"七言之纪从镜始"为文首句镜铭，说明了七言文体开始盛行的情形。"尚方作镜" "新有善铜"镜铭是最常见的铭文，内容多有阴阳五行、羽化成仙、祥瑞避邪等思想，王莽镜文也屡见叙述"征四夷、天下平"一类夸大功业的文字。这时已开始出现铸上年号的纪年镜铭。此外，私人铸镜风气大盛，铭文字体往往草率，比较不规范。常见铭文举例如下：

（甲）"尚方"铭（通常见于四神规矩纹镜）。大致有两种基本形式：

（48）"尚方御镜大毋伤，巧工刻之成文章，左龙右虎辟不祥，朱鸟玄武顺阴阳，子孙备具居中央，长保二亲乐富昌，寿敝金石如侯王"。

（49）"尚方作镜真大好，上有仙人不知老，渴饮玉泉饥食枣，浮游天下敖四海，寿如金石为国保"[54]。

（乙）"善铜"铭：

（50）"新有善铜出丹阳，和以银锡清且明，左龙右虎主四彭，朱爵（雀）玄武顺阴阳"。或于第四句末改为"八子九孙治中央"[55]。

镜铭已明白指出是"新"朝所铸铜镜，并说明取自丹阳地所产之铜矿，又加入银、锡，以增镜之硬度与亮度，可看出此时铸镜对质地之要求较高，利用铜与锡、银合金，以求镜面有更好效果。这些字眼主要仍在夸耀镜质之优良。

（丙）"七言"铭：

（51）"桼（七）言之纪从镜始，长保二亲和孙子，辟除不祥宜古（贾）市，从今以往乐乃始"。

（丁）私人作镜铭：除自夸镜质外，以标示铸镜人姓氏与名字作为铜镜品质的保证，也慢慢形成。例如：

（52）"杜氏作竟（镜）四夷服，多贺新家人民息。胡虏殄灭天下复，风雨时节五谷熟。长保二亲受大福，传吉（告）后世子孙力"。或于句末加"官位高"等吉祥词语。

王莽期铭作"多贺新家人民息"，稍晚则见"多贺国家"或"多贺君家"。此期镜铭尤以"王氏作镜""王氏昭镜"[56]铭最多。

（53）阜阳博物馆藏鸟兽规矩纹镜，圆钮座，铭文："刘氏去，王氏持，天下安宁。乐可喜，井田平，贫广其志。"当为王莽早期镜，铭文篆体，字形尚未如稍晚的长篆体[57]。

（戊）纪年镜：今所见最早纪年镜为居摄元年镜，乃1924年韩国平安南道大同江汉墓所出。铭文字体方整，有省体：

（54）"居摄元年字有真，家当大富，籴常有陈。史之治史为贵人。夫妻相喜，日益亲善"[58]。

（55）"唯始建国二年新家尊，诏书数下大多恩。贾人事市不躬耆田，更作辟雍治校官。五谷成孰天下安，有知之士得蒙恩。宜官秩，葆子孙"[59]。

王莽镜铭除承继西汉中晚隶化字体外，简省偏旁和笔画的字体渐多，如"镜"作"竟""有"作"又""仙"作"山""渴"作"曷""饮"作"孜""纪"作"己""摄"作"挕""新"作"亲"等，使用相当普遍。

又见大量同音假借字，如"七"作"桼""游"作"由""贾"作"古"。若不明白当时简字趋向，则难免误识，[60]如释"𣐺（新）"为"年"字，释"古（贾）"为"吉"字，释"桼（七）"为"来"字或"乘"字等皆误。

此外，莽镜又有以下特点：

第一，篆体字和若干古字的使用，可见当时复古之风气。如始建国二年镜，为圆笔篆体、篆意颇浓，鸟兽纹圆钮座外，纹饰间嵌入"宜子孙"三个篆字等，这与西汉中晚期少见篆体的风格极不相同。而"四"恢复古籀文体写作"亖"[61]，也是王莽镜所特有的现象。

第二，王莽七言镜铭"七"字皆写作"桼"，"四"字作"亖"[62]，实为当时风尚，不仅于镜铭如此，其时期所见之金石文字与简牍文字亦如此。这种用字习惯，大约多见于始建国三年（11年）至地皇二年（21年）期间，稍晚也只偶见一二例而已。

第三，镜铭有减字句现象，又喜于句尾加上"兮"字，并有拉长"兮"字末笔的习惯。如山东嘉祥县出尚方规矩镜为"尚方做竟（镜）真大巧,上有山（仙）人不知老,渴饮玉泉兮"。兮字作"兮"[63]。

第四，镜铭起首多有符号标示，常见有"·""…"":"等形，王氏昭镜类则加上鸟纹"🐦"及"𠂆"纹等，作为文句起讫标记[64]。

（六）东汉时期

东汉早期，规矩纹镜继续盛行，尤以四神规矩纹最多。稍晚，多乳禽兽纹镜渐增，圆钮，圆钮座或四叶纹钮座，座外五至八乳不等。各乳间多填四灵（青龙、白虎、朱雀、玄武）及其他神兽（如仙人、凤鸟、绵羊、鹿、蟾蜍、独角兽等），与汉人喜爱瑞兽有关。铭文内容，除大量"尚方作镜"及"善铜铭"镜外，私人作坊所制"姓氏铭镜"渐增，并有一些纪年铭镜。铭文字体以隶书为主，且字句常有脱文、减字句现象。如：

（56）"尚方作镜真大巧，上有山人不知老，渴饮玉泉兮"[65]。

（57）"尚方作镜大毋伤，[青龙白]虎[辟不]羊（祥），朱鸟玄武顺阴阳，子孙备具居中央，长保二亲乐富昌，寿敝（比）金石如……"[66]。

（58）"汉有名同（铜）出丹阳，和已（以）华锡青（清）明。左龙右虎主四彭（方），朱鸟玄武顺阴阳，八子九孙治中央。东上囗山见神人耳"[67]。

（59）"杜氏作竟大毋伤，汉有善同（铜）出丹阳，家当大富乐未央，子孙备具"[68]。

（60）"元和三年，天下太平，风雨时节，百（以下十一字不清），尚方造镜，在于民间，有此竟延寿未央兮"[69]。

（七）东汉中晚期

东汉中叶以后，镜钮渐大，镜的边缘高起，纹饰讲究。私人铸镜更盛。民间刻工水准不一，故镜铭所见俗讹、简省和通假字极多，甚至难以确认，须通读全铭，并参照内容相近或相关的铭文，才能辨识少许。时代愈晚，简化程度愈大。这类镜铭以隶书为主，间杂少许篆笔，常以简单线条或点画，来概括一些偏旁或笔画，而且同一线条符号，往往用来概括多种偏旁笔画，与汉代简牍文字所用草书形式十分接近。东汉镜铭文字简讹字如：

尚——尚、古

竟——青、貢、㝵

真——𡨜、真

老——耂、耂、辶、㐄、乂、𠂆

知——知、𢄻、䎸、夫

幽——凶、山

乐——𣚤、栄、枭

有——㝵、𠂇、𠃌

铜——铜、细、饷

孙——孙、𢩴、䤰、㝵

刻——利、利、𠁣

爵——𣦼、不

游——𣳦、𣹰、𣴑

以——㠯、㠯、𠃊

归纳上列字形，可以发现："="可用来代替"口""匕""8"等不同形体或偏旁，如"尚""冬""乐""幽""商""刊""㠯""尔"；"｜"形可用来取代"口""于""幺"等形，如"细""姗""别""山"；"丿"可概括"刂"和"水"等偏旁，如"辶""氵"。这些写法与今所见汉代简牍文字有许多类似处。如"尚"作"尚"（居延简170.3A）、"商"作"商"（居延简325.12）、"老"作"老"（武威简73）、"者"作"者"（居延简100.39）、"留"作"留"（居延简220.13A）、"乐（樂）"作"乐"（居延简212.60）、"有"作"有"（居延简49）、"决"作"决"（居延简505.25）等。此外一些连笔写法，如"老"作"夕""爵"作"爪""以"作"㠯"等，更是草书常见的书写形式。从这类镜铭字体的频频出现，足以说明东汉时草书已经相当普及，除日用的简牍文字使用草书外，连刻铸文字也深受其影响。

东汉中晚叶又有连弧纹镜类。特征是以内向连弧为主题，外区有云雷纹和弦纹。圆钮座或四叶座，铭文则退居于装饰纹饰之附属地位，多嵌在四叶纹饰间。字体为修长篆体，纤细秀丽。铭文多为"长宜子孙"[70]、"长生宜子"等吉语，或另于连弧纹内添加"延年益寿乐未央"[71]或"寿如金石佳且好"一类祈愿吉祥字句[72]，这种镜式，流行于东汉中期。

稍晚则流行素宽缘，蝠形或柿叶钮座之连弧纹镜。铭文也多填于蝠形或叶纹间，亦多作长脚篆，且为配合叶纹，常作弯曲线条，或增加笔画，以为装饰。如：

长字作 长、長、長

宜字作 宜、宜、宜、宜、宜

子字作 子、子、子、子

铭文内容不外"长宜子孙"[73]"长宜高官"[74]"长生宜子"[75]"君宜子孙"[76]"君宜官位"[77]及"位至三公"[78]等类吉语，显示出东汉时代以仕宦高官和宜子宜孙为社会上普遍愿望的情形。

变形四叶纹镜，也是东汉中晚期流行的镜式。一般为圆钮或兽钮，圆钮座，座外四蝙蝠纹向外呈放射状，分为四内区，各区配置兽首、夔纹、凤纹等。依内区图案又可分为变形四叶兽首镜、变形四叶夔纹镜、变形四叶八凤镜。铭文多置于变形四叶内四角，以四角各一字组成四言吉语最多，常见有"长宜子孙"[79]"君宜高官"[80]"位至三公"[81]。铭文有篆有隶，字体特征是普遍呈方形或略扁方形，与前一类连弧镜式铭文字体有很大不同，或方篆或方隶，笔画颇富变化，如

长（长） 宜（宜） 子（子） 孙（孙）

君（君） 宜（宜） 高（高） 官（官）

也有外区加铭文带，铭文多隶体。内容除颂祷吉语外，又见纪年镜，且记铸造地及铜产地，并夸耀铜质精炼质美的词句，如：

（61）"元兴元年五月丙午日，天大赦，广汉西蜀造作尚方明镜，幽涷三商，天王日月，位至三公，长乐未英（央），宜侯王，富且昌，师命长"[82]。

（62）"建宁元年九月九日丙午，造作尚方明镜，幽涷三商，上有东王父、西王母，生如山石。长宜子孙，八千万里，宜且昌，乐未央，宜侯王，师命长，买者大吉羊，宜古

（贾）市，君宜高官，位至三公，长乐央□"[83]。

纪年镜多为变形四叶兽首镜，铭文多见大量宣传和祝福买镜者吉祥大富的语句，[84]如"买此镜者家富昌，五男四女为侯王"，"买人大富"，"其所有者，王父母，位至三公，宜古（贾）市，大吉"，"伏（服）者老寿，高升二千石"，"买者富贵番昌，高迁三公九卿十二大夫"等，说明了东汉末民间作坊铸镜业之发展，与市场竞争之激烈。

东汉晚年盛行的神兽镜也多纪年，并见自夸耀镜质精美，又以"买者吉祥""服者大吉"一类的语句，来作为促销手法，此类镜铭文字体多近似，少见变化，比较重视镜铭内容意思，而忽略字体所表现的美感。

神兽镜是以浮雕法表现神像（东王父、西王母、五帝天皇）、人物（黄帝除凶、白（伯）牙弹琴）、龙虎、四灵。铭义有铭义带和方枚带两种处理方式，多四字句，并多与纹饰内容相配合。

画像镜与神兽镜都是以浮雕手法，表现神仙、历史人物、四神、禽兽的新兴铜镜，反映出中国铜镜发展又迈入一个新的阶段。铭文除配合镜背纹饰作说明外，大多继承前此已有的内容（如尚方铭等），字句也见增减。除了祈求长生不死、家族兴旺外，词句并无新意，铭文字体也无大变化，故不细述。神兽镜和画像镜是东汉中晚期南方流行的镜式，画像镜则少见纪年铭。

东汉中晚期出现夔凤镜（双夔镜），以轴对称方式，在圆钮两旁，配置夔凤或双夔，左右首尾相对，铭文则采直行书写方式，在钮的上下方直行排列，且上下字数大多相等，少者一字，多者四字。如"高（上）官（下）""君宜（上）高官（下）""君宜高官（上）长宜子孙（下）"。这种铭文直行下读的方式，和以往顺（或逆）时针方向绕读一周的方式有很大不同，镜铭文字与纹饰皆以轴对称排列方式，互相配合，因此，这时读铭文已无须转动镜面了。

这时因为铭文简单，无须考虑铭文各字所占空间的形状和大小，铭文着重个体之美，也没有各字间相互挪让的问题，铭文字体以方正的隶书、篆书居多，笔画间只稍作变化，或添加少许点画，以装饰而已。如：

公字作 公、少、公、公 [85]

君字作 君[86]、君[87]

宜字作 宜[88]

官字作 官

总之，东汉镜铭呈现了当时文字的真貌，有日常习用的简省字体，也有刻意装饰比较华丽而慎重的装饰性篆隶体，说明了篆体、隶体使用的情形以及草体在字形演变，特别是隶变所产生的关键作用。而镜铭内容所显现的汉代思想与文化，也是值得深入研究的对象。

三、小结

汉镜铭文字，字体上有秦篆、汉篆、汉隶、草书和缪篆、长脚篆、美术字体等，相当全面地反映了两汉文字的演变和发展实况。一般说来，西汉前期镜铭以小篆为主，字体与秦刻石接近，笔画转折多呈圆形。

文景之后镜铭字体渐方，虽仍以篆体为主，而笔画间偶见拆离篆体，（如"見"作"昌"），或改变笔势，由圆转线条变为平直符号（如"屮"作"屮"），以利书写便捷。武、昭、宣时，文字隶化程度日益明显，方篆体也十分纯熟，也可视同汉印字体，或可称为"汉篆"。

由于文字在镜背的装饰性逐渐重要，于是出现了刻意经营规摹的缪篆体，文字的装饰意味增强。随之而流行的铭文连弧镜和铭重圈镜等，更因文字几乎可以完全取代花纹图饰，成为镜背最重要的装饰，当然这时文字书体就更富变化了，或圆体，或方体，各成一体，不相杂混，圆体字蕴含了汉代草书痕迹，方体字则充分表现出汉隶八分的美感。文字与图案符号兼容并蓄、相得益彰的现象，更说明了西汉中晚期文字运用自如的情形。

新莽东汉之际，隶书大抵成熟，镜铭主要使用简化隶体，文字通假现象颇多，与汉简帛文字所见字体相似。东汉中晚叶，圈带镜铭字体简化程度越大，通假、俗讹字体更是不胜枚举，这种现象与当时私人铸镜风气鼎盛，民间工匠水准不齐有关，也因此更能表现出当时民间使用文字的实际情形。

东汉中晚叶也有字体较繁复庄重的篆书体，多见于变形四叶夔凤镜及夔凤镜等以图纹为主的镜类，这种镜类，铭文字数少，经常嵌于华丽的图案之间，或只在镜钮上下方，作直行排列。字体多为富变化之篆体，或更添加一些弯曲线条，以增长篆体修长飘逸的美感，或于字的下方或两侧作肥笔，以求变化。如作 罒、多、寶、長、身 等变化，这种字体对魏晋以来流行的悬针篆、垂露篆颇有影响。至于许多添加点饰的镜铭，如 公、問、山 等字体，在汉代金文也有不少例子，充分显示了汉人灵活运用文字的一面。

两汉镜铭有刻意求美，庄重或繁复的篆体，也见一般比较草率、便捷的隶体与草书。繁与简，正与俗，表现出两汉文使用上的多样性。

四、余论

（一）汉镜铭所见简体字

汉镜铭文字多简体的原因，梁上椿于《岩窟藏镜》概说有这样的说明：

惟汉式镜铭之表现字体有特点者较多，其中御用以及官家之作虽均为小篆或汉隶式之正体，而一般所用则减笔讹字实居多数，盖为图刻范范造之方便，以及文字简易化起见，遇字画较繁或文义较涩者，辄行减略或假借之[89]。

除了民间作坊为便利刻铸，喜采用简字外，对一再重复出现的相同镜铭，也是不需严格要求文字完整的原因之一。镜铭多简体，较草率，显示出东汉镜子实用性大于装饰性的本质。梁上椿认为简字是汉文化中值得注意的现象，并引容庚说，认为对以后文字的简省有启示：

足征当时之通俗风尚对减笔代字实甚流行，后世对汉文字似多偏于汉石而忽视镜文，以致盛行一代之减代字体未能广为传播于今，然其为汉代文化史中极可注意之一大特点，则无疑义。容庚氏称"……秦汉金文……或为楷书之所从出，或视楷书为更省……则简字较楷书岂不更为适用？……"（金文续编序）之说确有见地"。

汉文字演化过程是由图画性文字逐渐向纯符号的方块字发展，无论形体结构或书写笔势上，总是由繁而简，由难趋易，使文字更便于书写。隶变、草书化，以及简省文字偏旁笔画等，都是文字趋向简化的方式。

汉镜铭文字所见大量简化及讹变通假字体，大致可分为以下几种形式：

其一，简省偏旁，如：

铜—同　镜—竟　锡—易　银—艮

新—亲、辛

位—立　作—乍　仙—山　伯—白　保—[90]呆

徘—非　徊—回

常—尚

淬—宰　灭（滅）—戌　汉（漢）—莫　泄—世　渴—昌

游—斿

祥—羊

殃—央

采（採）—糸

孙（孫）—糸

巧—丂（丂）

弹（彈）—單

其二，更换偏旁：

祥—详

饥（飢）—訊（訊）　饮—訫[91]

炼—练、湅

清—精、请

醴—澧

阳（陽）—杨

亲（親）—傸

蕃—潘

纪—芑

其三，同音替代：

金—今

阳—羊

游—由

寿—受

贾—古

比—辟

飞—非

久—九

以上三种形式是汉文字常见现象，马王堆帛书、临沂汉简等均常见。

其四，省重复部分[92]：

丝—❦

乐（樂）—㯰、㯻

灵（靈）—䨺

摄—㨨

显（顯）—顯

還—逞

其五，省笔代繁复：

尚—尚，知—知，辟—所，商—冏

（以二代口旁，与马王堆帛书、临沂汉简"者"字作"老"，十分类似）[93]

㗊、㗊、㗊、㗊

幽—山[94]

食—仓

哉—㦲（省口）

爵—㓝

以上简化方式，草书常见，例如："过（過）"作"過"，"善"作"善、善、善"，"妾"作"妾"，"章"作"章"，"竟"作"竟"，"龙（龍）"作"龍"，"宰"作"宰"，"新"作"新"，"辟"作"辟"，"枣"作"枣"，"万（萬）"作"萬、萬"，"登"作"登"，"岁（歲）"作"歲"，"袁"作"袁"，"举（舉）"作"舉"等，皆在隶化过程中常见。

其六，并笔及连笔：

章—章

涑—涑、涑

多—多、多

骊—骊、骊

观（觀）—觀

怀（懷）—怀

雨—雨（居延简甲86A作"雨"）

雍—雍

汉镜铭所见简化字，尤其是"尚、知、山、而"等形式，在草书上运用得相当广泛。总之，归纳汉镜铭中简化字体，部分是前有所承，直接由战国文字而来，部分又影响到后来书体。也说明了两汉文字具有承前启后的重要特性。

（二）缪篆与摹印

"缪篆"名称最早见于《汉书·艺文志》：

> 汉兴，萧何草律……太史公试学童，能讽书九千字以上乃得为史。又以六体试之……六体者，古文、奇字、篆书、隶书、缪篆、虫书。皆所以通知古今文字，摹印章，书幡信也[95]。

《说文解字·序》云：

> 自尔秦书有八体：一曰大篆，二曰小篆，三曰刻符，四曰虫书，五曰摹印，六曰署书，七曰殳书，八曰隶书……

是秦书已有"摹印体"。《说文解字·序》又云：

> 及亡新居摄，使大司空甄丰等校文书之部，自以为应制作，颇改定古文，时有六书：一曰古文，孔子壁中书也；二曰奇字，即古文而异者也；三曰篆书，即小篆，秦始皇使下杜人程邈所作也；四曰佐书，即秦隶也；五曰缪篆，所以摹印也；六曰鸟虫书，所以书幡信[96]。

至王莽六书改称"缪篆"。姑且不论其名称如何改变，至少西汉初已有摹印体，而王莽时称为"缪篆"，这是很清楚的叙述。至于缪篆书体如何，则有几种不同的说解。

颜师古注《汉书·艺文志》认为缪篆是"其文屈曲缠绕，所以摹印章也"。历来学者多持这样的观点。如袁枚《缪篆分韵·序》中说：

> 缪篆即摹印所用也。古文二篆繁简不同，而结构皆圆，以篆刻印，宜循印体，则变圆为方，分朱布白，屈曲密填，有绸缪之象焉。

谢景卿《汉印分韵·序》云：

> 秦书有八体，五曰摹印。汉时有六书，五曰缪篆，所以摹印也。缪篆固别为一体，屈曲填密，取纠缪之义，与隶相通，不尽与说文合。

罗福颐、王人聪合著《印章概述》则说：

> 缪篆也就是一种形状曲折回绕，用来刻印的书体，但汉印中所见到的篆体，大多数平直方正，与缪篆意思不合，只有汉魏私印中有一种书体多作曲折回绕之状，和许慎所说缪篆的意思正相合[97]。

并列举"祭睢""东宪私印"为例，来说明缪篆体。正如罗福颐所说汉印所见多平直方正，与所谓曲折回绕的缪篆体并不相同，而符合这种字体的印章，却多出现在东汉以后，因与《汉志》记载汉初以缪篆等体试学僮的事实不合。因此，以曲折回绕来解释缪篆，并以为摹印专用[98]，是很难使人信服的。

宋米芾曾指缪篆即所谓"填篆"[99]，清段玉裁也不强调"屈曲缠绕"之意仅做这样的说解：

> 摹，规也。规度印之大小，字之多少而刻之。缪读绸缪之缪[100]。

清陈澧《摹印述》[101]文则主张扩大缪篆的施用范围至于其他金石文字，他认为：

> 缪篆，世所传铜印字是也。汉延光残碑、韩仁碑额即缪篆体，汉晋铜器及瓦当文、砖文亦多此体。

事实上，这种缪绕规画的字体，在西汉武帝前后的带方栏草叶纹镜上，表现得相当清楚。由于铭文要配合方栏书写空间，无论篆体或隶体，在书写上皆力求方正，于是在笔画上作了些挪让变化，以求其美观。如"长（長）"字作"長""乐（樂）"字作"樂""所"字作"所""贵（貴）"字作"貴""謹"字作"謹"皆是。

稍晚，以铭文为镜背主要装饰的日光镜和昭明镜，又因其文字的装饰性强，所用字体无论方体、圆体，或篆或隶，往往依所占空间之大小而规摹（规划与设计）之，并作种种变化，甚至添加各式方圆图案符号来与之相互配合。这时缪篆体就更臻成熟了。

印章文字仅容于"方寸"之间，在有限空间之中，确实需要费心经营规摹，以求印面布局均称美观，于是缪篆体被更广泛地运用著，字体也就更富于变化，影响所及，后来印章所见五迭篆、九迭篆等，更是复杂到难以辨认，甚至兼具有防伪的功能。

一般说来，秦印多秦篆，字体圆转；汉印文字则为较方正篆体，与一般汉篆并无太大差别。西汉中晚以降，印文篆意渐少，隶笔增加，字体结构的变化更大，盘旋、曲折，或变换字体偏旁位置等，更显现出缪篆的特质，于是许慎《说文解字·序》正式在"缪篆"下加了"所以摹印也"[102]说解。因此，以广义地装饰性字体的观念来讨论缪篆问题，不仅能清楚地找出源流[103]，同时也才能符合史籍上关于汉初已有缪篆体的记载。

（三）隶书与隶变

文字随书写需要，必然朝向简化、规范化发展，汉字原始象形表意逐渐淡化。为达到便捷目的，又有"解散篆法""破圆为方"的趋势。

《汉书·艺文志》称隶书因"苟趣省易"而成。许慎《说文解字·序》称"初有隶书，以趣约易"，卫恒《四体书势》也提到"隶书者，篆之捷也"，都认为隶书是小篆的简便写法。桂馥《晚学集·说隶》指出应先多认识碑版文字，并了解篆书，才能了解隶书及篆隶变化规则：

> 作隶不明篆体，则不能知变通之意；不多见碑版，则不能知其增减假借之意；隶之初变乎篆也，当近于篆，既而不变再变，若耳孙之于鼻祖矣。

幸而近年古文字材不断出土，我们有较前人更多的实物，对于寻访篆隶演变规律，有极大帮助。湖北云梦睡虎地秦简、四川青川木牍的相继出土，我们不仅见到秦隶，更看到秦武王时代的隶书，而两者字形结构接近，使我们可以确信隶书兴起战国后期，盛行于秦代，是一种较为草率的篆体，这些字形也屡见于新出战国时代的简帛文字，也可称草篆或古隶。

秦隶保留的篆意较多，但也已见到不少隶化痕迹，如从水旁字，多已写成三横点：

减（睡虎地简53.33）、湯（睡虎地简48.69）

涂（睡虎地简53.33）、治（睡虎地简10.14）

从言（言）字，多隶化为"言"：

谋（睡虎地简32.5）、论（睡虎地简24.26）

6.1 两汉镜铭内容与书体研究

也有篆、隶互用，如：

議（睡虎地简53.33）、議（睡虎地简48.69）

可见其规范化并不彻底，同偏旁字的写法也不完全一致。

新出土的汉代帛书和竹木简文字，如马王堆帛书《老子》、临沂竹简《孙子兵法》和《孙膑兵法》等汉初文字，基本上也较接近秦隶，只是字体隶化程度又更高。综合秦汉简帛文字，并参照两汉其他金石文字以及镜铭文字，才能更清楚地看到从秦隶到汉隶的演变概况。例如：

"万（萬）"字，《说文》："萬，虫也，从厹，象形"。绎山碑作"萬"，仍像虫形。睡虎地秦简（24、27）已隶化作"萬"，像艸甲形。马王堆帛书《老子》、临沂《孙膑兵法》等亦作"萬"。西汉初期大乐贵富镜亦同。稍晚《相马经》及《武威汉简》，更简省为"萬""萬"。东汉袁氏镜等万字作"萬"。因此演变的情形是这样的："凶"形先与"艸"形同化，然后，逐渐简化，于是从"艹"到"艹""丷"其隶化过程相当清楚。

"无（無）"字，《说文》作"無"，"丰也，从林夾……"。峄山碑作"無"、睡虎地云梦秦简作"無"，皆从"林""夾"形，与《说文》同。西汉中期"与天无极镜"，"无"字省去"人"旁，写作"無"。马王堆帛书《老子》、临沂《孙子兵法》竹简等亦省去"人"旁，但已较镜铭文字更为隶化，写作"無"或"無"。西汉末、东汉更简成"無"（定县竹简）、"無"（龙氏镜）、"無"（熹平三年镜）。其间的演变痕迹也很清楚。

無（峄山刻石）→ 無（与天无极镜）

無（睡虎地秦简10.8）→ 無（临沂竹简《孙子兵法》30）、無（临沂竹简《孙膑兵法》82）→ 無（定县竹简）

秦隶笔画往往篆隶并存，方圆并用，部分偏旁已渐趋向规范化，如"言"字。有时，部分仍保留篆笔，但偶尔也会出现草书式连笔的写法，如之、之。西汉初、中期隶书，处于秦隶到汉隶间的过渡，隶化渐多。西汉末东汉初，汉隶逐渐成熟，结体更为方整，笔画常见规律性波势和挑笔，结体有如八字向两翼分散，故又称汉隶为八分。总之，隶书解散篆体，将小篆长方体变成扁方形，并用平直方折笔画取代小篆匀称圆润的线条，大幅改变了汉字形貌，这是汉字史上一大变革。

文字从篆书到隶书（汉隶）的演变，称为隶变。常见的方式有以下三种：

其一，形变：指将篆书圆转线条，变为平直方折的笔画。如：

（1）之（秦权）→ 之（见日之光镜）

之（睡虎地秦简23.1）→ 之（临沂竹简《孙子兵法》）之（七言镜）

（2）為（泰山刻石）→ 為（睡虎地秦简23.1）→ 為（定县竹简）→ 為（善铜镜）→ 為（铜华镜）

其二，省变：指在形变过程中同时将部分线条加以省并或简化。这是隶变中的大宗，如：

（1）艸→艹→丷（参考万字例）

（2）雨→雨（睡虎地秦简29.25）→雨（西陲简39.4）→雨（尚方镜）、雨（七言镜）、雨（袁氏镜）

其三，形讹：指在一连串的形变、省变过程中，许多字已突破原来造字取义的原则，使原篆书同一字体，分化成几个不同隶体（如 心 变成 忄 与 小），或将篆书不同的形体混同为一[104]，于是造字法则无从说起，甚至产生许多误说。

试以由不同形体隶变成"灬"形为例说明如下：

（1）火→灬

炎（赤）→ 赤（袁氏镜）

昭（照）→ 照（昭明镜）→ 照（尚方镜）

（2）"艸"形下部→灬

燕→ 燕（与天无极镜）→ 燕（熹平镜）

（3）乚→灬

乚（马王堆帛书《老子》甲36）→ 鸟（尚方镜）→ 鸟（张氏镜）

（4）夂→灬

焉（睡虎地秦简12.47）→ 焉（阜阳仓颉篇）→ 焉（上大山镜）

（5）灬→灬

馬（睡虎地秦简32.1）→ 馬（善铜镜）→ 馬（铜华镜）

（6）火→灬

鮮→ 鮮（五十二病方23.6）→ 鮮（马王堆帛书《老子》乙前128下）→ 鮮（上大山镜）

（7）絲之下半 mm→灬

絲（睡虎地秦简32.11）→ 絲（铜华镜）→ 絲（铜华镜）

总之，利用庞大的镜铭资料，的确能弥补两汉金、石、竹木简、帛书等文字的不足，对于从秦隶到汉隶的字体演变，草书的兴起，以及隶变规律等问题之研究，都有极大助益。

【注 释】

[1] 参考林素清，《两汉镜铭初探》，《"中央研究院"历史语言研究所集刊》第六十三本，第二分（台北："中央研究院"历史语言研究所，1993年5月），第325-370页。

[2] 参考李先登，《漫谈中国古代铜镜的历史价值与艺术价值》，《收藏家》2007年第12期，第115-116页。

[3] 大乐贵富镜，1956年长沙子弹库41号墓出，同款同铭镜，见《上海博物馆藏青铜镜》第二十八号（上海书画出版社1987年），以及广州淘金坑西汉墓出18：1蟠螭镜，但已残。又1956年长沙燕子嘴第3号墓出青铜镜，铭文与此同，而纹饰稍异。又《小校》卷15.2下两镜亦同，而题为"秦大乐贵富镜"，其实这类镜并非秦镜。

[4] 寿县出，淮南王安（前164—前122年）镜，修字系避其父讳。《书道全集》汉代。图20《岩窟藏

镜》第一集49、54文作"修相思，毋相忘，常乐未央"。

[5] 根据此镜鱼形图案方向，知鱼形当为铭文起首符号。1953年湖南长沙月亮山1号墓及河北满城中山靖王之妻窦绾墓皆出同铭镜。李学勤先生《大乐贵富蟠螭规矩纹镜》文（《收藏家》1996年第1期），也介绍数枚同铭蟠螭规矩纹镜，不同的是镜为方钮座。

[6] 《长沙发掘报告》编号342：3。同铭镜又见上海福泉山墓M36：36。

[7] 镜出自山东临沂银雀山西汉2号墓（《文物》1974年第2期），由于此墓下限为武帝元狩五年（前118年），故将日光草叶连弧镜定在武帝以后，并不恰当。

[8] 《上海福泉山西汉墓葬群》M15：1（《考古》1988年第3期）。

[9] 《广州汉墓》1143：34。

[10] 《陕西眉县常兴汉墓发掘报告》，图二十八之一，二十九（《文博》1989年第1期）。

[11] 山西太原东太堡山西汉早期镜，《文物》1962年第4期。

[12] 同注10，图十三。案，"得君喜"句，"君"字当改释为"所"。《镜映乾坤——罗伊德·扣岑先生捐赠铜镜精粹》（上海博物馆编，上海书画出版社2012年）22"长贵富连弧纹镜"与此镜近似，镜铭作"长贵富，乐毋事，日有憙，宜酒食，常得所（原释作"君"）喜"。

[13] 1983年山东临沂金雀山29号墓出，《文物》1988年第1期。《山东临沂金雀山九座汉代墓葬》，图四十九：1。

[14] 《广州汉墓》1173：3。第一句原释文误作"常想思"。又，1974年扶风太白乡征集四乳花瓣草叶纹镜铭同，而毋字作""，有鸟虫书风格。

[15] 同上，1174：19。

[16] 周世荣《湖南出土汉代铜镜铭文研究》图六，四川成都扬子山出两面同式镜，见《四川出土铜镜》20、21。又《广州汉墓》1173：3铭文首句作"常相思"，余皆同。

[17] 《巨野红土山西汉墓》，《考古学报》1983年第4期。此墓疑为昌邑哀王刘髆墓。原报告镜文首句释为"服春君卿"，春是者字之误释。

[18] 山西太原东太堡西汉墓出。《考古》1962年第4期。铭文可补上"日之光天下必当"等字。

[19] 铭文当可补成"长乐未央"。

[20] 1965年湖南长沙出土。周世荣《湖南出土汉代铜镜铭文研究》图十五。

[21] 1952年长沙出，周世荣《湖南出土汉代铜镜铭文研究》图八。1953年西安东郊红庆村64号墓出镜同，见《陕西出土铜镜》图八。释文由"久不见"读起，而陈直《四种铜镜图录释文的校订》，《文物》1963年第2期，引《江北诗话》所载"君行卒，予志悲，秋风起，侍前希"文，认为镜铭当从"君行卒"读起，陈说可从。

[22] 湖南衡阳出土，见周世荣《湖南出土汉代铜镜铭文研究》图七。周文由"长相思"读起，应改由"日有憙"读起。又广西贺县河东高寨西汉墓M3：25镜，形式铭文皆同此。

[23] 《广州汉墓》图九二：3，1173：3。

[24] 湖南长沙出多件，见周世荣《湖南出土汉代铜镜铭文研究》图十一、图十二。又洛阳西郊汉墓3171：8号，同。上海福泉山西汉墓亦出一件，形式皆同，而作半球形钮，故时代应稍晚，约成于武帝末至昭宣间。

[25] 湖南长沙出，见周世荣《湖南出土汉代铜镜铭文研究》图十三。又南昌东郊西汉墓M14：

13同。

[26] 1981年河南洛阳火车站金谷园出,见《考古》1984年第9期。

[27] 1960年湖南长沙出,陕西淳化县、山西太原东太堡、河南新安铁门镇出亦同,惟略残破。

[28] 周世荣《湖南出土汉代铜镜铭文研究》图十。又陕西长安洪庆村M121:7同,又四川成都扬子山出镜亦同,《四川出土铜镜》图21。另图22有草叶规矩兽纹,铭文安排方式同,铭文为"心思美人,毋忘大王"八字。

[29] 1956年湖南衡阳出,周世荣《湖南出土汉代铜镜铭文研究》图十四。

[30] 参考林素清《重圈铭文镜铭文字体特色》,2011年4月。

[31] 扬州妾莫书木椁墓已出,墓约武帝后期,《文物》1980年第2期。又洛阳西汉卜千秋壁画墓也出,该墓约昭宣时,见《文物》1977年第6期。

[32] 陈直《文史考古丛论》页69《汉铙歌十八曲新解》引汉昭明镜"内而清而以而昭而明光而象而夫而日而月而□而"(《小校》卷16·40),以镜铭所杂十一个而字是表声字。陈说待商榷。又如梁上椿释而为天字,并云古人尊天故加天字以为郑重之意(见《中国古镜铭文丛谈》),梁说亦不确。其实昭明镜文所夹而字皆装饰性符号,与"井""田"类符号同,绝非表声字。

[33] 富贵砖文见《考古通讯》1957年第4期。

[34] 见陈直《关中秦汉陶录提要》第407、402页。

[35] 根据《洛阳西郊汉墓发掘报告》,《考古学报》1963年第2期,刊布一百七十五面铜镜中,日光镜有三十六面,其中绝大多数为日光连弧纹镜。又烧沟汉墓所出一百一十八面镜,日光镜存二十面,占总数百分之二十弱。

[36] 周世荣《湖南出土汉代铜镜铭文研究》图十八,1953年湖南长沙出。又洛西汉墓、西安东郊红庆村11号墓皆出同式镜。又1988年咸阳市任家嘴村汉墓出日光连弧镜,方体字,间夹"⊕"及"⊙"文,同墓出王莽大泉五十钱等,时代较晚,见《考古与文物》1990年第1期。

[37] 1956年衡阳出,见周世荣《湖南出土汉代铜镜铭文研究》图十六。云南昭通县出日光连弧铭文同,而字体较方,每两字间饰以乳丁,铭文带外有栉齿纹及连弧缘,时代似较晚。另1982年陕西淳化县出同铭日光镜,每字间隔以"⊙"纹,《考古》1983年第9期。陕西眉县14号墓出则间以"⊙"纹,该纹饰较罕见,《文博》1989年第1期。

[38] 1966年湖南出,见周世荣《湖南出土汉代铜镜铭文研究》图十七。又《贵州赫章可乐发掘报告》,《考古学报》1986年第2期,有同铭日光连弧四件,字间夹"⊙"及"⊙"纹。

[39] 1977年淳化县城关公社枣坪大队发掘。《考古》1983年第9期。

[40] 洛阳西郊汉墓共出昭明连弧铭文镜四十一面,烧沟汉墓出二十四面,都是件数最多的镜式。《广州汉墓》西汉中晚期墓出二十九件镜中,昭明镜共十四面,几达二分之一。

[41] 方字昭明镜。《广州汉墓》3031:71。有日有惠连弧,皆方体字。

[42] 湖南资兴东汉墓(296:4)。《考古学报》1984年第1期。

[43] 扬州东风砖瓦厂八、九号汉墓,(M9:37)。《考古》1982年第3期。

[44] 山西省朔县赵十八庄一号汉墓出。《考古》1988年第5期。

[45] 洛阳西郊汉墓3206:3。连珠纹钮座,铭文带外有云雷纹。

［46］1959年湖南长沙出，见周世荣《湖南出土汉代铜镜铭文研究》图四四。

［47］周世荣《湖南出土汉代铜镜铭文研究》图十九～图二十一。又山东临沂西汉中期墓M32：8，《文物》1989年第1期；山西朔县赵十八庄一号汉墓亦出，《考古》1988年第5期。

［48］江苏盱眙3号墓出，《考古》1979年第5期。湖北光化3、5、7号墓皆出，字句增减略有不同，多假借字，《考古学报》1976年第2期。又如云南晋宁石寨山古墓M：2032，亦有同类镜。

［49］山西朔县西汉晚期墓出（3M36：6），《文物》1987年第6期。又贾文忠铜斋也有同铭镜，参考李学勤《铜斋镜拓拾零》，《收藏家》1997年第4期。

［50］此镜出于扬州汉墓，时代较晚约成于西汉末至东汉初。字在篆隶间，简笔、借字多。"铜"字省作"金同"，《释文》误释为"铅"，"者"字误释为"春"。《文物》1985年第10期。

［51］陕西长安洪庆村122：5号。《考古》1959年第12期。

［52］湖北光化采集5号标本。《考古学报》1976年第2期。"皎""奄""承加泽""微"等字释文参考冈村秀典《前汉镜铭集释》"汉镜三期"释文304（东方学报第八十四册，163页。2009年3月）。但冈村先生读为四句六言，基于铭文中夹杂八个"◎"纹，我认为读成三言八句较好。

［53］《清华铭文镜》四十"昭明清白重圈铭文镜（二）"。

［54］又有佳镜铭，文作"此有佳镜成独好（或作佳镜分真大好），上有仙人不知老，渴饮玉泉饥食枣，寿如金石为国葆（保）"。

［55］广西贵县出，《文物》1990年第1期。

［56］如商县博物馆藏有王氏昭镜、扶风博物馆029号"王氏作镜"，又传世著录多件。

［57］韩自强主编《阜阳、亳州出土文物文字编》（阜阳市大方印务有限责任公司，2004年5月）第47、217页。

［58］见《汉式镜》一七，又《书道全集》汉镜二七。

［59］此镜相传清同治年间周星诒得自福州采铜局，后赠其外孙冒广生，现藏上海文管会。《古镜图录》《小校经阁金文》《汉三国六朝纪年镜图说》，皆有著录。为规矩兽纹镜，钮座外并有"宜子孙"篆体三字。

［60］《贵州黔西汉墓发掘简报》，《文物》1972年第10期，误释"古"为"吉"。《湖南常德东汉墓发掘报告》，《考古学集刊》1980年第4期，误释"辛（新）"为"年"，误释"（彭）"为向，扬州出土规矩镜，《文物》1985年第10期，释"来"字为"来"，此外《小校经阁金石文字》释"来言"为"乘言"，《七修类稿》更释"来言"为"朱善"，皆误。

［61］陈直《文史考古论丛》页96，误释莽镜"四"字为"三"，读为"常三方""掌三彭"。其实皆作"三"，当读为"四方""四彭"。

［62］参考陈邦怀《读〈武威汉简〉》，《考古》1965年第11期等文。张勋燎《论七、十》（《古文字研究论文集》）文，指出"七"作"来"及"四"作"三"，都只限于王莽始建国三年至地皇三年之间。事实上稍晚也仍见沿袭这种写法，如元初（安帝）来年洗亦作"来"。又东汉镜亦偶见"来"和"三"等写法，张说并不正确。

［63］《考古》1986年第10期。又如广西贵县东汉墓出"三羊作竟自有制，上东寻命王命人兮"，兮字作"丂"。《文物》1990年第1期。

[64] "王氏昭镜"见《小檀栾镜景》卷2·26上。另商县博物馆藏八乳规矩神兽镜亦以"𣎴"纹作起首符号。

[65] 《广州汉墓》4017：36，规矩四灵纹镜。钮座有十二地支铭。

[66] 《广州汉墓》4005：12，七乳禽兽纹镜，略残破。

[67] 湖北汉阳蔡甸一号墓出，《考古》1966年第4期。规矩八禽纹镜，钮座有十二地支铭。此镜约成于东汉中晚期。

[68] 湖南出五乳禽兽纹镜，周世荣《湖南出土汉代铜镜铭文研究》图八二。

[69] 广西出土多乳禽兽镜。

[70] 如洛阳西郊汉墓3263A：4、7054：14及河南陕县刘家渠102墓102：1（《考古学报》1965年第1期）。湖南常德东一号墓M1：20等。

[71] 周世荣《湖南出土汉代铜镜铭文研究》图一〇六，湖南出土。

[72] 周世荣《湖南出土汉代铜镜铭文研究》图一〇七，湖南长沙出土。又洛阳西郊汉墓10016：18。

[73] 河南刘家渠M102：1，又河南朱家村，山东济宁县、滕县，河北望都汉墓都有出土。是中原和北方较流行的一种镜式。

[74] 如宝鸡铲车厂汉墓M1：23。《文物》1981年第3期。

[75] 河南刘家渠M11：42。

[76] 周世荣《湖南出土汉代铜镜铭文研究》图一三七。

[77] 周世荣《湖南出土汉代铜镜铭文研究》图一三五。

[78] 河南灵宝张湾汉墓。《文物》1957年第11期。

[79] 湖南出土，周世荣《湖南出土汉代铜镜铭文研究》图一三〇。

[80] 临潼汉（献帝）初平元年（190年）墓出土（《文博》1989年第1期）。

[81] 山东平原王韩村汉墓出一件，钮座外铭"君宜高官"，外区另有"位至三公"四字。《文物资料丛刊》第十期。

[82] 河南南阳市博物馆藏。1982年河南西峡县征集所得。汉和帝元兴元年（105年）。

[83] 河南南阳市博物馆藏品。《中原文物》1982年第1期。灵帝建宁元年（168年）。

[84] 参考林素清《两汉镜铭所见吉语研究》，《汉代文学与思想学术研讨会论文集》。1991年10月文史哲出版社印行。

[85] 济宁博物馆藏位至三公镜，《文物》1990年第1期。扶风博物馆0080号。河北石家庄市桥东汉墓出镜（《文物》1959年第4期）。广西昭平出（凤2：27）（《考古学报》1989年第2期）。

[86] 河南陕县刘家渠汉墓107：8号，《考古学报》1988年第6期。

[87] 陕西商县西涧汉墓出（《考古》1988年第6期）。

[88] 许慎《说文解字·序》记载汉初以八体试学僮，及至新莽时又有古文、奇字、篆书、左书（即秦隶书）、缪篆（所以摹印也）、鸟虫书（所以书幡信也）等，说明两汉时代有各种用途不同的书体。从镜铭文字的多变化，似乎也能看出当时各体并用的现象。

[89] 《岩窟藏镜》二集上"汉式镜概说"。

[90] 位—立、伯—白等，皆为古有。本文将之归入减省偏旁类，乃就东汉时期民间俗工而言，其位字作立，伯字作白，皆非刻意拟古，而是同于与其他大量省简偏旁字（如汉—𣳿、泄—世、孙

—🐟），为同一法则，这类简体字，也常见于东汉民间刻石文字。

[91] 《说文》卷八下："饮，歠也……𩚬，古文饮，从今水。"由镜铭饮省作"⺡夂"，知从"今水"实为从"欠水"之误。

[92] 战国文字已有省重复部分的简体，如楚作🔣、𣊟作🔣等。参考林素清《谈战国文字的简化现象》，《大陆杂志》72卷5期。

[93] 战国文字已见用"="符以取代省去笔画之例，如"马"作"🔣"、"为"作"🔣"，"齐"作"🔣"。而临沂汉简"者"字作"🔣"、"焉"作"🔣"，这与镜铭"口"旁省作"="，十分相似。

[94] 汉代草书亦常见用点代替部分笔画之例，如"器"作"🔣"、"坐"作"🔣"、"留"作"🔣"。

[95] 《汉书》卷三十，艺文印书馆影印王先谦《汉书补注》885-886页。《汉志》萧何课学童以六体之说不确，《汉书补注》等已有说明。龙宇纯《中国文字学》"周礼六书的实质"节（55-76页），论述最详，可参考。

[96] 段玉裁注"摹印"云："即新莽之缪篆也。"艺文印书馆影印经韵楼本段玉裁注《说文解字》768-769页。

[97] 1963年香港中华书局版。

[98] 如黄庭坚："缪篆……汉以来符玺印章也。"引自鼎文书局影印《说文解字诂林》11-925至11-970引。又如马国权等亦仅就汉印文字谈缪篆。见《缪篆研究》《鸟虫书论稿》，《古文字研究》第五、十辑。

[99] 见《辨印帖》，《美术丛书》初集。

[100] 《说文解字·叙》"缪篆"注。

[101] 引自《美术丛书》初集。

[102] 印文增减笔画或作曲折回绕之状，不同于正规篆体，因此或视缪篆为谬误的篆体。如庄新兴《汉印文字缪篆试探》，《书法研究》1983年第2期。其说不可信。

[103] 林素清《春秋战国美术字体研究》，第五章"美术字体与缪篆"，《"中央研究院"历史语言研究所集刊》，第六十一本，第一分（1990年3月）。

[104] 此为文字形讹同化之例。又如某些文字与当作偏旁时写法有别，如𡳿（屮）、蚩（🔣）、志（🔣）、寺（🔣）等，皆隶变过程中常见形讹同化现象，但与镜铭无关，故略去不谈。

6.2 西汉镜铭书体与简帛隶书比较研究

■ 孙　晖

隶书来源于篆书的草写，晋人卫恒《四体书势》说："隶书者，篆之捷也。"[1]说明隶书是篆书的快写。战国睡虎地秦简中，已发现有隶书之笔法。学界一般认为此时的隶书尚未完全脱离篆书形制，在笔画上更多是损复删难、变圆转为方直，字形上也仍然是细长为主，尚未发展为东汉时期的蚕头燕尾、一波三折、字形方扁的分书。因此，这类隶书被称为古隶。而东汉末年以《熹平石经》为定型代表的具有波磔的隶书被称为分书（八分）或今隶。隶书从春秋战国时期诞生至东汉晚期定型这一漫长过程中，最为重要的是西汉时期，过去由于种种原因，一直都缺少研究的依据，只能依靠少量刻石，但是西汉时期出土刻石极为有限，对于隶变（由篆至隶的演变）等问题也就只能雾里看花。王国维认为"古来新学问起，大都由于新发现"（《最近二三十年中中国新发现之学问》）并由此引申出著名的"二重证据法"。20世纪简帛的出土发掘被认为是中国考古的一大发现，尤其是从20世纪70年代开始，随着大量简帛的出土、问世，让我们对西汉书法之真迹，有了一个全新的认识。与此同时，又有不少铜镜也相继出土，其铭文也为我们研究西汉隶变提供了很好的研究材料。目前，较为主流的观点认为：隶书肇始于春秋时期的大篆，形成于秦汉之际，成熟于西汉，发展于东汉，定型于东汉末年。本文即试图通过最新出土的简帛与铜镜铭文相比较，来管窥西汉隶书的发展。

一、西汉简帛书法的特点

自20世纪以来，西汉简帛屡有发现。尤其值得注意的是以"流沙坠简"为代表的西北简以及以"马王堆汉墓"出土简帛为代表的南方简帛。简帛书法不同于其他金石书法之处在于是当时的墨字真迹，为研究书法的第一手资料。之前，出土简帛主要有西汉早期的长沙马王堆出土帛书、西汉前期的银雀山汉简、西汉晚期的尹湾汉墓简牍、西汉中期至东汉早期的居延汉简等。2009年，北京大学从海外抢救回归一批竹书，称"北京大学藏西汉竹书"。这批竹书恰巧成书于西汉武帝至宣帝时期，堪称西汉中期的书法真迹代表，正填补了目前西汉出土简牍帛书在时间上的空白。结合之前发现的简帛，可以说无论是从时间上还是从地域上，都构筑了一个比较完整的西汉书法研究资料。

以下即以北京大学藏西汉竹书为隶书成熟期范本之基础，选取几种简帛书，对其书法特点作简要比较。

1. 马王堆帛书（西汉早期）

马王堆帛书是20世纪70年代的一项重要考古发现。字体有篆、隶之分。篆书抄写于汉高祖十一年（前196年）左右，隶书约抄写于汉文帝初年，属于西汉早期隶书墨迹代表。其隶书明显为古隶，仍然偏向于秦篆而非分书。其中《老子》帛书乙本已有波磔，如"也、先、见、允"等字捺笔加长而予以突出，追求字体形态美（图1）。

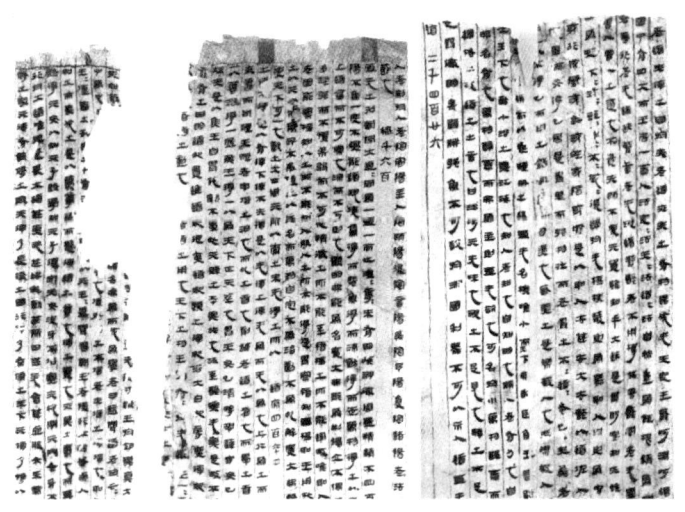

图1　马王堆帛书《老子》乙本

2. 银雀山汉简（西汉早期至中期）

此批简为西汉武帝时期齐国地区的竹简，其文字是汉代文人手抄书法的代表，这些字体风格多变。"有的结体方整，有的重心平稳，规整秀丽，笔法古雅；有的草率急就，自由奔放，波磔显著，形意翩翩"[2]。银雀山汉简总体皆属于隶书，但其中有的字体带有篆意，有的已近今隶，有的有章草意味。因此，不可能是抄写自一人，也不可能写于同一时期（图2）。与北京大学藏西汉竹书相较，银雀山汉简的隶书也较为古朴，属于古隶向今隶过渡的类型，同马王堆帛书基本相类。

图2　银雀山汉简

3. 北京大学藏西汉竹书（西汉中期）

2009年初，北京大学接受捐赠，获得了一批从海外回归的西汉竹简。这批竹简经整理清点，有完整简约1600枚，残断简1700余枚，估计原有整简数在3300枚以上。这批简从书法角度最为引人瞩目的是其中的《仓颉篇》和《老子》。

（1）北京大学藏西汉竹书《仓颉篇》现存简82枚，保存有完整字约1325个，是迄今所见存字最多、保存最为完好的《仓颉篇》传本。绝大多数简字迹清晰。其书法特点如下：

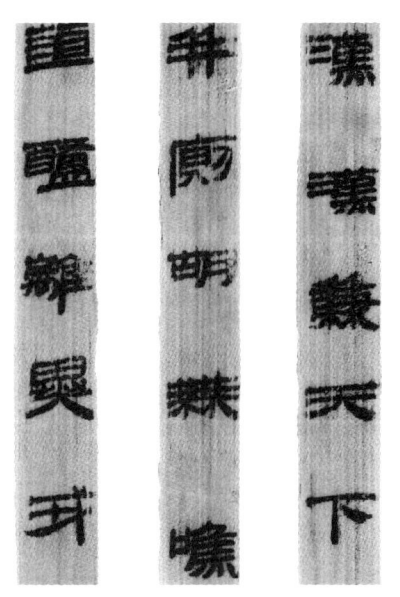

图3 北京大学藏西汉竹书《仓颉篇》（局部放大）

首先，从整体风貌上《仓颉篇》字形较为古朴，字形方正端庄，笔道雄厚，撇捺多圆笔，其字体更接近古隶（图3）。与其他几部北京大学藏西汉竹书不类[3]。其次，《仓颉篇》是当时的"字书"，是秦汉时期重要的"识字课本"，所载的是秦汉时期的一种规范文字，或可称为"字书"。该书成书于秦统一六国之初，同其他几种字书归并于汉[4]而亡于宋，是中国文字学史上的一部重要著作。上承《史籀》，下启《急就》诸篇，影响极其深远。《说文解字·序》说："秦始皇帝初兼天下，丞相李斯乃奏同之，罢其不与秦文合者。斯作《仓颉篇》，中车府令赵高作《爰历篇》，太史令胡毋敬作《博学篇》，皆取史籀大篆，或颇省改，所谓小篆者也。"[5]可见《仓颉篇》为秦李斯整理而作，其字体为小篆，而李斯本人也是书史上的重要篆书家。按照以上说法，《仓颉篇》应该是小篆书写，但是北京大学藏西汉竹书的《仓颉篇》却是明显的隶书，这至少证明西汉中期《仓颉篇》是有隶书版本的。《四体书势》云："或曰下杜人程邈为衙吏，得罪始皇，幽系云阳十年，从狱中改大篆，少者增益，多者损减，方者使圆，圆者使方。奏之始皇，始皇善之，出为御史，使定书。或曰邈所定乃隶字也。[6]"我们先不论隶书由谁创造，单从文献记载证明，小篆和隶书都是官方认可的字体，很可能在实际应用中，华美、规整的小篆主要应用于官方的重要文书；而便于书写的隶书则在一般的公私文件和书籍中使用的范围要比篆文广泛得多。这从秦汉之际碑文多为小篆而出土简帛大多为古隶的考古现实中得到了验证。因此，《仓颉篇》可能在问世之初或不久就存在有篆书和隶书两种版本。再次，作为字书的《仓颉篇》应该是西汉中期标准隶书的典范。正是由于《仓颉篇》的特殊地位，对其隶书书法的研究，应该是这批竹书中最为重要的事情。《仓颉篇》的隶书古朴，仍然保留有篆书笔意，字体结构细长，尚未转变为分书的扁长结构。有波磔，但总体很少，不像成熟的分书那样"蚕头燕尾""一波三折"。属于内敛的书风，体现出苍劲的韵味。其对应的隶书系统后续以东汉《张迁碑》（图4）为代表。字体结构重心下沉，扎实有力，力大势沉。

（2）北京大学藏西汉竹书《老子》是现存最完整的古本《老子》，存完整竹简176枚，残断竹简105枚；经拼缀后，共有完整及接近完整的竹简211枚，残简10枚，另有2枚完整竹简遗失，推测原《老子》应有完整有字竹简223枚；虽尚有个别文字残缺，但多可据上下文补出，"对理解文义有影响的阙文总计不超过全书的百分之一，在目前所见出土简帛《老子》古本中保存最为完整"[7]。《老子》的书法特点如下：首先，从书法角度来说《老子》书法堪称西汉中期通俗书法的代表，在艺术上也有很高的水平。《老子》作为当时的家藏重要书籍，其书法抄写虽然不必刻意端庄，但工整易读应是前提。同时，相对《仓颉篇》等字书而言，抄写的要求自然也不会太过苛刻，抄写者的状态想必也会比较放松，因而，《老子》书法可能作为西汉中期通俗书法的代表。其次，北大竹书《老子》使用隶书抄写，字体上已经非常接近分书，可看作是成熟时期的今隶。字形已经走向方扁，笔法上使用圆笔法，蚕头燕尾非常明显，字体中宫紧缩、四体开张，体势略向左下方倾斜。再次，北大竹书《老

图4 《张迁碑》局部

子》在章法上很有特点。由于保存完好，因此经整理有较为完整的复原图（图5），由此图我们又可一窥其章法布局。从中可看出《老子》的隶书章法已经有意无意地体现出字距疏、行距密的隶书风格。这其中的一个重要原因在于竹简书写后需要编联，必然要避让串线，同时又由于单支简的书写空间比较狭长，因此为使得书写美观，必然要增加字距，于是就形成了现在的章法布局。而同时期的帛书、木牍中却未见此种情况。北大竹书《老子》书法（图6）与东汉《乙瑛碑》（图7）、《礼器碑》（图8）为同一系统。书体清秀飘逸，独具特色，堪称西汉中期隶书艺术的瑰宝。

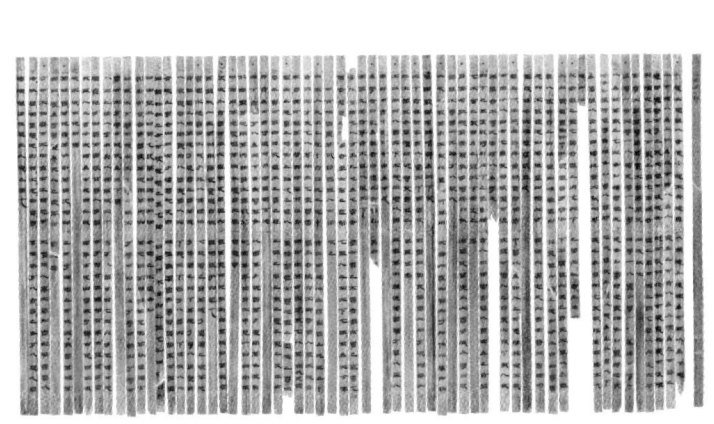

图5 北京大学藏西汉竹书《老子上经》复原图局部

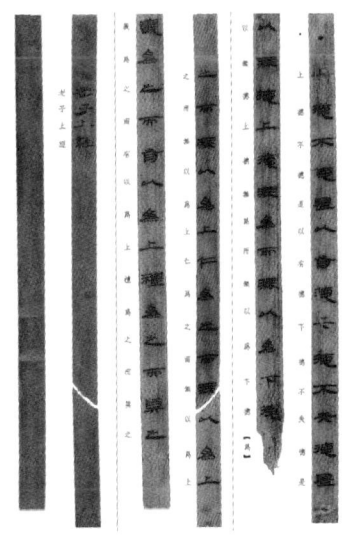

图6 《北京大学藏西汉竹书[贰]》（《老子》卷）内页

图7 《乙瑛碑》局部　　　　　图8 《礼器碑》局部

4. 尹湾汉墓简牍（西汉后期）

1992年，江苏连云港尹湾汉墓M2、M6出土有二十多方木牍和130多支竹简。其年代由于有"永始"和"元延"年号故知其抄写时间为西汉末期成帝时期。内容包括《神乌傅》《元延二年日记》《刑德行时》《行道吉凶》《集簿》《东海郡吏员簿》《东海郡下辖长吏名籍》等，文字近四万字[8]。值得注意的是，该简牍中，有的标题为隶书而正文为草书（隶草），有的章法严密（YM6D2），有的布局平均。用隶书书写的简牍为较成熟今隶特征，字形端正，重心下移，撇捺波磔明显，多用方笔书写（YM6D18），但尚未完全如分书般一波三折（图9）。其年代虽然较北京大学藏西汉竹书略晚，但如以《老子》相比较则字形更古朴，以《仓颉篇》相比较则又有发展。这其中当考虑到书写者习惯以及隶书发展各地区并不平衡的情况。当然也从侧面证明了西汉时期今隶虽然已经成熟，但尚未如东汉那样完全定型。

5. 居延汉简（西汉中晚期至东汉前期）

20世纪，在我国西北居延等地区发现了大量汉代简牍，即"居延汉简"，其被誉为20世纪中国档案界的"四大发现"之一。"居延汉简"跨度很大，最早的纪年简为武帝太初三年（前102年）最晚者为东汉建武六年（30年）。由于内容繁杂，抄写者

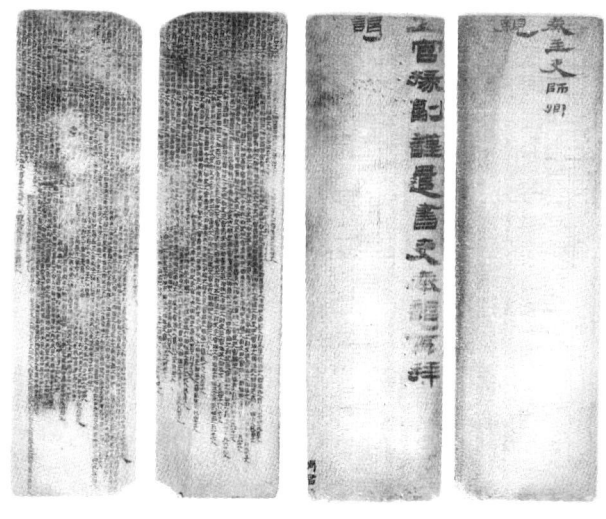

图9　尹湾汉墓木牍

不一，因此包含有篆、隶、分、草、真、行等各种书体，反映了两汉之际书体的大变革。遴选几支西汉末年的木牍相比较会发现，其用笔浑厚，形体结构变化丰富，笔力雄健，尤其是末字落笔均波磔明显。但也由于书写者地处边关，与中原相隔较远，其书写内容又以文书为主，因此书写较为随意，更多体现出草隶趋向（图10）。

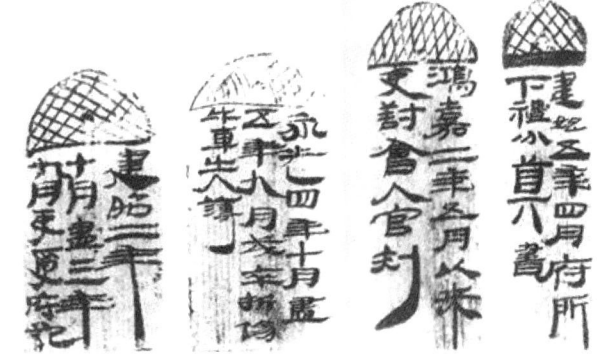

图10 居延汉简

二、西汉镜铭书法特点

在简牍大量出土前，研究西汉隶书主要依靠铜器、石刻、砖瓦等。其中碑刻原本应当为研究西汉书法的重要资料，可惜至今为止西汉出土刻石不多，且仅见的几十块刻石也都形制较小，与东汉刻石相比无论在声名还是艺术上都逊色许多。与刻石出土稀少相较，西汉铜镜的出土数量可谓多多。商周的青铜器铭文却一直是书法研究的一项重点，但随着青铜时代的落幕，汉代青铜铭文却一直未得到研究界足够重视。不过值得注意的是，自汉代起青铜镜作为生活用具逐渐走出贵族使用范围，步入普通大众，其背面铭文兼具艺术性与实用性等特征，可作为研究西汉青铜铭文的范本。

青铜铭文自商周即已出现，并形成与甲骨文不尽相同的文字系统——金文。随着字体演变与发展，至西汉时期铜器上的铭文可成为研究西汉隶书发展情况的实证。据裘锡圭《文字学概要》："西汉铜器上的隶书铭刻所反映的书体变化的情况，跟汉简基本相合。西汉早期铜器上的隶书，跟西汉早期简上的古隶同类型。在从武帝到宣帝时代的铜器上，也可以看到隶书书体由古隶演变为八分的过程。不过，有些刻在铜器上的八分，没有把用毛笔书写的八分的特色充分表示出来。"[9]诚如此言，例如1968年在河北满城西汉中山靖王刘胜夫妇墓中，出土有一铜钫[10]，其铭文用今隶字体，且字形已相当成熟，字形方扁，略有波磔（图11）。

随着青铜时代的逝去，到了汉代，青铜器已经不再成为贵族使用的最重要器物，青铜铭文的使用也逐渐减少。与之相反，铜镜的生产却非常频繁。我国的铜镜始见于新石器时代晚期的齐家文化中，以后在商周时期中逐渐发展为一种独特的青铜器种

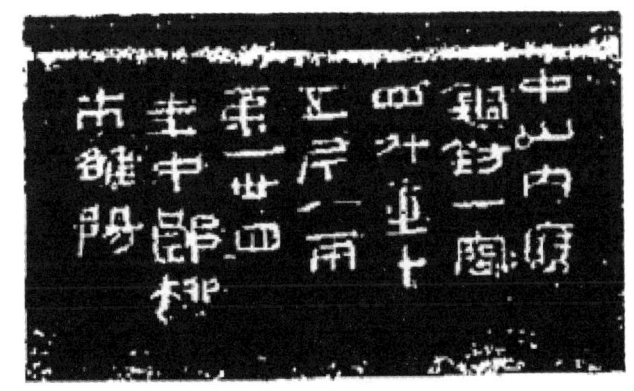

图11 满城西汉中山靖王夫妇墓铜钫铭文

类。"到了战国时,铜镜的产量激增,佳作纷呈,可说出现了一个洪峰。乃至汉代,这种势头仍在持续"[11]。由于汉代时,铜镜的铸造和工艺都进入了一个崭新的时期,并且随着生产力的发展,青铜器已经逐渐从贵族专享走向普通大众。其中以铜镜为代表的生活用具开始大量生产,铜镜铭文的大量出现是其显著的标志,并且"铭文逐渐成为铜镜纹饰的组成部分"[12]。林素清《两汉镜铭初探》[13]一文对西汉铭文与书体对照进行了分期:

(1)西汉前期:指景帝以前。镜铭字体以小篆为主,与秦汉圆转匀称之笔意接近。

(2)西汉中晚期:(是铭文镜最盛行期)可分为三期:a.景帝至武帝初,字体为较方正篆体。b.武帝至宣帝,为篆隶夹杂之方篆,笔画略见隶化痕迹与美化倾向。c.宣帝至西汉末,图案化字体盛行且字里行间夹有符号。有圆体草化字体及方折隶化字体两大类型。

(3)王莽时期:字体有复古倾向,小篆体再度流行。

从出土器物来看,西汉早期,铜镜虽以小篆为主,但已经逐渐呈现方笔意味,与秦篆略有差异。例如《清华铭文镜》[14]图二〇《日有憙铭草叶连弧镜》(西汉早中期),其篆书全为方笔(图12)。

西汉中期,铜镜已出现篆隶,西汉中期的铜镜篆书也已经为汉篆,方笔明显而不再同小篆般使用圆笔。如《汉铭斋藏镜》图八一《投博(从酒)铭草叶博局镜》(西汉中期)虽然仍有篆书字形,但笔画皆为方折。(图13)《汉铭斋藏镜》[15]内图七八、图七九、图八一(均为汉代中期)之"至"字,恰完整呈现了篆书至隶书的过渡,可证中国古文字演变成今文字的"隶变"正在西汉中期前后(见后表1 西汉简帛与铜镜铭文比较)。

西汉晚期,铜镜已经出现有不少是隶书的铭文(古隶)。如《汉铭斋藏镜》图九四《铜华铭圈带镜》(西汉中晚期)已是方折很明显的古隶(图14)。

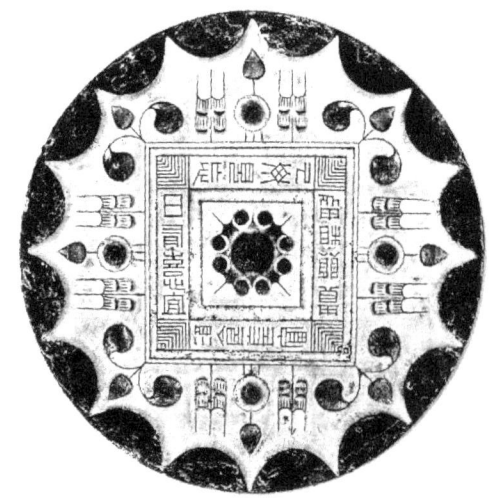

图12 《清华铭文镜》图二十《日有熹铭草叶连弧镜》(西汉早中期)

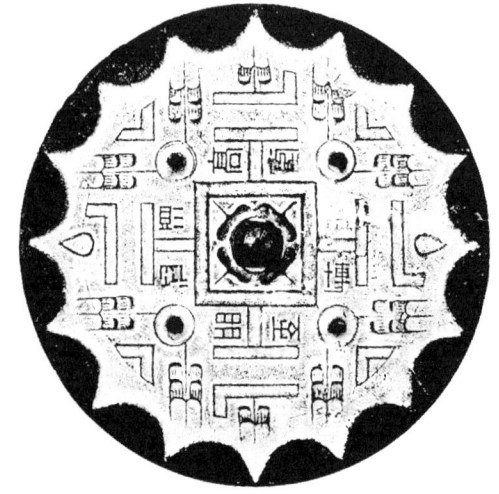

图13 《汉铭斋藏镜》图八一《投博(从酒)铭草叶博局镜》(西汉中期)

直至西汉末年至东汉初（含新莽），铜镜铭文上才出现了有波磔的今隶。如《汉铭斋藏镜》附图二九《作佳镜铭瑞兽博局镜》（东汉早期）的铭文就已经基本为今隶，其波磔明显但不夸张（图15）。

图14 《汉铭斋藏镜》图九四《铜华铭圈带镜》
（西汉中晚期）

图15 《汉铭斋藏镜》附图二九
《作佳镜铭瑞兽博局镜》（东汉早期）

三、简帛铜镜文字比较实例

宏观的比较需要微观的例证，表1即试以西汉三个时期的铜镜及简帛文字相较说明西汉简帛书法与镜铭书法的情况[16]。

表1 西汉简帛与铜镜铭文比较

序	文字	西汉早期 （铜镜篆、简帛古隶）		西汉中期 （铜镜篆隶、简帛今隶）		西汉后期 （铜镜古隶、简帛今隶）	
1	上	《汉》图43	马	《汉》图64	北	《汉》图108	居

序	文字	西汉早期 （铜镜篆、简帛古隶）		西汉中期 （铜镜篆隶、简帛今隶）		西汉后期 （铜镜古隶、简帛今隶）	
2	至	《汉》图78	马	《汉》图79	北	《汉》图81	居
3	天	《汉》图2	马	《汉》图91	北	《汉》图93	居
4	长	《汉》图31	马	《汉》图63	北	《汉》图32	居
5	年	《汉》图9	马	《汉》图93		《汉》图32	居
6	宜	《汉》图11	马	《清》图21		《汉》图34	居

四、相比较之结论及原因分析

通过对以北京大学藏西汉竹书为代表的简帛墨迹书法与铜镜铭文对比，我们发现同样在西汉时期，隶书的发展程度在不同介质上有不平衡的现象。简帛比较激进，在西汉中期已经发展出成熟的今隶（分书）；铜镜较为保守，铭文发展要滞后许多，汉初至中期以篆书为主，兼杂篆隶，西汉末期出现少量古隶，至东汉初才出现有波磔的分书。这其中的原因非常值得研究，笔者认为其原因如下：

（1）西汉时期，隶书虽然已经开始成熟，但使用的范围仍然有限。即如前文所述，虽然秦代书同文，但统一使用的字体不单是小篆，还有隶书（古隶）。至汉代初期，承袭秦代制度，书法上也因循旧制并略有发展。古隶逐渐取代篆书的地位，但在重要场合上仍然有使用小篆的现象。例如碑刻的碑额、印玺等直到后代仍然使用小篆。具体到实际应用上，从具有字书性质的北大藏竹书《仓颉篇》使用较为保守的古隶来看，官方仍然推崇古隶。但是从《老子》的成熟分书来看，民间已经对今隶有了很高的接受度，属于俗书范畴。铜镜铭文可能为了侧重于装饰性同时又由于青铜器毕竟是较为贵重的器物，因此字体也就选择了端庄、华丽的篆书为主，隶书为辅的情况。

（2）简帛的直接书写使得书法上的最新成果得以体现。根据考古发现，"纸张"在西汉时期已经有了麻质纤维纸，但显然尚未普及。纸张的普及主要归因于东汉蔡伦的改良。因此西汉时期主要的墨迹集中于简帛木牍上。相比较之下，无论碑刻还是青铜器都是在墨迹基础上的再制作,牵涉到工匠对原有字体的接受以及工艺上的改进。碑刻上,石工的技艺水平也影响了墨迹的表现,要在石碑上体现蚕头燕尾或一波三折的难度都较高,因此西汉仅有的刻石也是以古隶为主,其波磔也不如东汉明显。同样的铜镜铭文的制作也牵涉到倒模浇铸等工艺,其对文字的反映肯定不如简帛;更何况铜镜铭文制作上还有师徒传承、延递模具等原因,对应用新字体存在天然的滞后性。

(3)隶书的发展程度除各种材料外,各个地区也不平衡。首先,囿于书写者水平和艺术鉴赏力的参差不齐,同一地区出土的不同抄写者抄写的简帛其隶书水平肯定不一致。除这种个体差异外,马王堆帛书、北京大学藏西汉竹书[17]、尹湾汉简等都属于相对中原地区的书法,而居延汉简是西北地区的代表。这些简帛书法的对比会发现,中原地区的隶书发展较为正规,发展也不是非常激进,竹简从古隶走向今隶;而西北地区则抄写速捷,字体从隶书过渡至隶草。用笔上中原地区也比较讲究法度,不像西北地区那样比较恣意。

(4)由于竹简材料的特殊性,成熟今隶可能最早源于竹简。北京大学藏西汉竹书《老子》在北京大学藏西汉竹书中从分书角度而言无疑是最为成熟的。细观此套竹书,无论在字体的个体层面,还是章法层面都令人有耳目一新的感觉,与其他简帛书法有一定差异。从字体结构上来说,《老子》的方扁字形和一波三折、明显波磔等分书特征可能在于当时的抄写者已经开始注意到了竹简的特殊材质,从而有意无意地进行了艺术加工。"竹简的形制不仅是形成了中国文字固定的书写款式,而且对中国文字的简化、改造以及造型都起到了相当关键的作用"。[18]首先,篆书的整体字形结构以细长为主,要书写细长的字体必然要增加竖划长度,而竹简本身的纹路是纵向的,如果延长竖划必然会减小毛笔与竹简的摩擦系数,导致光滑失控,因此从书写便捷性上来说就要求书写者尽量缩短竖划而延长横画,以加大毛笔与竹简的摩擦时间和摩擦系数,或尽量对收笔等处进行夸张处理,以便于对毛笔的掌控,由此出现了今隶的方扁字形与波磔的产生。在这种字形出现后,书写者再经过一定的经验总结与艺术改造后,就诞生了蚕头燕尾、一波三折、中宫紧缩、四体开张的所谓分书。其次,以《老子》为代表的简书已经呈现今隶章法。从马王堆帛书、尹湾简牍、居延汉简等简帛书中,我们看到其章法布局多强调纵势,而缺少横势的考虑,字距也非常紧密。可是北大《老子》却已经注意纵有行、横有列的章法布局,并且发展到了今隶章法上的行距紧、字距疏,这在其他同时期简帛中少见。其原因可能在于单支竹简非常细长而横向仅可容纳一字,并且在今隶方扁字形形成后,如果不增加纵势各字之间的字距,那么通篇并联在一起后就会发生行距紧密而字距也非常紧密的现象。这从阅读的便利性以及审美上来说会造成疏密不当,气韵不畅。竹简书写者可能最初是在书写中有意避让联绳的时候偶然意识到原先的章法问题可通过巧妙加大单简纵势字间的距离来解决,因此北大竹书《老子》营造出了"疏可走马,密不插针"的经典布局。从后世《昭侯小子残石》《礼器碑》等今隶经典碑石与《老子》相似的章法来看,最终这一审美趣味得到了认可和继承,并逐渐成为中国隶书章法主流之一。

总之,从目前掌握的资料来看,西汉隶书发展的情况比较复杂,将西汉简帛书与铜镜铭文互相比较来考证隶变问题是比较全面的方法之一。通过本文可知,西汉中期今隶已经成熟，但使用范围主要还是局限于简帛等材质，而在铜镜铭文等方面仍未有太多应用，这种不平衡现象值得我们探讨。

注 释

[1] 卫桓：《四体书势》，见潘运告《汉魏六朝书画论》，湖南美术出版社，1997年4月，第77页。

[2] 骈宇骞编著：《银雀山汉简文字编》，文物出版社，2001年7月，前言，第8页。

[3] 参见朱凤瀚：《北大汉简〈仓颉篇〉概述》，载自《文物》2011年第6期，第57页。

[4] 秦朝统一文字，丞相李斯作《仓颉篇》、赵高作《爰历篇》、胡毋敬作《博学篇》，称"秦三仓"。至汉后并称《仓颉篇》，为仓颉上篇；扬雄作《训纂篇》，班固又拾遗补缺，作续篇十三章，为仓颉中篇；后汉郎中贾鲂作《滂熹篇》，为仓颉下篇，上中下三篇合称"汉三仓"。

[5] 许慎：《说文解字·序》，见潘运告《汉魏六朝书画论》，湖南美术出版社，1997年4月，第12页。

[6] 卫桓：《四体书势》，见潘运告《汉魏六朝书画论》，湖南美术出版社，1997年4月，第77页。

[7] 北京大学出土文献研究所编：《北京大学藏西汉竹书[贰]》，上海古籍出版社，2012年12月，第207页。

[8] 参见连云港市博物馆等编：《尹湾汉墓简牍》，中华书局，1997年9月。

[9] 裘锡圭：《文字学概要》，商务印书馆，1988年8月，第80页。

[10] 刘胜乃景帝之子，武帝庶兄，于西汉景帝前元三年（前154年）封于中山国的中山靖王，死于武帝元鼎四年（前113年），因此其青铜陪葬器皿当在公元前113年之前，属于西汉中期。

[11] 孙机：《汉代物质文化资料图说》，上海古籍出版社，2008年5月，第304页。

[12] 孔祥星、刘一曼：《中国古代铜镜》，文物出版社，1984年12月，第107页。

[13] 参看林素清《两汉镜铭初探》，载自《"中央研究院"历史语言研究所集刊》第六十三本，第二分，"中央研究院"历史语言研究所，1993年5月，第325-370页。

[14] 王纲怀：《清华铭文镜》，上海古籍出版社，2010年12月。

[15] 王纲怀：《汉铭斋藏镜》，上海古籍出版社，2013年8月。

[16] 图表内文字出处均用简称，《清》指《清华铭文镜》，《汉》指《汉铭斋藏镜》，"马"指"马王堆简帛《老子》（乙本）"，"居"指"居延汉简"，"北"指"北京大学藏西汉竹书《老子》"，个别字"北大《老子》"缺。

[17] 北京大学藏西汉竹书虽然出土地点不明，但从南方多出土湿简、西北多出土干简这一特点来看，应当是南方出土的可能性较大。

[18] 侯开嘉：《中国书法史新论（增订本）》，上海古籍出版社，2009年8月，第4页。

【参考文献】

1. 北京大学出土文献研究所编：《北京大学藏西汉竹书［贰］》，上海古籍出版社，2012年12月。
2. 北京大学出土文献研究所编：《北京大学藏西汉竹书墨迹选粹》，人民美术出版社，2012年9月。
3. 李正光等编：《楚汉简帛书典》，湖南美术出版社，1998年1月。
4. 连云港市博物馆等编：《尹湾汉墓简牍》，中华书局，1997年9月。
5. 骈宇骞编著：《银雀山汉简文字编》，文物出版社，2001年7月。
6. 甘肃省文物工作队等主编：《汉简研究文集》，甘肃人民出版社，1982年9月。
7. 裘锡圭：《文字学概要》，商务印书馆，1988年8月。
8. 孔祥星、刘一曼：《中国古代铜镜》，文物出版社，1984年12月。
9. 孔祥星：《中国铜镜图典》，文物出版社，1992年1月。
10. 马承源主编：《中国青铜器》，上海古籍出版社，2009年5月。
11. 孙机：《汉代物质文化资料图说》，上海古籍出版社，2008年5月。
12. 王纲怀：《清华铭文镜》，上海古籍出版社，2010年12月。
13. 王纲怀：《汉铭斋藏镜》，上海古籍出版社，2013年8月。
14. 潘运告：《汉魏六朝书画论》，湖南美术出版社，1997年4月。
15. 侯开嘉：《中国书法史新论（增订本）》，上海古籍出版社，2009年8月。
16. 林素清《两汉镜铭初探》，载自《"中央研究院"历史语言研究所集刊》第六十三本，第二分，"中央研究院"历史语言研究所，1993年5月。
17. 方传鑫：《从帛书和竹木简牍论隶书的形成期和成熟期》，载自《书学论集》，上海书画出版社，1987年。
18. 范祥雍：《略论古竹木简书的书法》，载自《书法研究》，1982年第3期。
19. 许庄叔：《论马王堆一号墓遗册之书法》，载自《书法研究》，1982年第4期。
20. 《文物》，2011年第6期，内有北京大学藏西汉竹书概说与分述文章。

6.3 从西汉镜铭书体看汉字隶变

■ 王纲怀

一、概述

公元前221年，秦始皇下令规定，以小篆为统一书体在全国推行，并"罢其不与秦文合者"的各种文字。为推行小篆，秦始皇命令李斯、赵高等人编写了《仓颉篇》《爰历篇》《博学篇》等书文，作为标准的文字范本。由于皇帝的高度重视以及皇权巨大的影响，小篆迅速在全国推行开来，而纷繁复杂的"六国文字"也很快消失。在小篆通行的同时，一种比小篆更为简便、更为定型的新书体"隶书"一直在民间使用。隶书来源于篆书的草率写法，这两种书体自战国晚期到西汉中后期，有过很长的共存时期。随着秦王朝的覆灭，小篆逐渐退出历史舞台，隶书成为社会首要书写方式和书法的典范。其后不久，出现了更为规范的楷书字体。汉朝以后楷书占据了正统地位。

晋人卫恒《四体书势》一书说："隶书者，篆之捷也。"说明隶书是篆书的快写，由篆书变为隶书，前人称之为"隶变"。隶书改篆书一味圆转的线条为方折的笔画，顺应了社会对书写方便和规范的需要。隶书以前的汉字是用绘画式的线条书写的，而隶书以后的汉字是用横竖撇点折等笔画构成的。隶变是汉字发展史上一个里程碑，是古今汉字的分水岭。此后，汉字的结构基本固定，两千年间没有太大的变化。

2010年，笔者曾在《清华铭文镜·前言》中说："包括隶变在内的汉字演变研究，乃是一项大工程，作为重要分支之一的镜铭文字，本应占据一席之地，然长期起来，因资料稀缺，导致研究工作流于皮相，孤寂冷落。"因此，这促使我们对这一课题研究加大力度。

本文研究素材主要源自《清华铭文镜》与《汉铭斋藏镜》两书。汉字隶变主要发生于西汉，即由圆转的古文字秦篆过渡到方折的今文字汉隶。西汉中晚期就已经大致完成了汉字的隶变，虽还不彻底，然大局已定。《汉铭斋藏镜》一书从镜铭书法的角度，罗列了按年代排序的131面铭文镜，再加上30幅附图，让我们从中看到，汉镜铭文书体从圆转古文字秦篆到方折今文字汉隶，一路走来的清晰足迹。尽管隶变发生得很早，在简帛中已多有体现，但其演变趋势难见规律，汉镜铭文书体正好填补这个空缺。

二、实例

仔细观察《清华铭文镜》与《汉铭斋藏镜》两书的200余面汉镜铭文的素材，为汉字隶变提供了大量的书体信息，这是一个逐渐演变的完整过程。本文从中寻找了九组有代表性的典型案例，特别是若干同一镜类或同一时代的突变现象，有助于进一步了解汉字隶变的关键节点。详见表一。

表一 汉字隶变实例一览表（一）

序	铭文	隶变前——秦篆	隶变中——汉篆	隶变后——汉隶
1	相思	 《清华铭文镜》图4	 《清华铭文镜》图11	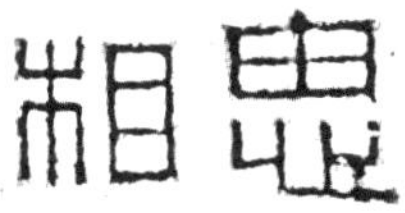 《清华铭文镜》图20
2	长毋相忘	 《汉铭斋藏镜》图31	 《清华铭文镜》图22  / 《汉铭斋藏镜》图44	 《清华铭文镜》图32
3	毋	 《汉铭斋》图2 　《汉铭斋》图8  / 《汉雅堂藏镜》图54	 《汉铭斋》图41 　《故宫》图23  / 《汉铭斋藏镜》图46	
4	常乐未央	 《清华铭文镜》图3	 《汉铭斋藏镜》图21	 《汉铭斋藏镜》图90
5	宜酒食	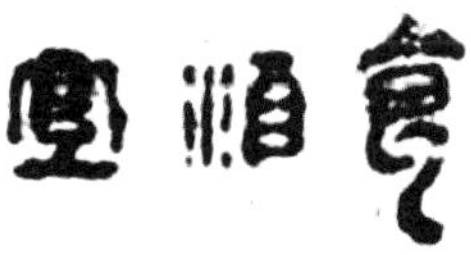 《汉铭斋藏镜》图11	 《清华铭文镜》图21	 《清华铭文镜》图34

表一 汉字隶变实例一览表（二）

序	铭文	隶变前——秦篆	隶变后——汉隶
6	千秋万岁	 《清华铭文镜》图32	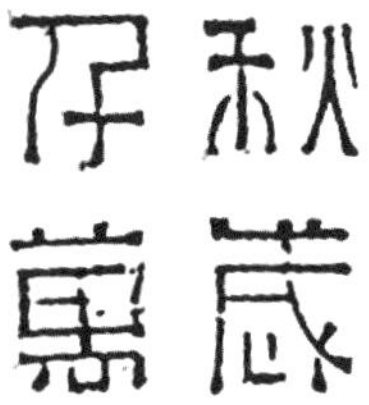 《清华铭文镜》图32
7	延年益寿	 《清华铭文镜》图32	 《清华铭文镜》图32
8	内明穆彻（泄）	 《清华铭文镜》图32	 《清华铭文镜》图32
9	至	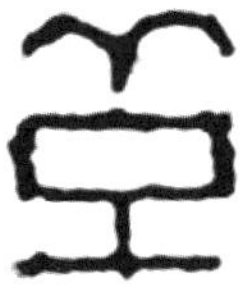 《清华铭文镜》图3	 《汉铭斋藏镜》图21　《汉铭斋藏镜》图90

三、研讨

从汉初惠、文之际的"修相思"铭开始，直至西汉中晚期的"铜华"铭为止，汉字隶变经历了一百余年的时间，为两千年来的今文字奠定了基础。

1. 循序渐进

"修相思"铭、"感其甚"铭、"感思悲"铭、"大乐富贵"铭等蟠螭纹铭文镜,是中国铜镜史上最早出现的一批镜类。加上"长毋相忘"铭等四乳纹铭文镜,其文字书体皆为秦篆(小篆)。

从蟠虺纹铭文镜开始,经历四乳纹、花瓣纹、草叶纹等铭文镜类,文字书体一改秦篆(小篆)的圆转,而出现了方折的形态。其大部分文字(如表一序4)应称作汉篆,小部分文字曾加以"美术设术",可谓之缪篆。

以"铜华"铭、"日有意"铭、"君忘忘"铭为代表的一批西汉中晚期铭文镜,免去了汉篆中的多余环绕,增加了文字中的横平竖直,使笔画更加简练并便于书写,因而称谓汉隶。这些汉隶初现人间,与今文字相比虽还有距离,然就汉文字演变的趋势言,乃是大局已定。

2. 个别突变

在表一的九个隶变实例中,序3、序8、序9等三组,可说是"突变"。

序3——同铭"毋"字之变

此铭全文:"与天地相翼,大乐富贵毋极。"其存世量很小,想再在其中找到隶变实例,殊属不易。惜只知其处于西汉早期,还不能考证较为具体的问世年代。

本书下册图35至50,还共计列举了八个"毋"字的实例,可供汉字演变过程的参考。

序8——紧接着的"突变"

问世在汉景帝后期的昭明镜,存世有三种[1],已避讳武帝之名"彻"字而问世在汉武帝初年的昭明镜存世仅一种[2]。这两类镜紧接在一起,其相距时间在12年左右[3]。仔细观察"内""明""月""穆"四字书体,明显可知前者偏圆转而"篆"意重,后者偏方折而"隶"味浓。特别是此铭之关键字"彻"字在前镜上表现的是圆转,至后镜避讳的"泄"字竟完全成方折。

序9——同铭"至"字之变

此铭全文:"投博至明,置酒高堂",此镜存世量不大,在两书之五个镜例中,能找到多圆转、少圆转、全方折第一笔有波磔的三种书体,也属天赐良缘!

3. 复古与创新

在一百余年汉字隶变的进程中,除了"大势所趋"的隶变外,还有复古思潮与创新理念。

复古思潮:

(1)鸟篆:仅见《故宫藏镜》图29,直径14.0厘米,重量266克。

  铭文:"常富贵,安乐未央,羊至毋相忘。"

(2)大篆(金文):此类镜多四句四言16字,铭文大同小异,皆以"与天"起首。《清华铭文镜》有三面,即图15、16、17。《汉铭斋藏镜》有四面,即图24、50、51、54。

亦有少量其他镜例,如《清华铭文镜》图36铭文"千秋万岁"等,出现创新理念:

（1）悬针篆：这种流行于新莽的俊逸潇洒之书体，在西汉晚期就已出现。《清华铭文镜》图42，直径14.0厘米，重量454克。《汉铭斋藏镜》图101，直径14.1厘米，重量588克。

（2）美术体：汉镜铭文书体常见加以美术设计，我们称为美化的缪篆。典型镜例是《清华铭文镜》图28。

四、小结

通过表一的对照与以上分析，我们可以明显观察到汉代镜铭文字隶变的主要特点：

1. 解散篆体，改曲为直：隶书不再顾及象形原则，把古字"随体诘诎"的线条分解或改变成平直的笔画，以便书写。如序1"相思"秦篆与汉隶的曲直之变十分显著。

2. 偏旁分化：在隶书里，独立成字和用作偏旁的写法明显不同。序6"千秋万岁"中"秋"字"禾"旁，在秦篆中尚与"火"字连绵未断，而在汉隶中已明显独立。

3. 偏旁混同：隶书以求简便，把某些生僻的或笔画较多的偏旁，改成形状相近、笔画较少，又比较常见的偏旁。序5"宜酒食"中"酒"字的"水"偏旁即是典型，由象形的字形演变为三点水，的确由繁趋简。

4. 结构简省：隶书往往把篆文的两笔并为一笔，或是把两个以上的偏旁或偏旁所包含的部分合并起来，改成较简单的笔画结构。序6"千秋万岁"中"万"字的草字头即是例证。

5. 圆转不断的线条变为方折的断笔：隶书为提高书写速度，形成点、横、竖、捺、钩、折等笔画。序2"长毋相忘"和序7"延年益寿"铭文十分典型。

6. 横笔出现"波磔"；序第三字第一笔的"波磔"十分明显。

【注　释】

[1] 其一，24字单圈铭文类，由中国国家博物馆收藏；其二，24+48=72字重圈铭文类存世多面，《长安汉镜》图7-2、《早期中国铜镜》图F8，《丹阳铜镜青瓷博物馆一千镜堂》图20，《古镜今照》图44，《泓盛2012春拍》图900等；其三，28+50=78字重圈铭文类，仅见一面，《早期中国铜镜》图F19。

[2] 14+34=48字重圈铭文类，存世多面，如：《早期中国铜镜》图F7，《故宫藏镜》图22、《泉屋博古·镜鉴篇》图16和图17、《汉铭斋藏镜》图16等。

[3] 详见本书《西汉早期蟠螭纹铭文镜研究》《瑞典藏西汉蟠螭纹铭文镜研究》。

6.4 西汉镜铭"君"字释

■ 王纲怀

距今两千年前的西汉镜铭,充满多姿多彩的生活气息和深刻细微的文化内涵,为后人研究汉代社会提供了翔实的资料。其"相思""长寿""祈祥""忠君"等主题内容,深深地影响着中国的传统文化。在种类数以百计的存世镜铭中,"君"字多有出现,这种现象值得重视和研究。

在古汉语中,"君"的基本含义有四种:第一,君主,国家的最高统治者。《尚书·大禹谟》:"皇天眷命,奄有四海,为天下君。"第二,大夫以上据有土地的各级统治者的通称,《说文》曰:"君,尊也。"郑玄注:"天子、诸侯及卿大夫有地者,皆为君。"第三,君子之"君",泛指德行与才华出众的人。王安石《君子斋记》:"故天下之有德,通谓之君子。"第四,夫妇之间的尊称,如"君行虽不远,守边赴河阳"(杜甫《新婚别》);"君问归期未有期,巴山夜雨涨秋池"(李商隐《夜雨寄北》)。这四种含义,在汉镜铭文中都早有出现。

一、盛世感恩奉君王

释"君王"之镜铭实例:

(1) 见日之光,明者君王。(《清华铭文镜》图7,本文图1)
(2) 天上见长,心思君王。(《清华铭文镜》图24,本文图2)

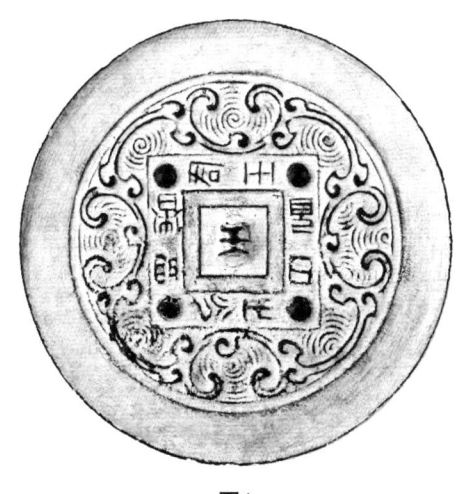

图1

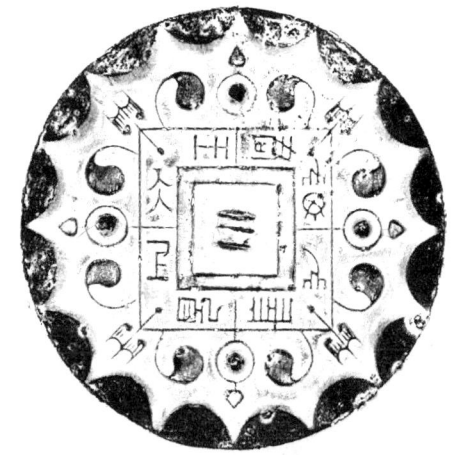

图2

图3

图4

图5

（3）富长见，君王美，□□□，□□□。（《汉铭斋藏镜》图67）

（4）君王美人，心思可忘。（《汉铭斋藏镜》图66，本文图3）

镜铭是时代的晴雨表，世道好，则时人自有反映。古时，"天、太阳（日）、君王"是可以转换称呼的。这里"见日之光"的"日"字不单指自然界的太阳，更喻指最高统治者，应是当时人们对明君治国在情感上和理性上的共同感悟，是歌颂明君恩德，赞美国运昌盛。

西汉时意喻君王的"君"字铭，主要应指文景两代帝王。他们在位期间，实行轻徭薄赋，减轻人民负担；劝课农桑，重视农业；厉行节约，禁止浪费；集权与分权结合，加强中央集权。在以德化民、与民休息的政策指导下，经过40年的治理，迎来了西汉前期"文景之治"的太平盛世。当时社会比较安定，百姓无内外之徭，得息肩于田亩，天下殷富，社会安定。百姓安居乐业，制镜文人、工匠歌颂明君治世，当在情理之中。

"清白"镜铭中的"絜清白而事君""皎光"镜铭中的"精昭晢而待君"等句中的"君"字，皆应释为"君王"之意。

二、镜之服者非世俗

释"尊称"之镜铭实例：

（1）服者君王，寿至未央。（《清华铭文镜》图14，直径9.8厘米，本文图4）

（2）见日之光，天下大阳，服者君卿，延年千岁，幸至未央，常以行。（《清华铭文镜》图18，直径18.8厘米，本文图5）

（3）见日之光，服者君王，幸毋见忘。（《鉴耀齐鲁》图51）

（4）见日之光，服者君卿，所言必当。（《息斋藏镜》图31）

在四个镜铭实例中皆有"服"字，古时多作"使用"之意。屈原《离骚》："謇吾法夫前修兮，非世俗之所服。"吕向注："服，用也。"《荀子·赋》："忠臣危殆，逸人服矣。"杨倞注："服，用也。"铭文中的"服者"当可释为"用镜者"。

这些镜铭中的"君王""君卿"称谓，应理解为铸镜者的夸张、溢美之词，是说用镜者可以大富大贵、长命千年，能够高官显爵、位至君王、君卿。其实，这不过是一种汉镜的广告词，说几句吉利话，送一顶高帽子，利用人们的虚荣心理，推销自己的产品。古今中外，此风皆然，只是在逗你多撒银子，心里过把瘾而已。

三、人间长存君子风

释"君子"之镜铭实例：

（1）有君子之方，视父如帝，视母如王，爱其弟，敬其兄，忠信以为商（常）。(《止水集·两汉儒家思想铭文镜》图1，直径13.5厘米，本文图6)

（2）贤者戒己仁为右，怠忘毋以象君子，二亲有疾身常在，时时。(《止水集·两汉儒家思想铭文镜》图3，直径16.3厘米，本文图7)

经过"文景之治"，西汉王朝已积累起足够的财富，具备了一定的实力，为加强中央集权奠定了经济基础。巩固政权需要有统一持久的理论思想，西汉统治者从信奉黄老到独尊儒术，由景帝发轫，至武帝完成。教化民生，为朝廷要务，事关天下盛衰。世有教化，百姓守廉知耻，民风正民性善，自然长治久安。君子好德、重义、谦让、博学、笃行，当为世人楷模。这一较普遍的、易至的、完美的人格典范，受到了儒家的特别推崇。将"忠、孝、仁、义、信"的儒家思想以镜铭的形式广为传播，可见汉时儒家思想浸淫世风之盛。

图6

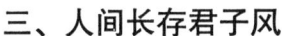

图6-1 西汉镜铭君字释

图7

四、仰天太（叹）息长相思

铜镜作为人类情感的投射物，映照出人性的美善与丑恶、完满与残缺，它是人类自我完善的良好媒介。在西汉镜铭中，以"妾"赠"夫君"的内容最为出彩，它从一个侧面真切地抒发了相爱相思的人间真情，以及对美好生活的向往和憧憬；反映出明显的时代特色，表现了西汉已婚女子对远在他乡丈夫的相思、期盼、劝诫。在汉代众多镜铭题材中，相思镜占有较大的比例，饱含着浓浓的人间真情。

（一）释相思"夫君"之镜铭实例

（1）愁思悲，愿见忠，君不说，相思愿毋绝。（有一定存世量）

（2）常与君，相骥幸，毋相忘，莫远望。（《广州汉墓》图92-1，直径8.8厘米）

（3）君行卒，予志悲，久不见，侍前俙。（《汉铭斋藏镜》图68，直径13.6厘米，本文图8）

（4）与君相骥，长乐无极。（《汉铭斋藏镜》图71，直径16.1厘米，本文图9）

秦末劳役繁重、烽火遍地，百姓离乡背井、妻离子散，导致了陈胜、吴广起义；紧接着"楚汉之争"；汉朝建立后又面临吕氏篡位、匈奴入侵等内外矛盾。经过"文景之治"，到了汉武帝时，形势渐趋平稳，国力逐步增强，解决长期威胁中原的匈奴之患，才能成为现实，于是，派出大量军队出征边陲。无论是将军还是士兵，都会面对离别的境遇。不管是何种原因，出现亲人的离别，才有彼此的相思。汉初，国家所面临最大的事情，就是要彻底解决匈奴之患，为此而发动了多次大战。每次战争的准备，前方兵役加上后方劳役，皆有数十万之众。因为战争频繁以及修筑宫殿、皇陵等浩大工程的需要，成千上万家庭出现了"耶娘妻子走相送"的告别情景，无数个壮丁抛妻别子，外出服役（兵役、劳役、差役等）。所以，这一时代背景，造就了这种特定历史条件下所产生的相思文化。

从西汉初年开始，社会动荡持续一个半世纪之久，中国铭文镜可说是诞生在相思文化的襁褓之中。汉宣帝神爵二年（前60年）秋，匈奴日逐王来降后，西汉王朝才正式进入一段前所未有的和平时期。大量存世镜铭表示，在这个时期前后的铭文内容有着较大的变化：之前镜铭以相思文

图8

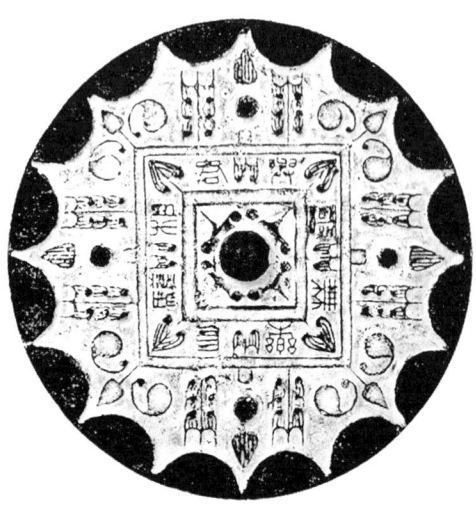

图9

化为主，更多见者"长相思，毋相忘""久不相见，长毋相忘"等内容。所有这些铭文，字里行间都流露出人们伤别离、愁难见、盼安定、望团聚的真情实感。"人生自古伤别离"。这种"相思"并不仅仅是男欢女爱的情愫，其实包含了更深层次的社会含义。

（二）释期盼"夫君"之镜铭实例

（1）君有行，妾有忧，行有日，反毋期，愿君强饭多勉之，仰天大息长相思，毋久。（罗振玉《古镜图录》中三，直径15.3厘米，本书图10）"大"为"太"之古字，应同音通假为"叹"。

（2）行有日兮反无时，结中带兮长相思，妾负君兮万不疑，君负妾兮天知之。（西安南郊市三爻村6号墓出土，直径13.0厘米）

图10

相思相望而不得相见，只有在心底默默地祝福、期盼。第一例中，那位妻子只愿丈夫多多进食，保重身体。第二例中妻子向丈夫表明不变的忠心，同时期盼对方同样如此。无论是物质层面还是精神层面，这种温馨中透射着凄凉，无奈中流露着期待，都艺术地再现了汉代社会的真实面貌。

（三）释劝诫"夫君"之镜铭实例

（1）君行有日反毋时，端正心行如妾在，时心不端行不正，妾亦为之，君能何治？（《清华铭文镜·镜铭辑录》118，本书下册图118）

（2）毋弃故而娶新，亦成亲心与心，长毋相忘，俱死葬何伤？（罗振玉《古镜图录》中七）

镜主人每日空守闺房，轻启玉匣，开奁即见"相思"之语，摩挲"勿忘"之铭，顾镜自怜，那种折磨，那份痛苦不言而喻，同时对其婚姻的牢固度也不免流露出些许担忧。如果说第一例是以调侃的口吻向丈夫发出的萧娘断肠、红杏出墙的警告，那么第二例就是以决绝的语言对丈夫宣示不弃不离、生死相守的决心。劝诫警示也好，海誓山盟也罢，这背后又折射出多少家庭的悲欢离合，多少人生的酸甜苦辣！

6.5 东汉镜铭"仓颉作书"传递的文化信息

■ 张炳生 庄静芬

文字的产生是人类社会进入文明时期的重要标志，是继语言之后人类社会又一个飞跃性的进步，是人类具有里程碑意义的重大发明。人类的个体能够通过文字记录的信息，获得人类整体在漫长岁月里创造积累的知识、经验和智慧，加速了人类文明的进程。文字使人类的思维更加缜密，文明的传承更加有效。有了文字，才有真正意义上的教育和法典，才有了文学和科学，使人类有可能进行精神领域更高层次的探索活动；有了文字，人类可以记录自己的历史，故人们把文字发明之前的时代称作史前时期。

汉文字，是世界上至今仍然在使用的最古老的文字。在世界文字的形成、演变的漫长岁月中，汉文字越来越发展、越完美，已成为人类最科学、最优美、最富文化内涵、最富于表达、最富于生命力的文字。

汉字是谁创造的？提到这个问题，一般而言，大家都认为是仓颉。"仓颉造字"的记载，最早始于春秋战国时期。《荀子·解蔽》中提出"故好书者众矣，而仓颉独传者，壹也"，即说在众多爱好文字者中，之所以仓颉名声独传，是因为他专注于此，始终如一。随后的《韩非子》《吕氏春秋》等著作也都记述了仓颉造字的历史传说。此外，《孝经授神契》《书势》《说文解字》《河图玉版》《路史》《论衡》《淮南子》等大量典籍都有仓颉造字的记载。西汉末年成书的《春秋元命苞》则将这一传说加以神化："仓帝史皇氏，名颉，姓侯冈，龙颜侈侈，四目灵光，实有睿德，生而能书。"还绘声绘色地描述了其造字的方法："穷天地之变，仰观奎星圆曲之势，俯察龟文鸟羽山川指掌而创文字。"又讲了造字的影响："天为雨粟，鬼为夜哭，龙乃潜藏。"这些无疑是胡编臆造了。

图1

这面"仓颉作书"铭文镜是东汉三国时期的三段式神仙镜（图1，即本书下册图195），直径16.7厘米，重量660克。其30字汉隶铭文为："余造明镜，三王作容，翠羽秘盖，灵鹅台杠，仓颉作书，以教后生。遂（燧）人造火，五味。"这面镜图文并茂，将远古时代的传说充分展现：有仓颉、燧人面容的专注，有翠羽装饰车盖的秀丽，有灵鹅扛柱支撑天地的壮美，同时为仓颉造字的历史传说提供了又一佐证。

据传，仓颉是黄帝同时代人，乃黄帝左史，距今近五千年。然而，随着越来越多的考古发现，人们知道远在仓颉之前，就已有了文字符号。在西安半坡村出土的陶器上，刻有很多记号，专家们鉴定为早期之文字符号，可能是"画押或族徽之类"的东西，距今已六千年左右，比仓颉早了一千多年。还有近年发现的几处考古遗址，也有了文字符号，比半坡又早了一两千年。

由此可见，汉文字的创造不可仅能凭某个人的能力，在一个时期完成。它是在人类社会漫长的历史发展长河中，经过不断创造、探索、提炼，才逐步完善起来。荀子曰"好书者众矣"就概括了这种社会现象；鲁迅《门外文谈》也认为："在社会里，仓颉也不止一个，有的在刀柄上刻·点图，有的在门户上画些画，心心相印，口口相传，文字就多起来，史官一采集，便可以敷衍记事了。"这些观点，应该比较符合历史事实。

但无论如何，这些历史现象并不能否定仓颉的伟大功绩和仓颉存在的事实。仓颉是广大造字者的形象代表，是创造汉字的一个文化符号。古代学者们众口一词的肯定，典籍中翔实的记载及民间流传的神话和传说，均是对仓颉造字的认可，也是对中华文明进程中一大转折点的讴歌。

经过历代先贤长期的精心整理、删繁就简和提高推广，中国汉字成为世界上最科学、最富逻辑性、最具文化内涵的文化载体，是世界上唯一传承数千年不断的文字，是中华民族有别于世界上其他各个民族的典型徽帜。它使中华民族告别洪荒蒙昧、走向文明，发展成为中华民族团结奋进的象征。仓颉作为中华汉字发展史上最早的集大成者，其贡献足以彪炳千秋，传颂万世。仓颉的伟大功绩为世代所敬仰和赞颂，以至视若神明，理所当然。可以说，既是仓颉创造了汉字，也是汉字创造了仓颉。这就是仓颉之所以被后世视为神圣的主要原因。

秦朝是我国历史上第一个统一的多民族的中央集权封建国家，秦王朝推行了一系列巩固统治的措施。其中文字的统一对政治经济的统一和文化的发展起了特别重要的作用。公元前221年秦始皇下令"书同文"，由丞相李斯和赵高、胡毋敬等人整理文字，以简化秦文"小篆"作为标准字体，用于公文法令，通行全国，废除了其他各种异体文字。东汉许慎的《说文解字·序》中说得非常明确："秦始皇帝初兼天下，丞相李斯乃奏同之，罢其不与秦文合者。斯作《仓颉篇》，中车府令赵高作《爰历篇》，太史令胡毋敬作《博学篇》，皆取史籀大篆，或颇省改，所谓小篆者也。"此外，秦始皇出巡所到之处都要立碑勒石以示天下，如泰山石刻。后来狱吏程邈又根据民间流行的字体，整理出更为简明易行的新书体——隶书，作为日用文字在全国范围推广。隶书的出现是我国文字由古体转为今体的重要里程碑。隶书就是今天通用楷书的前身。

先秦古字经过这次整理之后，字样结构得以定型，这对贯彻法令、传播文化起了重大作用，可以说，这是秦人传承仓颉事业的具体而伟大的贡献。我国地广人多，各地方言迥异，后来历史上又多次出现分裂割据的局面，而文字的统一，成为维系中华民族历史发展进步的一条生动鲜明的精神纽带。长期以来，我国封建社会高度发展的经济和文化屹立在世界文明的前列，这与秦朝大一统的开创之功有着不可分割的联系。

秦始皇统一文字，有利于统一六国，继而推动了秦国政治经济文化的发展，同时亦推动了历史的进程，加快了国家的融合，提高了人们的认知。

汉王朝是中国第一个封建盛世，社会生产力得到了极大的发展，其文化也形成了以儒家思想为核心的统一的封建文化，统一性与综合性成为其最突出的特色。历史悠久的华夏文化，尤其是春秋战国时期的文化，给汉代文化特色的形成提供了珍贵的文化资源，华夏传统文化的传承是时代的迫切要求。

"仓颉作书，以教后人"镜在这种大背景下应运而生，肯定仓颉造字，即是肯定华夏文化，维护大一统社会。

笔者认为，"教"在此有教化天下和文化传承两层含义。《说文解字·序》中曾经这样评述战国时期的文化形态："分为七国，田畴异亩，车涂（途）异轨，律令异法，衣冠异制，言语异声，文字异形。"就是说，在七国纷争的时代，各地田亩不同，车轨不同，法律不同，服饰不同，语言不同，文字不同。秦始皇会稽刻石中则写道："远近毕清"，"贵贱并通"，"大治濯俗，天下承风"，"人乐同则，嘉保太平。"（《史记·秦始皇本纪》）。这是一篇文化统一的宣言，告示天下要树立"远近""贵贱"都共同遵守的所谓文化"同则"的决心。秦汉时期大一统的政治环境为各地区间文化的交流和融会创造了条件，而秦汉交通状况的迅速改观，特别是汉武帝时代交通的发展，为新的文化共同体的形成提供了可能。

事实上，在秦始皇时代之后，各地区间文化的进一步融合，是由再一次出现交通建设高潮的汉武帝时代所实现的。正是在汉武帝时代，起源不同而风格各异的楚文化、秦文化和齐鲁文化大体完成了合流的历史过程。也正是在汉武帝时代，文字经历了隶变的改造，汉隶终于被全国文化界所认可。虽然"书同文"的理想很早就产生了文化感召力，但是实际上文字的真正统一，到汉武帝时代方得真正实现。汉武帝还推行了"罢黜百家，表章《六经》"，也就是推崇儒学，压抑其他诸家学说的文化政策，促使中国文化史进入了新的历史阶段。

《淮南子》载："仓颉之初作书，以辩治百官，领理万事，愚者得以不忘，智者得以志远。"《说文》也指出："盖文字者，经艺之本，王政之始。前人所以垂后，后人所以识古。"所以，记载历史，教化世人，传承智慧，这才是汉字起源的真正动力，是汉字要承担的重大任务。而且汉字也确实起到了这样的作用。《黄帝内经》记载，黄帝在同名医岐伯交谈后，高兴地说，我要将你的话记载下来，刻到玉版之上，保存起来，以便让后人能够了解我们今天的谈话。《尚书》中也记载，尧在考察舜的时候，让他熟读五典。在先秦文献中，不仅有五帝时期的历史记录，夏代也有多篇历史文献流传下来。可见这时汉字早就已经成形而且成为重要的信息记录工具了。商代的甲骨文可以被看成是历史记录，同时的金文更是标准的历史记录。很多青铜器铭文不但记录了其拥有者的信息，更记录了许多历史事件。到了东周时期，出现了新的汉字形式，但在记录历史时，也仍然使用仓颉体。

汉刘向《说苑·指武篇》云："圣人之治天下也，先文德而后武力。"古人将黄帝尊为人文始祖，这其中必然有一定的道理。汉字起源于那个时期应该是一个标志。更关键的是，仓颉造字是明显地具有传承人文智慧的动机的。古人创造文字的动机是为了教化天下，"以文明人"。

秦汉时代在中国历史上具有划时代的意义：诸侯割据第一次得到了统一，一个强大的帝国在历史上第一次形成，极大地推动了经济和文化的发展，中国古代社会自此进入了一个崭新的时期。汉王朝吸取了秦王朝短期内覆灭的惨痛教训，采取了"持以道德、辅以仁义"的治国方略，与民休息，恢复和推动生产力的发展。秦汉时期的文化不仅完成了对先秦文化成就的继承总结和升华，而且完成了新的综合，为中国文化的发展奠定了基础。正是在这一时期，汉字完成了书同文和隶变，这不只是机缘的巧合，而且是历史的必然。

一部汉字字体、书体的演变史，也生动地表现了中华民族的文明发展史。中国的汉字如明亮的火炬，把我国的历史照亮。仓颉造字的人文精神美，最美之处在于在以文化之力促进了国家的统一、民族的统一。汉字对中华民族产生了伟大的凝聚力，是历史形成的，是中华民族共同创造的灿烂文化所决定的。仓颉造字所体现的实践、联想、创新的精神，铸就了源远流长、博大精深、影响深远的中华汉字文明，是中华民族统一和繁荣发展的主要原动力之一。追溯仓颉功德，传承仓颉精神，弘扬仓颉文化，让民族文化绵延赓续，这就是"仓颉作书，以教后人"镜给我们的最大启示。

第7章 民俗篇

7.1 西汉镜铭相思文化概说　/437

7.2 西汉镜铭长寿文化　/447

7.3 西汉镜铭酒文化　/459

7.4 从两汉镜铭看汉人的祝愿语　/465

7.5 两汉镜铭广告文化　/482

7.1 西汉镜铭相思文化概说

■ 王纲怀　游战洪

西汉铜镜有一个铭文带有相思内容的镜种，它自汉初面世以来，绵延约二百年，伴着西汉王朝的建立而兴起，随着王朝的壮大而流行，又随着王朝的衰落而式微。这种镜种的跨度时间较长，铭文内容丰富，是西汉铜镜文化闪亮的一章。

一

相思镜铭的产生有着特定的社会经济文化背景。

其一，古代交通不便，信息闭塞，天各一方，一别经年，相思相念是自然之事。汉朝亲人离散，主要有以下几种情况：

经济发展，人口流动。汉初实行"与民休息"之策，后经41年的"文景之治"，国力逐渐强大。武帝于晚年亦大力发展农业，使经济继续向前发展。武帝之子昭帝继承其父的富民政策，使用仁政，休养生息，与宣帝两朝合称"昭宣中兴"，使西汉极盛期达到顶点。农业经济发达，工商业的发展，使自由流动的农民、手工业工人和商人遍布东南西北。

其二，对外用兵，征战戍边。高祖立国之初便遭白登之围。匈奴始终是汉王朝的心腹之患。武帝刘彻即位后，对匈奴展开三次大规模战役（前127年河南之战、前121年河西之战和前119年漠北之战），每次战役皆动用10万以上兵力，加之戍边的边防军（包括边郡兵、将屯兵、屯田兵和属国兵），据估算，汉帝国常年兵力约在30万左右，高峰可达50万人。如此大规模的用兵，关系千家万户。

其三，躲灾避难，流落他乡。兵燹战乱，天灾人祸迫使一部分人背井离乡远走边陲。汉朝在西北和西南边塞多年聚集着数量众多的流动人口。成千上万的僦人（承雇服役者）、亡人、流民在此艰难谋生，对家乡自然是梦牵魂绕。

家是游子的归宿，亲人是旅者的牵挂。可以想见，身不由己的宦游人，养士、选士制度下驱使的士子，追逐利益的商家，常年戍边的征卒，远赴劳役的差夫，漂泊在外的流浪者……如此庞大的流动群体会做着同一个相思梦。这些人群便为相思文化扎根提供了肥沃的土壤，这种氛围便为相思文化传播开辟了广阔的空间。而铜镜，在汉代逐渐由富家大户走向普通人家。作为日常生活用品，映照之时，把玩之中，常常会使人产生"花好月圆"的联想，寄托着圆满、团圆、吉祥之意愿；同时作为一种工艺品，其纹饰、铭文亦往往凝结着古代工匠的审美意趣。睹镜念亲人，铭文寄相思。——借助一件恰当的媒介传递这种的情愫，是社会共同的需求；把握一句摄取眼球的广告词推销商品，是商家聪明的抉择。此时此情，铜镜担当起相思文化传递者的角色，真是顺理成章、水到渠成。

相思铭文是西汉铜镜中出现最早的铭文。这种镜种有以下几个特点：其一，跨度大，存世时间长。约从公元前200年前后到公元元年，延续近200年。其二，问世时间比较集中。汉初是第一个高峰，武帝时期是第二个高峰。其三，铭文内容丰富，形式多样。

根据铭文内容的不同，可将它们列为三种类型。详见表一、表二、表三。

表一　西汉相思镜铭文一览表（通用语类）

图号	年代	镜　铭	直径（厘米）	重量（克）	本书下册图号
1	西汉初	修相思，毋相忘，常乐未央	13.8	186	3
2	西汉初	修相思，慎毋相忘，大乐未央	24.0	865	4
3	西汉早	相思愿毋相忘，大乐未央	13.3	212	7
4	西汉早	大乐未央，长相思，慎毋相忘	13.1	194	8
5	西汉早	惑思甚，悲欲见，毋说相思愿毋绝	11.6	152	9
6	西汉早	惑思悲，愿见忠，君不说，相思愿毋绝	12.8	246	10
7	西汉早	常贵，乐未央，毋相忘	8.9	52	25
8	西汉初	常与君，相欢幸，毋相忘，莫远望	8.8	/	27
9	西汉早	常贵富，乐未央，长相思，毋相忘	10.3	110	35
10	西汉早中	常毋相忘，长乐未央	9.1	74	45
11	西汉早中	君来何伤，慎毋相忘	9.8	70	46
12	西汉早中	长毋相忘	9.4	94	48
13	西汉早中	长毋相忘，常乐未央	9.8	85	49
14	西汉早中	见日之光，所言当，幸毋见忘	11.6	178	54
15	西汉中	时来何伤，君毋相忘	13.8	235	83
16	西汉中	愿长相思，长毋相忘	13.6	237	84
17	西汉中	愿长相思，幸毋相忘	11.2	129	85
18	西汉中晚	久不相见，长毋相忘	7.3	81	101

表二　西汉相思镜铭文一览表（企盼语类）

图号	年代	镜　铭	直径（厘米）	重量（克）	本书下册图号
19	西汉早	与天相寿，与地相长，富贵如言，长毋相忘	12.5	159	39
20	西汉早中	与天无极，与地相长。富贵安，乐未央，长相思，毋相忘	11.6	224	57
21	西汉早中	与天无极，与美相长，骦（欢）乐如志，长毋相忘	13.9	260	58
22	西汉早中	与天无极，与地相长，骦（欢）乐如言，长毋相忘	11.2	194	59
23	西汉早中	镜以此行，服者君卿，所言必当，千秋万岁，长毋相忘	19.2	544	61
24	西汉早中	与人无极，天必利之，富贵安乐，幸毋相忘	11.5	196	63
25	西汉中	见日之光，服者君卿，千秋万岁，愿毋相忘	20.2	730	69
26	西汉中	天上见长，心思君王	10.2	102	74
27	西汉中	天上见长，心思君王	7.1	34	75
28	西汉中	日有憙，宜酒食，长富贵，愿相思，久毋见忘	18.2	430	82

表三 西汉相思镜铭文一览表（情愫语类）

图号	年代	镜　　铭	直径(厘米)	重量(克)	本书下册图号
29	西汉中	道路辽远，中有关梁。鉴不隐请（情），修毋相忘	16.1	420	87
30	西汉中	秋风起，使心悲，道路远，侍前希	18.5	727	88
31	西汉中晚	君有远行妾私喜。饶自次，具某止。君征行来，何以为信？祝父母耳。何木毋疵？何人毋友？相思有常可长	17.8	460	115
/	西汉中晚	君有行日毋反时，端正心行如妾在，时心不端行不正，妾亦为之，君能何治	《清华铭文镜》镜铭辑录		序118
/	西汉中晚	君有行，妾有忧，行有日，反毋期，愿君强饭多勉之，仰天大息长相思			序119
/	西汉中晚	行有日兮反毋时，结中带兮长相思，妾负君兮万不疑，君负妾兮天知之			序120
/	西汉中晚	毋弃故而娶新，亦成亲心与心，长毋相忘，俱死葬何伤			序121
/	西汉中晚	心与心，亦诚亲，终不去，子从他人，所与予言，不可不信			序122

二

纵观以上三表，其铭文内容皆为抒发思念之情，然细加分析，却是浅深有度，对象有别，大体抒发了几种情感。

（一）恋情之苦

爱情是人类永恒的话题。不论何种原因，爱侣化离，劳燕分飞，天长日久，愁痕恨缕总会油然而生。尤其在夜阑人静之时，孤女思妇把镜照影，触景伤情，怨聚哀思，郁结愁肠，满腔话语便脱口而出。

图33铭文："君有行，妾有忧，行有日，反毋期，愿君强饭多勉之，仰天大息长相思。"大意是：不知你何时返回，忧心忡忡；愿你在外多吃饭照顾好自己，我在家只有仰天长叹想念你了。——这是朴素的表白。

图34铭文："行有日兮反毋时，结巾带兮长相思，妾负君兮万不疑，君负妾兮天知之。"后两句意为：万勿疑心我负你，可你若负我老天会知道。——这是真诚的告诫。

图31铭文："何木毋疵（枝）？何人毋友？相思有常可长（久）。"图32铭文："君有行日毋反时，端正心行如妾在，时心不端行不正，妾行为之，君能何治？"原意是：树有枝，人有友，你要不把我放在心上，我也不在乎你。你要心端行正啊，否则，我如果行为放浪，你又有何法？——这是调侃的警示。

图35铭文："毋弃故而娶新，亦成亲心与心，长毋相忘，俱死葬何伤。"图36铭文："心与心，亦诚亲，终不去，子从他人，所与予言，不可不信。"表达的是：心心相印，不弃不离，生死相依。——这是决绝的誓言。

这些铭文，或缠绵相思，或由爱生怨，或浅笑薄嗔，极写相思怀人之苦，表达了渴求有爱情、家庭的温馨，以慰藉孤独心灵的心声，唱出了一首首动人心弦的悲喜之歌。

（二）亲情之痛

人自降生的那一刻起，亲情就不可抗拒地成为其生活的一部分。长期客居在外，滞留他乡，或漂泊异地，或谋求仕途，或被贬赴任途中，或游历名山大川，都不免饱尝羁旅行役之苦。在尊儒术、重教化的汉代，倡导"以孝治天下"。"胡马依北风，越鸟巢南枝"——游子们身在他乡心系故里，最放不下的还是养育自己的亲人，眷眷亲情自然深埋心底。这类镜铭抒发客居他乡的艰难，漂泊无定的辛苦，对家乡亲人的思念，以及对安定幸福生活的期盼与向往。这些同胞骨肉感情是人类亘古相通的。

图29铭文："道路辽远，中有关梁。鉴不隐请（情），修毋相忘。"意是说：云遮望眼，山割愁肠，关隘重重，路途遥远，多多保重。明镜显现我们的思念，但愿你不要忘记这沉沉亲情。——深深的牵挂，殷殷的叮嘱动人心扉。

图30铭文："秋风起，使心悲，道路远，侍前稀。"译为的话即为：七月流火凉风起，羁旅之人心头悲。远在他乡隔千里，无暇膝下奉双亲。——绵绵的乡愁，无尽的思念溢于言表。

（三）家国情之殇

个人与家庭的苦痛，缘于国家社会的动乱。尤其是在战乱饥馑、灾难深重的岁月，只能抛家去业，流离失所，天各一方；兵燹后的故乡田园，也只有寥落凄清，家园荒残，田园荒芜。时难年荒、手足离散、顾影自怜不只是一人之苦一家之痛，而是家国之殇。如图5铭文："感思甚，悲欲见，毋说相思愿毋绝。"图6铭文"感思悲，愿见忠，君不说，相思愿毋绝。"看作个人私情的咏叹固无不可，但如果把它视为世事沧桑的感慨亦无不妥。

流离转徙、饱经忧患、苦苦相思的人们，相濡于穷苦，相期于富贵，他们企盼岁月永恒，福祉绵长。于是，在相思镜铭中把普通百姓国泰民安的愿望也作了尽情的展现。

"日有意，宜酒食，长富贵，愿相思，久毋见忘""富贵安乐，幸毋相忘"是对美好物质生活的向往；"与天无极，与地相长。长相思，毋相忘"是对长寿的追求；"服者君卿，千秋万岁，愿毋相忘"是对美好前程的希冀；而"见日之光，天下久长"（本书下册图66），"见日之光，天下大昌"（本书下册图67），就是对天下安定、四海承平的热切期待。

"家国情怀"是一个人对自己国家和人民所表现出来的深情大爱，是对国家富强、人民幸福所展现出来的理想追求，是对自己国家一种高度认同感和归属感、责任感和使命感的体现，是一种深层次的文化心理密码。将汉人的相思文化提高到这一层次似乎有拔高之嫌，但当我们把普通百姓国泰民安的愿望也列入相思情怀的话，说从中反映了汉人的家国意识恐怕并不为过。

三

观相思铭文，我们会自然联想到汉乐府。汉乐府民歌中大量的游子诗、思妇诗是与此类镜铭唱和的佳作。如《悲歌》（悲歌可以当泣，远望可以当归。思念故乡，郁郁累累。欲归家无人，欲渡河无船。心思不能言，肠中车轮转）以朴素的语言、沉痛的感情，真切地展示了人们生离死别、颠沛流离的画面；如《十五从军征》中描写一位时刻念家妻子、亲人的老兵，八十岁复员后只能沦为流浪者的悲惨；如《饮马长城窟行》中表现一位妇人对外出的丈夫日思夜想，竟成梦寐，梦中固然甜蜜，但梦后更添一层相思之苦的凄凉；如《古绝句》写闺中思妇对行役在外的丈夫的思念盼归之情，揭示了当时兵役给千家万户带来的家人离散之苦。汉乐府与相思铭文为同一时代文学作品，粗粗考察，就不难发现，无论从思想内容还是艺术手法上，汉乐府对于相思铭文的确有着深刻的濡染和熏陶。

将汉乐府中的一些民歌歌词与相思镜铭对照，可以发现有许多相似点："秋风萧萧愁杀人……谁不怀忧？令我白头"（《古歌》）与镜铭"愁思甚，悲欲见，毋说相思愿毋绝"角度完全一致；"远道不可思，宿昔梦见之。梦见在我傍，忽觉在他乡"（《饮马长城窟行》）与镜铭"道路辽远，中有关梁。鉴不隐请（情），修毋相忘"异曲同工；"书中意何如？上言加餐饭，下言长相忆"（《饮马长城窟行》）与镜铭"愿君强饭多勉之，仰天大息长相思"如出一辙；"上邪，我欲与君相知，长命无绝衰"（《上邪》）与镜铭"毋弃故而娶新，亦成亲心与心，长毋相忘，俱死葬何伤"高度互补；"闻君有他心……东方须臾高知之"（《有所思》）与镜铭"妾负君兮万不疑，君负妾兮天知之"强烈吻合。这说明，在相思文化的传播上，作为汉乐府的辅助者，镜铭文无疑是合格的。

在艺术表现上，汉乐府对赋比兴各种手法运用得比较全面，而铭文则较多地使用赋法。但表三所列的几段铭文完全可与汉乐府民歌媲美。形象鲜明，感情强烈，相思别离的表达，或显、或寓、或直、或曲、或托物比兴，手法各有区别。相思镜铭文体有三言、四言、六言、七言或杂言，呈参差错落、不拘一格之态。语言质朴直白，多第一人称，清新自然，富有生活气息。

图1

图2

图3　　　　　　　　　　　　　图4

图5　　　　　　　　　　　　　图6

图7　　　　　　　　　　　　　图8

7.1 西汉镜铭相思文化概说

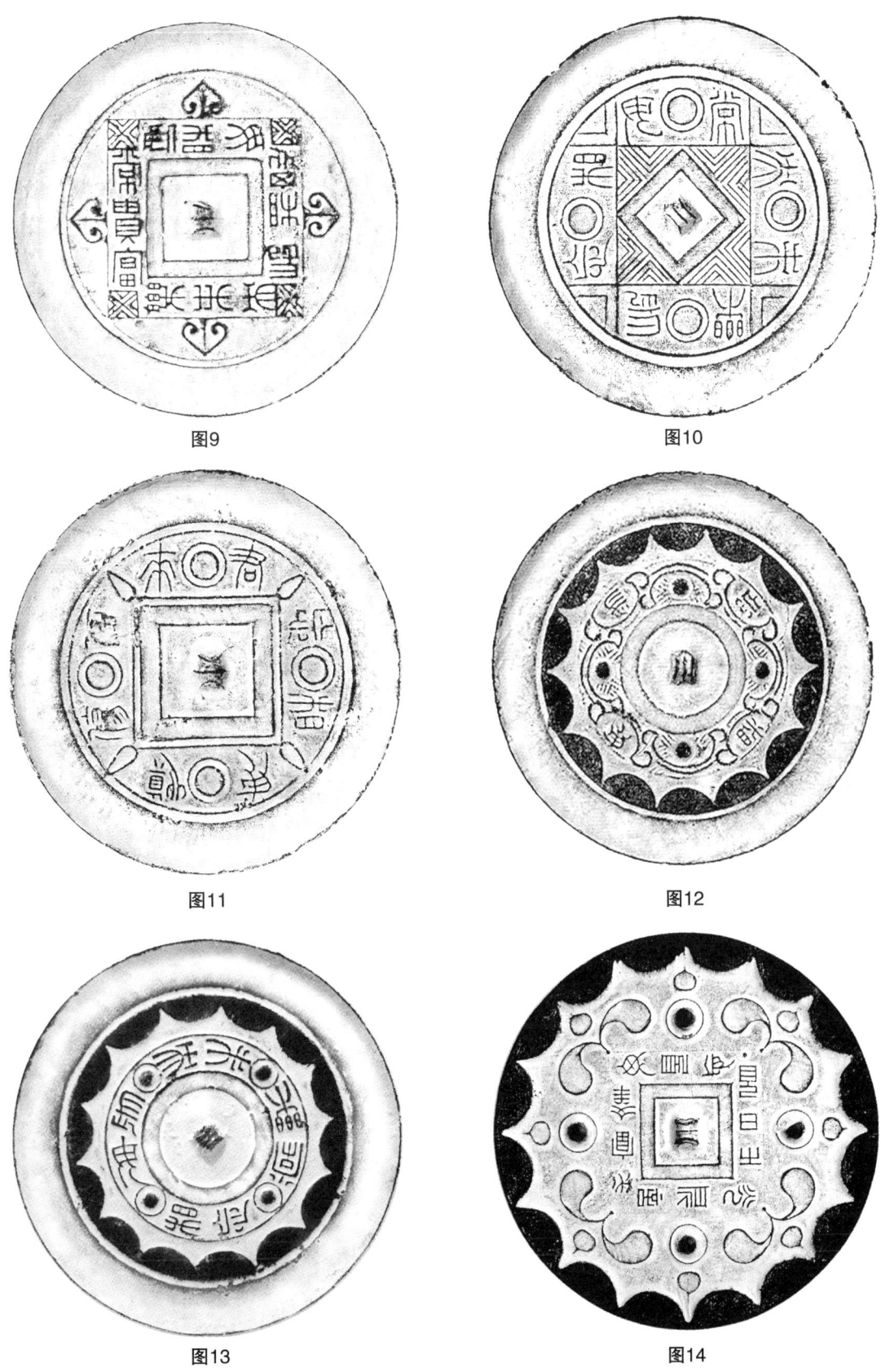

图9

图10

图11

图12

图13

图14

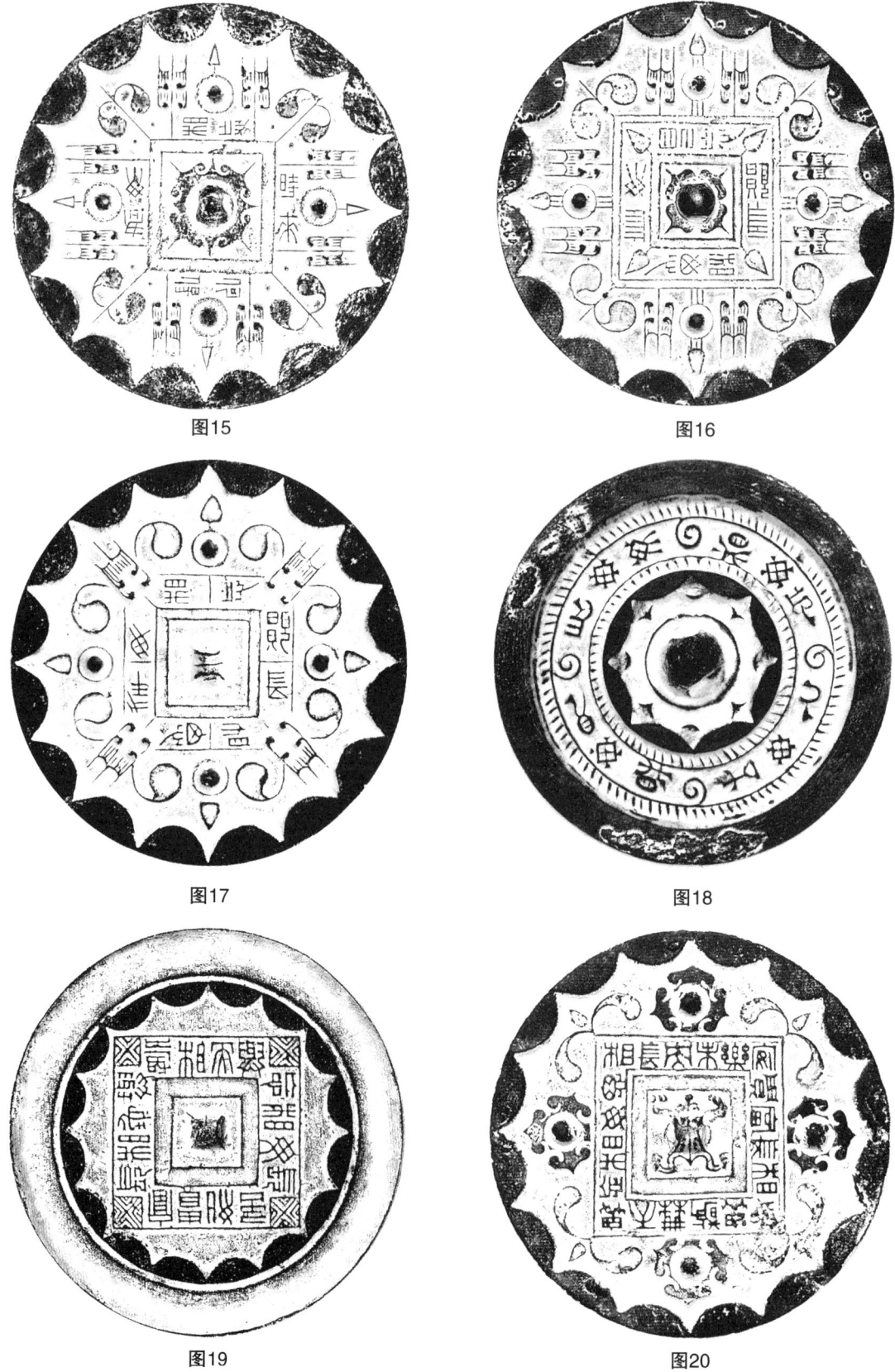

图15

图16

图17

图18

图19

图20

7.1 西汉镜铭相思文化概说　445

图21　　　　　　　　　　　　图22

图23　　　　　　　　　　　　图24

图25　　　　　　　　　　　　图26

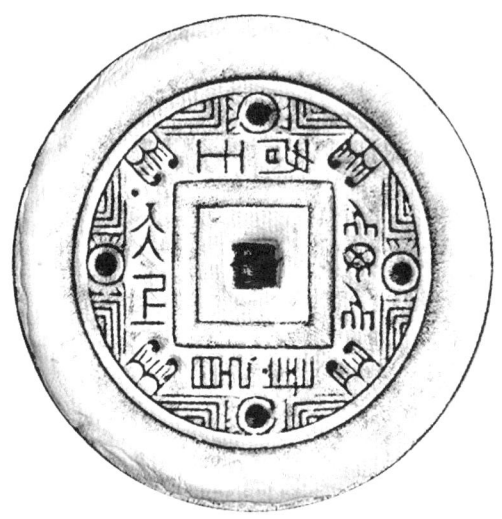

图27

图28

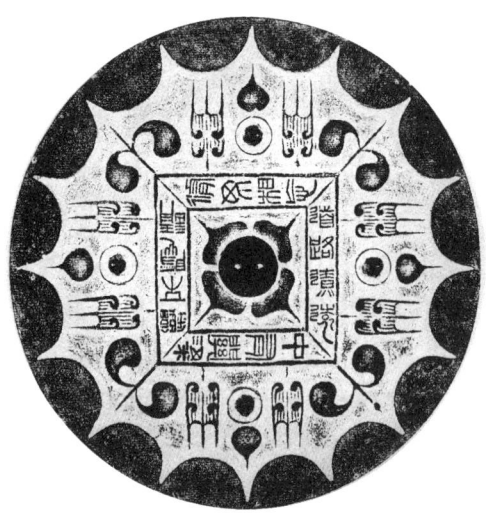

图29

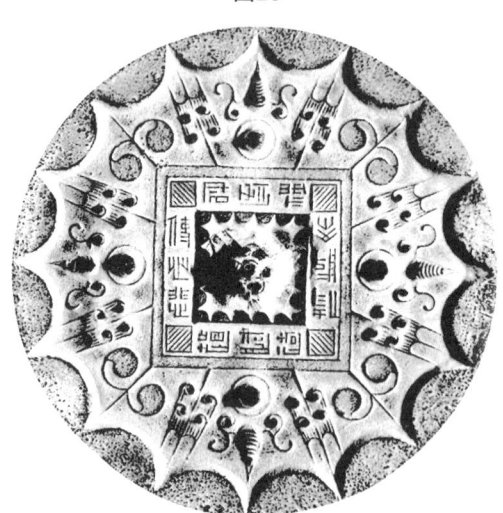

图30

图31

7.2 西汉镜铭长寿文化

■ 孙克让

一、引言

人的生命第一宝贵。自古以来，长寿是每个人追求的目标。在佛教传入中国之前，中国人还不关注来世来生，而是执著地关心着今生今世。在关注着肉体生命的同时，亦关注着精神层面的生命质量。《孝经·圣治章》中引孔子语曰："天地之性，人为贵。"道家亦有言："天大、地大、人大。"后人引为天、地、人谓之世间"三才"，人同天地共比，与天地相寿，其势何其大焉！中国人从远古即追求如何能达到理想的五福。《尚书·洪范》对此注解："五福，一曰寿，二曰富，三曰康宁，四曰攸好德，五曰考终命。"寿为五福之首，为人们祈求之首要。何为寿之标准呢？《庄子·盗跖》云："人，上寿百岁，中寿八十，下寿六十。"从中我们可以看到：一个人活不到六十花甲者则不足以称寿。另有称为三老者，指上寿、中寿、下寿为三老，《左传·僖公三十二年》："中寿。"唐初孔颖达疏："上寿百二十岁，中寿百岁，下寿八十岁。"《左传·昭公三年》："公聚朽蠹而三老冻馁。"晋杜预注："三老谓上寿、中寿、下寿，皆八十已上。"这后两个文献又将下寿的底线从六十提高到八十岁，这是人间寿星的标准。那古人心目中还有两个寿星，一个是天体中二十八星宿中的角、亢二星；另一个寿星是南极老人，他是神话中掌管长寿之神，为历代人们所追捧、信仰，并且有了典型的寿星老的标准形象。足见，祈祷长寿、追求长寿、寻找长寿之法成为古人思想中根深蒂固的企盼与梦想。从后羿、周穆王到秦始皇、汉武帝一直在追寻着长生不老之术，也自然地影响着各个阶层的人们，以延年益寿为目标的各种活动，加强了人们的生命意识。

中国人自古就强调孝道与敬老，这是中华民族的传统美德。历代对老人都采取了一些尊敬、保护措施，无论朝廷还是民间都有一种敬老的道德规范。人们希望自己长寿，也希望人人都能得以长寿。在实际生活中，古人长寿不易，故有"人活七十古来稀"之说。人老走路不稳需要"几丈"，现代人称手杖。《礼记·典礼》："谋于长者必操几丈以从之。长者问，不辞让以对非礼也。"所以汉代开国皇帝刘邦就开始给老人做鸠杖，王先谦集解引惠栋曰："《风俗通》云：'汉高祖与项籍战京索间，遁丛薄中，时有鸠鸟鸣其上，追者不疑，遂得脱。及即位，异此鸟，故做鸠杖赐老人也。'"到了东汉更加明确记载："年始七十者，授之以玉杖，哺之以糜粥。八十九十，礼有加赐。玉杖长（九）尺，端以鸠鸟为饰。"

本文在下册图录中挑选了18个图例，归纳成表，详见表一。

表一 西汉长寿文化镜铭一览表

图号	问世年代	直径(厘米)	重量(克)	铭文内容	本书下册图号
1	西汉早期	15.4	289	大乐贵富得所好,千秋万岁,延年益寿	14
2		16.5	350	大乐富贵得所好,千秋万岁,延年益寿	32
3		9.6	78	寿如山,西王母,谷光憙,宜系(孙)子	37
4		10.4	118	与天相寿,与地相长,富贵如言,长乐未央	38
5		12.5	159	与天相寿,与地相长,富贵如言,长毋相忘	39
6	西汉早中	9.6	84	寿如山,西王母,谷光憙,宜系(孙)子	41
7		9.8	58	服者君王,寿至未央	42
8		13.9	309	此镜甚明,服者君卿,万岁未央	51
9		19.2	544	镜以此行,服者君卿,所言必当,千秋万岁,长毋相忘	61
10	西汉中期	20.2	730	见日之光,服者君卿,千秋万岁,愿毋相忘	69
11		27.6	1760	长贵富,乐毋事。日有憙,得所喜,常宜酒食	77
12		20.5	769	镜以此行,服者君卿,所言必当,千秋万岁,长毋相忘	91
13		13.6	348	见日光,天下大阳,服者君卿,延年益寿,敬毋相忘,幸至未央	92
14	西汉中晚	18.9	873	清练铜华,杂锡银黄,以成明镜,令名文章,延年益寿,长乐未央,寿敞金石,与天为常,善哉毋伤	104
15	新莽	20.9	1000	尚方御竟大毋伤,左龙右虎辟不羊(祥),朱鸟玄武调阴阳,子孙备具居中央,上有仙人高敖(遨)详(翔),寿敞(比)金石如侯王兮	146
16		18.6	791	尚方作竟真大好,上有仙人不知老,渴饮玉泉饥食枣,浮游天下敖(遨)四海,徘徊名山采芝草,寿如今(金)石为国保。大富昌,子孙备,具中央	149
17		18.1	740	王氏作竟真大好,上有仙人不知老,渴饮玉泉饥食枣,浮游天下敖四海,徘徊名山采芝草,寿如今(金)石之天保兮。	152
18		14.4	476	新兴辟雍建明堂,单于举土列侯王,将军大尹民户行,八子九孙治中央,常服此镜寿命长	160

二、分期

由此可见从远古到西汉,长寿文化一直延续不断地发展着。这些思想、文化和行为准则,必然会反映到他们所喜爱的铜镜文化之中,西汉从公元前206年至公元25年,前后近两个半世纪。铜镜铭文产生于汉代之初,贯穿整个汉代,铭文不断发展变化,为后人研究汉代历史、思想文化的各个方面,提供了可靠的研究资料。铜镜铭文所反映的长寿文化,内容十分丰富,而且每个时段都有不同的变化。本文以本书图录部分与《清华铭文镜·镜铭辑录》为研究的范围。刚好是从西汉初经王莽新朝至东汉初年,共辑238条镜铭,本文选择70余条,前后分为两期重点加以研究。第一期是从汉初到汉武帝末年(前221—前86年),第二期是从汉昭帝至王莽末年(前86—25年)。

(一)西汉早中期

西汉早中期长寿镜铭详见图1至图13。在《清华铭文镜·镜铭辑录》（以后只用《镜铭辑录》称之）中选有23条，大致分为四类：一是"大乐贵富，千秋万岁，宜酒食"类；二是"与天相寿，与地相长"类；三是加有广告语的长寿铭文镜类；四是其他长寿铭类。

一类，有大乐贵富铭四条，①"大乐贵富，千秋万岁，宜酒食"（序号原为7）；②"大乐贵富毋极，与天相翼"（序号原为8）；③"大乐贵富，得所好，千秋万岁，延年益寿"（序号原为9）；④"大乐贵富，得所喜，千秋万岁，宜酒食"（序号原为10）。

这一类镜铭产生的背景是秦亡汉兴，人们刚从战争走向和平，社会出现了稳定局面，经济有所恢复和发展，刘氏成为新贵皇族，文臣武将得到封赏，他们都希望这样的富贵，这样的酒肉生活能够长久地保持下去，一直到永远。刘邦去世后，吕后当权，诸吕又成为新贵，他们也希望这样的好日子永久保留下去。工匠们为迎合他们的心里需要，制作了"大乐贵富"一类镜铭铜镜。汉初刚从战乱走来，铜镜原料与制作还有种种困难，所以只能为少数权贵服务。

图1

图2

图3

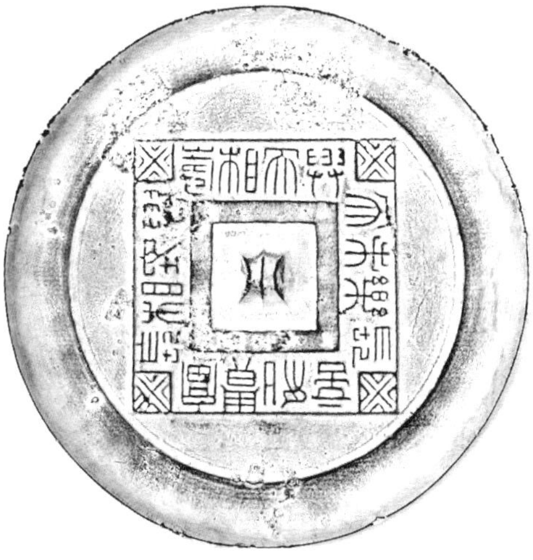

图4

二类,在《镜铭辑录》中为37、38、39、40、41、42条。其中37条"与天相寿,与地相长",又如40条:"与天无极,与地相长,骦(欢)乐如言,长毋相忘。"再如42条:"与天相寿,与地相长,富贵如言,长乐未央。"六条同属一类,令今人惊怪,汉初古人为何与天地比寿呢?口气何其大焉!汉文帝重视黄老之学,而此时的黄老学则不单纯只继承老庄一家之学,而是兼容并包,吸收儒、墨、杂、名、法、阴阳和神仙诸家之长,网罗百家统为一体,从而发展成为完整又独立的道家学说。此时,既关注治国方略,亦关注人文养生。汉文帝以重农政、低赋税、轻徭役、关怀鳏寡孤独等各项政策,景帝继之,取得了发展经济的社会效果,奠定了西汉长治久安的基础,开创了史称"文景之治"的时代。

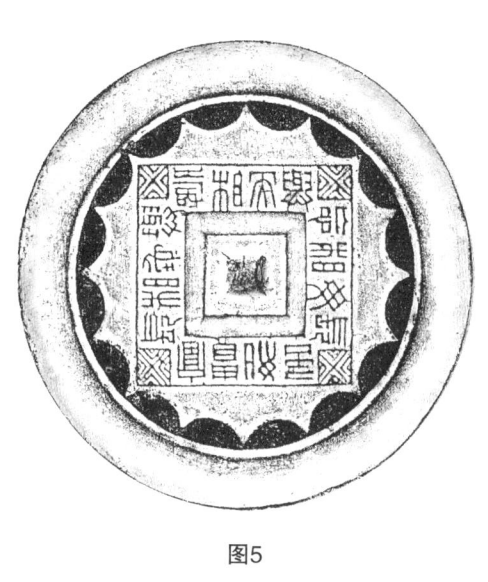

图5

老子主张"道常无为而无不为,侯王若能守,万物将自化"(《道德经》37章)。道家追求自然,老子推崇"不争""处下""柔弱""守雌"等观念,这与儒家刚好相反。而庄子更进一步继承和发展了老子思想,提出齐物我、和是非、同美丑、泯生死的观点。以精神高于物外,独立于宇宙之中,逍遥于尘垢之外,强调内心的自由和人性解放。如《庄子·天下》:"独与天地精神往来而不敖倪于万物。"《庄子·大宗师》:"茫然彷徨乎尘垢之外,逍遥乎无为之业。"这正是精神高于物外,独与天地自由往来的哲学思想。庄子在《逍遥游》中说:"若夫乘天地之正,而御六气之辨,以游无穷者,彼且恶乎待哉!故曰:'至人无己,神人无功,圣人无名。'"庄子主张"神游"和"心游"这种自由之游,才能使人达到"至人"。而至人之游则是"若然者,乘六气,骑日月,而游乎四海,死生无变于己,而况利害之端乎"(见《庄子·齐物论》)!"至人之用心若镜,不将

图6

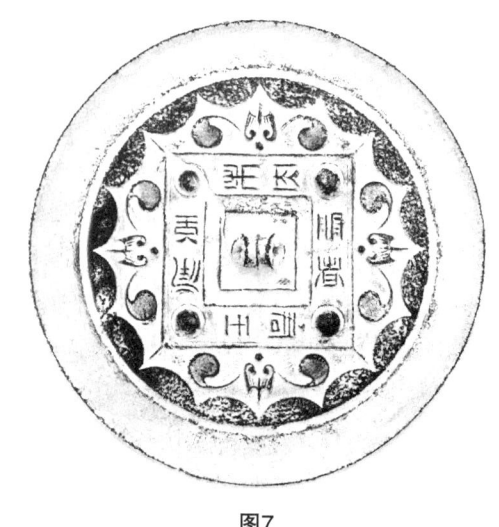

图7

不迎，应而不藏，故能胜物而不伤"（见《庄子·应帝王》）。在《庄子·逍遥游》中，庄子采用对答式云："曰藐姑射之山，有神人居焉。肌肤若冰雪，绰约若处子，不食五谷，吸风饮露；承六气，御飞龙，而游乎四海之外。"总之，庄子将人的"自我"提升到宇宙的大我，游乎天地之间，敢与天地论长短，而又与天地和谐相处，同生同灭。当时汉人正朝此方向努力。

另外，汉代皇帝发祥于楚地。楚文化（特别是"楚辞"）对当时汉人有着深远的影响。屈原在《云中君》中将云神描绘成"蹇将憺兮寿宫，与日月兮齐光"，说云神安享在寿宫，同日月一样齐光。在《涉江》中说自己同舜帝同游昆仑："驾青虬兮骖白螭，吾与重华游兮瑶之圃，登昆仑兮食玉英。与天地兮同寿，与日月兮齐光。"说自己与重华（舜帝）与天地同寿，与日月齐光。在《橘颂》中："秉德无私，参天地兮！"从中我们领会到具有爱国忠君精神、忠心耿耿、正直磊落等思想与精神的人都可以与天地相比，同天地同寿。像老子、庄子、孔子、屈原等先贤历经两千余年，依然在中国大地及世界范围内畅游，与天地同寿，

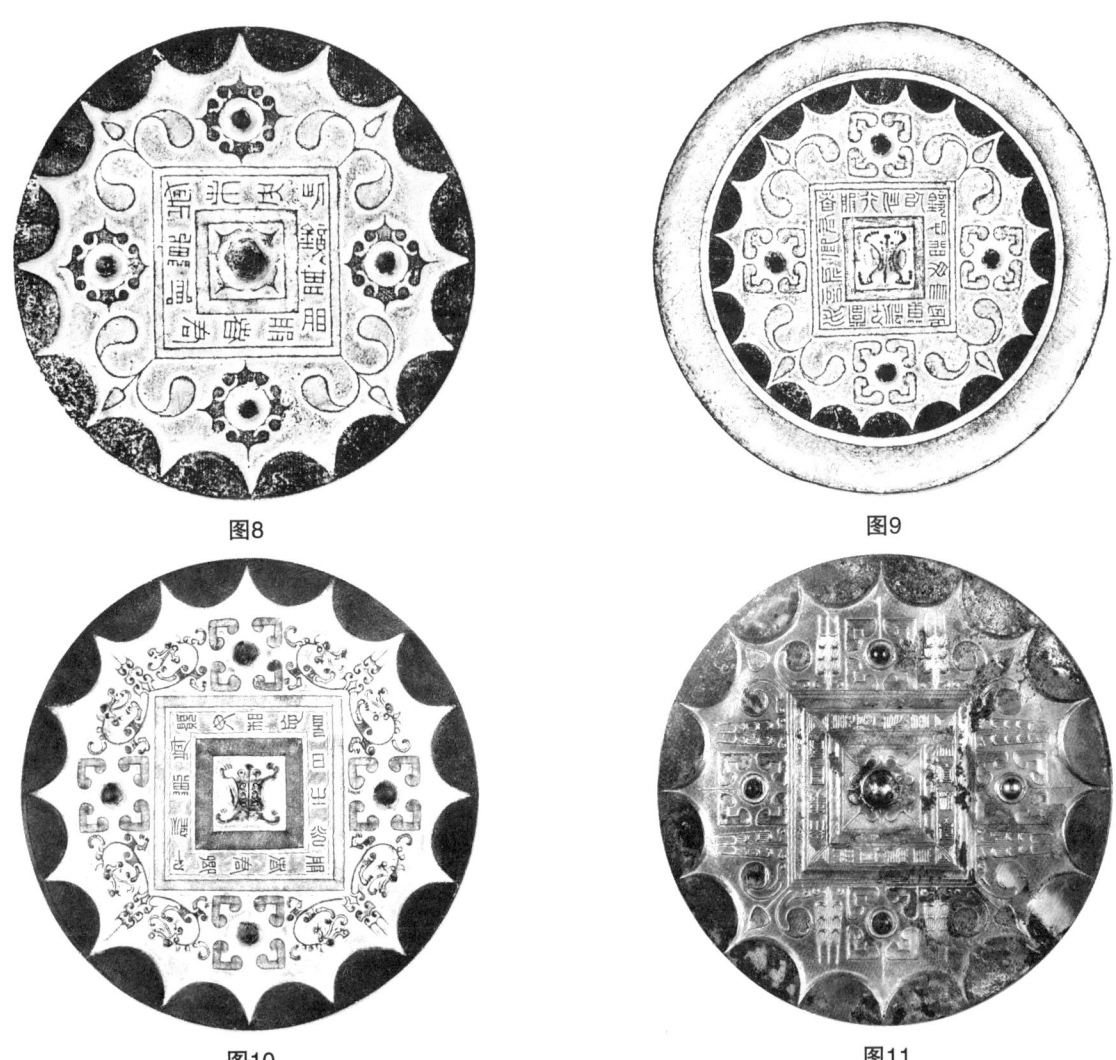

图8　　　　　　　　　　　　　图9

图10　　　　　　　　　　　　图11

图12

图13

与日月齐光。在西汉镜铭中竟会出现与上述相对应的铭文"与天相寿,与地相长"和"与天无极,与地相长",真是令今人叹为观止。

三类,镜铭是加有广告语的长寿文化铭镜。《镜铭辑录》中57、72、73、74、76、82条属于此类。如57条:"镜气清明,服者君卿,延年益寿,安乐未央。"又如72条:"见日之光,天下大阳,服者君卿,延年千岁,幸至未央。"铭文中都有"服者君卿"之广告语,用了我的镜,即能当上君卿又能长寿。可以说这几乎是中国最早的广告语铜镜。此时数量尚少,到了东汉则逐渐增多。

四类,长寿铭是一般的综合铭文,《镜铭辑录》中是53、65、68、77、91、102、110等条。如53条:"长相思,毋相忘,千万岁,乐未央。"65条:"见日之光,天下大明。千秋万岁,长乐未央。"91条:"延寿万年,明如日月。"102条:"大富昌,乐未央,千万岁,宜弟兄。"110条:"湅石华,物之菁,见上下,知人情,心志得,乐长生兮。"这一类长寿铭文是希望在长相思中、在光明之中、在富昌中得到长寿。110条则希望在"见上下,知人情,心志得"的情况下乐长生。也就是敬上爱下、懂得人情的道理,而又达到自己心志愿望,在此情况下"乐长生"是最好的结果。

汉武帝中后期,由于武帝到处巡游求仙、连年战争以及经济上的高赋税、重徭役,铜镜长寿铭渐少。除了部分的"享乐"铭文之外,大量反映的是离别和相思之苦的铜镜铭文。长寿铭文中断了一个时期。

以上就是西汉前半期长寿文化所涉及的镜铭探索。先秦时代各种学说林立,各式人才辈出,本文只是从黄老之学和楚文化进行了初探,今后还需要在多领域、多层次加以研讨。以求还原历史真相,并以此推进汉镜文化的进一步研究。

在西汉前半期的汉武帝时期还有两件事需加以说明:第一,汉武帝追仙求寿之事在司马迁《史记·孝武本纪》中有翔实记载,从尊李少君游海上、见安期生,到封禅、巡游、入蓬莱、求仙迹,追随武帝的各路方士甚众。流传的汉武帝会王母故事,对后来西汉末、王莽时期均有较大影响。第二，独尊儒术。大儒董仲舒开创新的儒家思想，为其后谶纬之学奠定了理论基础。经过春秋战国诸子百家辩论、争鸣、斗争、融合的激烈过程，又随着秦汉大一统政治局面的形成，汉武帝时期儒家在废黜百家中，独树一帜，成为正统。大儒董仲舒与先贤不同，他以儒家思想为核心，广泛吸收了各家之说：在自然哲学方面，吸收阴阳五行思想；在人文社会学方面，采纳一些法家的统治之术；在意识形态方面，吸取了神仙家、卜筮的因素；创造了天人感应的论述。董仲舒《春秋繁露》成为汉代儒家学说新体系的代表作，并为后来的谶纬之学奠定了理论基础，也对汉武帝追仙求寿起到了推动作用，这与西汉后半期形成的谶纬之学并在东汉兴盛有着极大的作用。

（二）西汉中晚期(含新莽)

西汉中晚期长寿镜铭详见图14至图18，其时段应是公元前86年至公元25年，历经了包括新莽在内的112年。在《镜铭辑录》中有长寿文化镜铭48条，大致分为四类：第一类，铜华铭类；第二类，"寿敝（比）金石"类；第三类，"食玉英"类；第四类，综合类。

第一类，铜华类，在《镜铭辑录》中为116、128、133、139、140、141、147、151、153、158、163、164、165、177、184、188、193、194等条，与西汉前期相比，这些镜铭的长寿内容既有类同之处又别于前者，且多反映在铜华铭和铭重圈镜中、西汉末年及王莽时的一些镜铭中。如128条铜华铭："湅治铜华得其清，以之为镜昭身形，五色尽具正赤青，与君无极毕（必）长生，如日月光兮。"又如114条，内圈："见日之光天大明，服者君卿宜侯王，千秋万世，长毋相忘，时来何伤。"外圈："清冶铜华以为镜，丝组为纪以为信，清光明，服者富贵番昌，镜辟不羊，千秋万世，长乐未央。"再如147条，内圈："内

图14

图15

图16

清质以昭明,光辉象夫日月,心不泄。"外圈:"炼冶铜华清而明,以之为镜因宜文章,延年益寿去不羊,与天无极而日月之光,长乐未央。"王莽时期长寿铭文又添了些新内容,但长寿实质没有根本变化,除此类外其他三类变化则较大。如194条:"王氏作竟四夷服,多贺新家人民息,胡虏殄灭天下复,风雨时节五谷熟,官位尊显蒙禄食,千秋万年受大福,传告后世乐无极兮。"它强调的是在王莽新朝统治下的"千秋万年",结果正好相反,新莽很快被推翻,再次恢复汉室。

第二类,"寿敝(比)金石"类,在《镜铭辑录》中是161、162、174、175、176、178、180、183、196、217、219等条。这些铭文中都有"寿比金石"内容,但又因分别有"朱雀玄武顺阴阳"和"上有仙人不知老"而再分甲、乙两组。甲组铭文,如161条:"汉有善铜出丹阳,炼冶成银锡清而明,尚方御竟大毋伤,巧工刻之成文章,左龙右虎辟不羊,朱鸟玄武顺阴阳,子孙备具居中央,长保二亲乐富昌,寿敝金石如侯王,四夷来服国家强。"从镜铭中的"尚方"二字可知是官造之镜(不是讨论重点),此铭重点是"左龙右虎辟不羊,朱鸟玄武顺阴阳"。这说明由汉武帝独尊儒术之后,对于西汉晚期的影响逐渐加大,到汉成帝时谶纬之学已正式形成,一些儒学之士更具方士角色,再加外戚王氏弄权,鼓吹天人感应和符瑞,使谶纬之说成了汉代统治思想的神学世界观(至东汉更盛)。西汉晚期,儒家吸收了阴阳家的观念,使阴阳五行成为哲学,用其指导其他事物。这类铭文强调阴阳理论,认为天体在运行中是按阴阳来运转的,四神是天体四方二十八星宿四组组合。构成东方青龙,西方白虎,北方玄武,南方朱雀(鸟),在天体中与日月构成大周天,而人体为小周天,人与天地阴阳运行一理,故特别强调"天人感应"是天地阴阳运行的自然法则。《黄帝内经》就指出:"阴阳者,天地之道也,万物之纲纪,变化之父母,生杀之本始,神明之府也。""阴平阳祕,精神乃治;阴阳离决,精气乃绝。"在《汉志》中,阴阳家仅居儒道二家之后,著录的阴阳家文献有二十余家,268篇之多,后分散于各类之中。当时有流传如《十问》有答问曰:"君若欲寿,则顺察天地之道,天气月尽月盈,故能长生。地气岁有寒暑,险易相权,故地久而不腐。君必察天地之道,而行以身。"这正如一些铭文中"上有龙虎四时宜",龙为天体东方苍龙,虎为西方白虎,它们为一阳一阴,如果它们在天体正常按阴阳运转,那么人间一年四季就很安宜(五谷丰登)。

第二类还有"上有仙人"乙组镜铭,如178条:"尚方作竟真大好,上有仙人不知老,渴饮玉泉饥食枣。浮游天下敖四海,徘徊名山采芝草,寿如今(金)石为国保。大富昌,子孙备,具中央。"铭文中"上有仙人不知老"是典型崇尚仙道的表现。春秋战国以来,形成百家中的神仙家,也是方士聚集较多的一派。蒙文通先生在四川《图书集刊》(8期)发表《晚周仙道分三派考》,按其分类,仙道分三:第一,行气(含导引),源于古代巴蜀地区,代表人物是彭祖、王乔、赤松子三位;第二,服饵一派兴起于古代齐鲁大地,后与秦始皇东游寻仙相关,以羡门、安期生为代表;第三,房中术起源于古代秦川平原,以容成子、务成子为领袖。这三类都是得道成仙长生不老的典范。如传说中的彭祖为颛顼的玄孙。生于夏代,活至殷末,寿八百岁,其事见《神仙传》和《列仙传》。这些传说在秦汉更加兴盛不衰,秦始皇对长生不老的苦苦追求,推动了齐鲁一带方士的兴起,到汉武帝时更助长了这一带仙

图17

图18

道的发展。另外汉文帝时重黄老之学,道家思想一时成为主流,仙道著作大批涌现,诸如《十问》《合阴阳》《天下至道谈》《养生方》《杂疗方》等,在公元1世纪时皆归入《汉书·艺文志》并纳入医学著作,包括医经、经方、房中、神仙四个方面。所以此时出现"上有仙人"很正常,并且在一些镜铭说出"崔文王侨骑鹿行"(170条)和"王母"等。

铭文中"渴饮玉泉饥食枣。浮游天下敖四海,徘徊名山采芝草",这是取得"寿敝金石"的一些措施和方法。铭文中分为四种,其一,"渴饮玉泉",此类铭文中多数为"渴饮山泉"或"澧泉","玉泉"较少。汉人在2000多年前就认为,饮水质量对养生长寿很重要,水的质量决定着人的生命质量。今人直至20世纪末,才真正将饮水质量从科学的角度重视起来,什么山泉水、矿泉水、纯净水才大量走进百姓之家。其二,"饥食枣",从铭文中看,古今两千多年来,对枣的营养和养生作用,可以说始终如一地大加推崇。《本草纲目》中有详尽记载。其三,"浮游天下敖四海""徘徊名山"也是养生调剂心情的最好良药。当然,古人不可能清楚山区的"负氧离子"问题,但是古人知道高山流水的优美生态环境对人有作用,是养生长寿的佳境。其四,"采芝草",古人称灵芝为瑞草或神草,人参亦被称作神草。《十洲记·玄洲》:"玄洲在北海之中……饶金芝玉草,乃是三天君下治之处。"《典术》:"饵玉草长生,玉草一名通天,价值千万,阴干日服方寸七,令人得仙。"《本草纲目》中"芝",分青、赤、黄、白、黑、紫六种,《集解》别录曰:"青芝生泰山,赤芝生霍山,黄芝生嵩山,白芝生华山,紫芝生夏山谷。"名山产芝草所以镜铭"徘徊名山采芝草"。按李时珍记载古人分类还很多,但都是"服之长生""服之神仙""轻身不老,延年神仙"之属。

第三类,"食玉英"类,在《镜铭辑录》中为170、195、201、202、203、207、221、229、231条镜铭文。如201条镜铭:"上华山,凤皇侯,见神鲜(仙),保长命,寿万年,周复始,传子孙。福禄祚,日以前,食玉英,饮澧泉,驾青龙,乘浮云,白虎引。"铭文中鲜明写有"食玉英",清代有一次大讨论,认为两千年前古人不可能真的食玉英,而是以玉之器具而食而已。2008年中国社科院叶舒宪先生在《寻根》第4期上发表《食玉信仰与西部神化建构》一文，认为古人可能食玉。

中国崇尚的玉文化已有近万年历史，通过上世纪后半期发现了三次、三地的玉文化可知其梗概：内蒙古东部兴隆洼文化玉器距今8000年；红山文化玉器距今6000~5000年；良渚文化距今5000~4500年。而后新石器时代的玉文化亦与夏、商、周相连，爱玉、崇玉、敬玉、礼玉是中国人亘古不变的一种信条。王国维先生在分析古代"礼"字时指出，右半边即古写"豊"字，下边是古代豆的形象，上边盘中放了两串玉器，古字礼还有"醴"的写法，说明古代供神用酒与玉构成"礼"，古人认为供神的东西必是好吃好喝的才行，人供神以牛羊与玉器都是人间最好的食品。《山海经·西山经》："丹水出焉，西流注于稷泽，其中多白玉。是有玉膏，其源沸沸汤汤，黄帝是食是飨，是生玄玉……瑾瑜之玉为良，坚粟精密，浊泽而有色。五色发作，以和柔刚。天地鬼神，是食是飨，君子服之，以御不祥。"从中可以看出不但是鬼神，就是先贤君子也可以食玉成仙。郭璞注《河图玉版》中："少室山，其上有白玉膏，一服即仙矣。"《周礼·天官·王府》："王斋，则共食玉。"郑玄注："玉是阳精之纯者，食之以御水气。"郑司农云："王斋当食玉屑。"前文曾引屈原《九章·涉江》："登昆仑兮食玉英，与天地兮同寿，与日月齐光。"他在《离骚》中亦云："折琼枝以为羞兮，精琼靡以为粮。"王逸注："言我将行，乃折取琼枝，以为脯腊，精凿玉屑，以为储粮，饮食香洁，冀以延年也。"洪兴祖补注："琼树生昆仑西……其华食之长生。"时至西汉亦有食玉记载。《史记·孝文本纪》："欲出周鼎，当有玉英见。"《汉武帝内传》："王母曰：'昌城玉蕊，夜山火玉。有得食之，后天不老。'"还有："太上之药有中华紫密，云山朱密，玉液金浆。"另有《三国志·魏书·卫觊传》："昔汉武信求神仙之道，谓当得云面之露以餐玉屑，故立仙掌以承高露。"

明代李时珍《本草纲目》引述了很多西汉以前记载。《集解》："玉泉、玉屑，生蓝田山谷，弘景曰：'好玉出蓝田及南阳……'""中国之玉多在山，于阗之玉则在河也。"《释名》玉浆，琼浆。普曰："玉泉，一名玉屑。弘景曰：'当是玉之精华，白者质色明澈，可消之为水，故名玉泉。'"此解与前文提到的玉泉即山泉有出入。别本注云："玉泉者，玉之泉液也。以仙室玉池者为上，故一名玉液。今《仙经》《三十六水法》中，化玉为玉浆，称玉泉，服之常年不老，然功劣于自然泉液也。"赤松子："以玄虫血渍玉为水服之，故能乘烟霞上下。玉屑与水服之，俱令人不死。"

以上这些古人食玉的文献与传说与铭文中"食玉英"相一致。可见，在西汉末年和王莽时期，"食玉英"确实存在。今天我们知道玉是无机物，食之有害。但汉时却有少数人为求长寿而食玉者，不但长寿未求到反而并深受其害，所以东汉后就没有再出现"食玉英"铭文了。

在本类中有两条特殊铭文应加以研究，其一，170条："秦中作镜居咸阳，当法天地日月光，上有仙人于凤皇。吮珠持璧食玉英。崔文王乔骑鹿行，昭此镜者家富昌，大泉宜利。"这面镜铭既有"上有仙人"，又有"食玉英"还新出"崔文王乔"铭文，此铭文后边有"大泉"二字应是王莽时的铜镜，因为王莽时有"大泉五十"钱币为断代提供了证据。但这里"崔文王乔"是怎么回事？原来王乔是周灵王的太子，喜欢吹笙作凤鸣。后为浮丘公引往嵩山修炼，三十年后在缑氏山顶上，向世人挥手告别升天而去，事见《列仙传》，后人称王子乔或王子侨。崔文与王乔的故事为《楚辞·天问》所述："白蜺婴茀，胡为此堂？安得夫良药，不能固藏？天式从横，阳离爰死。大鸟何鸣，夫焉丧厥体？"王逸注曰："子侨曾化为白蜺持药与崔文子，文子惊怪，引戈击蜺，中之，因堕其药，俯而视之则为王子侨之尸。文子取尸覆筐内，顷刻化为大鸟飞去。"本来崔文子是向王子侨学仙，王子侨变蜺被伤，幸是神仙才能变鸟飞去。镜铭中"崔文王乔骑鹿行"是铭文中王子侨较早出现的神仙名字，东汉时才多见。

其二为另一面镜铭，195条："王氏作竟真大好，上有仙人不知老，渴饮玉泉饥食枣。浮游天下敖四海，徘徊名山采芝草，寿如王母家万倍，中国安宁兵不挠，乐富央兮为国保。"此铭除具有上述几种元素外，关键是出现了"王母"这一词，当时镜铭中最先有"王母"铭文镜。还有219条也有"王母"二字："䰞言之纪从镜始，调铜锡，去恶宰。刻镂均好宜孙子，长保二亲乐毋已，譬如乾终周复始，寿比金石先王母。"关于西王母的故事，汪小洋在《寻根》（2004/5）发表《汉画像石中西王母的至上神努力》，将西王母的信仰发展过程梳理出一个轮廓：一是最早西王母属于自然神，在甲骨文中有东西王母的记载，应是日月二神；二是初步有了长生意义，出现在《山海经》和《淮南子·览冥训》当中，反映的故事是后羿向西王母讨长生不死之药的故事；三是《穆天子外传》关于周穆王登昆仑拜访王母的故事；四是至汉代西王母神仙世界逐渐完善。上述二镜铭应是西汉末和王莽时期，是在《武帝内传》和《淮南子》之后。武帝求仙见王母的故事在《武帝内传》中有详细记载，篇幅很长。简述如下：元封元年正月甲子日，东方朔与董仲舒在武帝身边。忽有一美丽女子受王母之命从昆仑山赶来，对武帝说："听说你不以四海利禄为重，到处寻访道术，求长生……从今以后，请你斋戒，不要同人们往来。到了七月七日，王母就可以到来。"武帝跪谢，抬头已不见玉女。武帝问东方朔："这是什么人？"东方朔说："这是西王母紫兰宫的玉女，负担传达王母的使命，往来扶桑，出入灵州，是一位真正的灵官。"之后，武帝进行了半年多的种种准备。待到七月七日迎接王母。入夜二更，忽见西边白云浮起，直向宫中飘来，一会儿王母在众神簇拥中，进入皇宫。落座后，武帝跪拜，王母让玉女取来三千年一结的仙桃给武帝吃……王母让上元夫人讲修仙之道的具体修炼方法、规则、戒律等，并送灵光生经和五岳真形图……六年后武帝觉得自己已成仙，不再治理家国，而是修筑宫殿，劳役百姓，对外征战。太初元年十一月乙酉日，天火烧毁了拜仙楼台和五岳真形图及灵飞经、灵光经……后来东方朔也升天了。后元二年二月武帝病倒，丁卯日在五柞宫驾崩，入葬若干年后，经书等物又显现于山岩之中，世人惊异。这个故事一直流传至西汉末才出现在镜铭中。这也恰与当代研究西王母相合。李淞、信立祥是研究汉画像石专家，将汉代西王母流传大致分三期。第一期，为西汉哀帝建平四年（前3年）以前，初步有了王母的雏形；第二期，建平四年至东汉中期，王母的中心地位确立；第三期，东汉中期至东汉晚期是以东王公出现为标志。本文中的"王母"出现在二期的初期，只有文字并无图像，镜铭要晚于画像石。但是为研究王母神话提供了材料。

第四类，综合类，《镜铭辑录》中为203、206、210、212、214、215、216、225、231、

236、237条，时间上进入王莽至东汉初年。如203条："福喜进今日以前，食玉英兮饮澧泉。驾云龙兮乘浮云，白虎引兮上泰山。凤皇集兮见神仙，保长命兮寿万年，周复始兮八子十二孙。"这是从个体长寿向群体长寿、家族长寿、民族长寿方向发展，希望家族能周而复始地多生子孙，子子孙孙延续下去，这是长寿的一个更高境界。又如212条："角王钜虚日有喜，延年益寿去忧事，长乐万世宜酒食，子孙贤，家大富。"这一长寿铭提出更高的要求，就是长寿要有质量，铭文中"去忧事""长乐万世""子孙贤"和"家大富"是"延年益寿"的四要素，是长寿的高标准，特别是"子孙贤"和"长乐万世"是世代贤达的哲人最高心愿。231条亦反映了"千秋万世乐未央"，"葆长命，寿万年，周复始，传子孙"。他是从自家的"八子九孙"，发展到家族，到中华民族，甚至到人类都要"千秋万世""周复始传子孙"，要永恒地传下去，最终达到"与天相寿，与地相长。"

三、小结

中国的传统文化，可以说真伪并存，精粗互见。其中不乏真知灼见，甚至很多先哲的论述给后人以长久的启迪，有很多领域需要我们认真地去继承和发扬。而有的却属于伪科学，乃当时方士为讨好帝王而臆造出来，违反了基本的科学规律，是迷信与糟粕，必须去伪存真。面对西汉长寿文化也应同样遵循，取其合理和具有科学精神的一面，比如合理的饮食、生活节奏、各式健身等养生长寿之法，这些领域文献、文物十分丰富。处理好个体长寿和人类群体长寿的问题，人类不仅要追求肉体长寿，也要追求人类精神世界的长寿。

对于西汉长寿文化中的糟粕，东汉人已经开始了批判，最早的当属科学家张衡。他揭露谶纬之伪，主张禁绝谶纬。他说："宜收藏图谶，一禁绝之，则朱紫无所眩，典籍无瑕玷矣。"（见《后汉书·张衡传》）扬雄也对王莽以符名自立给予批判揭露，王莽为夺权，曾大量批征召通晓图谶之人，前后异能之人达千数（见《汉书·王莽传》）。夺权后又防他人效仿，又大肆禁绝此术，"即位之后，欲绝其原以神其事"（见《汉书·扬雄传》）。东汉道家祖师魏伯阳在他的《周易参同契》中说："人人本有长生药，自是迷途枉摆抛……"他是指人类自身本有长生药，是可以修炼出来的。道家把自然天体看成大周天，把人体看成小周天，天人各有丹炉，人应按自然规律烧炼自己的丹药——精、气、神，称内丹，可达长生。他们对外丹服饵求长生给予批判，认为服外药以求长生，反而会短命。

东汉《古诗十九首》对服饵也作了批判，如《驱车上东门》："……人生忽如寄，寿无金石固。万岁更相迭，圣贤莫能度。服食求神仙，多为药所误。不如饮美酒，被服纨与素。"另一首《生年不满百》："生年不满百，常怀千岁忧。昼短苦夜长，何不秉烛游。为乐当及时，何能待来兹。愚者爱惜费，但为后世嗤。先人王子乔，难可与等期。"还有一首《回车驾言迈》："……盛衰各有时，立身何不早。人生非金石，岂能长寿考？奄忽随物化，荣名以为宝。"这些诗具有积极意义，人企求与金石同寿是不可能的。人应当早立志，苦干而立业，人的品德与著作长久地留在人间，也是一种寿命的延长。

7.3 西汉镜铭酒文化

■ 张炳生　陈灿堂

汉初安定兴盛，功在高祖刘邦的金戈铁马、封疆拓土，亦在继任者的仁心仁术、无为而治。汉王朝的辉煌建立在农耕文明的昌盛之上，而农业的发达，则进一步推动了酿酒业的繁荣。"清醠之美，始于耒耜"，此之谓也。酿酒技术在中国有着悠久的历史。汉代制曲技术的提高和酿酒方法的创新，使酒业生产规模较前代有了很大的发展。私人开办的酒肆作坊在都市和乡镇分布极广，大商贾的酒业作坊在都市有很大的售卖空间。汉代皇室、贵族官僚和田庄内的豪强地主也在宫中和庄园内设立制酒作坊，满足自身骄奢生活的需要；在中央政府内部，设有专门官员管理皇室的酒制品生产。反映汉代地主田庄的经济文献《四民月令》一书，曾多次出现"曲室""作曲""酿春酒""渍曲酿冬酒"的记载。

与酒业生产相适应，汉代酒风之盛承前代余绪，有过之而无不及。无论是宫中朝堂的达官贵人，还是民间士林的细民九流对酒都极为热衷。正如《汉书·食货志》所描述："百礼之会，非酒不行。"至使汉代一度实行的"榷酒"之政（即酒类由政府专营政策）也无法彻底施行。

文学是社会生活的反映，面对如此兴盛的酒文化，史、文、诗、赋就历史地承担起了反映汉代酒文化兴盛的使命。高祖踌躇满志返故乡，把酒高歌唱"大风"；文帝登基，"大赦天下，赐民爵一级，女子百户牛酒，酺五日"；文君当垆、相如涤器等历史故事和传说皆载入其中。西汉镜铭亦不吝笔墨记载着汉代酒文化的盛况。其主要内容，详见表一。

表一　西汉酒文化镜铭一览表

图号	问世年代	直径（厘米）	重量（克）	铭文内容	本书下册图号
1	西汉早期	18.2	474	大乐贵富，千秋万岁，宜酒食	11
2	西汉中期	18.2	430	日有憙，宜酒食，长富贵，愿相思，久毋见忘	82
3	西汉中期	13.8	283	日有事，宜酒食，长贵富，美人侍	《清华铭文镜》图21
4	西汉中期	16.2	322	上高堂，临东相，芋瑟会，酒食芳	94
5	西汉中期	11.2	133	从酒东相，长乐未央	95
6	西汉中期	13.8	381	投博至明，置酒高堂	96
7	西汉中期	11.4	129	投博至明，置酒高堂	97
8	西汉中期	13.7	223	投薄至明，从酒高堂	98
9	西汉中晚	17.4	821	日有憙，月有富。乐毋有事宜酒食，居而必安毋忧患。竽瑟侍兮心志骤，乐已茂兮固常然	110
10	西汉中晚	15.6	443	日有喜，月有富。乐毋事，常得（意）。美人会，竽瑟侍。贾市程，万物正。老复丁，死复生。醉不知，醒且醒	111
11	西汉中晚	10.2	/	月如山，酒如河，闲毋事，时相且，大富昌，宜君卿，贵未央	《中原古镜聚英》图32
12	新莽前后	11.2	/	日大利，泉自至，米冉多，酒而河，闲毋事，时相过	《止水集》第121页

图1

图2

图3

在西汉铜镜最早出现的铭文上，就有了"酒"字出现。经过秦汉之际的连年征战，人们终于享受到了和平与安定，天下太平后人生追求什么？铭文"大乐贵富、千秋万岁、宜酒食"（图1）。就反映了人们当时的心态。这种铭文镜的存世量不小，国内外的公私收藏有几十面之多，说明在两千二百年前，此类器物的生产量相当可观。大乐贵富四叶蟠螭镜纹饰的铭文框有圆形和方形两种，人们总是成对地收藏，圆形框内容即图1镜，方形框内容大致上是："大乐贵富得所（喜），千秋万岁，延年益寿。"两者内容大致相同，主要差别在于圆框为"宜酒食"，方框是"延年益寿"。"宜酒食"的铭文内容，从西汉初开始，直至新莽与东汉早期，在二百多年里，"宜酒食"字样各类镜铭中都曾出现。由表一可知，更多的镜例表明，多以"日有憙，宜酒食"的组合句形式出现。《说文解字》：憙即喜悦，"说也"。注释："说即悦字。"《荀子·尧问》："楚庄王以忧，而君以憙！"《史记·高祖本纪》："诸所过毋得掠卤，秦人憙，秦军解，因大破之。"憙系古字，今日已很少见用，笔者认为憙字从心，可理解为发自内心之喜悦。"日有憙"的时候，理所当然地"宜酒食"。

图1、图2、图3、图9等四镜是西汉各个不同时期的"宜酒食"铭铜镜，河北满城中山国靖王刘胜墓出土此类器物，表明西汉时期，上至王公贵族，下至平民百姓都把"日有憙，宜酒食"作为一种人生追求。以后历朝历代继承并发扬这种酒文化，逢喜畅饮成为社会的普遍习俗。

"高堂"系指高大的厅堂。《楚辞·招魂》："高堂邃宇，槛层轩些。"王逸注："言所造之室，其堂高显。"《后汉书·马融传》："常坐高堂，施绛纱帐，前授生徒，后列女乐。""东相"，通"东厢"，即古代庙堂东侧的厢房，后泛指正房东侧的房屋。《史记·吴王濞列传》："盎曰：'臣所言，人臣不得知也。'乃屏错，错趋避东厢。"记录了袁盎与景帝密谈将晁错撵到东厢房的事。《汉纪·惠帝纪》："皇帝就酒东厢，坐定，奏《永安》之乐，美礼已成也。"芋乃"竽"之误，也因铸镜时省笔使然。《史记·苏秦列传》："临菑甚富而实，其民无不吹竽鼓瑟，弹琴击筑。""竽瑟会"指诸乐齐鸣，联系上句意为音乐侍奉。

此铭展现了汉人的生活场景：走向高大宽敞的厅堂，在专供吃喝玩乐的东厢房，欣赏动人的音乐，享受美酒与佳肴，其乐无比。

据同音通假一般规律，"从"，通"纵"。"从酒"即"纵酒"，也即恣意饮酒。《晏子春秋·杂下十三》："田桓子曰：'何谓从酒？'晏子曰：'无客而饮，谓之从酒。今若子者，昼夜守尊，谓之从酒也。'"此铭也可视为图4镜铭的缩写。直释其意是：东厢开怀畅饮，乐趣无穷无尽。

图8铭文"从酒高堂"与此镜之"从酒东相"所言一样，均指高敞气派之厅房。孙小龙先生藏主纹为博局草叶之同类镜（直径12.7厘米），其铭："置酒东相，长毋相忘。"

《史记·滑稽列传》："州闾之会，男女杂坐，行酒稽留，六博投壶，相引为曹。"《史记·货殖列传》："博戏，恶业也，而桓发用之富。"《说文解字》："簙（即博），局戏也，六箸十二棋也。古者乌曹作簙。""投博至明"，谓从晚上一直博戏到天明，汉人通宵达旦以博戏与饮酒为乐的生活场景于此镜铭中生动展现。《楚辞·招魂》篇中"菎蔽象棋……反故居些"，一共22句88字，描绘了楚人投博、饮酒之场景与过程。镜铭"投博至明，置酒高堂"可说是此88字的缩写，从中可见，楚文化对汉文化的影响无处不在。

从战国至秦汉，投博（最早博戏形式）或投壶（多在宴会礼制）之类皆为古人之主要娱乐活动形式。"博"就是古代"博局"与"六博"的

图4

图5

图6

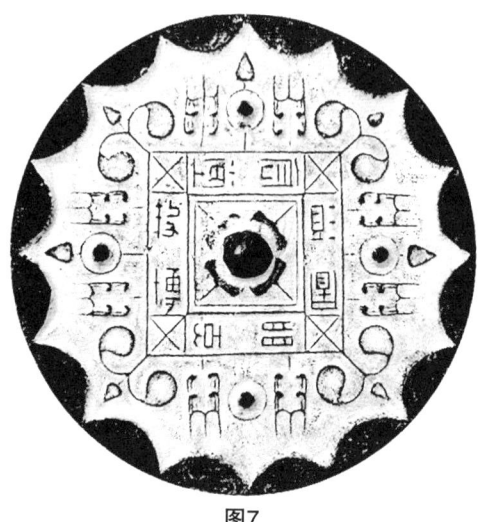

图7

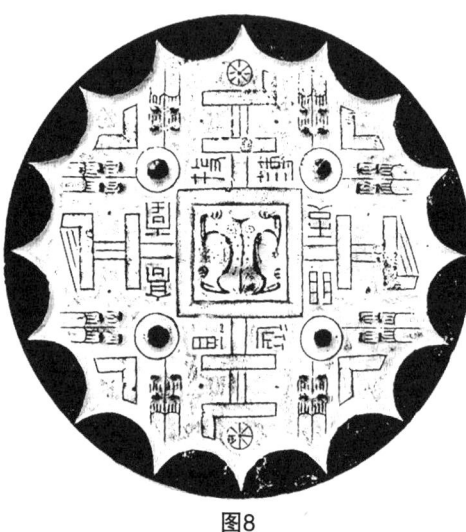

图8

图9

简称,然中外学者研究多年,至今尚未破解其游戏规则,以至留下了千古之谜。此镜单位面积重量2.55克/平方厘米,可谓厚重。

此镜草叶主纹以及铭文内容与《清华铭文镜》图23皆同,唯"至"字下部之"土"有减笔。见诸书刊之相同铭文镜还有一面,即《三槐堂藏镜》附录一,彼镜尺寸远过于此,直径20.7厘米。此三镜直径分别为汉尺5寸、6寸、9寸。

"投博"一词有两种释读,"投"作形容词时,"投博"即为博戏。"投"作名词时,"投博"即为"投壶、博戏"。投壶是古代宴会的一种礼制,《礼记·投壶》有载:宾主依次用矢投向酒器的壶口,以投中多少决出胜负,负者饮酒。《左传·昭公十二年》:"晋侯以齐侯宴,中行穆子相。投壶,晋侯先,穆子曰:'有酒如淮,有肉如坻。寡君中此,为诸侯师。'中之。"《后汉书·祭遵传》:"对酒设乐,必雅歌投壶。"似此,均可见投博流风之盛。

"薄",通"搏"[1],"搏"假借为"博"。汉张衡《东京赋》:"薄狩于敖。"李善注引《诗经》"薄狩于敖",今《诗经·小雅·车攻》正作"博"。又,《山海经·西山经》:"西望帝之搏兽之山。"郭璞注:"搏或作薄。"《汉书·货殖传》:"掘冢搏掩。"颜师古注:"搏字或作博。"此铭"投薄"即为"投博"。

《三槐堂藏镜》附录一、《清华铭文镜》图23、本书图7等三镜第二字皆为"博"、第五字都是"置"。此镜与《汉铭斋藏镜》图80两镜第二字皆为"薄"、第五字都是"从"。由此可知,此类镜用词多有关联的要求:主纹为草叶时,其铭"投博"与"置酒"互为关联;主纹为博局草叶时,其铭"投薄"与"从酒"互为关联。其次,此类镜多见圆钮,而本镜系少见之兽钮。

图10铭文前8句容易理解,无须赘述。"老复丁,死复生"反映了西汉中晚期流行的神仙思想,

《史记·律书》："丁者，言万物之丁壮也，故曰丁。"镜铭意指人在年老了之后可以再变年轻，人死去之后还可以再活过来，表达了汉人渴望实现生命无限延长与再生的愿望。"醒"字起源很早，意为酒醉后神志不清的状态。《诗·小雅·节南山》："忧心如醒，谁秉国成。""醉不知，醒且醒"可释读为：醉酒以后竟浑然不知，这种神志恍惚的状态（醒）一直到第二天早上（旦）才恢复过来（醒）。今天的人们都认为过量饮酒将有碍健康，而在古代，人们却认为豪饮是一种享受，一股豪气。李白《将进酒》诗："五花马，千金裘，呼儿将出换美酒，与尔同销万古愁。"可视为对古代镜铭酒文化的典型注释。

日本福冈县饭冢市立岩10号瓮棺曾同时出土五面西汉晚期铭文镜，其中一面与此镜似为同模，现藏福冈立岩资料馆，樋口隆康《古镜·图录》图60有图片资料可供比对。

图11铭文更像一首三言诗，悠然地唱着现实中或追求中的生活：明月随着山川有升有落，美酒犹如河水不停流过，怀着悠闲的心情度时光，荣华富贵皆备于我。

图12铭文第2句首字"泉"当指钱币[2]，第三句第二字"冉"应释渐进，屈原《离骚》："老冉冉其将至今，恐修名之不立。"吕向注："冉冉，渐渐也。"此镜六句三言铭文内容是一种更为现实的人生追求：今日大吉大利，钱财送上门来，米仓越堆越高，美酒若流淌的小河，心情悠闲没烦恼，时日无忧无虑地度过。

本文所展示的12面西汉铜镜，其铭文内容将两千年前汉民族的酒文化，清晰地展现在我们面前。

邹阳在《酒赋》中说："庶民以为欢，君子以为礼。"的确，不同的饮酒者目的各异，"庶民"饮酒是为了取乐，而"君子"则是礼节的需要。的确，从酒文化发展的历史来看，在西周，酒礼已经成为相当严格的礼节。酒行为自然纳入

图10

图11

图12

了礼的轨道。秦汉以后，随着礼乐文化的确立与巩固，酒文化中"礼"的色彩也愈来愈浓，严格的酒礼显示出的是世俗权力，昭示着森严的等级，这与此前酒所附有的神巫特征大异其趣。叔孙通在汉初制作礼仪，对酒礼就有严格的规定。而统观两汉镜铭写酒，更多的是从老百姓的角度，以满足口腹之欲的饮食功能为基点，从此生发开去，展现"庶民以为欢"的酒文化功能。一是物质丰裕之欢：丰衣足食，饮酒赋诗，追求美好生活。图4、图5、图12即典型的例子。二是调和人伦之欢：以酒成礼，心怀殷切举觞致诚意中之人、宗族宾朋，共饮同乐，并以此来调节人际关系，是汉代酒文化的重要内容。三是精神愉悦之欢：图10文中虽未出现"酒"字，却将酒酣忘忧的状态描绘得栩栩如生。

世界各国家的不同民族都有自己的酒文化，而华夏民族在两千余年前，就有如此灿烂的酒文化，值得我们自豪；而两汉镜铭客观真实地将它们记录下来，值得庆幸。

注 释

[1] 博，古作簿。《说文解字》载："簿，局戏也。六箸十二棋也。古者乌曹作簿。"博戏从先秦至隋唐流传了约有千年，因其投机性大于竞技性，而在唐代逐渐被围棋等项目取而代之。今天，博戏的过程已失传，虽有在长沙马王堆等多处有出土器物，然皆"知其然而不知其所以然"。"投博"的"投"是动词，表明博戏时的一种投掷状态。

[2]《周礼·地官·司徒》载："泉府上士四人。"郑玄注引汉郑司农曰："故书泉或作钱。"贾公彦疏："泉与钱，今古异名。"

7.4 从两汉镜铭看汉人的祝愿语

■ 林素清

铜镜萌芽于商周[1],兴盛于战国[2],至两汉时代,由于经济、文化高度发展,铜镜的铸造、使用更盛,种类繁复,形制多方,纹饰题材更丰富,真是包罗万象,美不胜收。更重要的是汉初铜镜开始出现铭文,刻意安排的字体,不仅有助于镜背之装饰[3],文字与花纹相得益彰,更增添了铜镜的艺术性而优美的文词,和深远的内涵,尤其充分表达了作镜者的情感与思想。于是小小一面铜镜,既是日常生活必备之具,镜背又融合诗、书、画于一体,堪称极独特而珍贵的艺术品。罗振玉搜藏古镜,也研究古镜,他有这样的看法:

刻画之精巧,文字之瑰奇,辞旨之温雅,一器而三善备者莫镜若。[4]

日本学者梅原末治也指出:

行于东西古代文化圈之金属镜中,中国之镜鉴为特征最多之工艺品。兼之其背文反映中国之古文化,极为显著之事实。[5]

汉镜铭文丰富的内容,对两汉文学、思想、社会、经济各方面都是第一手资料,其价值实不容忽视。本文仅就镜铭所见吉语部分,略作整理,借以提供探讨两汉文化之参考。

镜铭始于汉初,西汉初期镜铭简短,字体皆小篆,内容多为男女或朋友间的馈赠之词。借着互赠铜镜,表达彼此思慕之情,"相思""勿忘",是最常见词汇,叮咛之余,又附加些颂祷吉语,如"大乐未央""贵富"等。

(1)大乐未央,长相思,愿毋相忘。[6]

(2)修相思,毋相忘,常乐未央。[7]

(3)大乐贵富,长相思,愿毋相忘。[8]

有些镜铭,措辞委婉,却充满怨慕之思:

(4)愁思悲,愿君忠,君不说,相思愿毋绝。[9]

另一类铭文则全为颂祷吉语,内容不外"贵富""千秋万岁""宜酒食"等,表达了当时人对于精神和物质生活上的愿望。

(5)大乐贵富,千秋万岁,宜酒食。[10]

(6)大乐贵富得所好,千秋万岁宜酒食。[11]

(7)大乐贵富得所好,千秋万岁,延年益寿。[12]

西汉中期以来,铭文镜逐渐由图文兼顾的装饰形式,转变为以铭文为主要装饰。于是铭文字体格外方整、美观,笔画均匀地排列在方框内,铭文大多置于方形钮座上。这种刻意排列的字体,亦可称为缪篆体。铭文既分布于方形钮座四周,通常为四句,或二句形式,由整齐三言或四言成语组成，且多有韵。是颇特殊的镜铭形式。文字内容有与汉乐府、民歌类似的三言韵文，充满离别惆怅与无奈，从中看出当时人为征战戍役所苦之情。

（8）君行卒，予志（或作心）悲，道路远，侍前希。[13]

（9）昔同起，予志悲。道路远，侍前希。[14]

（10）秋风起，予志悲。久不见，侍前希。[15]

另外也有一些赠答之词：

（11）常与君，相谨幸，毋相忘，莫远望。[16]

（12）道路辽远，中有关梁，鉴不隐情，修毋相忘。[17]

此外，绝大多数都是三言或四言的颂祷吉语：

（13）长相思，毋相忘。常贵富，乐未央。[18]

（14）长贵富，乐毋事。日有憙，宜酒食。[19]

（15）常贵富，乐毋事。日有憙，宜酒食。[20]

物质生活要"贵富""酒食"，精神上则要"日有憙"并且"乐毋事"。

四言吉语有二句、三句及四句等形式，且多押韵，如：

（16）愿毋相忘，长乐未央。[21]

（17）愿毋相忘，久毋见忘。[22]

（18）长毋相忘，长乐未央。[23]

（19）心思美人，毋相大王。[24]

（20）与天相寿，与地相长。[25]

（21）时来何伤，长毋相忘。[26]

（22）见日之光，天下大明。[27]

（23）见日之光，天下大阳。[28]

（24）见日之光，美人在旁。[29]

（25）见日之光，所言必当。[30]

（26）见日之光，心思君王。[31]

（27）见日之光，长乐未央。[32]

（28）见日之光，□□（时来）何伤。[33]

（29）见日之光，天下大阳，用者君卿。[34]

（30）见日之光，天下大阳，所言必当。[35]

（31）见日之光，天下大阳，服者君卿。所言必当。[36]

日光镜中"所言必当"等语，有箴语性质。而从"用者君卿""买者侯王"一类语句，则充分表示了时人渴望官禄的心情。

另外，四言四句吉语铭还有：

（32）与天毋亟（极），与地相长。驩乐如言，长毋相忘。[37]

（33）与天无极，与地相长。史（使）人富贵，长毋相忘。[38]

（34）与天相寿，与地相长。富贵如言，长毋相忘。[39]

（35）太上富贵，长乐未央。延年益寿，幸毋见忘。[40]
（36）镜气清明，服者君卿。延年益寿，安乐未央。[41]

以及不少杂言式的吉语铭，如：

（37）大乐贵富毋极，与天地相翼。[42]

镜铭内容大致强调对富贵、欢乐与长寿之向往。

西汉中期盛行三言韵文镜铭，内容上较前文所引例（13）～例（15）镜铭内容更加具体地叙述了对物质生活享乐之追求与憧憬。如：

（38）长富贵，乐无事，日有憙，常得所喜，宜酒食。[43]
（39）常富贵，乐无事，日有憙，美人侍。[44]

镜铭叙述与《楚辞·招魂》所载："实羽觞些……华酌既陈……女乐罗些……造新歌些……美人既醉……竽瑟狂会……"[45]这样的描述也与《汉书·郦陆朱刘叔孙传》所叙："（陆）贾常乘安车驷马，从歌鼓瑟侍者十人……"[46]十分近似。而从汉画像砖、画像石常见宴饮与游乐场面，也可窥知汉人酒食宴游等享乐生活之一斑。

值得注意的是早期常见的"贵富"一词，至此已逐渐转变为"富贵"，且较早篆书"家常贵富"镜铭也逐渐改作"家常富贵"了[47]，说明了"富"较"贵"更受人们期待，成为更重要的祝愿语。

而由西汉晚期镜铭又添入"月有富"以及"贾市程""万物平"等语，也说明了当时商业行为的普及，和时人对富裕生活的渴望，此类镜铭如：

（40）日有憙，月有富，乐毋（或作无）事，常得意，美人会，竽瑟侍，贾市（程），万物平。[48]
（41）日有憙，月有富，乐无事，常得意。美人会，竽瑟侍，贾市程，万物平，老复丁。[49]
（42）日有憙，月有富，乐毋事，常得意，美人会，竽瑟侍，商市程，万物平，老复丁，复生宁。[50]

另又见三言、四言、七言混用的杂言文体，最后再演化成七言体镜铭，推究其流行时期，的确与汉代七言诗的产生时代相互吻合。

（43）日有憙，月有富，乐毋有事宜酒食，居而必安毋忧患，竽瑟侍，心志驩，乐已茂今年固常然。[51]

例（43）镜铭显然由例（40）～例（42）等形式衍化而来，而由三言、三四言夹杂，演变到三、四、七言杂体，正可看出七言体形成之痕迹，也不难看出其与当时流行的"成相辞"间也有密切关系。

除了颂祷吉语外，西汉中晚叶最常见的镜铭有昭明镜、精白镜，皆以镜面之洁净光明为喻，说明忠君之心，与对人坚贞不移之志，其句型、词汇，皆与《楚辞》文学十分类似[52]，无疑是深受楚国影响。铭文虽有些语句并不齐全，但从其完整镜铭多见以六言为主，或于六言体再加上"兮"字，形成了七言诗体，等现象都能明显地看出其受楚文化影响的痕迹。例如昭明镜铭：

（44）内清质以昭明，光辉象夫日月。心忽穆而愿忠，然壅塞而不泄。[53]

清白镜铭作：

（45）洁清白以事君，怨阴欢之弇明。焕玄锡而流泽，恐志疏（或作疏远）而日忘，怀靡美之穷礼，外承欢之可说。慕窈窕于灵景，愿永思而毋绝。[54]

稍晚也见到合昭明镜和清白镜铭于一镜中，多见于铭重圈镜，这是一种完全利用镜铭文字作为镜背装饰纹样的新镜类，举山西朔县汉墓出铭重圈镜为例，其内圈铭作：

（46）内清质以昭明，光辉象夫日月。心忽穆而愿忠，然壅塞而不泄。

外圈铭文则为：

妙皎光而耀美，挟佳都而承间。怀驩（观）察而性予（纾），爱存神而不迁。得并见而不衰，精昭折而伴君。[55]

又，《续古文苑》卷一四引镜铭如下：

洁清白而事君，怨阴驩之弇明。焕元锡之流泽，志疏远而日忘，慎靡美之穷礼，外丞驩之可欲。说慕安于重泉，愿永思而毋纪。内请愿以昭明，光浑象天日月。心忽扬而愿忠，然壅塞而不泄。

从铭文内容看来，此应为铭重圈镜，是结合清白铭与昭明铭而成。

西汉中期又有镜铭，如下：《小校经阁金文》卷一五·一百上、下"君有行镜"两件，亦为重圈铭文。其内圈铭文作：

（47）见日之光，天下大明。服者富贵番昌。长相思，毋。

外圈铭为：

君有行，妾有忧。行有日，反毋期。愿君强饭多勉之，印（仰）天大息长相思。毋久。

全铭融合了三言民歌体镜铭和四言吉语铭。陈直《史记新证》称此镜为"妻赠夫戍镜"，并引用《史记·外戚世家》[56]"子夫上车，平阳主拊其背曰：行矣，彊饭，勉之，即贵，毋相忘。"认为镜铭内容乃汉人习俗语，陈说当可信据。

西汉晚期常见描述镜质之美与用途之善之铭文，基本上以七言为主，如：

（48）清治铜华以为镜，昭察衣服观容貌，丝组杂沓以为信，清光乎宜佳人。[57]

或于"涷治铜华以为镜"句后，加上"延年益寿去不祥""长乐未央"一类吉语，如：

（49）涷治铜华清而明，以之为镜宜文章，延年益寿辟不羊，与天毋亟如日光，长乐未央。[58]

另，又见类似箴言性质之镜铭，如：

（50）涷石华，勿之菁，见上下，知人情，心志得，乐长生，内而光，明而清。[59]

（51）圣人之作镜兮，取气于五行，生于道康兮，咸有文章，光象日月，其质清刚，以视玉容兮，辟去不羊，中国大宁，子孙益昌，黄帝元吉，有纪纲。[60]

铭文透露阴阳五行与气等观念[61]，在思想史上也是值得注意的材料。至于"中国大宁""子孙益昌"则是普世一致的愿望。

总之，西汉中期镜铭所见吉语以"长贵富""家常贵富""乐无事""日有熹""宜酒食"及"长乐未央"为主。稍晚则追求"富"的观念，开始出现而有"常富贵""家常富贵""家当大富""日有喜，月有富"等吉语，此外，又有"常得所喜""长乐未央""延年益寿""延年益寿去不祥""与天相长""与天无极""服者君卿"及"贾市程""万物平"等吉语。而一些镜铭也显示出阴阳五行说之影响，以及修身养性、乐长生的观念。

王莽以后常见镜铭有以下几种，分别为七言体和三言体韵文：

一、尚方镜

（52）尚方作镜真大巧（或作好），上有仙人不知老，渴饮玉泉饥食枣，浮游天下遨四海，徘徊名山采芝草。[62]

或于"……采芝草"句后加上"寿如金石为国保"[63]，或将"徘徊名山采芝草"换成"左龙右虎辟保道"[64]等，或于文末加"兮"字等，总之皆以七言韵文为主，且多以每句押韵形式表现。此实为七言诗之早期形式，因此这时镜铭经常出现"柒（七）言之纪从镜始""柒（七）言之纪造镜始"一类铭文。

（53）尚方御镜大毋伤，巧工刻之成文章，左龙右虎辟不祥，朱鸟玄武顺阴阳，八子九孙治中央（或作"子孙备具居中央"），长保二亲乐富昌（或作"乐未央"）（或于文末加"宜侯王"三字，或加"寿比金石如侯王"）等[65]。

二、善铜镜

（54）新有善铜出丹阳，以之为镜宜文章，左龙右虎掌四方，朱雀玄武顺阴阳。[66]

三、上大山镜、上华山镜

（55）上大山，见神人，食玉英，饮澧泉，宜官秩。葆子孙，长乐未央，富贵昌。

（56）上大山，见神人，食玉英[67]，饮澧泉，驾交龙，乘浮云，宜官秩，保子孙，贵富昌，乐未央。[68]（或作"寿万年"）

（57）驾蚩龙，乘浮云，上大山，见神人，食玉英，饵黄金，宜官禄：锦子孙。乐未央，大富贵。[69]

（58）上华山，见神人，宜官秩，保子孙，食玉英，饮澧泉，驾非（飞）龙，乘浮云。[70]

（59）上华山，凤皇集，见神鲜（仙），保长久。寿万年，周复始，保子孙，福禄永。日以正，食玉英，饮澧泉，驾青龙，乘浮云，白虎引。[71]

镜铭所述正和当时社会弥漫阴阳五行，谶纬迷信的情况相吻合，而且字里行间充溢着羽化升仙，祥瑞避邪的意念。除了"长乐""富贵"仍是一般追求的理想外，更借助"求仙""服药"，希望能达到"长生久视"的目标，更是人们渴望的另一境界。对于生命，不仅要"延年益寿"，更要健康地生活，于是希望能"生如仙人不知老"，"寿如金石佳且好"。再加上西王母传说的盛行[72]，以及嫦娥向王母求不死之药神话[73]的影响，这时镜铭开始增加了不少祈颂长寿的吉语，如出现"寿如金石之天保""寿如大山乐毋已""寿比金石乐未央""寿如东王公西王母""寿如金石佳且好""生如仙人不知老"以及"长生久视"等词语，多出现在七言镜铭。

四、尚方作镜

（60）尚方作镜真大好，上有仙人不知老，渴饮玉泉饥食枣，浮游天下遨四海；寿如今（金）石之天保，大利八千万兮。[74]

（61）尚方作镜自有纪，阳遂光明宜孙子，寿如大山乐毋已兮。[75]

（62）长宜子孙，寿如金石。[76]

（63）尚方作镜，明如日月不已，寿如东王公西王母，长宜子孙，位至三公，君宜高官。[77]

（64）泰（七）言之纪自竟始，涷治铜锡去其宰（滓），以之为镜宜孙子，长葆二亲乐毋已，寿敝（比）金石西王母，常安作。[78]

（65）尚方作镜大毋伤，巧工刻之成文章。左龙右虎辟不羊（祥），朱鸟玄武顺阴阳。子孙备具居中央。（外圈铭）寿如金石佳且好。（内圈铭）[79]

（66）此有清铜佳且好，上有仙人不知老，渴饮玉泉饥食枣，浮游天下遨四海；寿敝金石为国保，长生久视家常左。[80]（另内圈有十二地支铭）

（67）此有清铜真独好，上有仙人不知老，渴饮玉泉饥食枣，浮游天下遨四海；寿欲（如）金石为国葆，长生久视家尚（常）左。[81]

王莽以后镜铭中增加许多对于家庭和乐的颂祷词，以及对于家族兴旺的向往。因此，西汉时期所未曾见到的对于双亲、夫妻、姑嫜及子孙等祈愿的各种吉语纷纷出现，如"长保二亲及妻子""利父母""便姑章（嫜）""夫妻相喜""夫妻相爱""保子孙""利孙子"，并要希望多子多孙，东汉以来"子孙备具居中央""九子九孙乐可喜""八子九孙居高堂""五男四女凡九子""周复始兮八子十二孙"等颂语，强调家族蕃昌与和谐。

（68）始建国天凤二年作好镜，常乐富贵庄君上，长保二亲及妻子，为吏高迁位公卿，世世封传于毋穷。[82]

（69）尚方作镜大毋伤，左龙右虎辟不祥，朱鸟玄武顺阴阳，子孙备具居中央，长保二亲乐富昌兮。或作"长保二亲乐未央，宜侯王。"[83]

（70）李氏作镜自有纪，青龙白虎居左右，神鱼仙人赤松子……宜子孙，五男四女凡九子，便固（姑）章，利父母，为吏高迁……[84]

（71）居摄元年自有真，家当大富，籴常有陈，□之治吏为贵人，夫妻相喜，日益亲善。[85]

（72）侯氏作镜大毋伤，巧工刻之成文章，左龙右虎辟不阳，七子九孙居中央。夫妻相保如威央兮。（外圈铭）宜侯王，乐未央，富贵昌。（内圈铭）[86]

（73）李氏作镜四夷服，多贺国家人民息，胡虏殄灭天下服，风雨时节五谷熟。长保二

7.4 从两汉镜铭看汉人的祝愿语

亲得天力,传告后世乐无极。自有纪,上有山人不知老,渴饮玉浆饥食枣。夫妻相爱如威田鸟。长宜子。[87]

（74）青盖作镜四夷服,多贺国家人民息,胡虏殄灭天下复,风雨时节五谷熟,长保二亲得天利。[88]

（75）青盖作竟大毋伤,巧工刊之成文章,左龙右虎辟不祥,朱鸟玄武顺阴阳,子孙备具居中央。[89]

（76）新有名善铜出丹阳,用之为镜青且明,八子九孙主四彭,朱爵玄武顺阴阳。[90]

（77）泰（七）言之纪从竟始,苍龙居左,白虎居右,长葆孙子宜君子。[91]

（78）鲁氏作镜大毋伤,浮云联结□（卫）四方,六子大吉……[92]

（79）宜子孙（内层铭）

角王巨虚口有意,延年益寿去忧事,长乐万世宜酒食,子孙具,家大富。（内层铭）

新有善铜出丹阳,涷治银锡清而明,巧工刻之成文章,左龙右虎辟不羊,朱鸟玄武顺阴阳,子孙服（备）具居中央,长保二亲乐富昌,寿如金石之矦王。（外层铭）[93]

（80）朱爵玄武顺阴阳,八子九孙治中央,照面目身万全家,衣服好,可观君,宜官秩,葆子。[94]

（81）汉有名铜出丹阳,杂以银锡清且明,左龙右虎主四彭,朱爵玄武顺阴阳,八子九孙治中央。[95]

（82）张氏作镜大毋伤,长（保）二亲乐未央,八子九孙居高堂兮。[96]

（83）福熹进兮日以萌,食玉英兮饮澧泉,驾文龙兮乘浮云,白虎曰兮上泰山。凤凰舞兮见神仙,保长命兮寿万年,周复始兮八子十二孙。

长宜子孙。（钮座外周）[97]

（84）宋氏乍竟自有意,善时日,家大富,取妇时,□（与）众具（异）,七子九孙各有喜,官至公卿中常侍,上有东王父西王母,予天相保不知老,吏人服之带服章。[98]

既要求多子多孙"七子九孙各有喜",进而又祈求子孙贤良有德,享富贵,希望子孙居高官,能"官至公卿中常侍",也要子女均贵。除了常见"女贞男圣,子孙充实"一类愿望外,东汉中晚叶更见："女为夫人男为郎（或作卿）""女宜贤夫,男得好妇""子孙具备孝且力""五男四女为侯王""十男五女为侯王""男封太君女王妇"等更为具体的祈愿语,例如：

（85）二姓合好,□如□□,女贞男圣,子孙充实,姐妹百人,□□□□,夫妇相□……月吉日,造此信物。[99]

（86）尚方作镜大毋伤,巧工刻之成文章,左龙右虎除不祥,朱鸟玄武顺阴阳,寿敝金石乐未央,长保二亲富贵昌,子孙备具居中央,女为夫人男为卿。[100]

（87）三羊作竟自有纪,明而（如）日月世末有,家大富,保父母,五男四女凡九子,女宜贤夫,男得好妇兮。[101]

（88）张氏作镜四夷服,多贺君家人民息,官至三公得天福,子孙具备孝且力,乐毋极兮。[102]

（89）（永嘉）元年，五月丙午，买此镜者家富昌，五男四女为王后，买此镜者居大市……[103]

（90）建宁三年正月廿七丙午，三羊作明镜自有方，白同（铜）清明复多光，买者大利家富昌，十男五女为侯王，父姁相守寿命长，居世间乐未央，宜侯王，乐未央。[104]

（91）青盖作镜佳且好，子孙番昌长相保，男封太君女王妇，寿如金石。

除了"保子孙""宜子孙"，希望子孙既多且好之外，王莽以后镜铭所见吉语屡见祈求家族后代能传之久远，冀望能"世世封传于无穷"，除更要"子孙累世永安宁""传之后世乐无极"。如：

（92）新银治竟子孙具，多贺君家受大福，位至公卿修食禄，幸得时年获嘉德，传之后世乐无极，大吉。[105]

（93）肖氏作竟四夷服，多贺新家人民息，胡虏殄灭天下复，风雨时节五谷孰，官位尊显蒙禄食，芺葆二亲子孙力，传之后世。[106]

（94）始建国天凤二年……世世封传于毋穷。

（95）五行德令镜之清，光象日月贵人情，长保圣乐长生，风雨时节五谷成，家给人足天下平，子孙累世永安宁。[107]

（96）青羊作竟四夷服，多贺国家人民息，胡虏殄灭天下复，风雨时节五谷熟，传告后世得天福。[108]

（97）王氏作镜四夷服……长保二亲受大福，传告后世子孙力，千秋万岁乐毋极。[109]

东汉镜铭屡见祝愿仕官厚禄之词，更求居官高升，反映出当时社会对仕宦之热中。一般最常见的铭文是"君宜高官""宜秩高官"、"长宜高官""君位官卿""位至公卿""位至三公"等，另又见："为吏高升人右""作吏高迁车生耳""郡举孝廉州博士"、"高迁三公九卿十二大夫"等祝愿。

（98）永康元年……早作尚方明镜，买者大富且昌……君宜高官，位至公侯，大吉利。[110]

（99）侯氏作镜自有纪，□大得，宜古市。出入居官在人右，长保二亲及孙子。[111]

（100）吕氏作镜自有纪，长保二亲□孙子，辟去不祥宜古市，为吏高升居人右，寿如金石。[112]

（101）青盖作镜自有纪，辟去不羊宜古市，长保二亲利孙子，为吏曹□（高官）寿命久。[113]

（102）青盖作镜自有纪，辟去不羊宜古市，□□□□寿命久，保子宜孙得好，为吏高官车生耳[114]

（103）建安廿四年六月……家有五马千头羊，高位至车丞……[115]

（104）许氏作镜自有纪，青龙白虎居左右，圣人周公鲁孔子，作吏高迁车生耳，郡举孝廉州博士，少不努力老乃悔、吉。[116]

（105）吴氏作镜自有纪，除去非祥宜古市，为吏高迁耳生耳，寿而东王父西王母，五男四女家子大吉利。[117]

(106) 延康元年十月三日，吾作明竟，幽涷三商，买者富贵番昌，高迁三公九卿十二大夫，吉。[118]

至于物质生活和财富的追求，表现在镜铭有西汉时代的"富贵""贵富""日有熹，月有富""宜酒食""贾市程、万物平"等祝愿语；王莽时代则多"家当大富，籴常有陈""风雨时节五谷熟""家给人足天下平"等语，很明显地将原本对个人的祝愿扩大至国家与社会大众。

及至东汉中晚期，由于私人铸镜盛行，镜铭所见吉语也就普遍更为通俗化、口语化，如"大富""家富昌""家有五马千头羊""牛羊有千""家财三亿"等，使用了更为夸大与具体的语汇，例如：

(107) 建安廿四年六月辛巳朔十七日……家有五马千头羊。

(108) 建安廿四年五月丁巳朔卅日丙午，造作明镜清且良，世（？）牛羊有千，家财二亿，宜侯王，位至三公。[119]

由于私人铸镜之盛行，商业竞争日趋激烈，东汉中晚期镜铭见到许多宜传用语，竟直接夸称自己所造镜既"佳且好"，或称自己作镜"明如日月世少有"[120]，甚至"明如日月世未有"等更为夸大的广告词句，尤其在镜铭当中加入大量颂祷买镜者吉祥词句，借以吸引人们购买意愿，因此这类吉语很能真实地反映出当时人们的普世愿望与祈求，很鲜明而生动地传达了汉代人的生活背景与思想，以及当时商业活动兴盛的状态。

除了上文所述汉人各类祝愿语外，东汉又兴起一种新的吉祥语——"阳遂"，作为称颂与祝愿用语。例如前引尚方作镜铭："尚方作镜自有纪，阳遂光明宜孙子，寿如大山乐毋已兮。"其中"阳遂光明宜孙子"无疑也是祝愿吉语，阳遂与光明连用，很容易使人联想到引火所用的"阳燧"。以"东汉陈氏鸟兽纹镜"为例，镜铭为：

陈氏作竟日有熹，令人阳遂贵复富。□□细守各自治，左有青龙来福佑。
白虎居前□白事，凤□□□□□，□□□□造工□。[121]

此镜冈村秀典先生录于"汉镜五期"，对"阳遂"一词的解释为"阳气盛"，其按语又谓与《易林》之"逢时阳遂富且贵"同，言富贵如火之盛也[122]。一般解释"阳遂"都是直接与"阳燧"等同，认为"阳遂"即"阳燧"，阳燧又称"燧""火燧"，因阳燧可以引火，故可代表光明之意。

《淮南子·天文》："阳燧见日，则燃而为火。"高诱注云："阳燧，金也，取金杯无缘者，熟摩令热，日中时，以当日下，以艾承之，则燃得火也。"是一种可以对日聚光，取引天火的青铜洼面器具，形状与铜镜略似。《古今注·杂注》云："阳遂，以铜为之，形如镜。"《周礼·秋官·司烜》："司烜氏掌以夫遂取明火于日，以鉴取明水于月以共祭祀之，明齍、明烛共明水。"这是将"阳遂"读为"阳燧"，代表光明的原因。

"阳遂"一词也见于东汉金石文字，也常与"富贵"一词并提，例如端方《陶斋吉金录》卷六铜洗铭"万岁富贵阳遂""大吉，宜用，富贵阳遂"[123]；陆心源《千砖亭古砖图释》卷一著录"延熹四年砖"铭"延熹四年太岁在辛丑，万世老寿，阳遂富贵"[124]。又如安国祠堂题记："阳遂富贵，此中人马，皆食大仓，饮其江海"[125]等。又如1982年陕西绥德县发现的东汉永元八年墓的西门左角阴刻有"阳遂"两字[126]，东汉铜尊铭"子孙千人皆阳遂，郝氏之家皆富贵"[127]，亦将"阳遂"与"富贵"并列，可见"阳遂"应与"富贵"同为人们喜爱的吉祥事物与美好。

除了上文引镜铭"阳遂光明宜孙子""令人阳遂贵复富"外，镜铭还见到不少"阳遂"与"不老"或"寿老"并列，或"阳遂多孙子"的用法，例如：

"池氏作竟"铭：

池氏作竟真大巧，上有王侨赤甬子，令人阳遂不知老兮。[128]

"八维作盘龙镜"铭：

八维此竟与众异，七子九孙各有喜。宜至公卿中尚寺，上有东王父西王母。令君阳遂不知老兮。[129]

"尚方作竟"铭：

尚方作竟自有纪，辟去不羊宜古市。上有东王父西王母。令君阳遂多孙子兮。[130]

"黄武六年神兽镜"铭：

黄武六年十一月丁巳朔七日丙辰，会稽山阴作师鲍唐镜，照明服者也。宜子孙、阳遂、富贵、老寿，□先牛马羊，家在武昌，思其少天下命吉服，吾王干昔□□。[131]

从"宜子孙""阳遂""富贵""老寿"并列现象看来，镜铭"阳遂"也许不仅只有代表光明之义而已。因为"阳遂"用法其实还有"清通貌"的训诂，见《文选》卷一七《王子渊洞箫赋》李善注：

"被淋洒其靡靡兮，时横溃以阳遂。"注云："孔安国《尚书传》曰'被，及也。淋洒，不绝貌。靡靡，声之细好也，横溃，旁决貌。阳遂，清通貌。言其声或盛壮而细密，时复横溃而清通也'。郑玄《周礼》注曰'阳，清也'。又《礼记》注曰'遂，达也。'"[132]

可见"阳遂"可解为"清通""顺遂"，表示心境平和顺遂，这不也正也是人们希望达到的精神境界吗？也是一种向往与期盼。

因此，无论采取祭祀取明火、天火，引申为光明意，或采其清通、顺遂之意，"阳遂"都是美好的象征，故东汉常以"阳遂"作为吉祥祝愿语。而我认为"清通""顺遂"，应是镜铭"阳遂"更恰当的解释。理由是：首先，镜铭"阳遂"之"遂"字从不写作从"火"旁之"燧"，直接理解为"顺遂"即可。其次，镜铭"阳遂"用法大多与"富贵"或"不老""老寿""多子孙"并用，应该也兴"富贵""不老""老寿""多子孙"平行，各表达一种人生的追求，前者是有形的顺利，"阳遂"则为精神上的通畅与舒坦。镜铭"阳遂"又见于：

由于"阳遂"一词相对少见，且语义不明朗，因此常被误释，例如著录于《楚风汉韵——长沙市博物馆藏镜》[133]，题为"郑氏神人神兽画像铜镜"，据原说明，知此镜直径18.6厘米，重955克。半球形钮，莲花形钮座。镜背主题纹饰被五个圆座分为五区，纹饰带有浓厚画像石风格，呈高浮雕状，镜背纹饰内容包括东王公与西王母相会、蟾蜍、羽人、座驾、掷丸等。外为有一圈隶体铭文，原释镜铭文作：

郑氏作镜自有纪，上有东王父西王母，公君阳远。宜子孙，长保二亲不知老。

按照这样的释读，似以"阳远"为镜主人名，故尊称为"公君阳远"。但这样的理解和释读并不正确，镜铭的断句也有错误。我认为"公""远"两字应改释为"令"与"遂"，"公君阳远"应当改读为"令君阳遂"四字，镜铭以七言为主，应读作：

郑氏作镜自有纪，上有东王父西王母，令君阳遂宜子孙，长保二亲不知老。

"令君阳遂宜子孙"与大阪府郡川冢古坟出画像镜铭之第三句"令君阳遂多孙子"句同。"令"是一种较委婉的敬语，是汉语常见用法，除了日常称人父"令尊"，称人子"令郎"等称谓外，也常用于书面语，而汉镜铭文也见不少类似用法，例如：华盛顿佛里亚美术馆藏"吾作明镜"[134]铭作"吾作明镜自有已，令人长命宜子孙"；《岩窟藏镜》2下2"吾神二兽四方对列式明镜"铭"吾作明镜自有己，令人长命宜孙子，大吉"[135]；"矣氏作镜"[136]铭"矣氏作竟世未有，令人吉利宜古市，当得好妻如且（姐）[137]己"。

"令君"与"令人"同，是祈愿语而更尊敬，有"希望您""祝福您"的意思。梅原末治对此镜的释文作：

尚方作竟自有纪，辟去不羊宜古市，上有东王公西王母，令君阳选孙子兮。

镜铭"阳选"亦误，应改释为"阳遂"，也是一种祝愿吉语。

总之，若能汇集镜铭文字，对于释读镜铭和了解镜铭内容，应有直接助益。

注　释

[1] 铜镜的发明，在冶铜技术出现之后，其历史渊源可上溯到四千年前的齐家文化期。1977年青海省贵南县朵马台齐家文化墓葬出土一件背饰七角星纹铜镜，是中国目前所知最早的铜镜。之后，甘肃广河县齐家坪也发现一面铜镜，造型、纹饰都较原始，但已具铜镜雏形（参考《青海省文物考古工作三十年》，《文物考古工作三十年（一九四九～一九七九）》，文物出版社，1979年。夺虎侯《齐家文化铜镜的非破坏鉴定》，《考古》1980年第4期）。商代有安阳、西北岗一〇〇五号墓曾出弓形钮、垂直线纹镜，又殷墟妇好墓发现四件铜镜，知商代铜镜制作工艺确已萌芽（参考高去寻《殷代的一面铜镜及其相关的问题》，《历史语言研究所集刊》第二十九本下。中国社会科学院考古研究所安阳工作队《安阳殷墟五号墓的发掘》，《考古学报》1977年2期）。西周铜镜在陕西宝鸡、凤翔，河南浚县辛村等地都有发现，较简单。东周铜镜有三门峡上村岭虢国墓出土三件春秋早期镜，双桥形钮，并有虎、鹿、鸟纹，此时铜镜制作已趋成熟（参考王永光、曹明檀《宝鸡市郊区和凤翔发现西周早期铜镜等文物》，《文物》1979年2期。郭宝钧《浚县辛村》，科学出版社，1964年。《上村岭虢国墓地》，科学出版社，1959年）。

[2] 考古发现战国铜镜极多，以楚地为最，其他如四川、河南、陕西、河北等地也都有铜镜出土，这时镜型、质料与纹饰皆精美，1960年湖南省博物馆编《湖南出土铜镜图录》一书，将楚镜分为素镜、纯地纹镜、四叶纹镜、山字纹镜等十一种类型，可知战国铜镜已发展到相富成熟的地步，纹饰所用题材也十分丰富。

[3] 如西汉中晚期盛行的昭明镜、精白镜（或作清白镜）等，即完全以铭文为主要装饰如铭重圈镜等。铭文字体格外工整、美观，或称之为"缪篆体"。

[4] 罗振玉《古镜图录·序》，《罗雪堂先生全集》初编，册一，163页。文华出版公司，1968年。

[5] 《汉三国六朝纪年镜图说》页一《序说》。昭和十八年，桑名文星堂发行。译文引自梁上椿《中国古镜铭文丛谭》，《大陆杂志》二卷三期。

[6] 《岩窟藏镜》第一集，七十图，寿县出蟠螭纹镜。

[7] 亦寿县出蟠螭纹镜，铸于淮南王安（前164～前122年），"修"字系避其父讳，故改长为修字。见《岩窟藏镜》第一集四九图、五四图，又《书道全集》二，汉代图二十。铭文前有双鱼图案。此类镜铭"毋相忘"又见作"愿毋相忘"，例如《六安出土铜镜图版》34、梅原末治《汉以前的古镜研究》等，只是"愿"字或释作"慎"与"烦"。

[8] 王正书《上海福泉山西汉墓群发掘》，《考古》1988年，八图九·三。又《岩窟藏镜》一集图七四、图七五，《小校经阁金文拓本》（以下简称《小校》），卷一五·三上下，题作"秦愁思镜一、二"，其实皆为汉镜。铭文前皆有鱼形图案。

[9] 《长沙发掘报告》图版四四蟠螭纹镜。又周世荣《湖南出土汉代铜镜文字研究》，《古文字研究》第十四辑。（以下简称《周文》）图三。

[10] 铭文前有鱼形图案。1956年湖南长沙子弹库四一号西汉墓、长沙燕子嘴三号西汉墓皆出。又，《小校》卷一五、二下二件，作"秦大乐贵富镜"。

[11] 《长沙古物闻见记》五，梅原末治《汉以前的古镜的研究》253页。《小校》卷一五、一～二，共六件，题为"秦大乐贵富得所好镜"。

[12] 规矩蟠螭纹镜，见《周文》图二，又1953年湖南长沙月亮山一号汉墓、河北满城中山靖王之妻窦绾墓出同。《岩窟藏镜》一集，八十、八一。

[13] 《周文》图八"君行卒"镜。1953年西安东郊红庆村六四号墓出同，见《陕西出土铜镜》图八，释文由"久不见"读起，而陈直《四种铜镜图录释文的校订》，《文物》1963年2期，25页引《北江诗语》所载"君行卒，予志悲，秋风起，侍前希"文，认文镜铭当从"君行卒"读起。陈直并认为镜铭乃西汉时戍卒远征、妻子相会之辞。

[14] 《小校》卷一五、九八作"汉道路远镜"，由"道路远"读起。

[15] 见罗振玉《古镜图录》、容庚《续金文编》。

[16] 方格四虺纹镜，见《中图古代铜镜》图三二，以及《广州汉墓》图版三八：三，图九二·七。

[17] 1987年上海书画出版社出版《上海博物馆藏青铜镜》三十"西汉道路辽远镜"。

[18] 四川成都羊子山出土连弧纹镜、长相思镜，见1960年文物出版社《四川出土铜镜》二十、二一。又《广州汉墓》图九一、七作"常相思"，余同。

[19] 《周文》图七。又《小檀栾室镜景》二·三六上，《小校》一五·一百一～一百三，又一百一有"汉日有熹镜"三件等。

[20] 见《文物资料丛刊》四，广西贺县河东高寨西汉墓出，其时代稍晚，约西汉末。又《洛阳出土铜镜》图一、图七有草叶纹镜，铭同。而罗振玉《古镜图录》另有"常贵富，乐毋事，日有熹，得所喜"铭。

[21] 《四川出土铜镜》图一八草叶连弧纹镜，成都羊子山一三五号墓出。

[22] 同上图一九。成都羊子山一六九号墓出。又有"见日之光,长毋见忘"铭规矩草叶纹镜,见《善斋》2·35、《故宫藏镜》13等。

[23] 同注[21]图二一。成都羊子山二〇三号墓出。注[16]～注[18]类镜铭实由注[1]、注[2]、注[3]镜铭衍化而来。另有"长相思,愿毋相忘"等近似镜铭,不一一赘述。

[24] 同注[21],图二二,草叶连弧纹镜,成都羊子山收集所得。

[25] 《广州汉墓》图版三八:五,四乳草叶纹镜。

[26] 《小校》卷一五·一百六下。又陕西洪庆村西汉墓有"长勿相忘,君来何伤"铭,《考古》1959年12期。

[27] 《周文》图九。又"见日之光,长毋相忘",甘肃灵台西汉墓,《考古》1979年2期,"见日之光,长不相忘"黄州安顺宁谷汉墓等出。

[28] 《周文》图十一至十三,又《上海福泉山西汉墓发掘》二号墓,图九·二。《四川出土铜镜》二六。

[29] 《周文》图十四,又《山东临沂二号汉墓》出草叶纹镜,《文物》1974年2期。

[30] 《小校》卷一六·三一上,又《岩窟藏镜》二集上二三。另有"心思美人,毋忘大王"草叶纹镜,见《四川出土铜镜》二二。

[31] 《岩窟藏镜》二集上十六"草叶心思君王镜"。

[32] 《四川出土铜镜》一五,成都羊子山二〇〇号汉墓。

[33] 《陕西出土铜镜》,西安北郊徐家湾出。"时来何伤"铭又有"长毋相忘,时来何伤",陕西省长安县洪庆村128号墓出,咸阳市博物馆藏。

[34] 《四川出土铜镜》一七,成都羊子山工地收集。又《金石索》八四一页"汉日光镜一"文同。这类"服者君卿"铭,明显是商贾为促销铜镜而为的吉语,常见的句子还有"用者君卿""服者君王""买者侯王""服者长寿""服者老寿""服者万年""服此镜者命长""服者富贵番昌""服者高迁""买者长宜子孙,买者延年益寿""买者大利家富昌,十男五女为侯王""长吏买镜位至三公,古(贾)人买镜百倍田家"等。

[35] 梁上椿《古镜铭文丛谭》引。另又有"见日之光,天下大阳,长乐未央"及"见日之光,天下大阳,服者君王"等。

[36] 《周文》图十五。较晚六朝时代,更有镜铭作"见日之光,天下大明,服者君卿,镜辟不祥,富于侯王,钱金万堂"。

[37] 1954年成都羊子山出土,见《四川出土铜镜》九。"骊乐如志",恐误。

[38] 《长沙古物闻见记》汉镜一。

[39] 容庚《金文续编》引。

[40] 《小校》卷一五·一百四上、下。

[41] 陕西临潼博物馆征集来西汉中叶铜镜,见《文物》1982年9期。

[42] 《汉以前的古镜》253页,又《古镜铭文丛谭》甲类五。

[43] 《满城汉墓发掘报告》一号墓出草叶纹镜。该墓主中山靖王刘胜卒于汉武帝元鼎四年(公元前133年)。

[44] 见《中国古镜铭文丛谭》。

[45]《楚辞》卷七，艺文印书馆《楚辞补注》本260～262页。

[46]《汉书》卷四三，鼎文书局影印标点本2114页。

[47] 如《山西出土铜镜》二一及《岩窟藏镜》二集上四一图有"家常贵富"镜铭。稍晚则改作"家常富贵"，如陕西向阳县博物馆藏西汉末期"家常富贵"连弧纹镜，见《文博》1986年4期，84页，图四。又包头地区汉墓四五号亦出"家常富贵"镜。

[48]《洛阳烧沟汉墓》162页原释作"贾市程万物"，陈直《校订》改为"贾市利，万物平"。

[49] 见容庚《金文续编》引"日有憙镜"，又驹井和爱《中国古镜的研究》引富冈氏藏镜铭同。

[50] 见《古镜图录》等引，铭文共有三言十句，为这类铭文中较完整之形式。此外又见三言十一句铭，其末三句为"死复生，醉不知，醒旦星"。此镜铭十分罕见，惟见于日本福冈县立岩10号瓮棺墓出连弧纹铭镜。

[51] 见容庚《金文续编》日有憙镜铭，又《小校》十五·一百二至一百三"汉日有憙月有富镜"一至三等。

[52]《离骚》："伏清白以死直兮"，《九章·惜诵》："事君而不贰，竭忠诚而事君兮"，《九辩》："忠昭昭而顾见兮，然霠曀而莫达"，"纷忳忳之愿忠兮，妒被离而鄣之"，"路壅塞而不通"，"彼日月之昭明兮，尚黯黮而有瑕"。《哀时命》："志沉抑而不扬，道壅塞而不通"等。

[53]《洛阳烧沟汉墓》一三六号墓出。汉昭明镜极多，字句时有删减，即《小校》为例，卷十六共录昭明镜五十五件。其他镜谱及考古出土亦彩，不细数。《小校》误释"壅"为"难"字。

[54] 精白镜极多，散见各谱，兹不赘述。铭文亦常删减，字体常简省。考古发现有：定县四〇号汉墓出大形连弧纹清白镜，其时代在公元前57年以后，(《文物》1976年7期)，又西安郊区也出多件，见《洛阳出土铜镜》，《长沙发掘报告》亦载有数件，时代稍晚。

[55]《山西朔县秦汉墓发掘简报》，《文物》1987年6期。又《小校》一六·三三下至三四下"汉精白镜一"、一六·三五～一六·三六"汉皎光镜"一至四等。又，长治市博物馆藏汉皎光镜铭于"君"字后又有"乎止"两字，与《小校》一六·三五上、下同。"伴君"或作"侍君"。

[56]《史记》卷四九。鼎文书局标点本1978页。

[57] 山西朔县汉墓出土，同注55图六三·五，又《周文》图四三。

[58]《周文》图四四。又温州出镜铭末句只作"与天无极"，《考古》1989年2期。又《陕西出土铜镜》三六亦如此。又《周文》图五十，铭文只到"与天毋极如日月之光"止。

[59]《湖南出土铜镜图录》图六三，《故宫铜镜选粹》图十八，又《小校》一五·九三上，铭文至"乐长生兮"止，释文作"涑石峯下之菁见弓已知人清心志得乐长生兮"。本铭之释文采用阮廷焯《汉长生镜铭辞考释》说，《大陆杂志》六八卷三期。

[60] 西汉后期禽兽规矩镜，见《长沙发掘报告》图六八：一，又见长沙市211号墓出方格规矩四神镜。

[61] 又如《小校》一五·九三下"汉五行镜"，铭为"五行德令镜之精，光象日月贵（原释文作普）人请，常保圣，乐长生。风雨时节五谷成，家给人足天下平，子孙累世永安宁。"

[62]《周文》图五四，外圈铭为"尚方……"，内圈铭为十二地支名。

[63]《中国古镜铭文丛谭》等引，又安徽颍上县出汉镜，《文物》1986年9期。

[64]《小校》卷一五·三二至三三下。

[65] 如《小校》卷一六·三三上、《支那古镜概说》160页、《小校》一五·三二《金石索》七六九》等。

[66] 《小校》卷一六·六八上。或于"新有善铜出丹阳"下接"尚方作镜真大好……"或铭文省略数字，如《周文》图五二，《小校》卷一六·六八下。或于第二句作"和以银锡清且明"见《洛阳出土铜镜》七八。或朱雀作"朱鸟"（《小校》卷一五·六七上）等。

[67] 《周文》图五五。或末句作"乐未央兮"，如1975年陕西扶风陵东村汉墓出镜，《文博》1988年4期。

[68] 见《小校》一五·八九上、下～九一下等，字数多寡不一。

[69] 湖北襄阳博物馆征集新莽时四神规矩镜，《文物》1986年7期。

[70] 《小校》卷一五·九二下。

[71] 《小校》卷一五·九二上、《金石索》七八六等。

[72] 如《汉书·哀帝纪》"关东民传行西王母筹"，类似记载又见王嘉、王莽等传，可见西汉末以来西王母神话已渐盛行。

[73] 《淮南子·览冥篇》"羿请不死之药于西王母，姮娥窃以奔月"。

[74] 《小校》一五·二二上等。又1977年西安出尚方镜，铭末句为"寿如金石之保"，见《考古与文物》1981年4月。广西贵县出镜，末句省为"寿如金石"，《考古》1985年3期等。又《金文续编》有末二句改为"子孙备具长相保，寿如金石"。《小校》一五·三三下末二句为"左龙右虎辟保道，寿如金石之国保"。

[75] 《中国古镜的研究》47页。

[76] 陕西户县东汉中期墓。《考古与文物》1980年1期。

[77] 《古镜图录》引。

[78] 见《古镜图录》《金文续编》。

[79] 《周文》图七九，东汉墓出规矩镜。

[80] 《周文》图六二，长沙出土禽兽规矩镜。

[81] 同上，六三，禽兽规矩镜。

[82] 《汉三国六朝纪年镜图说》图三。

[83] 《小校》卷一六·三三上。

[84] 用王士伦《浙江出土铜镜》释文。

[85] 见《乐浪郡时代的遗迹》，又《书道全集》汉图二七。1924年韩国平安南道太同江汉墓出精白镜。释文为广濑治兵卫所释。

[86] 《周文》图八五，东汉中期镜。

[87] 益阳出土东汉中期镜。《周文》图九一。

[88] 新乡市博物馆藏莽前后期镜，《中原文物》1988年3期。

[89] 陕西勉县江庙东汉墓出，《考古与文物》1983年4期。

[90] 洛阳西郊汉墓出，《考古学报》1965年2期。

[91] 《小校》卷一五·六六上。

[92] 长沙出土东汉中期墓出土，《周文》图九九。

[93]《小校》卷一六·六六下、六七上"汉莽善铜镜"。

[94]《小校》卷一六·六九下"莽大泉五十镜"

[95]《小校》卷一五·二一下。

[96]长沙出土东汉镜，见《周文》图八九。

[97]汉西郊汉墓出土，《考古学报》1963年2期。

[98]《小校》卷一五·五四下。

[99]江西南昌出土钱纹镜（《考古》1978年3期）。

[100]《周文》图七八东汉镜。

[101]《古镜图录》等著录。

[102]《金石索》八百七。

[103]《岩窟藏镜》二集上，又《汉三国六朝纪年镜图说》图三。

[104]《汉三国六朝纪年镜图说》图一八。

[105]《小校》卷一六·六六上二，《金石索》八三六。

[106]《金石索》八三五。

[107]《小校》卷一五·九三下。

[108]《金石索》八一七。

[109]《小校》卷一六·七一上。

[110]《汉三国六朝纪年镜图说》图一七。

[111]长沙东汉墓出，见《周文》图八六。

[112]长沙北郊东汉晚期墓出浮雕神兽镜，《考古》1959年12期。

[113]陕西勉县老道寺东汉晚期墓，《考古》一九八五年五期，又《金石索》八一五，《小校》卷一五·五九～六〇作"为吏高官"余同。

[114]《古镜图录》。

[115]《小校》卷一五·一五下。

[116]《金石索》七九九。

[117]《中国古镜的研究》图版六、二。

[118]《汉三国六朝纪年镜图说》图三七。

[119]《汉三国六朝纪年镜图说》图三四。

[120]《小校》一五～八七"作竟自有纪，明而日月世少有"，湖南资兴东汉墓出镜铭"吏氏作镜世少有，明而日月世少有"等。另有《簠斋藏镜》上二一"朱氏明镜快人意"，亦宣传用语。

[121]河南省洛阳市孟津铁炉出土，《洛阳出土铜镜》36（文物出版社，1988年），题名为"东汉陈氏鸟兽纹镜"，原释文作"陈氏作竟日有熹，令人阳□贵豪富。□□细守名目冶，左有青龙来福右。白虎居前□贵，凤□为□□异□□，□象□□造工胜"，未释出"遂"字。此镜冈村秀典置于"汉镜五期"，编号510，本文采用岗村文释文。

[122]《后汉镜铭集释》，《东方学报》第八十六册，206页，2011年8月。

[123]《秦汉金文录》卷五，634页。

[124] 又收于《中国古代砖文》99。
[125] 《汉代石刻集成》76（第二八石右端）。
[126] 绥德县博物馆《陕西绥德汉画像石墓》，《文物》1983年5期，31页。
[127] 程长新《北京市拣选古代青铜器续志》，《文物》1984年12期，35-39页。
[128] 冈村秀典"汉镜5期"517。
[129] 冈村秀典"汉镜5期"545。
[130] 冈村秀典"汉镜7期"716。日本大阪府郡川冢古坟出。
[131] 《鄂城汉三国六朝铜镜》110黄武六年分段式重列神兽镜。
[132] 《文选-附考异》（艺文印书馆影印宋淳熙本重雕胡氏藏版《文选李善注》，1979年），251页
[133] 长沙市博物馆编著《楚风汉韵——长沙市博物馆藏镜》，151页（文物出版社，2010年12月）。
[134] 参考林素清《两汉镜铭汇编》250页，189号（《古文字学论文集》，台北：编译馆，1999年）及林素清《两汉镜铭汇整》253：A-256，稿本。
[135] 又见容庚《金文续编》36，联贯出版社影本，1971年。
[136] 中国科学院考古研究所编《长沙发掘报告》，科学出版社，1957年。
[137] 林素清读为"妲己"，参考《两汉镜铭汇编》256页，240号（《古文字学论文集》，台北：编译馆，1999年）。

7.5 两汉镜铭广告文化

■ 张炳生

两汉是中国统一多民族封建国家的强盛时期,经济和文化都达到了前所未有的高度,各个方面都为汉民族文化的形成奠定了基础。在汉代,无论官方或私营铜镜铸造业都获得了重大发展,出现了新的高潮,铜镜已发展成一般商品。镜铭也大大拓展了其涵盖的空间,祈天祝地、颂神美仙、说人论事,无所不包。其中,以推销自己为主要内容的广告铭文惹人瞩目。这些镜铭广告兴起于西汉早中期,至西汉中期趋于高潮,直至东汉、三国时期仍有流行,详见表一。

表一 两汉镜铭广告词一览表

图号	年代	镜铭内容	直径(厘米)	重量(克)	本书下册图号
1	西汉早中期	服者君王,寿至未央	9.8	58	42
2	西汉早中期	此镜甚明,服者君卿,万岁未央	13.9	309	51
3	西汉早中期	曰:鉴物象状兮明日审,外光内景兮辉荡渊	13.5	200	52
4	西汉早中期	见日之光,服者君王	13.6	260	53
5	西汉早中期	镜以仙行,服者君卿,所言必当,千秋万岁,长毋相忘	19.2	544	61
6	西汉早中期	见日之光,天下大阳,服者君卿,幸至未央	11.5	/	62
7	西汉中期	日出之光,有月之明,服者君卿	11.4	202	72
8	西汉中期	镜清明,铜必良,宜大王,毋相忘	18.1	502	89
9	西汉中期	镜以仙行,服者君卿,所言必当,千秋万岁,长毋相忘	20.5	769	91
10	西汉中期	此镜甚明,服者君卿	11.2	200	93
11	西汉中晚	浪清华兮精皎日,奄惠防兮宣加泽,结彻颜兮似佳人	8.4	115	116
12	新莽	新兴辟雍建明堂,单于举土列侯王,将军大尹民户行,八子九孙治中央,常服此镜寿命长	14.4	476	160
13	新莽	新有善铜出丹阳,和以银锡清且明,左龙右虎掌四彭,朱爵玄武顺阴阳,八子九孙治中央,刻娄博局去不羊,家常大富宜君王,千秋万岁乐未央	18.7	830	153
14	新莽	尚方作竟真大好,上有仙人不知老,渴饮玉泉饥食枣,浮游天下敖四海,徘徊名山采芝草,寿如今石为国保,大富昌,子孙备,具中央	18.6	791	149
15	新莽	王氏作竟真大好,上有仙人不知老,渴饮玉泉饥食枣,浮游天下敖四海,徘徊名山采芝草,寿如今石之天保兮	18.1	740	152
16	东汉	朱氏明竟快人意,上有龙虎四时宜,长保二亲宜酒食,君宜高官家大富,乐未央,贵富昌,宜牛羊	171	560	《清华铭文镜》图63

7.5 两汉镜铭广告文化

纵观这些广告铭文，大体有自夸和悦人两方面的内容。

自夸首先是立字号（纪氏铭）。私营铜镜铸造业较快发展，相互竞争，"老王卖瓜"，首先得让人知晓制作者，于是纪氏铭应运而生。你有"王氏作镜真大好"，我便对"朱氏明镜快人意"，他又应"田氏作镜四夷服"，好不热闹。三国时会稽山阴镜师鲍唐在制镜中多次铸上字号"会稽山阴作师鲍唐镜""会稽师鲍作明镜"。这种铜镜标注铸镜师的姓氏的做法在汉代屡见不鲜，"李氏""宋氏""三羊""青盖"随处可见，目的是提高自己的知名度，以扩大铜镜的销售额。看来，商品立字号的观念源远流长，从现今"张小泉""王麻子"老字号的招牌上，我们似乎可以窥见古商之遗风。

自夸之二是亮产地（纪地铭）。随着铸镜业的发展，汉代逐渐形成了一些离铜矿区较近、交通便利、经济发达的铸镜中心。这些地区的铜镜工艺精巧，质地精良，因而也成为广告铭文的亮点。如汉丹阳（今皖南大部和浙江、江苏部分地区）产铜，且铜镜以纹饰华美、质地精良广受人们的喜爱。于是，"汉有善铜出丹阳""新有善铜出丹阳""新有名铜出丹

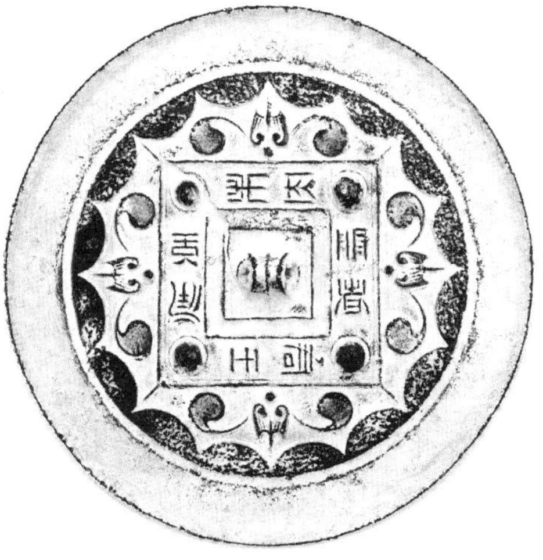

图1

图2

图3

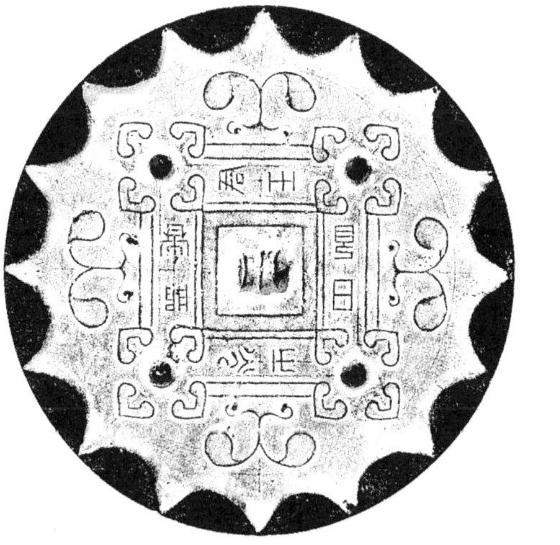

图4

阳"等记载铜料产地、赞美铜镜质量的铭文的屡屡出现。在镜铭中亮明产地，以带动商品的销售，是一种高明的广告手段。现在江西瓷器底座皆书"景德镇制"，福建餐馆无不名曰"沙县小吃"，看来，讲求商品广告的地名效应，古今相通。

自夸之三是树品牌。市场要靠品牌占领、名牌覆盖、王牌垄断，这个道理古人也明白，汉代镜铭广告的品牌战亦十分精彩。"尚方作镜真大好""尚方作镜四夷服"——尚方镜广告直截了当；"见日之光，天下大明""见日之光，长毋相忘"——日光镜广告简洁明快；"涑治铜华清而明""清涊铜华以为镜"——铜华镜广告朴实诚恳。镜铭让人过目不忘，耳熟能详，形成品牌效应，这与现今"好空调，格力造"一类广告语大有异曲同工之妙。

推销商品，广告还有一个重要的作用即取悦顾客，把顺心话、吉祥话说到顾客心里去，让他对产品信任亲近，买得开心，用得舒心。汉代铜镜铭文广告词在这一功能上同样颇下工夫，从各个侧面对"服者"（铜镜使用者）奉献甜言蜜语，表达浓情柔意，颇有现代"人头马一开，好事自然来"的意味。这种悦人内容的铭文大约有以下几类：

图5

图6

图7

图8

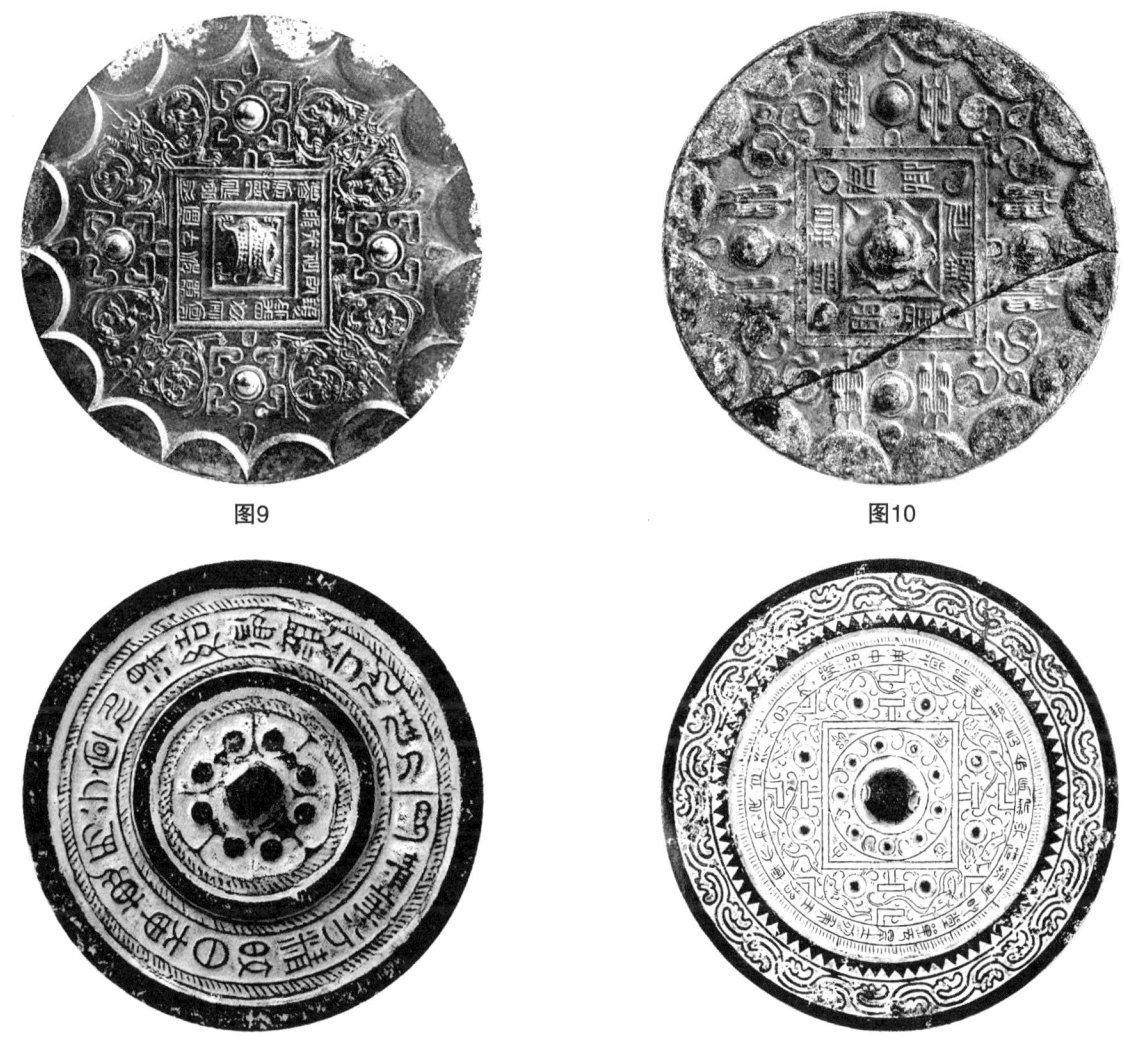

图9　　　　　　　　　　　　　　图10

图11　　　　　　　　　　　　　　图12

愿你大富大贵。或"见日之光，天下大阳，服者君卿，所言必当"，或"服者富贵番昌"，或"富于侯王，钱金满堂"——日光镜通用；或"尚方作竟真大好……大富昌亨牛羊兮"，或"尚方御镜大无伤……长保二亲乐富昌"——尚方镜常见。这些广告都在表达一个祈愿：此铜镜将给你的前程带来一片光明，你将官运亨通，心想事成，荣华富贵。这种吉祥话大大迎合了消费者的世俗心理。

祝你健康长寿。从西汉尚方等镜的"尚方作镜真大好，上有仙人不知老，渴饮玉泉饥食枣，寿如金石为国保""新兴辟雍建明堂……常服此镜寿命长""服者君王，寿至未央"铭，到东汉建安十年铭重列式神兽镜"服者豪贵，延寿益年"铭，无不迎合了当时人们追慕仙人的心理，表达了长生不老的愿望。

佑你子嗣兴旺。西汉镜常有"买者大富且昌，长宜子孙，延寿命长""新兴辟雍建明堂……八子九孙治中央""尚方御镜大无伤……子孙备具居中央"之类铭文，至东汉仍在延续，诸如"长生宜子""青盖作竟佳且好，子孙番昌长相保"这类铭文亦为常见。大富大贵由使用者延及后嗣子孙,这种祝福谁会拒绝呢?

保你辟除不祥。"见日之光,天下大明,服者富贵番昌,镜辟不羊""尚方御镜大无伤,左龙右虎辟不祥,朱鸟玄武顺阴阳""清浪铜华以为镜……清光明乎,服者富贵番昌,镜辟不羊"——日光镜、尚方镜、铜华镜铭文是这类代表。内敛日光精华,外聚世间灵性,驱散妖魔鬼魅,可保合家太平。且不管灵不灵,顾客将此类镜置于堂前案头,起码心理上有个调适安慰。

助你永葆姿容。镜子的基本功能是映照容貌,在这一点上做足文章,当然在制镜师的思路之中。"鉴物象状兮明日审,外光内景(影)兮辉荡渊",你把玩间便是风流倜傥、深沉潇洒的帅哥;"浪清华兮精皎日(白),奄惠防(芳)兮宣加泽,结彻颜兮似佳人",她顾盼时即为精神焕发、光彩照人的美女。这种奉承是乐于被世人所接受的。

若干广告词的夸张程度,用到了极致,试举一例:东汉晚期的神兽镜铭文有曰:"雒家作竟,海大凤双。"以白话释读:"雒家作竟出色,声望享誉四方,海洋如此浩瀚,凤凰仅此一双。"我们不得不佩服汉人在语言上的想象力和创造力。

图13

图14

图15

图16

也许有人会质疑：汉代自给自足的自然经济占据主导地位，人们的商品意识较为淡薄，以上镜铭能算商业广告吗？

广告是商品经济的伴生物，自从有了商品生产和交换，广告也随之出现。世界上最早的广告是通过声音进行的，叫口头广告，又称叫卖广告，这是最原始、最简单的广告形式。早在奴隶社会初期的古希腊，人们通过叫卖来贩卖奴隶、牲畜，公开宣传并吆喝出有节奏的广告。中国是世界上最早拥有广告的国家之一。早在西周时期，便出现了音响广告。《诗经》的《周颂·有瞽》一章里已有"箫管备举"的诗句，汉郑玄注："箫，编小竹管，如今卖饧者吹也。"唐孔颖达疏解："其时卖饧之人，吹箫以自表也。"可见西周时，卖糖食的小贩就已经懂得以吹箫管之声招徕生意。

继音响广告之后而出现的则是"悬帜"广告。《韩非子·外储说》载："宋人有沽酒者，升概甚平，遇客甚谨，为酒甚美，悬帜甚高著。"这是中国酒家和酒旗的最早记录之一。除了酒旗外，其他行业也有各种标志性的广告形式，如用葫芦作为药铺的象征性标志。"悬旗""悬壶"给人以非常醒目的视觉效果，用现代话说，这些就是"招牌广告"。

汉代是自给自足的自然经济，但商品经济还是在缓慢地发展。铜镜作为商品，其商品竞争的特征之一的广告，在商品流通过程中得到充分的反映，是一种必然。

我们再加深入考察，可以看到：这些铭文是一种有计划的活动；其主体是制镜者，而对象是消费者；它是以铜镜作为媒介传播；内容是有选择的商品信息；目的是为了促进商品的销售从中获取利益。——广告五要素在汉代此类镜铭中无一缺漏，这充分证明，无论制作者是不是有意识，它们实际上就是一种不折不扣的商品广告。

自夸自炫而不贬损他人，堂而皇之而不弄虚造假，态度谦恭而不低俗卑下，从这些广告中，我们可以窥见封建社会萌芽中的早期商品意识、汉人高超的商业智慧和巧妙的促销技巧——这是嚆矢之先的汉代镜铭广告留给后人的一笔非物质文化遗产。

第8章 专题篇

8.1 西汉早期蟠螭纹铭文镜研究 / 491

8.2 西汉72字铭三叶三龙蟠螭镜研究纪事 / 507

8.3 瑞典藏西汉蟠螭纹铭文镜研究 / 513

8.4 西汉铜华镜铭文释义 / 520

8.5 东汉变形四叶兽首镜研究 / 526

8.6 一面图文并茂的东汉画像镜

——镜铭"盛如长安南,贤如鲁孔子"传递的文化信息 / 533

8.7 从东汉伯牙镜看汉代礼乐文化 / 540

8.8 三国吴嘉兴元年铭纪年镜产地研究 / 547

8.9 三国吴太元二年铭纪年镜释考 / 551

8.1 西汉早期蟠螭纹铭文镜研究

■ 王纲怀

一、概述

有四千年历史的中国铜镜兴盛于战国、繁荣于两汉、辉煌于隋唐。带地纹的蟠螭纹铭文镜是中国最早的铭文镜。估计其问世年代,起始在汉惠帝末年,终止于汉武帝早期,大致持续了半个世纪稍多的时间。本文列有此类镜的40幅图片及其相关资料(表一),并对其形制、主纹、铭文、避讳、隶变、释字等问题进行粗浅的探讨。

(一)形制:此类镜继承了战国蟠螭纹镜的诸多形制特点

(1)尺度:汉尺基本上沿用了东周—战国—秦的标准尺度,即1尺等于现代公制的23.1厘米。如图3(Aa-3)为汉尺整6寸、图13(Ca-1)为汉尺整5寸。

(2)镜体:普遍较薄,其单位面积之重量m值(克/平方厘米)多在1.0~1.5之间,如图3(Aa-3)为1.24,图13(Ca-1)为1.42。后期镜m值稍有偏高。

(3)钮式:多见三弦钮式,少见"鬼脸钱"(楚国货贝)钮式等。

(4)边缘:基本上保持了战国镜的特色,或称素卷缘,或称匚形缘。

(5)地纹:多见云雷纹,少见圆涡纹或圆涡纹与三角纹组合等。

(二)主纹:主要分为8类(详见表一)

(1)缠绕式三螭三凤纹:图1(Aa-1)至图5(Aa-5),其中图2(Aa-2),可谓三龙三凤。

(2)缠绕式三螭三凤连弧纹:如高本汉《早

图1(Aa-1)

图2(Aa-2)

表一 西汉蟠螭纹铭文镜一览表

图号	铭文首句或末字	主纹	分类号	铭文内容	直径(厘米)	重量(克)	资料来源
1	A. 修相思	a. 缠绕式三螭三凤三龙三凤	Aa-1	长相思，慎毋相忘	11.4	140	《泉屋博古·镜鉴编》图18
2			Aa-2	修相思，毋相忘，常长乐未央	11.3	81	《汉铭斋藏镜》图1
3			Aa-3	修相思，毋相忘，常乐未央	13.8	186	《清华铭文镜》图3
4			Aa-4		14.2	247	《岩窟藏镜》图54
5			Aa-5		14.3	/	《汉以前的古镜研究》图版26-3
6		b. 间断式三螭三凤	Ab-1		13.7	232	《故宫藏镜》图24
7			Ab-2		13.7	230	《岩窟藏镜》图49 高本汉《早期中国铜镜》图F12
8		c. 博局蟠螭	Ac-1	修相思，慎毋相忘，常乐未央	22.9	/	《六安出土铜镜》图24
9		d. 四叶蟠螭	Ad-1	相思，毋相忘，大乐未央	13.1	213	《汉铭斋藏镜》图5
10	B. 感思悲	a. 缠绕式四螭四凤	Ba-1	感思悲，愿见忠，君不说，相思愿毋绝	10.5	110	《汉铭斋藏镜》图8
11			Ba-2		11.3	159	《岩窟藏镜》图74
12			Ba-3		10.5	/	《浙江出土铜镜》（修订本）彩版1
13	C. 感思甚	a. 缠绕式四螭四凤	Ca-1	感思甚，悲欲见，毋说相思愿毋绝	11.6	152	《清华铭文镜》图4
14			Ca-2		11.6	/	《六安出土铜镜》图36
15			Ca-3		11.6	/	《陈介祺藏镜》图57
16	D. 大乐贵富	a. 博局蟠螭	Da-1	大乐贵富得所好，千秋万岁，延年益寿	18.8	/	赵春安赠拓
17			Da-2		18.4	/	满城中山国靖王刘胜妻窦绾墓出土
18			Da-3		18.8	/	樋口隆康《古镜（图录）》图26
19			Da-4		15.0	199	《岩窟藏镜》图82
20			Da-5		11.3	142	《汉铭斋藏镜》图10
21		b. 四叶蟠螭	Db-1	大乐贵富，千秋万岁，宜酒食	18.8	590	《岩窟藏镜》图73
22			Db-2		18.2	474	《清华铭文镜》图5
23			Db-3		16.1	350	《汉铭斋藏镜》图11
24			Db-4		18.3	/	《湖南出土铜镜图录》图46
25		c. 四叶蟠螭	Dc-1	大乐贵富得所喜，千秋万岁宜酒食	13.4	149	《汉铭斋藏镜》图13
26			Dc-2	长富贵，常得所喜，千秋万岁宜酒食	18.7	607	《汉铭斋藏镜》图14
27		d. 三螭三凤	Dd-1	大乐贵富毋极，与天地相翼。	9.3	85	《汉铭斋藏镜》图3
28		d. 四叶蟠螭	Dd-2		13.3	209	《故宫藏镜》图23

续表

图号	铭文首句或末字	主纹	分类号	铭文内容	直径(厘米)	重量(克)	资料来源
29	E. 宗乐贵富	a. 四叶蟠螭	Ea-1	宗乐贵富得所喜，千秋万岁宜酒食	14.0	250	《中国历史博物馆馆刊》总18期图7
30	F. 彻	a. 三叶三龙	Fa-1	单圈（24字）：内请质以昭明，光辉象夫日月，心忽穆而愿忠，然壅塞而不彻	16.5	300	《中国历史博物馆馆刊》总18期图7
31		b. 三叶三龙	Fb-1	内圈（24字）：内请质以昭明，光辉象夫日月，心忽穆而愿忠，然壅塞而不彻 外圈（48字）：絜精白而事君，怨汙驩之弇明，微玄锡之流泽，恐疏远而日忘，怀糜美之穷体，外承驩之可说，慕窈窕之灵景，愿永思而毋绝	16.2	残片	《汉铭斋藏镜》图15
32			Fb-2		17.3	382	《长安汉镜》图7-2
33			Fb-3		/	/	高本汉《早期中国铜镜》图F8
34			Fb-4		18.6	594	《泓盛2012春拍》图900
35			Fb-5		18.5	424	《古镜今照》图44
36		c. 博局蟠螭	Fc-1	内圈（28字）内请质以昭明兮，光辉象夫日月，心忽穆而愿忠兮，然壅塞而不彻。怀糜 外圈（50字）：絜精白而事君兮，怨汙驩之弇明，微玄锡之流泽兮，恐疏远而日忘，美之穷体兮，外承驩之可说，慕窈窕之灵景兮，愿永思而毋绝	/	/	高本汉《早期中国铜镜》图F19
37	G. 泄	a. 四叶蟠螭	Ga-1	内圈（14字）：内请质以昭明，光辉象夫日月，心忽 外圈（34字）：穆而愿忠，然壅塞而不泄。怀糜美之穷体，外承驩之可说，慕窈窕之灵景，愿永思而毋绝	14.0	283	《故宫藏镜》图22
38			Ga-2 三图为同一器		13.9	312	《尊古斋古镜集景》图92 《岩窟藏镜》图76 《泉屋博古·镜鉴编》图17
39			Ga-3		14.1	283	《汉以前的古镜研究》图版23-2 《泉屋博古·镜鉴编》图16
40			Ga-4		13.9	205	《汉铭斋藏镜》图16

期中国铜镜》图F31。

（3）缠绕式四螭四凤纹：图10（Ba-1）至图12（Ba-3），图13（Ca-1）至图15（Ca-3）。

（4）间断式三螭三凤纹：图6（Ab-1），图7（Ab-2），图27（Dd-1）。

（5）单圈铭博局蟠螭纹：图8（Ac-1），图16（Da-1）至图20（Da-5）。

（6）重圈铭博局蟠螭纹：图36（Fc-1）。

（7）三叶三龙纹：图30（Fa-1）至图35（Fb-5）。

（8）四叶蟠螭纹：图9（Ad-1），图21（Db-1）至图24（Db-4），图25（Dc-1），图26（Dc-2），图28（Dd-2），图29（Ea-1），图37（Ga-1）至图40（Ga-4）。

(三)铭文：主要分为7类（详见表一）

（1）A类。首句"修相思"，经典铭文"修相思、毋相忘，常乐未央"，见图3（Aa-3）。偶见个别字的变化，如"大乐未央"（徐州博物馆藏、《岩窟藏镜·先汉式》图70）等。还见多一个字，如"慎毋相忘"，见图9（Ac-1）；如"常长乐未央"，见图2（Aa-2）等。此外，还罕见首句"长相思"，经典铭文"长相思，慎毋相忘"，如图1（Aa-1）。存世的间断式三螭三凤镜仅见三面，似为同模。图9（Ad-1）难以归类，暂时置于A类之中。

（2）B类。首句"感思悲"，经典铭文"感思悲，愿见忠，君不说，相思愿毋绝"。此类镜有一定的存世量，如图10（Ba-1）至图12（Ba-3）。

（3）C类。首句"感思甚"，经典铭文"感思甚，悲欲见，毋说相思，愿毋绝"。迄今所知存世三面，即图13（Ca-1）至图15（Ca-3），此三镜似为同模。

（4）D类，分为四个小类。

第一小类，主纹为博局蟠螭纹，首句"大乐贵富"，末句"延年益寿"，经典铭文"大乐贵富得所好，千秋万岁，延年益寿"，如图16（Da-1）至图20（Da-5）。此类镜有较大的存世量，铭文呈方形分布，其直径（汉尺）大小不等，大有1尺，小仅5寸。

第二小类，首句"大乐贵富"，末句"宜酒食"，经典铭文"大乐贵富，千秋万岁，宜酒食"。此类镜亦有较大的存世量，如图21（Db-1）至图24（Db-4），铭文多呈圆形分布。

第三小类，图25（Dc-1）铭文"大乐贵富得所喜，千秋万岁宜酒食"。此外，由《中国嘉德2005秋拍图录》图46可知，其铭文与图25（Dc-1）相同，主纹皆为四叶蟠螭。图26（Dc-2）亦系四叶蟠螭纹，铭文稍有不同，首句是不同于"大乐贵富"的"长富贵"。从存世实物来看，此类镜字形偏方，有隶书韵味。

第四小类，铭文"大乐贵富毋极，与天地相翼"。迄今所知存世2面，即图27（Dd-1），图28（Dd-2），其主纹却有不同，前者三螭三凤，后者四叶蟠螭。

（5）E类，首句"宗（众）乐贵富"，存世仅见一面，即图29（Ea-1）。

（6）F类，分为三个小类。

第一小类，铭圈带镜。昭明铭末字为"彻"字的24字昭明铭圈带镜。经典铭文："内请（清）质以昭明，光辉象夫日月，心忽穆而愿忠，然壅塞而不彻。"迄今所知，存世仅1面，即图30（Fa-1）。

第二小类，铭重圈镜。昭明铭末字为"彻"字的72字昭明-清白铭重圈镜。经典铭文：内圈24字为"内请（清）质以昭明，光辉象夫日月，心忽穆而愿忠，然壅塞而不彻"。外圈48字为"絜精白而事君，怨汍驩之弇明，微玄锡之流泽，恐疏远而日忘，怀糜美之穷体，外承驩之可说，慕窈窕之灵景，愿永思而毋绝"。迄今所知，资料所载的全镜仅存世五面，即图31（Fb-1）至图35（Fb-5）。其中图31（Fb-1）为残片，内圈剩

12字，外圈余11字。

高本汉《早期中国铜镜》图F19，即本文图36（Fc-1），亦为相同内容之78字昭明清白铭重圈镜，只是在每一单数句与双数句之间加上了一个"兮"字（详见表一）。其主纹系博局蟠螭纹，惜图片清晰度较差。迄今所知，存世仅一面。

（7）G类。昭明镜末字为"泄"字，48字昭明清白铭重圈镜，即图37（Ga-1）至图40（Ga-4）。经典铭文，内圈14字为"内请（清）质以昭明，光辉象夫日月，心忽"，外圈34字为"穆而愿忠，然壅塞而不泄。怀糜美之穷体，外承驩之可说，慕窈窕之灵景，愿永思而毋绝"。此类镜有一定的存世量，迄今所知，其直径皆为汉尺6寸。

图3（Aa-3） 　　　　　图4（Aa-4）

图5（Aa-5） 　　　　　图6（Ab-1）

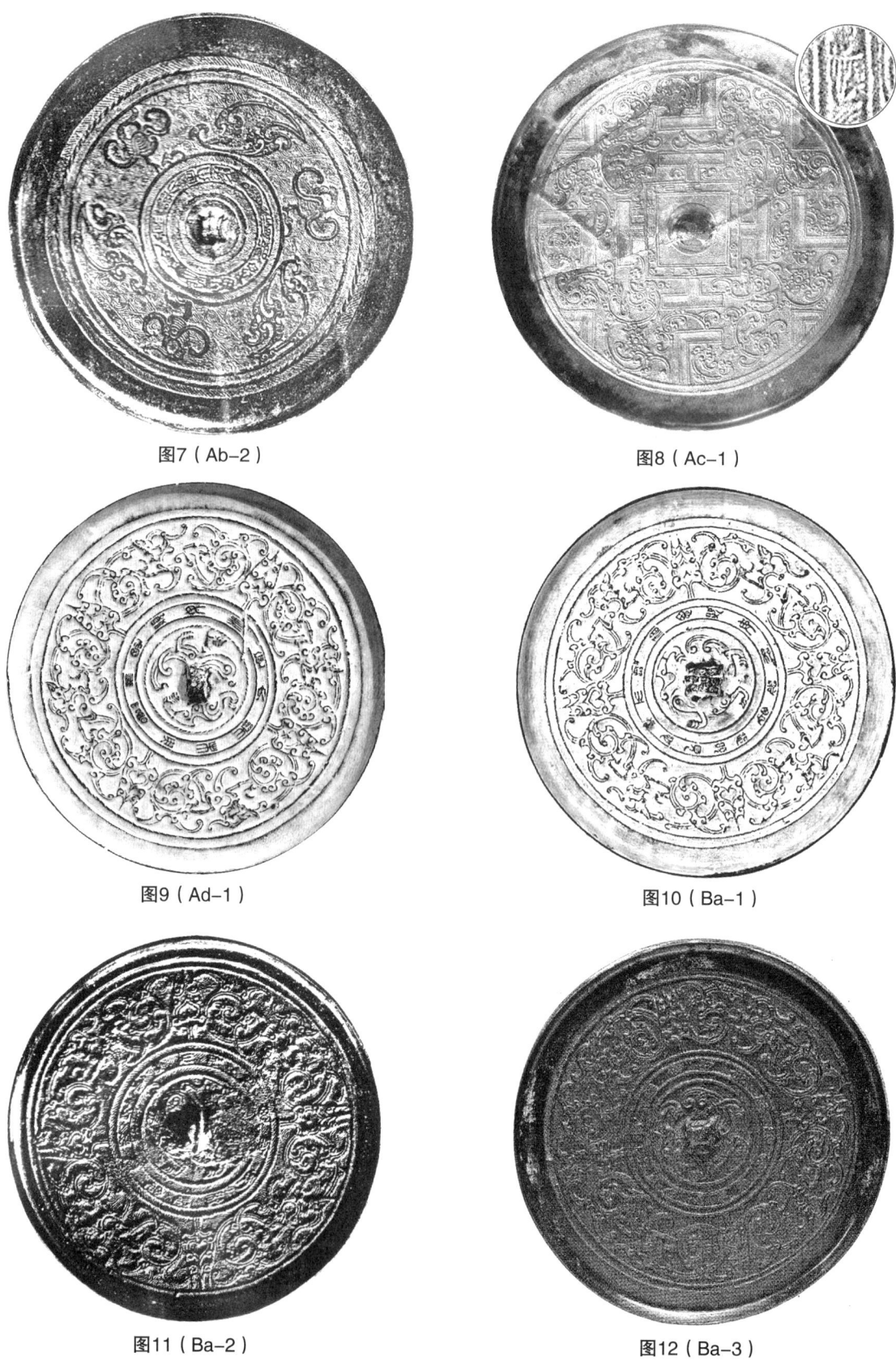

图7（Ab-2）　　　　　　　图8（Ac-1）

图9（Ad-1）　　　　　　　图10（Ba-1）

图11（Ba-2）　　　　　　　图12（Ba-3）

8.1 西汉早期蟠螭纹铭文镜研究

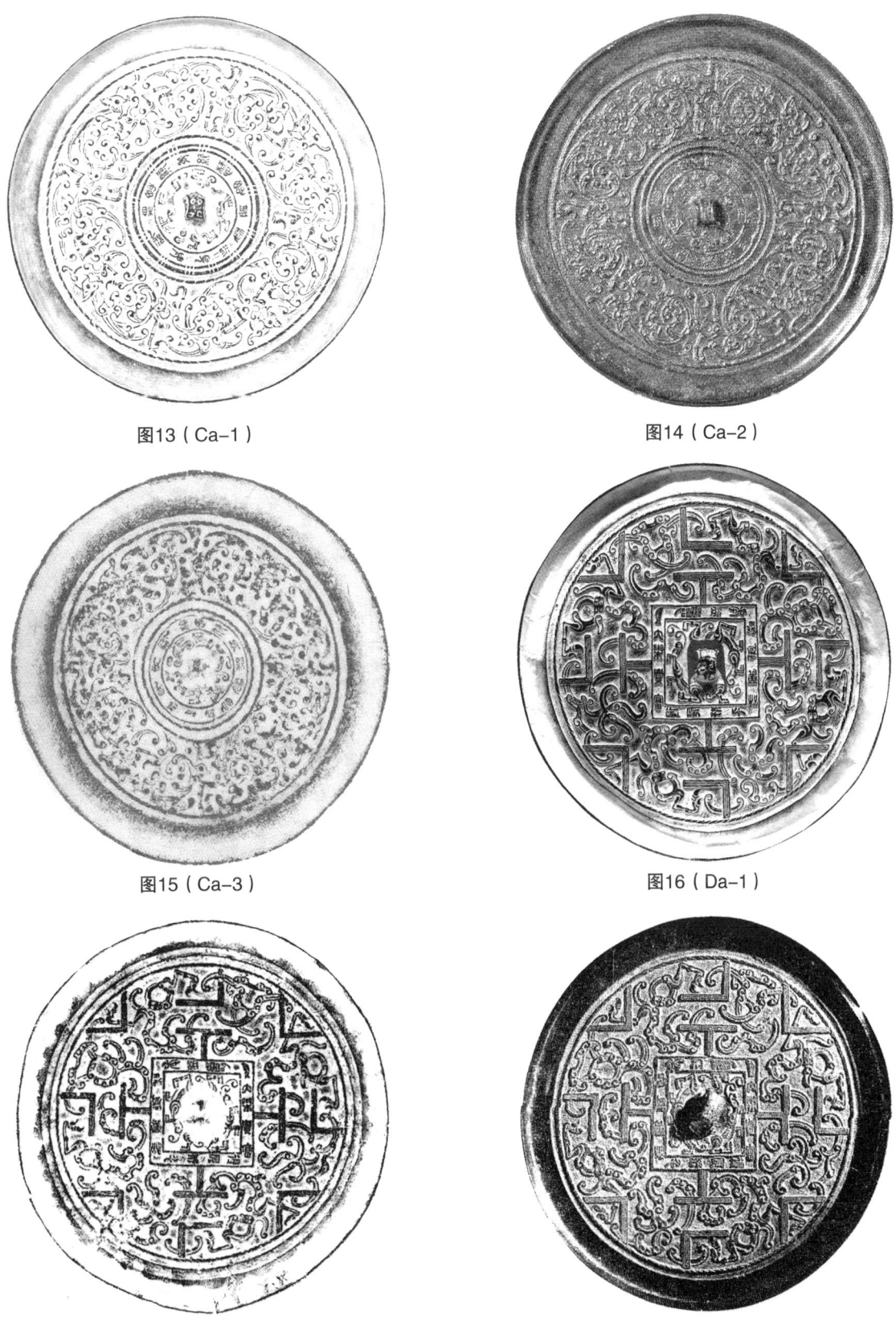

图13（Ca-1） 图14（Ca-2）

图15（Ca-3） 图16（Da-1）

图17（Da-2） 图18（Da-3）

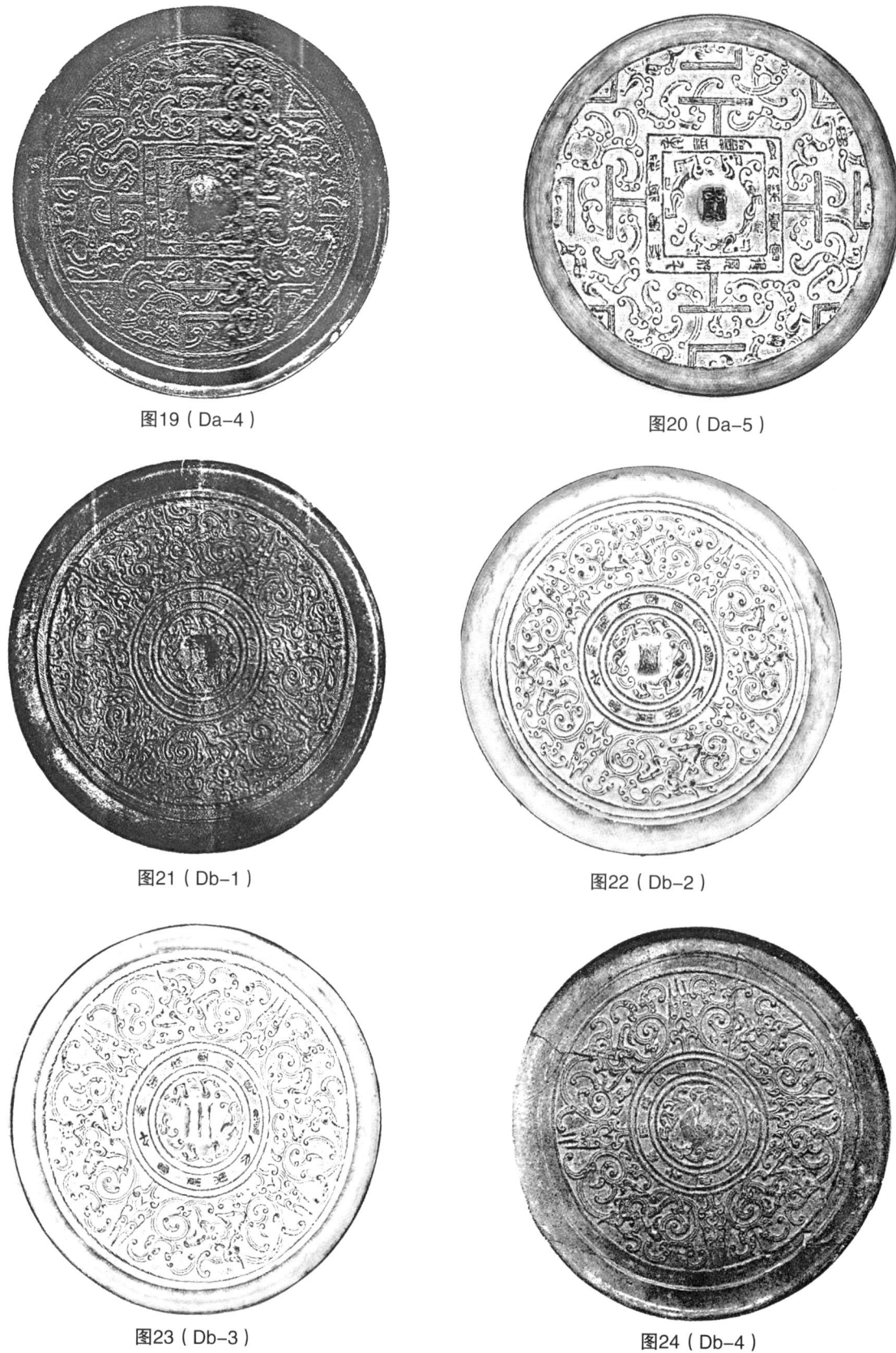

图19（Da-4） 图20（Da-5）

图21（Db-1） 图22（Db-2）

图23（Db-3） 图24（Db-4）

8.1 西汉早期蟠螭纹铭文镜研究

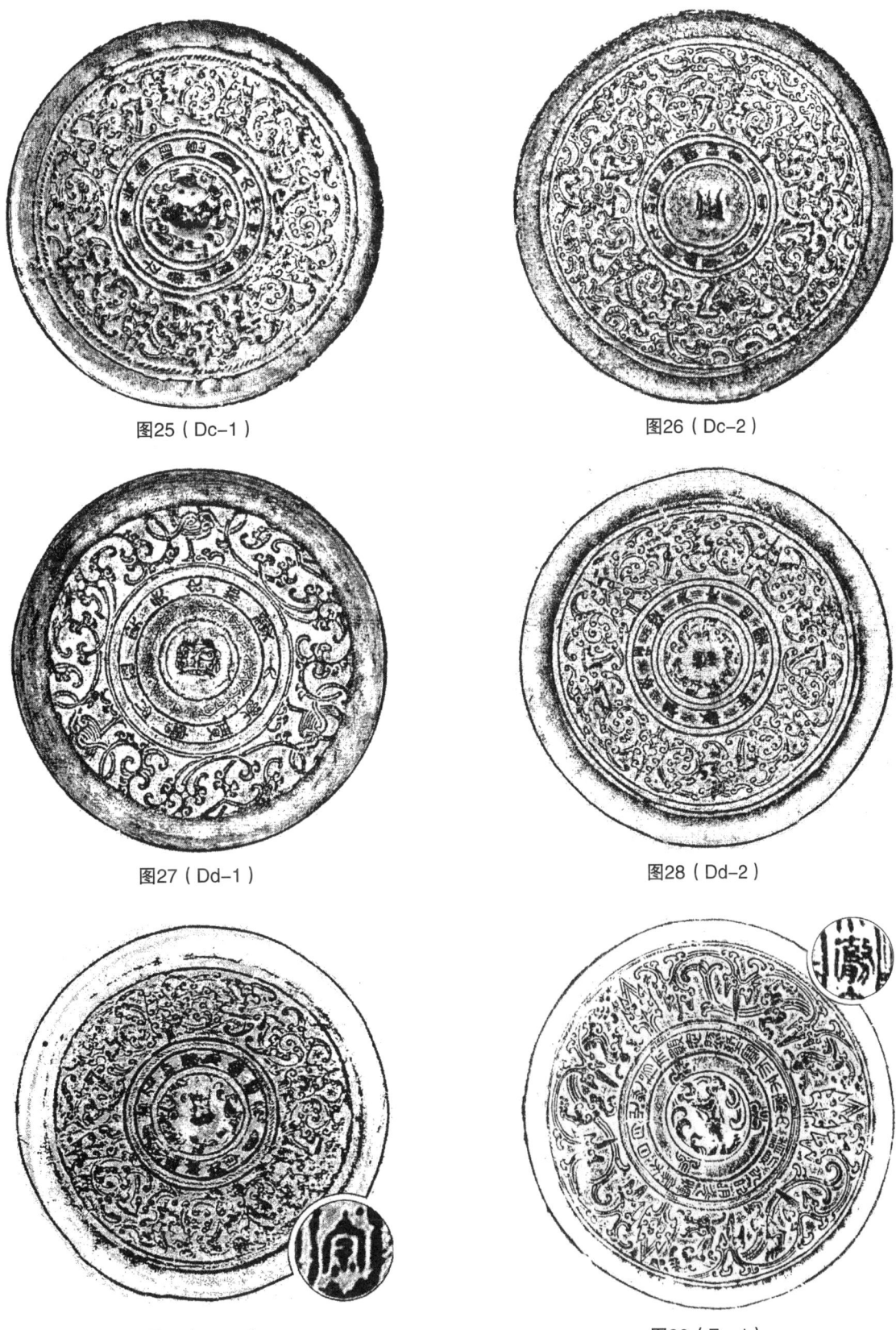

图25（Dc-1）　　　　　　　　图26（Dc-2）

图27（Dd-1）　　　　　　　　图28（Dd-2）

图29（Ea-1）　　　　　　　　图30（Fa-1）

图31（Fb-1）

图32（Fb-2）

图33（Fb-3）

图34（Fb-4）

图35（Fb-5）

图36（Fc-1）

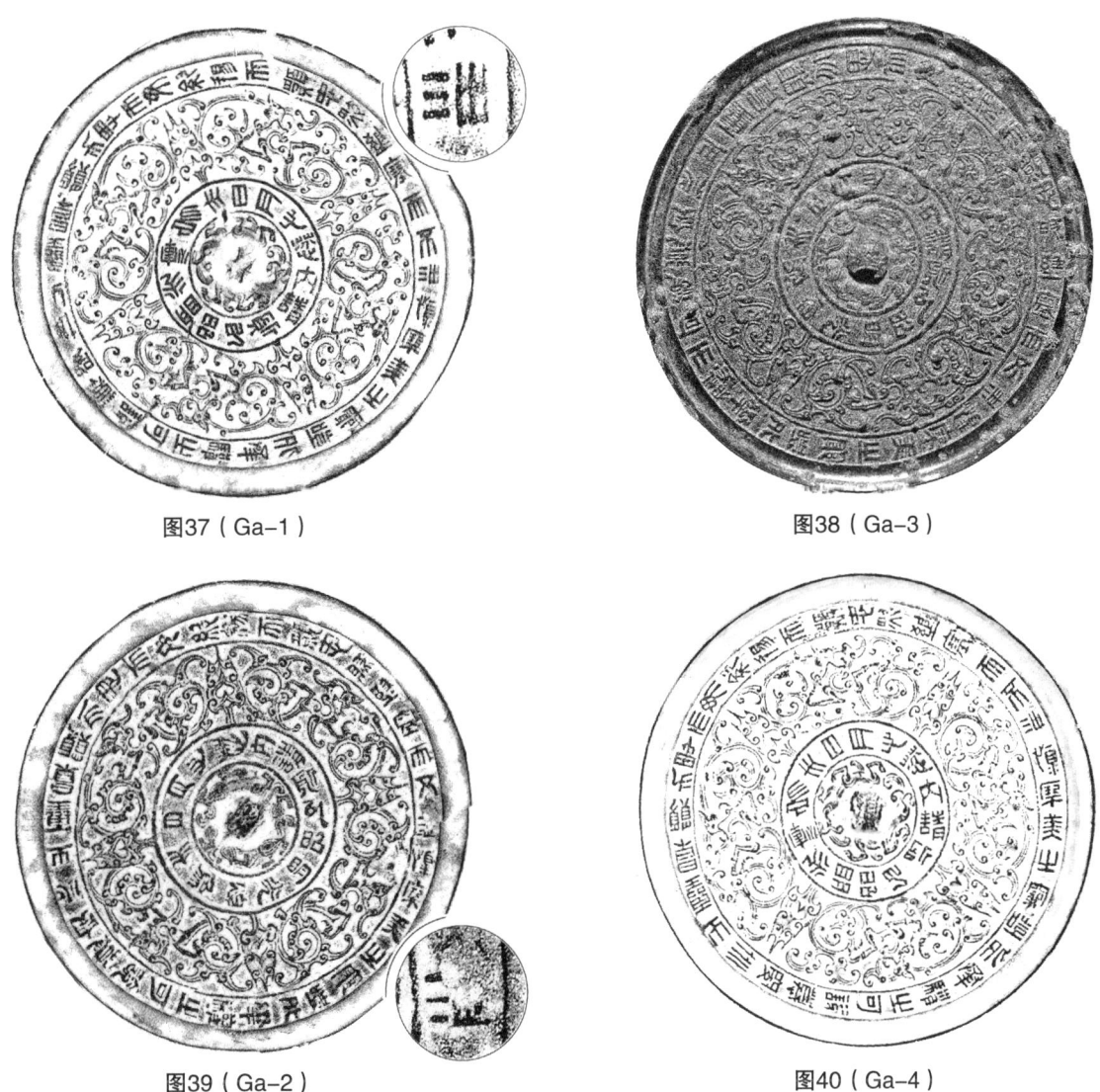

图37（Ga-1）　　　　　　　　　　图38（Ga-3）

图39（Ga-2）　　　　　　　　　　图40（Ga-4）

二、避讳

古时，对于君主或尊长的名字，必须避免直接说出或写出，这就是避讳。在中国传统文化中，避讳的起源很早，清顾炎武《庙讳御名议》："臣闻讳名之礼，始自周人。"铜镜铭文几乎是从一开始的西汉早期就有了避讳现象。

（一）以"修"字避淮南王刘长之"长"字讳

《汉书》卷一下载，高祖十一年（前196年），"秋七月，淮南王布反……群臣请立子长为王"。汉文帝即位（前179年）后，刚满20岁的淮南厉王刘长（前198—前174年）"骄横不法，藏匿亡命"。文帝前元六年（前174年），刘长叛乱事发，召至长安，"谪徙严道（今四川荥经），途中绝食而亡"。

避"长"之讳，史料早有记载，北齐颜之推《颜氏家训·风操》："凡避讳者，皆须得其训以代换之：桓公名白，博有五皓之称；厉王名长，琴有修短之目。"《诗·小雅·六月》："四牡修广，其大有颙。"毛传："修，长。"镜铭避讳恰好处在镜铭诞生之初的西汉早期，据上分析推测，避"长"之讳应在汉文帝即位前后的不长时间内，较大的可能是在汉惠帝末年（前188年，时刘长13岁）至文帝前元六年（前174年，时刘长已亡）的15年间。年龄太小应该是管理不严，叛乱而亡再无须严格避讳。

迄今所知此类镜存世器物的铭文内容有5种：

（1）图1（Aa-1）镜，铭文"长相思，慎毋相忘"，其文字书体随意，似为工匠手书，其年代应在避讳之前或避讳不严的避讳之初，另有一种可能是出自于淮南王管辖以外的地区。镜铭"慎"字的左偏旁漶漫不清，原释"愿"字，对照图8（Ac-1）可知，其左偏旁为"心"字，似应释作"慎"字为宜。

（2）图2（Aa-2），铭文"修相思，毋相忘，常长乐未央"，首句"长"字明明已经避讳，末句却又多了一个"长"字，可知在当时的确存在避讳不严的情况。避讳以前与之后都会有一个"不严"的过渡时期，根据此镜的主纹与钮式似应偏早，故此镜之问世年代，较大的可能是在管理还不严的避讳之初。

（3）图3（Aa-3）至图7（Ab-2）五镜，铭文内容皆为标准格式的"修相思，毋相忘，常乐未央"。首句"长"字避讳至"修"字，末句"长"字避讳至"常"字。在存世器物中，此类镜有一定的数量，比较主纹可知，缠绕式三螭三凤稍多，间断式三螭三凤偏少。此类镜文字书体是较为规整的小篆，似应先由文化人定稿，再交工匠铸制。

（4）图8（Ac-1）镜，原释有误，"慎"字左偏旁的"心"字十分清晰，本文特作局部放大，以明辨是非。笔者曾在坊间见过一张此类镜的拓片，说明此镜并非孤品。此镜直径汉尺10寸，其出现打破了西汉早期铭文镜皆小（多见汉尺5寸、6寸）的惯例。

（5）图9（Ad-1）铭文别具情趣，铸镜者似嫌避讳麻烦，首字删除了原应避讳的"长"字，后又改"常乐未央"为"大乐未央"，成为这个镜类的罕见镜例。

（二）以"泄"字避汉武帝刘彻之"彻"字讳

长期以来，人们多知避淮南王刘长之"长"字讳，而鲜知（或不知）避汉武帝刘彻之"彻"字讳，镜铭实例给了明确的回答。1995年，李学勤、艾兰《欧洲所藏中国青铜器遗珠》图199的文字说明中，首先提出了这个问题。在带地纹蟠螭铭文镜中，有昭明单圈或昭明-清白重圈的两类特殊品种：表一F类，昭明铭末字均为避讳前的"彻"字，其主纹都是三叶三龙；表一G类，昭明铭末字均为避讳后的"泄"字，其主纹都是四叶蟠螭。毋庸置疑，F类镜应处汉武帝即位的建元元年（前140年）之前，G类镜当在汉武帝即位的建元元年以后。至此，我们可以准确地推断此类镜的大致年代，为西汉早期铭文镜的断代问题提供重要依据。

F类镜存世有三种版式：其一，中国国家博物馆所藏（似系孤品），即本文图30（Fa-1），知为24字齐全的昭明单圈铭文。其二，目前国内国外共有5面，即本书图31（Fb-1）至图35（Fb-5），计有汉尺7寸、7寸半、8寸的三种规格，皆系72（24+48）字齐全的昭明–清白重圈铭文。其三，高本汉《早期中国铜镜》图F19（似系孤品），即本文图36（Fc-1），铭文数字是在齐全的昭明清白重圈铭文中加了6个"兮"，总共78字，成为铭文之最。

G类镜存世有一定数量，主要是一种版式：主纹为四叶蟠螭；铭文重圈，内圈为"昭明"铭的前14字，其后十字移入外圈，并紧接"清白"铭（齐全为八句）的后四句24字，全镜48（14+34）字。与F类镜相比：其一，G类镜尺度被严格地控制在汉尺6寸；其二，"彻"字已避讳成"泄"字，《说文解字》："彻，通也。"《淮南子·本经训》："精泄于目，则其视明。"高诱注："泄犹通也。"其三，书体（特别是昭明圈）似更扁些，意味着隶韵较多，下节有专述。

G类镜中的图38（Ga-2）镜是一件形象突出且流通性很强的器物，其关键字"泄"字的右上方有铸造缺失，形成特殊印记。20世纪初先由黄浚收藏（见《尊古斋古镜集景》图92），20世纪40年代初又出现在梁上椿《岩窟藏镜·汉式镜》图76，2004年（平成十六年）再次出现在日本京都泉屋博古馆《泉屋博古·镜鉴编》图17。此镜身世颠沛流离，亦可说是中日镜文化交流中的一段轶闻。

三、隶变

《清华铭文镜·前言》："今人生疏的甲骨文、金文、籀文、秦篆、秦隶等（古文字）书体流行在汉代以前，而经隶变易认的汉隶、楷书、行书等（今文字）书体面世于武帝以后。在此百余年间过渡时期的文字非古非今，属隶变文字，其变化引人瞩目。"汉字隶变在简帛文字的研究中，已经取得了大量的重要学术成果，给中国传统文化留下了一笔宝贵财富。然而，对镜铭文字进行汉字隶变研究才刚开始。研究镜铭文字的关键难点在于文字量太少，其总数应不及简帛文字总数的百分之一，而其突出优点是连贯性好、系统性强。大体而言，汉字隶变是一个渐进的过程，如能进一步了解到这个过程中的每一节点，就可以由点到面地把握住汉字隶变的大局。

隶变即由篆变隶，归根到底，重在研讨其逐渐变化的过程。篆书的主要特点是字形长圆、笔画圆转、书写较难；隶书的主要特点是字形扁方、笔画方折、书写较易。在整理这40幅图片的过程中，发现了两个与汉字隶变密切相关的"突变"现象，即在比较相同铭文内容的不同器物中，字形由长圆变为扁方，笔画由圆转变为方折。属于形制相仿、主纹类同、m值接近（1.0～1.5克/平方厘米）的蟠螭纹铭文镜，其问世年代不应该相差许多，在文字书体发生明显变化时，似可称为"突变"。

(一)一样铭文,两种书体

取图27(Dd-1)与图28(Dd-2)两镜进行比较可知,铭文内容同为:"大乐贵富毋极,与天地相翼。"此类镜的问世年代,大致是在"文景之治"后期。其铭文内容带有楚风,《楚辞·九章·涉江》:"与天地兮同寿,与日月兮齐光。"图27(Dd-1)主纹系三螭三凤纹,图28(Dd-2)主纹为四叶蟠螭纹,在问世年代上,显然前者要早于后者。从"乐""富""与""天""极""天""翼"等字来看,前者字形长圆、笔画圆转,后者字形扁方、笔画方折。其间尤以"毋"字差别较大,前者系典型篆体,后者为明显隶书(图41、图42)。

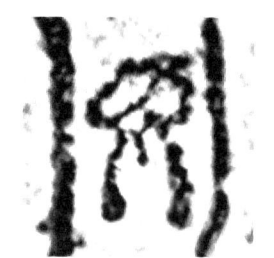
图41 图27(Dd-1)镜"毋"字

图42 图28(Dd-2)镜"毋"字

(二)一个镜种,两类风格

汉武帝即位前后问世之蟠螭镜,已由三叶纹向四叶纹发展,其铭文或"昭明"单圈,或"昭明-清白"重圈。仔细观察,可发现F、G两类年代相接的蟠螭铭文镜,存在若干差异,详见表二。

表二 昭明清白铭蟠螭镜隶变前后差异比较

镜类	问世年代建元元年	昭明铭末字	主纹	文字组合			内、象、夫、月等字		直径(汉尺)
				内圈	外圈	合计	字形	笔画	
F	前	彻	三叶三龙	24	0	24	长圆	圆转	7寸、7.5寸、8寸三种规格
				24	48	72			
G	后	泄	四叶蟠螭	14	34	48	扁方	方折	6寸

进一步比较这两类镜的文字,F类镜之字显见篆意,G类镜之字明现隶韵,文字避讳及其汉字隶变一目了然(图43、图44)。

图43 图30(Fa-1)镜"明""彻"字

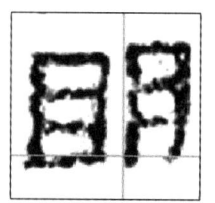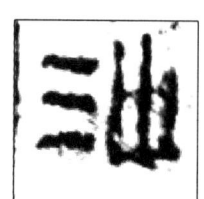
图44 图40(Ga-4)镜"明""泄"字

至此，可以大致判断：在汉武帝刘彻即位（建元元年，公元前140年）前后，此类镜不仅镜铭文字有所避讳、主要纹饰发生变化，更重要的是汉字隶变呈现出"突变"趋势。这应该是"镜铭证史"的又一个重要实例。

四、释字

这个镜种的文字缺陷较少、清晰可读，为西汉镜铭特别是清白镜铭文的正确释读提供了有利条件。20世纪40年代初，梁上椿在《岩窟藏镜·汉式镜》图63说明中，对清白镜铭文第五句第一字释为"慎"字，第七句第六字释为"泉"字。半个多世纪以来，这种释读始终被奉为经典而不可更改。若从本文图40（Ga-4）中取出这两字并作放大，即可明辨是非（图45）。

由图45可知，清白铭第五句第一字的"心"字偏旁无误，右侧上方之"四"字被转向，其下一竖四点清晰，原字右侧最下部分因排字太挤而被工匠省略。应释"怀"字才是正确。

由图45可知，清白铭第七句第六字只能读"景"，而非"泉"字。古字"景"与"影"通假，"灵景"即"灵影"，似可释为"灵动的身影"。这样读全句铭文"慕窈窕于灵景"才含义清楚。

图45

五、结语

（1）西汉蟠螭纹铭文镜不仅开创了中国铭文镜之先河，而且其形制与纹饰还承担着战国镜向西汉镜过渡的历史重任。如果说战国镜的重大特点是有地纹，那么，此类镜正是地纹镜的终结。

（2）这个镜种的镜铭少有通假、错别、反书、省偏旁等文字缺陷，与其后西汉中晚期文字多缺陷的昭明镜相比，形成鲜明对照。

（3）尺度标准：多见汉尺5寸或6寸，少见汉尺10寸。重量标准：其m值多为1.0～1.5克/平方厘米。后期镜m值稍有偏高。

（4）此类铭文镜有多个品种，最早的"修相思"铭似应问世在汉文帝即位（前179年）之前，最晚的"昭明-清白"铭当是问世在汉武帝即位（前140年）前后。总共持续了包括"文景之治"在内的半个多世纪。按年代顺序，大致可分为四类，即"修相思""感思悲"（含"感思甚"）、"大乐贵富"（粗分叶纹蟠螭与博局蟠螭）、"昭明"（或"昭明-清白"）。

（5）这个最早的铭文镜种，在其起始与终止的两个关键时段，涵盖了中国铜镜史上两次重大的文字避讳，在中国传统文化研究中，占有不可或缺的一席之地。

（6）"修相思"与"感思悲"这两种前期镜类还没有隶变征兆，从"大乐贵富"与

"昭明"这两种后期镜类开始,西汉早期镜铭中出现了隶变现象。大体而言,汉字隶变是一个渐变的过程。在研究本文"大乐贵富无极"类镜以及"昭明"类镜由"彻"字至"泄"字的"避讳"问题时,可以知道,在西汉早期还曾发生过某些汉字隶变的"突变"现象,值得进一步探讨。

(7)镜种文字清晰,对昭明镜与清白镜铭文的释读与考证提供了有利条件。

(8)汉字隶变发生在西汉早中期的一百余年间(详见《清华铭文镜》),这个镜种的出现,拉开了汉字隶变的大幕,为汉字隶变研究提供了重要的研究素材。

8.2 西汉72字铭三叶三龙蟠螭镜研究纪事

■ 王纲怀

好事总是成双。近些年来,若干少见的西汉铭文镜接连被发现,如"见日之光,天下大昌"铭草叶镜、"见日之光,天下久长"铭草叶镜、"投博至明,置(从)酒高堂"铭草叶镜、"君忘忘而先志"铭圈带镜等。还有个别在历史上未见刊载者,一经发现就是两面:其一,"日不可曾,而日可思"铭草叶镜[1];其二,包括"寿敝金石,与天为常"铭内容在内的铜华圈带镜[2]……更让人感兴趣的是,十余年来未见到的新资料——带"彻"字昭明清白重圈铭三叶三龙镜,在壬辰龙年的上半年,一下子就出现了两面,真可谓龙年出龙镜,盛世多祥瑞也!

此类存世不超过十面的72字铭文镜,不仅铭文字数最多[3]而且在西汉镜中的龙纹最大[4]。就其尺寸而言,可分三类:A类,直径16.2厘米(汉尺7寸);B类,直径17.3厘米(汉尺7寸半);C类,直径18.5厘米(汉尺8寸)。有关此类镜的身世与考证,已有断断续续的百年历史,本文特将所知之大事记录如下。

1. 20世纪初

瑞典工程师加尔贝克在参与修建淮河铁路大桥(1911年建成)时,以及1923年专程"旧地重游"时,皆在安徽寿县地区收罗了包括此类镜在内的大量楚汉文物[5]。

2. 1926年

加尔贝克在瑞典《中国科学美术》杂志发表《中国古铜镜杂记》。

3. 1936年

张荫麟将上文译于北平考古学社《考古》第4期。

4. 1941年

瑞典汉学家高本汉《早期中国铜镜》图F8(属B类,图1),即当年加尔贝克在安徽寿县购买之物。此镜的"昭明,光辉象夫日月"八字模糊,然其关键字"彻"字清晰。

图1

图2

图3

5. 1949年

《历史语言研究所集刊》第14本，刊载高去寻论文《评汉以前的古镜之研究并论"淮式"之时代问题》。

6. 1992年

《中国历史博物馆》总第18、19期图7，发表了国内仅见之末字为"彻"的24字昭明镜（直径16.5厘米，图2）。

7. 1995年

李学勤、艾兰《欧洲所藏中国青铜器遗珠》图199为带"彻"字之镜，文中提及以后避讳成"泄"字一事。

8. 1996年

《故宫藏镜》一书出版，其图22（14+34=48字）系将"彻"字避讳成"泄"字的昭明清白铭重圈镜，原书将其年代定为战国。在以后的几年中，笔者与孙克让、陈学斌等镜友曾多次讨论后认为，这只能是一面西汉镜，然究竟何时问世？为何问世？却谁也说不清楚。从此，这些早期的昭明镜与昭明清白铭重圈镜，就成了大家特别关注的问题，这些器物亦理所当然地引起了重视。

9. 1999年

在西安郑王庄（今雅荷城市花园）出土了一面属B类（汉尺7.5寸）的此类镜（图3）。此镜版模、品相一般，然全镜缺失了两小块。

10. 2002年

《长安汉镜》一书出版，其图7—2（图版6—2）即本文图3镜。书载"墓葬时代"为西汉早期，需要再深入讨论。

11. 2006年

西安有署"丙戌三月于古长安"的朱砂拓原拓本《古镜藏珍》问世，笔者有缘有幸寻觅到一本，其第7页即本文图3镜。

12. 2008年

笔者在西安镜友处觅得属A类（汉尺7寸）之残片（图4），此镜虽恰好缺失了"彻"字，然基本信息大体保留，可知直径、形制、龙纹、书体等。

13. 2008年3月

《云梦学刊》第29卷第2期第50页，刊载日本学者石川三佐男《蟠螭纹精白镜和楚辞》一文，惜此文关于"怀糜"二字的释读与东汉中期的断代等皆有不当。

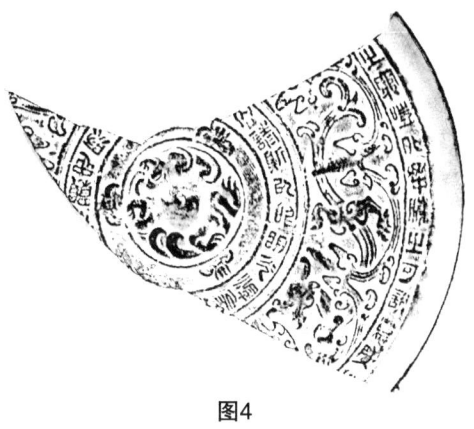

图4

14. 2009年

日本京都大学东方学报第84册《前汉镜铭集释》第204条（如同《故宫藏镜》图22，即48字昭明清白铭重圈镜），冈村秀典教授在此条释文中，言及汉武帝即位后，镜铭"彻"字被避讳成"泄"字的内容。

15. 2010年

（1）2月，拙著《止水集》出版，书中第7、8页对48字昭明清白铭重圈镜的问世年代曾有分析与探讨。

（2）笔者有幸拜读了冈村秀典教授《前汉镜铭集释》之大作。读后有感，并与镜友交谈：其一，他山之石正在攻玉；其二，国人理应加倍努力。

（3）经过多年的寻觅，笔者终于得到了与《故宫藏镜》图22、冈村秀典《前汉镜铭集释》第204条之相同器物——48字昭明清白铭重圈镜，因拓片效果较好，故而被多次采用（图5）。

16. 2011年4月13日

《中国文物报》第7版刊载了酝酿多年之拙文：《铭文铸民意　明镜鉴直臣——西汉昭明镜铭文释考》，文中对"彻"字避讳有涉及，对昭明镜的由来、身世、断代、考证等问题有详尽探讨。

17. 2011年4月18日

在北京清华大学的《西汉铭文镜暨古镜文化交流会》上，笔者曾与冈村秀典教授分别在自己的论文中提及"彻"字避讳问题（见本文19条）。

图5

18. 2011年7月6日

《中国文物报》第8版刊载拙文：《珠联璧合　相得益彰——西汉清白镜铭文释考兼说与昭明镜铭文的关联》，文中对"彻"字避讳亦有涉及。

19. 2011年11月

笔者与台北史语所林素清研究员，同赴京都大学人文科学研究所讨论汉镜学术问题。届时方知，关于西汉镜铭"彻"字的避讳问题并非古籍所载，而是1995年由李学勤、艾兰提出，2009年再由冈村秀典教授提出。

20. 2012年1月

《收藏家》杂志第1期全文刊载笔者在2011年4月18日发表的论文《西汉蟠螭纹铭文镜研究》。

21. 2012年3月

文物出版社出版《古镜今照》，其图44属C类（汉尺8寸），即为新发现之此类镜（图6）。此镜龙纹清晰，本文特取其局部放大（图6A），以供读者鉴赏。

图6　　　　　　　　图6A

22. 2012年5月

《中国收藏》杂志第5期刊载拙文《瑞典藏西汉蟠螭纹铭文镜》，此文重点放在高本汉《早期中国铜镜》图F19（即78字昭明清白铭重圈镜）的释读上。

23. 2012年6月4日

在本课题启动会上，笔者以课题组组长身份，将本文2011年11月知悉一事（即"彻"避讳成"泄"），再次以口头方式公之于众。

24. 2012年6月24日

《泓盛2012春拍》图900，同属C类，亦系新发现之此类镜（图7）。

此类铭文镜有着重要的历史文化价值，小结如下。

（1）西汉早期铭文镜之主纹多见四叶蟠螭，少见三叶蟠螭。此类镜之龙头明显、"具象"，当又可称作三叶蟠龙纹或三叶龙纹。

（2）在西汉早中期之际，带"彻"字的昭明镜与昭明清白重圈镜类可分为24字，72字、78字三种。迄今所知，24字（图2）与78字（图8）的两镜皆为孤品；72字之镜又可分为汉尺7寸（图4）、7.5寸（图1、图3）、8寸（图6、图7）三个规格，其存世量应不超过6面[6]。

（3）镜铭可以证史：此类镜是昭明铭与清白铭的最早器物，问世在汉景帝时期，应该是追忆并纪念一位伟大的历史人物[7]。

（4）镜铭可以断代：建元元年（前140年），汉武帝刘彻即位，昭明镜铭末字之"彻"必然地被避讳成"泄"字。此类镜的出现，为昭明镜的身世与考证提供了可靠依据。

图7　　　　　　　　　　图8

【注　释】

［1］（1）《汉镜斋藏镜》图63；（2）《嘉德2012春拍》图1640。

［2］（1）《崇源2011秋拍》图5029；（2）《嘉德2011春拍》图56。

［3］图2镜至图5镜，内圈24字铭文："内请质以昭明，光辉象夫日月，心忽穆而愿忠，然壅塞而不彻。"外圈48字铭文："絜精白而事君，怨污驩（欢）之弇明，微玄锡之流泽，恐疏

远而日忘,怀糜美之穷礼,外承驩(欢)之可说,慕窈窕之灵景,愿永思而毋绝。"图7镜78字系在上述铭文中加入六个"兮"字。

［4］详见陈灿堂《西汉龙纹镜》图31。

［5］详见《中国收藏》2012年第5期之拙文《瑞典藏西汉蟠螭纹铭文镜》。

［6］传北京收藏家手中还有另外的一面。

［7］详见《中国文物报》2011年4月13日与2011年7月6日之两篇拙文。

8.3 瑞典藏西汉蟠螭纹铭文镜研究

■ 王纲怀

辛卯仲冬，访问京都，红叶遍野，银杏黄透。笔者赴京都大学人文科学研究所，与冈村秀典教授讨论汉镜文化，有幸在梅原末治工作过的资料室，查阅到1941年出版的高本汉《早期中国铜镜》原版本[1]。在向井佑介先生的帮助下，多年来辨识不清的此书若干文字得以确切释读。书中带铭文之F类镜好似一个宝藏，其间弥足珍贵的是F8、F19、F31三镜，让人眼前闪亮。释考以后，感悟颇多，特此成文。

20世纪初，为在安徽蚌埠修建京沪铁路上的淮河大桥（1911年建成），清政府从海外聘请了诸多技术人员，其中有一位名为加尔贝克的瑞典工程师。此君特别喜好中国文物，无论工作之余，还是1923年的专程访华，他都会在以寿县[2]为中心的淮河两岸等地区，收罗大量楚汉文物运回瑞典（现存瑞典国立博物馆东洋美术部）。1926年，加尔贝克在瑞典《中国科学美术》杂志发表了《一些早期中国青铜镜的笔记》一文。1941年，瑞典汉学家高本汉在此文基础上又编著成《早期中国铜镜》一书。书中对涵盖从春秋至新莽时期的324面铜镜作了详细介绍，其中A类10面，B类5面，C类84面，D类54面，E类45面，F类48面，G类19面，H类12面，J类25面，K类18面，L类4面。因这些铜镜主要源自于淮河流域，故在数十年前被国外学者命名"淮式镜"的称谓即由此而来。

在F类的全部48面蟠螭镜中，带铭文者有15面，占31.3%，其中一些是年代稍后的大乐贵富铭蟠螭镜（含圈带式与博局式两类），因国内外存世较多而免予赘述。本文重点是西汉早期一头一尾有关两次避讳文化的以下7面铜镜。

一、以"修"字避淮南王刘长之"长"字讳

拙文《西汉蟠螭纹铭文镜研究》："避'长'之讳应在汉文帝即位前后的不长时间内，较大可能是在汉惠帝末年（前188年左右，时刘长13岁）至文帝前元六年（前174年，时刘长已亡）的十五年间。年龄太小应该是管理不严，叛乱而亡又不值得严格避讳。"如果"修相思"类镜延续时间较长的话，那么，亦可能仅是一种"文化习惯"而已。

1. F12 —— 间断式三凤蟠螭纹铭文镜（图1）

铭文：修相思，毋相忘，常乐未央。

此镜形制与《岩窟藏镜》图49，《故宫藏镜》图24相近。间断式蟠螭纹在战国镜中，可

以找到相似的镜例，战国时期对西汉的文化传承可见一斑。首字由"长"字避讳成"修"字，第7字不用"长"而用"常"。其与图2（F42）之差异在于主纹的间断或缠绕。

2. F42——缠绕式三凤蟠螭纹铭文镜（图2）

铭文：修相思，毋相忘，常乐未央。

此镜形制与《岩窟藏镜》图54，《清华铭文镜》图3相近，属于中国最早铭文镜的经典器物。一书兼具F12、F42两镜已属不易。《淮南子·叙》："以父讳长，故其所著诸长字皆曰修。""慎"字原意谨慎、小心，与"毋""无""勿"等字连用时，表示警戒，千万不要。《史记·高祖本纪》："若汉挑战，慎勿与战，无令得东而已。"

3. F5——四叶蟠螭纹铭文镜（图3）

铭文：修相思，慎毋相忘，大乐未央。

此镜问世年代值得探讨：其一，镜铭"修相思"表明应在西汉早期之前半；其二，主纹四叶蟠螭与大乐贵富镜的年代大致相近，应处西汉早期之后半；两者如何协调有待研究。一种猜测：此类镜尽管问世较早，但其存世时间却不短，虽当时并不强调必须避讳，然由于"习惯"的原因，还是自然地延续了一个时间区段。铭文一共三句11字，每一句的首字皆可使用"长"字，然因避讳之故，分别改成了"修""慎""大"等三字。

"大乐"即极大的快乐。《二程语录》卷二："孟子言万物皆备于我，须反身而诚，乃为大乐。"《汉铭斋藏镜》图4（直径13.3厘米，重量212克）之铭文："相思，原毋相忘，大乐未央。"

4. F31——缠绕式三龙蟠螭纹二十连弧铭文镜（图4）

铭文：道路辽远，中有关梁。鉴不隐请（情），修毋相忘。

图1

图2

图3

《上海博物馆藏青铜镜》图30（直径16.1厘米，重量420克）是一面铭文与之完全相同的草叶纹镜。根据图4（F31）镜的主纹、地纹及形制判断这是"修相思"镜类以外的又一个避"长"字讳的经典镜例，同属相思文化范畴，应在汉初的汉惠帝时期问世。而上博镜主纹草纹，最早应在汉武帝早中期问世。两镜年代差距有半个多世纪，值得进一步探讨。

汉字从圆转的古文字演变至方折的今文字，经历了从秦始皇到汉武帝的百余年时间，其第一步即由秦篆演变至汉篆。此镜方正汉篆的书体表明，汉篆的问世时间很早。换言之，此镜可说是

图4

一面最早出现方正汉篆的镜例。第三句"鉴不隐请"应是"鉴不隐情"之通假。《列子·说符》："发于此而应于外者唯请。"张注："请当作情。"《释文》："徐广曰：'古情字或假借作请。'"在战国镜中，可找到连弧数为10、11、12、13、14、15的各种镜例。到了汉武帝时期，又广为流行16连弧纹缘的花瓣镜或草叶镜。为什么在西汉早期，又突然出现一面20连弧缘的蟠螭纹铭文镜，这亦是需要再作研讨的问题。

二、以"泄"字避汉武帝之"彻"字讳

长期以来，人们都以为昭明镜与清白镜皆问世于西汉中晚期[3]，或是更晚的东汉中期[4]。孰不知，这对差不多同时出生的"兄弟"，早在汉武帝即位的建元元年（前140年）之前就已问世，且用"楚辞"文体来表达明确的同一主题思想。详见拙文《西汉昭明镜铭文释考与研讨》[5]《西汉清白镜铭文释考与研讨》[6]。

昭明镜与清白镜同时问世在解决了"七王之乱"的汉景帝后期，昭明镜铭文末句最初是"然壅塞而不彻"，在汉武帝刘彻即位后，因避"彻"字讳[7]而改成了"然壅塞而不泄"，"彻"字避讳前后的昭明镜（连同清白镜）实物，确凿地证明了这一段不被人们所熟悉的历史。

（一）避讳前（当在汉景帝后期）

1. F8——三叶三龙蟠螭纹铭文镜（图5）

铭文：内圈（24字）：内请质以昭明，光辉象夫日月。
　　　　　　　　　心忽穆而愿忠，然壅塞而不彻。
　　　外圈（48字）：絜精白而事君，怨汙骊之弇明。
　　　　　　　　　微玄锡之流泽，恐疏远而日忘。
　　　　　　　　　怀糜美之穷礼，外承骊之可说。
　　　　　　　　　慕窈窕于灵景，愿永思而毋绝。

高本汉《早期中国铜镜》F8镜恰好是少见之拓片，以致可以方便地认读与研讨。迄今所知，唯此镜为"全品"，而极其有限的其他资料（如《长安汉镜》图7-2）与实物，皆多为修复件、残件或残片。

中国国家博物馆藏藏有"彻"字还未被避讳24字的单圈"昭明"铭文（本文图8），与72字的图5（F8）镜形成了一对可以证史的稀世珍宝。本书《西汉早期蟠螭纹铭文镜研究》已有详尽研讨，本文免赘述。

2. F19 ——四叶博局蟠螭纹铭文镜（图6、图6a、图6b）

铭文：内圈28字：内请质以昭明兮，光辉象夫日月。

心忽穆而愿忠兮，然壅塞而不彻。

怀糜

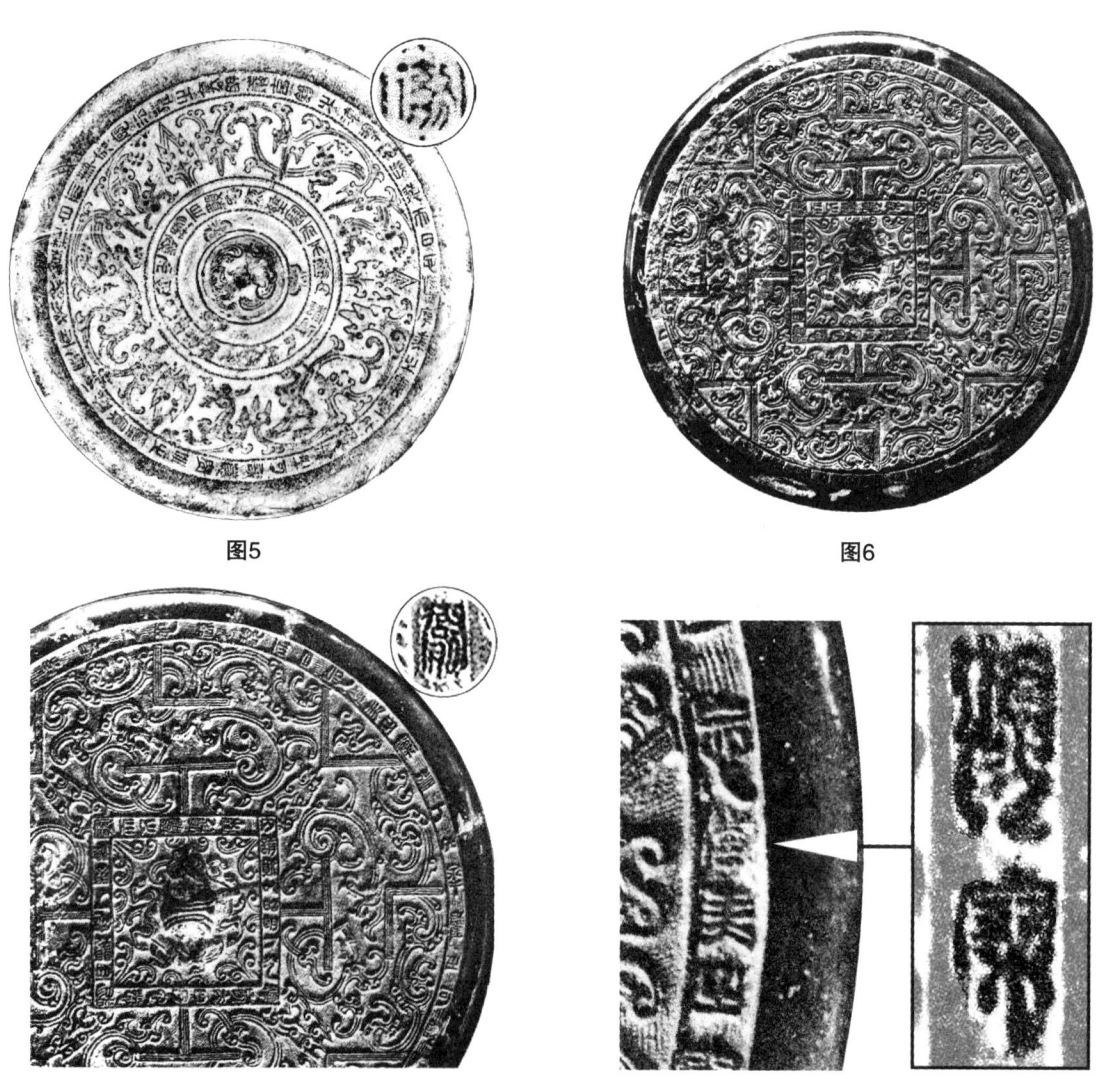

图5　　　　　　　　　　图6

图6a　　　　　　　　　　图6b

外圈50字：絜精白而事君兮，怨沄驩之弇明。
　　　　　微玄锡之流泽兮，恐疏远而日忘。
　　　　　美之穷礼兮，外承驩之可说。
　　　　　慕窈窕之灵景兮，愿永思而毋绝。

高本汉《早期中国铜镜》有言："F组在中心圈带刻制铭文司空见惯……这个F组还有TLV图形特点，然而这种图形在所有前汉的A～E组，均都没有出现过。"的确，此镜既为奇品又是孤品：

（1）主纹：在四线式博局纹中，此镜铭文方框四角罕见地伸出四叶（图6a清晰可见），而未见其他的相同镜例。

（2）字数：在一般的昭明清白重圈铭文中，难有文字齐全者，即使齐全者亦为24+48=72字，此镜多达78字，当是孤品。

（3）避讳：此镜与图5（F8）镜一样，内圈昭明铭末字皆为避讳之前的"彻"字（详见图6a）。

（4）文体：正规的昭明镜皆4句六言，正规的清白镜皆8句六言。此镜在12句72字的单数（即1、3、5、7、9、11）句末尾，加上了一个"兮"字，成为典型的楚辞文体，难得一见[8]。

（5）排列：内圈原来应该是24字，加上了2个"兮"字后，又在句末加上了外圈清白铭第五句的头二个字"怀糜"。故其字数成了24+2+2=28字。外圈原来应该是48字，加上了四个"兮"字后，又将第五句的头二个字"怀糜"移入内圈昭明铭的句尾，并使外圈清白铭中缺了这二个字（详见图6b），故其字数成为48+4-2=50字。

（6）书体：与同时代的多数镜相同，仍为秦篆（小篆）。

在图5（F8）与图6（F19）镜中，清白铭之"清"字，皆有通假，内圈常作"请"字，外圈多作"精"字。查《古字通假会典》可知，精与请、精与清、请与清皆可通假。《淮南子·精神》："而立至清之中。"《文子·九守》："清作精。"《礼记·缁衣》："精知略而行之。"郑注："精或为清。"《集解》："《汉书·爰盎传》清室作请室。"《老子》四十五章："清静为天下正。"《汉帛书·甲本》："清作请。"由此可知，早期清白镜铭文中的"请"或"精"，按今人理解，皆应读作"清"。

《西汉昭明镜铭文释考》《西汉清白镜铭文释考》两篇拙文认为，昭明镜与清白镜同时出现在前元四年（前153年）汉景帝平定七王之乱以后，这是用楚辞文体来纪念晁错被冤杀的短篇悼文，并长时间地流传于人间。中国国家博物馆藏镜与F8、F19（即本文图8、图5、图6）三镜铭文中皆有还未避讳之"彻"字，最迟问世时间当是汉景帝末年的后元三年（前141年）。故可认定，此三镜的问世时间，应该是在公元前153—前141年的12年间。在没有出土资料的情况下，依据镜铭内容，考证历史事件，推断问世年代，这是铜镜对中国传统文化的最大贡献。

（二）避讳后（当在汉武帝初期）

F7 —— 四叶蟠螭纹铭文镜（图7）

铭文：内圈（14字）：内请质以昭明，光辉象夫日月。
　　　　　　　　　心忽

外圈（34字）：穆而愿忠，然壅塞而不泄。
　　　　　　　怀糜美之穷礼，外承驩之可说。
　　　　　　　慕窈窕之灵景，愿永思而毋绝。

此类镜应是具蟠螭地纹的最后一个镜类，在国内外有数面存世，如《故宫藏镜》图22，《泉屋博古·镜鉴编》图16、图17，《汉铭斋藏镜》图16（图9）。对此类镜比较可知，镜体尺寸基本一致、汉隶书体几乎相同。其文字排列有标新立异之感，全文14+34=48字。内圈用了昭明铭的前二句，再加上第三句的头二个字"心忽"，字数为2×6+2=14。外圈先续完昭明铭所余十字，再加上清白铭的后四句，字数成10+4×6=34。因为汉武帝大名刘彻，凡有"彻"字者必须避讳，此镜铭末句"然壅塞而不彻"就被更改成"然壅塞而不泄"。

细察铭文书体可知，避讳前图5（F8）与图6（F19）两镜的文字偏圆转，避讳后图7（F7）镜的文字偏方折。显而易见，在汉武帝即位前后，汉字隶变出现了"突变"的趋势。

图7

图8

图9

三、结语

（1）西汉昭明铭蟠螭镜与昭明清白重圈铭蟠螭镜为蟠螭纹镜之绝唱，应问世在汉景帝后期与汉武帝初期的短短十余年间。这是一篇用楚辞文体的纪念悼文，有明确的主题思想。

（2）高本汉《早期中国铜镜》一书的汉镜实例证明，在淮南王刘长时期与汉武帝刘彻时期，中国历史上有过两次重大的文字避讳，对"修相思"铭镜以及末字为"彻"之昭明镜的断代，提供了重要依据。

（3）在汉武帝即位之建元元年（前140年）前后的十余年中，汉字由篆（古文字）变隶（今文字）的"隶变"进程出现了"突变"趋势。

（4）依据蟠螭纹终止、文字避讳、汉字隶变等3个重要标志，汉武帝即位的建元元年（前140年），应可作为汉镜分期的一个明确界限。

〖注 释〗

［1］承岳洪彬研究员的大力支持，笔者曾得到过高本汉《早期中国铜镜》的若干翻录资料，在本文中已有部分使用，借此表示感谢。

［2］今寿县西南之古寿春是楚国的最后一个都城（命名"郢"）。自公元前241年楚考烈王迁都于此，至公元前223年秦灭楚，寿春作为都城，共18年。寿春一直是先秦时期的文化荟萃之地，其文化影响延及秦汉。

［3］程林泉、韩国河《长安汉镜》第116页："总之，昭明镜出现于西汉中期的晚段（昭宣时期），流行于西汉晚期及王莽时期，东汉早期后消失。"第120页："清白镜出现西汉中期偏晚，多见于西汉晚期。"

［4］《云梦学刊》2008年3月第29卷第2期第50页，石川三佐男《蟠螭纹精白镜铭文和楚辞》："从（昭明清白重圈铭文）镜的类型来分析，应出自后汉中期。"

［5］《中国文物报》2011年4月13日第7版《铭文铸民意 明镜鉴直臣——西汉昭明镜铭文释考》。

［6］《中国文物报》2011年7月6日第8版《珠联璧合 相得益彰——西汉清白镜铭文释考兼说其与昭明镜铭文的关联》。

［7］1995年，李学勤、艾兰《欧洲所藏中国青铜器遗珠》图199文字说明。

［8］本书下册图109亦为一例，其铭："姚皎光而暲美兮，挟佳舱而承间。怀驩察而恚予兮，爱存神而不迁。得并埶而不衰兮，精昭晰而侍君。"

8.4 西汉铜华镜铭文释义

■ 王纲怀

一、分类

西汉中晚期有一种首句以"湅（炼）治铜华清而明"为主的大尺寸铭文镜，其约定成俗的简称是铜华镜。根据其首句、主纹、制式的不同，可大致分为12类，详见表一。

表一 铜华镜分类一览表

序	首句铭文（镜铭布局）	主纹	边缘	资料来源	字数	直径（厘米）	汉尺（寸）	重量（克）	铭文
1(图1)	湅治铜华清而明（圈带）	内向八连弧	宽素缘	《清华铭文镜》图32	40	18.7	8	910	典型
2(图2)		四乳禽兽	宽素缘中嵌双线波折纹	《清华铭文镜》图31	39	23.6	10	1280	少见
3(图3)		内向八连弧		本书下册图105	36	17.5	7.5	806	少见
4(图4)				本书下册图108	24	14.2	6	500	罕见
5(图5)	练治铜华（圈带）	四乳四虺	宽素缘	本书下册图106	39	16.5	7	614	罕见
6(图6)	清练铜华，杂锡银黄（圈带）		宽素缘	本书下册图104	36	18.9	8	872	罕见
7	湅治铜华清而明（方框）		宽素缘	《止水集》西汉铭文镜图10-3	32	23.6	10	1135	常规
8	清浪铜华以为镜（圈带）		窄素缘	本书下册图102	27	17.5	7.5	751	常规
9	日光—清浪铜华（重圈）		窄素缘	《尊古斋古镜集景》图128	内：26 外：35	15.3	6.5	/	少见
10	昭明—湅治铜华（重圈）		窄素缘	《尊古斋古镜集景》图131	内：16 外：36	14.8	6.5	/	常规
11	清浪铜华—清白（重圈）		窄素缘	《尊古斋古镜集景》图127	内：25 外：43	13.7	6	/	常规
12	清浪铜华—皎光（重圈）		窄素缘	台北历史博物馆藏（8336）	内：24 外：37	15.5	6.5	/	常规
13	居必忠—清浪铜华（重圈）		窄素缘	《清华铭文镜》图41	内：18 外：32	13.2	/	310	少见
14	清浪铜华兮以为镜		十六内向连弧缘	日本药照寺《中国的古镜》图7	30	16.7	7	550	罕见

二、铭文

由大量存世实物可知,以"湅治铜华以为镜"为首句的铜华镜是这一镜种的主流器物。其尺寸系列跨度较大,大至汉尺10寸(图2),小仅汉尺6.5寸(《三槐堂藏镜》图53)。其铭文内容的前两句变化不大,基本上是"湅治铜华清而明,以之为镜宜文章"。

每一个品种的单个铜镜,都会因为源自于不同的作坊或是不同的工匠,而必然地出现差异,特别是在管理不严的西汉中晚期,铭文镜中的多字或少字都属正常情况。此外,在西汉中晚期铭文镜中,还有通假、错别、反书、省偏旁等文字缺陷。比较而言,以"昭明镜"与"清白镜"等镜种多见文字缺陷。而同一时期的"铜华镜""日有憙镜""君忘忘镜"等镜种少见文字缺陷。

(1)图1镜铭文:"湅治铜华清而明,以之为镜宜文章,延年益寿辟不羊,与天毋极如日光,千秋万岁,长乐未央,长毋相忘。"内容堪称典型与标准,全文7句40字没有文字缺陷,前二句七言计14字主要是广告用语;再二句七言14字既是广告用语亦为吉祥用语;后三句四言12字主要是吉祥用语。诸多存世器物表明,大多数铜华镜的形制皆与图1镜相近,差异在于铭文字数略有增删。

(2)图2镜铭文:"湅治铜华清而明,以之为镜宜文章,延年益寿而去不羊,与天毋极而日月之光,年秋万岁,长乐未央。"其直径10寸可谓同类镜之最大者,铭文第三句多"而"字且改"辟"为"去",第四句多"而""月"两字,第5句改"千"为"年",与图1镜比较,第7句皆删。

(3)图3镜铭文:"湅治铜华清而明,以之为镜宜文章,长年益寿去不羊,与天长久而日月之光,千万旦,而未央。"其铭文特殊之处在第

图1

图2

图3

四句，改"与天毋极"为"与天长久"。"长久"即"持久"。《国语·越语下》："其君臣上下皆知其资财之不足支长久也。""与天毋极"是西汉长寿文化中最为常见的词组，在镜铭文字与瓦当文字多有出现。《清华铭文镜》图17有言："西汉镜铭内容多见长寿文化，主要有'千秋万岁'、'延年益寿'、'延年千岁'、'寿至未央'、'与天毋极'、'与天相寿'、'与地相长'等。"镜铭"与天长久"当属少见，此镜第五句缺"秋"且改"岁"为"旦"，古时"旦"有"生日"之说，故可理解为通"岁"之意。与图1镜比较，此镜第六句改"长乐"为"而"。

（4）图4镜铭文："涑治铜华尽具清，以之为镜昭身刑（形），五色尽具正赤青，毕（必）长生。"此铭乃铜华镜类中的罕见品种。1934年，刘体智在《小校经阁金文拓本》与《善斋吉金录》两书中，同时刊载了应为同一器物之铭重圈镜。其铭内圈："长宜子孙。"外圈："涑治铜华得其清，以之为镜昭身刑，五色尽具正赤青，与君无亟毕长生，如日月光兮。"此镜与之相比大同小异，只因直径较小，尽管是单圈铭文，还是少了文字。

"五色"即青、赤、白、黑、黄五种颜色，古代以此五者为正色。《书·益稷》："以五采彰施于五色，作服，汝明。"孙星衍疏："五色，东方谓之青，南方谓之赤，西方谓之白，北方谓之黑，天谓之玄，地谓之黄，玄出于黑，故六者有黄无玄为五也。"此铭第三句既明指古代炼铜时的技术关键，又暗喻铸造铜镜时要符合五行。存世十余种铜华镜的铭文内容，皆涉及对治炼与铸造的技术要求，故铜华镜的科技含量可谓高矣！

图4

（5）图5镜铭文："练治铜华清而明，以之为镜宜文章，与天毋极心不忘，义思平回仁集常，元理增秩寿日光，福嗣未央。"镜铭共有六句，铭文内容兼具儒家与道家的两种思想，在铜华镜中可说罕见。

义，即符合正义或道德规范。《论语·述而》："不义而富且贵，于我如浮云。"亦指善良或善良的行为。《书·皋陶谟》："强而义。"王引之《经义述闻·尚书上》："义，善也。谓性发强而又良善也。""义"字在西汉镜铭中几乎不见。

仁，是古代一种含义极广的道德观念。其核心指人与人相互亲爱，孔子以之作为最高的道德

图5

标准。《礼记·中庸》:"仁者人也,亲亲为人。"《论语·颜渊》:"樊迟问仁。子曰:'爱人。'""元理"即玄理,奥妙的道理。

此镜之关键句当在末句之"福嗣未央",意即"福及子孙无尽"。福,幸福,福气,凡富贵寿考、康健安宁、吉庆如意、全备圆满皆谓之福。《书·洪范》:"五福:一曰寿,二曰富,三曰康宁,四曰攸好德,五曰考终命。"嗣,子孙,后代。《书·大禹谟》:"罚弗及嗣,赏延后世。"《晋书·王浚传》:"昔汉高定业,求乐毅之嗣。"《楚辞·离骚》:"及年岁之未晏兮,时亦犹其未央。"王逸注:"央,未尽也。"

(6)图6镜铭文:"清练铜华,杂锡银黄,以成明镜,令名文章,延年益寿,长乐未央,寿敝金石,与天为常,善哉毋伤。""银黄"喻义白银与黄金。《韩非子·解老》:"隋侯之珠,不饰以银黄。""令名"喻义美好的声誉。《左传·襄公二十四年》:"侨闻君子长国家者,非无赂之患,而无令名之难。"末句"善哉"为赞叹之词,《左传·昭公十六年》:"宣子曰:'善哉,子之言是。'"

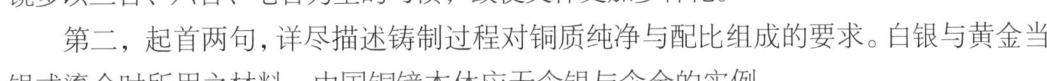

图6

此镜铭文,有几个特点:

第一,文体四言,一改西汉中晚期圈带铭文镜多以三言、六言、七言为主的习惯,致使文体更加多样化。

第二,起首两句,详尽描述铸制过程对铜质纯净与配比组成的要求。白银与黄金当指鎏银或鎏金时所用之材料,中国铜镜本体应无含银与含金的实例。

第三,若干在西汉末至新莽才常见的镜铭用词,如"令名""寿敝金石"等,提前在此镜铭文中已有出现,可见文化传承之一斑。

第四,末尾两句"与天为常,善哉毋伤",与众不同,别有情趣。"与天"四言多见者为:"与天无极""与天毋极""与天相寿""与地相长""与美相长"等。"毋伤"四言多见者为"时来何伤""君来何伤""侍来何伤""久浔何伤"等。

(7)序7镜铭文:"涑治铜华清而明,以之为镜宜文章,延年延寿辟不详,与天无极如日之光,长乐□。"

(8)序8镜铭文:"清浈铜华以为镜,昭察衣服观容貌,丝组杂沓,清光宜佳人。"

(9)序9镜铭文内圈:"见日之光天大明,服者君卿宜侯王,千秋万世,长毋相忘,时来何伤。"外圈:"清浈铜华以为镜,丝组为纪以为信,清光明,服者富贵番昌,镜辟不羊,千秋万世,长乐未央。"

(10)序10镜铭文内圈:"内清质可以昭明,光夫象日月,□□日(字间有而)。"外圈:"涑治铜华清而明,以之为镜因宜文章,延年益寿去不羊,与天无极而日月□光,千秋万世长未央。"

（11）序11镜铭文内圈："清浪铜华以为镜，照察衣服观容，丝组杂沓以为信，清乎宜佳人。"外圈："絜清白而事君，怨污欢之弇明，微玄锡流泽，远而日忘，怀靡美之穷礼，外承欢之可说，慕窈窕于灵，愿永思毋绝。"

（12）序12镜铭文内圈："清浪铜华以为镜，昭察衣服观容貌，丝组杂沓以为信，宜佳人。"外圈："如皎光而耀美兮，挟佳都而承间，怀欢察而性予兮，爱存神而不迁，得并埶（势）而不衰，精昭晰伴君。"

（13）序13镜铭文内圈："居必忠必信，久而益亲，而不信不忠，久而日穷。"外圈："清浪铜华以为镜，丝组杂沓以为信，清光明乎服君卿，千秋万世，长毋相忘，镜辟羊。"

（14）序14镜铭文："清浪铜华兮以为鉴，照察衣服兮观容貌，丝组杂沓兮以为信，清光兮宜佳人。"在十六内向连弧缘的草叶纹镜类中，出现此镜可谓罕见。且在七言中加入"兮"字而成为骚体，亦称奇特。

本书在交付印刷前，笔者看到一面铜华铭铭重圈镜，直径18.8厘米，外圈是"涑治铜华清而明"的常规内容，内圈为："长乐未央，利貳亲，宜弟兄，寿万年，长相葆，宜子孙，乐已茂，固常然兮。"因罕见而公示于书，以飨读者。

三、其他

1. 铜质

"涑"就是"熔炼"，其含义包括青铜配比、熔化温度、熔炼次数等要素。图5铭文"清练铜华，杂锡银黄……"说的最是明白。春秋战国《考工记》："金有六齐……金锡半，谓之鉴燧之齐。"即青铜镜的金属配比是"金（纯铜）一锡（含铅）半"，即"金"（纯铜）66.6%、锡（含铅）33.3%。中国铜镜在战国、两汉、隋唐的三大高峰期都沿用了这一配比数字。熔炼次数的多少决定着铜材的"纯净度"。"治"就是"铸制"，其含义包括镜范泥模、造型技术、浇注工艺、热处理技术、打磨工艺等内容。只有以诸多精湛高超的工艺技术作为后盾，才能让一面高质量的铜镜问世。

"铜华"就是"青铜精华"之意，即为高质量青铜。要让铜镜"清而明"，必须首先做到"涑治铜华"。"涑治铜华清而明"的要求与过程得讲清楚，才能"以之为镜宜文章"。1999年紫禁城出版社出版了何堂坤《中国古代铜镜的技术研究》一书，本文不赘述。

2. 文风

西汉铭文镜内容多受楚风影响，直到西汉中晚期所流行的"清白镜"与"君忘忘镜"等铭文内容还都保留着浓郁的楚风。同一时期的"铜华镜"与"日有熹镜"等镜种，却率先摆脱了楚风之"阳春白雪"，其通俗易懂的铭文内容，让铜镜文化进入了一个与平民生活更为贴近的新时代。仅此而言，这是"铜华镜"对中国传统文化的一个重大贡献。

3. 书体

《清华铭文镜》图32"铜华铭圈带镜"有言:"汉字隶变从西汉初圆转的古文字秦篆（小篆）开始，经过汉篆、缪篆、篆隶互用、美术篆书、简笔篆隶、方折简隶等曲折且反复的演变，在约一百余年以后的武帝后期或昭宣之际，终于迎来了方折的今文字汉隶问世，虽还不够彻底，然而大局已定。"铜华镜铭文字略带篆意的方正汉隶，似可认为是今文字的开始。应该说，这是"铜华镜"对中国传统文化的又一个重大贡献。

8.5 东汉变形四叶兽首镜研究

■ 王纲怀

作为一个在东汉中晚期盛行的独立镜种，变叶四叶兽首镜有着镜面高凸、书体精美等诸多与众不同之处，依据它们边缘的不同，大致可分为窄素缘与三角缘两个大类。这个镜种的最大特色，还在于其相对集中的纪年铭文与几何等分的连弧数字。

一、铭文——突出纪年，标注产地

中国最早的纪年镜有4面：西汉永始二年[1]（前15年），新莽居摄元年[2]（6年），新莽始建国二年[3]（11年），新莽始建国天凤二年[4]（15年）。其后虽有"永平二年（59年）"（《中原古镜聚英》图135）、"永元三年（91年）"（《古镜今照》图141) 等纪年镜，然皆为零星个例，不成系列，缺乏代表性。迄今所知，在新莽以后，持续时间最长的、注明铜镜产地的纪年镜种，即为东汉变形四叶兽首镜，详见表一。日本东京五岛美术馆《前汉至元时代的纪年镜》刊载了9面，约占全书两汉三国纪年镜（共61面）之15%。

1. 问世——持续百年，多在桓灵

表一的第一面镜为东汉和帝元兴元年（即永元17年，公元105年），上距始建国天凤二年，已相距了整九十年。表一最后一面镜为西晋甘露五年（269年），表明了此类镜的持续时间至少有154年。其间的20个数据中，桓灵年间42年（147年至189年）共有16面，占总数的80%。数据表明，此类镜最为流行的时间是在东汉桓灵年间，亦正是汉代教育最为发达[5]的时代。桓灵之前42年只有二面，占总数的10%；桓灵之后七十年亦仅二面，占总数的10%。这说明此类镜从东汉中期问世，直至西晋早期结束，持续了一个半世纪之多，然其主要流行时间却是在桓灵年间。

2. 产地——多出广汉，罕见南阳

在表一的20面此类镜中，共有6面（A1，A6，A7，A15，A16，A17）带"广汉西蜀"铭，仅有1面（A3）带"广汉造作"铭。东汉之广汉在今四川省广汉市北，古称雒县，曾为益州刺史部与所属广汉郡的治所之地。中国新石器时代至商周时期的早期蜀文化遗存——三星堆遗址，即在今广汉市的南兴镇三星村。东汉的此类镜与三星堆文化究竟有什么关联，还

需深入研究。毋庸置疑，这个地区从人文之初直至东汉魏晋，始终是华夏青铜器（包括铜镜）的一个铸造重镇。

表一（A类） 变形四叶兽首纪年铭镜一览表（以年代为序）

序号	公元	铭文时间	直径(厘米)	几何等分	资料来源	现藏	产地
A1	105	元兴元年正月丙午日	15.8	24	《中国铜镜图典》图375	南阳市博物馆	广汉西蜀
A2	139	五月五日丙午日中时（永和四年）	12.1	24	《清华铭文镜》图67	清华大学	
A3	156	永寿二年正月丙午	15.8	28	《汉三国六朝纪年镜图说》图版8-1	美国	广汉造作
A4	156	永寿二年正月	18.1	24	《前汉至元时代的纪年镜》图2	东京五岛美术馆	
A5	159	延熹二年正月	13.9	22	《尊古斋古镜集景》图2	/	
A6	160	延熹三年五月丙午日	15.4	20	本书下册图录图177	上海汉铭斋	广汉西蜀
A7	163	延熹六年五月丙午日	15.8	23	《南阳出土铜镜》图211	南阳市博物馆	广汉西蜀
A8	164	延熹七年五月十五日丙午	12.5	31	《前汉至元时代的纪年镜》图4	辰马考古资料馆	
A9	164	延熹七年正月壬午	15.1	22	《前汉至元时代的纪年镜》图3	东京国立博物馆	
A10	166	延熹九年正月丙午日	14.6	24	《前汉至元时代的纪年镜》图5	东京五岛美术馆	
A11	167	永康元年正月丙午	13.0	24	《前汉至元时代的纪年镜》图6	东京书道博物馆	
A12	167	永康元年六月八日庚申	14.7	21	《中国铜镜图典》图376	/	
A13	168	建宁元年九月九日丙午	21.5	28	《中国铜镜图典》图377	南阳市博物馆	
A14	169	建宁二年正月廿七丙午	19.8	28	《前汉至元时代的纪年镜》图7	东京五岛美术馆	
A15	174	熹平三年正月丙午	13.4	23	《中国嘉德2009春季拍卖会》图4791	/	广汉西蜀
A16	174	熹平三年正月丙午	18.2	23	ARJIBUS ASIAE第76页	美国	广汉西蜀
A17	175	熹平四年正月丙午	17.8	23	《中国青铜器全集·16》图63	重庆市博物馆	广汉西蜀
A18	178	光和元年五月作	14.2	18	《汉三国六朝纪年镜图说》图版12-2	/	
A19	259	甘露四年五月十日	13.2	19	樋口隆康《古镜·图录》图136	东京五岛美术馆	
A20	260	甘露五年四月十六日	16.6	19	本书下册图196	上海汉铭斋	

《南阳出土铜镜》图版116（因其残缺而未列入表一），有铭："延熹十年□□□午，吾作明镜兮，幽涷三商兮，天王日月，位至三公，长乐未央，子孙千人出南阳兮。"众所周知，河南南阳是东汉时期的又一个重要铸镜地。此镜虽残缺，却注明了"广汉西蜀"以外的产地"南阳"。

表二（B类） 变形四叶兽首无纪年铭镜一览表（以连弧数为序）

序号	直径(厘米)	连弧	资料来源	说明
B1	9.8	14	樋口隆康《古镜·图录》图141	有4字铭文
B2	11.6	16	《陕西省出土铜镜》图65	有4字铭文
B3	10.8	16	《陕西省出土铜镜》图67	有4字铭文
B4	11.3	17	《中国嘉德·2007秋拍》图4742 《金懋国际2010秋拍》图1220	两镜似为同一器物
B5	9.8	18	《中国古代铜镜》（陕西）图140	有4字铭文
B6	12.3	18	《止水阁藏镜》图64	/
B7	15.9	18	《止水阁藏镜》图114	有40+4=44字铭文
B8	10.8	19	《止水阁藏镜》图118	/
B9	12.2	20	《故宫藏镜》图40	有36+4=40字铭文
B10	10.7	20	《长安汉镜》图45-2	有4字铭文
B11	10.8	20	《中国铜镜图典》图379	广东连县东晋墓葬
B12	15.0	22	《尊古斋古镜集景》图67 樋口隆康《古镜·图录》图138	两镜似为同一器物
B13	17.4	22	《止水阁藏镜》图113	有53+4=57字铭文
B14	16.9	22	本书下册图184	有48+4=52字铭文
B15	16.0	23	《广西铜镜》图76	/
B16	12.7	25	《止水阁藏镜》图117	有35+4=39字铭文
B17	17.8	26	《镜涵春秋》图133	有50字铭文
B18	10.4	27	《中国古代铜镜》（陕西）图139	有4字铭文
B19	17.0	29	《中国嘉德2004专拍》图4120 《东方博物2006夏拍》图340	两镜似为同一器物
B20	13.3	30	《止水阁藏镜》图116	有25+4=29字铭文
B21	12.8	32	本书下册图186	有47+12=59字铭文
B22	19.3	38	《泓盛2011秋拍》图1258	有57+8=65字铭文
B23	11.9	48	《中国历史博物馆馆刊》馆藏铜镜选辑（三）图94	有30+4=34字铭文
B24	13.6	62	樋口隆康《古镜·图录》图138	有37+4=41字铭文

3. 内容——多为吉语，大同小异

试举七例，列举四图。

A1镜："元兴元年五月丙午日□□□，广汉西蜀造作尚方明镜，幽涑三商，长乐未，宜侯王，富且昌，位至三公，位师命长。"

A3镜："永寿二年正月丙午，广汉造作尚方明镜，□□□，富且昌，宜侯王，师命长。"

A6（图1，20连弧）镜："延熹三年五月丙午日造作，尚方明镜，广汉西蜀，幽涑三商，天王日月，位至三公兮，山人。"

A9（图2，22连弧）镜："延熹七年正月壬午，吾造作尚方明竟，幽涑三冈，买人大富师命长。"

A16、A17镜（铭文类同）："熹平三年正月丙午，吾造作尚方明镜，广汉西蜀，合涑白黄，周刻无极，世得光明，买人大富长子孙，延年益受（寿），长乐未央兮。"

图1

图2

图3

图4

B14（图3，22连弧）："吾作明竟，幽涑三冈，巧工刻之成文章，上有守辟不，富禄氏从大富昌，宜牛羊，为吏高升至侯王，乐未央，夫妻相宜师命长。"（兽首图案取龙形）

B20（图4，32连弧）：吾作明竟（镜），幽涑三商，调（雕）刻无极，配像万疆，白牙陈乐，众神见容，天禽四首，衔持维刚（纲），百精并存，福禄是从，子孙番（蕃）昌，师命长。大吉羊（祥）、乐未央、宜矦王、□□□。

4. 书法——汉碑鼎盛，同时流芳

值得一提的是，B20等少许边缘较薄的此类镜，其行文规范，句式完整，书体精美（与东汉碑文接近），属东汉铭文镜中的佳品。桓灵42年间的东汉碑刻乃为国人顶礼膜拜之重器，而与其同时之镜铭书法亦毫不逊色，《清华铭文镜》图69亦为经典之例。

二、连弧——数字缤纷，展现素数

东汉变形四叶兽首镜主要是两个大类：有纪年铭与无纪年铭。本文分别将其列成表一（A类）为有纪年铭类、表二（B类）为无纪年铭类。表一20面铜镜以铭文标注之年代为序，表二24面铜镜以连弧数字为序。

笔者曾在《中国收藏》2011年第4期《汉代铜镜巧解数学难题》一文中，对铜镜连弧数几何等分的素数问题有过探讨。现从本文表一可知，20个连弧数中包括18、19、20、21、22、23、24、27、28、31等10个自然数，其中19、23、31为素数，再从本文表二可知，24个连弧数中包括了14、16、17、18、19、20、22、23、25、26、27、29、30、32、38、48、62等17个自然数，其中17、19、23、29等4个为素数。

再将表一的20个数据与表二的24数据，汇总成表三的44个数据。从中可知，变形四叶兽首镜中的几何等分连弧数从14至62，大致有21种连弧数字。其中，"直接素数"17（B4），19（A19、B8），23（A15、A16、A17、B15），29（B19），31（A8），共有5种（9面）；"间接素数"14（B1），21（A12、A20），22（A3、A9、B9、B10、B11），26（B17）、28（A4、A13），62（B21），共有6种（12面）。"直接素数"11、13仅见于战国镜与西汉镜。汉人是用什么方法解决素数等分的几何制图？真是令人叹服，但至今未解，需要我们进一步探讨。

表三

序号	连弧数字	镜号 A在表一，B在表二	数字分解
1	14	B1	14＝2×7
2	16	B2、B3	
3	17	B4	
4	18	A18、B5、B6、B7	
5	19	A19、B8	

续表

序号	连弧数字	镜号 A在表一，B在表二	数字分解
6	20	A6、A7、B9、B10、B11	
7	21	A12、A20	21＝3×7
8	22	A3、A9、B12、B13、B14	22＝2×11
9	23	A15、A16、A17、B15	
10	24	A1、A2、A5、A10、A11	
11	25	B16	
12	26	B17	26＝2×13
13	27	A14、B18	
14	28	A4、A13	28＝4×7
15	29	B19	
16	30	B20	
17	31	A8	
18	32	B21	
19	38	B22	38＝2×19
20	48	B23	
21	62	B24	62＝2×31

三、品种——西蜀中原，并驾齐驱

从存世器物的比较研究可知，依据边缘纹饰之不同，东汉变形四叶兽首镜大致分为两类（其他类存世很少）：甲类为窄素缘（如图1所示），乙类为三角缘（如图2所示）。它们有着诸多共性。

（1）问世年代皆主要在东汉桓灵之际。
（2）皆有连弧数字并呈现多样化（可见17～33）。
（3）铭文内容出现纪年铭文（甲类多于乙类）[6]。
（4）铭文起始多见"吾作明竟，幽涷三商，巧工刻之成文章"。

然而，仔细比较可知，它们还存在诸多差异。详见表四。

表四　两类变形四叶兽首镜差异一览表

序号	比较项目	甲类（窄素缘）	乙类（三角缘）
1	纹饰面向上时的底面缘口角度[7]	<90°（约80°）	<45°（约40°）
2	实物记地	小半数为"广汉"[8]	不见记地，有出土资料[9]
3	照容面凸度[10]	较大	最大（曲率半径多在汉尺3尺）
4	兽首区分	多见虎首	多见龙首
5	连弧外侧纹	多见镂空菱形纹	多见双重涡状纹

综上所述，甲类镜多产自西蜀广汉，偶见于河南南阳；乙类镜有可能产自中原的西安、洛阳等地区。可以认为，在东汉中晚期（主要在桓灵年间），这两类镜同时出现于华夏大地。它们的镜面凸度皆大（乙类更大），说明当时人们在照容时，曾出现要求照容面积尽可能放大（即影像缩小）的愿望。

注　释

[1] 直径18.5厘米。1996年出土于洛阳五女冢（编号：96HM267），现藏洛阳博物馆。

[2] 直径13.6厘米。1924年出土于朝鲜大同江汉乐浪郡遗址，现藏东京五岛美术馆。

[3] 直径15.6厘米。传世百余年，经颠沛流离，现藏中国国家博物馆。

[4] 直径16.6厘米。现藏上海博物馆。

[5] 汉武帝时太学学生约500人，桓灵之际已有约5万人（仅洛阳一地3万余人），扩大了100倍。

[6] 本文表一资料多为甲类，仅序A8为乙类。

[7] 有个别介于甲乙两类之间的过渡器物，暂时还不能列入比较。

[8] 本文表一总数20面，有记地者7面，约占三分之一。

[9] 乙类镜的实物记地未见镜例。《长安汉镜》图45-2系典型的乙类镜，出土地点西安市。《洛阳出土铜镜》图47有2个信息：其一，乙类镜有可能产自洛阳地区；其二，此镜出土于永康元年（167年），正处桓灵之际。

[10] 本书《东汉三国高凸镜面曲率半径研究》。

8.6 一面图文并茂的东汉画像镜
——镜铭"盛如长安南,贤如鲁孔子"传递的文化信息

■ 王纲怀

癸巳仲春,有幸在浙江藏家手中,看到了一面东汉具铭画像镜(图1),直径22.1厘米,重量1388克。此镜纹饰由四乳钉分隔成四区。第一区,主神东王公(有榜题东王公)与2侍者8羽人;第二区,10个羽人分成2组,各骑5匹马,另有4个跪姿羽人;第三区,主神西王母(有榜题西王母)与2侍女8羽人;第四区,12个羽人分成2组,各骑6匹马,另有1个跪姿羽人与重叠山峦。此外,在东王公区侍者下方还有一身形硕大的匍匐羽人,在西王母区侍女下方还有一小兽。此镜的主要特点是人多马多,共有神人羽人50个,奔马22匹。其神人羽人之分布情况详见表一。

在主纹外侧有一周52字的汉隶铭文:"周仲作竟四夷服,多贺国家人民息,胡虏殄灭天下复,风雨时节五谷孰,长保二亲得天力,传告后世乐无极。盛如长安南,贤如鲁孔子。"

此镜硕大厚重,图文并茂,可谓"养在深闺人未识",其纹饰与铭文反映了诸多文化信息。

图1 (其放大图见书末环衬页)

图1-1

表一 全镜神人、羽人分布一览表

分区人数	东王公区12人			西王母区11人			十二马区16人		十马区11人		总计
身份区别	主神	侍者	羽人	主神	侍女	羽人	骑者	跪者	骑者	跪者	神人羽人
数量	1	2	9	1	2	8	12	4	10	1	50

一、"盛如长安南"映照的梦想与现实（见图1A）

在新莽时期的"新兴辟雍建明堂"镜类之铭文中，几乎都有"将军令尹民户行，诸生万舍在北方"的内容，这是新莽王朝在长安城南的一段规划设想。

2003年，文物出版社出版了一本《西汉礼制建筑》，系统地介绍了1958—1960年在西安西北郊（汉长安城南郊），发掘出以"王莽九庙"为主的一大批西汉礼制建筑的考古成果。通过此书第210页图168的"见于史籍的汉长安城南郊礼制建筑位置示意图"可知，汉长安城南面有三个城门，从左起依次为西安门、安门与覆盎门，如果我们画一个倒置的等边三角形，以西安门与安门为上边的两个角，那么等边三角形下方的尖点，就是王莽九庙的中心位置。通过此书第223页图171的"顾颉刚先生手绘'王莽九庙'庙号位序"可知，在汉长安城安门的正南方、王莽九庙的东侧，有顾先生手书的"为学者筑舍万区当在此"。《汉书·王莽传》载："是岁（元始四年，即公元4年。——引者注），莽奏起明堂、辟雍、灵台，为学者筑舍万

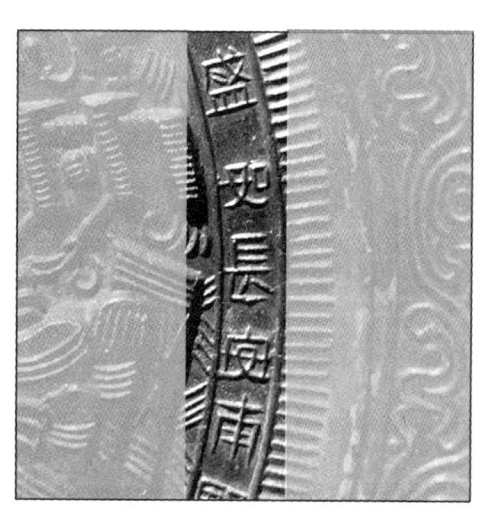

图1A

区，作市、常满仓，制度甚盛。""群臣奏言：'……夫明堂、辟雍，坠废千载莫能兴，今安汉公起于第家，辅翼陛下，四年于兹，功德烂然……诸生、庶民大和会，十万众并集，平作二旬，大功毕成。'"

史料写得十分明白，如果全部建成文武百官与京城百姓的住宅以及为广大学者（诸生）建造大批的宿舍（万舍）以后，汉长安城南郊就能出现一个容纳十余万人数的居住区，这在两千年前的中国，将是何等壮观的规模！笔者认为，这项浩大的工程建设并没有全部按规划完成，因为已是兵荒马乱的地皇元年（20年）还在建设，而到地皇四年（23年）"众兵发掘（王莽）妻子父祖冢，烧其棺椁及九庙、明堂、辟雍，火照城中。"在乱世兵燹中，王莽的一切梦想与期盼都走进了历史。

《汉旧仪》："长安城方（周长）六十三里，经纬各长十五里，十二城门，九百七十三顷。"《后汉书·郡国一》："京兆尹（长安）十城，（建武十五年，即公元39年）户五万三千二百九十九，口二十八万五千五百七十四。"此镜应问世于桓灵之间，此时距新莽已是一个半世纪。在这段时间中，没有发生过大的战争与动乱，人口增长应该很快，按半个世纪翻一番的正常推测，东汉桓灵之际时，长安人口当在百万以上（当时的全国人口近六千万），可谓繁荣也。

长安南郊规划在新莽时期虽没成为现实，然在一百五十年后的东汉桓灵之际，却是出现了盛况，此铭"盛如长安南"当可证史。

二、"贤如鲁孔子"折射的名声与内涵（见图1B）

1916年，罗振玉《古镜图录》中15就记录了一面环状乳神兽镜，其铭："许氏作竟自有纪，青龙白虎居左右，圣人周公鲁孔子，作吏高迁车生耳，郡举孝廉州博士，少不努力老乃悔，吉。"1997年，安徽省全椒县又出土了一面环状乳神兽镜，其铭："吾作明竟自有用，辟去不羊利孙子，圣人周公鲁孔子，君宜福，大吉利。"

此镜与以上两镜的形制、铭文皆不同，其间的"鲁孔子"三字却是一样。自汉武帝"罢黜百家，独尊儒术"以来，汉王朝始终将儒家推到至高无上的地位，"尊儒"就是"尊孔"，"尊孔"亦即"尊儒"。西汉末，王莽也曾被视为像周公那样的"贤者""圣人"（详见《止水集·两汉儒家思想铭文镜》）。由此可知，在汉代"贤者"即"圣人"，两者可通用。"贤如鲁孔子"与"圣人鲁孔子"的内涵相同，从中可管窥汉人的尊孔尊儒世俗

图1B

风气。北宋王安石在《众人》一诗中曾说："颂声交作莽岂贤，四国流言且犹圣。"意思是说，在人们未曾看清王莽真面目的情况下，交口称赞他，但他骨子里哪里是什么贤者呢！而周公旦辅佐周成王时，流言蜚语在各诸侯国沸沸扬扬，但历史终于证明他是个圣人。这两句诗也许可以看作"贤如鲁孔子"铭文的一种注解。

三、儒道同器呈现的差异与共荣（见图1C）

此镜周铭"贤如鲁孔子"体现儒家思想，此镜榜题"东王公、西王母"表现道家思想，两者处于同一器物之中，可谓儒道合一也！儒家思想的代表人物是孔子，道家思想的代表人物是老子。儒家和道家思想是中国传统文化的两大支柱，是中国传统文化的基础。林语堂先生曾经说过："道家及儒家是中国人灵魂的两面。"儒道两家思想存在重大的差异，但这种差异正好决定了两者的互补性，而这种互补性也为儒道合一打下了基础。西汉前期，为了让大乱之后的社会得到休养生息的机会，汉代统治者以老庄思想为治国之道。至汉武帝时，社会有了一定的繁荣，便独尊儒术而罢黜百家。此镜以儒

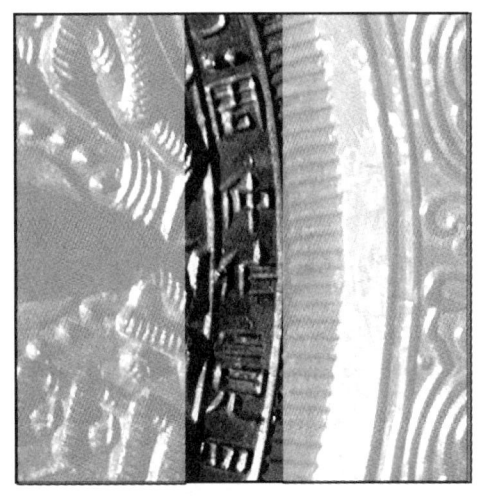

图1C

道思想合于同一器中,这充分体现了华夏民族对不同思想文化兼容并蓄的优良传统。五千年的中华文明史,多有战争与和平,常见分裂与统一,然上规模的宗教战争却从未发生。应该承认,这是中华民族立于世界民族之林的一个突出优点。

汉代,佛教开始传入中国,《后汉书·孝桓帝纪》:"(桓帝)设华盖以祠浮图、老子。"说明那时已佛道共奉。东汉末三国初佛教流播江南,由此,"儒、释、道"三家在华夏大地上共生共荣,成为光彩照人的中国特色之一(详见本书另文《三国吴佛字铭佛像镜研究》)。

四、名匠佳镜镌刻的前世与今生(见图1D、图1E)

周仲(周氏、周是)应为东汉桓灵年代的著名工匠,其产品有器形硕大、手感厚重、版模精湛、文化突出等特点。本文列举五镜。详见表二。

表二 周氏铭画像镜比较一览表

图号	姓氏铭文	存世状况	直径(厘米)	重量(克)	铭文第6句	第7、8句	镜钮边小乳钉	资料来源
1	周仲	传世品	22.1	1388	传告后世乐无极	盛如长安南,贤如鲁孔子。	39	浙江私人藏
2	周仲	传世品	24.6	2105	传告后世乐无极兮	/	27	《古镜今照》图151
3	周氏	传世品	22.2	1223	(缺)	/	39	本书下册图190
4	周是	出土品	22.1	/	传告天下乐无极兮	/	37	《浙江出土铜镜》(修订版)彩版11
5	吴向阳 周是	出土品	24.0	/	传告后世乐无极	/	/	《浙江出土铜镜》(修订版)彩版12

通过归纳与比较可知:

(1)此类镜皆为大型镜、厚重镜。

(2)版模皆精;浮雕高差约3.5毫米,可谓汉镜之最。

(3)图案风格、铭文书体接近;镜缘(尤其是序1、2、4三镜)相似。

(4)此类镜皆有东王公、西王母的主神像。

(5)铭文内容前五句几乎一致(仅是姓氏铭文有称呼差异)。

若将表二五镜视为同一地区或同一作坊所制,则可认为:

(1)周姓工匠名为"仲","氏"乃代称,"是"系"氏"之同音通假字。《仪礼·士昏礼》:"太史是右。"郑注:"古文是为氏。"《白虎通·宗族》:引是作氏。《李云传》引作"五氏来备"。李注云:"氏与是,古字通。"

(2)作坊地应在会稽郡吴地之"向阳"镇或乡。会稽郡系秦始皇二十五年(前222年)于原吴、越地置。治吴县(今苏州市)。辖今江苏长江以南,浙江仙霞岭、牛头山、天台山

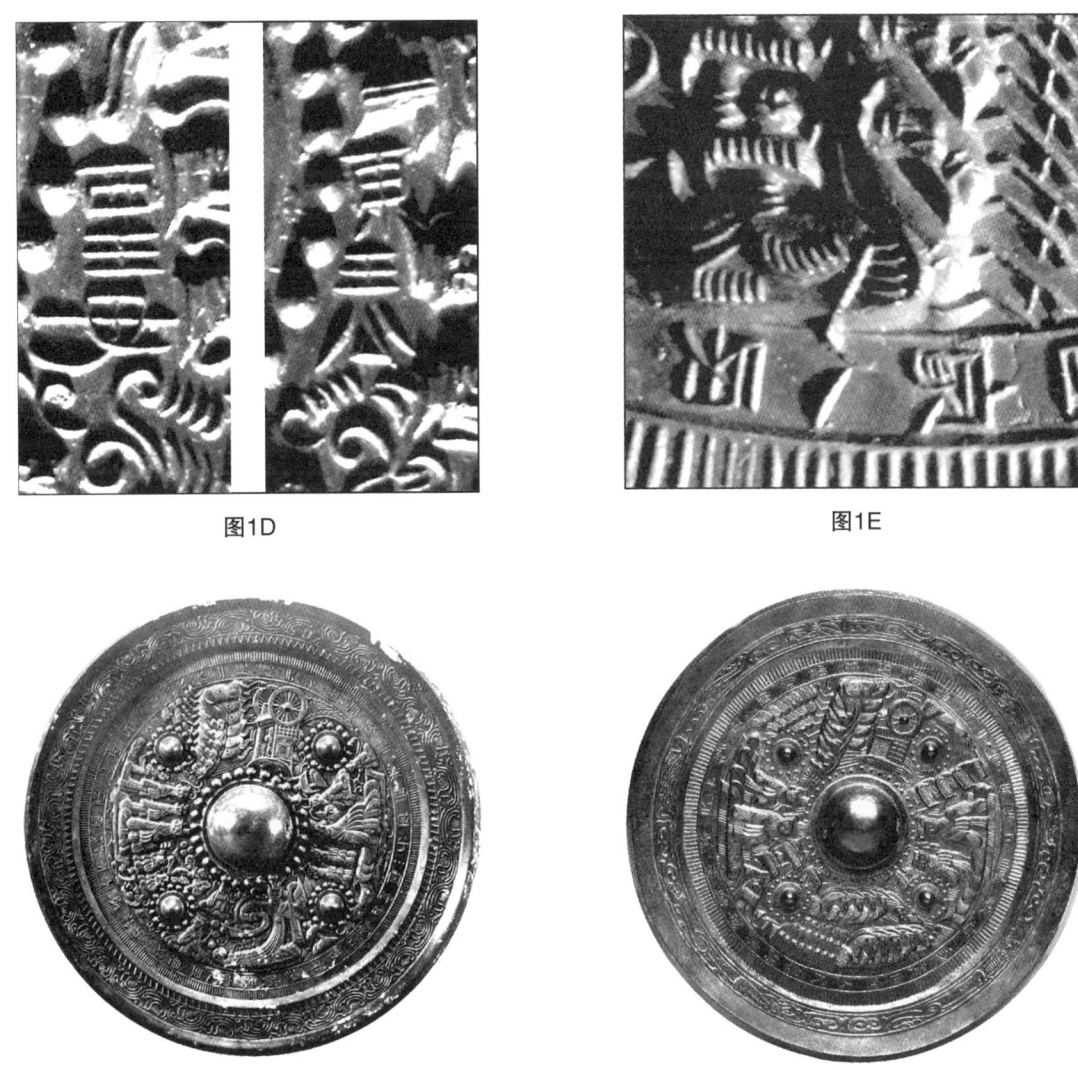

图1D　　　　　　　　　图1E

图2　　　　　　　　　图3

以北和安徽水阳江流域以东及新安江、率水流域地。西汉时扩大，相当今江苏长江以南，茅山以东，浙江大部（仅天目山、淳安以西小部地区除外）及福建全省。东汉顺帝（126～144年）时移治山阴（今绍兴市）。

（3）周氏与同时代的杜氏、张氏、柏氏等著名工匠为东汉的铸镜工艺作出了重大贡献。若是进行概括比较的话：周氏镜大气华美、蔚为壮观，杜氏镜、张氏镜细巧精致、赏心悦目。

此镜的图案设计，不仅气势磅礴、蔚为壮观，而且惟妙惟肖，独具匠心。仅举一例：在十二奔马区，后排第一骑马人的右前脚因构图所限而不得已插入铭文区中，若是处理不当，势必影响到文字布局，而设计者却将铭文中"人"字的第一笔用来代替多余的插足，这神来之笔令人拍案叫绝。由此，称此镜为"大师之作"并不为过。

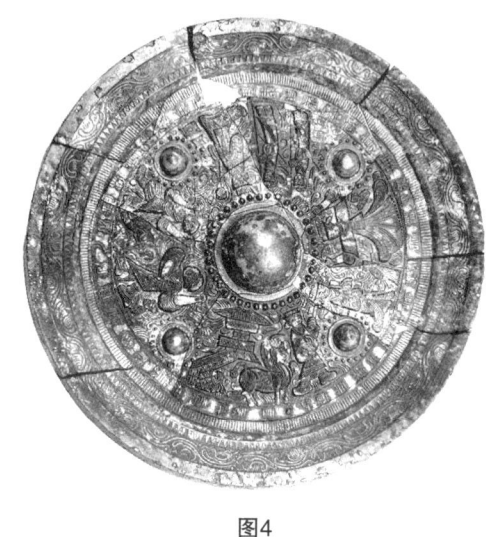

图4　　　　　　　　　　　　　　　　图5

五、羽人骑马寄托的理想与象征（见图1F）

此镜共有22匹"羽人骑马"展现给世人，似有万马奔腾之感。除了美观外，还应该有若干象征意义。

1. 象征地位

古代西域出日行千里之汗血宝马，后多指骏马，在汉代象征着地位，是帝王与权贵追求的宝物。《史记·大宛列传》："得乌孙马好，名曰'天马'。及得大宛汗血马，益壮，更名乌孙马曰'西极'，名大宛马曰'天马'云。"《汉书·孝武帝纪》："四年春，贰师将军广利斩大宛王首，获汗血马来。"颜师古注引应劭曰："大宛有天马种，蹋石汗血，汗从前肩髆出，如血。号一日千里。"

图1F

2. 象征力量（武事、骑兵等）

《周礼·夏官·序官》："夏官司马。"贾公彦疏："郑云：'象夏所立之官。'马者，武也，言为武者也。"《北齐书·神武帝纪上》："时（神武军）马不满二千，步兵不至三万，众寡不敌。"从汉初抗击匈奴开始，马匹始终关系着国家的长治久安，到了汉武帝时，养马几乎成为汉王朝的头等大事。有了足够的马匹，才能建立一支强大的骑兵队伍，这对"漠北无王庭"以至打通西域之路，可谓功不可没。

3. 象征财富

汉镜铭文经常将拥有马匹的数量,来表示其财富之巨大,如:

(1)《浙江出土铜镜》(修订本)图版74:"建安二十四年六月辛巳廿日□子造,吾作明竟宜公卿,家有马千头羊万……"

(2)东京五岛美术馆《前汉至元时代的纪年镜》图61:"凤皇元年九月十三日,吾作明竟幽三商,大吉利,宜子孙,寿万年,家有五马千头羊。"

由铭文可知,"五马千头羊"就已是汉人理想中的财富目标。

8.7 从东汉伯牙镜看汉代礼乐文化

■ 王纲怀　张炳生

一

关于伯牙的传说，始见于《荀子·劝学》篇："昔者瓠巴鼓瑟而沉鱼出听，伯牙鼓琴而六马仰秣。"《古乐苑》卷三〇《水仙操》也有关于伯牙学琴的翔实记载：

《琴苑要录》曰：《水仙操》伯牙之所作也。伯牙学琴于成连，三年而成。至于精神寂寞，情之专一，未能得也。成连曰："吾之学不能移人之情，吾师有方子春，在东海中。"乃赍粮从之。至蓬莱山，留伯牙曰："吾将迎吾师。"刺船而去，旬时不返。伯牙心悲，延颈四望，但闻海水汩没，山林窅冥，群鸟悲号。仰天叹曰："先生将移我情。"乃援琴而作此歌。

而在《列子》与《吕氏春秋》中，便有了伯牙弹琴、锺子期心领神会高山流水之音的历史故事。后锺子期亡故，伯牙痛失知音，从此不复操琴。这一感人的历史故事流传千古，除典籍记载外，铜镜也是其传颂不衰的另一重要载体。

东汉中晚期的桓、灵之际，在铜镜图像与铭文上，皆出现了关于伯牙弹琴的内容，详见表一。

表一　东汉镜伯牙文化一览表

图号	展现	内容	大致年代	镜径（厘米）	主纹称谓	资料来源
1、1A	图像	伯牙弹琴子期聆听	桓灵之际（或稍后）	16.1	三段式神仙镜	《汉铭斋藏镜》图122
2、2-1	图像			12.7	对置式神兽镜	《止水阁藏镜》图121
3、3-1	图、铭			14.1		《止水阁藏镜》图120
4	镜铭	伯牙弹琴	建安十年	13.2	重列式神人神兽镜	《上海博物馆藏青铜镜》图56
5	镜铭	伯牙陈乐	桓灵之际（或稍后）	15.2	变形四叶兽首镜（残片）	《清华铭文镜》图69《汉铭斋藏镜》附图30

东汉铜镜造型生动，浮雕高突，雕模细致，铸制精良，铭文内容道儒兼容，人文突出，趋吉祈祥，包罗万象。其中，伯牙弹琴的图像及铭文当属汉镜文化的亮点之一。

在图像中，伯牙弹琴的位置与九子母、东王公、西王母、尧舜等人物比肩；在镜铭中，"伯牙弹琴""伯牙陈乐""伯牙作乐""伯牙举乐"等有关"伯牙"的词句，总是与"三皇五帝""黄帝除凶"等内容并行同列，由此可见汉时伯牙地位非同一般，也可见汉人对伯牙人格和琴技推崇的程度。

二

汉人为何如此重视并崇尚伯牙？笔者认为，可从以下几方面作简要释考，借以体察伯牙鼓琴故事透露出的文化信息。

一、琴艺高超，诗情画意的人生境界

众所周知，春秋时期的伯牙，为古代所公认的琴艺"妙绝天下"的第一高手。

《荀子·劝学》篇载："昔者瓠巴鼓瑟而沉鱼出听，伯牙鼓琴而六马仰秣。"《淮南子·说山训》曰："瓠巴鼓瑟而沉鱼出听，伯牙鼓琴驷马仰秣。"两说语皆夸张，极言其演奏琴音之美妙动听。

《全唐诗》卷六四四载唐诗人李咸用《水仙操》更不乏溢美之词：

大波相拍流水鸣，蓬山鸟兽多奇形。琴心不喜亦不惊，安弦缓爪何泠泠？

《水仙》缥缈来相迎，伯牙从此留嘉名。峄阳散木虚且轻，重华斧下知其声。

縻丝相纠成凄清，调和引得薰风生。指底先王长养情，曲终天下称太平。

后人好事传其曲，有时声足意不足。始峨峨兮复洋洋，但见山青兼水绿。

成连入海移人情，岂是本来无嗜欲！琴兮琴兮在自然，不在徽金将轸玉。

古人将伯牙的高超琴艺形容为"六马仰秣""驷马仰秣""鳡鱼出听"。仰秣，谓马听见美妙的音乐时，会反常地昂起头吃饲料。《荀子·劝学》杨倞注："仰首而秣，听其声也。"仰秣，谓马仰头喷气。《淮南子·说山训》高诱注："仰秣，仰头吹吐，谓马笑也。"鳡鱼即

图1

图1-1

图1A

鲟鱼，大者有千斤之重。晋左思《吴都赋》："其奏乐也……军马弭髦而仰秣，渊鱼竦鳞而上升。"江淹《别赋》："惊驷马而仰秣，耸渊鱼之赤鳞。"李善注："言乐之盛也。"

伯牙的琴技达到了炉火纯青的地步，他把感情融进乐曲中去，用琴声表达了他像高山一样巍然屹立于天地之间的情操，以及像大海一样奔腾于宇宙之间的智慧。他在诗情画意的境界中徜徉，陶醉在音乐的世界里，享受着快意自在的人生。

图1A-1

二、以琴会友，非同凡响的音乐知音

《列子·汤问》载：

伯牙善鼓琴，钟子期善听。伯牙鼓琴，志在高山，钟子期曰："善哉！峨峨兮若泰山！"志在流水，钟子期曰："善哉！洋洋兮若江河！"伯牙所念，钟子期必得之。

《吕氏春秋·本味》载：

伯牙鼓琴，钟子期听之。方鼓琴而志在太山，钟子期曰："善哉乎鼓琴！巍巍乎若太山"；少时，而志在流水，钟子期曰："汤汤乎若流水！"钟子期死，伯牙摔琴绝弦，终身不复鼓琴，以为世无足复为鼓琴者。

图2

人生苦短，知音难觅；惺惺相惜，佳话千载。高尚的情操彼此滋润，闪光的智慧产生共鸣。"士为知己者死。"伯牙绝弦，所喻示的正是一种真知己的境界，这也正是它千百年来广为流传的魅力所在。

三、重情尚义，恪守信诺的高风亮节

《淮南子·修务训》："夫无规矩，虽奚仲不能以定方圆。无准绳，虽鲁般不能以定曲直。是故钟子期死，而伯牙绝弦破琴。知世莫赏也。"注曰："锺，官氏子通称；期，名也。达

图2-1

于音律。伯牙,楚人,观世无有知音若子期者,故绝弦破其琴也。"锺子期是春秋时楚人。伯牙鼓琴,意在高山流水,锺子期听而赏之。子期死,伯牙谓世无知音,乃破琴绝弦,终身不复鼓琴。东方朔《七谏·谬谏》:"伯牙之绝弦兮,无锺子期而听之。"

在制作器物时,定方圆者称规矩,定曲直者谓准绳;在人际关系上,高义就是规矩与准绳。伯牙故事,千古流传,其依据应即在此。春秋时的伯牙,三国时的关羽,南宋时的岳飞等,都是中国人引以为自豪的人格楷模。他们的故事已成为中国传统文化的精髓所在。

四、儒道并存,任情适性的人生追求

首先,观察图像,图1镜上段为九子母与众子,中段左为"伯牙弹琴,子期聆听",中段右为东王公、西王母。本书森卜章司《二段式神仙镜与五斗米道》对图1镜有解读,可参。其次,我们再试举7例东汉镜铭来观察伯牙词组相邻的有关内容,详见表二。

表二 伯牙镜铭一览表

序号	资料	镜 铭
1	本书下册图186	……伯牙陈乐,众神见言,天禽四首(兽),衔持维刚(纲)……
2	本书下册图187	……刻镂万疆,伯牙举乐,众神见容,百精并存……
3	《止水阁藏镜》图120	……五帝三皇,伯牙弹琴,黄竟(帝)除凶,朱鸟玄武……
4	《浙江出土铜镜》(修订本)彩版40	……伯牙乐举,众神容见,百福存并,福禄从是……
5	日本东方学报第86册《后汉镜铭集释》740	……周刻无祉,百牙举乐,众华主阳,世得光明……
6	日本东方学报第86册《后汉镜铭集释》742	……敬奉贤良,白牙陈乐,幽涑金商,百精并存……
7	日本梅原末治《欧米搜藏支那古铜精华》(1933)图版99	……伯牙鼓鸣琴兮,子期伤口子。动弦合商时,泣下不可止……

由表二内容可知,与伯牙衔接的词组多为:众神见容、五帝三皇、黄帝除凶、众华主阳、敬奉贤良……图像解读与铭文内容告诉我们,伯牙的地位明显相类神仙、圣贤,这就必然地引起人们的敬仰、崇拜。

汉初尊崇黄老,武帝独尊儒术,但这是经过改造包括了道法名刑诸家的新儒家思想。很长一段时期,仍是儒道并存。尤其到东汉时,依托黄老思想的隐逸文化渐成时尚,士人普遍追求的清高的人格理想、淡泊宁静的生活方式和典雅的文化品位,构成了当时审美文化中的重要内容。将伯牙与诸神并列,即道家文化价值选择和人生价值追求的反映。通过伯牙与诸神的怡然自得的画面,古人为自己创造了一个诗情画意的境界,在空灵、超脱、悠然、飘逸的格调中,去追求超越精神的生活境界和人生理想。

图3

图3-1

图3-2

图4

图5

三

而对于伯牙的重视和崇尚，究其社会文化内涵，应当说是汉朝崇尚礼乐文化的反映。

礼乐文化孕育于远古，形成于夏、商两朝，到周朝时，周公的"制礼作乐"标志着礼乐文化定型并成熟。从秦朝开始，中国进入长达两千多年的大一统帝国时代。在这两千多年间，礼乐文化始终是中国历朝历代治理和发展的理论基础和指导思想。

秦汉之际是中国大一统帝国时代礼乐文化发展的第一阶段。秦朝以前的春秋战国和秦朝初期更信奉法家，实行"霸道"。汉朝吸取秦朝灭亡的教训，逐步实行礼乐之"王道"之术。汉朝初年主要遵循老子道家的礼乐学说，到汉武帝时期又实行"罢黜百家，独尊儒术"之策，将孔孟儒家的礼乐文化思想确立为其治国理政的统治思想，由此推动礼乐文化在大一统帝国时代发展的第一个高峰。从此以后，经过春秋战国"百家争鸣"洗礼的礼乐文化就正式成为大一统帝国时代的主流思想。

礼乐文化，一为礼化，二为乐化。所谓"礼化"，就是人的外在行为规范的建立；所谓"乐化"，就是人的内在精神秩序的培育。

"礼"是儒家政治思想和社会伦理思想的出发点和归宿点，其目的和功用是从外部对社会各阶层的人们在行为和思想方面进行教化、约束和规范，"非礼勿视，非礼勿听，非礼勿言，非礼勿动"，"礼"作为一种行为规范，维护了社会的秩序和正义。同时，它也是一种道德规范，可以引导人们向善和自律，"道之以德，齐之以礼，有耻且格"（《论语》）。通过礼教，使社会规则内化为人的内心尺度，从而知礼、守礼。

而"乐"是协调世间万物的纲纪，它的作用是使人们各安其位，和谐相处。首先，它可调和论理。"宫为君，商为臣，角为民，征为事，羽为物"（《礼记·乐记》）。五音象征五行，五行乃物质基础万物之宗，万物应当各司其职，缺一不可，否则"五者皆乱，迭相陵，谓之慢。如此则国之灭亡无日矣！"（《礼记·乐记》）既然音乐能关系到国家的存亡，那么就要非常重视音乐的教化作用。提倡礼乐治国，用礼来区分等级，用乐来调和人与人之间的关系，以达到君臣和敬、长幼和顺、父子兄弟和亲的整个社会完全谐和的目的。其次，"乐"也有陶冶情操、移风易俗的功用。乐教可以陶冶心性，使人快乐安宁，保持生命长久。

而"乐"则与"礼"相辅相成，从内心感化、诱导人们对"礼"（亦即各种社会规范和约束）的衷心认同。礼乐配合，以礼修身，规范人们思想行为；以乐治心，感化人们自觉地按照"礼"的规范来行事，保持人们内心的平衡，从而达到"治国""平天下"的目的，保持整个社会秩序的稳定。这就是儒家"礼乐文化"的精髓，这也是儒家"礼乐文化"的普世价值所在。

汉承秦制，亦避秦弊。"坑灰未冷山东乱，刘项原来不读书。"唐人明白的道理，汉人自然也明白。让世人读书学儒，在礼乐文化中浸淫，这应当是最根本的"治国之策"。这样的书读得越多，越不可能有那种目空一切、睥睨天下的气概。但这样的读书人越多，对君主却越有利。所以从帝王的角度来说，既然知道"马上得天下，不能马上治之"，那么儒家学说、礼乐文化自然就成为帮助其治理天下的最好工具。由此，就不难理解伯牙为什么在汉代如此受到推崇了。

伯牙弹琴图像大量出现在东汉神像镜图式中，亦与汉人崇尚歌舞娱神的社会风气有关。就汉镜神仙思想而言，汉人认为神仙喜好音乐，因而在招神、祠祀时，多张设歌舞、"陈乐"，以期神仙降临。从目前见到的汉画材料看，弹琴奏乐当是神仙生活的一种常见方式。伯牙是传说中的操琴高手，能奏世人所不能的雅乐，将其配置于镜图神像系统中，寄寓了汉人以伯牙奏乐娱神的思想，进而伯牙亦被神化并纳入群神之列。

8.8 三国吴嘉兴元年铭纪年镜产地研究

■ 李从明

一、概述

目前所知,嘉兴元年纪年镜共发现四面存世,中国藏两面、日本藏两面。中国的两面,其一为中国国家博物馆所藏(图1),另一面由笔者收藏(图2)。日本的两面,其一为东京书道博物馆收藏,其二是民间收藏。

中国两面之镜种均为半圆方枚对置式神兽镜。图2镜直径13.5、边厚0.4厘米。表面颜色为江南水坑黑漆古(略泛绿色),圆形镜体、扁圆钮、圆形钮座,纹饰为东王公西王母对置坐于两兽之间的龙凤座上,一神一句芒分别坐于兽尾,对面一神一鸟,亦分别坐于兽尾。半圆方枚一周,方枚上每枚一铭,合为:"三公九卿十二大夫吏。" 锯齿纹外一周铭文为:"嘉兴元年,太岁在丁巳,帝道始平,五月丙午,时加日中,造作明竟,百湅清铜,服者万年,位至侯王,长乐富贵,吉宜子孙。"在《中国历史博物馆

图1

图2

图3　图2局部

馆刊》1993年第2期上发表的论文中，曾刊载一面嘉兴元年铭半圆方枚对置式神兽镜（即图1镜），从图片及描述的这面神兽镜的尺寸、背纹及铭文，皆与图2镜一致，两者似为同模。中国的两面与日本的两面嘉兴元年铭镜稍有差异，不属同模镜。四枚镜的共同点是：皆为半圆方枚神兽镜，铭文带中都铸有嘉兴元年铭，均无明确的出土地点。

据发表的资料看，日本的两面、直径、色泽、铭文及镜缘皆一致，文中称之为同范镜。两国嘉兴元年镜，从纹饰及铭文的研判可知，并非出自同一工匠之手，而制作的工艺风格上与三国吴镜类相同，应同属中国三国时期的吴镜。

二、学术动态

梅原末治先生在研究东京书道博物馆藏嘉兴元年镜时，由于首句四字中"嘉""元"二字模糊不清，梅原先生假释为"建兴二年"。三国时期有两个"建兴"年号，分别是蜀刘禅的"建兴二年"（224年）与吴会稽王孙亮的"建兴二年"（253年）。由于此镜形制为吴镜，梅原末治先生倾向此镜铸于公元253年的"建兴二年"，此说长时期来未有异议。1987年，西田守夫在东京某氏藏镜中，发现一面"嘉兴元年镜"，其直径、纹饰、铭文及镜缘边饰完全一样，日本称之为同范镜。只是东京某氏藏镜保存完好、铭文清晰。以此镜判明其铭为"嘉兴元年"后，始知梅原末治先生原来对东京书道博物馆所藏嘉兴元年镜铭文的释读有误。从而，在日本学术界，引起了关于"嘉兴元年镜"铸造年代及产地的讨论。

西田守夫认为，该镜出产于西凉李歆嘉兴元年（417年），其依据有二。其一，遍查各种历史年表、史书、文籍，唯有十六国时西凉的第二代君主李歆才有嘉兴元年，这年干支为"丁巳"与镜铭相符。因此，西田守夫将"嘉兴元年镜"定为李歆即位当年的所作之镜。其二，西凉第一代君主李玄盛为汉人，向东晋皇帝称臣，治下汉人达1700余户，为前秦苻坚于建元年间（365—385年）迁徙于敦煌，李玄盛转徙酒泉并治南人为"会稽郡"和治中州人为"中州郡"。在江南的会稽郡，自汉至三国盛产铜镜，在西凉的会稽郡汉人中，可能会有江南会稽郡制镜工匠之移民，故认为嘉兴元年镜产自于西凉。

日本东京国立文化财研究所马渊久夫在检测铅同位素比值时发现，东京某氏藏嘉兴元年镜与众多吴镜一样，所含之"铅"属江南吴地铅矿。

1987年8月26日，王仲殊先生接到西田守夫先生的询函后，对"嘉兴元年镜"进行了考证。通过对中国国家博物馆藏"嘉兴元年镜"与湖北鄂州出土"黄龙元年镜"的比较研究，并参阅大量历史资料后在《黄龙元年镜与嘉兴元年镜铭辞考释》一文中提出了自己的观点，发表于《考古》1995年第8期。王先生提出了以下几个不同观点。

其一，王先生认为，在众多吴镜的纪年、纪月、纪日中，除了纪年的干支时有错误外，其他方面少有虚托之词。针对西田守夫提出"嘉兴元年镜"产自西凉的观点，王先生查对万年历后发现，西凉的嘉兴元年（417年）五月没有丙午日。

其二，王先生对"嘉兴元年镜"与"黄龙元年镜"铭文进行比较分析后得知，两镜的字句几乎完全一致。其中镜铭"帝道始平"更有历史依据。黄龙三年（231年），三国吴帝孙权建始平县（今浙江天台），所以吴地工匠在镜铭中铸"帝道始平"来祝贺吴帝帝业平坦在情理之中。而李歆即位的嘉兴元年在镜中使用这样的铭句，则不免使人难以理解。

其三，王先生认为，黄龙元年（229年）与西凉嘉兴元年（417年）在时间上相差近200年，其图纹类同、铭辞字句一致、铭文书体相似，这在类型学上讲不通，不可思议。

其四，王先生认为，"嘉兴"二字出典于"嘉禾兴"。自两汉以后，凡言及象征祥瑞的嘉禾出现，其用语有两种方式。王充《论衡·讲瑞》称"嘉禾生"，《汉书·公孙弘传》称"甘露降，风雨时，嘉禾兴"，《三国志·吴志·孙权传》称"嘉禾兴"。以此可知，"嘉禾""禾兴""嘉兴"等词句的由来。历代君主登基、改元、重大庆典往往托假祥瑞之物。如孙权称帝时，以武昌（今鄂州）蟠龙矶出现黄龙为借口，改黄武八年为黄龙元年；黄龙三年（231年）二月会稽郡报称由拳县有野稻自生的嘉禾出现，改由拳县为禾兴县；∣月临海郡报称新置始平县出现嘉禾，更是喜上加喜，翌年（232年）改元"嘉禾"。赤乌四年（241年）太子孙登死，赤乌五年改立孙和（孙皓之父）为太子。为避太子名讳改禾兴县为嘉兴县（今浙江嘉兴市）。此即嘉兴县之由来。

据《三国志·吴书·孙和传》载，赤乌十三年（250年）孙和遭谮被废，先后徙故鄣（浙江安吉），遣长沙，建兴二年（253年）赐死于新都（浙江淳安）。永安七年（264年）孙皓即位改元为元兴元年，遵乃父孙和为昭献皇帝，追谥文皇帝并立庙，迎神灵入庙，仪式之隆重逾超常规，无例可循。孙皓为其父追谥文皇帝，同时又追谥年号，按"嘉禾兴"典故追改"嘉禾"为年号，因避讳而改为"嘉兴"。既然追改"嘉禾"为年号，故只能改最后一年的"嘉禾六年"（237年），且此年干支为丁巳与镜铭相符。由此，王先生偏向于"嘉兴元年"镜是公元3世纪的吴国所铸。王先生1995年的论文最后，希望吴国故地能再出土一面"嘉兴元年镜"，以实物证明产地。

三、新的证据

天从人愿，1997年初夏，鄂州市市区之东司徒村附近，一位农民在取土工地捡到一面铜镜（即图1镜）。由于此镜的纹饰及铭文都铸造得比较规整，铭文一目了然，比较中国国家博物馆所藏之"嘉兴元年镜"清楚，很容易辨认出"嘉兴元年"之铭。至此，"嘉兴元年镜"再次现身于三国时期的武昌城（即今日的湖北省鄂州市），果真实现了王仲殊先生的愿望。

古时，武昌曾两度作为吴国故都，即公元229年孙权称帝和公元265年孙皓自建业还都于武昌。尤其是孙皓自建业还都于武昌期间，为其父孙和完成了平反、追谥之事。"嘉兴元年镜"在鄂州出现，应是历史的必然。根据学术界按藏品出土地多应为产地的一般定论规律，"嘉兴元年镜"出现于鄂州，为"吴镜"之说者提供了最直接的有力证据。

前人的博学让人景仰，然而他们中的大多数人没有条件将铜镜实物上手进行对比观察。收藏家则不同，他们站在前人的理论基础上，可以手拿实物天天揣摩。笔者经对所藏"嘉兴元年镜"数年的观察研究，也谈几点不成熟的认识，以供讨论。

除笔者所藏"嘉兴元年镜"出于鄂州外，其余三镜皆未明确出土地。从存世条件来看，除日本正仓院及个别寺院有唐朝赠送为数不多的铜镜，且一直未入土而被保存至今外，其余皆不可能从铸制后一直使用并传世至今。一般能见到的唐代及其以前的铜镜，皆应为出土之物而非传世品。作为出土器物埋藏地下千年以上，必然会受到埋藏环境的影响而生成各不相同的锈蚀状况。中国西北地区少雨干旱，而南方地区雨量充沛地下水位高，由于自然环境不同，在中国南、北方出土的金属制品，其表面的锈蚀状况有着明确差别。就唐代以前的铜镜而言，北方多为红斑绿锈或"水银沁"，南方则多为"黑漆古""绿漆古"及"灰漆古"。笔者对众多的博物馆、私人藏品及古玩市场进了全面分析考证，各地所出铜镜的地域特点十分明确。从中国国家博物馆藏"嘉兴元年镜"生成黑色的表面状况则不难看出，应与笔者所藏"嘉兴元年镜"一样，都应是出土于中国长江中下游地区之器物。

再从当年各地流行的镜种、制镜工艺特点上分析，西北地区至今少见神兽镜出土，而纪年神兽镜更是几乎不见，说明当年西北地区根本不生产此类铜镜。而南方吴国故地神兽镜有大量出土，纪年的神兽镜也时有出现，仅鄂州一地出土的纪年神兽镜就有数十面之多。

三国吴镜有几个特点。一是镜钮顶端有个小阄，俗称乳房钮，这在《鄂州铜镜》一书中不乏见到；二是钮孔方向不正，即与镜背主体纹饰上下不垂直，这是长江流域镜种中普遍存在的现象；三是南方湿度大地下水位高，容易使镜范受潮，浇铸时致使范腔发气而使镜背纹饰部分模糊不清；四是由于长江流域土质偏酸，容易使铜镜生成黑漆古。可以经常见到这四个特征同时出现在一镜上，而在西北地区的铜镜上，除能见到黑漆古一个特征外，其余特征都很少见到，更谈不上四个特征同时出现在一镜上。因此，从流行的诸多镜种与制镜工艺来分析，"嘉兴元年镜"属吴镜无疑。

铜镜在经历第二个铸镜高峰期的两汉以后，至三国时期铸镜业全面进入衰退阶段，自晋太康之后，鲜有规整的铜镜出现。十六国西凉的南方汉人迁徙于公元365—385年，此时南方的会稽郡及武昌的铸镜业已十分萧条，在这一历史时期内，没有出土过神兽镜及较为规整的类似神兽镜的铜镜。国内两大著名的铸镜中心尚且铸制不了规整的神兽镜，比这更晚的西凉（417年），根本不可能有铸造"嘉兴元年镜"的技术条件和铸制环境。

四、小结

"嘉兴元年镜"有五个巧合：其一，中日两国各自都有两面，且分藏于国立博物馆及民间藏家；其二，两国各自的藏镜都是同模镜；其三，吴国有祥瑞之词并置嘉兴县，而西凉又有嘉兴年号；其四，同时期的东晋和西凉都有会稽郡；其五，孙皓追改"嘉禾六年"为"嘉兴元年"，与西凉"嘉兴元年"的干支都为丁巳。

也许，这是历史给今天的研究者们开的一个玩笑吧！

8.9 三国吴太元二年铭纪年镜释考

■ 王纲怀

壬辰仲冬,笔者应邀赴台参加一项学术活动,其间见到一面"养在深闺人未识"的纪年镜(见图1、图1A、图1A-1)。如图年号,一眼可读"八六"两字。历米古义有上下重叠仍读原字的习惯,上下两个"八"仍读"八"当在情理之中。然"八六"为卦号而非年号,此释显然有误且无从查考。

一、镜铭释读

经李学勤老师指点,此纪年铭为三国吴大帝孙权驾崩当年之年号"太元",并嘱笔者应予重视。查世界图书出版公司2001年9月版《中国篆刻大字典》,"大"字有164种书写字例,可知唯"秦权量"一例采用了两个"人"上下重叠之形;查上海书店出版社1998年11月版《实用隶书字典》,"大"字有120个书写字例,亦仅见"秦简牍"一例采用了两个"人"上下重叠之形。此字两个"八"上下重叠,可谓"出谱"之例。"大"系"太"之古字,《墨子·非攻中》:"北而攻齐,舍于汶上,战于艾陵,大败齐人,而葆之大山。"苏时学云:"太山即泰(太)山,篇中太多作大。"

图1

图1A

图1A-1

这面直径14.9厘米，重量461克的铜镜，可称为太元二年铭对置式神兽镜。其镜缘有工匠手书28字铭文："太元二年二月□，风雨时节五谷孰，三上公□□多寿，长保二亲得天力。"因其版模精湛、铭文清晰，为我们的研究工作带来诸多方便。

二、年代界定

迄今所知，此镜年号为目前之仅见者。历史上有三个"太元"年号，依据形制规格、版模特征、构图类型、铭文书体，采用排除法可知，此铭年号绝非十六国前凉文王张骏或东晋孝武帝司马曜之"太元"，而应为三国吴大帝孙权在位之"太元"。《三国志·吴书》载："（赤乌十四年）太元元年夏五月，立皇后潘氏，大赦，改年。""（太元二年）二月，大赦，改元为神凤。""太元元年夏……明年四月，权薨，太子即尊号，大赦，改元。是岁，于魏嘉平四年也。"将此三段史料连贯起来，即赤乌十四年（251年）五月改元太元元年（经九个月）至太元二年（252年）二月，同月改元神凤（经两个月）孙权驾崩，会稽王孙亮即位，改元建兴。

三、文化价值

这些史料明确告诉我们以下三件事：

1. 纪年频繁之最

三国吴存世59年，历四帝，共18个年号。三国吴大帝孙权在位31年，经历了黄武、黄龙、嘉禾、赤乌、太元、神凤等六个年号，前4个年号有存世器物，差不多皆是连年或隔年就有，这是中国纪年镜存世最多的时期，据已有资料，这25年（四个年号）的纪年镜存世总量在40面以上。而在其第五个年号"赤乌"的最后11个月中，就占据了赤乌、太元、神凤三个年号。从赤乌十四年五月算起，经历了太元元年（存世7个月）、太元二年（存世两个月）、神凤元年（存世两个月），直至会稽王孙亮改元建兴元年。当可列入中国历史纪年变动频繁之最也！

2. 纪月短暂之最

在"太元二年二月"问世的同月，年号就被更改成"神凤"，换言之，"太元二年二月"这六个字的存世时间不可能超过30天，当是纪月短暂之最。一个制镜作坊在不到一个月的时间，可以铸制几面铜镜呢？可想而知，在1700多年前，这件短寿的匆匆过客，能完好地保存至今天，实在有太多的偶然性，或许是一种缘分。

3. 或为"纪念"镜

《三国志·吴书》载："（太元元年）冬十月，大赦。权祭南郊还，寝疾。十二月，驿征大将军恪，拜为太子太傅。诏省徭役，减征赋，除民所患苦。二年春正月，立故太子和为南阳王，居长沙；子奋为齐王，居武昌；子休为琅邪王。二月，大赦，改元神凤。皇后潘氏薨。"

四、小结

从赤乌十年（247年）至孙权驾崩的六年中，过去从未见有存世器物。这面太元二年铭纪年镜的出现，为孙权在位年号的纪年镜填补了四项空白：其一，孙权在位最后六年的空白；其二，"太元"年号的空白；其三，三国吴年号变动最频繁（11个月中5个不同的年号）时期的空白；其四，虽纪月不足30天，然保存了这段既短暂又宝贵的历史记录。

三国时期给炎黄子孙留下了许多宝贵的文化信息，三国纪年镜是其中耀眼的一个重要部分。就纪年镜的存世数量而言，三国吴约有数百面，三国魏约有数十面，三国蜀仅有数面。无论这些纪年镜在哪里，它们都是中国传统文化的物质遗产。此镜在人文和自然两个领域，都将会不断显现出它的历史、文化价值。